뜻으로 본 구약성서

2

뜻으로 본 구약 성서 2

사람의 길, 나라의 길

이범선 지음

kmc

차례

/ 제3부 /

왕정 시대와 예언자들

/ 제4부 /

포로가 된 이스라엘

/ 제5부 /

이스라엘의 기도와 지혜

이스라엘에서 예언자가 왕정 제도와 함께 출현했다는 사실은 매우 중요한 사항이다. 예언자는 왕에 대한 견제장치로 하나님이 세운 쓴소리 전문가요 들사람(野人) 얼을 가진 인사로서, 목숨을 내걸고 왕에게 정의를 촉구하며 직격탄을 날리고 비판하며 올바른 대안을 제시하는 사람이다.

제3부

왕정 시대와 예언자들

제13장

지파 공동체의 해체와 왕정 시대

성서: 사무엘기상 1장~15장

그들은 왜 왕정 제도를 주장하고 나왔을까? 나라와 민족에 대한 애타는 열정 때문이었을 수도 있다. 그러나 눈앞에 닥친 블레셋의 위협, 성소 파괴와 법궤 방치와 제사장 제도 붕괴, 부족공동체의 균열로 인한 사회적 불안은 상상 이상으로 컸다. 그들의 논리 뒤에는 이미 현실적인 속내도 깊숙이 자리 잡고 있었다. 그들은 하나님도 생각하고 나라도 생각하고, 자기들의 기득권도 생각했다.

• 이스라엘 왕의 연대표(기원전)

<table>
<tr><th colspan="2">통일 이스라엘 왕국</th></tr>
<tr><td colspan="2">사울(1020?~1010), 다윗(1010~971), 솔로몬(971~931)</td></tr>
<tr><th colspan="2">남북 분단왕국시대</th></tr>
<tr><th>북이스라엘 왕국</th><th>남유다 왕국</th></tr>
<tr><td>여로보암 1세(931~910)</td><td>르호보암(931~913)</td></tr>
<tr><td>나답(910~909)</td><td>아비야(913~910)</td></tr>
<tr><td>바아사(909~886)</td><td>아사(910~869)</td></tr>
<tr><td>엘라(886~885)</td><td>여호사밧(872~848)</td></tr>
<tr><td>시므리(885)</td><td>여호람(요람, 853~841)</td></tr>
<tr><td>오므리(885~874)</td><td>아하시야(841)</td></tr>
<tr><td>아합(874~853)</td><td>아달랴(841~837, 여왕)</td></tr>
<tr><td>아하시야(853~852)</td><td>요아스(여호아스, 837~800)</td></tr>
<tr><td>여호람(요람, 852~841)</td><td>아마샤(800~783)</td></tr>
<tr><td>예후(841~814)</td><td>아사랴(웃시야, 783~742)</td></tr>
<tr><td>여호아하스(814~801)</td><td>요담(섭정, 756~736)</td></tr>
<tr><td>여호아스(요아스, 801~786)</td><td>아하스(섭정, 746~726)</td></tr>
<tr><td>여로보암 2세(786~746)</td><td>히스기야(726~697)</td></tr>
<tr><td>스가랴(746, 6개월)</td><td>므낫세(696~641)</td></tr>
<tr><td>살룸(746, 한 달)</td><td>아몬(641~639)</td></tr>
<tr><td>므나헴(746~736)</td><td>요시야(639~608)</td></tr>
<tr><td>브가히야(736~735)</td><td>여호아하스(608, 석 달)</td></tr>
<tr><td>베가(735~729?)</td><td>여호야김(608~597)</td></tr>
<tr><td rowspan="2">호세아(729~721)
: 사마리아 함락, 멸망</td><td>여호야긴(597, 석 달)</td></tr>
<tr><td>시드기야(597~586)
: 예루살렘 함락, 멸망</td></tr>
</table>

※ 사울의 등극시기와 통치기간은 불확실하며, 각 왕의 연대표는 신학자에 따라 수년씩 차이가 있다. 아버지와 겹치는 아들은 섭정 기간을 포함한다. 여러 학자들을 종합해서 편성한다.

가나안 지역의 정세변화와 사무엘의 등장

이스라엘이 사사 시대 230여 년 동안 '오직 야훼' 이념 아래, 공통의 신앙과 종교에 기초한 각 지파 자치주의와 부족 연합주의를 통하여 민족 공동체를 유지해온 것은 그나마 국제정세가 이롭게 전개되어 강대국들의 침략이 없었던 데다가, 가나안의 여러 왕국들이 모두 가난하고 고만고만한 나라들이기에 가능한 것이었다. 그런데 그 태평세월이 지나자, 주변 부족들이 날이 갈수록 경제적으로 발전해가면서, 그때까지도 정치적 왕국을 이루지 못하고 살던 이스라엘을 차츰 압박해 들어오기 시작했다.

그중에서도 가장 강력한 왕국은 지중해변에 자리 잡고 있으면서 중앙고원을 넘어 이스라엘 남부까지 점령해 들어온 **"블레셋"**이었다(그-필리스티아Philistia, 로마제국-팔레스티나Palestina). 그들은 수세기에 걸쳐 지중해 여러 섬과 해안지대에서 이주해온 해양민족으로(기원전 1300년경부터) 그때 이미 **철기 문명**을 소유하고 있었다. 철기 문명은 터키와 시리아 북쪽 지역까지 차지하고 있던 "히타이트"(헷, 기원전 1400년경~1193년) 왕국이 세계 최초로 발명한 것인데, 블레셋 사람들이 가나안으로 이주하면서 가져왔다.

그러나 이스라엘은 "사울 왕 시대까지 여전히 후기 **청동기 문명** 속에서 살았기에"《안토니우스 H. J. 군네벡-이스라엘 역사》, 블레셋과는 싸움이 되지 않았다. 그때까지 이스라엘을 비롯한 가나안 부족들이 후기 청동기 문명 속에 있었던 까닭은 블레셋이 철기 문명의 유출을 완전히 금지하고 독점했기 때문이다. 그래서 철제농기구를 구입하거나 벼릴 일이 있으면, 블레셋으로 가서 비싼 돈을 주고 거래해야만 했다(13:19~22). 청동기는 무른데다가 금방 녹이 슬고 내구력(耐久力)도 약해서, 무기로서는 별로 쓸모가 없었다. 그러나 철기는 내구력이 좋고 강하고 날카로워서 치명적인 상처를 입혔다.

그리하여 그때부터 이스라엘은 한두 지파의 전쟁이 아니라, 전 부족이 맞서서 싸워야 할 새롭고 절박한 상황에 내몰리게 되었다. "블레셋은 이 땅 전체, 즉 '요르단강 서편 땅 전체'를 복속시키려는 작업을 착수했기에, 이스라엘은 그들과 결정적인 힘겨루기 한 판을 하지 않을 수 없는 상황이 되었다. 그리고 바로 이러한 상황은 이스라엘을 이제까지 밟아본 적이 없는 정치 세력화의 길로 내몰았다."《마르틴 노트-이스라엘 역사》

이렇게 가나안 땅에 오래 지속되었던 힘의 균형이 급격히 무너지기 시작한데다가, 이스라엘도 나름 발전을 이루어, 더 이상 일시적으로 출현하는 카리스마적 지도자(사사)만 의존하기에는 여러모로 정치적인 한계가 있었다. "그래서 이제 시대변화를 따를 수밖에 없는 처지에 놓이게 되었다."《노만 K. 갓월드-히브리성서, 제1권》

"사무엘"(하나님이 들으시다)은 지도자로서는 사사 시대와 왕정 시대의 과도기를 잇는 다리였다. 그는 왕정 제도를 실시하게 하고는 얼마 후 은퇴했는데, 그것은 그도 어쩔 수 없이 도입해야 했던 시대적 대세에 따른 고육지책이었다. 사무엘은 이스라엘이 대대로 모세 다음으로 존경한 걸출한 2대(大) 지도자의 한 사람이었다.(예레미야서 15:1)

사무엘은 어머니 **"한나"**가 오래도록 자식이 없어, 자식이 많은 시앗(남편의 작은 부인)에게 조롱을 받으며 고통 속에서 눈물로 세월을 보내던 중, "실로"에 있는 "천막 성전"(성막)에 가서 **"아들을 주면 하나님께 바치겠**

다."는 서원 기도를 한 후 얻은 귀한 아들이었다(1:1~28). 그런데 놀랍게도, 그 엄마는 아이가 젖을 떼고 말귀를 알아듣게 되자마자(3~4세쯤), 서원대로 그 어린 것을 성전에다 내팽개치다시피 떠밀어놓았다! 그러곤 일 년에 딱 한 번, 커가는 아들 옷을 지어다 줄 때만 찾았다(2:18~19). 밤낮 물고 빨고 애지중지해도 모자랄 아기를, 인정사정없이 품에서 떼어놓은 그 엄마는 도대체 어떤 엄마일까? 그런 엄마를 일 년만에 만났을 때, 그 어린 것의 가슴이 어땠을까를 생각해보라. 지금부터 3,000여 년 전, 고대 이스라엘의 한 여인이 드러낸 무서운 정신에 그저 경악할 따름이다. 모세의 경우처럼, 크게 버림으로써 크게 얻는다는 진리가 여기에서도 드러났다. 그렇게 아들을 하나님에게 내다버린 그 엄마는 오히려 민족에 큰 인물을 바친 것이고, 역사가 길이 기억하는 아들을 얻게 되었던 것이다.

그렇게 사무엘은 아장아장 걷던 서너 살 적부터 엄마 정(情)도 모르고, 친구도 하나 없이(!), 그저 한없는 고독 속에서 자랐다. 그러니 그 어린애의 심정을 누군들 헤아릴 수 있겠는가? 고아 아닌 고아가 되고 만 사무엘은 밤이 오면, 바람이 불 때마다 펄럭거리는 괴기스러운 천막 성전에서 홀로 자면서(!), 늙고 뚱뚱한(게으르고 무책임하다는 뜻) **"엘리"** 할아버지 목사님(제사장)의 심부름을 하며 살았다.(2:21; 3:1)

그런데 고령에다가 몸이 비대하여, 거의 걷지도 못하고 종일 의자에만 앉아 있던 그 할아버지 제사장님은 역시 제사장인 두 아들을 제대로 가르치지 못한 죄를 범했다(2:27~36; 3:13~14). 그들은 민족을 위한 거룩한 직업을 스스로 모독하며, 하나님의 이름을 더럽히고 재물만 탐하는 **"불량한 자들"**(Bne Beliyyaal)이었다. 그래서 그들의 아버지에게는 이런 말이 해당되었다. "노년의 네 구석이 있으니, 조락(凋落)과 노쇠와 퇴폐와 비애(悲哀)이다."《빅토르 위고-레미제라블, 제4권》 그것은 엘리 개인으로선 가문의 슬픔이었지만, 무엇보다도 민족의 비애였다.

그러다가 몇 년 후 어느 날 밤, 사무엘은 하나님의 목소리를 듣는 거룩한 종교체험을 했다(3:1~18). 그는 청년이 될 때까지 여러 차례 그런 경험을 했다(3:21). 세월이 부지런히 흐르자 어느덧 백성은 그를 "하나님의 예언자"로 알았다.(3:20~4:1a)

그러던 어느 날 이집트가 팔레스타인에 대한 지배력을 잃어버린 틈을 타 "블레셋 군대가 쳐들어왔다."(4:1b~22) 이 전쟁은 이스라엘에 엄청난 충격파를 던져, 그동안 지속해온 사회구조 자체를 바꾸어야 하는 중대한 결과를 가져왔다. 그때는 여전히 후기 청동기 문명 속에서 왕도, 군대도 없는 사사 시대 말기였다. 블레셋은 중앙고원을 넘어 이스라엘 한가운데 있는 '에브라임' 부족의 땅까지 밀고 들어왔다(1050년경 아벡 전투, 제1차 블레셋 전쟁). '실로' 성전은 그 지역에 있었다.

이스라엘은 4천 명이 전사했다. 그러자 이스라엘은 돌아와서 엘리의 두 아들 제사장을 앞세우고 국보인 "법궤"를 메고 다시금 전쟁터로 향했다. 이것은 이스라엘이 가나안 땅에 들어온 이후 최초로 전 지파가 동원된 전쟁을 치렀다는 뜻이다. 왜냐하면 이스라엘 전체의 생존이 달린 문제였고, 한두 지파의 전쟁에 법궤를 동원하는 일은 없었기 때문이다.

법궤를 앞세운 것은, 여리고 성 전투에서도 보았듯, 고대 어느 민족에서나 전쟁할 때 종교의례나 신상(神像)을 앞세우고 신의 가호를 빌었던 관습에 따른 것으로, 이스라엘 역시 자기들이 믿는 야훼 하나님의 임재를 상징하는 법궤가 신통한 효험·기적을 발휘한다고 믿었기 때문이다. 그러나 하나님의 법궤는 어디까지나 신앙과 도덕성을 전제한다(에스겔서 10장). 그것을 상실했는데도, 법궤 자체가 무슨 기적을 발휘할 것이란 소망은 해괴망측한 미신이다. 신앙과 도덕성을 상실한 법궤란 그저 종교적 궤짝일 뿐이다. 십자가니 성서니 묵주니 성호 긋기니 하는 것이 모두 그러하다.

뚱뚱한 엘리와 두 아들 제사장의 비위(非違)와 무기력과 안일 증세는 이스라엘이 종교적으로 침체와 쇠락에 빠져 있었다는 증거이기도 했다. 결국 이스라엘은 '아벡 전투'에서 대패하고 법궤까지 빼앗기고, 두 아들 제사장은 전사하고 말았다. 그 소식을 들은 늙은 아버지는 비대한 몸을 가누지 못하고 "의자에서 고꾸라져 목이 부러져 죽고 말았다."

그리하여 이스라엘은 하루아침에 법궤와 제사장들을 한꺼번에 잃어버리는 비극을 겪었고, 게다가 "민족의 구심점인 중앙 제의(祭儀) 성소(聖所)인 실로까지 완전히 훼파되고 말았고"《존 브라이트-이스라엘의 역사, 상권》, 제사장 제도는 거의 와해되었다. 그 일은 그 후 400여 년이 지난 '예레미야' 예언자 시대까지, 두고두고 이스라엘의 죄에 대한 하나님의 엄중한 심판을 상징하는 비극적인 사건으로 기억되어 가슴 아픈 상처로 남았다.(예레미야서 7:12)

블레셋은 에브라임과 베냐민 지파 땅 깊숙한 지점까지 침투하고 수비대까지 설치했다(10:5; 13:3). 그 결과 주변 민족들도 이스라엘을 얕보고 침략해 들어오기 시작했다(11장). 그런데 얼마 후, 법궤가 블레셋에서 전염병을 일으켜 말썽이 생기자, 그들은 그것을 수레에 실어 이스라엘의 한 촌락에 내버렸다(5:1~7:1). 이스라엘은 그것을 어떤 사람의 집에 옮겨다 두었다.

그렇게 하여 이제 20대 초반의 청년기에 들어선 사무엘이 갑자기 역사의 흐름에 떠밀려 이스라엘 민족의 마지막 사사(아들 둘도 사사였지만 얼마 후 폐함), 제사장, 민족의 스승과 지도자, 그리고 무엇보다 최초의 예언자가 될 상황이 마련되었다. 모세는 예언자로 말하기도 하지만(신명기 18:15), 주로 민족 지도자로 본다.

예언자 사무엘

예언자(預言者)는 "하나님의 입"(출애굽기 4:16)이 되어 당대 사람들에게 말하는 사람이다. "나비"(Navi)는 "부름을 받은 자, 말을 전하는 자"이다.

그리스어는 "프로페테스"(Propetes, ~ 앞에서, ~를 향하여 말하다), 영어는 Prophet, 한자로는 맡길·맡을 예(預), 말 언(言), 사람 자(者)로 쓴다.(미리 예豫가 아님!)

쉽게 생각하면, 예언자는 상관의 명령을 전달하는 군대의 전령과 비슷한 사람이다. 자기 뜻이나 말을 전하는 게 아니다. 그렇다고 녹음기 같은 존재도 아니다. 예언자는 누구보다도 깊은 영적 체험과 의로운 사상과 강렬한 주체성을 지닌 인간이다. 오늘날 예언자는 사회 비판가, 사회 철학자, 비판적 지성인이라고 보면 가장 쉽게 이해할 수 있지만, 히브리 예언자는 이 모든 것을 넘어서는 독특성을 지니고 있다. "히브리 예언자는 세계사에서 그 유례를 찾아볼 수 없는 이스라엘만의 전혀 독특한 현상이다."

《아브라함 J. 헤셸-예언자들, 상권》

예언자는 구체적인 한 시대에서, 당대 인간과 나라와 역사의 현실을 똑바로 들여다보고, 깊은 종교적 체험과 지성적 자각을 통하여 깨달은 생각을 직설(直說)의 언어에 담아, 불의하고 부도덕한 왕과 정치가들과 사회 지도층과 백성에게 독설과 비판을 날리면서, 시대가 나아가야 할 대안(代案)과 방향을 제시한 종교적 지성인이다. 굳이 오늘날 이해하기 쉽게 말하면, 목숨을 내놓고 사회를 비판하는 독설(毒舌)의 철인(哲人)이다. 예언자는 오로지 이스라엘의 뿌리와 기둥인 '오직 야훼'를 향한 절대 신앙과 충성을 선포하며, 그것만이 구원의 길이라고 외친 사람이다. 그래서 "이스라엘은 하나님이 세워주는 예언자의 말을 들어야 한다."(신명기 18:15)

이러한 예언자가 된 사무엘은 법궤를 오래도록 방치했고, 새로 성막을 짓지도 않았다. 그는 자기 집에 "제단을 쌓고" 일을 시작했다(7:15~17). 그것은 모든 이의 예상을 깬 뜻밖의 일이었다. 그것을 볼 때, 그는 자신을 사사나 제사장보다는 예언자로 생각한 것으로 보인다. 그는 사실 제사장 부족인 레위지파 사람도 아니었다(에브라임 지파). 그리하여 '실로' 성막은 폐쇄되고 말았다.

사무엘이 민족 지도자로서 가장 먼저 한 일은 **민족회개와 계약갱신의 개혁**이었다(7:2~6). 그는 썩은 정신으로는 블레셋을 제압할 수 없고, 민족의 현재와 미래에 희망이 없다고 보았다. 그가 그런 일부터 먼저 한 까닭은 아마도 어려서부터 성막에서 지내면서 전승되어 온 여러 가지 율법을 읽거나 조상들의 이야기를 듣고, 이스라엘의 본질과 뜻을 깊이 깨달았기 때문으로 보인다.

계약갱신 작업은 여호수아 이래로 한 번도 한 일이 없었다. 그러니 변화하는 사회발전에 따라 어느덧 사사 시대에 건강하던 민족정신이 이완될 대로 이완되었다고 볼 수 있다. 그래서 사무엘은 정신개혁이 필수적이라고 판단하고, "미스바"에서 이스라엘 전 부족 대표자 회의를 소집했다. 그것은 무슨 회의를 하자는 게 아니라, 제사를 바치며 회개하고 하나님과 맺은 계약을 갱신하기 위해서였다. 즉, 신앙의 회복에 관한 것이 주제였다. 그가 보기에 적도 적이지만, 근본적인 것은 신앙과 전통의 회복이었다. 그것이 이루어져야 '실로' 성지를 재건해도 될 것이었다.

대표들이 모이자, 젊은 사무엘이 강단에 올라 외쳤다. 대략 이런 내용이었다. "우리가 이렇게 초라한 신세가 된 것은 하나님께 불충했기 때문이다. 이제라도 단단히 마음을 고쳐먹고, 갖가지 우상들을 소멸해버리고 전심을 바쳐 하나님을 섬겨야 블레셋을 물리치고 평안하게 살 수 있다!" 젊은 청년 지도자의 사자후(獅子吼)가 사람들의 마음을 꿰뚫고 골짜기에 울려 퍼졌다. 그러고는 물을 길어다 한 웅덩이에 퍼붓고, 그것을 제물 삼아 종일 금식하며 기도했다. 그것은 이스라엘이 드린 최초의 물 제사였다. 나중에 예언자 "엘리야"가 재현하기도 했다(열왕기상 18장). 이 제사의 종교적 의미는 깊었다. 물은 마음을 깨끗이 씻고 새로 태어나는 재생(再生·齋生)의 상징이었기 때문이다. 모든 부족 대표들이 진심으로 뉘우치며 민족의 죄를 회개하고 하나님께 마음을 바쳤다.

그러자 이스라엘이 모여 전쟁을 벌이려는 줄로 안 블레셋 군대가 다시 쳐들어왔다(제2차 블레셋 전쟁. 7:7~14). 사람들이 두려움과 공포에 빠지자, 사무엘은 어린 양을 잡아 번제로 바치며 열정적으로 기도했다. 그러자 갑자기 기상이 악화하여 사나운 바람이 불고 폭우가 쏟아지며 번개와 천둥과 벼락이 떨어지기 시작했다. 그 폭음과 번뜩이는 빛에 놀란 블레셋 군대가 도망치자, 이스라엘은 그들을 추격하여 크게 무찌르고 대승했다. 그들은 하나님의 도움으로 이해하고(기적이란 이런 것!), 커다란 돌을 가져다가 기념비로 세우고 **"에벤에제르"**(Ebenezer, 도움의 돌, 에벤에셀)라 불렀다. 실로 '오직 야훼'의 신념이 가져온 결과였다.

그러나 그조차도 이스라엘의 마음에 그리 큰 영향을 주지는 못했다. 하지만 그 일로 청년 사무엘은 민족의 지도자와 예언자로서 확고히 입지를 굳히게 되었다. 모두 사무엘이 모세와 같은 위대한 지도자라고 칭송했다. 그렇게 하여 이스라엘은 오래도록 **"평화롭게 지냈다."** 이 장면이 바로 구약성서에서 신학적 단골 메뉴로 등장하는 구원등식이다. '죄와 고난→ 회개와 언약갱신→ 하나님의 구원→ 평화.'

시대의 변화, 왕을 세우다

종교문명(인문)과 기술문명(물질)의 관계에 있어서 가장 바람직한 것은 함께 진보해 나아가는 것이겠다. 이른바 지식을 통합하는 문명이다. 종교가 진리와 학문과 이상을 설파하며 건전하게 융성하면, 나라의 중추적인 역할을 감당하면서 정신 및 윤리와 문화 창달에 큰 영향을 발휘한다. 그러나 종교가 세속주의·보수주의·권위주의·교조주의(Dogmatism. 도그마는 본래 종교적 진리를 가리킨 말인데, 고집을 부리며 변화를 거부하는 태도를 가리키며 오용됨)를 고집하는 경향으로 나아가면, 사회변화와 과학과 문명 발전의 걸림돌로 작용하여 나라를 후진국으로 떨어뜨리고 자신마저도 쇠퇴한다. 인간과 나라와 문명은 어느 하나만 가지고는 제대로 살 수 없다. 그렇기에 종교문명과 기술문명의 조화로운 균형이 중요하다. 이를테면 종교문명을 하부구조로 하고 기술문명을 상부구조로 하거나, 또는 기술문명을 하부구조로 하고 종교문명을 상부구조로 꽃피우는 것이다. 그런데 이러한 일은 매우 어렵다.

이제 이스라엘이 시대변화에서 어떤 선택을 했는지 생각해보기로 하자. 이스라엘에 대패한 후, 시간을 두고 전력을 가다듬으며 더욱 강성해진 블레셋은 남서쪽 옆구리로부터 거세게 압박해 들어왔다. 그러나 이스라엘은 사무엘이 민족 지도자로 활동하기는 했지만 왕처럼 강제적 통솔력을 행사한 것은 아니었기에, 여전히 그를 중심으로 한 사사 시대의 자치주의·연합주의를 고수하며, 주변국들과 교류를 일체 단절한 채, 자기들의 문화만 고수하며 굳게 문을 걸어 잠그고 쇄국주의 문화정책 속에서 살았다.

이스라엘이 그렇게 한 것은 '오직 야훼' 이념만 붙들고 살았기 때문이다. 그런데 매우 역설적으로, 바로 이것이 이스라엘을 주변국들에 비해 결정적으로 낙후되게 만드는 근본적인 요인이 되고 말았다. 오직 야훼 이념은 이스라엘이 광야에서 자기들만 살던 때나, 가나안에서, 즉 세상이 아주 느린 속도로 흘러가는 농업사회에서나 가능한 것이었다. 그러나 이제 그런 시대가 저물어가고 있었다. 따라서 이스라엘은 변화하는 문명 속에서 지혜롭게 대처해야 할 '새로운 실험'에 직면하지 않을 수 없게 되었다. 그렇다고 오직 야훼 이념을 버릴 수도 없었기에, 오직 야훼 이념의 종교문명을 하부구조로 하여 새로운 정치체제와 기술문명을 상부구조로 건설하는 것밖에는 다른 길이 없었다.

이스라엘은 문화적 쇄국 정책을 지속하는 가운데서도, 그 사이 농업이 크게 발전하여 식량 생산과 인구가 늘어나며 사회가 급격히 변해갔다. 그러면서 어느덧 개인과 지파 사이에 빈부 격차가 넓게 발생했고, 토지와 소득 불평등 문제 등으로 인한 소송의 빈도수가 급격히 늘어나며 부족연대가 느슨해져 갔다. 사무엘은 소송을 해결하느라고 불철주야 돌아다니며 활동했다(7:16). 그러나 그는 세상의 변화를 어느 정도 읽고 있었지만, 전체적인 안목으로 통찰하는 눈이 부족했다.

그런데 사무엘은 '아벡' 전투(제1차 블레셋 전투)로 철저히 훼파된 '실로' 천막 성전과 법궤를 여전히 민가에 내버려 두었다. 그것은 이스라엘의 마음 중심을 방치한 것이나 마찬가지였는데도, 그는 그 일을 진지하게 고려하지 않았다. 그러니 성소 파괴와 제사장 제도의 붕괴로, 성소와 제사장이 없는 나라가 되고 만 것이었다. 그는 이것이 백성들에게 미친 불안과 두려움을 깊이 헤아리지 못했고, 백성들은 점점 더 의혹과 불만에 휩싸여 갔다.

그런데다가 그에게 더욱 불리한 한 가지 사건이 터졌다. 그가 사사로 세운 두 아들도 '엘리'의 아들들처럼, "뇌물을 받고 사사로이 재판하며 돈벌이에 정신이 팔리는"(8:1~5) 해괴망측한 일이 생기자, 차츰 백성 사이에 원성이 쌓여만 갔던 것이다. 그런데 그가 두 아들을 사사로 임명한 것은 분명히 월권이요 실책이었다. 사사는 세습제가 아닌, 하나님의 카리스마를 받아 나서는 비상시의 제도였기 때문이다. 사무엘은 이스라엘 민족이 대대로 손꼽는 청렴의 모범인 딸깍발이 선비요 공직자였다. 보수도 받지 않았다(12장). 그런 그가 이상하게도 세습을 시키려고 했다. 거기에서 결정적인 하자(瑕疵)가 발생했다. 그는 나중에 두 아들을 해임했다.(12:2)

그리하여 성소 파괴, 12지파 공동체 사이의 균열, 블레셋의 위세와 침략, 급격한 사회변화, 부의 소유에 따른 지파와 계층의 분화, 지도자 자식들의 추태 등의 일들이 복합적으로 얽혀 동요하면서, 각 부족의 부유층을 중심으로 불만이 터져 왕정 제도의 필요성을 공개적으로 거론하기 시작했다. 결국 **"이스라엘의 모든 장로들"**(12지파 대표자들)이 사무엘과 담판을 지으려고 모여들었다. 그 장면을 유심히 들여다보면, 그들은 단지 각 부족의 종교적 대표자나 원로인 것을 넘어서, 그동안 사회발전 속에서 부를 축적한 부족의 대표자들로 보인다. 따라서 그들은 각 부족의 권력자들이면서 자연스럽게 부족의 대표자가 된 사람들이었다.

그러면 그들은 왜 왕정 제도를 주장하고 나왔을까? 나라와 민족에 대한 애타는 열정 때문이었을 수도 있다. 그러나 눈앞에 닥친 블레셋의 위협, 성소 파괴와 법궤 방치와 제사장 제도 붕괴, 부족공동체의 균열로 인한 사회적 불안은 상상 이상으로 컸다. 그들의 논리 뒤에는 이미 현실적인 속내도 깊숙이 자리 잡고 있었다. 그들은 자기들의 기득권을 생각했다. 그들의 주장은 현실에 기초한 것이었다. 그들은 하나님도 생각하고 나라도 생각하고, 자기들의 기득권도 생각했다. 그들이 왕정 제도를 주장하면서 내세운 역사적인 상황과 이유는 주로 세 가지였다.(8:1~22)

첫째, 그들은 **"사무엘이 너무 늙었다."**는 것을 들었다. 그것은 그가 듣기에 따라, 그동안 그의 인품과 치적을 인정하고 존경을 표시한 말로 들을 수도 있고, 아니면 그가 늙고 고집스러워 세상의 변화에 유연하게 대처할 줄 모른다는 지적으로 들을 수도 있는 말이었다. 그러나 그 후 내세운 두 가지 이유 때문에, 그에게는 뼈아픈 말이 되고 말았다.

둘째, 그들은 그의 **"두 아들의 비행"**과 무능력을 들고 나왔다. 그것은 그의 가슴을 절망으로 몰아넣었다. 그는 아무 말도 할 수 없었다. 그러나 그가 자식들을 제대로 훈육할 수 없었던 이유는 '엘리' 제사장의 경우처럼 태만이나 무책임에서 일어난 것이 아니라, 하루도 쉬지 않고 전국을 돌아다니며 백성을 지도했기에 집에 있을 틈이 없었기 때문이다. 그는 지나치다 할 만큼 강골(強骨)의 선비 예언자였기에 가난하기 그지없게 살았다.

셋째, 블레셋의 증폭되는 위세, 법궤 상실, 성소 훼파와 제사장 제도의

와해 등은 예전과 같은 이스라엘의 왕이요 전쟁의 신 야훼 이념을 완전히 뒤흔들어버린 충격적인 사건이었다. 한꺼번에 터진 이런 사건들은 무엇보다도 백성에게 하나님의 왕권에 대한 크나큰 의심을 가중시켰다(하나님의 왕권 폐위. 8:7). "그들은 하나님의 법궤와 그것에 의해 인도되던 군대의 파국적인 사실을 생생하게 기억하고 있었기에, 블레셋과의 싸움에서 성소나 하나님의 사람들에 대하여 실망하였다. 그들은 하나님의 법궤에 실망하였으며, 하나님의 영에게 실망하였다. 그리하여 백성은 왕조의 은사(카리스마)를 바랐다."《마르틴 부버-예언자의 신앙》

이렇게 대표자들이 겉으로 내세운 이유는 하나이니, 곧 국가안보 논리였다. 제도적인 왕과 군대가 없이는 나라의 안보를 기약할 수 없다! "우리도 모든 이방 나라들처럼 왕을 세워야 한다!"(8:5) 세계 어느 나라에서나 같은 이유에서 왕정 제도가 출발했다는 것은 역사가 증명한다.

냉철하게 볼 때, 가장 설득력 있는 현실적인 논리는 세 번째 이유였다. 크고 작은 주변 민족들은 저마다 왕을 세우고 군주국가 체제를 갖추고 살았지만, "이 땅에 정착한 후 오랜 시일이 지나도록 정치 권력의 결집과 국가 형성이 이루어지지 않은 것은 이스라엘 지파들의 제의 동맹뿐이었다. 개별 지파들은 자신의 안정과 안전을 스스로 책임져야 했다. 그 이상의 정치적 발전을 저해한 모종의 장애물이 존재하였음이 분명하다. 하나님 및 그분의 뜻에 대한 이스라엘 지파들의 제의 동맹의 배타적인 헌신(오직 야훼주의)은 그들의 역사에 영향을 미쳤고, 이스라엘의 특수성은 이렇게 역사적 사실로 나타났다. 결국 이스라엘이 왕정을 받아들여 이제까지 그토록 엄격하게 고수하던 노선을 버리고, 주변 민족들과의 관계에서 정치 권력의 길로 선회하게 된 것은 개별 지파들만이 아니라, 이스라엘 전체의 연속성과 생존을 매우 심각하게 위협하는 역사적 상황이 팔레스타인에서 전개된 결과였다. 사울 왕의 등극은 가나안 땅 전체에 대한 절대적인 지배권을 획득하고자 하고 있었던 블레셋의 커가는 세력을 그 역사적 배경으로 하고 있었다."《마르틴 노트-이스라엘 역사》 바로 이것이었다.

따라서 그때는 엄정하게 대처하지 않으면 안 될 상황이었다. 바야흐로 '오직 야훼' 이념이 일대 위기에 처한 시기였다. 사무엘은 그들의 주장을 더는 야훼 하나님만을 왕으로 모실 수 없다는 모독적인 언사로 들었고, 이스라엘이 평등하고 평화로운 공동체의 전통과 이상을 포기해버리는 것으로 해석했다.(8:6~22)

그리하여 사무엘은 끝내 **"마음만 상하고"**(8:6) 말았다. 그는 자기 시대에 와서 이스라엘의 왕인 하나님이 그 자리에서 내몰린다고 생각한 나머지 분노했다(8:7~9). 그러나 그는 자기 고집만 내세울 수 없었다. 그때 그도 시대의 변화를 전혀 모르지는 않았다. 그는 며칠 동안 생각에 생각을 거듭하며 하나님과 왕정 제도 사이의 절충점을 찾기에 골몰했다. 그때야말로 이스라엘 민족의 역사상 가장 중차대한 분기점이었다.

마침내 그는 왕의 유일한 임무는 오직 야훼 이념 아래 12지파의 연합이라는 평등공동체의 이상(理想)을 보전하는 정치를 해야 한다는 절충안을 찾았다(8:21~22). 그것이 하나님과 이스라엘이 맺은 계약 사상이기 때문이다. 그리하여 사무엘이 최초로 세운 왕의 임명절차는 새로운 전통이 되었다. 그것은 **"하나님의 지명→ 예언자가 기름을 붓는 일→ 백성의 동의→ 선포"**라는 절차였다. "이스라엘의 왕정 제도란 선출 및 장로들과의 합의라는 방식을 통해 확증됨으로써 얻게 된 지도력이다."《발터 아이히로트-구약성서신학, 제1권》 결국 처음에는 "그들이 나를 버려 자기들의 왕이 되지 못하게 한 것"(8:7)이라고 반대하던 하나님도 결국 "나의 백성이 겪는 고난을 내가 보았고, 나의 백성이 살려 달라고 울부짖는 소리를 내가 들었다."(9:16c)고 하며 허락했다.

사울 왕

사무엘은 "베냐민 지파"의 "사울"이라는 중년의 농부 혹은 축산업자를 찾아, 그의 머리에 기름을 붓고 왕으로 임명했다(9~10장). 사울이 왕으로 등극한 연대는 확인 불가능한데, 1050/1030/1020년 등, 여러 설이 있다. 이 책에서는 대략 기원전 1020년경으로 보고, 그의 통치 기간을 1020~1010년으로 만 10년 정도 잡는다.

그런데 하나님과 사무엘이 "가장 작은 베냐민 지파"(9:21) 사람을 택한 뜻은 무엇일까? 왕의 최고 덕목을 겸손하게(!) 하나님을 신뢰하고 백성을 섬기는 것이라고 못 박은 것이다. 능력은 그다음이다. 즉, 신앙의 인격과 도덕성이야말로 왕의 덕목 중 최고라고 말한 것이다. 이스라엘의 안보와 번영과 미래는 왕이 아니라, 여전히 하나님에게 달린 것이기 때문이다. 하나님과 백성과 역사 앞에서 겸손하지 못하면서 능력 있는 왕은 나라의 재앙이다.

그러면 사울은 어떤 사람이었을까? 결과를 보고 하는 말이지만, 그는 왕이 될 만한 재목이 아니라, 농사와 목축을 하면서 순박하게 살아야 할 농부였다. 그렇다면 하나님이나 사무엘이 사람을 보는 눈이 없었다는 뜻일까? 하나님과 사무엘의 실수였을까? 아니다. 그는 끝까지 겸손해야 했다! 매사에 하나님을 신뢰하고 걸어갔다면 그도 훌륭한 태조가 되었으리라. 사무엘도 그에게 **"하나님의 인도를 잘 따르라."**(10:7)고 신신당부했다. 따라서 부름을 받은 모든 이가 그렇듯, 사울도 하나님의 실험이었다.

사울 왕이 등극하기 얼마 전인 기원전 1046년, 중국에서는 주(周)나라 무왕(武王)이 동생인 주공(周公) 희단(姬旦)과 함께, 부패한 천자(天子)의 나라 은(殷=상商)을 멸망시키고 주나라 제국(제국-휘하에 여러 왕국을 거느린 나라) 천하를 열었다. 무왕이 죽고 어린 아들 성왕(成王)이 즉위하자, 주공은 왕의 정치 고문이 되어 어떤 권력욕도 없이 7년 동안이나 훌륭한 섭정을 하고 물러났다.

주공은 훌륭한 인재를 등용하고 아낀 일로 중국사에 큰 영향을 끼친 사람이다. 그는 출신, 지역, 신분, 학력을 불문하고 천 리를 멀다 하지 않고 가서, 하층민이나 평민 속에서도 인재를 발굴하여 기용한 사람이다. 그가 인재를 얼마나 아꼈는지를 보여주는 유명한 말이 있다. “한 번 목욕하다가 머리를 세 번 움켜쥐고 나오고, 한 번 식사하다가 먹던 것을 세 번이나 뱉어내고 나왔다.”(일목삼착一沐三捉 일반삼토一飯三吐) 목욕하고 식사하던 중, 훌륭한 인재가 찾아오면 지체하지 않고 나가서 맞아들였다《사마천-사기》. 그 후 주공은 공자(孔子)가 꿈에서라도 만나보기를 원했던 성인(聖人)으로 숭앙되었다. 이것이 국가나 기업체를 경영하는 진정한 CEO의 면모라 할 것이다. 왕(대통령)이 혼자서 뭘 다 알고 하겠는가?

그리고 부지런한 세월이 거침없이 흘렀다. 사울의 왕위가 그런대로 튼튼해지자, 사무엘은 자신이 물러설 때인 것을 알고 은퇴식을 가졌다(12장). 그것은 동서고금 훌륭한 정치가의 고별사 중에서도 단연 인상 깊은 장면에 속한다. 그가 한 말은 길지만, 대략 세 가지였다.

첫째는 자신이 지도자로서 평생토록 청빈하게 살면서 솔선수범해왔기에 아무런 부끄러움이 없다는 것이다. 그러자 모든 백성이 인정하며 눈물을 흘렸다. 둘째는 이집트 해방에서부터 광야 생활과 가나안 정착 생활 중 있었던 하나님의 은총을 거론하면서, 절대로 가나안 땅의 종교를 따라가지 말라고 경고했다. 셋째는 왕이나 백성 모두가 한마음이 되어, 하나님 앞에 겸손하게 살아야 안전보장이 가능하고 번영할 것이라고 했다. 그러면서 그는 마지막으로, 죽는 그 순간까지 “민족을 위해서 기도할 것”이라고 말했다. 실로 위대한 지도자의 감동적인 연설이었다. 모두 고개를 숙이고 떠나가는 지도자를 바라보며 울었다. 그는 이스라엘 역사상 걸출하고 청빈하고 강직한 지도자의 모범이었다.

그런데 문제는 그가 은퇴식을 했는데도 불구하고 계속 활동했다는 것이다. 그것이 문제를 키웠다. 그리하여 동서고금의 역사에서 정치든 종교든, 신구(新舊) 지도자들의 불화는 백성에게 고통과 분열을 가져와 쇠락을 앞당긴다는 진실이 드러나게 되었다. 사무엘의 마지막 모습은 영 뒷맛이 개운치 않은 것이었다.

그 후 오랜만에 철기전차와 철기병과 중무장 철제무기 보병을 앞세운 블레셋 군대가 다시 침입했다. 이스라엘은 여전히 후기 청동기 시대였다. 사울의 소집령으로 나온 모든 지파의 의병군이 블레셋 군대의 위엄에 겁을 먹고 두려움과 공포에 휩싸여 흩어지기 시작하자, 다급해진 사울은 사무엘에게 도움을 청했다(13:3b~7). 사무엘이 왕에게 해줄 것이 제사·기도밖에 무엇이 있었겠는가? 그런데 사무엘은 한시가 급한 마당에 일주일 후에 가겠다고 말했다(13:8). 사무엘은 아무리 급해도 인간적 방책을 쓰지 않고 인내하며 하나님의 도움을 기다리는가를 재보려고, 사울을 시험한 것 같다.

사무엘이 약속기한이 지났는데도 나타나질 않자, 사울 주변에 있던 핵심 의병들마저 흩어지기 시작했다. 그래도 사울은 두려움을 극복하고, 위엄을 가지고 군대를 통제하며 기다렸어야 했다. 그런데 거기까지였다. 사울은 왕이라도 직접 드릴 수 없는 제사를 자기 손으로 드리고야 말았다(13:9~14). 그 직후 사무엘이 도착했다. 사울은 책망하는 사무엘에게 약속을 지키지 않은 것을 항의했다. 그러나 그는 듣지 않았다. 그러면서 "하나님이 마음에 맞는 사람을 찾아 새로운 영도자로 세웠다."고 일방적으로 통지하며 **첫 번째로 왕조폐기 선언**을 했다. 그러고는 중대한 전쟁을 앞둔 군대를 버려두고 돌아갔다. 그래도 다행인 것은 블레셋 군대에 끌려 나온 '히브리들'(총알받이로 징집된 천민들)이 반란을 일으켜 이스라엘에 합세하

는 바람에 대승을 거두었다는 것이다.(14:1~23)

세월이 흘러, 이번에는 이스라엘 남부 시나이반도 일대에서 살아가는 "아말렉" 부족이 침략했다. 블레셋 대승으로 자신감을 얻은 사울은 그들을 대파하고는, "값진 전리품만 챙겨" 돌아왔다(15장). 전멸(Herem) 명령을 어긴 것이었다. 그렇게 하여 그는 명분도 없는 더러운 전쟁이 되게 만들어버렸다. 그 소식을 들은 사무엘이 나타나 불순종한 사울을 꾸짖으며, 두 번째로 왕조폐기 선언을 했다.

사울은 크게 뉘우치며 왕의 체면도 잊어버리고, "사무엘의 겉옷자락을 찢어질 정도로 붙잡고 빌었다."(15:27) 그러자 사무엘은 더 분노하며 "하나님이 이 옷자락처럼 나라를 찢어, 임금보다 더 나은 다른 사람에게 주셨다."(15:28~29)고 매정하게 선언했다. 그러고는 사울이 잡아 온 아말렉 왕을 "칼로 난도질하여 죽여"(15:33b) 끓어오른 분노를 대신 풀고는, "마음이 상하여"(15:35) 집으로 돌아가 오래도록 두문불출했다. 그러다가 어느 날 비밀리에 한 젊은이에게 기름을 부어 미래의 왕으로 임명했다(16:1~13). 사무엘은 살아생전 다시는 사울을 만나지 않았다. 비극적인 일이었다. 이집트 체제처럼 이스라엘 안에서도 서서히 권력다툼이 작용하기 시작했다.

물론 사무엘은 최선을 다했다. 모든 게 좋았으나, 은퇴 후의 나날은 몹시 씁쓸한 면모를 드러냈다. 국정 고문이 되어, 왕 노릇을 제대로 할 줄 모르는 순박한 농부 임금을 참아가면서 잘 가르치며 이끌었더라면 민족을 위해 좋았을 것이다. 그러나 "분명한 것은 사울이 최후의 위대한 사사로서 왕의 배후에서 권력을 장악하고자 했던 사무엘의 불만을 샀다는 사실이다."《에드워드 M. 번즈-서양문명의 역사, 제1권》 그리하여 태조 실험은 실패작이 되어갔다.

제14장

사울과 다윗의 경쟁

성서: 사무엘기상 16장~사무엘기하 5장

다윗은 사울의 체포를 피해 다니는 데 온 신경을 곤두세우고 광야를 전전했다(23~24장, 26장). 몇 번 사울의 군대를 멀찍이서 만나기도 했고, 좋은 기회가 왔을 때마다 부하들은 사울을 죽이자고 했지만, 다윗은 "하나님이 세운 왕을 죽이면 죄받는다."고 하며 살려주었다. 그때마다 사울은 뉘우치고 울었지만, 이미 광기에 빠진 그의 감정은 아무도 믿을 수 없는 것은 물론, 자신도 믿을 수 없는 것이었다.

비극적인 사울과 다윗의 등장

사울은 사무엘의 두 번째 왕조폐기 선언으로 엄청난 충격을 받았다. 가뜩이나 순박하고 여린 성품을 가진 농부 임금이 신하들과 병사들이 지켜보고 있는 데서 망신당하며, "하나님은 당신을 버렸다."(15:23)는 가혹한 말을 다시 들어야 했으니! 사무엘이 떠난 후, 사울은 곧 어둡고 질펀한 수렁으로 빠져 들어갔다. "사울에게서는 주님의 영이 떠났고, 그 대신에 주님께서 보내신 악한 영이 괴롭혔다."(16:14) 그것은 여지없이 공황장애(恐惶障碍-특정 이유를 모르고 극도의 불안에 빠지는 심리)와 우울증과 신경쇠약증이 복합적으로 작용한 조울증세가 분명했다.

그는 사소한 일에도 광기(狂氣)를 터뜨리는가 하면, 이내 침울해하며 한없는 좌절의 수렁으로 침몰했다. 그러다가 누군가 자기를 죽인다고 의심하면서 곁에 섰던 아무에게나, 심지어 자기 아들에게까지 창을 내던지곤 했다(18:10~11). 참으로 가여운 왕이 되고 말았다. 그쯤에서 자발적으로 양위(讓位)했다면 자신에게 좋았을 텐데, 이상하게 그것은 생각지도 못했다.

그러자 신하들은 음악치료 요법을 권하며, 하프 연주가를 데려다가 정신이 불안정해질 때마다 들으면 증세가 완화된다고 조언했다. 그리하여 이미 특출한 음악적 재능으로 소문이 자자한, 20세 정도의 청년 "다윗"(David, 다비드. 사랑받는 자)이 음악치료사로 추천받아 사울 왕 곁으로 가게 되었다.(16:16~23)

그러나 모든 게 미봉책일 뿐이었다. 그 모든 사태의 원인이 사울의 여린 성품 때문인지, 선천성 정신질환이 터진 것인지, 적성에도 맞지 않는 왕 노릇을 하게 된 데서 받은 스트레스 탓인지, 아니면 잇따른 왕조폐기 선언과 정신적 지주와의 결정적 파국이 가져온 충격 때문이었는지는 알 수 없다. 아마 이런저런 요소가 복합적으로 얽혀 일어났으리라.

세월이 흘러, 블레셋이 지난번의 대패를 만회하려고 다시 쳐들어왔다(17장). 이번에는 '인간 전쟁 기계'를 터미네이터(terminator, 해결사)로 앞세웠다. 그 사람이 바로 "골리앗"이다. 신장이 거의 3m에 육박하는 그의 굵은 목청에서 천둥 같은 소리가 터져 나오면, 이스라엘 군대는 물론 산천초목마저 달달 떨었다. 그가 투구와 갑옷을 입고, 제 키보다 더 큰 창을 파리채처럼 가볍게 휘둘러대는 모습은 흡사 지옥의 사자 같았다. 실로 무시무시한 공포의 대왕이었다. 그것을 본 이스라엘 병사들의 달그락달그락 이 부딪는 소리가 골짜기에 메아리쳤다. 그는 전투를 벌일 것조차 없으니 "일대일로 붙어, 지는 쪽이 종이 되는 것으로 끝내자."며 온갖 상스러운 욕지거리를 다 퍼붓고 하나님과 이스라엘을 모욕하며 깔깔 웃어댔다. 이스라엘 군대는 초죽음 상태가 되었다.

그리하여 그 누란(累卵)의 위기를 극적으로 반전시킬 영웅이 등장할 완벽한 무대가 마련되었다. 패배한다 해도 죽어서 영웅이 되어 사람들의 기억에 남을 것이고, 승리하면 진정한 영웅으로 새로운 시대를 열어 청사(靑史)에 길이 남을 것이었다. 어떻든 자신을 그 죽음의 현장에 내던지는 사람이 영웅이 될 것이었다.

마침 그때 전쟁에 나간 형들의 안부를 확인하라는 아버지 심부름으로 온 다윗이 그 광경을 보고는 크게 의분을 느끼며 자청하고 나섰다. 사울왕은 다윗의 나이가 어리다고 말렸지만, 그는 자신이 목동 생활을 하면서 사자나 곰을 물리친 화려한 영웅적 이력을 줄줄이 늘어놓으며 설득한 끝에 허락을 받아냈다. 사울은 다윗에게 자기의 갑옷과 투구를 주었지만, "보통 사람들보다 머리 하나가 더 큰"(9:2) 그의 것이 다윗에게 맞을 리 없었다. 갑옷을 입으니 너무도 헐렁했고, 투구를 쓰니 눈구멍이 코까지 내려와 도대체 앞도 보이지 않는 것이었다.

다윗은 그것을 모두 내려놓고, 허리에 차고 온 목동의 "물매" 하나만 들고 가다가 돌멩이 몇 개를 주워 주머니에 넣은 다음, 여전히 큰소리 떵떵 치고 있는 그 기계 인간 앞으로 당당하게 나갔다. 거인과 꼬마가 마주 섰다. 그것을 본 블레셋 군인들은 배꼽을 쥐고 웃어댔고, 이스라엘 군인들은 숨도 못 쉬고 여전히 이를 달그락거리며 오들오들 떨기만 했다.

인간 전봇대 골리앗은 어리고 건방진 꼬마가 자기를 마치 조그만 "개로 보는" 듯 거만하게 걸어 나오자, 머리끝까지 화가 치밀어 올라, 대뜸 어깨 위로 창을 치켜들고 쿵쿵 지축을 흔들며 다윗 앞으로 돌진해왔다. 그러자 다윗도 그 앞으로 달려갔다. 이윽고 점점 거리가 좁혀졌다. 양쪽 군인들은 일제히 숨을 죽이고 지켜보았다.

그런데 기계 인간에게도 대단한 약점이 하나 있었으니, 바로 몸짓이 느렸다. 달려 나가던 다윗이 갑자기 멈춰 자기 앞으로 다가오는 골리앗을 향해 물매를 세게 휘돌리다가 잡아채자, 어린애 주먹만 한 돌멩이가 광속(光速)으로 날아갔다. 볼 틈도 없이 돌멩이가 번쩍하는가 싶더니, 거인의 이마 한가운데를 정통으로 맞혀 그대로 박혔다. 다가오던 기계 인간은 무엇에 얻어맞았는지 생각해볼 겨를도 없이, 희뿌연 눈동자로 통나무처럼 쓰러지고 말았다. 달려간 다윗이 거인의 칼집에서 칼을 빼내 목을 베어, 마치 "메두사의 머리를 치켜든 페르세우스"《토마스 벌핀치-그리스와 로마의 신화; 에디스 해밀턴-해밀턴 신화집》처럼, 블레셋 군대를 향해 쳐들자 모두 순식간에 얼어붙고 말았다. 너무나도 경악할 광경을 본 이스라엘 병사들이 환호성을 지르며 달려 나갔고, 블레셋 군인들은 창과 방패를 다 내던지고 달아나기 시작했다. 이스라엘 병사들은 그들을 추격하며 도륙하여 대승을 거두었다. 그렇게 하여 일대일 내기 전투는 아주 싱겁게 끝나고 말았다. 다윗은 일대 구국 영웅이 되었다. 왕자 '요나단'은 다윗을 끌어안고, 이제부터 서로 목숨처럼 사랑하고 후손들까지 돌보는 친구가 되자고 하며 우정의 언약을 맺었다.(18:1~5)

그런데 영웅은 언제나 시험과 고난을 극복해야만 진정한 영웅이다. 고난을 겪은 후 위대한 승리를 하든, 승리한 후 고난을 겪든, 영웅은 반드시 오랜 고난의 가시밭길을 통과하여 자신의 능력과 가치를 진정으로 증명해야만 한다. 한 번의 우연한 승리로 영웅이 될 수는 없는 노릇이다. 게다가 고난 없는 승리는 그저 행운일 뿐이다. 찬란한 승리 후의 어두운 고난은 민중의 영혼으로 들어가는 통과의례 같은 것이고, 어두운 고난 후의 승리는 역사에 기록되는 불후의 업적이다. 그렇게 하여 영웅은 고난과 승리로 민중에게 기억되고 역사에 길이 남는다.

'장자'가 말하듯《장자》, 인생은 "조삼모사"(朝三暮四)다. 원숭이를 키우는 사람이 식사 형식을 바꾸어, '이제부터는 아침에 세 개, 저녁에 네 개를 준다.'고 하자, 원숭이들이 그렇게는 못살겠다고 아우성을 쳤다. 그래서 주인이 아침에 네 개, 저녁에 세 개를 주기로 하자, 그제야 원숭이들이 좋아했다. 이처럼 합은 일곱 개로 마찬가지인데, 원숭이처럼 아침에 먹는 네 개, 곧 일찌감치 성공하는 것만 고집하는 게 사람들의 성정(性情)이다.

그리고 인생은 "새옹지마(塞翁之馬)"《유안-회남자》이다. 국경에 사는 노인이 기르던 종마(種馬, 암말)가 도망쳤다. 사람들이 안 됐다고 하자, 그는 어찌 나쁜 일만이겠느냐고 대꾸하며 덤덤했다. 그런데 며칠 후 그 종마가 좋은 숫말을 데리고 왔다. 사람들이 좋겠다고 하자, 그는 어찌 좋은 일만이겠느냐고 하며 덤덤했다. 그런데 그의 아들이 그 말을 타다가 떨어져 다리가 부러졌다. 사람들이 안 됐다고 하자, 그는 어찌 나쁜 일만이겠느냐고 대꾸하며 역시 담담했다. 며칠 후 오랑캐가 쳐들어와 대부분의 마을 젊은 이들이 전쟁에 나가 죽었지만, 그 아들은 장애로 나가지 않았다.

인생도 지구처럼 자전(自轉)한다. 밤과 낮, 명암의 교차이다. 잃는 것이 있으면 얻는 것이 있고, 얻는 것이 있으면 잃는 것이 있기 마련이다. 잃는다고 반드시 나쁜 것이 아니며, 얻는다고 늘 좋은 것이 아니다. 젊은 시절의 성공이나 실패가 늙을 때까지 가는 것은 아니다.

그런데 영웅적 승리가 화를 불렀다. 다윗이 돌아오자, 백성들은 "사울은 수천 명을 죽이고, 다윗은 수만 명을 죽였다."는 노래를 불렀다(18:6~16). 그 소리를 듣는 순간, 가뜩이나 정신이 안 좋은 사울은 광기에 휩싸이고 말았다. 다음 날, 사울이 "미친 듯이 헛소리를 지르며" 난동을 부리자, 다윗은 하프를 연주했다. 그러자 사울은 두 번이나 창을 던져 죽이려고 했다. 그 후 사울은 다윗을 안심시키려고, 그를 사위로 삼고 장군으로 임명했다(18:17~30). 그러고는 그를 블레셋 군대가 죽이게 하려고, 여러 번 전투에 내보냈다(19:8). 그러나 그때마다 승리하고 돌아오자 사울의 광기는 더욱 악화되었고, 신하들이 듣는 데서도 서슴없이 다윗을 죽여 버리겠다고 다짐하기까지 했다. 아들 요나단이 극구 말렸지만, 사울에게는 아무 소리도 들리지 않았다.(20장)

다윗의 피난살이와 사울의 최후

어느 날 참다못한 사울은 다윗의 집으로 암살 전문 자객을 보냈다(19:11~24). 그러자 사울의 딸이 급히 서둘러 남편인 다윗을 창문으로 도망치게 하여 살 수 있었다. 그때부터 사울의 추격과 다윗의 어둡고 오랜 도피의 고난이 시작되었다. 광기 어린 독재자는 백성의 안위는 내버려 둔 채, 오직 정적(政敵) 하나 죽이는 데만 골몰했다. 그것도 사위를…. 도망친 다윗은 사무엘에게 갔다가 돌아와, 몰래 요나단과 만나 눈물로 이별한 후 제사장 마을로 갔다(20장). 이미 전국에 신고와 체포 명령이 떨어진 것을 안 제사장은 벌벌 떨며 그를 대접했다.(21:1~9)

그곳을 떠난 다윗은 적국 블레셋으로 망명했다(21:10~15). 다윗이 왜 그곳으로 망명했는지는 의문이다. 블레셋 왕이 어린 나이에 거인 같은 인간을 두려워하지 않는 강철 심장에 작은 돌멩이 하나로 승리한 그 절묘한 재능을 가진 자기를 장군으로 써줄 것이라고 기대했을지도 모른다. 그러나 예상은 빗나갔다. 블레셋 장수들이 극구 반대하며 그를 죽여야 한다고 말하자, **"다윗은 갑자기 미친 사람 흉내를 내면서, 헛소리를 하고 성문에 글자를 긁적거리고 침을 질질 흘리다가"** 땅바닥에 나자빠져 흰자위를 드러내며 몸부림을 쳤다. 그러자 블레셋 왕은 미친놈이라고 하며 내쫓아버렸다. "다윗은 그곳을 떠나 아둘람 굴속으로 피했다."(22:1a)

한편 사울은 다윗이 제사장 마을에 들렀었다는 첩보를 입수하고는, 그곳으로 가 모든 제사장을 모아놓고 죄를 물었다(22장). 제사장이, 다윗은 충직한 신하이며 자기들은 아무 허물도 없다고 올곧게 대답하자, 곧 광기에 휩싸인 사울은 **"85명의 제사장들"**과 가족과 주민들까지 집단학살했다. 이스라엘에서는 있을 수 없는 일이었다. 사무엘이 경고했던 대로, 왕정 제도의 비인간성이 첫 임금에서부터 드러났다. 그 와중에 제사장의 아들 "아비아달"만 간신히 살아남아 다윗에게 도망쳐 그의 개인 제사장이 되었다.

아둘람 굴 일대에 머물던 다윗은 가족에게 기별했다(22:1b~3). 그러자 형들과 온 집안사람들이 그에게 내려갔고, 그들뿐만이 아니라 **"압제받는 사람들과 빚에 시달리는 사람들과 원통하고 억울한 일을 당한 사람들"**까지도 몰려들었다. 이것은 그간 사울의 통치가 어떠했는지를 보여주는 대목이기도 하다. 가혹한 세금이나 착취로 백성을 쥐어짠 것이었다. 왕이 백성의 목자(牧者)이기는커녕, 백성의 강도가 되었다. 그러자고 왕을 세운 것이던가! 히브리들이 세운 나라가 뭇 히브리들을 양산해내고 있었다. 이스라엘 왕이 작은 파라오가 되었다. 그렇게 하여 본의 아니게 억압받는 자들의 피난처와 우두머리가 된 다윗은 광야에서 400명에 이르는 부하들을 거느리고 소왕국을 이룬 '이스라엘의 임꺽정'이 되었다.

그 후 다윗은 사울의 체포를 피해 다니는 데 온 신경을 곤두세우고 광야를 전전했다(23~24장, 26장). 몇 번 사울의 군대를 멀찍이서 만나기도 했고, 좋은 기회가 왔을 때마다 부하들은 사울을 죽이자고 했지만, 다윗은 "하나님이 세운 왕을 죽이면 죄받는다."고 하며 살려주었다. 그때마다 사울은 뉘우치고 울었지만, 이미 광기에 빠진 그의 감정은 아무도 믿을 수 없는 것은 물론, 자신도 믿을 수 없는 것이었다.

다윗은 유대광야 곳곳에 있는 동족을 구원해주며 민심을 얻었다(23:1~13). 민족의 위대한 스승이며 정신적 지주인 사무엘이 죽었다는 소식을 들었지만, 장례식에는 갈 수조차 없었다(25:1). 한없이 외롭고 슬픈 세월이었다. 더욱 힘들고 괴로웠던 것은 자기가 적들에게서 구원해준 마을 사람들이 사울이 내건 보상금을 노리고 밀고하는 사태였다. 그때부터 다윗은 동포들의 마을조차 마음 놓고 지나다닐 수 없게 되었다.

다윗이 사울의 군대를 피해 광야 곳곳을 전전하며 고달프게 살아가던 십수 년 동안의 고난 시절에 쓴 것이라고 전해오는 시들이 많은데(시편 7, 34, 52, 54, 56편 등), 그중 63편을 생각해보자. "다윗이 유다 광야에 있을 때 지은 시"라는 표제어가 붙어 있는 이 시는 그가 그동안 어떤 마음을 품고 지냈는지를 보여준다. "하나님, 물기 없는 땅, 메마르고 황폐한 땅에서, 내 영혼이 주님을 찾아 목이 마르고, 이 몸도 주님을 애타게 그리워합니다. 내가 성소(聖所)에서 주님을 뵙고, 주님의 권능과 주님의 영광을 봅니다. 주님의 한결같은 사랑이 생명보다 더 소중하기에, 이 생명 다하도록 주님을 찬양하렵니다. 잠자리에 들어서도, 밤을 새우면서도 주님만을 생각합니다. 주님께서 나를 도우셨기에, 나 이제 주님의 날개 그늘 아래에서 즐거이 노래하렵니다."

다윗은 '물기 없는 땅, 메마르고 황폐한 땅'인 광야의 시련을 통하여 참된 신앙의 사람으로 성숙해갔다. 그야말로 언제 붙잡혀 죽을지 모르는, 불안하기 그지없고 정처 없이 떠돌아다녀야만 하는 피난살이, 낮의 뜨거움과 밤의 추위, 식량난과 굶주림 속에서 전전긍긍하며 살아가는 나날의 연속이지만, 그는 이 모든 것을 '하나님의 성소와 하나님의 날개 그늘 아래'로 여기며, 자신의 목숨보다 하나님의 사랑을 더 소중하게 생각하고 있다.

이것이 바로 다윗이 드러낸 영성, 곧 떠나서 가는 탈출과 지향의 삶, 출애굽 정신과 태도이다. 목숨이고 미래고 모두 하나님을 향한 무한한 신뢰 속에서 내맡기고 살아가는 모험의 삶이다. 그의 영성은 전통의 창조 영성에 맞닿아 있다. 그는 자기를 향한 하나님의 뜻을 깊이 이해하고 있다. 고난의 해결이나, 왕위에 대한 말은 없다. 그저 **"하나님의 마음(뜻)에 맞는(합한) 사람"**(13:14)이 되고자 하는 절실한 바람뿐이다. 이것이 박해와 광야의 고난 시절에서 익혀간 다윗의 영성이다. 후일 왕이 된다면, 죽을 때까지 이런 영성을 지켜가야만 할 것이다.

영웅은 고난 속에서 순결한 영혼으로 빚어진다. 특히나 권력과 영광 속에서 사심(邪心)과 사욕(私慾)의 그림자라도 남는다면, 결코 영웅의 반열에 오를 수 없다. 위대한 승리와 영광을 얻은 다음에도 무아(無我)·망아(忘我), "상아(喪我)"(자기를 잊음)《장자-장자》를 보전해야 한다. 그렇게 자기를 버리고, 오로지 백성을 먹이고 살리고 지켜주는 사람이 영원한 영웅의 자리에 이른다.

구원해준 사람들마저 돈을 바라고 배반하는 마당이었기에, 다윗은 다시 블레셋으로 망명했다(27:1~28:2). 지난번에는 다윗 혼자 내려가서 받아주지 않던 블레셋 왕은 이번에는 부하들과 그 가족들까지 데리고 오자 흔

쾌히 허락하고는, "마을 하나를 통째로 내주어"(식읍食邑) 용병부대장으로 삼았다. 그러나 다윗의 망명은 살아남기 위한 고육지책이었을 뿐, 블레셋을 돕자는 뜻이 아니었다. 사울은 그 소식을 듣고는 더는 추격하지 않았다.

망명 기간 내내 다윗은 유대광야 남부지역 일대와 더 먼 시나이 반도 북부지역까지 출정하여, 블레셋과 동맹을 맺고 있는 여러 마을을 치고 "전멸시켰다." 혹시 살아남은 사람들이 자신의 정체를 폭로할까 두려웠기 때문이다. 그것은 그의 기만술책이었다. 돌아온 다윗은 블레셋 왕에게 "이스라엘 어떤 마을"을 쓸어버렸다고 하며, 사람은 빼놓고 동물이나 물건 등만 전리품으로 내놓았다. 그러자 블레셋 왕은 "그가 자기네 백성에게 미움받을 짓을 했으니, 영영 자기의 종이 될 것"이라고 생각하며 속아 넘어갔다.

그 후 다윗은 다시금 조국을 치러 가는 블레셋 장군들이 의혹의 눈길을 보내며 따돌리자 나가지 못했다(29장). 그들의 말은 그의 의중을 간파한 것이었다. 그들은 다윗 일행을 자기들 가운데 머무는 "히브리들"로 생각했기 때문에, 이스라엘과 전쟁을 하는 도중에 자기들의 등을 칠 것이 분명하다고 판단한 것이다. 전에도 요나단이 일으킨 전투에서 히브리들이 배반하여 대패한 일이 있지 않은가 말이다.(14:16~23)

그렇게 다윗이 식읍을 비운 사이, "네게브" 광야의 "아말렉" 부족이 쳐들어와, 모든 가족을 포로로 잡아가는 비극적인 일이 발생했다(30장). 그러자 아내들과 아이들을 잃은 부하들은 "더는 울 힘이 없어 지칠 때까지 목놓아 울고 마음이 아파서, 다윗을 돌로 쳐 죽이자고 말할 정도였다." 부하들을 지켜주지 못하는 대장은 대장이 아니었기 때문이다. 그러자 다윗은 지체하지 않고 떠나 기습작전을 펼쳐, 모든 가족을 되찾고 수많은 전리품을 챙겨 돌아왔다. 그러고는 전쟁에 대해서만 골똘히 생각했다.

한편 블레셋 군대가 쳐들어오자 다급해진 사울은 "무당을 시켜 죽은 사무엘의 혼"을 불러내는 기괴한 일까지 벌이다가, 그로부터 좋은 소리는커녕 죽어서까지 또다시 세 번째 왕조폐기 선언과 함께, "당신은 내일 당신 자식들과 함께 내가 있는 이곳으로 오게 될 것이오!"라는 말만 들었다. 그 말을 듣자마자 사울은 혼절하고 말았다(28:3~25). 그러고는 무당이 차려준 음식을 겨우 먹는 둥 마는 둥 하고는, 진액이 다 빠진 채 전투에 나갔다. 그러니 그것은 해보나 마나 한 전쟁이었다. 두 나라 군대가 "길보아" 산지에서 맞붙자마자, 이스라엘은 대패하고 군사들은 모두 도망쳤다.

절망에 빠진 사울은 자결했고, 홀로 분전하던 요나단은 전사했다(31장). 그것은 사울 개인이 아닌 민족의 비극이었다. 블레셋 군대는 사울과 요나단의 시체를 성벽에 매달아 두어 까마귀밥이 되게 했다. 그렇게 두 시신은 오래도록 땅에 묻히지도 못하고 버려진 채 있었다. 그러자 전에 사울의 구원으로 살아남은 은덕을 입은 요르단강 건너편에 사는 길르앗 야베스 사람들이 밤새도록 걸어, 그들을 내려 마을로 운구하여 묻어주었다.

그렇게 하여 첫 임금 실험은 결국 참혹한 실패로 돌아갔다. 사울이 비록 어쩔 수 없이 태조(太祖)가 되었기에 불리한 점들도 있었지만, 훌륭한 왕이 될 기회는 많았다. 그는 꼴찌 부족에서 임금을 택한 하나님의 뜻을 기억하며 늘 겸손하게 하나님을 의지하고, 무엇보다 자발적으로 나서서 사무엘을 스승으로 모시고 귀를 기울이며 나라의 기틀을 잡아나갔어야 했다. 그런데 그것을 할 줄 몰랐다. 처음 몇 번의 승리가 자만을 불렀다.

사울이 자기 손으로 제사를 바친 후에 도착한 사무엘이 첫 번째 왕조폐기 선언을 했을 때(13:13~14), 그것은 결정사항이 아니라 경고였을 뿐이다. 그때야말로 그가 진정으로 뉘우치고, 사무엘을 스승으로 받들고 겸허한 마음으로 새롭게 출발할 기회였다. 그러나 그는 그럴 줄을 몰랐다.

두 번째로 왕조폐기 선언을 했을 때, 사무엘은 옷을 찢으면서 매달리고 뉘우치기는 했다(15:27~31). 그러나 그것은 가식적인 행위였다. "백성 앞에서 제발 나의 체면을 세워주시기 바랍니다." 그러자 사무엘은 사울과 함께 제사를 바치고 그의 체면을 지켜주고는 떠났다. 그것은 마지막 만회의 기회였다. 그때 사울은 사무엘을 따라가 새롭게 출발할 기회를 잡았어야 했다. 그런데 그는 그대로 "자기 집으로 갔다."(15:34) 그것이 결정적인 실책이었다. "그다음부터 사무엘은 사울 때문에 마음이 상하여, 죽는 날까지 다시는 사울을 만나지 않았다."(15:35) 이미 저지른 실수는 그렇다 쳐도, 마음을 고쳐먹지 않은 것이 사울의 결정적인 실수였다.

후일 왕이 된 다윗은 사울과 비교할 수 없이 많고 큰 실수를 저질렀다. 하지만 이스라엘 민족은 대대로 그를 진정한 군왕으로 기억했고, 천년 후 예수 시대까지도 메시아의 표상으로 흠모하며 다시 나타나주기를 대망한 주인공이 되었다. 왜 그랬을까? 그것은 그가 백성을 지켜주고, 실수할 때마다 진실하게 뉘우치고 새롭게 출발했기 때문이다.

사울도 처음 몇 년 동안은 훌륭한 왕이었다. '암몬' 왕국이 침략해오자, 하나님의 카리스마로 가득하여 모든 부족의 의병을 소집해 나간 최초의 전투에서 이겼다. 그리고 사무엘이 오기 전에 제사를 바친 일로 폐위선언을 들었어도, 블레셋 전쟁에서 대승을 거두어 큰 충격을 받지 않았다. 물론 그 승리는 순전히 하나님의 도움이었다. 블레셋 군대 안에 있던 '히브리들'이 반란을 일으켜 이스라엘 편에 붙어주었기 때문이다.

그리고 그는 여러 왕국들과 잇달아 치른 전투에서 승리하여 백성을 지켜주었다. 그 점은 역사가들도 인정했다. "사울은 이스라엘의 다스릴 왕권을 얻은 다음부터, 사방에 있는 원수들과 전쟁을 하였다. 그는 모압과 암몬, 에돔과 소바와 블레셋과 맞서 싸웠는데, 어느 쪽으로 가서 싸우든지 늘 이겼다. 그는 아말렉까지 쳐서 용맹을 떨쳤다. 이렇게 그는 침략자들에게서 이스라엘을 건져 내었다."(14:47~48)

그 왕국들의 지리적 위치는 이스라엘을 둘러싼 동서남북이다. 따라서 사울은 주변 왕국들을 물리쳐 백성을 구하고 국가안보를 확립한 것이었다. 그로 인해 백성의 무한한 신임과 칭송을 얻었다. 그때까지 그에게는 하나님의 영이 충만했다. 따라서 모든 것은 하나님의 도움이었다. 그러므로 사울은 매사에 하나님께 감사하고 겸손하며, 앞으로도 모든 전쟁을 하나님과 백성의 안위를 위해서 치러야 했다.

그런데 그는 신앙의 인격, 곧 겸손이 부족했다. 몇 번의 승리에 도취하여, 결국 뱀의 목소리에 귀를 기울이고 선악과를 먹었다. 네게브 광야의 '아말렉'과 전쟁하는 동안, 약탈행위를 해 이스라엘의 명예에 먹칠을 했다. 그를 따라 군인들도 닥치는 대로 전리품만 챙겼다. 돌아온 그는 사무엘 앞에서 그것을 "하나님께 제물로 바치기 위하여" 한 일이라고 정당화하며 억지 주장을 펼치기까지 했다. 그러나 사무엘은 "하나님이 좋아하시는 것은 순종이지 번제가 아니다."라고 하면서, 두 번째로 폐위를 선언하고 떠났다.

그때 그가 회개하고 돌아섰다면 좋았을 것이지만, 그는 끝내 그렇게 하지 않았고, 한없는 우울과 침체의 늪에 빠지고 말았다. 그 후 그는 지나치게 소심하면서도 지나치게 오만한 극히 이상하고 복잡한 성격의 인물로서, 하나님을 믿은 것도 아니고 믿지 않은 것도 아닌, 왕이면서도 왕이 아닌, 지극히 어정쩡한 상태 속에서 움직였다. 남은 생애 동안에는 백성을 내버리고, 오로지 자신의 최대 정적이며 사위인 다윗을 잡아 죽이려는 무모한 짓만 하다가, 끝내 블레셋 전투에서 패배하여 자결하고 말았다. 그렇게 하여 사울의 비참한 실패는 한동안 이스라엘의 비극이 되고 말았다.

그러나 왕은 가더라도 민족은 살아남는 법이다. 그를 이어 왕이 되는 사람은 사울의 비참한 실패를 반면교사로 삼아, 하나님의 인도와 섭리가 어떤 것인지를 뼛속 깊이 새겨야 할 것이었다. 왕이란 자기를 버리고 "다른 사람을 위한 먹이(victims)가 되는 사람"이다.《앙트완느 슈브리에–참다운 제자》

전쟁에서 살아남아 돌아온 한 젊은이로부터 이스라엘의 대패, 사울과 요나단의 전사 소식을 들은 다윗은 "흙을 머리에 끼얹고 옷을 찢으며 울부짖었다."(사무엘기하 1:1~27. 여기서부터 사무엘기하) 그러고는 사울과 요나단을 애도하면서 "활의 노래"를 불렀다. 그는 왕이며 장인인 사울을 생각하며 울었고, 왕자이며 친구인 요나단을 생각하면서는 더욱 통곡했다. "아, 어쩌다가 두 용사가 엎드러졌는가? 요나단, 어쩌다가 산 위에서 죽어 있는가? 나의 형, 요나단, 형 생각에 나의 마음이 아프오. 나를 그렇게도 아껴주더니! 형의 사랑은 여인의 사랑보다도 더 진한 것이었소."

내전(內戰)과 다윗의 등극

나라는 엉망진창이 되었고, 백성은 버려졌다. 그러자 다윗이 속한 유다 지파가 재빠르게 움직였다(2:1~3:1). **"유다 사람들이 와서, 거기서 다윗에게 기름을 부어 유다 족속의 왕을 삼았다."**(2:4a) 여기에서 주의해야 할 점이 있다. "유다 사람들"(The people of Judah)과 "유다 족속"(가문, The house of Judah)은 다른 것이다. '유다 사람들'은 '유다 지파 전체', '유다 족속'은 '유다 지파에 속한 일부 가문'을 가리키는 정치적인 말이다. '유다 족속'에는 다윗이 남부 광야에서 용병대장으로 활약하던 때, 그가 장래를 생각하고 우의를 다져놓은 '유다 지파의 여러 중요한 가문'과 유다 지파에 흡수되다시피 하여 유명무실해진 "시므온 지파"가 속한다(사무엘기상 30장). 그러니까 유다 지파의 중요 가문이 자기네 지파 출신 다윗을 왕으로 세우는 데 주도적 역할을 한 것이다.

유다 지파는 아브라함이 살던 민족 성지(聖地) **"헤브론"**에서 정치적 주도권을 선점(先占)했다. 그때가 기원전 1010년쯤이다. 이에 대한 신학자의 말을 들어보자. "다윗을 왕으로 선출한 것은 예언자의 지명 같은 그 어떤 종교적 토대 없이 진행되었던 것으로 보인다. 그것은 순전히 정치적인 행위였다. 이것이 다윗집권의 특징이다. 다윗의 인물됨과 인맥과 사병(私兵)

이 유다 족속에 대한 왕권으로 대표되는 다윗집권의 토대였다."《마르틴 노트-이스라엘 역사》 제사장이 기름을 부었다는 말조차 없는 것으로 보아, 이것은 분명 이스라엘의 전통을 어긴 행위였다. 그리하여 12지파 동맹체 안에 크나큰 균열의 씨앗을 심어 놓게 되었다.

그런데 블레셋은 왜 그 틈새를 노려 쳐들어오지 않고 가만히 있었을까? 그것은 순전히 정치적인 계산이었던 것으로 볼 수 있다. 왜냐하면 다윗은 여전히 블레셋이 '시글락'의 영주로 봉한 봉신(封臣)이요 용병대장으로서, 그들에게 군역(軍役)을 제공할 의무가 있었을 뿐 아니라, 그를 계속 신임하느냐 아니면 그가 배반하느냐 하는 것에 상관없이, 어쨌든 유다 왕국이 따로 세워져서 이스라엘이 두 나라로 분열되는 것이 지배하는 데 유리하다고 판단했을 것이기 때문이다. 그렇기에 블레셋은 사울 이후 따로 왕을 세운 북쪽 10지파의 행동에 대해서도 방관적 태도를 취했던 것이다.

한편, 사울 왕 진영에서는 군사령관 **"아브넬"**이 살아남은 사울의 아들 **"이스보셋"**(에스바알. 역대지상 8:33)을 꼭두각시 왕으로 세웠다. 그리하여 왕위를 놓고 북쪽 10지파와 유다 지파 사이에 분열과 경쟁이 일어났다.

알다시피 이스라엘은 12지파 연맹체 민족이다. 그래서 평화로울 때는 각 부족의 독립성과 자치성이 연맹체의 연대성보다 더 강했지만, 어떤 지파에 침략군이 쳐들어왔을 때는 그것을 잠시 보류하고 연맹체의 연대성 아래 연합했다. 이것이 사사 시대의 성격이었다. 그리고 이것은 이제 왕정제도로 들어선 이상, 사울 왕을 통해서 더욱 깊이 뿌리내려야 할 국가와 민족의 새로운 성격이었다. 왕이 해야 할 일은 엄연히 12지파 연맹체의 연대, 곧 국민통합이라는 이스라엘 본래의 종교적·정치적 성격을 제대로 살려내는 것이었다. 지파 분열이나 한두 지파의 정치적 우위는 이스라엘의 근본 목적에 반하는 것이었다.

따라서 다윗이 유다 지파의 왕이 된 것은 좋지 않은 징조였다. 물론 다윗은 '하나님이 지명한 미래의 왕'이었지만(신학자 중에는 이조차 후대 다윗 왕가 역사가들이 왕권 이데올로기로 만들어낸 창작물로 보는 사람도 많다!), 그것은 결코 일부 지파의 왕이 되라는 뜻이 아니었다! 따라서 다윗이 유다 지파의 왕이 된 것은 민족 전체로 볼 때 엄연한 반역이었다. 그렇기에 그는 하나님의 때를 더 기다렸어야 했다. 그 일로 후일 통치 기간 내내 사울 왕가의 도전과 비판이 끊이질 않아 분란이 일었고, 북쪽 10개 지파의 인심도 좋지 않아 여러 차례 민란이 일어나기도 했다.

한 나라에 왕이 둘이니, 결과는 분명했다. 결국은 7년 6개월간의 대립과 내전(다윗의 유다 지파 왕 통치 기간)을 치렀다. 이스라엘도 어느덧 주변 민족들을 닮아갔다. 초기 전세는 북쪽 10지파의 많은 인구와 대표자들의 지지 때문에 사울 진영이 우세했지만, 2년간 국부적 전투와 소강상태가 지루하게 이어지다가, 어느덧 다윗 쪽으로 권력이 기울어갔다.(3:1)

그런데 사울 진영의 실질적 통치자인 군 총사령관이며 킹메이커(king maker)의 위치에 있던 아브넬은 기회주의자로서 교활한 데다가, 난폭하고 방약무인한 인물로서 못 하는 짓이 없어, 심지어 죽은 왕의 후궁까지 범한 인물이었다(3:6~4:12). 자기가 세운 왕이 따지자, 그는 오히려 왕에게 "나를 개로밖에 보지 않는다."고 거침없이 대들며, "본래 다윗이 왕이 되어야 하는 것"이라고 겁박하기까지 했다. 그러다가 전황(戰況)과 민심이 영 안 좋게 돌아가는 것을 보고는, 자기라도 살아남기 위하여 몰래 다윗을 찾아가 밀약(密約)을 맺었다.

그런데 그가 다윗을 만나고 돌아가는 길에, 다윗의 군사령관 "요압"이 전에 그가 자기 둘째 동생 '아사헬'을 죽인 복수를 한답시고, 그를 암살하는 사건이 터졌다. 요압은 불같은 성격의 억세고 거친 군인으로, 자신이 목적한 바를 위해서는 앞뒤를 가리지 않는 야망의 사람이었다. 그런 성격은 좋으면 절대 충성심으로, 좋지 않으면 안하무인 격으로 권력을 전횡한다. 그런 인물에게 중요한 것은 상관이 아니라, 자기의 야망뿐이다. 따라서 자신의 야망에 어긋나면 상관도 죽일 인물이며, 하나님조차도 자신의 야망을 합리화시켜주는 존재로 여길 것이었다. 요압은 다윗의 군대(정규군이 아닌 사병)를 장악하고 있는 "스루야의 아들들" 중에서 맏형이었는데, 그때부터 그들은 다윗에게 골칫거리이면서도 없어서는 안 될 기묘한 존재들이 되었다.(3장)

아브넬의 밀약 소식과 함께 사망 소식을 들은 사울의 아들 이스보셋은 공포에 떨었고, 군대는 혼란에 빠졌다. 결국은 군 지휘관 두 사람이 "대낮에 왕을 살해하고" 상을 받고자 다윗에게로 도망쳤지만, 상은커녕 죽임을 당하고 말았다. 그렇게 하여 내전이 종식되었다. 참으로 씁쓸한 승리였다. 이제 정치적 구심점을 잃게 된 북쪽 10지파는 하는 수 없이 다윗에게 투항하듯 찾아와, 유다 지파와 함께 "**30세의 다윗을 왕으로 삼았다.**"(5:1~5)

다윗에게는 한 가지 고민이 있었다(5:6~12). **통일왕국의 수도**를 정하는 문제였다. 이것을 놓고 그는 지극히 냉철하고 합리적인 계산을 하지 않을 수 없었다. 지금 있는 '헤브론'은 조상의 성지였지만, 지나치게 남쪽이어서 수도로 삼기에는 적합성이 떨어졌다. 따라서 계속 그곳에 있게 된다면, 북쪽 10지파를 다스리기 어려울 것이었다. 그렇다고 해서 사울 왕가의 영향력과 적대감이 많이 남아 있고 지지층도 전혀 없는, 유다 지파에 인접한 북쪽 10지파 땅인 베냐민 지파(사울 왕가)나 그보다 위에 있는 에브라임 지파 땅에서 수도를 택할 수도 없었다.

그런데 유다 지파와 북쪽 10지파를 남북으로 나누고 있던 경계지역에 자리 잡은 도시국가(Polis) "**예루살렘**"에는 여전히 가나안 부족의 하나인 "여부스"가 살고 있었다(예루살렘-평화의 소유·도시. 그 부족의 지명). 그때까지도 가나안 진입과 정착이 완성된 것이 아니었다. 예루살렘은 천혜의 요새로, 동쪽과 남쪽은 급경사진 절벽이고, 북쪽과 서쪽은 비탈진 평원이지만 성벽으로 둘러쳐 있어서 공략하기 매우 어려웠다.

이런 정황을 깊이 생각한 다윗은 결국 예루살렘이 지리적·정치적·군사 방어적으로 수도로 삼기에 최적의 장소라는 결론을 내렸다. 남은 문제는 그곳을 점령하는 것뿐이었다. 얼마 후 다윗은 그곳을 정복하고, 이름을 "다윗 성"(후일 시온Zion 성)이라 붙이고 개인 소유지로 삼았다. 그리고 "페니키아"(티레Tyre, 두로) 왕국과 화친조약을 맺고 그들의 도움을 받아 왕궁을 지었다. 그렇게 하여 다윗은 이스라엘 민족의 정치와 행정의 중심지, 그리고 장래에는 종교적 중심지가 될 장소를 마련해 놓게 되었다. 이것이 예루살렘이란 도시가 비로소 역사에 등장하게 된 내력이다.

그러면 이제 어느 나라가 가장 싫어할 것인가? 블레셋이다. 다윗이 통일 왕으로 등극하자, 이스라엘을 분열시켜 통치하려는 정략이 실패로 돌아간 것에 분개한 블레셋이 다시금 두 번이나 쳐들어왔다(5:17~25). 그들은 모두 "르바임 골짜기"에 진을 쳤는데, 그곳은 예루살렘에서 가까운 서부 지역이었다. 왜 그곳에 진주했을까? 그것은 유다와 북쪽 10지파가 예루살렘을 경계로 분리되어 있었기에, 그곳을 점령하여 다윗이 이스라엘을 다스리지 못하게 하려는 전략 때문이었다.

그러자 다윗은 자신의 전쟁 전문가 집단인 용병부대를 거느리고 나가, 블레셋 군대를 기습하여 거의 전멸시키고 지중해변으로 내몰아, 그들이 다시는 쳐들어올 엄두도 내지 못하게 하고, 그저 뙤약볕 아래서 물고기나 잡아먹으며 살게 했다. 그 후 블레셋은 거의 유명무실해지고 말았다. 그때부터 주변에는 이렇다 할 강적이 없었다. 히타이트와 이집트 제국은 국내 문제로 가나안 땅을 침탈할 여력조차 없었다. 그리하여 이스라엘은 실로 오랜만에 안정기와 번영기에 접어들 수 있는 여건을 맞이하게 되었다. 여기에서도 이스라엘의 안정과 번영은 주변 강대국들이 약해진 덕이었다는 사실이 여실히 드러났다.

제15장

다윗

성서: 사무엘기하 6장 1절~열왕기상 2장 12절

성막을 시은 다윗은 제사장들과 레위 사람들, 수많은 군인과 음악가와 백성을 데리고 법궤가 있는 집으로 가서 제사드리고 법궤를 메고 내려왔다(6장). 취주악단의 장쾌한 음악이 울려 퍼지는 가운데, 길고 긴 행렬이 끝도 없었다. 연도에 몰려나온 백성은 박수를 치며 기뻐하고 함성을 지르며 참새처럼 뛰었다. 왕도 법궤를 뒤따라가며 덩실덩실 춤추었다. 그것이 왕의 진정한 면모였다. 하나님을 기뻐하는 사람! 그런 마음으로 정치하는 것이 하나님이 왕을 세운 이유였고, 그래야만 거룩한 백성의 나라가 될 것이었다.

지도자의 리더십

'노자'는 세 종류의 사람을 말한다. "상사(上士)는 진리(道)를 듣고 깨달아 실천하는 사람이고, 중사(中士)는 진리를 긴가민가하고 의심하며 어정쩡하게 살아가는 사람이고, 하사(下士)는 진리를 모욕하는 사람이다."《도덕경》 이 말을 통해 구약성서의 왕도(王道)·리더십을 생각해보자. 크든 작든, 오늘날의 지도자(指導者)로 생각하면 되겠다.

첫째는 인생과 역사의 진리를 진지하게 생각하며 수행하는 상사의 길이다. 구약성서의 왕도(王道)는 이렇다. "왕은 율법을 평생 자기 옆에 두고 읽으면서 자기를 택하신 하나님 경외하기를 배우며, 율법을 성심껏 지켜야 한다."(신명기 17:18~20) 곧, 신앙과 영성훈련과 거룩한 생활이다. 의와 사회정의를 척추로 삼는 것이다.

달리 표현하면, 국민이 좋아하는 것을 좋아하고 싫어하는 것을 싫어하는 것이다. 왜 그런가? "하나님(天)은 백성의 눈으로 보고, 백성의 귀로 듣는 분"《맹자-맹자》이기 때문이다. 백성의 눈과 귀는 하나님의 눈과 귀이다. 크거나 작거나 간에, 지도자는 하늘(一)과 땅(一)과 사람(一)을 제 몸(一)으로 이어놓는 수직선(丨) 같은 사람이다(王). 지도자는 양 떼인 국민을 돌보는 목자(牧者)이다(에스겔서 34장). "왕은 마음이 교만해져서 자기 겨레를 업신여기는 일"(신명기 17:20)을 하면 안 된다. 지도자는 백성의 상전(上典)이 아니라 몸종으로서, 수건과 걸레같이 국민의 눈물과 피고름을 닦아주는 사람이다.

최악의 지도자는 번연히 국민에게 죽음과 같은 고통을 가져올 일을, 그저 자리보전과 영달을 위하여 강제로 밀어붙이고, 현명한 사람들의 말을 듣지 않고, 국민의 마음을 헤아릴 줄 모르고 제 욕심대로 한다. 자고로 국민이 좋아하는 것을 싫어하고, 싫어하는 것을 한사코 좋아하다가 버림받아, 식물 지도자가 되거나 비극적 최후를 맞지 않은 지도자가 없었다. 이것은 하사이다.

진리는 국민의 가슴에 새겨져 있다. 지도자의 임무는 국민의 마음을 듣고 읽는 것이다. "귀 뚫린 것을 총(聰)이라 하고, 눈 뚫린 것을 명(明)이라 한다."(이철위총耳徹謂聰 목철위명目徹謂明)《장자-장자》 총명은 자연의 도, 곧 국민의 착한 본성을 깨닫는 힘이다. 따라서 총명하면 리더십을 발휘하게 된다. 이것이 상사이다. 귀도 눈도 죄다 막혔는데, 자기는 지도(指導)를 잘 한다고 자화자찬하는 사람은 무지몽매한 하사이다.

둘째는 국민이 좋아하는 것을 아는 인재들을 활용하는 것이다. 지도자는 혼자서 다스리는 자리가 아니다. 그는 감독이요 지휘자이다. 따라서 지도자의 역할은 성품과 생활이 깨끗하고, 국민의 소리를 들을 줄 아는 실력 있는 사람을 등용하는 일이다. 그러면 조직은 안정되고 융성한다. 이것이 상사이다. 그러나 지도자가 독선적인 데다가 인재를 볼 줄 아는 눈도 없고, 등용할 마음도 능력도 없으면, 국민이 싫어하는 것을 좋아하는 자들이 둘러싸게 된다. 그것은 이미 실패작이다. 아무리 작은 소식이라도 쓸 만한 인재들은 얼마든지 있다. 들으려고 하는 귀가 없는 것이 문제일 뿐이다. 자신이 해봐서 다 안다고 하며 귀를 틀어막은 지도자는 최악의 하사이다.

셋째는 겸손이다. 지도자는 남이 한 귀로 들을 때 두 귀로, 두 귀로 들을 때 마음으로 들어야 한다. 들을 만한 소리를 하는 사람이라면 천 리 길이라도 몇 번씩 찾아가고, 국민을 편안하게 할 비법이 담긴 책이라면 밤을 새워서라도 읽어야 한다. 이것이 상사로 가는 길이다. 겸손은 사양지심(辭讓之心)만이 아니다. 독서편력이 별로 없는 사람은 지도자의 꿈도 꾸지 말아야 한다. 이것은 국민과 조직을 망치는 중사와 하사로 가는 길이다.

'공자'는 이런 말을 들려준다. "내가 모르는 것이 있다면, 남이 한 번 할 때 나는 열 번 하면 되고, 남이 열 번 할 때 나는 천 번 하면 된다. 그러고서도 모른다는 말은 일찍이 들어본 적이 없다."《중용》 얼마나 겸손한 말인가!

인류 역사 이래 불세출(不世出)의 참 임금 우리 '세종대왕'은 세자 시절부터 붕어(崩御)할 때까지, 새벽 4시에 일어나 밤 11시에 자면서 엉덩이가 물러터지고 물집이 잡히도록 책을 읽었고, 온몸에 종기가 나도 백성을 돌봤다. 그러면서 늘 "난 참 모르는 게 많아!" 했다《이한우-세종》. 그래서 우리는 지금도 그분이 태어나신 날(5월 15일)을 '스승의 날'로 삼아, 민족의 영원한 스승으로 모시고 있다. 이것이 지도자가 가져야 할 겸손이다.

다윗의 정치

오랜 고난 시절에 익힌 영성과 지혜와 용기 덕택에, 다윗은 초반기에 정치를 잘 했다. 또한 그는 급박한 당면문제를 올바로 파악했는데, 전통의 핵심인 **신앙·종교와 민족통합**이었다. 사실 이것은 하나였다. 그는 종교가 민족의 중심이라는 것, 그리고 그것은 성막과 언약궤로 상징된다는 것을 알고 있었다. 그래서 그는 먼저 그때까지 민가에 방치되어 있던 국보 제1호인 법궤를 안치하기 위하여 성막을 새로 짓기로 했다. 그렇게 오랫동안 성막조차 없었으니, 백성은 마음 둘 곳 없이 황폐한 채 살아왔던 것이다.

최고 지도자인 왕은 백성의 찢긴 마음을 위로하고 백성을 지켜주는 사람이다. 왕부터 구체적으로 하나님을 향한 신앙과 영성훈련과 거룩한 사람 되기를 소중히 여긴다는 것을 보여주어야만 백성이 따를 것이었다. 만일 왕이 앞장서서 하나님을 업신여기고 독재정치를 한다면 백성이 왕을 버릴 것이고, 이어서 하나님도 버릴 것이었다. 그것이 사울의 모습이었다. 그토록 단순한 진실이 이스라엘 역사를 관통했다.

성막을 지은 다윗은 제사장들과 레위 사람들, 수많은 군인과 음악가와 백성을 데리고 법궤가 있는 집으로 가서 제사드리고 법궤를 메고 내려왔다(6장). 그것은 오래 전 조상들이 광야에서 행군하던 장엄한 모습을 재현한 것이기도 했다. 취주악단의 장쾌한 음악이 울려 퍼지는 가운데, 길고 긴 행렬이 끝도 없었다. 연도에 몰려나온 백성은 박수를 치며 '기뻐하고 함성을 지르며 참새처럼 뛰었다.'(환호작약歡呼雀躍) 왕도 법궤를 뒤따라가며 덩실덩실 춤추었다. 그것이 왕의 진정한 면모였다. 하나님을 기뻐하는 사람! 그런 마음으로 정치하는 것이 하나님이 왕을 세운 이유였고, 그래야만 거룩한 백성의 나라가 될 것이었다.

이윽고 성막에 법궤를 안치하고 제사드렸다. 그러고는 백성에게 **"빵과 고기 한 덩이와 건포도과자 한 개씩을 나누어주었다."** 보잘것없는 음식이었지만, 그것은 문제도 아니었다. 백성은 모두 기쁨의 눈물을 흘렸고, 그동안 선왕의 못난 정치와 내전으로 피폐해졌던 마음의 상처를 위로받고, 감동과 평안을 맛보고, 환한 미소를 지으며 삼삼오오 어깨동무를 하며 집으로 돌아갔다. 그제야 백성도 성막과 법궤의 소중함을 새삼스레 깨우쳤다.

그것이 하나님이 바라는 국민통합의 정치였다. 백성이 기뻐하고 노래하고 춤추며 신명 나게 하는 것, 고통과 불안 속에서 눈물 흘리던 백성을 웃게 만드는 것, 비록 가난하게 살아도 빵과 고기 한 점이나마 기쁘게 나누게 하는 것, 자비심 속에서 녹아들어 한 형제자매라는 인식을 갖고 자부심과 자유와 평등과 평화를 누리게 하는 것, 그리고 백성을 외적으로부터 안전하게 지켜주는 것!

특히 다윗은 예배를 드릴 때 오케스트라와 찬양대를 활용한 음악 예술의 창안자라는 공적을 빼놓을 수 없다(역대지상 25장). 그는 음악이 사람의 마음을 정감(情感) 있게 어루만져 하나로 묶어주는 힘을 가진 것을 통찰하여, 정치와 종교에 활용한 문화예술 군주였다. 천막으로 지은 소박한 성전 예배의 오케스트라와 찬양대. 참으로 가슴 뭉클한 것이 아닌가! 그 후 국운이 기울면서 그런 음악예배가 유명무실해졌다가, 250여 년이 지난 "히스기야" 왕 때 다시 부활되기도 했다.(역대지하 29장)

그때부터 전승된 시들을 노래로 만들어 예배음악(칸타타Cantata)으로 사용하기 시작했다. "솔로몬"이 성전을 지은 후에는 더욱 확장되었을 것이다. 먼 후대에는 "시편 150편"을 그렇게 활용했다. 시편 곳곳에 있는 음악가 이름이나 특별한 지시어도 그런 까닭에서 붙인 것이다. 클래식 음악 작품에 속도나 감정표현까지 지시한 용어가 있는 것도 이런 데서 유래한다. 안단테(Andante, 느리게)와 알레그로(Allegro, 빠르게)는 속도, 마에스토소(Maestoso, 장엄하게)와 콘 모토(Con moto, 율동미를 가지고)는 감정표현을 지시한다. 클래식 음악은 중세 가톨릭의 미사곡과 종교악극인 오라토리오(Oratorio, 중간에 낭송이 있는 음악극, 오페라의 전신)를 통하여 발전하여 오늘에 이른 것으로, 그런 면모를 볼 때 오늘날 유대인들이 세계 클래식 음악계를 지배하다시피 하는 것도 다 근원이 있는 일이라 하겠다.

"음악 중의 음악, 예술 중의 예술이 한꺼번에 울려 퍼지며, 하나님을 찬양하는 모든 가능한 창조가 발휘되고 고도의 경지에까지 이른 이러한 일을 이해하게 되면, 예술을 영적인 것보다 차원이 낮은 것으로 생각하는 견해는 돌연히 사라지고, 우리는 갑자기 숨을 돌릴 수 있게 되고, 우리를 억압하던 모든 끔찍한 압박감에서 벗어나게 된다. 그리고 이와 함께 이 진리가 아름다움을 낳고, 이 아름다움과 함께 하나님 앞에서 누리는 자유가 임한다."《프랜시스 A. 쉐퍼-기독교 성경관》

그렇게 다윗은 민심을 얻고 통합했다. 이제 민족과 그에게는 탄탄대로

가 놓였다. 백성이 더 이상 침탈하는 적에게 땅과 농산물을 빼앗겨 통곡하는 일이나, 짐승처럼 어이없이 죽어나가는 일도 없었다. 그리하여 백성은 즐거운 마음으로 농사를 짓고 목축을 하고, 마음껏 서로를 사랑하며 평화롭게 먹고 마시며 살았다. 그리하여 어느덧 놀랍도록 경제력이 증대되면서 국부가 향상되고 "민생"(民生)《맹자-맹자》이 안정되었다. 더 이상 각 지파에서 의병군대를 징발하는 일도 없었다. '정규 상비군체제'를 갖추고 멀리 국경을 침범하는 적들과 변방에서만 싸웠기에, 그때부터 전쟁은 군인들의 몫이 되었다. 그제야 제법 나라다운 면모를 갖추었다.

그 후 태평한 세월이 오래도록 흘렀다. 다윗은 빛나는 통치가도를 달렸다. 그러던 어느 날 다윗은 한 가지 문제를 장고하다가, 궁정 종교고문인 "나단" 예언자에게 이렇게 말했다. **"나는 백향목**(레바논 송백나무) **왕궁에 사는데, 하나님의 궤는 아직도 휘장에 있습니다."** 성막은 하나님의 집이요 백성의 마음이 모이는 곳이니, 나라의 집(國家)이다. 따라서 하나님을 경외하고 백성의 마음을 헤아릴 줄 아는 왕이라면, 자기 집은 대궐이요 하나님의 집은 바람 불면 귀신이 출몰할 것같이 보잘것없는 천막이니, 그것을 볼 적마다 하나님께 송구스러워 쓰라린 마음을 가눌 길이 없으리라. 종묘사직(宗廟社稷)은 내팽개치고 화려한 궁궐에서 산다면, 그 정치는 이미 하나님과 백성을 외면한 그릇된 것이 아닌가!

나단은 뜻하는 대로 하라고 격려했다. 며칠 후, 그가 하나님의 신탁을 전해왔다. 그것은 "다윗은 전쟁으로 피를 많이 흘렸기에, 성전은 그의 아들이 지어야 한다. **이스라엘을 영원토록 그의 후손들을 통해서 다스리게 하겠다."**(7장)는 것이었다. 여기에서 '그의 아들'은 '솔로몬'을 가리키는 게 아니다. 성전은 그렇다 쳐도, 자기를 이스라엘 "왕조"의 실질적 창건자와 영원한 왕조의 조상으로 만들어 주겠다는 하나님의 약속(다윗계약)은 그조차도 "전혀 예상하지 못한 파격적인 소식"《로버트 M. 브라운-뜻밖의 소식》이었다.

그런데 거기에는 한 가지 분명한 조건이 있었다. "만일 그가 죄를 지으면, 사람들이 제 자식을 매로 때리거나 채찍으로 치듯이, 나도 그를 징계하겠다."(7:14b) 절대적 신앙·순종이라는 조건! 이 조건은 탈출과 지향에 관한 아브라함의 주제요, 출애굽 사건의 핵심이요, 이스라엘을 향한 하나님의 늘 그러한(항상恒常) 뜻이다. 즉, 이것은 곧 다윗과 그의 후손 왕들이 모두 하나님을 향한 진실한 신앙·신뢰와 충실한 영성훈련과 거룩한 생활 속에서 하나님의 마음으로 백성을 다스려, 이집트를 탈출하던 때의 희망인 평등하고 평화로운 공동체를 건설하는 하나님의 의로운 정치를 대행해야 한다는 뜻이다. 따라서 영원한 왕조의 조건부 약속은, 만일 후대의 왕들이 자기 목숨이나 왕권의 수호, 즉 권력적 탐욕이나 세속적 향락에 집착하여 나라와 백성이 자기 것인 줄 착각하고, 이집트의 파라오처럼 백성을 억압하고 착취한다면, 하나님의 약속은 얼마든지 취소될 수도 있다는 성격을 가진 것이다.

다윗은 감격에 겨워 성막으로 들어가 꿇어앉아 눈물 어린 감사의 기도를 했다. 그런데 그가 '그 조건'을 얼마나 크게 들었으며, 그것이 자기부터 적용된다는 진실을 얼마나 마음 깊이 새겼는지는 장차 두고 볼 일이었다.

그런데 '영원한 다윗 왕조'라는 것은 참으로 느닷없는 일이었다. 이스라엘의 왕은 세습제가 아니라, '하나님의 선택→ 예언자의 기름부음→ 12지파 대표자 모임→ 동의→ 등극'을 거치는 민주적인 절차로, 이미 사울과 다윗(통일왕국 왕)에게 적용된 전통이었다. 그런데 하나님이 과연 다윗의 후손들만이 '영원히 통치하게 한다.'고 말한 것일까? 그렇다면 이스라엘의 왕은 대대로 다윗이 속한 유다 지파에서만 나온다. 그런데 다른 지파들이 인정하지 않고 말을 듣지 않는다면, 그때는 어찌할 것인가? 강압적으로 다스려야 할 것인가? 그러면 그것이 정녕 하나님의 정치일 것인가?

우리는 아무것도 알 수 없다. 나중에 왕국이 분열되는 상황에 가서는 전혀 다른 소리가 나온다(열왕기상 12장. 하나님이 나라를 분단시키는 것으로 말하고, 다윗 왕조는 유다 지파에 한정된다). 결국 관건(關鍵, 문빗장·열쇠)은 '그 조건', 즉 백성을 억압하는 죄를 짓지 말고 하나님의 정치를 대행하는 일을 충족시키는 문제에 달려 있는 것이다.

그런데 영원한 다윗 왕조 문제를 이해할 수 있는 근거는 먼저 하나님이 사울을 세울 때 한 말에서 찾아볼 수 있다. "나의 백성이 겪는 고난을 내가 보았고, 나의 백성이 살려 달라고 울부짖는 소리를 내가 들었다."(사무엘기상 9:16c)는 말은 정치의 근본으로서, 백성을 가난과 고생에서 해방하여 안전하고 자유롭고 평화롭게 살도록 하는 것이 왕의 책임이기에, 다윗 왕조가 이러한 정치를 하는 한에서 허용하겠다는 뜻으로 볼 수 있다. 그렇게만 한다면, 어느 집안에서 하든 무슨 문제이랴!

또 하나는 하나님이 그에게 제시한 조건에 있다. '만일 그가 죄를 지으면, 사람들이 저의 자식을 매로 때리거나 채찍으로 치듯이, 나도 그를 징계하겠다.' 이것은 다윗의 후손 왕들 전체를 향한 말이다. 물론 죄란 하나님의 정치에 반대되는 정치, 곧 백성을 억압하여 고난을 겪게 하여 백성이 살려 달라고 울부짖어야만(츠크zq) 하는 억압과 착취의 정치로서, 이스라엘 왕이 이집트의 파라오처럼 되는 것이다(출애굽기 2:23~25). 하나님은 언제나 백성 편이다. 백성을 억압하는 자가 이집트 파라오든 이스라엘 왕이든, 하나님은 그들을 심판하고 갈아치운다. 하나님은 백성의 고난과 살려 달라고 울부짖는 소리를 듣고, 해방과 구원의 혁명으로 백성을 편안하게 하는 분이다. 출애굽 이야기는 먼 시대의 신화가 아니라, 늘 현실에서 되풀이되는 현재진행형인 하나님의 구원사건이다.

중요한 것은 다윗 왕조든 다른 왕조든, 아니면 때마다 다른 사람을 민주적인 절차를 통하여 세우든 간에, 그 형식의 문제가 아니라 왕의 사명의식이다. 그런즉 다윗에게 약속한 하나님의 계획은 일종의 실험(testing)으로, 12지파 선출제도를 폐지하고 세습제를 인정하고, 그의 후손들이 하나님의 정치를 훌륭하게 대행한다는 조건 아래서 보장한 것이다. 만일 그 후손들이 하나님의 정치를 거스른다면, 여지없이 징계, 곧 '다른 작업'을 벌일 것이다. 다른 작업이란 왕을 갈아치우거나, 나라에 재앙을 내리거나, 외적을 끌어들이거나, 반란으로 왕국을 나누어버리거나, 그래도 안 듣는다면 아예 나라 문을 닫아버리는 것까지 포함되는 것이다. '영원히'는 하나님의 계획이지만 단연코 필연이 아니다. 죄를 밥 먹듯 짓는데도 왕조를 영원히 보장한다는 게 아니다. 그것은 언제나 다윗 왕조의 태도에 달려 있다!

지금부터 2,300여 년 전에 강골(强骨) 철인 '맹자'는 이런 말을 했다. "독재자인 하나라 걸(桀)왕과 은나라 주(紂)왕을 때려죽인 것은 일개 잡놈을 때려죽인 것일 뿐, 결코 왕을 때려죽인 게 아니다."《맹자》 역성(易姓)혁명을 천명한 이 말은 여기서도 마찬가지이다. 하나님은 불의한 왕권을 언제든 갈아치우고 혁명한다! 그러니 자나 깨나 이집트에서 일으킨 하나님의 혁명사건을 명심하고 또 명심할 일이다!

그 후 다윗은 더욱 훌륭한 정치를 했다. "다윗은 언제나 백성 모두를 공평하고 의로운 법으로 다스렸다."(8:15) 그리고 자주 국경을 침범하여 변방 백성을 괴롭히는 "모압, 시리아, 암몬 왕국"을 차례로 무찌르고, 영토를 넓히며 조공을 받고 백성을 편안하게 했다.(8장, 10장)

그리고 사울의 손자요 친구 요나단의 아들 "므비보셋"을 숨어서 살던 곳에서 찾아내어, 절뚝절뚝 두 다리를 저는 그를 자식처럼 대접하며 왕궁에서 살게 해주고, 토지와 종들을 주어 친구와 맺은 언약을 지켰다(9장). 그것은 다윗의 관용과 자비의 정치를 보여준다. 왜냐하면 므비보셋이 사랑하던 친구 아들이라 해도, 엄연히 "사울의 집안"(9:1), 곧 자신의 정치적 원수였기 때문이다. 따라서 그것은 최고 통치자가 해야 할 포용과 국민통합의 중요한 측면이었다. 그리고 그것은 한 인간이 어려운 이웃을 돌본 거룩한 행동이기도 했다. 모두 백성이 보기에도 좋은·선한(토브tov) 일이었다. 이렇게 다윗은 정치인으로서나 한 인간으로서나, '하나님의 사랑을 받은 자'(David)라는 이름대로, '사람을 사랑하는 자'가 되어, 하나님의 역할을 대행하는 자로 자신을 드러냈다.

그 후 십수 년 동안 평화로운 시절을 보냈다. 다윗은 백성을 하나로 모았고, 평화의 횃불을 높이 치켜들고 인도했다. 그는 사실상 이스라엘 건국의 아버지가 되었다. 여기에 이르기까지 그의 통치 연수는 대략 20년 정도이다.(헤브론 7년 6개월, 예루살렘 12년 6개월)

이렇게 언제나 중요한 것은 평등과 평화공동체를 실현하는 것으로, 아브라함과 출애굽 사건에서 제시된 떠나서 가는 신앙의 삶, 곧 율법에 따른 하나님 경외의 정신인 영성훈련과 거룩한 민족 되기(레위기 19:2b)이다. 이스라엘이 다윗 왕조를 통해서 그런 민족을 이룩하면, 하나님은 장차 그 신앙을 통하여 온 세상을 구원하리라.

자책골 넣는 법

이제부터 구약성서는 국가 최고 지도자의 그릇된 행태와 다수 침묵하는 정부 인사들과 지도층에 대한 하나님의 엄정한 법집행에 대해서 말하기 시작한다. 의로운 하나님의 의는 준엄한 법집행에서 드러난다. 그런데 이것은 언제나 하나님의 사랑과 평행을 이룬다. 의 없는 사랑은 애욕이요, 사랑 없는 의는 보복이다.

하나님의 심판은 최고 지도자인 다윗의 도덕적 부정을 통하여 나타나기 시작했다(11장). 이른바 **"밧세바 게이트"**이다(바트Bath-딸, 쉐바Sheba-맹세). 이것 역시 그가 선악과를 취식하고 뱀의 목소리에 귀를 기울인 것으로, 다윗이라는 인간과 군왕의 전과 후를 빛과 어둠처럼 가로지르는 분수

령이다. 이것은 전적으로 군왕 다윗이 직접 각본을 쓰고 연출하고 배우가 되어 연기를 한, 매우 치졸하고 수치스러운 사건으로서, 그 성격과 중요성은 백성과 나라에 심각할 정도로 크고 깊은 상처를 입혔다. 이 사건은 다윗이 아주 나쁘게 몰락하기 시작한 지점이 되었다. 사실 다윗이 이스라엘 역사에서 대대로 성군(聖君)으로 추앙되고 메시아(Messiah, 구원자)의 표상에 오르게 된 것은 이 사건 전까지 드러낸 모습에 근거하지, 이후는 결코 아니다! 이후부터는 그저 그런 왕이었다.

지금까지 그는 한 신앙의 인간으로서 광야 시절의 숱한 고난 속에서도 착실히 영성훈련을 했고, 한 군왕으로서 국가안보를 확립하고 백성이 평화롭게 살아가도록 통합과 번영의 정치를 훌륭하게 실천해왔다. 당대 사람들이나 오랜 후의 세대들까지도, 신앙인 개인으로서나 군왕인 지도자로서나, 길이 흠모하며 추앙할 만한 탁월한 모범이요 업적을 이룩한 훌륭한 인물이었다.

그러나 호사다마(好事多魔)라고 했다. 승리와 부와 안락이 지나치게 길어지면, 어느덧 정신적 긴장을 잃어버리고 괴상한 짓을 하며 볼썽사납게 조락(凋落)하는 게 인간이다. "사물은 장성하면 곧 늙어버린다. 진리에 어긋나면 일찍 끝나고 만다."《노자-도덕경》

그 마(魔)의 성격을 드러낸 사건은 어떤 것일까? 어느 때, 이스라엘은 요르단강 건너편 국경지대에서 산악왕국인 "암몬" 군대와 전투를 벌였다. **"그 다음 해 봄에 왕들이 출전하는 때가 되자, 다윗은 요압에게 자기의 부하들과 온 이스라엘의 군인들을 맡겨서 출전시켰다."** '왕들이 출전하는 때'는 두 나라 사이에서 일종의 관행처럼 시행되던 정규적인 전쟁놀이이다. 왕들도 직접 참전하여 싸움꾼을 내보내 일대일로 붙어서 지는 쪽이 선물을 주고는 조용히 헤어졌다. 그러다가 진 쪽이 억울하고 분통해서 규칙을 깨면 전면전으로 번지기도 했다. 따라서 다윗은 당연히 그 자리에 나갔어야 했다.

그런데 그는 가지 않았다. 왜 안 갔을까? 그것은 그간의 정황으로 충분히 상상할 수 있는 일이다. 그동안 이룩한 정치적 업적과 굳건한 안보와 태평성대를 한껏 누리며 탈 없이 오래오래 살고 싶었거나, 어떤 핑계로 관행을 깨고 나가지 않은 것으로 보인다. 그런데 그 직후에 벌어진 일을 보면, 후자는 아무런 이유를 찾아볼 수 없기에, 전자 쪽이 타당해 보인다. 따라서 그의 마음속에 모종의 불길한 씨앗이 싹텄던 것으로 볼 수밖에 없다.

어느 날 **"저녁나절"**(히-에레브Erev), 그는 왕궁옥상에 올라가 머리를 식혔다. 그러다가 그 아래 가까이 붙어 있는 여염집 마당에서 한 여인이 목욕하는 장면을 보게 되었다. 그가 보기에 **"그 여인은 아주 아름다웠다."**(11:2) 어떻게 왕궁옥상에서 어여쁜 상궁(尙宮)도 아니고 무수리도 아닌, 이웃집 여인이 목욕하는 것을 볼 수 있었는가? 그것은 당시 왕궁과 백성의 가옥구조 때문이다. 그때는 왕궁이라 해도, 조선시대처럼 담장을 둘러치고 동떨어져 산 것이 아니어서, 고위층이나 일반 백성도 그 곁에서 살았다.

그 여인이 왕이나 다른 사람을 유혹하려고 그랬는지는 전혀 알 수 없다. 그런데 다윗은 그런가 보다 하고 눈을 돌리면 되었을 것을, 눈을 크게 뜨고 유심히도 들여다보았다. '아주 아름다웠다.'는 표현은 다윗이 그렇게 들여다본 것을 말한다. 여기서 멈추지 않고 그는 신하를 보내 그녀가 누구인지 알아보게 하였다. 돌아온 신하는 지금 전쟁터에 나가 있는 '히타이트인'(혯, 터키) **"우리야의 아내 밧세바"**라고 했다. 아마 그는 귀화한 외국인 용병부대의 대대장쯤 된 사람인 것 같다. 다윗은 그 여인을 데려오라고 하여 정을 통하고 돌려보냈다.

몇 주 뒤, 그녀가 임신한 사실을 통보해왔다. 큰일 났다 싶은 그는 이리저리 궁리하던 끝에, 남편에게 뒤집어씌우려는 계책을 썼다. 사령관에게 전갈을 보내 우리야를 왕궁으로 보내라고 하자, 한걸음에 달려왔다. 다윗은 군대 안부와 전황을 묻고는, 술을 비롯한 음식까지 딸려 보내며, 집으로 돌아가 아내와 즐겁게 지내며 푹 쉬고 부대로 돌아가라고 말했다.

그런데 그는 대단히 충직한 군인이어서, 집에도 들르지 않고 왕궁 경호부대 막사에서 부대원들과 함께 잤다. 다음 날 아침, 그 일을 보고받은 다윗이 왜 집으로 가지 않았느냐고 묻자, 그는 상관들과 부하들이 지금 전쟁터 벌판에서 자며 죽거나 다치고 있는 마당에 그럴 수는 없다고 대답했다(이스라엘 왕이 나오지 않아 전쟁으로 번진 것 같다). 할 말을 잃은 다윗은 다시금 그가 먹고 마시고 취하게 하여 집으로 돌아가게 했다. 그런데도 그는 여전히 집으로 가지 않고 막사에서 잤다.

다음 날 그것을 안 다윗은 하는 수 없다고 생각하고는, 사령관 '요압'에게 **"가장 전투가 치열한 최전선에 그를 내보내 화살에 맞아 죽게 하라."**는 편지를 써서, 그에게 주어 보냈다. 자기를 죽이라는 명령이 담긴 왕의 편지를 가슴에 품고 달려간 그는 결국 전사하고 말았다. "그것은 아무도 미워하지 않는 자의 죽음, 성실한 사람의 죽음이었다."《잉게 숄–아무도 미워하지 않는 자의 죽음》

그리하여 다윗은 하나님이 '영원한 왕조'를 약속할 때 제시했던 조건에서 큰 하자(瑕疵)를 드러내고 말았다. 성군 같았던 왕이 하루아침에 간악한 독재자·범부·시정잡배가 되었다. 그것은 10여 년 전, 다리를 저는 친구의 아들·신하까지 극진히 대접해주던 자상한 왕의 모습이 전혀 아니었다. 그것은 "짐승의 마음"(다니엘서 4:16)을 가진 극악무도한 자의 모습이었다. 다윗은 전쟁터의 군인들을 조금도 생각하지 않았다. 욕정을 채우기 위하여 신하·백성을, 그것도 충직한 군인을 잔혹하게 죽이는 정치(征治)를 했다.

이 사건의 핵심은 무엇일까? 정치적 폭력 이전에 인간에 대한 존중심 결여! 곧, 어떤 사람이 자신의 권력·위신·체면·이익에 걸림돌과 해가 된다고 하여, 서슴없이 무시하고 모욕하고 지워버리고 밟아버려도 된다는 악마적 사고방식이 낳은 불의한 행태! 이른바 크고 작은 모든 종류의 전형적인 "갑질!"(gapjil, 하도 유명해져서 영어로 쓰임) 중의 최악이다. 타인을 사람이 아니라고 본다면, 나도 사람이 아니다.

그동안 성군 같던 그의 내면 깊은 곳에는 여전히 무의식적 악마가 뱀처럼 똬리를 틀고 들어앉아 있었다. 자신만 몰랐을 뿐이다. 우리야의 아내는 이름(맹세의 딸)과는 전혀 어울리지 않게, '악어의 눈물'을 흘리며 애도를 끝냈다. 다윗은 곧 "**사람을 보내 그녀를 궁궐로 데려와**" 후궁으로 삼았다. 그 모든 것은 "**하나님에게 아주 악한 일이었다.**"(11:27) 따라서 백성에게도 악한 일이었다.

그는 하나님의 법을 휴지처럼 내팽개쳤다. 그런데도 그는 왕이기에 그럴 수 있다고 생각했다. 그는 그것이 하나님의 정치·법과 반대되는 국가 사유화와 독재자의 첫걸음(이집트의 파라오화!)이라는 것조차 깨닫지 못했다. 어느덧 그도 급격히 사울을 닮아가고 있었다. 그러자 이내 '나단'이 와서 올곧은 소리를 했다.(12장)

그것은 사무엘에 이어 예언자와 불의한 왕이 다시금 대척점에 선 일이었다. **이스라엘에서 예언자가 왕정 제도와 함께 출현했다는 사실은 매우 중요한 사항이다.** 예언자는 왕에 대한 견제장치로 하나님이 세운 쓴소리 전문가요 들사람(野人) 얼을 가진 인사로서, 목숨을 내걸고 왕에게 정의를 촉구하며 직격탄을 날리고 비판하며 올바른 대안을 제시하는 사람이다. 예언자가 궁정 주변에 있든 재야에서 활동하든 마찬가지이다.

앞서도 말했듯이, 구약성서는 자신의 권력과 성공과 부와 보신(保身)을 위하여 부패한 왕이나 지도층이나 백성이 듣기 좋은 말만 하는 인사를 "거짓 예언자"로 따로 분류하여 낙인을 찍는다(최초는 이사야서 9:15). 거짓 예언자란 "세상에서 흔히 말하는 지식인이란 큰 도둑을 위해 모아주는 자가 아닌가. 성인(聖人)이란 자도 가장 큰 도둑을 위해 지켜주는 자가 아닌가." 《장자-장자》 하는 말에 해당된다. 왕이 그야말로 큰 도둑이 되었는데도, "벙어리 개"(이사야서 56:10)가 되어버린 지식인은 그 도둑과 한 패이다. 좋은 말이라고 다 좋은 말은 아니다. 말의 진위와 무게를 판정하는 기준은 말하는 자의 인격과 자리, 특히 청렴한 생활이다. 정녕 나라와 민족을 위하여 사심 없이 말하는 자가 예언자적 지식인이다.

그런데 예언자는 비록 한 사람이지만, 그 한 사람만은 아니다. 그는 하나님을 대행하는 하나님의 사람이요 백성의 대표자이다. 따라서 그의 말은 하나님의 말이요 고통당하는 백성의 가슴에서 터져 나오는 역사의 소리이다. 예언자는 왕 위에 있는 사람이다. 이것이 이스라엘 역사에서 예언자가 차지하는 독특한 위상이다.

그러나 나단은 예언자라 해도 엄연히 나라의 녹을 먹고 있는 종교 고문 공직자였기에, 직접 탄핵하지 않고 슬쩍 '어른을 위한 동화'를 들려주며 넌지시 핵심을 찔렀다. "한 부잣집에 손님이 왔는데, 그가 자기 양이 아까워 이웃집 가난뱅이네 집에서 자식같이 기르는 한 마리밖에 없는 양을 빼앗아 잡아서 대접했습니다." 낚시질이었다. 이내 말려들어 덥석 물었다.

다윗은 "그 사람은 죽어야 마땅하다."고 큰소리를 쳤다. 그러나 너무 자신만만했다. 두 배로 물어주라면 몰라도 사람 죽일 일이 아니었다. 그러자 나단은 대뜸 **"임금님이 바로 그 사람입니다!"**라고 말했다. 그러고는 이어 심판을 선포했다. "왕실에 대대로 칼부림과 재앙이 일어날 것이고, 때가 오면 왕비와 후궁들도 대낮에 다 욕보이게 될 것입니다."

그러자 공포에 질린 다윗은 곧바로 신하 앞에 꿇어 엎드려 죄를 뉘우쳐, 개인적으로는 하나님의 용서를 받았다(시편 51편 참조). 그러나 그가 개인이 아닌 국가 최고 지도자라는 것이 큰 문제였다. 그것은 그가 앞으로 뼈아픈 눈물로 치러야 할 중대 사안이었다. 그 소문은 곧 나라 전체에 퍼졌다. 백성의 실망은 이만저만이 아니었다. 모두들 '두 얼굴을 가진 사나이'라고 쑥덕거리며, 사태가 어떻게 돌아가는지 촉각을 곤두세우고 지켜보았다.

태어난 아기는 곧 죽었다. 그리고 1년 후 밧세바는 아들을 또 낳았다. 그가 **"솔로몬"**이다(Shalom-평화의 변형. 샬롬은 현대 이스라엘의 인사말-안녕). 그 일 이후 다윗의 어지러운 마음의 소망을 짐작케 하는 이름이다.

그런데 무엇보다 흐트러진 민심을 수습해야 했다. 2년이 다 되도록 군대는 여전히 전투 중이었다. 그러자 사령관 '요압'이 묘안을 냈다. 그는 왕의 실수를 국가안보를 지켜낸 일로 만회할 수밖에 없다고 판단했다. 그는 반격하여 암몬 왕국 도성으로 들어가는 급수지역을 점령하고, 도성을 점령하는 일을 왕에게 맡기기로 하고, 역사에 **"임금님의 이름이 승리자의 이름으로 기록되기"**를 바라며 불렀다. 다윗이 달려가 도성을 점령하고 왕을 죽이고, 보석이 가득 박힌 금관을 머리에 쓰고 수많은 전리품과 백성도 포로로 잡아와 잡일을 시켰다. 그 일로 백성은 왕을 용서한 듯 했다. 그러고는 다시 태평한 세월이 흘렀다.

아들의 쿠데타

그러나 다윗은 개인이 아닌 왕이었기에 대가를 치러야만 했다. 결국은 그때부터 왕실에 황음(荒淫)의 끈적끈적한 살바람과 반란의 칼바람이 불었다. 자식들의 일탈! 그리고 이 일은 다윗 이후 왕이 된 솔로몬으로부터 남북분열 이후 북이스라엘과 남유다 왕국의 멸망 때까지 끊임없이 반복되며 일어났다. 그런 점에서 다윗을 "두 얼굴의 사나이, 총명과 예지로 번뜩이는가 하면 탐욕과 음험한 살육의 화신인 사나이, 경세치용(經世致用)의 명군인가 하면 조선의 역사를 부도덕의 나락으로 떨어뜨린 사나이, 수양대군 세조"《김용옥-금강경 강해》와 비슷한 인물이라고 말할 수 있지 않을까? 이것은 지나친 말이 아니라, 열왕기상하를 자세히 읽어보면 누구나 알 수 있는 역사적 사실이다.

다윗이 많은 왕비와 후궁들을 통해 낳은 자식이 아들 열일곱 명, 딸 한 명이었는데(사무엘기하 3:2~5; 5:13~16), 대부분 어머니가 다른 이복형제들이었다. 그러니 차후 왕위계승 과정에서 왕자들의 불꽃 튀는 왕권경쟁과 정부와 종교 주요 인사들의 분열, 더 나아가 왕자들의 난(亂)으로 인한 피의 쿠데타 등이 발생할 것은 충분히 예상되는 바였다.

어느 날 맏아들 "암논"이 이복 누이동생 "다말" 공주를 짝사랑하다가, 있지도 않은 병을 핑계로 꾸며, 아버지에게 그녀가 수발을 들어주었으면 좋겠다고 부탁한 뒤, 그녀가 오자마자 성폭행했다(13장). 그러고는 곧장 뒤도 안 돌아보고 문밖으로 내동댕이쳐버렸다. 참으로 해괴망측하고 사악한 근친상간이었다. 분명히 '아버지도 그러는데, 나는 못하랴?' 하는 마음이었으리라. 그런데 그녀에게는 잘 생긴 아버지를 그대로 쏙 빼닮아, 이스라엘 역사상 최고의 꽃미남 왕자인 오라버니 "압살롬"이 있었다. 그는 아들들 중에서 셋째였다.

왕실에서 도저히 있을 수 없는 기막힌 일을 당한 공주는 유대인들이 억울하고 슬플 때 하는 관습에 따라, "옷을 찢고 머리에 먼지를 끼얹으며" 처연하게 울면서, "오라버니 집에 가서 처량하게 지냈다." 그런데 다윗은 그런 일을 듣고도 분개만 했을 뿐, 아무런 조치도 취하지 않았다. 자신도 그랬기 때문이다. 커다란 실책이었다. 그것이 엄청난 화를 불렀다.

그렇게 2년이 지난 후, 복수의 칼날을 갈던 압살롬은 왕자들을 모두 자기 집으로 초청하여 큰형인 암논 왕자를 죽여 버렸다. 그러고는 외국의 외삼촌(왕)에게로 도망쳐, 3년 동안 망명했다. 그 후 다윗이 보고 싶어 하자, 군사령관 요압이 손을 써서 돌아오게 하여 아버지와 화해했다(14장). 그러나 그것은 아들에 대한 진정한 사랑이 아니었다. 그저 부왕의 체면치레와 정치적인 사면조치에 불과했다. 더 나아가 그것은 다윗이 점점 자신의 정체성을 잃어간 면모, 즉 그가 하나님으로부터 멀어져간 모습을 보여주었다.

다윗은 화해 후 또 2년이 지나도록 아들을 만나주지 않았다. 그러자 압살롬은 요압 장군의 밭에 불을 질러, 그가 자기를 찾아오게 하여 아버지가 자기를 만나주지 않는 것에 대해 항의했고, 요압의 주선으로 다시 아버지를 만났다. 그런데 그 모든 것은 압살롬의 전략이었다. 그는 이미 심중에 쿠데타를 계획하고 있었다. 그는 아버지를 안심시킨 후, 전국을 돌아다니며 민심을 얻는 데 힘을 쏟았다.(15:1~12)

왕실에서 일어난 더러운 사건에 악화 된 민심은, 바라만 봐도 황홀할 지경으로 잘생긴 꽃미남 왕자님이 자기들의 억울한 일을 몸소 해결해주고, 땅바닥 먼지 같은 자기들을 끌어안고 위로하며 뺨에 입을 맞추며 격려해주기까지 하자, 자연스레 압살롬에게 기울어졌다. 그는 그렇게 정성스레 4년을 바쳐 **"백성의 마음을 훔쳤다."**(15:6)

누이동생 사건이 난 지 어언 11년 후, 그는 드디어 '헤브론'으로 내려가 쿠데타의 깃발을 올렸다(15:13~37). 그가 그곳을 택한 것은 나름 좋은 전략이었다. 그곳은 조상 아브라함이 살던 민족의 성지이고, 아버지가 왕으로 즉위한 곳인데다가 유다 지파의 중심지였기에, 좋은 이미지를 일으켜 선전효과를 극대화할 수 있는 곳이었기 때문이다. 결국 유다 지파를 손에 넣자 모든 지파가 그를 지지하여, 드디어 반란의 깃발을 세우고 파죽지세로 예루살렘으로 진격했다. 근위대 외에는 아무도 나와서 맞서는 군대가 없었기 때문이다. 아들 군대와 싸울 수 없었을 뿐만 아니라, 모든 지파가 지지하여 일어난 것을 본 다윗은 하는 수 없이 궁궐을 비우고, 처연한 부끄러움에 눈물을 흘리며 맨발로 광야로 도피했다.

그렇게 치욕의 시간 동안, 그동안 희미해졌던 그의 인간성과 영성이

다시 살아나기 시작했다. 사울 왕가의 후손인 "시므이"가 다윗 왕 일행을 바라보며 먼지를 흩날리며, "이 피비린내 나는 살인자야! 이 불한당 같은 자야! …이런 형벌은 너와 같은 살인자가 마땅히 받아야 할 재앙이다."(16:7~8) 하며 돌멩이를 던지며 저주받아 망하라고 악담을 퍼부었다. 다수 백성도 동조했다. 그것을 보고 한 장군이 죽여 버리겠다고 나서자, 다윗은 그를 제지하며 하나님이 그를 통해서 자기에게 말씀하시는 것이라고 말했다.

그 사이 압살롬은 텅 빈 예루살렘에 무혈 입성하여 왕이 되었다(16:15~23). 그러고는 대낮에 아버지의 후궁들을 데리고 놀았다. 하나님의 심판선언대로 된 것이다. 그런데 그것은 압살롬의 실책이었다. 반란의 명분은 그 어디에도 없었다. 오로지 복수심과 권력욕뿐이었다. 따라서 그는 실패할 것이었고, 성공한다 해도 오래가지 못할 것이었고, 그러다가 죽으면 곧장 역사에 더러운 이름을 남길 것이었다.

얼마나 지났을까? 다윗은 지혜로운 사람을 압살롬 진영으로 위장 투항시켜 지도부를 분열시키는 데 성공했다(17장). 그러고는 최후의 반격을 시도했다. 다윗은 장군들과 병사들을 세 부대로 나누어 보내면서 압살롬을 죽이지 말라고 신신당부했다. 시므이의 경우처럼, 아들의 반역 역시 하나님이 그를 통해서 한 일로 이해했기 때문이다.

그것은 고난을 통해서 깨우친 각성을 보여준다. 그런 모습은 그때 도피처에서 뜬눈으로 초조한 하룻밤을 지내고, 다음 날 아침을 맞이하며 쓴 시로 알려진 "시편 3편"에 나온다. "내가 누워 곤하게 잠들거나, 또다시 깨어나게 되는 것은 주님께서 나를 붙들어 주시기 때문입니다."(5절) 이것은 사람이 자고 깨는 자연스럽고도 당연한 일상의 일조차 하나님의 위대한 은총으로 이해하는 깊고 드높은 영성의 차원을 보여준다. 이렇듯 다윗은 실수를 통해서 거듭 깨어나고 다시 일어서는 영성의 모습을 수없이 보여준

정직한 인간이었다.

전투가 시작되자, 이미 명분을 저버리고 일찌감치 샴페인이나 터뜨리며 좋아하던 압살롬의 군대는 이내 흐트러지기 시작하다가 대패했다. 압살롬은 노새를 타고 아름답고 탐스러운 머리칼을 휘날리며 도망치다가, 마침 머리칼이 늘어진 나뭇가지에 끼어 노새는 빠져나가고 공중에 대롱대롱 매달린 형상이 되어 버둥거렸다. 결국 뒤쫓아 온 장군 요압의 칼을 맞고 죽어 숲에 내버려졌다. 반란군은 죄다 도망쳤다.(18:1~18)

다윗은 아들의 죽음을 못내 슬퍼하다가 겨우 마음을 추스르고, 다시 궁정으로 돌아왔다(19:1~40a). 그 후 남북분쟁이 재연되고, 또 다른 반란이 일어나 간신히 평정되며(19:40b~20:22) 나라가 급속히 어지러워져 갔다. 그 모든 게 다윗의 연이은 실책으로부터 발생한 일들이었다.

말기

그 후 다윗은 자식들을 잘 다스렸고, 민족통합을 위해 힘써 나라가 다시금 평안해졌다(21:1~14). 그런 세월이 부지런히 흘러갔다. 그런데 말년에 이르자, 그는 점점 더 총기를 잃고 쇠약해져갔다. 그러다가 뜻밖에도 구국의 충정을 가지고(!), 정부인사는 물론 재야 지식인을 비롯한 모든 백성이 반대하는 **"인구조사"**라는 매우 엉뚱하고 잘못된 정책을 밀어붙였다.(24장)

역사가들(신명기계 역사가들. 여호수아기~열왕기)은 이렇게 말한다. **"수님께서 다시 이스라엘에게 진노하셔서, 백성을 치시려고 다윗을 부추기셨다."**(24:1) 그런데 이들보다 200여 년이 흐른 뒤인 '페르시아 식민지 시대'에 열왕기를 자료로 쓴 새로운 역사서인 '역대지'의 '역대지계 역사가들'은 이 문장에서 주어를 바꾸었다. 그들은 페르시아 국교 "조로아스터교"의 악신(惡神)인 "앙그라 마이뉴"(Angra Mainyu · 사탄Satan) 개념을 받아들였다. 역대지 이전의 구약성서에는 사탄이란 말이 없다. **"사탄이 이스라엘을 치려고 일어나서 다윗을 부추겨 인구를 조사하게 하였다."**(역대지상 21:1)

그러면 누가 시킨 것이란 말일까? 야훼 하나님인가, 사탄인가? 다윗의 인구조사와 그로 인해 나타난 전염병 문제는 사건전개나 문맥 구조상 인과관계가 없어서 역사적 실상을 파악하기 어렵다. 그 앞에는 단지 다윗의 승전 노래와 업적을 나열할 뿐이다(22~23장). 따라서 하나님이 진노할 이유도 없고, 백성을 칠 까닭도 없고, 다윗을 부추길 이유도 없다. 그가 한 짓에 대한 심판은 이미 가족의 불상사와 남북분쟁과 또 한 번의 반란으로 끝난 것이다. 그런데 느닷없이 이 사건이 나오고 있다.

따라서 가장 확실한 사실로 생각할 수 있는 것은 인구조사를 하던 때에 하필이면 전염병이 발생한 것이다. 왜냐하면 히브리 민족의 사유체계란 모든 자연적인 재난을 하나님이 개입하는 행동, 즉 죄에 대한 심판으로 이해하기 때문이다. 그렇기에 히브리 역사가들이 전염병으로 인한 떼죽음을 다윗의 인구조사와 연결시킨 것은 아마도 그것을 강행하는 과정에서 우연히 전염병이 발생하여 "7만 명"(24:15)이나 죽어나가자, 다윗의 실정 탓으로 해석하여 돌린 것으로 보는 게 가장 합당하겠다.

자연 재해나 인위 재해를 죄, 특히 통치자의 죄에 연계시키는 사고구조는 옛 사람들만이 아니라, 오늘날에도 엄연히 존재한다. 계속된 독재정치나 크나큰 경제실책이 벌어져 국민의 고통이 이만저만이 아닌데, 하필 가뭄이나 태풍이나 지진이나, 다리나 빌딩의 붕괴나 대형화재 등의 재해가 발생해보라. 아무리 이성적이고 합리적인 현대인이라도, 대개 그 둘을 연관시켜 생각하기 마련이다.

그러니 역사적 사실이 어떠하든, 하나님이나 사탄이 부추겼다는 위 구절은 전에 사울 왕에게 쓴 "주님께서 보내신 악한 영이 사울을 괴롭혔다."(사무엘기상 16:14)는 말과 같은 의미로, 그만큼 말년에 이른 다윗의 정신이 혼미해져서 모종의 나쁜 의도를 가지고 인구조사를 강행했다는 것으로 볼 수 있을 것이다.

그러면 왜 인구조사를 나쁜 것이라 말하는 것일까? 그것은 독재의 전형적인 방법이기 때문이다. 그것은 단지 백성의 머릿수나 주택 수나 생활 형편을 조사하려는 순수한 의도가 아니라, 전적으로 많은 세금과 화려한 왕실생활과 군대강화를 목적으로 하는 것이다. 따라서 이스라엘에서는 결코 용인할 수 없는 일이었다. 왜냐하면 이스라엘은 하나님의 백성이고, 왕은 하나님의 정치를 대행하는 종이고, 나라는 하나님이 지켜준다는 것이 확고한 사유체계이기 때문이다(시편 33편). 그렇기에 다윗이 무거운 세금과 군대강화로 왕실과 국가안보를 보장받으려고 하는 것은 하나님을 내치는 일 그 이상도 이하도 아니었다.

그것은 다윗이 많은 반대에도 불구하고 강행한 데서 증명된다. 다른 대신들도 있는데, 굳이 국방부 장관 '요압'이 나서서 강력하게 반대한 것이다. 그러나 듣지 않았다. 결국 하나님은 예언자 "갓"을 통해서 다윗에게 세 가지 제안을 내놓았다. **"7년간의 흉년, 또 다른 반란으로 인한 세 달 도피 생활, 3일 동안의 전국적인 전염병 중에서 하나를 택하라!"**(24:12~13)

다윗이 정녕 신앙과 백성에 대한 애정과 총기를 유지하고 있는 왕이라면, 어떤 것을 선택해야 하는가? 7년간 흉년이나 3일간 전국적 전염병은 직접적으로 백성에게 해가 미치는 일이다. 그러니 당연히 백성을 생각해서라도, 자신이 세 달 동안 도피하는 것을 선택해야 한다. 하나님이 이미 '영원한 다윗 왕조'를 약속했지 않은가!

그런데 그는 또다시 결정적인 실책을 저지르고 말았다. 전염병은 고작 3일이라고 하니, 그것을 과소평가하고 선택했다. 예언자가 사무엘처럼 '왕조폐기 선언'을 하지 않았는데도 불구하고, 그는 권력을 지키는 데만 급급했던 것이다. 그리하여 그것은 이스라엘 민족사에서 씻을 수 없는 역사적 과오가 되고 말았다. 그도 물론 전염병으로 그렇게 많은 백성이 죽어나가리라고는 상상조차 못했다.

결과적으로 그것은 국가폭력이었다! 그제야 자신이 무슨 짓을 저질렀는지를 깨달은 그는 "**바로 내가 죄인입니다. 내가 이런 악을 저지른 사람입니다. 백성은 양 떼일 뿐, 아무 잘못이 없습니다. 나와 내 아버지의 집을 쳐 주십시오**"(24:17) 하고 왕조를 내놓을 생각으로 빌었다. 그러나 때늦은 후회였다. 그리하여 다윗이 평생토록 살린 사람보다 죽게 한 사람이 더 많게 되었고, 그간의 모든 치적이 다 허망하게 되었다. 백성을 지켜주던 자가 백성을 떼죽음시키는 자가 되고 말았다. 결국 회개하고 제물을 바치고서야 재앙이 그쳤다.

그 일은 다윗에게 엄청난 충격을 주어, 그 후 그는 거의 넋이 나간 채 국정을 내놓고 지냈다. 그 때문에 후계자 문제를 놓고, 또 하나의 비극적인 사건이 발생했다(열왕기상 1장). **왕자의 난(亂).**

그것은 일찍이 태자(太子)를 책봉하지 않은 탓에 겪게 된 일이었다. 다윗의 아들 열일곱 명 중(후궁들 이름은 밧세바 외에는 나오지 않는다) 솔로몬은 열 번째, 후궁의 아들들 중에서 넷째였기에 왕위 계승권이 전혀 없었다. 첫째 아들 암논은 압살롬에게 죽었고, 셋째 아들 압살롬은 반역으로 죽었기에, 왕위에 오를 자격은 왕비들의 아들 네 명에게만 있었다.(사무엘기하 3:2~5; 5:13~16)

왕이 국정을 놓고 겨우 숨만 쉬고 살자, 왕자들은 자기가 적임자라고 하며 휘하에 사람을 모으고 경쟁하기 시작했다. 그것은 결국 양대 세력으로 압축되었다. 네 번째 아들 아도니야파와 열 번째 아들 솔로몬파였다. 거기에 서자가 끼어든 것도 이상한 일이었지만(다윗의 밧세바 총애 때문!), 그 싸움은 누가 보더라도 어떤 파가 종교와 군대세력을 손에 넣느냐가 관건이 될 것이었다. 하나만 가지고서는 안 되었다. 종교 세력은 정당성은 있으나 현실적인 힘이 없었고, 군대세력은 힘은 있으나 정당성에 문제가 있었다. 그래서 둘을 함께 가져야만 했다. 그러나 그 둘보다 더 결정적인 사항은 왕의 의중이었다. 왜냐하면 그것이 고대세계의 왕실법도였고, 왕조의 영원성은 이미 보장된 상황이었기 때문이다.

아도니야는 종교와 군대의 훈구파 원로대신들을 손에 넣고, 솔로몬은 두 진영의 신진사대부들을 손에 넣었는데, 거기에다가 다윗이 총애하는 후궁인 어머니 밧세바와 종교고문인 나단 예언자가 있었다. 그것이 결정적이었다. 왜냐하면 어떠한 세력보다는 왕의 의중이 정당성을 가지는 것이었고, 아무 때나 왕에게 가서 대화를 나눌 예언자를 끌어들이는 것이 확실히 유리했기 때문이다.

그런데 아도니야는 어리석게 왕의 의중도 묻지 않고, 선불리 모월 모시 모처로 신하들을 초청하여 잔치를 벌이며 자기가 왕이 되었다고 선포하는 실수를 저지르고 말았다. 훈구파 대신들이 궁정을 쥐고 있음을 과신한 것이다. 따라서 그의 행동은 왕을 무시한 일종의 반역행위였다. 그것이 솔로몬 측에게 커다란 빌미를 제공했고, 그들은 재빨리 그 틈새를 파고들었다.

그때 솔로몬의 참모장인 나단이 밧세바에게 뛰어난 계책을 들려주었다. 그러자 그녀는 왕에게 나아가 아도니야파의 일을 모두 말하면서, "자기와 아들이 죽을 게 분명하다."고 눈물로 호소했다. 서자로 태어난 아들을 왕위에 앉히려는 엄마의 집요한 노력이었다.

아무것도 모르고 있던 다윗은 사랑하는 아내의 눈물에 놀라 크게 분노했다. 그러자 바로 그때 계책대로 나단이 들어가, 적어도 후계자 문제만큼은 자기에게 귀띔이라도 해주실 줄 알았는데 섭섭하다는 식으로 왕에게 말했다. 그 말에 다윗은 그런 일이 없었다고 펄쩍뛰면서, 밧세바와 나단 예언자에게 솔로몬이 왕이 될 것이라고 선언하고는, 지금 곧 신진사대부들을 데리고 "기혼" 샘물로 가서 등극을 선포하라고 일렀다. 그들은 곧 그리로 내려가 솔로몬에게 기름을 붓고 왕으로 선포했다.

그 소문이 아도니야 측에 전달되자마자, 그 세력은 모두 혼비백산하여 흩어지고 말았다. 어떤 사람들은 여러 가지 변명을 하면서 살아남고자 솔로몬 측에 손을 쓰기도 했다. 솔로몬은 일사천리로 반대파 숙청작업을 완료했다. 그리하여 아도니야, 평생을 바쳐 민족을 위해 봉사해온 훈구파 군사령관 '요압'은 죽임을 당하고, 종교 세력의 수장 '아비아달' 제사장은 추방당하고, 사울 왕가의 대표적 잔재인 '시므이'도 죽임을 당해, 사울 왕가는 완전히 소멸되었다(2:13~46). 왕자의 난은 평정되었다.

다윗은 죽기 전에 솔로몬을 불러, 하나님 경외와 백성 사랑을 골자로 하는 왕도를 설명하면서, 부디 착하고 능력 있는 임금이 되라고 이르고는 세상을 떠났다(2:1~12). 어릴 적부터 똑똑하기 그지없었던 솔로몬이 정녕 아버지의 유훈을 받들어 통치한다면, 이스라엘 역사상 최고의 임금이 될 것이었다.

파란만장한 다윗의 일생은 끝났다. 그는 대략 기원전 1010~971년까지 40년 동안 통치했다. 헤브론에서 유다 지파의 왕으로 7년 6개월, 예루살렘에서 통일 이스라엘 왕으로 33년간 다스렸다.

다윗이 저지른 실정은 크게 네 가지였다. 밧세바 사건과 충직한 군인 우리야 간접 살해사건, 집안을 제대로 다스리지 못하여 일어난 아들의 반란, 그 때문에 민족이 분열되어 반란이 또 일어난 것, 그리고 인구조사로 7만 명의 백성을 죽게 한 것. 이 모두가 돌이킬 수 없는 실책으로서, 하나님의 뜻이 얼마나 엄정한 것인지를 무섭게 보여준 사건들이었다. 그런 실수를 너그럽게 보아준다면, 다윗이 어지러운 나라를 물려받아 왕위에 오른 후, 영토를 확장하고, 외적의 침입을 없애고, 경제를 발전시키며 백성이 평안하게 살도록 해준 것은 훌륭한 치적이었다.

열왕기서는 다윗이 이미 성군으로 추앙받던 350년 후에 기록된 것인데도(기원전 622년 이후), 그를 우상화하지 않고 엄정하게 평가하며 기록했다. 그런데도 그가 이스라엘 역사 내내 성군으로 기억되면서, 백성 사이에서 다시금 도래하기를 바라는 참된 임금과 희망의 대명사인 '메시아'의 대표적인 상징과 이미지로 자리 잡게 되었던 것은 깊은 신앙, 자신의 과오에 대한 솔직한 인정과 회개, 끊임없는 자기갱신, 자기에게 고통을 가져오는 일련의 사건들 속에서 행동하는 하나님을 볼 줄 아는 통찰력과 순응의 태도, 그리고 무엇보다 백성을 사랑하고 지켜주는 "인간다움의 전형"《유진 피터슨-다윗》으로 기억되었기 때문이다.

세월이 흐르면 백성은 왕의 실정은 잊고, 좋았던 것들만 기억해주는 법이다. 중국 역사에도 이런 일이 많이 나오는데, '사마천'은 《사기》 '오제본기'에서 "황제와 제곡(帝嚳) 시대의 정치"에 대하여 이렇게 말한다. "널리 은덕을 베풀어 남을 이롭게 하면서도 자신의 이익은 꾀하지 않았다. 하늘의 뜻에 따랐고, 백성의 절박한 요구를 잘 알았다. 인자하면서도 위엄이 있었고, 은혜로우면서도 신의가 있었다. 자신의 몸을 깨끗이 하여, 천하가 순종하였다." 이것은 그들도 간혹 실수했겠지만 전체적으로 볼 때 그러했다는 것이며, 백성이 대대로 그렇게 기억했다는 말로 보아야 하겠다.

어느 인간이 실수하지 않으랴마는, 다윗만큼 이스라엘의 영광과 자부심을 크게 높이고 백성을 사랑한 임금도 없었다. 그러나 그 후 이스라엘 역사에서 이상적 군왕인 다윗과 같은 시대는 끝내 돌아오지 않았고, 다윗 왕조도 그 계통을 이은 남유다 왕국의 멸망으로 영영 끝나고 말았다. 그렇기에 나단의 신탁으로 전해진 '다윗 왕조의 영원성'을 보장하는 '다윗계약'이라는 것은 단지 정치적·종교적 이데올로기였을 뿐이다. 다시 말하면, 다윗계약은 다윗 이후에 계속된 다윗 왕조가 그 계약에 내포된 '계약준수'라는 하나님의 조건을 충족시키지 못했기에, 결과적으로 허망한 정치적 이데올로기가 되고 말았다. 그래서 구약성서신학자 '게르하르트 폰 라트'

는 이렇게 말한다. "야훼가 다윗왕좌의 지속을 보장했었다는 것은 이스라엘의 신앙고백 진술들의 계열에 연결된 일이 없다."《구약성서신학, 제1권》 다윗계약이라는 것은 본래 이스라엘 '민족의' 계약이나 신앙고백 전승에 없는 왕조의 창작품일 뿐이다.

그러나 밧세바 사건 이전까지 나타난 다윗의 좋은 이미지는 역사의 수면 아래로 가라앉아, 이스라엘 민족이 망하고 거의 600년 동안 강대국의 식민지 세월을 보내면서 고난에 처할 때마다 다시금 나타나기를(再來) 바란 '메시아'의 표상으로 자리 잡았다. 구약성서에서 다윗 일대기가 모세 다음으로 긴 것이 이를 보여준다.(사무엘기상 17장~열왕기상 2장, 전체 41장)

제16장

솔로몬

성서: 열왕기상 2장 13절~11장

구약성서에서 가장 이해하기 어려운 인물은 단연 솔로몬이다. 구약성서가 솔로몬을 말하면서 방점을 찍는 부분은 단연 신앙과 도덕성 문제였다. 그는 하나님을 버렸고 신앙을 잃었다. 그는 무한 권력에 도취되었고, 자유민 이스라엘을 노예화했고, 수많은 이방종교까지 들여와 숭배하며 앞장서서 전통을 훼손했다. 그리하여 그 후 이스라엘은 채 피워보지도 못하고 곧장 내리막길로 내달았다.

구약성서 정직하게 읽기 – 신앙과 역사

구약성서는 신앙의 관점은 물론이거니와, 인생철학과 사회철학과 역사학의 관점에서도 들여다보아야 하는 책이다. 신앙은 사회 속의 신앙, 역사 속의 신앙이기 때문이다. 사회 없는 신앙은 없다. 있다 해도 개인주의나 심리학이나 성공주의일 뿐이다. 선악과·뱀의 목소리는 인간이 사회 속에서 넘어서면 안 될 한계선에 관한 것이고, 가인의 아벨 살해는 사회와 역사를 배제한 이기주의적 신앙인이 일으킨 참극에 대한 것이다.

신앙·신앙생활은 내면의 심리적 상태, 예배당용 의례, 개인적인 처세술, 사회적 출세를 위한 인맥 쌓기도 아니다. 신앙은 존재 자체와 머무는 모든 시간과 공간과 상황에서 하나님의 영원한 가치 질서인 진리와 의와 사회정의와 사랑과 자비를 온몸으로 증언하고 살아내야 할 전체적이고 실존적인 사건이다(신명기 30:15~20). 신앙은 사회적 증명을 요구하는 전투와도 같다.(에베소서 6:10~17)

역사 속의 신앙이라는 것은 신앙의 대상인 하나님이 역사 속에서 활동하는 분이라는 것을 인정하고 수용하며(예: 출애굽 사건), 질서와 가치체계(예: 법률과 종교체계)에 담긴 그분의 뜻을 사회에서 실천하는 것을 말한다. 하나님은 저 높은 피안(彼岸)의 하늘에 좌정하고 명상하고 있는 분이 아니라, 지금 이 역사 속에서 여러 가지 사건을 통하여 활동하고 있는 분이라는 것이 성서의 증언이다. "구약성서의 하나님을 아브라함의 하나님, 이삭의 하나님, 야곱의 하나님이라고 말하는 것은 하나님이 철학자의 하나님처럼 저 높은 하늘에 좌정하고 있는 분이 아니라, 이 역사 속에서 활동하는 분이라는 것을 말한다."《블레즈 파스칼-팡세》

구약성서가 주변 민족의 신들과 종교를 우상숭배로 규정하고 거부한 까닭은 그것들이 역사를 외면한 개인적인 축복의 도구로 작용했기 때문이다. 사실 우상 숭배자에게 무슨 역사의식이 존재하는가? 그들이 아는 것이란 그저 개인의 성공과 영광과 영화뿐이다. 그것은 이스라엘의 독단적 견해만은 아니다. 그러한 견해는 역사를 통하여 증명되었다. 그런 나라들이 사라지자, 그 신들·신화·종교도 역시 스러졌다. 인간의 죽음과 함께 스러지고 마는 신이나 종교란 결코 역사를 변혁하지 못하는 욕망의 도구일 뿐이다.

"구약성서가 상당히 다양하지만, 거기에는 변함없이 일관하고 있는 기본적인 가정과 전제가 있다. 그것은 인간의 역사 가운데 나타나는 하나님의 활동이란 문제이다. 하나님은 역사 가운데 개입하며 역사를 조성하는 분이다. 성서 기자들의 의도는 역사 속에 나타난 하나님의 위대한 구속(구원) 행동을 나타내는 데 있었다. 그래서 구약성서에는 하나님의 위대한 창조 행동, 하나님의 구속(救贖)하는 계약 행동, 하나님의 심판하는 의로운 행동, 하나님의 갱신(更新)하는 은혜로운 행동이 나타나 있다."《문희석-역사 속의 신앙: 구약성서의 역사이해》

구약성서가 끊임없이 하나님의 의와 사회정의를 부르짖는 것도 그런 이유에서이다. 구약성서는 구체적인 어떤 시대와 역사 속에서 이스라엘 민족 집단이 하나님을 향한 신앙을 가지고 어떻게 그분과 대응하고 살았으며, 어떤 선택을 했으며, 하나님은 그들의 역사를 어떻게 인도하고 심판하고 구원했는가를 증언하면서 신앙의 역사와 함께 생활의 역사를 보여준다.

오늘의 신앙과 사회적 삶은 한 몸이다. 역사 없는 신앙 없고, 역사 없는 하나님 없다. 하나님과 신앙과 역사는 언제나 함께 나아간다. '아브라함 J. 헤셀'의 말처럼, "역사란 하나님이 사람과 함께, 사람이 하나님과 함께 상호협동으로 이루어나가는 무대이지, 하나님 혼자서나 인간 혼자서 하는 게 아니다."《사람을 찾는 하나님》 특히 중요한 것은 사람의 협동이다.

그런 점에서 왕의 통치에 따른 영향이 나라와 역사에 고스란히 나타날 수밖에 없었던 이스라엘 왕들의 통치행태를 솔직하게 들여다볼 필요가 있다(지금도 그렇다). 그렇지 않으면, 이스라엘에 하나님이나 신앙과 종교, 법률과 문화, 그리고 42명의 왕이 있었음에도 시대마다 고난을 겪은 이유, 끝내 나라를 잃어버리고 다시 독립 국가를 회복하지 못한 까닭을 이해할 수 없다.

이스라엘이 대대로 고난을 받은 것은 지리적 역학상 강대국의 침탈로 인한 것도 많았지만, 사실은 자기네 신앙과 전통과 정체성과 역사를 솔직하게 읽지 못했기 때문이기도 하다. 그리고 유대교에서 발원한 기독교 2,000년의 각 시대에 나타난 쇠락과 타락의 역사 또한, 성서를 정직하게 읽지 못한 데 그 이유가 있었다. 그런 일은 언제든 반복된다.

구약성서는 이스라엘 민족의 성공과 실패, 고난과 인내와 모험의 역사를 보여주면서, 그 원인과 과정을 소상히 밝힌다. 따라서 우리는 신앙의 눈만 가지고 구약성서를 보는 게 아니라, 인생철학과 사회철학과 일반역사의 관점을 가지고 들여다보아야 한다. 이러한 관점을 가지고 솔로몬 왕의 통치를 생각해보자.

잘못된 출발

솔로몬이 가장 먼저 한 일은 뜻밖에도 결혼인데, 국내나 주변 왕국의 여자도 아닌, "이집트 바로의 딸을 아내로 맞았다."(3:1) 그것은 이스라엘 왕실에서는 있을 수 없는 아주 이상하고 경악할 사건이었다. 그것은 항상 이집트를 종(終)·단(斷)·극(克)·초(超)·월(越)해야 한다는 전통에 어긋난 일이었다(신명기 4장; 17:14~20). 따라서 솔로몬의 결혼동맹은 이집트 종속을 자처한 것으로, 처음부터 엇나간 것이었다.

그런데 당시 그것에 이의를 제기하는 사람은 아무도 없었다. 무서운 정치적 분위기 때문이었다. 솔로몬은 왕자의 난을 평정하고 등극하자마자, 아버지 시대의 원로 훈구파 대신들을 모조리 내쫓거나 숙청해버리고, 자기에게 협력한 젊은 신진사대부 세력으로 관료를 채웠다. 그들은 자기들이 새 시대의 주역이 되었다고 자부했을 것이니, 결혼동맹에 대하여 이구동성으로 찬성했을 것이다.

이에 대해서는 역사가들조차도 모순된 발언을 하고 있다. 방금 앞에서 파라오와 결혼동맹을 맺은 것을 말하면서, 곧 이렇게 말한다. **"솔로몬은 야훼를 사랑하였으며, 자기 아버지 다윗의 법도를 따랐다."**(3:3a) 이집트 결혼동맹이 야훼 사랑과 무슨 관계가 있으며, **"모세의 율법에 기록된 대로 걸어라"**(2:3)는 다윗의 유언과 어떻게 합치되는가?

솔로몬의 신하들이 아무리 "용비어천가"(龍飛御天歌)를 부른다 해도, 그것은 처음부터 출애굽 하나님의 명령을 무시한 일이었다는 사실은 변할 수도 없고 합리화할 수도 없는 일이다. 이스라엘에서 이방인과 결혼하는 문제는 단지 두 남녀의 결혼이 아니라, 이스라엘 종교·문화와 이방의 그것이 결합하는 일이다. 더군다나 이집트와는 결혼을 비롯한 일체의 정치적 동맹을 맺는 것이 절대 불가하다. 그것은 이스라엘에 타락을 가져오는 죄악, 곧 이스라엘의 소(小) 이집트화의 길이다.(출애굽기 34:11~16; 신명기 7장)

그렇기에 파라오와 솔로몬의 결합, 이집트와 이스라엘의 결합보다 더 어울리지 않는 "적과의 동침"은 없었다. 그것은 출애굽 사건과 그로부터 비롯된 모든 정신을 훼파하는 행위의 시초였다. 그는 처음부터 단추를 잘못 끼웠다. 결혼동맹은 신앙과 법과 전통을 무시한 솔로몬 통치의 전체적인 성격을 압축하여 보여주는 하나의 사건이었다.

그러나 백번 양보하고 볼 때, 그것을 탓할 것은 없다. 왜? 이스라엘에서 중요한 것은 정치형식보다는 실질과 이상, 즉 신앙·종교·전통·문화에 따른 정의롭고 평화로운 민족공동체를 이룩하는 것이기 때문이다. 따라서 솔로몬이 처음부터 실수했더라도, 정의롭고 평화로운 나라를 건설하는 일만 제대로 한다면, 분명히 존경받는 임금으로 역사에 기록될 것이었다. 그러나 인간사에는 형식이 본질을 해치고, 수단이 목적을 망쳐놓는 일이 얼마나 많은가! 바로 이것이 인간과 나라를 불행과 파국으로 몰고 간다. 신앙과 건전한 이성과 판단이 조화를 이루는 일은 매우 어렵다.

시대변화의 중심에 선 솔로몬의 과제

솔로몬은 정치가나 행정가로서 대단히 총명하고 능력이 출중했다. 그는 곧바로 나라를 완전히 개조하는 일에 착수하여, 종교체제와 군대와 행정을 뜯어고치며 시대변화의 중심에 섰다(4:1~19). 그는 전국의 행정구역을 12도(道)로 개편하여, 그때까지 남아 있던 느슨하기 그지없는 12지파 연방 체제와 지방자치 민주주의 전통을 완전히 해체해버리고, 직접 임명직 도지사 12명과 군수들을 파견하여 이집트와 같은 왕을 정점으로 한 강력한 중앙집권 체제를 확립했다.

어떻게 그럴 수 있었을까? 구약성서는 이렇게 말한다. "하나님께서 솔로몬에게 지혜와 총명과 넓은 마음을 바닷가의 모래알처럼 한없이 많이 주시니, 솔로몬의 지혜는 동양의 어느 누구보다도, 또 이집트의 어느 누구보다도 더 뛰어났다."(4:29~34) 이것은 그가 태어날 때부터 박학다식했단 말도, 가만있다가 깨우쳤단 말도 아니다! 하나님도 그렇게는 안 한다. 그렇다면 솔로몬은 '하늘에서 뚝 떨어진 인물'이란 말이겠다. 그러나 자고로 인간사에 그런 일은 없다. 이 구절을 이해하는 데는 **인문학적 상상력**이 필요하다.

솔로몬이 근대 '프랑스의 백과전서파'조차도 혀를 내두를 정도로 지식에 있어서 단연 그 시대의 독보적인 존재가 될 수 있었던 것은 어떤 까닭에서였을까? 그는 열일곱 명의 왕자 중에서 열 번째, 서자로는 네 번째이다. 앞에서 떡하니 막아선 태산이 아홉이요, 작은 산이 셋이니, 왕은 무슨! 운명이 그랬다. 그래서 어린 시절 내내 적자(嫡子) 왕자들로부터 왕따를 당하며 자랐으리라. 남아도는 게 시간이었고, 좋은 머리에 꿈과 야망도 컸으리라.

그러한 경우 부잣집 도련님들은 무슨 일을 하며 자랄 수 있는가? 대개가 둘 중 하나일 터. 일찌감치 왕이 되고자 하는 야망 같은 것은 다 집어치우고 그저 산천을 즐기고 친구들과 어울려 남아도는 많은 세월을 죽이며 살거나, 미래는 알 수 없으니 어떤 야망을 품고 실력을 갖추려고 노력하며 사는 것이다.

솔로몬은 단연 후자를 택하고 책벌레로 살면서, 이집트나 주변 왕국들의 행정체계와 갖가지 학문을 공부하여 해박한 지식에 통달하게 되었다. 이것을 다시 생각해보면, 그의 엄마 밧세바가 왕이 될 가망이 전혀 없었던 서자 중에서도 네 번째인 아들을 바라보면서 한숨만 푹푹 쉬지 않고, 일말의 희망을 품고, 주변 나라의 모든 서적을 구하여 지독하게 공부시킨 것으로 볼 수 있지 않을까? 따라서 그의 해박한 지식과 책의 저술과 정치적 업적은 분명 모친의 교육 덕택으로 볼 수 있고, 밧세바는 동서고금에서 단연 아들의 출세를 위해 목숨을 내건 열혈 엄마의 원조라 하겠다. 나단 예언자와 함께 다윗을 찾아가 눈물로 호소할 때의 모습을 생각해보라!

그는 나무와 식물, 짐승과 조류와 어류에 이르기까지, 모르는 게 없었다. 이런 걸 책에서 배우지, 어디에서 배울 수 있었겠는가? 확실히 머리는 타고나는 게 있다. 하지만 그것만은 아니다. 좋은 머리를 타고났다 해서, 누구나 모차르트나 아인슈타인이 되는 게 아니다. 평범한 머리라 해서, 위대한 학자나 정치가가 되지 못할 것도 없다. 인간 만사 모든 게 노력과 공부에 달린 것이다.

그렇게 짧은 시간 안에 모든 것을 쇄신한 그는 곧바로 경제발전 계획을 세워 일사천리로 집행했다. 그런 점에서 그는 단연 판단력과 통솔력과 집행력이 뛰어난 용맹과감(勇猛果敢)의 지도자였다. 그는 경제적 부와 튼튼한 국가방위 없이는 나라다운 나라를 건설할 수 없다는 사실을 통찰했다. 그는 아무리 신앙·종교·도덕성·문화가 중요하다고 해도, 백성이 넉넉히 먹고 편안하게 살 경제와 국가안보를 제대로 해결하지 않고서는, 산과 광야와 주변 왕국들로 둘러 막힌 좁아터진 작은 국토에서 하구한날 서로 갈등하고 다투는 못난 나라, 더 나아가 주변 국가들이 업신여기고 넘보는 처량한 신세가 될 수밖에 없다고 판단한 것이다.

이것은 지극히 현실적이고 올바른 판단이었다. 다만 문제는 그가 부국강병이 이스라엘의 영원한 우선순위인 신앙과 도덕성이라는 기초 위에 세운 든든한 건물체계여야 한다는 사실을 얼마나 진지하게 고려했는가, 그리고 그렇게 할 정신적·도덕적 능력을 지니고 계속 유지해 나갈 수 있는가 하는 점에 있었다.

만일 이성과 정치력과 추진력은 탁월하나 신앙이 형편 무인지경이라면, 그것은 모래 위에 지은 집이 될 것이다. 만일 신앙과 도덕성을 희생시킨 대가로 부국강병을 이룩한다면, 그것은 한때 등 따습고 배부르고 편안하고 효율적인 현실을 이룩할 수 있을지는 몰라도, 그의 정치적 이완과 쇠퇴의 징후가 뚜렷이 나타나는 시점이나, 그가 죽고 난 다음 후계자들이 그와 비슷한 능력의 소유자가 아니라면, 급격히 모든 통제력을 상실하고 붕괴할 위험성을 안게 될 것이 분명한 일이었다. 신앙과 도덕성 없는 부국강병은 극히 위험한 건물, 곧 이스라엘의 얼을 붕괴시키는 허장성세(虛張聲勢)가 될 것이고, 이내 외화내빈(外華內貧)의 빈혈증을 일으켜, 장차 어떤 파괴적인 결과를 가져올지 아무도 모를 것이었다.

따라서 솔로몬은 전통과 부국강병과 함께, **나라의 우선순위와 선후본말의 질서를 올바로 세워야 하는 과제**를 동시에 떠안게 된 것이다. 그가 정녕 이스라엘의 전통과 이상에 기초한 부국강병을 이룩한다면, 이스라엘 역사상 가장 훌륭한 통치자로 각인되고 기억되리라. 그러나 그가 그 시점에서 그 좋은 머리로 그런 문제들을 종합적으로 이해하고 진지하게 고려했을까?

부국강병의 시대를 열다

솔로몬을 지혜의 대명사라고 말하는 것은 지식이 많았다는 것도 있지만, 무엇보다 **발상의 전환**을 하는 데 능숙했다는 점에서 찾아볼 수 있다. 그의 지식은 형이상학적이거나 예술적 취향의 지식이 아니라, 실질적인 부국강병을 가능하게 할 농업과 축산업 등에 관한 **실학(實學)**이었다. 그는 실학적 지식을 실제적인 방식으로 활용하여, 국민을 먹여 살리고 나라를 부강하게 하는 일에 적용하는 데 탁월한 능력을 발휘했다. 그는 부국상병을 위하여 두 가지 방법을 개발했다. 국내와 해외 자원의 활용으로, 토지를 더 많이 개간하고 새로운 곡식 재배법과 가축사육법을 개발하여 생산을 증대하고, 좁고 자원이 없는 땅이기에 해외로 눈을 돌렸다.

1) 그는 국내자원을 최대한 활용하는 법을 개발했다. 최소 자본에 최대 생산, 이보다 더 좋은 방법은 없다. 산악과 광야가 많고 평야가 적은 좁

은 국토에서 토지는 제한되어 있었기에, 최대한 생산하는 것이 관건이었다. 그가 어떤 구체적인 방법으로 이런 일을 해냈는지는 알 수 없다. 다만 "백성이 저마다 자기 포도나무와 무화과나무 아래에서 평화롭게 살았다."(4:1~28)는 기록을 통해서, 그가 방방곡곡에 관리들을 파견하여 주곡(主穀)인 밀과 보리, 가축과 과일 생산을 증산한 것을 추측할 수 있다.

농축산물이 어디 하늘에서 저절로 떨어지고 땅에서 솟아나는가? 게다가 돈도 없는 나라였으니, 외국에서 수입한 것도 아니었다. 그러므로 우리는 솔로몬이 토지개간과 생산방법을 혁신하여, 토지 효율성을 높이는 방법을 사용해서 농축산물의 생산량을 크게 증대했다고 생각할 수밖에 없다. 그리고 저 요셉처럼, 전국에 수많은 양곡창고를 지어 흉년에 대비한 구휼(救恤) 곡식과 각 지역에 파견된 군대 식량으로 저장하기도 했다.(9:15~19)

2) 현대인은 대개 고대인들은 이동이 너무나 느려서, 항해나 개척이나 교류도 없이 고립되어 살았다는 편견이 있는데, 전혀 그렇지 않다. 예를 들어 수메르, 아카드, 고바빌로니아, 메소포타미아, 이집트, 가나안, 페르시아, 그리스 등의 중동과 지중해 문명의 종교·신화·문화·예술·철학은 각기 독자성도 있지만, 대부분 공통근원에서 비롯된 것이다. 바빌로니아와 이집트를 오가는 '왕의 대로'와 터키 쪽으로 이어지는 길과 지중해 무역 길은 문명전파의 산실이었다. 우리의 예를 보면, 로마제국의 귀족층이 사용하던 값비싼 옷이나 장신구 등의 물품이 육상 및 해상 실크로드를 거쳐 6개월 후 통일신라 서라벌 한복판에서 유행했을 정도이다.《정수일-고대 문명 교류사; 실크로드 문명기행》

고대세계의 문명교류는 대단히 활발했다. 그것은 단지 종교와 신화와 물건의 교역만은 아니었다. 거기에는 인문과학, 천문학, 지리학, 광물학, 생물학(식물과 동물과 물고기 등의 분류법. 스웨덴의 린네 씨가 처음 한 게 아니다!), 농업과 상업과 항해술과 자본 등의 경제학, 건물과 도로건설 등의 건축학, 그리고 군사학까지 포함되어 있다.《노만 K. 갓월드-히브리성서, 제2권: 사회-문헌학적 연구; 존 브라이트-이스라엘의 역사, 상권; 마르틴 노트-이스라엘 역사; 문희석 편-사회학적 구약성서 해석》

솔로몬은 그동안 배운 지리학이나 경제학 지식에 기초한 발상의 전환을 통하여, 이렇다 할 자원이 없는 이스라엘이 공짜로 돈을 벌어 부국강병을 이룩할 방법을 찾아냈다. 그는 해외로 눈을 돌렸다. 그것이야말로 그 이전이나 이후에 누구도 해내지 못한 창발적 발상이었다. 그는 이스라엘 남부와 서부를 둘러싼 바다, 사막, 광야, 고원지대를 한계와 장벽과 불가능성이 아니라, 무한한 가능성으로 초대하는 블루 오션(blue ocean)으로 보았다. 그런 점에서 그와 견줄 만한 군주는 이스라엘 역사상 아무도 없었다. 그는 "콩 심은 데 콩 나고, 팥 심은 데 팥 난다."는 말을 뒤집어, 콩팥을 심지 않은 데서도 생산하는 법을 찾아냈다!

그가 해외자원 개발에 눈을 뜨게 된 것은 "**페니키아**"(베니게. 뜻: 자주〈紫朱〉. 희귀하고 자줏빛이 나는 어떤 조개껍데기를 갈아 만든 염료로 옷감을 물들여 값비싼 제품으로 수출. 고대 중동세계에서 자줏빛 옷은 왕이나 최고 부유층만 입었다. 로마제국 시대-포에니Poeni, 레바논)의 예에서 배운 것이 확실해 보인다. 페니키아는 다윗 시대부터 이스라엘의 동맹국으로 교류가 많았기 때문이다(사무엘기하 5:11). 혹은 이집트로부터 배운 것일 수도 있다.

페니키아는 남북으로 좁고 기다란 지중해변 국가로, 이렇다 할 농사나 목축이랄 게 없었다. 자원은 레바논 산맥에 풍부한 목재인 송백나무(백향목)뿐이었는데, 이것은 지금도 고급목재의 대명사이다. 그들은 이미 솔로몬보다 1,000여 년 전인 기원전 2000년 전부터 지중해로 눈을 돌려 해상무역의 제왕이 되었다. 그들은 지중해 곳곳에 식민지를 건설하여, 오늘날 키프로스와 크레타와 시칠리아를 비롯한 여러 섬, 리비아와 튀니지와 알

제리 등의 북아프리카, 심지어 지중해 끝에 있는 스페인(Tarshish, 다시스·다르싯)에 이르기까지 해외 식민지를 개척했다.

페니키아가 튀니지 일대에 세운 "카르타고" 왕국은 나중에 지중해 패권을 놓고 로마제국과 세 차례나 맞붙기도 했는데(포에니 전쟁. 기원전 264~146년에 걸쳐 로마와 카르타고가 지중해 지배권을 둘러싸고 벌인 세 차례의 전쟁), 그중에서 "한니발" 장군이 유명하다. 페니키아는 상선 건조기술, 항해법, 항해지도 제작법, 수심 측정법, 조류와 계절풍에 대한 지식 등, 항해에 필요한 기술을 개발한 해상무역의 제왕이었다.

페니키아는 그리스어, 라틴어, 독일어, 영어를 비롯한 알파벳의 기원이 된 문자(25자 자음체계. 여기에 모음을 붙여 사용한 것은 그리스)를 체계화하여 사용하기도 했는데, 이것이야말로 그들이 인류 문명에 끼친 최대의 공헌이다. 그런데 페니키아 문자는 사실 그보다 앞에 있던 고대 시리아의 '우가리트'(Ugarit, 라스 샴라Ras Shamra) 왕국의 30개 글자로 된 알파벳을 받아들여 간략화한 것이다. 우가리트는 키프로스와 크레타와 메소포타미아 문명을 연결하는 항구 도시국가로, 기원전 2000년대부터 번성하여 1200년경 전성기를 누리다가 1180년경 갑자기 사라졌는데, 지진이나 해양민족의 침입으로 멸절되었다는 설이 있다. 우가리트가 멸망한 후, 그 문명이 고스란히 페니키아로 흘러 들어간 것이다.

따라서 인문학적 상상력을 통하여 이런 여러 가지 정황을 고려해볼 때, 솔로몬이 페니키아 왕국의 예에서 배운 바가 매우 크다는 것을 충분히 짐작해볼 수 있다. 그는 '중개무역'이라는 기발한 방식을 창안했다(9:10~14, 26~28; 10:11~12, 21~22, 28~29). 그는 이스라엘에 없는 원료나 원자재를 수입하여 다른 나라에 몇 배 더 비싼 가격으로 되파는 장사수완을 발휘했다. 이집트와 아라비아반도에서는 고품종 고부가가치의 말을 수입하고, 페니키아에서는 역시 고부가가치를 지닌 고급목재 송백나무를 수입하고, 스페인에서는 금과 은 등을 실어와, 각기 이집트를 비롯한 주변 여러 나라에 몇 배 더 비싼 값으로 되팔았다. 그것은 많은 이득을 가져왔다.

게다가 홍해 "아카바" 만의 항구에서, 이스라엘 사람은 그 누구도 상상하지 못한 아프리카 동부해안(케냐 일대, 오빌)까지 상단(商團, 페니키아의 선박 건조 기술자들과 항해사들을 초빙하여 운용)을 보내 황금광산을 개발하여, 금을 비롯한 백단목(값비싼 실내와 가구 제조용)과 보석, 코끼리와 상아뿐만 아니라, 원숭이와 공작새 등, 수많은 야생동물까지 수입하여(아마 동물원도 있었을 것), 여러 나라 왕실에 비싸게 팔았다. 사해 남쪽 "에시온게벨"에서 구리와 암염(巖鹽)광산을 개발하여 수출했다. 다만 사해(死海)의 천연염분 가득한 진흙으로 만든 고급 화장품만 수출하지 못했을 뿐이다(오늘날 이스라엘의 주요 수출품). 철광산은 없었다.

그렇게 하여 국가 경제가 달마다 해마다 눈에 띄게 풍요로워졌다. 그 모든 것은 그 시대에 아무도 생각해내지 못한 솔로몬의 기발한 착상 덕분이었다. 게다가 외교술까지 좋아 주변의 많은 왕국과 평화로운 친선관계를 확립했다.(4:24; 10:1~10, 15, 23~24)

그는 또한 국방에도 탁월한 능력을 발휘하여 영토를 넓게 확장하고, 신도시를 개발하고, 전국 각지를 연결하는 도로를 건설하고, 전차부대와 기병대를 창설하여 주요 군사요지에 배치했다(10:26). 이스라엘 땅은 직사각형을 돌려세운 형태로, 남북으로 길고 동서로 짧다. 물은 갈릴리 호수 하나, 강도 작은 요르단강 하나, 남쪽에는 죽은 바다(死海)가 있다. 그런 국도를 조밀한 도로와 수비대가 지키는 요새로 촘촘하게 해놓았으니, 어느 나라도 침략하지 못할 것이었다. 최북단 군사요충지인 "메기도"(므깃도)에는 강력한 성채를 쌓고 수백 마리의 말 마구간까지 건축했다.(9:15)

그리하여 더는 전쟁이 없어, 백성은 외적(外敵)의 존재 자체를 잊어버릴 정도로 태평한 시대에서 풍요롭게 먹고 살았다(4:25). 그 모든 것을 고작만 3년 만에 해냈다! 순식간에 나라가 온통 바뀌었다. 백성은 이구동성으로 왕을 칭송했다. 등 따습고 배부른 세월이 활짝 열렸고, 전쟁은 먼 시대의 신화가 되었다. 진정한 태평성대가 이루어지기 시작했다. 솔로몬은 정치와 경제의 천재, 그 시대에 단연 국제적으로도 독보적인 국가 CEO였다. 그렇게 짧은 기간에 정치, 종교, 행정, 무역, 외교, 군사 등 모든 방면에서 엄청난 변화를 이룩해냈다. 백성에게는 눈이 어지러울 정도의 변화였다.

그런데 그 모든 게 지금 생각하면 지나친 과장으로 보이기도 하지만 기원전 1000년 전의 일이기에 충분히 가능했을 것이다. 고대세계에서 그 기간은 마음만 먹는다면, 제국도 건설할 수 있는 충분한 시간이었다. 일례로, 그 후 600년이 지나 저 그리스의 "알렉산드로스"가 그 작은 왕국의 젊은 임금으로, 10년 사이에 천하를 지배하는 제국을 건설한 황제가 된 것을 생각해보라! 알렉산드로스 역시 힘의 우위만이 아닌, 발상의 전환을 통해서 성취한 일이었다. 따라서 '만일 솔로몬의 콧대가 조금만 더 높았더라면!', 세계 역사가 전혀 다른 방향으로 흘러갔을지도 모르는 일이다.

그는 왕이 나라를 어떻게 바꿀 수 있는지를 실제로 보여준 동서고금의 탁월한 모범사례였다. 그런데 그것은 그가 혼자서 해낸 일이 아니라, 아버지 다윗이 나라가 발전할 수 있는 토대를 마련해 놓았기에 가능한 일이었다(역대지하 22장, 28~29장). 그래서 솔로몬이 계속 잘만 했더라면, 고대 이스라엘의 '세종대왕'이 될 수도 있었다.

건축의 시대를 열다

솔로몬은 위대한 건축가였다. 정치, 경제, 행정, 국방, 외교, 민생이 튼튼해지자, 그는 이스라엘의 중심인 예루살렘 성전건축 기획을 했다. '역대지'는 예루살렘 성전건축 기획과 재료준비를 모두 다윗이 해둔 것으로 말한다(역대지하 22~29장). 이스라엘에는 이렇다 할 목재와 석재가 없었기에, 솔로몬은 전에 아버지 대로부터 굳건한 동맹을 맺어 둔 페니키아 왕국에서, 그 유명한 송백나무와 대리석을 수입하여 예루살렘 성전을 지었다. 비용은 그쪽에서 요구하는 대로 곡식으로 주었다. 모두 7년이 걸렸다. 그러고는 이어 성전 봉헌식을 거행했다.(5~6장; 7:15~8장)

봉헌식에서 그는 **"드디어 하나님이 머무르실 집을 마련했다."**고 백성에게 선포하고는, 14일 동안 절기를 지켰다. 모든 백성이 기뻐했다. 마침내 아름다운 성전을 갖게 되었고, 마음의 중심을 얻었다. 모두 칭찬했다. 이어서 왕궁(레바논 수풀 궁)과 왕비 궁전, 대전, 각종 회의실과 재판정 등, 정부 건물들도 지었다.(7:1~12)

모두 13년 걸렸다. 그렇게 하여 3년간의 행정체제 개편과 경제발전, 20년간의 건축 기간을 합한 23년 동안, 모든 것을 말끔하게 마무리했다. 그제야 나라의 위용이 찬란했다. 왕이나 대신들이나 백성이 모두 하나님의 무한한 은혜와 솔로몬의 위대함을 느꼈다.

그러자 하나님도 기뻐하면서 격려와 충고의 차원에서, 그에게 다시금 예의 그 '조건'(사무엘기하 7:1~17), 곧 **"순종→ 복, 불순종→ 심판"**(9:1~9)을 기억하라고 했다. 그가 얼마나 귀담아들었는지는 알 수 없다. 솔로몬이 성전을 세운 것은 이스라엘 민족사(국가가 존재한 동안에만!)에 남긴 위대한 업석이있다. 그 후 이스라엘 민족이 예루살렘 성전을 제대로 활용했거나 타락했거나 간에, 성전은 신앙과 문화와 정치와 생활과 분리될 수 없는 하나가 되었다.

그렇게 하여 솔로몬은 이스라엘 역사에서 실로 유일무이한 황금시대를 열었다. 금이 하도 많아 은은 귀금속 축에도 들지 못했고 돌처럼 흔했다고 한다(10:21, 27). 노숙자나 거지는 찾아볼 수 없었다. 말(馬)도 한 마리 없는 나라에서, 부자들은 외국산 말을 타고 다녔다. 이것을 솔로몬의 어린 시절에 일어난 반란 왕자 '압살롬'이 '노새'를 타고 전쟁을 하다가 참변을 당한 이야기와 비교해보라. 현대에 비유하면, 가난하여 걸어 다니거나 달구지를 타고 다니던 사람들이 갑자기 횡재하여 값비싼 외제 자동차를 타고 다니게 된 것과 비슷한 일이겠다.

그러자 그런 비결(지혜·지도력)을 궁금하게 여긴 여러 나라에서 다투어 외교사절을 보내 축하하며 선린우호 관계를 다졌고, 어떤 먼 나라(시바. 오늘날 예멘)에서는 직접 여왕이 방문하기도 했다. 어느 나라나 이스라엘과 돈독한 상호외교와 무역 관계 맺는 것을 자랑스레 생각했다(10:1~15). 그리하여 이스라엘은 천하의 중심국가가 되었다. 그렇게 모든 게 좋아 보였다. "솔로몬의 모든 영광이여!"(예수, 마태복음서 6:29)

실상

그렇다면 그 모든 게 정말 아무 탈 없이 일사천리로 이루어진 일이었을까? 전혀 아니었다. 실상은 아주 달랐다. 이제부터 그것을 솔직하게 들여다보자. 그렇지 않으면, **그가 죽자마자 나라가 두 쪽이 나버린 사실**을 도저히 이해할 길이 없다. **민족분단과 국토분단!**

찬란한 위용을 갖춘 황금시대를 열며 그토록 훌륭한 정치를 했는데, 어째서 곧장 나라가 두 쪽이 났을까? 그것은 의아하다 못해 희한하고 경악스러운 일이 아닌가? 일찍이 세계사에서 그런 일은 없었다. 대체 그 실상과 원인은 무엇이었을까?

이스라엘의 38선은 외세가 만들어 놓은 게 아니었다. 그것은 솔로몬 정치의 당연한 귀결이었다. 그가 민족분단과 국토분단을 만든 장본인이었다. 분단은 그의 사후 한 민족 두 나라(북이스라엘, 남유다)가 대대로 앙숙으로 지내다가, 각기 처절하게 강대국에 멸망한 시발점이 되고 말았다. 두 왕국의 멸망은 오래 준비된 과정의 비극적 결말이었을 뿐이다.

그러면 분단의 원인을 사실적으로 들여다보자.

예루살렘 성전. 이것은 프랑스 파리의 '노트르담'(Notre Dame. 우리들의 부인. 성모 마리아) 성당이나 명동성당 같은 규모가 전혀 아니다. 광(廣, 폭) 9m, 고(高, 높이) 9m, 장(長, 길이) 30m쯤 되는 시골의 작은 예배당 수준이다. 마당은 좀 넓었다. 그런데 그 작은 예배당이 유명해진 것은 구약성서에 기록되어 유대교와 기독교의 성지(聖地)가 된 때문이다.

열왕기에 솔로몬 성전이 어마어마한 건물인 것처럼 기록된 것은 오래도록 가난하고 고난을 많이 받아온 작은 민족에게 느닷없이 아름답고 품격 있는 성전이 생겨 놀라고, 대대로 이스라엘 영혼의 중심으로 받들었기 때문이다. 그러니까 그렇게 "**왕실 성소**"에 불과한 작은 예배당 하나 건축하는 데 7년이 걸린 것은 정성을 기울이기는 했지만, 기록과는 달리, 솔로몬 시대의 경제적 풍요가 그렇게 대단한 것이 아니라는 사실을 반증하는 것이다. 이전 가난했던 천막 성전의 시대나, 이후의 쇠락한 시대에 비교해 볼 때 훨씬 나은 정도였던 것으로 볼 수 있다.

그때 이후부터 이스라엘 민족은 본격적으로 **성전 종교체제 국가**로 진입했다. 그것은 이스라엘 역사에서 대단히 중대한 변화를 초래한 사건이었다. 대대로 "예루살렘 성전은 고대 이스라엘 민족의 상징적 중심이었다. 이것을 미국의 경우로 말하면, 자유의 여신상, 국회의사당, 국기, 워싱턴과 링컨의 기념관들을 한데 합친 것과 같다. 이것은 국가의 토템과 정체성을 보여주는 성상(聖像)이었다. 성전은 나라의 종교적 중심이요 전 우주의 중심이요 세상의 배꼽(Omphalos)이었다. 그리고 성전에는 중요한 세속적 기능도 있었는데, 공공질서(정치)의 중심이었고, 지중해 동쪽 연안에서 가장 중요한 금융 중심지였다."《하비 콕스-예수 하버드에 오다》

그러나 문제는 그렇게 단순한 게 아니었다. 역설적으로 성전 종교체제는 '오직 야훼'를 포기한 다윗 왕조 이데올로기의 첨병으로서, 해방과 자유, 이동의 신 야훼 하나님을 성전에 감금한 사건이요, 세상의 창조자와 역사의 주인 야훼 하나님을 한 왕조의 수호신으로 전락시킨 사건이었다. 그로써 이스라엘의 전통적인 출애굽 이념이나 역동적이고 변혁적인 야훼 하나님 관념은 폐기되었고, 종교 제례를 통하여 복과 안전을 기원하는 기복주의 종교로 고착되고 말았다.

궁전과 여러 건축물. 이것을 짓는 데 성전보다 거의 두 배나 되는 13년에 걸쳐서 건축한 것은 경제 사정도 그렇지만, 무엇보다 그의 마음이 어떠하다는 것을 그대로 보여주는 사실이다. 그의 마음은 이미 하나님이 아닌, 자기 영광을 추구하는 에고에 가 있었다. 결과적으로 솔로몬은 이스라엘의 종교와 전통과 문화를 희생시켜 부국강병을 이룩한 것이었다. 그것은 기초 없는 공중누각이었고, 모래 위에 세운 건물이었다. 그런 마음을 보여준 최초의 사건이 바로 이집트 파라오의 딸과 결혼한 일이었다.

이와 같은 솔로몬의 정치와 성전 종교체제 확립에 대한 현대 신학자의 평가를 들어보자. "솔로몬은 풍요경제로 평등경제에 맞섰고, 억압정치로 정의정치에 맞섰고, 내재종교로 하나님의 자유종교에 맞섰다. 그런데 억압정치와 풍요경제의 초석이 되는 것은 포로가 된 하나님을 믿는 종교(The Religion of the captive God)로, 통제된 하나의 정적(靜的)인 종교의 확립이다. 하나님이 성전에 유폐되어 갇힌 접근성의 종교, 조화의 종교(이집트 파라오의 종교)인 이것은 실상 이스라엘의 이교화(異教化)로서, 모세 이전(이집트의) 제국적인 상황을 뒷받침해주었던 종교적·정치적 전제(專制)로 돌아가는 것이었다."《월터 브루지만–예언자적 상상력》

그러면 20년 동안 성전과 궁전과 정부 건물, 예루살렘 성벽과 신도시들과 도로와 요새 등, 각종 공사를 진행한 실상은 어떠했을까? 공사를 할 때는 짐승들도 이용하지만 아무래도 사람들이 해야 하는 일이다. 그렇다면 도대체 어떤 사람들을 데려다가 했을까? 이스라엘 백성이었다. 모두 15만 명에 달하는 노동자들이라고 하는데, 그들은 한 달 동안 페니키아로 가서 목재와 석재를 다듬어 옮기고, 두 달은 본국에서 일했다(5:13~18). 그 외에도 도로와 요새 건축, 군대와 해외무역에 징발당한 사람들도 많았다.(9:10~23)

게다가 통치 주체세력(왕실과 귀족들과 관료들)을 위한 방대하고 체계적인 물자와 조세제도를 도입하여 12도를 담당하는 열두 명의 장관과 관리들을 두고 현물(식료품을 비롯한 각종 물자들)을 거두었다(4:7~19). 당시에는 화폐(주화)란 게 없었다는 것을 기억하자. "조세를 바친 것은 12개 지파 중 10지파 지역이었고, 솔로몬은 자기가 속한 유다 지파는 제외했다!"(《한스 큉-유대교》, 4:8~19에 유다 지역은 없다) 이것이 나중에 분단의 직접적인 원인이 되었다.

그러면 분단의 직접적인 원인을 사실적으로 생각해보자. 열왕기에는 후대에 쓰인 글이 편집되어 두 가지 말이 섞여 있다.

1. 아도니람은 강제노역 책임자였다(4:6). 솔로몬은 이스라엘 전국에서 노무자(강제노역꾼)를 불러 모았다(5:13). 솔로몬이 강제노역꾼을 동원할 수밖에 없었던 까닭은 주님의 성전과 자기 궁전과 밀로 궁(이집트 아내의 궁)과 예루살렘 성벽을 쌓고, 하솔과 므깃도와 게셀의 성을 재건하는 데 필요했기 때문이다(9:15). 솔로몬은 여로보암에게 요셉가문의 부역을 감독하게 하였다.(11:28)

2. 솔로몬은 이스라엘 사람 가운데서는 어느 누구도 노예로 삼지 않았다.(9:21)

3. "솔로몬은 우리에게 중노동의 멍에를 메웠으나, 당신은 가벼운 멍에를 메워 달라. 그러면 섬기겠다."(12:4)

3의 구절은 솔로몬 사후, 통합이냐 분단이냐를 결정지을 중대한 역사적 순간에 나온 북쪽 10지파의 요구이다(12:1~24. 유다 지파 남쪽의 시므온 지파는 사실상 유다 지파에 흡수됨). 이렇게 성격이 뚜렷이 대조되는 두 개의 문서가 병행하는데, 도저히 한 부류의 기자들이 작성한 것으로 보기는 어렵다. 그래서 강제노역에 대한 것은 본래의 열왕기이고, 그것을 부정한 것은 후대에 삽입한 문서로 볼 수 있다. 구절을 구분하면 강제동원과 비 동원의 비율이 5:1이다. 그렇다면 과연 무엇이 사실일까? 솔로몬은 강제노역꾼을 동원한 것인가, 아닌가?

이렇게 봐도 정 알 수 없다고 하면, 솔로몬 사후에 발생한 일을 가지고 그의 통치방식을 따져보아야 한다. 솔로몬이 죽자마자 두 왕조 국가로 분열되었다. 그 원인은 무엇인가? 바로 강제노동이었다. 따라서 1과 3의 구절은 사실에 기초한 기록이고, 2의 구절은 사실을 부정하는 기록으로서, 후대에 다윗 왕조를 정당화하며 미화한 사관(史觀)에서 나온 말이다. 솔로몬이 23년 동안, 토지개간과 해외무역, 성전과 궁궐, 성벽과 도로, 창고와 요새 공사 등, 모든 것을 자유민인 이스라엘을 노예로 강제동원 하여 건설했다는 것이 역사적 사실이다.

그러면 강제노역에 동원된 이스라엘 백성의 사회적 성격은 어떤 것이었을까? 한 마디로, **유다 지파**(다윗 왕조 소속, 시므온 지파 포함)를 **제외한 북쪽 10지파**를 노예처럼 동원했다. 그것이 바로 '요셉 가문의 부역'이라는 말의 실상이다(요셉 가문은 10지파의 별칭). 물자와 세금헌납조차 '면제된' 유다 지파를 강제노역에 동원했다면, 당장 반란이 일어났으리라!

솔로몬 사후, 왕위에 오르는 그의 아들에게 정치를 똑바로 하면 왕으로 인정하겠다고 대립하고 나선 사람들이 북쪽 10지파 사람들이었고, 그를 무조건 왕으로 옹립한 사람들은 그가 속한 유다 지파였다!(12:1~24. 베냐민 지파는 곧이어 유다 지파에 붙었다) 그들은 솔로몬의 악정이 계속되는 것을 더는 견딜 수 없었던 것이다. 본디 이스라엘은 종교적 계약과 이념(오직 야훼!)으로 연합하여 이룩된 평등한 민족이기 때문이었다. 결국은 솔로몬의 경제적 혜택을 본 것은 주로 유다 지파였고, 다른 지파들은 이방인 노예들과 똑같이 억압당하여 빈부 격차가 크게 발생했다는 말이 된다(9:20~22). 그러므로 솔로몬 통치 40년은 극단적 분열과 지역차별 정치체제였다.

게다가 "솔로몬은 페니키아 왕에게 북쪽의 성읍 20개를 내주었다."(9:11) 즉, 지불해야 할 수입 원자재(목재와 석재)의 대금과 페니키아 기술자들의 인건비가 모자라자, 국토의 일부까지 서슴없이 떼어주었다. 그것도 북쪽지파의 땅으로…. 그런 모든 일이 민족분단의 결정적 사안이 되고 말았으니, 그것이 솔로몬 통치의 현실이었다. 가히 국가폭력의 시대였다!

그런데 솔로몬 시대의 위대한 사건이 또 하나 있다. 이것은 다윗 후반기부터 생겨나서 솔로몬 때 정착된 것으로 볼 수 있는데, 새로운 지식계급의 출현과 문학의 융성으로서 '최초의 이스라엘 르네상스'라 하겠다. 여호수아 시대에 있었던 일을 말해주는 "야살의 책"(여호수아기 10:13; 사무엘기하 1:18. 亡失)도 그 무렵 어떤 민담 수집가가 쓴 것으로 보인다.

다윗 후반기 관리들의 명단을 보면(사무엘기하 20:23~26), 이스라엘 역사에 처음 등장하는 관직이 나오는데, "서기관"(역사 기록관)이다. 그런 서기관을 궁중에서 체계적으로 가르치며 양성했으리라. 구약성서에는 어떤 왕이 세상을 떠났을 때(붕어崩御), 반드시 다음의 말이 기록되어 있다. "(아무개) 왕의 나머지 행적과 그가 한 일은 이스라엘 왕 역대지략에 기록되어 있다. 유다 왕 역대지략에 기록되어 있다."(14:19, 29) 솔로몬부터 남북 왕조의 모든 왕마다 마지막은 반드시 이 문장으로 끝맺는다. "솔로몬의 나머지 행적과 그가 한 모든 일은 '솔로몬 왕의 실록'에 기록되어 있다."(11:41) 그리고 "아무개 왕은 어떤 정치를 했다."는 말도 따른다. 이런 말은 그 실록을 쓴 사람의 말이 아니라, 후에 그 실록을 기본자료로 사용하여 열왕기

역사서를 쓴 신학자들(신명기계 신학자들)의 말이다. 이런 왕조실록이라는 하나의 역사문학 형식도 솔로몬 시대에 와서 비로소 융성했다.

솔로몬이 지식의 대명사요, 갖가지 인생 잠언과 경구의 달인과 각종 책의 저술가로 여겨진 것은 출중한 지식도 그렇지만, 그 당시 새로운 지식의 보급과 정보의 교환과 학습이 광범위하게 이루어진 사실을 보여주는 증거이다(4:29~34). 왕 혼자서 외국서적을 수입해서 읽지는 않았을 테고, 분명 서적 수입상들이나 작은 규모의 국립도서관도 있었을 것이기 때문이다.(도서관 역사는 수메르까지 올라감)

솔로몬이 만든 성전은 물론이거니와, 각종 행정제도나 군사제도나 농·축산업이나 무역 등에 관한 지식은 보나마나 고대세계 최고의 지식문명 국가인 이집트나 바빌로니아나 페니키아의 지식에서 배운 것으로 볼 수 있다. 왜냐하면 오늘날 고고학 발굴의 결과로 볼 때, 그들의 것과 너무나도 비슷하기 때문이다. 따라서 솔로몬 시대에 바야흐로 많은 지식인 계급이 출현했다고 볼 수 있다. 그때는 이스라엘의 "지혜문학"이 출발한 시대이기도 하다. 그러므로 일반 백성 중에서도 문자를 해득하고 지식을 습득하는 사람들이 많았을 것이다. 사실 고대 이스라엘 민족의 문자 해득력은 당대 어느 민족보다도 뛰어났다.

따라서 솔로몬 시대부터 남북 왕조에 각기 역사 기록관인 서기관들이 있어서 당대의 역사를 기록해 놓았던 것이고, 그것이 기초 자료가 되어 현재 구약성서에 있는 오경이나 역사서나 각종 시가 문집들이 나오게 된 것이다. 이런 책들은 고대 중동 세계에서도 단연 독보적인 장편의 작품들이다(우리 민족 고조선 시대 말기, 삼국은 태어나지도 않았던 때!). 이런 점에 있어서 솔로몬은 이스라엘 역사는 물론, 세계역사에 탁월한 업적을 남겼다고 할 수 있다. 역사서 기록의 역사는 그리스나 중국조차도 이 작은 민족보다 수백 년이나 뒤진다. 따라서 솔로몬 시대의 새로운 지식계급의 출현과 문학의 융성은 세계사적 사건으로 평가할 수 있다.

타락

23년을 경제발전과 건축공사와 국가안보에 할애한 솔로몬은 그만하면 되었다고 생각했는지, 나머지 17년은 온통 타락의 세월로 보냈다. "솔로몬 왕은 외국 여자들을 좋아했다."(11:1~13) 이집트 파라오와 맺은 결혼동맹은 그의 신앙과 마음과 삶이 타락한 시발점이었다. 분명 수십 명의 남녀 몸종들과 제사장들도 데려와 그들이 거처할 집도 지어주었을 것이다. 그 밖에 "모압, 암몬, 에돔, 페니키아, 히타이트"에서 불러온 고위층의 딸들이 장사진을 이루어, 일천 명에 이르는 후궁의 "하렘"(Harem, 후궁처소)이 생겼을 정도였다. 그 모든 비용을 생각해보라. 부유층도 외국여자 하나쯤 거느리는 것을 유행과 능력으로 여겼으리라.

가장 나쁜 일은 외국 여인들과 함께 각종 외국종교와 문화까지 들어왔다는 점이다. 이집트 신들은 물론(이시스 여신이었으리!), 가나안과 페니키아의 아세라 여신, 자식을 불태워 바치는 제사로 악명 높은 암몬의 밀콤(몰렉·몰록)과 모압의 케모쉬(그모스) 등. 이런 신들을 위한 작은 성전(山堂, mountain altar)도 수없이 지었다. 상시 종교박람회 개최!

그렇게 하여 솔로몬은 수많은 민족의 남신들과 여신들을 수입하여 숭배하면서, 이스라엘의 신앙과 정신과 전통을 완전히 망가뜨렸다. 그런 일이 왕과 대신들, 지도층과 상류층, 그리고 백성에게까지 파급되었다는 것은 누가 봐도 분명한 일반적 사실이지만, 역사가들도 그만 말을 잃어서인지 언급조차 하지 않고, 다만 이렇게 기록할 뿐이다. "이와 같이 솔로몬의 마음이 하나님을 떠났으므로, 주님께서 솔로몬에게 진노하셨다."(11:9a)

그리하여 예언자들이 민심과 나라 상황을 읽고는 수차례 경고했다. 그러나 이미 갈 데까지 가버린 솔로몬은 아무 소리도 듣지 않았다. 결국 농민반란이 일어나고 외적이 출몰했다(11:14~25). 그것은 이스라엘의 전통적 해석에 의하면, 분명히 하나님의 심판이었다. 그러나 이미 문란해질 대로 문란해진 군대는 제대로 대처하지 못했고, 따라서 10지파 백성만 죽어나갔다.

그러던 차에 솔로몬의 충직한 부하였던 "여로보암"이 반기를 들었다(11:26~40). 그는 "에브라임 지파" 출신으로 솔로몬이 임명한 '요셉 가문'(11:28), 즉 10지파의 강제노동 책임자였다. 그가 어느 날 솔로몬에게 보고하고 나오자, 40년 악정과 지역차별의 정치가 가져올 결과를 통찰한 예언자 '아히야'가 그를 만나 하나님의 신탁을 전했다. 그는 느닷없이 자기 겉옷을 12조각으로 찢어 그에게 10조각을 주면서, 하나님이 그를 10지파의 왕으로 세웠다고 선언하고는 숨어버렸다. 여로보암은 솔로몬이 죽이려고 하자, 곧바로 이집트로 도망쳐 솔로몬이 죽을 때까지 파라오의 보호를 받았다. 그것도 역시 하지 말아야 할 일이었다. 솔로몬은 얼마 후 세상을 떠났다.(11:41~43)

현대 유대인 철학자 '마르틴 부버'는 "나폴레옹 신드롬"(과대포장 심리)을 성찰하면서 이런 말을 한 적이 있는데, 이것이야말로 솔로몬에게 적용되리라. "시대의 주(主), 악마적인 너, 그 어떤 자도 너(인격)로 대할 수 없는 자. 그는 운명의 시대에 운명적으로 튀어나왔다. 그에게서 모든 것이 불타오르지만, 그 자신은 차가운 화염 속에 있다. 수천 가지의 관계가 그를 향해 가지만, 그에게서 나오는 관계는 전혀 없다."《나와 너》

평가

솔로몬은 경제발전, 국가안보, 예루살렘 성전과 성벽 건설, 빛나는 외교 등을 이룩하며 이스라엘의 황금시대를 열었다. 그것은 분명히 그의 공적이다. 하지만 그는 그 모든 것을 제 스스로 허물어버리고 말았다. 그것은 성전 봉헌식을 한 직후 하나님이 그에게 경고한 대로(9:1~9), 신앙과 종교와 도덕성과 문화를 배제한 부국강병책의 필연적인 귀결이었다. 지독한 지역차별과 국민 분열을 일으켜 얼이 다 죽었는데, 무슨 부국강병인가! 그는 23년 동안 나라를 건설하고 17년 동안 급격히 무너뜨렸다. 작은 교만의 씨앗이 자라서 민족분단의 대죄를 저질렀던 것이다. "태산에 걸려 넘어지는 사람은 없다. 사람을 넘어지게 하는 것은 작은 흙더미이다."《한비자-한비자》

현대의 한 역사가는 솔로몬을 이렇게 평가한다. "솔로몬의 정책은 대부분 억압적이었다. 그는 동방 전제군주의 화려함과 웅대함을 모방하는 데 매우 열심이어서, 700명의 부인과 300명의 첩을 수용할 수 있는 하렘을 지었다. 그리고 호화로운 궁전들과 4,000마리의 말을 수용할 수 있는 마구간을 지었으며, 엄청난 비용을 들여 예루살렘에 신전을 축조했다. 자원이 빈약했기 때문에 건축자재는 대부분 수입해야만 했다. 그러한 솔로몬의 낭비와 압제는 백성들에게 크나큰 원성을 샀다. 그가 죽자 반란이 공공연하게 일어나기 시작했다."《에드워드 M. 번즈-서양문명의 역사, 제1권》

솔로몬을 무너뜨린 것은 **탐욕적 에고로 인한 거짓**이었다. 그는 에고와 거짓에 중독되어, 더 이상 어떤 치료약도 듣지 않을 만큼 나아가버렸다. 그는 아버지가 세상을 떠나면서 들려준 "하나님의 명령에 대한 복종, 모세 율법의 준수, 마음과 정성을 기울인 성실성"(2:1~4) 등에 대한 말은 일찌감치 망각했다. 그가 악정을 펼치고 황음방탕(荒淫放蕩)할 동안, 하나님이 예언자들을 보내서 몇 번 경고했지만, 아무 말도 듣지 않았다. 그는 결국 이스라엘을 '작은 이집트'로 만들어 놓은 '이스라엘의 파라오'가 되었다. "거짓은 그 사람 자신이나 가정, 이웃과 사회에 암과 같은 독소를 퍼

뜨리는 악행이다. 그렇기에 거짓의 사람들은 결국 파멸한다."《모이라 스캇펙-거짓의 사람들》

그러나 예루살렘 성전은 대대로 이스라엘의 영적 고향이 되었다. 물론 그것도 나중에는 성전을 하나님보다 더 위에 두는 바람에 오히려 하나님을 저버리는 기묘한 모순을 초래하는 근본이 되기도 했지만(미가서, 예레미야서)…. 그렇기에 구약성서에서 가장 이해하기 어려운 인물은 단연 솔로몬이다. 구약성서가 솔로몬을 말하면서 방점을 찍는 부분은 단연 **신앙과 도덕성 문제**였다. 그는 하나님을 버렸고 신앙을 잃었다. 그는 무한 권력에 도취되었고, 자유민 이스라엘을 노예화했고, 수많은 이방종교까지 들여와 숭배하며 앞장서서 전통을 훼손했다. 그리하여 그 후 이스라엘은 채 피워보지도 못하고 곧장 내리막길로 내달았다.

'장자'는 이런 말을 들려준다. "요(堯)가 천하를 다스렸을 때는 백성의 마음을 서로 친숙하게 했다. 순(舜)이 천하를 다스렸을 때는 백성의 마음을 서로 경쟁시켰다. 우(禹)가 천하를 다스렸을 때는 백성의 마음을 변하게 만들었다. …내가 하늘과 땅 사이에 있는 것은 마치 작은 돌멩이나 작은 나무가 큰 산에 있는 것과 같다. 스스로를 작다고 여기는데, 어찌 스스로를 많다고 할 것인가! 참으로 큰 사람은 자기가 없다(대인무기大人无己)."《장자》 솔로몬의 죄는 스스로를 크다고 여기고 하나님과 백성을 얕보고 억압하고 방탕하게 살면서, 그것을 책망하는 말을 들었으면서도 끝내 돌이킬 줄 몰랐다는 데 있었다.

이런 문제를 시시콜콜히 따지며 생각해보는 까닭이 있다.

1. **아브라함의 후손인 이스라엘 민족의 역사적 목적은 하나님의 인류구원을 위한 도구라는 성격 때문이다.** 어느 누구도 주인공이 아니다. 아브라함이든 모세든 다윗이든 솔로몬 등의 개인이든 국가든, 이스라엘 민족(!)은 오로지 하나님의 뜻에 의하여 천하 만민에게 복·구원을 끼치기 위하여

부름 받고 선택된 것이다. 비록 이스라엘이라는 국가가 없어진다 해도, 이 뜻은 취소되지 않는다!

2. **구약성서를 올바로 읽고 배우기 위해서이다.** 기독교인들은 성서의 흐름과 사실을 읽기보다는, 어떤 신학을 전제하고 편식하며 편향적으로 읽기 쉽다. 그것은 올바른 읽기가 아니다. 어떤 책이나 구절이든, 언제나 성서 전체의 흐름과 맥과 가르침과 정신을 염두에 두고 읽으며 해석해야 한다. 그렇지 않으면 문자주의나 근본주의와 왜곡주의의 오류에 빠지고 말아, 신앙을 크게 오해하고 교회를 해치고 세상을 망가뜨리는 일이 발생한다.

3. **이스라엘 민족사에서 오늘날 우리가 배워야 할 점이 있기 때문이다.** 솔로몬 통치의 사실적 역사는 우리가 과연 어떤 나라를 만들어야 하는지를 보여주는 귀중한 역사적 교훈이다. 그것은 국민을 무시하거나 지역차별에 기초하여 분열시키거나 노예화하는 독재적이고 권위주의적이고 비-통합적인 정치는 분단이든 쇠락이든, 반드시 역사적 대가를 치르게 되고야 만다는 것을 들려준다.

그 후 솔로몬은 역사 내내 "죄를 지은 왕"(500년 후, 느헤미야기 13:26)으로 기억되었다. 1,000년 후 예수는 그를 "모든 영광으로도 들의 백합꽃보다 입지 못한"(마태복음서 6:29) 임금으로 평가절하 했다. 다윗과 솔로몬 통치 80여 년을 함께 평가하는 구약성서신학자의 말을 들어보자. "이스라엘 역사의 위대한 이야기들은 다윗왕정의 수립으로 하나님에 의해 지노된 역사의 목표와 정점이 이미 달성되었다고 보았기 때문에, 이후의 모든 시대는 이미 성취한 것을 보존하는 시대로 여겨지게 되었고, 따라서 여전히 그 목표를 향하여 달려가는 운동에 필요한 추진력을 상실하고 말았다. …역사는 앞을 향해 질주하는 물줄기로 생각되었던 이전과는 달리, 고인 호수가 되었다. 이제 역사가 할 수 있는 일이라고는 기존의 삶의 체제를 보존하거나, 그것이 방해를 받을 때마다 그 체제를 끊임없이 복구하는 것밖에는 없었다. …왕정의 수립과 더불어 모든 것은 교착상태에 빠졌다. 사람들은 현재 상태(status quo)를 민족사의 목적에 관한 목표, 세세한 면에서는 더 개선할 여지가 있지만 전체적으로 볼 때는 최종적이었던 목표로 생각하게 되었다."《발터 아이히로트-구약성서신학, 제1권》

이 말은 이후 전개되는 이스라엘 역사 내내 그대로 증명된다. 이러한 정체적 역사관, 자기 만족적 역사관은 아브라함의 명제와 출애굽 정신에 근본적으로 어긋나는 파행이고, 언제나 현실 개혁적이고 미래 지향적으로 다가오는 하나님마저도 자기들의 개인적이고 국가적인 욕구와 만족을 위해 필요한 기복주의적인 우상으로 전락시키는 결과를 가져왔다. 거기에서 신앙이란 하나님의 뜻과 미래를 향하여 도전하고 모험하는 발걸음으로 나아가는 것이 아니라, 현재의 필요성을 구하고 자족적인 기분에 안주하는 심리적인 기제(基劑)로 이해되었다. 이것이 결국 이스라엘의 종교와 신앙과 국가의 바알 종교화·소 이집트 체제화를 부른 것이다.

제17장

민족분단과 초기 분단왕국시대

성서: 열왕기상 12장~16장 28절

남북 왕들은 잎신 세대에서 배운 게 하나도 없었다. 그것은 불가사의한 일이면서, 또한 얼마든지 그럴 수 있는 일이었다. 남북 왕들은 서로 경쟁하듯 종교적 일탈과 정치적 실책을 남발하며, 백성 앞에서 나쁜 모습을 보여주기 시작했다. 그리하여 온 나라가 급속하게 신앙과 전통으로부터 멀어져 갔다.

구약성서의 역사관(歷史觀)

구약성서는 세상의 개인과 민족에 대한 하나님의 약속과 역사와 운명에 대한 미래의 필연(必然)을 말하지 않는다. 하나님께는 무슨 빼도 박도 못할 필연 같은 것은 없다. 설령 어떤 필연을 말하는 것같이 보이는 문장이라 해도, 그것은 축적된 과거와 현재 속에 창조적 변혁과 도약을 할 수 있는 기회가 주어졌는데도 불구하고, 그것을 충분히 살려내지 못한 일들이 이리저리 얽혀서, 결과적으로 파국적인 현실이 펼쳐질 수밖에 없게 된 것으로 말할 뿐이다.

구약성서에서 단 하나의 필연이 있다면, 아브라함에게 제시된 명제, 곧 그의 후손의 신앙을 통해서 천하 만민에게 복·구원을 가져다준다는 하나님의 계획뿐이다. "만군의 주님의 열심이 이것(세상의 구원)을 반드시 이루실 것이다."(이사야서 9:7c)

구약성서는 인간사가 하나님이 처음부터 정해놓은 각본대로 움직이는 운명적·절대적 필연이라고 말하지 않는다. 역사란 하나님이 혼자서 자의적으로 하는 게 아니며, 인간은 하나님의 꼭두각시나 노예, 혹은 프로그램대로 움직이는 기계가 아니다. 아무도 자연의 사물이나 기계에게는 윤리적 책임을 묻지 않으나, 오로지 사람에게만 묻는 까닭은 인간이 도덕적이고 책임적이고 자유로운 존재라는 것을 전제하기 때문이다.

하나님의 부름과 약속과 구원은 인간의 책임과 응답

을 요구한다. 신명기는 이런 사상을 시종일관 천명한다. 동시대의 '신명기계 역사학자들'과 서로 영향을 주고받은 것으로 보이는 예언자 '예레미야'는 "너희를 두고 계획하고 있는 일들은 오직 나만이 알고 있다. 내가 너희를 두고 계획하고 있는 일들은 재앙이 아니라 번영이다. 너희에게 미래에 대한 희망을 주려는 것이다."(29:11)라고 말한다. 재앙이든 번영이든, 그것은 사람의 도덕적인 책임과 자유를 전제하는 문제이다. 하나님은 그 둘을 바꾸어 내리지 않는다.

이처럼 구약성서는 인간을 깊이 이해하고 높이 평가한다. 하나님마저도 인간 때문에 슬픔과 고통을 당한다(창세기 6:5~7). 이것이 인간사가 하나님의 각본대로 움직이는 게 아니라는 증거이다. 그렇다고 하나님이 인간의 태도에 따라 피동적으로만 움직이는 분이라는 말도 아니다. 하나님의 행동과 인간의 태도는 이율배반적인 것이 아닌 상호연관적인 것이기 때문이다. 하나님은 인간에게 은혜와 사랑을 내리지만 자유를 향하여 부르며 강제하지 않으며, 인간은 책임 있는 태도를 가지고 하나님에게 응답하며 행동할 수 있는 존재이다.

그래서 구약성서는 개인과 민족의 일탈과 죄의 현실에 대하여 끊임없이 경고하며 '회개'를 경고하고 강조한다. 회개란 과거에서 현재까지 반복되고 축적된 악습과 죄는 분명히 미래에 좋지 않은 결과를 가져올 것이기에, 새로운 혁신적 마음과 사고체계를 통하여 악습을 끊고 삶의 방향을 전환하여 책임 있는 태도를 취하는 것이다. 인간의 삶이나 역사가 어차피 하나님의 각본대로 움직이는 필연적인 것이라면, 심판을 경고하고 회개를 요구하는 것 자체가 모순이다. 아담에 대한 선악과 취식금지와 경고, 가인에 대한 죄의 경고도 그런 것이다. 아담이 추방당하고 가인이 내쫓기게 된 것이 이미 정해진 필연에 따른 운명이라면, 그들에게 아무런 신학적·윤리적 책임을 물을 수 없으며, 모든 책임은 하나님에게 돌아가고 만다. 그것은 인간을 자율적인 존재가 아닌, 기계로 지은 것이기 때문이다.

이렇게 구약성서가 말하는 인간은 전적으로 자유와 책임의 존재이다. 따라서 경고를 듣고 하지 말아야 할 행위를 했더라도, 회개하고 돌아서면 새로운 삶의 기회가 주어진다. 하나님은 처음부터 끝까지 은혜의 하나님이다. 인간과 나라는 언제든 새로운 가능성의 창출이라는 미래를 향하여 개방되어 있다.

그렇기에 약속을 이어받을 사람들이 타락하면, 그 약속은 취소된다. 약속은 무조건적인 것이 아니라 어디까지나 조건적인 것이기 때문이다. 대표적으로 통일 이스라엘의 분단은 하나님의 프로그램도, 역사적 필연도 아니었다. 그것은 전적으로 솔로몬의 악정(惡政)이 만들어낸 역사적 결과였다. 하나님은 다윗에게 그 왕조의 영원성을 약속했다 하더라도, 결과적으로 분단되었고 두 왕국은 끝내 각기 멸망당하고 말았다. 그리고 다윗 왕조는 역사에서 다시는 재건되지 못했다.

왜 그러한가? 그것은 하나님이 후일 유다 왕국이 망하고 바빌로니아에서 포로생활을 하는 동안, '에스겔' 예언자를 통하여 **먼저**(!) 남북 이스라엘 왕국의 후손들이 과거의 분단과 원한의 역사를 청산하고 **민족화해와 통일**을 이루면, **그 후 다시금 다윗 왕조의 재건**을 통하여 **평화**를 누리게 해주겠다고 약속했으나, 유다 왕국 후손들이 끝내 하나님의 우선적인 요구사항인 민족화해와 통일을 거부했기 때문이다.(에스겔서 37:15~28과 에스라기 4~6장 비교)

그러나 하나님은 이스라엘의 파행에도 불구하고, 결코 인류를 구원한다는 전체적인 약속과 이스라엘 민족을 향한 계획을 취소하지 않는다. 하나님은 여전히 아브라함의 신앙을 이어 살아가는 소수 **"남은 자들"**(The Remnants, 아모스서 9:11~15; 이사야서 6장)을 통해서 그 약속을 이어간다. 이것이 하나님의 역설이다.

이렇듯 인류구원을 위해 택한 이스라엘을 향한 하나님의 약속과 명령 → 신앙과 복종→ 복과 번영, 불순종→ 경고와 심판과 고난→ 남은 자의 신앙갱신과 회복과 구원이라는 두 과정이 끊임없이 되풀이되며 진행된다. 언제나 중요한 것은 인류구원을 위하여 부른 이스라엘을 향한 하나님의 뜻이다. 구약성서는 이스라엘 민족의 모든 것을 하나님의 뜻 하나로 들여다보고 판단하고 해석하며, 역사의 모든 시기마다 인간의 실패에도 불구하고 하나님의 뜻과 약속이 지속적으로 작용하고 인도하고 있음을 증언한다.

따라서 이스라엘 민족 공동체는 언제나 신앙과 불신앙, 순종과 불순종 사이의 실존적인 긴장과 책임과 결단 속에 놓여 있다(신명기 8장; 30:15~20). "하나님이 신앙인들에게 원하는 바는 언제나 책임적 자아에 기초한 도덕적 결단과 행동이다."《리처드 니버–책임적 자아》

역사의 이러한 이치는 세계사에서도 증명되는 일이다. 현재는 과거의 결과이고, 미래는 현재의 결실이다. 인간사 어떤 것도 독립적인 것은 없다. 모든 것은 상호연관 속에서 진행된다. 그래서 "역사란 과거와 현재와의 끊임없는 대화"《에드워드 H. 카–역사란 무엇인가?》라고 말하는 게 아니던가? 중국인들도 역사를 '거울'(감鑑)로 비유하여, 과거를 돌아보며 오늘을 들여다보고, 오늘을 해석하여 비추어 장차 어떤 미래가 올지를 내다보고자 했다. 역사를 대화로 보든 거울로 보든, 중요한 것은 인간의 주체적이고 윤리적인 책임의식과 행동이다.

구약성서에서 과거와 현재와 미래의 시간, 곧 역사란 필연적인 인과(因果)로 얽힌 것이 아니라, 하나님과 더불어 시간과 공간(사건)의 경험 속에서 취하는 인간의 자유와 선택적 행동에 따른 유기적 관계의 결과이다. 그렇게 역사는 신앙의 지속인 정(正)과 불신앙의 파열인 반(反)이라는 두 가지 형식을 통해 끊임없이 상호작용하며, 한 걸음씩 하나님의 뜻인 인류구원의 합(合) 목적지를 지향하고 나선형으로 나아간다. 그 최종 목적지는 "새 하늘과 새 땅을 이 땅에 이룩하는 것"(이사야서 11:5~9; 65:17~25)이다. 이것이 구약성서의 역사관이다.

어떤 길로 갈 것인가?

신을 믿거나 말거나, 인간과 국가의 삶은 언제나 자유와 선택의 연속이다. 그런데 개인이나 국가나 올바른 선택을 하며 살기는 어렵다. 거기에는 여러 가지 원인이 있다. 외부적 압박과 도전과 사건과 시련, 국가 통치자의 심리와 성격과 수준, 국민의 심성과 종교와 철학과 가치관과 문화 등이 큰 몫을 차지한다.

국가경영은 최고 통치자의 수준에 따라 양상을 달리하기에, 중요한 것은 그의 수준이다. "온갖 현상의 원인을 종합한다는 것은 인간의 지력으로는 불가능하다. 그러나 인간의 마음에는 원인을 탐구하고 싶은 욕구가 있다. 그래서 인간의 지력은 그 하나하나가 원인이라고 생각되는 현상의 무수한 조건, 그 복잡하기 짝이 없는 연관성을 캐려 하지 않고, 가장 가까이 있는 알기 쉬운 것만 붙들고, 이것이야말로 원인이라고 말한다. 인간 행동을 관찰 대상으로 하는 사건에서 가장 원시적인 원인이라고 생각되는 것은 신들의 의지이고, 그 다음이 가장 현저한 위치에 서는 사람들, 즉 지도자의 의지이다."《레프 N. 톨스토이–전쟁과 평화, 제4권》

그렇기에 예나 지금이나, 한 국가가 역사적 위기의 갈림길과 변화의 중대한 시점에 처할 때 중요한 것은 최고 지도자의 판단과 의지이다. 최고 지도자의 현실 판단에 따른 선택과 결정은 그 나라의 역사를 어느 방향으로든 돌리게 마련이다. 그러면 그때 결정의 기준이 되어야 할 것은 무엇인가? 권력적 탐욕이나 정파적 이기심이 아니라, 나라와 국민 전체의 안녕과 미래에 대한 비전이다. 역사를 보면, 최고 지도자가 자신이 최선이라고 생각되는 것을 선택하지만, 결국 자신에게나 나라에 최악의 결과를 가져오는 경우도 많았다. 거기에는 정치적 단견(短見)과 독선적 아집과 권력욕, 사물에 대한 올바른 판단력 결여, 올바른 참모들과 관료들의 부재 등 많은 원인이 있다.

구약성서의 말이다. "계획은 사람이 세우지만, 결정은 하나님께서 하신다. 사람의 행위는 자기 눈에는 모두 깨끗하게 보이나, 하나님께서는 속마음을 꿰뚫어 보신다. …사람의 눈에는 바른길같이 보이나, 마침내는 죽음에 이르는 길이 있다."(잠언 16:1~2, 25) 이것은 무엇보다 국가의 최고 지도자가 가져야 할 덕목인 겸손과 지혜에 관한 말이다.

솔로몬은 통일왕국을 물려받아 민족분단의 결정적 위험성을 남겨두고 갔다. 참으로 무책임한 정치인이었다. 나라와 백성을 위한 뜻은 모두 좋았고, 또 필요한 것이었다. 그러나 과정이 문제였고, 그 가운데서 나라에 너무나도 무거운 적폐(積弊)를 쌓아 놓고 말았다. 하나님의 뜻을 헤아리며 신중히 할 일을 지나치게 서두르고 독단적으로 했다. 그리고 후반기에는 그야말로 그동안 일군 업적을 스스로 허물어뜨리는 모순된 행동에 빠지고 말았다.

지혜의 대명사인 그가 보인 무지와 어리석음은 이스라엘 민족의 뿌리인 출애굽 사건의 종교적 이념과 거기에서 출발한 12지파 연합공동체의 근본적인 성격을 철저히 외면했다는 데서 확연히 드러났다. 그때 아브라함의 명제는 희미한 것이었다. 그는 어쩌면 아브라함이라는 조상과 하나님의 약속에 대해서는 아무것도 알지 못했을 것이다.

그러나 그것은 전혀 문제가 안 되는 것이었다. 출애굽 사건과 모세의 법률에 이미 이스라엘을 향한 하나님의 뜻이 다 들어 있었기 때문이다. 인류구원의 도구라는 성격은 둘째치고서라도, 의롭고 거룩한 나라와 민족이 되어야 한다는 민족적 명제는 그때까지 300여 년이나 지속된 것이었기에, 그도 분명히 알고 있었다. 다윗이 유언한 것도 이것이었다.(2:1~12)

분단에 대한 하나님의 경고는 말 그대로 경고였지, 반드시 그렇게 되게 하리라는 필연적 계획이 아니었다. 그래서 말 심부름꾼인 예언자들을 보낸 것이다(11:9~13). 분단이 되고 안 되고는, 그를 이어 왕이 된 아들 "르호보암"이 북쪽 10지파의 가슴에 맺힌 과거의 원한과 지금의 고통스런 민중·민족현실을 제대로 헤아리고, 얼마나 건설적인 비전과 도덕적 결단과 책임 있는 태도를 드러내느냐 하는 것에 달려 있는 문제였다. 그가 정녕 과거와 현실을 똑바로 대면할 줄 아는 눈과 정직한 마음을 가졌다면, 아버지의 크나큰 실책에서 무엇인가를 보고, 자신이 해야 할 민족의 역사적 과제를 깨달았을 것이다. 그렇기에 그때 그가 처한 상황은 이스라엘 민족의 역사상 가장 중차대한 시점이었다.

그런데 솔로몬이 남긴 나쁜 유산으로 나라에 닥친 위기는 자세히 들여다볼 것도 없이, 이미 다 드러난 비극적 현실이었다. 그대로 간다면, 반란이나 분단은 필연이 될 것이었다. 그러니 그 아들이 아버지처럼 하나님을 향한 불신과 판단착오와 도덕적 타락으로 억압과 착취와 분열의 정치를 하지 않고, '오직 야훼' 이념에 따른 정의롭고 평등하고 평화로운 공동체 건설을 위해 올바른 선택을 한다면, 곧 새 정치를 한다면, 얼마든지 막을 수 있는 아주 단순한 문제였다. 따라서 '그대로 갈 것인가, 방향을 돌릴 것인가?' 하는 것이 르호보암에게 주어진 역사적 과제였다.

그런데 그는 자기가 속한 유다 지파의 옹립으로 왕위에 올랐으면서도, 전혀 의외로 행동했다. 이것을 보면, 그도 처음에는 민족이 놓인 현실을 꽤 깊이 고민했던 것으로 보인다. 다윗 왕조는 이미 하나님의 약속으로 정해진 것이기에(사무엘기하 7:1~17), 세습하여 무조건 왕으로 등극하면 되었다. 그런데도 그는 북쪽 10지파의 동의를 얻어내려고 했다(12:1~24). 이것은 다시금 예전의 민주적인 왕 선출 전통으로 돌아간 것인데, 분명히 그는 아버지의 악정의 결과가 폭발 직전에 이르렀다는 것을 헤아려, 그들을 위로하고 통합할 수 있는 정치적 조치를 취해야만 한다고 판단했던 것이다. 그가 거기까지 생각할 줄 알았다면, 정녕 왕권과 백성의 안정을 위해서라도 그들이 원하는 것을 들어주어야만 했다.

그런데 무슨 문제가 있었던 것일까? 그도 자기 아버지처럼 고집이 세고 어리석었고, 훌륭한 조언에 귀를 기울일 줄 몰랐다. 이것이 끝내 분단을 필연으로 만들어버리는 비극적인 결과를 낳고야 말았다.

"온 이스라엘"(북쪽 10지파)이 "세겜"(북쪽의 중심지)에 모여, 솔로몬의 아들을 왕으로 받들어야 하느냐 말아야 하느냐를 놓고 격론에 들어갔다. 여기에서부터 구약성서를 읽을 때 '이스라엘'이라는 단어가 어디를 가리키는지, 문맥에 따라 파악해야 한다. 이 부분은 북쪽 10지파가 전통적인 왕 선출 절차를 기억하고 있음을 말하는 것으로, 그 당시 다윗 왕조의 유일성이나 영원성에 관한 하나님의 약속이란 게 아예 없었거나, 있었는데 몰랐거나, 아니면 있다 해도 인정하지 않았다는 뜻으로 볼 수 있는 대목이다.

그것은 분단을 작정하고 모인 게 아니라, 새로 등극하는 왕에게 무엇인가를 요구하기 위한 회의마당이었다. 그들은 이집트에 망명하고 있던 솔로몬의 정적 **"여로보암"**을 불러들여 앞세우고 있었다. 르호보암은 그곳까지 찾아갔다. 이미 결론에 합의한 그들은 아주 간단하고도 명확하게 말했다. **"솔로몬이 우리에게 지워 준 중노동과 이 무거운 멍에를 가볍게 해 달라. 그러면 섬기겠다!"**

이 말은 모세 법과 전통에 따른 발언이었다. 이스라엘은 하나님의 자유민이지, 왕의 노예가 아니다. 그들의 말은 '우리는 왕의 노예가 아니다!'라는 선언이었다. '가벼운 멍에'는 백성으로서 해야 할 의무 외에 다른 것을 지우지 말라는 것이고, '그러면 섬기겠다.'는 말은 그렇지 않으면 왕으로 인정하지 않겠다는 것이다. 결국 다윗의 후손이라고 해서 무조건 왕이 되는 게 아니라는 주장이었다. 이것을 보면, 그때 다윗 왕조의 유일성과 영원성에 관한 하나님의 약속이란 게 아예 없었음을 짐작해볼 수 있다. 이스라엘의 전통이 오히려 그들 쪽에 살아 있었다. 그러자 르호보암은 **"사흘간"** 말미를 달라고 하며 그들을 돌려보냈다.

그는 곧 아버지를 받들던 **"원로대신들"**을 소집하여 자문했는데, 그들은 뜻밖에도 전통에 충실하게 온건한 대안을 제시했다. 그들조차도 솔로몬의 정치가 너무했음을 인정하고, 그대로라면 나라에 좋지 않은 일이 발생할 것을 예상하고 있었던 것이다. 그들은 **"이 백성의 종이 되어 섬기려 하고 좋은 말로 대답해주면, 평생토록 임금의 종이 될 것"**이라고 대답하며 왕도(王道)를 말했다.

그러나 그는 아버지의 교만하고 고집스러운 성정(性情)을 그대로 물려받은 사람이었다. 임금더러 백성의 종이 되라는 말에 기분이 잔뜩 상한 그는 원로들의 의견을 무시해버리고, 이내 **"자기와 함께 자란, 자기를 받드는 젊은 신하들"**을 소집하여 의견을 물었다. 그러자 그들은 마치 기다렸다는 듯, 강경 일변도의 정책으로 가야 한다면서, 조언이랄 것도 없는 망언을 늘어놓았다. **"내 새끼손가락 하나가 아버지의 허리보다 더 굵다. 나는 내 아버지보다 더 무거운 멍에를 메우겠다. 내 아버지는 너희를 가죽 채찍으로 매질하였지만, 나는 너희를 쇠 채찍으로 치겠다고 하십시오."**

솔로몬보다 더 지독한 독재정치를 하라는 것이었으니, 장차 나라를 말아먹고야 말, 지극히 어리석고 철딱서니 없는 강경파 젊은이들이었다. 이것이 바로 가장 저열하고 천박한 '갑질!'이다. '자기와 함께 자란, 자기를 받드는 젊은 신하들'은 유다 지파의 상류층 부유한 집에서 태어나 고생이라고는 눈곱만치도 모르는데다가, 솔로몬이 이룩한 풍요한 경제발전의 과실을 독점적으로 누리며 호의호식하고, 왕자 주변에서 희희낙락하며 버릇

없게 자란 세습귀족의 젊은 정치인 자제들이다.

그런 사람들의 사고체계나 습성이란 가문과 출생과 신분을 천부적인 것으로 생각한다는 것, 자기들이 누리는 현실적인 혜택의 모든 것을 당연시한다는 것, 자기들의 독점적 신분이나 부를 세상의 본래적인 질서로 생각하며, 타인의 가난이나 고통이나 불편한 삶에 대해서는 그들의 무능력으로 치부하면서 아무것도 이해하고 배려할 줄 모르는 이기심과 독점욕으로 가득하다는 것이다. 동서고금 그런 자들에게는 나라도 민족도 안중에 없다. 그러면서도 그들은 가장 먼저 '국가안보'를 들먹인다. 의무와 책임과 배려를 모르는 상류층이 많은 나라의 미래에 무슨 희망이 있으랴?

그들은 세상 물정을 몰라도 너무 모르고, 백성을 짐승이나 노예로밖에 볼 줄 모르는 철부지들이었다. 르호보암도 그들과 함께 놀며 자랐으니, 듣기에도 여간 좋은 말이 아니었다. "정책 입안자들이 따분해하고 주의가 산만하고 집중하지 않기 때문에, 혹은 그저 귀찮고 골치 아픈 일은 하지 않겠다고 말하기 때문에, 얼마나 중대한 불의가 영속화되고 있는가? 행동을 하지 않는 것도 행동하는 것만큼 큰 손실의 원천이 될 수 있다."《하비 콕스-예수 하버드에 오다》

사흘 후, 그들이 모이자 르호보암은 젊은이들의 말대로 대답했다. 그러자 일순간 경악(驚愕-놀라고 또 놀라다)으로 벌어진 입들에는 한없는 공허와 침묵이 흘렀고, 구덩이처럼 커다랗게 벌어진 눈에는 눈물과 함께 아연실색한 빛깔의 물결이 일었고, 검푸르게 붉어진 얼굴에는 절망과 분노가 서릿발처럼 어렸다. 그리고 이를 부득부득 가는 소리가 온 마당을 뒤흔들었다.

이윽고 순간의 오랜 잠에서 깨어나, 자기들이 도대체 무슨 소리를 들은 것인지 비로소 알아들은 그들은 이렇게 말했다. "아, 우리가 다윗에게서 받을 몫이 무엇인가? 이새의 아들에게서는 받을 유산이 없다. 이스라엘(10

지파)아, 저마다 자기의 장막으로 돌아가라. 다윗아, 이제 너는 네 집안(유다 지파)이나 돌보아라."

그것으로 끝이었다. 그 순간, 통일 이스라엘은 해체되고, 분단민족·분단왕국·분단국토가 되고 말았다. 솔로몬이 남긴 정치적 유산이었다. 그의 아들에게 되돌릴 기회가 주어졌지만, 결국 분단을 필연으로 만들고야 말았다.

그런데 르호보암이 얼마나 어리석고 모호한 성격의 왕인지는, 그런 사태를 보고서도 곧바로 그들에게 **"강제노동 감독관"**을 파견한 것에서 확인할 수 있다. 강제노동과 지역 차별을 40여 년 동안 당하여 이를 갈고 있는 사람들에게 또 강제노동 감독관이라니! 그럴 것 같으면, 도대체 무엇 때문에 그 자리에 갔는가? 르호보암은 그렇게도 철이 없고, 현실을 들여다볼 줄 아는 안목이 전혀 없었다. 따라서 그가 마음을 바꾸어 먹지 않는다면, 장차 반쪽짜리 유다 왕으로서도 형편없을 것이라는 사실은 충분히 예견할 수 있는 일이었다.

그들은 감독관을 돌로 쳐 죽였다. 충직한 신하만 애꿎게 죽인 셈이 되고 말았다. 혼비백산한 왕은 수레를 타고 도망쳤다. 그들은 '여로보암'을 왕으로 추대하고 나라를 세우고 갈라져 나갔다. 그것이 **"북이스라엘"** 왕국이다. 그는 북이스라엘의 태조(太祖)가 되었고(931~913년), 예루살렘으로 돌아온 르호보암은 **"남유다"** 왕국의 왕이 되었다. 그런데 그때 북이스라엘의 인구와 국토는 남유다의 3배 정도였다.

르호보암은 분노로 가득하여 유다 지파와 베냐민 지파에 전군 동원령을 내렸다. 베냐민 지파가 이내 달려온 것은 영토가 유다 지파와 붙어 있고, 사울 왕가를 낸 지파라는 자부심 때문이었을 것이다. 그때부터 남유다 왕국은 2지파로 구성되었다(시므온 지파는 이미 흡수됨). 모두 모이자, 왕은 전쟁을 선포했다. 그런데 예언자 '스마야'가 가로막으며 동족과 전쟁을 하면 안 된다고 책망하자, 모두 왕의 말도 안 듣고는 흩어져 돌아갔다. 그리하여 그는 처음부터 체면을 구기고 말았고, 최초의 남북전쟁이 미수에 그치는 기적 같은 일이 일어났다.

초기 북이스라엘과 남유다

그러면 이제 남북의 두 왕은 제각기 어떤 정치를 해야 하는가? 그저 하나님의 정치를 대행하기만 하면 될 뿐, 솔로몬처럼 정치도 아닌 정치를 하면 안 된다. 하나님의 정치는, 백성의 종이 되어 섬기고 사랑하며 안전하고 평화롭게 살게 해주는 것이다. 그것은 왕부터 하나님을 향한 온전한 신앙과 영성훈련과 거룩한 생활을 해야만 가능할 것이었다. 누구보다, 그간 지긋지긋한 악정 속에서 고생해온 북이스라엘의 왕부터 해야 할 일이었다.

그런데 남북 왕들은 앞선 세대에서 배운 게 하나도 없었다. 그것은 불가사의한 일이면서, 또한 얼마든지 그럴 수 있는 일이었다. 사람이란 자타(自他)의 실패와 불행과 비참을 겪고 보면서도, 아무것도 느끼거나 배우는 게 없는 수가 많다. 나는, 우리는 예외라는 생각과 요행을 바라는 심리나 좌절감이나 자포자기 때문이리라. 남북 왕들은 서로 경쟁하듯 종교적 일탈과 정치적 실책을 남발하며, 백성 앞에서 나쁜 모습을 보여주기 시작했다. 그리하여 온 나라가 급속하게 신앙과 전통으로부터 멀어져 갔다.

북이스라엘

"여로보암"(1세. 후일 아모스 예언자 시대의 동명이인 '여로보암 2세'와 구별하기 위해)이 야훼 종교에서 멀어진 까닭은 우습게도 종교적인 데 있었다(12:25~31). 분단되었다고는 해도, 중간에 38선을 긋고 장벽을 쌓은 것도,

서로 군사를 배치하고 지키며 대결한 것도 아니었기에, 북쪽 사람들은 여전히 남쪽 예루살렘으로 성지순례를 다녔다. 이것이 문제였다. 그는 예루살렘에 드나드는 백성의 마음(!)이 자연히 남쪽으로 기울어질 것이라고 보았다. 민심이 떠나면 무엇이 남겠는가? 그러면 언젠가 자기를 죽이고 다시 합쳐질 것이었다. 이스라엘의 중심은 어디까지나 종교였기 때문이다. 그러니 방책을 써야만 했다.

무슨 방책인가? 종교적 방책이다. 북이스라엘 안에도 성지(聖地)를 만들어 놓고, 야훼 하나님을 숭배하게 하면 될 게 아닌가? 이것이 그가 내린 결론이었다. 그러자 그는 급히 **"황금송아지 형상 두 개"**를 만들어, 남쪽과 북쪽 국경지대 두 곳에 설치했다(벧엘과 단. 나중에는 '길갈'에도 생김-아모스서 4:4; 5:5). 물론 달랑 그것만 설치한 것이 아니라, 성전을 지어 그 신상을 안치하고는 제사장까지 배치했다. 황소 형상은 그가 이집트에 망명해 있을 동안 배운 이집트 종교(황소로 상징되는 하피스 신 등)와 가나안 종교의 최고신인 엘(El) 신의 상징을 그대로 흉내 낸 것이었다.

그러면 그는 어떻게 백성이 황소의 형상을 야훼 하나님이라고 생각하며 섬기리라고 판단한 것일까? 그만의 성급하고 지나친 생각이었을까? 아니었다. 왜냐하면 그때까지도 백성은 마을 뒷산에 있는 산당(山堂, 성황당)에 가서 하나님을 예배해왔기 때문이다. 그들은 그것이 야훼 하나님을 예배하는 것이라고 믿었다.

그런데 이스라엘에서 산당 문제는 그리 단순한 것이 아니었다. 그것은 본래 민중의 종교였다. 솔로몬 성전이 생기기 전, 주요 절기에는 전국의 여러 성소로 순례를 가서 야훼 종교의 축제에 참여했다(북: 실로, 단, 벧엘, 미스바, 동: 길갈, 남: 베들레헴, 헤브론. 서쪽은 중앙고원 때문에 없음). 그러나 각 부족의 백성은 대체로 마을에 있던 야훼종교의 견고한 터전인 산당에서, 레위 제사장들이 주관하는 제사에 참여했다.

그러던 것이 시간이 흐르면서 민중은 자연스럽게 바알 종교도 수용하여 산당에서 야훼와 바알 신을 동시에 하나님(엘El)으로 숭배하게 되었다. 이런 일이 확대된 데는 '솔로몬' 왕의 책임이 컸고(11장), 그 후 남북의 여러 왕들도 마찬가지였다. 이러한 야훼 종교와 바알종교의 혼합주의(syncretism)는 '엘리야' 예언자 시대에 극성을 부렸다.(열왕기상 18장)

산당 제사의 문제는 예루살렘 성전이 있는 남유다 왕국도 마찬가지였다. 민중에게 야훼와 바알은 그저 이름만 다른 신이었을 뿐, 세속적인 복을 기원하는 마음과 태도는 똑같은 것이었다. 이런 문제는 오늘날 우상숭배를 하듯 종교생활을 하는 사람들에서도 드러나는 일이다. 아마 인간이 존재하는 한, 이런 미신적 종교행태는 끊어지지 않으리라.

그러면 여로보암은 왜 두 군데나 설치했을까? 국토가 넓으니 백성이 다니기 편안하게 해주겠다는 인자한 발상에서였다. 그는 **"예루살렘으로 올라가는 일은 번거롭다. 이스라엘을 이집트에서 구해주신 하나님은 여기에도 계신다."** 고 선포했다. 그러나 그것은 '황금 송아지 형상' 때문에 망발이었다. 그런데도 마음이 놓이질 않자, 그는 전국 곳곳에 수많은 산당을 더 지어 제사하게 하고는 제사장까지 마음대로 임명했다. 그러자 한 예언자가 나타나 왕을 저주하며 규탄했다(12:32~13:10). 이내 아들이 죽었지만(하나님의 심판으로 해석함), 그는 끝내 뉘우치지 않았다. 그는 그렇게 22년 동안, 전전긍긍하며 통치 아닌 통치를 하다가 죽었다(14:1~20). 처음부터 갈라져 나간 명분을 완전히 잃어버린 것이었다.

그 후 그의 아들 **"나답"** 대로부터, 무슨 행사처럼 줄곧 쿠데타가 터졌다. 그는 2년밖에 통치하지 못하고 죽임을 당하여, 여로보암 왕조는 2대 만에 끝났다. 그를 죽이고 왕이 된 장군 **"바아사"** 는 24년을 다스리다가 죽었고, 그의 아들 **"엘라"** 는 2년 만에 대낮에 술에 취해 있다가 또 다른 장군인 **"시므리"** 의 쿠데타로 죽어 바아사 왕조도 2대 만에 끝났다. 그리고 시므리는 7일 만에 또 다른 장군의 쿠데타로 불에 뛰어들어 자결하고 1대로 끝났다.

그를 죽인 장군은 "오므리"(885~874년)였다. 오므리 왕조는 4대 만에 끝났다(885~841년). 오므리는 수도를 여로보암이 세운 '브누엘'에서 "사마리아"(Samaria)로 옮겼다. 그 후부터 사마리아는 북이스라엘 왕국의 수도, 국명(國名), 국민(사마리아인)을 가리키는 용어가 되었다(남왕국 유다 역사가들에 의해서). 그는 한 가지 기록을 경신했는데, "지금까지 나온 왕들 중 가장 악했다."는 것이다. 그 말은 오로지 종교적인 용어로서, 야훼 하나님을 버리고 각종 우상숭배를 한 정도가 가장 심했다는 뜻이다. 연일 쿠데타만 벌이다 못해 별의별 기록을 다 경신했다. 그래도 오므리는 나라를 안정시키고 국가안보를 튼튼히 한 공적을 남겼다.

정녕 쿠데타를 위한 왕국이었다. 고대 북이스라엘의 '무신정권 시대'라 할 만했다. 아무런 명분도 없는 반란이 꼬리에 꼬리를 물고 일어났다. 하나님이나 나라나 백성을 위해서도 아니었다. 오직 정권욕 때문이었다. 왕도(王道) 같은 것은 찾아볼 수도 없었다. 시정잡배들이나 하는 짓을 무례하게 저질렀다. 왕을 때려죽이고, 돌로 쳐 죽이고, 칼로 베고, 불에 던져 죽였다. 그렇게 쿠데타가 유행이 되었으니, 백성의 살림살이는 말이 아니었다. 그리하여 오므리 왕조에서 악의 씨가 자라나, 북이스라엘 역사상 가장 악한 왕의 대명사가 된 악마의 대왕이 등장할 완벽한 무대가 마련되었다.

남유다

남유다의 르호보암(931~913년)도 마찬가지였다. 그는 할아버지 다윗을 본받을 생각은 일찌감치 접고, 그 성정 그대로 아버지를 따라갔다(14:21~31). 그런데 그는 오히려 아버지보다 한술 더 떠서 예루살렘 성전은 아예 내팽개치고, 전국 곳곳에 수많은 산당과 돌로 만든 신상(아쉐림

Asherim. 이집트식 오벨리스크Obelisk. 표면에 돋을새김으로 신들을 새기고 찬양하는 글귀를 적음)과 아세라 목상(木像)을 세웠다.

그는 심지어 신전에 성창(聖娼, holy prostitute)인 여창과 남창들까지 두었다(성창제도는 가나안 종교관습. 신도들이 돈을 주고 성창들과 성관계를 하면, 그때 바알과 아세라 부부신도 합궁하여 복을 내려준다고 믿음. 로마 제국에서도 성행). 그래서 이후부터 전개되는 남북 이스라엘 역사는 대부분 바알종교와 대결을 펼치는 무대가 된다.

그러니 르호보암은 제 아버지 솔로몬처럼 완전히 야훼 종교를 박멸하려고 작정하고 나선 것이었다. 그러자 곧 하나님의 심판이 떨어져, 이집트의 파라오(시삭·쉬샤크 1세Shishak·쇼셍크Shoshenq. 리비아 인, 제22왕조 창건자)가 쳐들어와, 예루살렘 성전의 보물을 다 털어갔다. 남유다도 처음부터 망가지기 시작했다. 그는 17년간 통치하다가 죽었다.

그의 아들 **"아비야"**(913~910년)는 아버지와 달리, 야훼 종교에 충실했다. 남유다에서 쿠데타는 일어나지 않았다. 아비야의 아들 **"아사"**(910~869년)는 야훼 종교에 더욱 충실하여, 우상숭배를 하는 태후마마(할머니 왕비)를 강제 폐위시켜 버리기까지 했다. 그러나 그는 북이스라엘을 견제하기 위하여 그 북쪽의 "시리아"에게 돈을 주고 외세를 끌어들이는 실책을 저지르고 말았다.

이렇듯 분단되자마자 남북왕국이 똑같이 갈팡질팡했다. 그리하여 **북이스라엘 왕국에서부터 예언자들이 본격적으로 활동하기 시작했다.** 평화롭고 안정된 시대에는 쓴소리 전문가인 예언자가 나올 필요가 없다. 따라서 '위대한' 예언자가 활동한 시대일수록 '최악의' 시대이다. 예언자는 부패한 왕들과 지도층과 백성의 부실한 신앙과 바알 종교의 대척점에 서서 하나님의 진리·뜻을 선포한 시대의 사상가요 철인이요 선비요 등불이다.

예언자들은 늘 같은 말을 되풀이했다. 오직 야훼주의! 곧, 진실하고 의로운 민족 되기이다. 그것은 아브라함의 명제와 출애굽 정신으로, 떠나고 나아가는 탈출과 지향의 삶이니, 곧 신앙과 영성훈련과 거룩한 백성의 길이다. 그들은 그것만이 평등하고 평화로운 공동체를 건설하고 나라를 구원하는 길이라고 설파했다. 따라서 예언자는 종교적으로 위대한 보수주의자이면서 동시에 위대한 진보주의자, 사회개혁자, 종교개혁자, 정치 혁명가이기도 했다. 이스라엘의 얼과 전통은 예언자들을 통하여 비로소 심원하고 차원 높은 사상으로 응축되어 대대로 전수되었다.

(이 책에서는 예언자들의 책을 따로 다루지 않고, 그들이 활동한 남북 왕조시대에 포함해 생각해본다. 본래 그랬다. 그래야 예언자들이 활동한 구체적 시대와 사회적 성격, 그들의 활동 양태와 메시지가 어떤 것인지를 이해할 수 있다.)

제18장

북이스라엘 왕국의 중기

– 예언자 엘리야

성서: 열왕기상 16장 29절~열왕기하 12장

엘리야의 승리는 무엇인가? 갈멜산 이야기의 의미는 무엇인가? 그것은 하나님과 진리와 의를 위하여, 그리고 무지와 두려움과 궁핍의 도탄(塗炭, 진흙과 숯·재구덩이)에 빠진 가련한 백성을 구하기 위하여, 자신을 내던져 부패한 시대에 맞선 장엄한 예언자·철인(哲人)의 모습이라는 것이다. 이것이 진정한 신앙이다.

두 종교·문명·문화의 충돌

전에도 말한 바와 같이, '바알 남신과 아세라 여신'을 숭배하는 가나안의 바알 종교(Baalism)·문명·문화의 실체는 무엇인가? 그것은 인간이 본능적으로 희구하며 추구하는 복인 자식과 가축의 다산(多産), 농사의 풍년, 풍요한 의식주 생활, 가정의 행복, 사회적 성공, 부귀공명, 건강과 장수 등을 인생의 목적으로 여겨서 최우선으로 기원하고 추구한다. 바알 종교에는 개인의 인격이나 사회 윤리나 고매한 가르침이나 사상이 아예 없었기에, 쉽고 편안하고 매력적으로 보여 어디서나 최고로 인기를 누렸다.

바알 종교는 특히 부유층 신도들이 성전에 기거하는 성창(聖娼, 남창-카데쉬Qadesh, 여창-케데샤Qedeshah)들에게 은이나 값진 제물을 주고 성관계를 하면, 그때 바알 신과 아세라 신도 합궁하여 복을 내려준다고 믿었다. 따라서 그런 풍습이 곧장 사회로 파급될 수밖에 없어서, 성도덕의 문란을 비롯한 갖가지 탈선을 부채질했다.

이런 종교적 풍습은 후일 기독교 시대의 로마제국에서도 성행했다(고린도전서). 따라서 바알 종교는 어느 시대에서나 보편적으로 존재하는 본능적·심리적 종교체제이다. 현대 자본주의도 종교적으로 보면 단연 바알 종교이다. 그저 잘 먹고 잘 살고 편안하고 행복하게 사는 것을 인생의 목적으로 여긴다. 그런데 이것을 굳이 나쁘다거나 잘못된 것이라고 할 수는 없다. 인간은 누구나 풍요롭고 행복하고 평화롭게 살아야 하고, 그렇게 살 권리가 있기 때문이다. 이것은 구약성서도 말하는 것이다.

그러면 이스라엘은 어째서 야훼 종교를 어려워하고, 그렇게도 쉽게 바알 종교에 끌렸을까? 이것은 지금 기독교에도 중요하다. 이스라엘 민족이란 완전히 기복주의 종교·문명·문화 속에서 살아가던 가나안 세계에서, 단연 특이하고 이질적이고 정반대인 종교체제의 출발이었고 실험이었다. 이스라엘은 이집트 탈출 이후부터 '오직 야훼'의 기치 아래, 모든 인간의 해방과 자유, 평등과 평화를 바라고 인도하는 해방자 야훼 하나님과 그분의 명령인 법률과 종교와 윤리체계를 개인과 민족의 중심적인 가치로 여기며, 민족 구성원의 동등한 인권 존중, 평등한 경제정의·경제민주화의 실현, 그리고 윤리적이고 평화로운 민족 공동체의 건설을 목적으로 한, 현실적이고 이상적인 이념을 가진 체계였기에, 사람들이 따르기에는 너무나도 까다롭고 어려운 종교일 수밖에 없었다.

바알 종교가 절대 목적으로 추구하는 물질적인 축복은 그다음 문제이거나 하나님에게 완전히 내맡겨야 할 사항이라고 가르쳤다. 그래야만 이스라엘이 신앙과 의, 영성훈련으로 거룩한 생활을 하고, 형제자매의 사랑으로 연대하며, 건강하고 평등하고 평화로운 공동체를 건설할 수 있다고 보았다. 따라서 바알 종교는 이스라엘이 결코 먹지 말아야 할 종교적·이념적·문화적으로 구체적인 선악과요 뱀의 목소리였기에, 바알 종교를 최대 강적으로 보고 대척점에 서서 치열한 투쟁의 역사를 펼칠 수밖에 없었다.

가나안의 바알 신은 땅·지역 이름으로 불렸다. "브올의 바알"(민수기 25:3), "하솔의 바알"(사무엘기하 13:23), "에그론의 바알"(열왕기하 1:2) 등이다. "그러나 야훼는 이런 식으로 불릴 수 없었다. 야훼는 이 땅의 어떤 지역의 신으로 규정되어 그곳의 신으로 묘사될 수 없었다. 야훼는 예루살렘의 신도 아니다. 야훼의 가장 흔한 이름들 가운데 하나는 '이스라엘의 하나님'이었다."《발터 아이히로트–구약성서신학, 제1권》 야훼 하나님을 예루살렘이라는 한 지역의 신으로 격하시켜버린 것이 바로 솔로몬 성전체제가 가져온 위험성이었다. 북이스라엘의 태조 '여로보암 1세'가 곳곳에 황금송아지 신상을 새겨 숭배하게 한 것도 야훼를 지역 신으로 이해했기 때문이다.

따라서 이스라엘에게 야훼 종교와 바알 종교의 대결 문제는 단순한 종교싸움이 아닌, 신앙과 이념과 역사의 싸움, 곧 민족의 사활이 걸린 싸움이었다. 겉으로는 종교싸움으로 보였지만, 내면의 실상은 사상싸움이었다. 그것은 이스라엘의 신앙, 종교, 철학, 문화, 윤리, 사회와 국가의 정체성, 그리고 미래의 사활이 걸린 사상의 문제였다. 이스라엘에게는 바알 종교를 초극하는 것만이 민족과 역사의 의미와 방향을 결정짓는 중대한 일이었다.

이와 같은 바알 종교의 성격과 특징을 제대로 파악하는 것은 구약성서와 이스라엘 역사와 예언자들의 사상, 더 나아가 히브리 종교에서 발원한 예수와 기독교를 올바로 이해하는 길이다. 바알 종교는 모든 시대에 위력을 떨치는 유사(類似)종교이기 때문이다.

이제부터 이스라엘 역사는 본격적으로 야훼와 바알이라는 두 종교·문명·문화 사이에 치열한 투쟁이 전개된다. 구약성서가 보여주는 이스라엘 역사는 국가의 대결이 아닌, 종교와 사상과 문화의 투쟁사이다. 이스라엘이라는 국가는 없어지더라도 종교와 사상과 이념을 지켜서 후대와 인류에게 전해주어야 하는 것이 이스라엘 민족의 운명이다.

아합과 이세벨, 찰떡궁합

이러한 두 종교문화의 충돌이 본격적으로 시작된 것은 북이스라엘의 "아합"(874~853년)과 왕비 "이세벨"(예제벨Jezebel) 시대이다. '오므리'와 페니키아(시돈Sidon) 왕 "엣바알"은 아들과 딸을 정략(政略) 결혼시켰다(동맹). 그런데 당시 해상왕국 페니키아는 가나안에서 바알과 아세라 종교의 총본산이었다. 이세벨은 성격과 행실이 사납고 모질고 악하고 간사하고 치졸하고 불같은데다가(모든 악덕의 총합!), 무엇보다 바알 종교의 광신도였다(16:29~33). 동서고금의 '월드 악녀콘테스트'에서 단연 1등을 차지할 여자였다고 할까? 아합은 그 자신보다는, 이세벨의 악행으로 더 유명세를 탄 인물이었다. 그녀는 남편을 손에 틀어쥐고 좌지우지했다.

아합과 이세벨은 등극하자마자 자기들이 바알 신으로부터 '전 국민의 바알 종교화'를 위한 역사적 사명을 띠고 이 땅에 태어나, 운명적으로 만나 결혼하고 선택되고 임명되고 파견되었다는 절대적인 믿음으로, 곧장 북이스라엘에서 야훼 종교를 박멸하는 일에 앞장서서 종신토록 멸사봉공했다. 그들은 정치를 바알 종교의 강제적 선교와 동일시했다.

그들은 먼저 웅장한 석조로 된 바알 신전과 제사장 신학교를 세워 바알 종교 전문가들을 양성했다. 아무도 그들의 종교적 확신을 막을 수 없었다. 그들의 활동은 인류역사에서도 희귀한 예에 속한다. 그들은 전 이스라엘 역사상 "일찍이 없었던 악한 일을 위하여 목숨을 내놓은"(21:25~26) 왕과 왕비였다. 그 시대와 겹치는 유명한 인물이 "엘리야"(Elijah, 나의 하나님은 야훼이시다) 예언자이다.

특히 이세벨은 야훼 종교를 세상에서 존재하지 말아야 할 악 그 자체로 보고 남편을 휘두르며 앞장서서, 야훼 종교의 수호자·지도자들을 가장 큰 골칫거리로 여기고, 그들부터 박멸하는 데 초점을 맞추었다. 그들을 바꿔

벌레로 여기고 소탕하듯, 밤낮 눈에 불을 켜고 야훼 신봉자들과 예언자들을 발본색원(拔本塞源)했다. 그들을 그대로 두고 무슨 일이 되겠는가? 두목을 없애야만 백성을 쉽게 포섭할 수 있을 것이었다.

그들은 곧 야훼 종교 예언자들과 제사장들을 샅샅이 찾아내기 시작했고, 배교와 전향을 거부하며 지조를 지키는 사람들은 인정사정없이 억압하며 재산을 박탈하거나 내쫓거나 죽여 버렸다(18:4). 그래서 공포에 질린 연약한 백성은 마음이야 어떻든지, 암묵적으로 동조하는 수밖에 없어 바알 종교에 굴복했다(18:21). 그러나 예언자들과 소수 의로운 백성은 그때를 민족의 사활이 걸린 중대한 갈림길로 보고 저항했다(약 7,000명 정도, 19:18). 아합과 이세벨은 북이스라엘에게 나라의 재앙이요, 하나님의 심판 그 자체였다.

22년 동안 다스린 아합과 불세출(不世出)의 극악(極惡)하고 무도(無道)하신 이세벨 여사의 통치는 북이스라엘 역사상 최악이었다. 그들을 나란히 놓는 까닭은 실질적 임금이 순악질 여사 이세벨이었기 때문이다. 그녀는 아마도 인류 역사상 '최초의 악녀 왕비'라 할 것이다. '하걸은주'(夏桀殷紂)라는 말이 있다. 중국 최초의 왕조 하(夏)나라의 마지막 임금 걸(桀)과 다음 왕조 은나라의 마지막 임금 주(紂)가 나라를 말아먹은 것을 말한다. 걸왕은 말희, 주왕은 달기라는 미인에게 홀려서, 밤낮 "연못을 술로 채우고, 숲의 나무마다 고기를 걸어놓고"(酒池肉林) 극한의 쾌락에 빠져 살다가 쳐들어온 혁명군에게 망했다. 그러나 말희와 달기는 앞장서서 국정을 농단하지는 않았기에 악녀는 아니었다. 그저 두 왕이 그녀들에게 푹 빠져 살았을 뿐이다.《사마천-사기》

북이스라엘 역사에서 왕비의 맹활약(!)이 많이 보도된 것은 이세벨 여사가 단연 독보적이다. 그리고 전체 이스라엘 역사에서 그녀보다 더 독하게 설쳐대며, 제 자식들까지 죽인 최고·천하·만고의 악녀는 그녀가 유다 왕국의 왕에게 시집보낸 외동딸 **"아달랴"** 왕비(Athaliah, 야훼는 공정하시다)였다. 집안의 피가 아주 독종(毒種)이었다. 그런 결혼동맹은 아합과 이세벨의 종교적 사명인 '바알 종교의 세계화'의 하나였기 때문에, 유다 왕국도 덩달아 바람 잘 날이 없게 되었다.

아합은 럭비공처럼 종잡을 수 없는 성격인 데다가 어린애같이 유약하기 그지없는 새가슴 왕이어서, 무엇 하나 제 손으로 해내는 게 없는 이세벨의 응석받이였고, 그녀는 아합의 '빅 마마'였다. 아합은 그저 모든 일을 극악무도한 순악질 여사로부터 철저하게 명령받고 보고하며 움직이기만 하면 되었다. 그렇지 않았다가는 반드시 나중에 혼났다. 그보다 더 기묘한 찰떡궁합도 없었다.

이세벨 여사의 손은 전능한 손이었다. 그 손은 아들 같은 왕이 칭얼대기만 하면 못 해주는 일이 없었고, 안 되는 일도 되게 만들어주는 마술사의 손이었다. 그래서 어린애 같은 아합은 그저 매사에 여사만 의지하면 되었다. 굳이 골치 아프게 머리를 쓸 일이 아무것도 없었다. 그는 이세벨 여사의 손이 만들어 놓은 무대에서 조종당하는 목각인형이나 마찬가지였다. 이런 아합 왕 이야기를 전하는 구약성서를 읽으면, 그 사악함에 치가 떨리기도 하지만, 그 모양새가 하도 유치하여 웃음이 나올 정도이다.

재미있는 사실은 아합의 이름이 '사랑'(아하브Ahab)을 의미하며, 그가 자식들의 이름을 모두 야훼 하나님의 이름과 연결해서 지었다는 것이다. 분명히 야훼 하나님을 사랑하라는 뜻에서 지은 것일 텐데, 정작 자기는 물론 자식들이 모조리 어긋나는 길만 갔으니, 도무지 이해하기 어려운 일이었다. 그들은 아들 둘에 딸 하나를 두었는데, "아하시야"(Ahaziah, 야훼가 사로잡으신다), "여호람"(Jehoram/요람, 야훼가 높임을 받으신다), "아달랴" 공주(Athaliah, 야훼는 공정하시다)이다.

영원한 들사람 얼 엘리야

바로 그때 살아생전에 이미 이스라엘의 전설과 신화가 된 사나이 중의 사나이 예언자 "**엘리야**"가 출현했다(17:1~7). 하나님이 어두운 시대에 찬란한 별을 떠오르게 했던 것이다. 그는 요르단 강 건너편 동쪽 "갓" 지파의 땅, 암몬왕국과 국경을 마주한 변방인 "길르앗" 출신이었다. 길르앗이 피부 상처와 종기에 바르는 천연약품인 유향(乳香)과 각종 약초 산지로 유명한 사실을 고려할 때, 그것은 엘리야가 백성의 고난과 상처 난 마음을 치유해주는 사람이라는 신학적 상징의 의미를 지니고 있다고 볼 수 있겠다.

부모도 형제도 알 수 없는 신비의 베일에 싸인 인물인 그는 아마도 사제가문 출신으로 박해를 피해 수도사로 지낸 것으로 보인다. 그의 풍모를 보여주는 감동적인 구절은 이렇다. "**엘리야는 갈멜**(카르멜Carmel) **산꼭대기로 올라가서, 땅을 바라보며 몸을 굽히고, 그의 얼굴을 무릎 사이에 넣었다.**"(18:42)

이 모습을 영화장면처럼 상상해보라. 그때 그의 나이를 대략 50대는 넘은 것으로 추정할 수 있다. 서너 살 먹은 어린애조차 두 무릎 사이에 얼굴을 넣는 것은 매우 어려운 일인데, 그 나이에 그렇게 할 수 있었다는 것은 무엇을 말해주는가? 그 당시 평균수명이 30세 조금 넘는 정도였음을 고려할 때, 이미 척추가 다 굳어버린 노인이 어떻게 그런 자세로 기도할 수 있었을까? 그것은 그가 어려서부터 그런 모습으로 기도하며 조직적인 영성훈련을 받은 습관이 쌓이고 쌓여서 된 일이라고 볼 수밖에 없다. 엘리야는 영성과 기도의 사람이었다.

그렇더라도 그는 모든 게 희미하여 전설과 신화의 안개에 감싸인 인물이었다. 비쩍 마르고 깐깐한 성품에 하고 다니는 모양새도 도인(道人)의 풍모를 풍겼다. 사람들은 그가 도대체 무얼 먹고 사는지조차 알지 못했다.

그저 살아서 돌아다니는 것을 보고, 무얼 먹기는 먹고 사는 모양이라고 생각할 뿐이었다.

그는 장발과 긴 수염에 허름한 통옷을 걸치고 지팡이를 짚고 다니며 사자후(獅子吼)를 토해냈다. 그는 야훼 종교를 수호하는 **"불의 전차"**(戰車, chariot. 열왕기하 2:12), 사회정의의 전사(戰士)였다. 천둥 같은 그의 포효에 산천초목까지 덜덜 떨었고, 백성은 두려움과 함께 크나큰 위로와 격려를 받았다. 그는 영원한 들사람 얼이었다.

20세기 유대인 철학자 '마르틴 부버'는 그에 대하여 이렇게 말한다. "엘리야의 이야기는 전설의 옷에 싸여 있으나. 그는 거룩한 불안 속에 있었던 인물이며, 한편으로는 하나님의 위탁에 충실하였고, 다른 한편으로는 현세에 절망하여 하나님을 추구하기를 그치지 않았다. 엘리야는 역사적 인물로서 아합 왕을 만났으며, 거기에서 야훼의 고지자(告知者)로서 '이스라엘 왕'에 대해서 역사적인 바른 태도를 취했다. 즉, 그는 왕이 범한 죄를 책망하고, 참 지배자인 하나님의 이름으로 왕에게 부과한 의무를 태만하게 하는 이 불충실한 하나님의 대리자를 질책했다."《예언자의 신앙》

엘리야는 사실 진정한 의미에서 이스라엘 "예언자의 아버지"이다. 후일 제자 **"엘리사"**가 그를 가리켜, **"나의 아버지! 나의 아버지! 이스라엘의 병거(兵車)와 마병(馬兵)이시여!"**(열왕기하 2:12)라고 외친 것은 비단 엘리사 한 사람만의 존경 어린 찬사가 아니었다. 그 후 남북 왕국에서 그를 이어 나타난 모든 예언자들이 그의 사상과 행동과 삶을 따랐고, 450여 년이 지난 후인 페르시아제국 식민지 시대에도 민중에게 흠모를 받으며 역사에 다시 나타나주기를 바란 사람으로 가슴에 자리 잡았고(말라기 4:5), 예수시대까지도 그랬다.(마가복음서 8:28)

엘리야는 썩은 생선처럼 악취를 풍기며 타락해버린 정치와 종교와 사회와 백성을 불태워버리고, 참되고 인간적인 정의롭고 평등하고 평화로운 세계를 건설해보려는 의롭고 거룩한 심정으로 돌진하는 하나님의 전사인 예언자의 진정한 아버지였고, 시대의 불이요 별이었다. 900여 년 후 그 땅에서 나온 **"갈릴리 나사렛 예언자 예수"**(마태복음서 21:11)도 이렇게 말한다. "나는 세상에다가 불을 지르러 왔다. 불이 이미 붙었으면, 내가 바랄 것이 무엇이 더 있겠느냐?"(누가복음서 12:49)

어느 날 그는 느닷없이 아합에게 나타나, **"앞으로 내 말이 떨어지기까지는 몇 해 동안 대가뭄이 들 것"**이라고 선언하고는 총총히 사라졌다. 어린애 같은 정신의 소유자인 아합에게는 자다가 봉창 뜯는 소리였다. 갑자기 산적같이 무섭게 생긴 이상한 인물이 나타나 천둥 같은 소리를 화살처럼 쏘고는, 어디에 살고 무엇을 하는 누구인지조차 물어볼 겨를도 없이, 바람처럼 표연히 사라지고 말았다. 얼굴조차 자세히 들여다볼 틈도 없었다. 정신이 다 몽롱하여 혼곤해져 있다가 눈을 떴을 때는 자기 혼자였다. 그저 망치로 뒤통수를 얻어맞은 것처럼, 멍하니 앉아 있을 뿐이었다. 어떻게 궁궐로 들어와 자기 앞에 나타났는지, 도대체 알 수 없었다. 헛것을 본 것만 같았고, 꿈을 꾼 것만 같았다.

나중에 그것을 안 이세벨 여사가 노발대발하며 야단쳤지만, 이미 사라지고 없는 사람을 어떻게 한단 말인가? 눈만 멀뚱멀뚱 뜨고는, '공연한 허풍이겠지. 제깟 놈이 뭐라고, 자기 말 한마디에 천기(天氣)가 왔다 갔다 한단 말인가?' 하고 중얼거릴 뿐이었다. 그런데 사실을 알아보니, 그가 바로 야훼 종교의 예언자요, 그것도 왕초 중의 왕초라는 것이었다.

엘리야는 칩거하던 동굴로 돌아갔다. 그러고는 거의 매일같이 금식하며, 고난받는 백성과 나라를 위하여 눈물로 기도했다. 먹는 음식이라고는 이따금 날아드는 **"까마귀"**가 먹다가 남겨둔 메뚜기나 벌레 같은 고깃덩이가 전부였다. 까마귀나 찌꺼기 고깃덩이는 까맣게 타들어간 백성의 영혼과 몰골이었다. 엘리야만 그런 게 아니라, 백성 전체가 모두 그 모양으로 빈궁하기 짝이 없이 초근목피(草根木皮)나 씹으며 겨우 살았다. 백성의 고통은 예언자의 고통이었다.

그런데 정말로 그날부터 비가 한 방울도 내리지 않았다. 아합은 서너 달이 지나는 동안에는 그럴 수도 있으려니 했지만, 그게 1년이 넘자 불안해졌고, 2년이 지나자 무서워졌고, 3년이나 계속되자 공포에 빠지고 말았다(18:1). 그러자 그는 그 앙갚음을 할 요량으로, 이세벨 여사의 지휘를 받아 전국적으로 더 강력하게 야훼 종교를 박멸하는 데 박차를 가했다. 그리하여 야훼 종교의 제사장과 예언자들은 모두들 산간벽지 동굴로 숨어버려 자취를 찾아볼 수 없게 되었다. 그러면서도 아합은 죽어나가는 백성은 아랑곳하지 않고, 오로지 자기 **"말과 나귀 등의 짐승이 죽는 것을 이대로 보고 있을 수만은 없다."**고 하며, 온 땅으로 **"샘과 시내를 샅샅이 찾아 다녔다."**(18:5~6)

아합과 이세벨은 전국 방방곡곡으로 사람을 풀어 엘리야를 수색했다. 왕초를 처단하지 않는 한, 아무리 졸개들을 처벌해봤자 효과가 없을 것이었고, 또한 머리끝까지 치밀어 오른 분도 풀리지 않을 것이었다. 그러나 종내 오리무중, 자취를 찾을 수가 없었다. 그러던 어느 날, 궁내 대신이 엘리야가 찾아왔다고 알렸다.(18:7~16)

그러자 아합은 반갑기는커녕, 가슴이 철렁 내려앉고 말았다. 이세벨 여사에게 알려야 한다는 생각이 아지랑이처럼 아른거리다가는 이내 가물가물 사라져버리고, 머릿속은 온통 하얘지고 말았다. 겨우 겁에 질려 떨리는 가슴을 붙들어 매고는 엘리야와 대면했다. 아합은 엘리야의 모습이 보기만 해도 무서웠다. 태어나서 그렇게 무섭게 생긴 사람은 처음 보았다. 특히나 눈! 그 사람 앞에 서면, 자기가 임금이라는 것도 잊어버리고 폭삭 쪼그라들어, 그만 순한 강아지 꼴이 되는 것 같은 기분이었다.

겨우 마음을 진정하고는 애써 이리저리 눈길을 피하며, 짐짓 자신이 왕이라는 것을 의식하고, "당신이 이스라엘을 괴롭히는 자요?" 하며, 먼 산에다 대고 말하듯 모기만한 소리로 물었다. 엘리야는 왕에게 인사조차 없었다. 불길이 치솟는 눈길로 자기를 쳐다보자, 아합은 그만 심장이 오그라드는 듯 했다. 그러자 엘리야가 일갈했다. "내가 이스라엘을 괴롭히는 것이 아니라, 임금이 야훼 하나님을 버리고 바알을 섬기는 것이 이스라엘을 괴롭히는 것이오. 자, 이제 나와 내기를 합시다. 갈멜 산으로 오시오. 당신 아내 이세벨에게 녹을 얻어 처먹고 사는 바알 제사장 450명과 아세라 제사장 400명을 데리고 오시오."(18:17~46)

아합은 아무 대답조차 할 수 없었다. 눈만 멀뚱멀뚱 뜨고 숨도 제대로 못 쉬고 마냥 꾹 참고 듣다가, 엘리야가 돌아서서 멀리 사라진 후에야, 겨우 학학 토해냈다. 너무나도 떨려 무슨 소리를 들은 것도 같은데, 좀처럼 알아들을 수가 없었다. 곁에 있던 궁내 대신에게 묻자, 이리이리 말하더라고 했다.

아합은 이내 정신을 가다듬고 그에게 모든 일을 준비하라 이르고는, 그만 괴로워 죽을 지경이 되고 말았다. 무서운 이세벨 여사에게 보고해야 한다는 소리가 머릿속에서 참새처럼 조잘거렸지만, 이러지도 저러지도 못하고 우물쭈물하기만 했다. 그러다가 아내의 고향 페니키아가 바라보이는 갈멜 산에 가서 제사를 드리고 샘물을 찾고 오겠다는 묘안이 떠올라 핑계를 둘러대고 갔다(아내에게 말했다는 기록은 없기에 필자가 이렇게 생각해봄). 그곳은 지중해변에서 멀지 않은 곳이었다. 엘리야는 이미 와 있었다.

드디어 엘리야와 바알과 아세라 사제 850명이 대치하고 섰다. 그곳까지 따라 나온 백성은 신기한 구경거리를 지켜보고 있었다. 엘리야가 나서서 백성에게, 야훼 하나님과 바알 사이에서 "양다리 걸치고 살지 말고, 어느 한쪽을 선택하라."고 책망했다. 그러고는 아합과 사제들에게, 소를 잡아 장작 위에 펼쳐 놓되 불을 지피지 말고, 각기 자기가 믿는 신에게 기도

하여 하늘에서 불을 내려주는 신을 참 하나님으로 모시자고 제안했다. 신다운 신을 사람이 정하자는 것이었으니, 어찌 보면 참으로 우스운 내기였지만, 바알을 참 신으로 믿는 그들은 자신 있게 동의했다.

이윽고 제사가 준비되자, 그들이 먼저 아침부터 한낮까지 부르짖었다. 그러나 하늘에서 불은커녕 아무 기척도 그림자도 소리도 메시지도 기미조차 없었다. 그러자 그들은 집단 댄스를 추며 제단을 돌면서 부르짖었다. 엘리야는 그 곁에서 그들의 화를 돋우었다. "제군들! 더 크게, 아직 소리가 작다~아!" "아마 바알이 다른 볼일을 보나 보다. 아니면, 용변을 보고 있는지도 모른다. 혹시 어디 여행을 떠났는가 보다. 그도 아니면 잠이나 자빠져 자나 보다!"

그 말에 자존심이 있는 대로 다 상하고 구겨져 분기탱천(憤氣撐天)한 그들은 더 크게 부르짖었다. 그래도 아무 낌새조차 없자, 그들은 비상시에만 쓰는 예배관습에 따라, 칼과 창으로 자기들의 몸을 찔러 피를 철철 흘리고, 얼굴과 팔다리에 피를 찍어 바르며 길길이 날뛰었다. 그런데도 아무런 조짐이 없었다. 저녁이 되자, 완전히 탈진한 그들은 여기저기 나자빠졌다. 아합은 어린애같이 숨을 죽이며, 그 기기묘묘한 광경을 바라보기만 했다.

그러자 드디어 엘리야가 나섰다. 그는 바알 사제들이 춤을 추느라고 무너뜨린 제단에 이스라엘 지파를 따라 돌 12개(북이스라엘의 10지파만이 아니다!)를 가져다가 다시 튼튼하게 쌓고, 둘레에 도랑을 파고 물을 채우고, 나뭇단에도 물을 부었다. 사무엘이 '미스바' 기도회에서 하던 것과 같은 물 제사였다.

그러고는 "아브라함과 이삭과 이스라엘을 돌보신 하나님"을 부르며 기도했다. 그러자 곧 하늘에서 불이 떨어져, 제물과 나뭇단, 돌들과 흙과 물을 모두 태워 말려버렸다. 그 모습을 본 백성은 두려움에 떨며 모두 땅바닥에 엎드려, 야훼가 하나님이라고 말했다. 엘리야는 땅바닥에서 신음하던 바알과 아세라 사제들을 모두 붙잡아 시냇가로 끌고 가서 처단해버렸다.

아합은 큰 충격을 받았다. 처음부터 죽 지켜보았음에도 불구하고, 도대체가 뭐가 뭔지 아무것도 알 수 없어, 정신이 다 혼곤해지고 말았다. 머리털이 죄다 곤두섰고, 식은땀이 줄줄 흘렀다. 왕으로서 아무것도 할 일이 없었다. 그저 넋을 놓고 멍하니 앉아만 있을 뿐이었다. 엘리야가 시종을 보내, 곧 큰 비가 내려 돌아가는 길이 막힐 터이니, 바로 떠나라는 말을 전해왔을 때에서야 정신이 조금 들었지만, 그래도 자기 같은 왕을 생각해주는가 하는 느낌조차 없었다.

산꼭대기에 올라 '얼굴을 무릎 사이에 넣고' 엎드린 엘리야는 오직 비통한 심정뿐이었다. 참으로 이상한 일이었다. 도무지 승리감이 들지 않았고, 한 터럭의 기쁨조차 없었다. 오히려 마음은 더 쓰리고 아프고 참담해졌다. 놀라운 기적 하나 가지고 왕과 백성의 마음이 변할 것이 아니라는 생각이 들었기 때문이다.

그렇다면 엘리야의 승리는 무엇인가? 갈멜산의 승리가 없었다면, 야훼 하나님이나 엘리야는 그대로 무효가 되는 것일까? 결코 아니다. 그러면 갈멜산 이야기의 의미는 무엇인가? 그것은 하나님과 진리와 의를 위하여, 그리고 무지와 두려움과 궁핍의 도탄(塗炭, 진흙과 숯·재구덩이)에 빠진 가련한 백성을 구하기 위하여, 자신을 내던져 부패한 시대에 맞선 장엄한 예언자·철인(哲人)의 모습이라는 것이다. 이것이 진정한 신앙이다. 혹 거기에서 죽었다 해도, 엘리야는 패배한 게 아니며 아무 여한도 없었을 것이다.

그렇게 위대한 승리 후에 지독한 외로움이 살과 뼈를 저몄다. 모든 것을 포기하고 역사에서 사라지고만 싶었다. 오래도록 무릎 속에 머리를 파묻고 흐느껴 울었다. '거인'(巨人)의 몸뚱이가 점점 작아져 쥐며느리처럼 동그랗게 말렸다. 자기 혼자의 힘으로 나라와 민족을 돌릴 수 없다는 뼈저린 절망감이 휘몰아쳤다.

이내 "하늘이 캄캄해지고 바람이 일더니" 큰비가 내렸다. 오는 대로 맞았다. 하늘도 울고 있었다. 눈물이 빗물에 섞여 얼굴을 타고 흘렀다. 지독히 썼다. 일어나 조국 산하를 바라보았다. 흑빛이었다. 하늘도 검었고 땅도 검었다. 백성의 마음도 검었다. 그래도 오랜 가뭄 끝에 단비가 내려 백성이 춤을 추면서 좋아하겠구나 싶어, 조금 기운이 솟구쳤다.

비 맞은 강아지 꼴로 돌아온 아합으로부터 모든 일을 들은 이세벨 여사는 길길이 뛰며 노발대발했다. 그러고는 "엘리야를 잡아 죽이지 못하면, 신들에게서 천벌이라도 달게 받겠다."고 하며 갖은 악다구니를 써댔다. 그 말에 아합은 그저 한구석으로 쪼그라들어, 비 맞은 몸에 이만 달그락달그락 떨 뿐이었다.

엘리야는 역사에서 사라질 결심을 하고는, "밤낮 40일 동안을 걸어" 남쪽으로 내려갔다(19:1~18). 홀로 아브라함 할아버지가 살던 "브엘세바"를 거쳐 "네게브" 광야를 지나서, 이집트에서 나온 조상들이 헤매던 "시나이" 반도로 들어갔다. 가다가 지쳐버린 몸은 "로뎀나무 아래에서"(광야에서 자라는 가시나무) 통나무처럼 쓰러졌다. 절망했다. 죽기를 갈망했다. 그는 일대 영적 위기에 처하고 말았다. '하늘에서 불을 내린 것이 진정 야훼일까? 불이 내리지 않았다면, 야훼는 하나님이 아니게 되는 것인가? 불을 내린다면 아합과 이세벨에게 내려서, 단번에 불의한 역사를 끝내야 하는 것이 아닌가? 아, 정녕 그분의 실체는 무엇이며, 나는 그분을 어떻게 생각해야 하는가?' 중대한 갈림길이었다.

평생 믿고 섬겨온 분이건만, 아무것도 알 수 없었다. 그러나 그는 이 문제를 결판내지 아니하고서는, 더 이상 한 발자국도 나갈 수 없음을 깨달았다. 그러자 지쳐 쓰러진 몸에 다시금 힘이 솟구쳤다. 구약성서는 이것을, 천사가 나타나 그를 깨워, 구운 과자와 물 한 병을 먹이고 잠들어 푹 쉬게 한 다음, 다시금 깨워 또 먹고 마시게 하고는, "갈 길이 아직도 많이 남았다."고 말하자, 그 음식을 먹고 힘을 얻어서 나아간 것이라고 말한다. 그가 '갈 길'은 무엇인가? 하나님의 참 모습을 새롭게 발견해야 하는 길이다. 그리고 죽을 때까지 지치거나 포기하지 말고, 잠든 백성을 깨워 나라를 바로 세워야 할 중차대한 민족적 사명의 길이다.

그리하여 그는 그 옛날 하나님의 사람, 자기와 같은 예언자의 조상이기도 한 모세가 맴돌던 시나이(호렙) 산에 올라가 어느 동굴로 들어갔다. 눈물조차 말라버렸다. 정신이 공허했다. 모든 일이 꿈속 같았다. 밤이 되었다. 쓰러져 자고 있는데, 무슨 소리가 들렸다. 목소리는 "네가 여기에서 무엇을 하고 있느냐?"고 물었다. 이것은 정확히 창세기 3장 9절에 나오는 하나님의 질문인 '네가 어디에 있느냐?'는 것과 같은 성격의 말로서, '너는 내 앞에서 누구냐?' 하는 실존적 질문이다. 그는 잠결도 같고 현실도 같은 그런 소리에 비몽사몽간에 대답했다. "모든 게 무너졌습니다. 나만 홀로 남았습니다." '모두 소용없는 일입니다!'라는 절망의 언어였다.

그러다가 문득 이상한 생각이 들어(하나님의 음성을 듣고) 동굴 밖으로 나와 보니, 거센 바람이 불었다. 그러고는 지진이 났는지 화산이 터졌는지, 땅 뿌리가 흔들렸다. 이윽고 땅에서 불길이 솟구쳤다. 그러나 그 어디에서도 목소리의 주인공을 찾을 수 없었다. 다시 동굴로 들어가 무릎을 꿇고 고요히 앉아 명상에 들어갔다. 그러자 마음속에서 "부드럽고 조용한 소리가 들려왔다."

그 목소리는 말이 아니었다. 그저 소리 없는 소리, 숨 쉬는 소리였다. 곧, 태초의 숨결(네페쉬Nephesh), 창조의 바람이었다. 곧, 하나님의 숨결, 생명의 숨결, 지치고 상한 자에게 불어 넣어진 하나님의 생기(生氣, 창세기 2:7)요 영의 바람이었다. 그러자 자신도 모르게 영혼 저 깊은 곳으로부터 불길같이 강한 힘이 솟구쳤다.

그것이 진정 하늘에서 떨어진 불이었다. 그것이야말로 기적이었다. 장작을 태우고, 물을 살라버리고, 제물을 재로 만든 불은 불도 기적도 아니었다. 엘리야의 고독한 영혼 속에서 다시금 타오르며 솟구친 생명의 자각(自覺), 사명의 자각, 그것이 진정한 하늘의 불꽃이었다. 그것은 모세가 본, 타지 않는 가시덤불의 불꽃과 같은 것이었다(출애굽기 3:1~5). 그리하여 엘리야의 영혼은 절망적 고독 속에서 하나님이 지피는 생명의 불꽃으로 다시금 점화되었다. "고독이 주는 보호와 축복 없이는 영혼의 영역에서 의미 있는 일은 일어나지 않는다."《A. J. 헤셸–예언자들, 하권》

그때야 그는 깨달았다. 하나님은 요청할 때마다 기적을 일으켜 구원하는 '데우스 마키나'가 아니라는 진실을, 자기 혼자 바알 종교와 싸우는 것이 아니라는 사실을. 자기 활동의 열매를 지금 다 보아야 하는 것이 아니며, 아무에게도 그런 일은 주어지지 않는다는 진실을. 백성을 하나님께로 돌아서게 하는 일은 하늘에서 불이 떨어지거나, 폭풍이나 지진과 같은 눈에 보이는 기적을 통해서 이루어지는 게 아니라, 오래도록 사람들에게 의와 진리를 가르치고 깨우치며 길러내는 조용하고도 지속적인 목소리로 수행해야 한다는 진실을. 하나님의 사람은 마치 수천 년의 세월을 거치며 천천히 자라나는 거대한 레바논 삼나무처럼, 결과를 생각하지 말고 그저 묵묵히 역사의 대지에 진리의 씨앗을 뿌릴 따름이라는 생각을 가져야 한다는 진실을…. 이것이 엘리야가 새로 발견한 야훼 하나님이 일하는 참된 모습이었다.

그러자 지금도 어딘가에서 여전히 목숨을 내걸고 야훼 하나님을 받드는 사람들이 많다는 확신도 생겨(7,000명 정도), 그들이 이스라엘의 꺼지지 않는 불씨가 될 것이라는 마음이 들었다. 그랬다. 예언자는 홀로 싸우지만, 혼자는 아니었다. 비록 그처럼 겉으로 나서서 투쟁하지는 못해도, 역사의 음지(陰地)에서 신앙과 의를 지키고 기도하면서 불의한 시대와 올곧게 투쟁하며 나아가는 동지들이 있었다.

며칠 후, 엘리야는 그곳을 떠나 다시 고국으로 돌아가, 밭에서 일하는 기운찬 젊은이 '엘리사'를 불러 후계자로 세웠다(19:19~21). 그 제자는 '예언자 학교'를 세워 수많은 제자들을 길러내 다시금 이스라엘 정신의 불씨를 이어갔다(열왕기하 2:19~9장. 이하 열왕기하). 그래서 "후기 예언자들(100여 년 지나 아모스 예언자 이후 문서 예언자들)에게서 보는 바 야훼 신앙과 신법(神法)의 저 무섭게 철저한 작업을 시작한 장소가 결국 여기에 있었다." 《G. V. 라트-구약성서신학, 제2권》고 말할 수 있다.

그리고 북쪽에서 "시리아"가 쳐들어와 전쟁이 터졌다(20:1~43). 그런데 아합은 용케도 두 번씩이나 그들을 물리쳤다. 두 번째는 시리아 왕을 사로잡는 대승을 거두고도 놓아주었다. 그것은 큰 실수요 자만이었다. 그런데도 아합은 궁으로 돌아가 편안하게 지냈다. 모든 게 바알 덕분이라고 여겼기 때문이다. 그 후 그는 전쟁의 피로도 씻고 뜨거운 여름도 피할 겸, 자기 별장이 있는 "이스르엘"로 내려가 지냈다. 사람은 누구도 앞날을 알지 못한다. 그 또한 쉬러 내려간 것이 아니라, 사실은 착실하게 파멸을 준비하러 간 것이었다.

어느 날 아합은 밖으로 나가 주변 풍광을 산책하던 중, 아름다운 포도원이 있는 것을 보았다(22:1~29). 그 포도원은 새로 이사를 온 것이 아니라 전에도 있었던 것이지만, 그간 보지 못했던 것뿐이다. "모든 일에는 다 때가 있다. 세상에서 일어나는 일마다 알맞은 때가 있다."(전도서 3:1) 악인은 망할 때를 위해, 정확히 그 시간 그 자리에 있게 된다!

아합의 마음에 포도원을 향한 욕망이 용솟음쳤다. 주인을 찾아서 정원으로 만들려고 하니 포도원을 팔라고 했다. 그러자 마른 포도나무처럼 뻣뻣한 농부 "나봇"은 임금을 보고도 대뜸, "조상의 유산을 파는 것은 법으로 금지된 불경한 일이오!" 하며, 임금이 그런 법도 모르냐는 식으로 퉁명

스럽게 대답했다. 자기 앞에 선 임금이라는 작자가 그간 해온 악한 짓을 익히 들어 잘 알고 있는 사람의 저항감이 잔뜩 묻어나는 불손한 대답이었다.

나봇이 말한 것은 이스라엘 전통의 토지법에 관한 것이다. "땅을 아주 팔지 못한다. 땅은 나의 것이다. 너희는 다만 나그네이며, 나에게 와서 사는 임시 거주자일 뿐이다."(레위기 25:23) 물론 레위기라는 책이 바빌로니아 포로기(597·586~539년)에 나온 제사장계열 신학자들의 문서(P문서)이지만, 나봇의 말을 볼 때 전통적으로 그런 법이 있었다는 것을 알 수 있는 대목이다. '조상의 유산'(遺産, 나할라Nahalah)은 동산이건 부동산이건 매매나 양도가 불가능함을 규정한 법률이다. 그래서 남에게 넘어간 토지라도 안식년이나 희년에는 원주인에게 무상으로 돌려주어야 한다. 나할라 법은, 땅은 소유물이 아닌 경작권·사용권·관리권만 허락된 것이라는 규정이다. 사람은 단지 하나님의 은혜로 받아 맡아서 관리하고 사용할 뿐이다. 이것은 사회적 약자를 보호하는 최후의 보루이다. 왕이라도 살 수 없고 강탈할 수 없다.

그토록 뻣뻣하면서도 떳떳하고 정당하기 그지없는 대답에 그만 왕의 체면까지 죄다 구겨져 마음이 잔뜩 상해버린 어린애 같은 아합은 자기에게 **"화를 내며 별장으로 돌아와, 침대에 누워 얼굴을 파묻고 곡기마저 끊어버렸다."** 그러고는 기운 센 천하장사, 마법의 손 이세벨 여사를 기다렸다.

아니나 다를까, 왕의 수상쩍은 행세를 본 이세벨 여사가 이유를 묻자 그대로 대답했다. 그러자 여사는 '아니, 임금이 돼 가지고서 어째 그깟 일로 고민을 해요!' 하면서, 모두 자기에게 맡기라고 말하고는 나갔다. 아합은 도대체 무슨 꿍꿍이일까 싶었지만, 아무것도 묻지 않았다. 그 손으로 일이 넘어가면, 보지 않아도 빤한 것이었기 때문이다. 그러면서 이미 자기 것이 된 것으로 알고는, 포도원을 갈아엎고 정원을 어떻게 꾸밀까 구상하는 데만 골몰했다.

이세벨은 그 길로 성읍 원로들과 귀족들에게 "직접 편지를 쓰고 왕의 도장을 찍어 봉인해서 보냈다." 그것은 법을 터무니없이 날조한 것으로, "건달 두 사람을 증인으로 세워 나봇이 하나님과 임금을 욕했다."고 거짓 증언을 하게 하여 돌로 쳐 죽이라는 내용이었다(출애굽기 22:28. 증인이 두 명 있으면 된다는 조항). 그들은 어쩔 수 없이 왕비가 시키는 대로 하여, 그를 돌로 쳐 죽였다. 이세벨이 돌아와, 가서 포도원을 차지하라고 하는 말에 놀란 아합은 무슨 일을 그렇게도 신속하게 처리했을까 묻지도 않고, 곧바로 포도원을 접수했다.

그 일을 알게 된 엘리야는 포도원을 거니는 아합을 만나러 갔다. 엘리야는 그가 "**왕이 목숨을 팔아 가면서까지 악한 일만 한다!**"고 책망하고는, 장차 아합 가문의 씨가 말라 이전에 쿠데타로 멸종한 왕들처럼 될 것이며, 스스로 고상하다고 여기는 "**이세벨의 시체는 개들이 찢어 먹어 뼈다귀 몇 개만 남을 것**"이라는 가혹한 선언을 하고 떠났다. 그러자 아합은 또다시 충격을 받고 "**옷을 찢고 맨몸에 굵은 베옷을 걸치고 곡기(穀氣)까지 끊고**", 눕거나 거닐 때도 옷을 그대로 입고 한없이 슬픈 표정으로 그림자처럼 걸어 다녔다.

더는 할 일이 없어진 엘리야는 얼마 후 요르단 강가에서, 갑자기 하늘에서 내려온 불의 전차를 타고 승천했다(2:1~18). 영원한 들사람 얼, 이스라엘 예언자의 아버지는 그렇게 갔다. 그리하여 살아서 이미 이스라엘의 전설이 되었던 그는 세상을 떠나자마자 신화가 되어, 백성의 영혼으로 스며들었다. 그를 이은 엘리사는 곳곳에 예언자 학교를 세워 수많은 제자들을 길러내면서 조용한 혁명을 이어나갔고, 고난받는 민중의 상처와 아픔을 어루만지며 위로하고 치유했다.

전에 아합과 이세벨은 바알 종교를 유다 왕국에도 전파하려고, 외동딸 '아달랴'를 유다 왕 "여호사밧"(872~848년)의 아들 "여호람"(요람, 853~841

년. 같은 때 남북왕국에 동명의 왕이 있었음)과 결혼시켜 사돈지간을 맺어 놓았다(열왕기하 8:16~23). 그렇게 하여 여호사밧은 아합 가문과 결혼동맹을 맺는 최악의 실수를 저질렀다. 그것은 유다 왕국에 바알 종교의 길을 활짝 개방한 것이었다.

그 후 여호사밧은 북이스라엘을 방문했는데, 통일문제를 의논했더라면 좋았을 것이나, 그런 일은 없었다(열왕기상 22:1~40). 그때 시리아가 다시 쳐들어와 마침 같이 있던 아합과 여호사밧은 함께 전쟁에 참여했다가 대패하고 말았다. 아합은 화살이 몸을 꿰뚫어 전사했고, 여호사밧은 간신히 도망쳐서 살아남았다. 그때부터 북이스라엘은 아합의 두 아들이 잇달아 각기 2년(아하시야), 11년(여호람) 동안 다스렸지만, 실질적인 왕은 여전히 어머니인 이세벨 여사(태후마마)였다.

예후 혁명

나라가 어수선해지자, 다시 군부가 나섰다(9:1~37). 재차 쳐들어온 시리아와 전쟁을 하던 중, '엘리사'의 명을 받은 "**예후**"(841~814년) 장군이 쿠데타를 일으켰다. 그것은 이스라엘에서 예언자가 정치혁명을 주도하여 성공시킨 또 하나의 예였다. 전에 솔로몬 때 '아히야'가 '여로보암 1세'를 통해 최초로 정치혁명을 시도하여 성공한 적이 있었다(열왕기상 12장). 그러나 이 둘은 혁명이라고 말하기에는 뚜렷하게 내세운 이념 자체가 없었고, 그저 사람을 갈아치운 정도였을 뿐이다. 어떻든 왕 노릇을 하는 태후마마 이세벨을 처단하면서 하나님의 뜻을 생각해야 할 것은 예후에게 주어진 몫이었다.

예후는 예언자의 지시를 받자마자 곧바로 전쟁을 중지하고는, 말을 돌려 군사들을 이끌고, 함께 시리아 전쟁에 참여한 아합의 둘째 아들 "여호람"(요람, 852~841)과 도망친 유다 왕 '아하시야'(841년)를 '므깃도'에서 죽여 버렸다. 그리하여 한날한시에 두 나라의 왕이 전사하는 비극적인 사건이 터지고 말았다.

(정리: 아합의 장남-아하시야, 차남-여호람〈요람〉. 아달랴의 남편-유다 왕 여호람〈요람〉, 아달랴의 아들-유다 왕 아하시야. 남북 동시에 이름이 같은 두 왕이 있어 헷갈린다. 여기에서 아달랴가 자기 아들 이름을 자기 오빠 혹은 동생 이름인 아하시야로 지은 것은 분명히 어머니 이세벨의 입김이 작용한 것으로 볼 수 있다. 아달랴는 몇 째인지 알 수 없다.)

그 길로 예후는 이세벨을 처단하려고 궁정으로 쳐들어갔다. 이미 아들 왕(북-여호람)과 외손자 왕(남-아하시야)의 죽음에 대한 소식을 듣고 자신의 마지막도 예감하고 있었는지, 그녀는 곱게 **"화장을 하고는"** 분노에 찬 표정에 실눈을 뜨고, 2층 난간에서 내려다보았다. 예후가 2층을 바라보며 **"누가 내 편이냐?"**고 소리치자, 그간 시중을 들던 내시들이 왕비를 붙잡아 땅바닥으로 밀어 떨어뜨렸다. 피가 벽과 말에까지 튀자, 예후는 이세벨의 시체를 말발굽으로 짓밟았다. 그러고는 그 자리에 내버려 두고 들어가 먹고 마시다가, 그래도 왕비였으니 장사를 지내주라고 일렀다. 내시들이 나가 보자, 그새 해골과 손발밖에는 남은 것이 없었다. 엘리야가 한 말대로 들개들이 먹어치운 것이다.

예후는 아합의 남은 자손들을 모조리 숙청해버렸다(10:1~36). 그리고 제사를 드린다고 속여, 바알과 아세라 제사장들을 모두 성전에 모이게 하여 문을 잠그고는, 군사들을 들여보내 살해했다. 그렇게 하여 말도 많고 탈도 많았던 '오므리' 왕조가 끝나고, **"예후"** 왕조가 시작되었다. 그러나 혁명으로 시작된 예후 왕조 역시, 하나님의 뜻을 저버리고 이전 왕조와 똑같은 악정을 펼쳤다. 악정이란 바알주의 신봉이다. 그래서 악을 처단하는데 또 다른 악이 사용된 격이 되고 말았다. 예후 왕조도 6대만에 쿠데타로 끝났

다.(841~746년)

한편 유다에서 잇달아 아들(아하시야)과 어머니가 죽었다는 소식을 들은 '아달랴'(841~837년)는 광기에 빠져 남은 자식들과 왕족들을 다 죽이고, 자신이 직접 여왕이 되어 통치하기 시작했다. 그 와중에 그래도 제정신을 가진 그녀의 딸(여호세바, 아하시야 왕의 누이)이 어린 조카 "요아스"를 살려내 숨겼다.

유다 왕국의 유일한 여왕인 아달랴는 광기 어린 악정을 펼쳤다. 어머니보다 더한 바알종교 광신자요 순·슈퍼·울트라 악질 여사로, 유다 왕국의 모든 것을 말살시키려고 했다. 7년 후, 제사장 "여호야다"가 쿠데타를 일으켜 여왕을 살해하고 바알 사제들을 몰살시키고는, 요아스 왕자를 왕위에 앉혔다. 그 후 요아스는 유다를 침공한 시리아에게 거액을 주고 돌려보낸 것으로 불만을 품은 신하들에게 살해당했다(837~800년). 바야흐로 유다 왕국에도 쿠데타가 전염되었다.

이렇게 기원전 9세기 초반부터 8세기 중~말기까지(북이스라엘: 오므리 왕조〈885~841년〉와 예후 왕조〈841~746년〉, 남유다: 여호사밧~여호람~아하시야~아달랴~요아스〈872~800년〉), 북이스라엘과 남유다의 정세는 복잡하고 혼란했다. 백성은 연일 고난 속에서 뒹굴었고, 평화는 꿈속에서나 가능했다. 바알과 아세라 신을 믿는 다른 나라들도 그렇지는 않았다. 도대체 야훼 하나님을 믿는다는 것이 현실에 아무런 변화를 가져오지 못했다. 권력욕에 빠진 왕과 지도층부터 아브라함의 명제를 망각하고, 신앙과 영성훈련과 거룩한 생활을 저버렸다.

그런 가운데서도 엘리사가 만든 북이스라엘의 예언자 제자단(수도원 학교, 나비즘)은 역사와 전통과 유산과 여러 이야기 전승들을 보전하는 데 큰 역할을 수행했다(2:19~8:15; 13:14~21). 구약성서에 북이스라엘 여러 지파에 전승되어 온 조상들의 이야기, 북이스라엘의 역사와 예언자들의 활동사항이 자세히 기록된 것은 그나마 그들이 나라가 망한 다음에 유다 왕국으로 가지고 내려와 전해준 덕분이었다고 볼 수 있다. 그렇듯 두 나라 왕들과 정부는 앞장서서 전통을 훼손했지만, 소수 예언자 지식인들과 사제들은 지키고 보전했다. 나무는 잘려도 그루터기는 남아 다시 자라난다.

제19장

예언자는 누구인가?

제13장의 예언자 사무엘에서 예언자에 대하여 잠시 생각해본 바 있다. 이제부터 새로운 성격의 예언자가 본격적으로 등장하기에, 예언자의 면모를 전체적으로 규명하여 이해하고 넘어가는 것이 좋겠다. 예언서는 구약성서에서 3분의 1을 차지하며, 구약성서의 사상과 이스라엘 민족사를 이해하는 중심이다. 예수와 기독교 사상을 위해서도 마찬가지이다.

"어떤 소식을 전하기 위해 파견된 사자(使者)가 수신자(受信者)에게 자기를 보낸 자의 '나' 문체로 그의 소식을 전함으로 일을 끝냈다는 것, 그러므로 사자는 그 자신의 '나'를 완전히 배제하고, 마치 자기를 보낸 그 사람(파견자派遣者)이 사자인 자기를 통해 수신자에게 말을 거는 것같이 말한 것은 고대세계에 유포되었던 관습으로서 유명한 것이다."《G. V. 라트–구약성서신학, 제2권》 이것은 고대세계의 왕들이나 군대 상관이 사신(使臣, 대사)이나 전령(傳令)에게 서신이나 명령을 주어 전하게 하던 관습이다. 사자의 전언(傳言)은 예언(預言)과 같은 성격을 가지기에, 예언자들을 이해하는 좋은 길잡이다.

예언자(預言者, 히-나비Nabi: 부름을 받은 자. 그-프로페테스Propetes[pro: ~앞에서·~을 대신하여·~을 향하여, petes: 말하다·알리다])는 하나님의 뜻·말씀을 당대 사람들에게 전해주는 "하나님의 고지자(告知者), 선포자, 진리를 말하는 자"《한스 큉–유대교》, "하나님의 전령(傳令)"《마르틴 부버–예언자의 신앙》이다. 예언자는 깊은 종교적·영적 체험을 통하여 깨달은 진리를 하나님이 맡겨준(預) 말(言, 명령)로 알고, 하나님을 대신해서 당대 사람들을 향하여 말하여 전하는 사람이며, 그가 하는 말이 예언이다.

예언자는 철인(哲人)과 비슷하지만, 비교할 수 없이 독특한 인물이다. 그러나 오늘날 이해를 위해 '이스라엘의 철인'으로 생각하면 좋다. 예언자는 개인과 나라의 길흉화복을 점쳐주는 점쟁이와는 전혀 성격이 다른 사람이다(미리 예豫가 아님!). "이스라엘 예언자들은 고대세계 다른 지역의 일반적인 예언자(豫言者, 점쟁이) 현상과는 큰 독특성과 차이점을 갖는다."《A. J. 헤셀–예언자들, 상권》

기원전 4세기 말, 예언서의 경전 작업을 수행한 유대교 문서편집자들은 각 예언서의 첫머리에 예언자가 활동한 시대의 왕 이름이나 고향을 기록했지만(없기도 함), 모든 예언서를 시대와 배경을 무시하고 책의 분량만 고려하여 일률적으로 모아놓았기에, 예언자들이 각각 어떤 시대에 활동했는지 이해하기 어려운 단점이 있다. 그런데 예언자는 **구체적인 시대**를 배경으로 등장하여 종교적·정치적·윤리적인 메시지를 선포한 사람이었기에, 활동한 시대와 분리하면 비록 그 말뜻은 이해해도, 시대 상황이 전혀 없이 형이상학적 철학을 가르친 것으로 오해하고 왜곡하기 쉽다. 그래서 각 예언자의 책은 남북왕국의 역사와 함께 다루어 생각해보아야 한다. 예언서 이해에서 먼저 중요한 것은 역사적 특수성·구체성이요, 다음이 시대를 뛰어넘는 보편성이다.

책으로 나온 예언자를 "**문서(文書) 예언자**"(Literary Prophet), 그 책을 "**예언서**"(네비임Neviim)라 한다(이사야~말라기. 다니엘서는 유대교에서 성문서). 즉, 문서 예언자는 '그의 이름으로 된 책이 있는 예언자'이다. 그런데 현재의 모든 예언서는 예언자가 자신의 메시지를 직접 기록한 원본과 제자들이 더 수집하여 확대한 수정본을, 최종적으로 후대 학자들이 메시지를 더 보충하여 편집하고 확정한 최종본의 형태이다. 예언서의 어떤 책도 예언자 자신의 원본은 없다. 예언서 중에는 단지 예언자의 이름만 빌렸을 뿐, 역사적으로 그 예언자와는 아무런 상관도 없는 책이 여럿 있다.

문서 예언자들을 "고전적 예언자"《발터 아이히로트–구약성서신학, 제1권》라고 하는데, 시대적으로 가장 앞선 최초의 인물은 "**아모스**"이다. 아모스로부터 비로소 하나님의 말씀을 당대 사람들에게 선포하고 그 말을 기록하여 책으로 남기는 전통이 시작되었다.

아모스 이전 예언자들, 곧 사울 시대의 '사무엘', 다윗 시대의 '나단', 솔로몬 시대의 '아히야와 스마야', 북이스라엘 중기의 '엘리야와 엘리사와 미가야'에 대한 이야기는 그들의 말과 행동이 구전(口傳)이나 단편적인 문서로 전승되어 내려오다가 오랜 세월이 지나 역사가들이 기록한 것이기에 "비문서·구두(口頭) 예언자"(네비임Nebiim, 선지자들)라 한다. 그들은 진리와 의의 말씀을 직접 선포하는 일이 거의 없고, 대화나 사건을 일으키는 방식으로 나타나는 데다가 신화적이고 전설적인 면이 많다.

구약성서의 사상·철학의 진수(眞髓)는 예언자들을 통하여 비로소 전개되고 천명되고 확립되었기에, 예언자들을 모르고서는 구약성서를 제대로 이해할 수 없다. "예언자는 이스라엘 역사의 등뼈이다. 여러 예언자의 계열은 모세 종교의 높은 종교적 이상을, 정치적으로 종교적으로 닥쳐오는 문화의 흐린 물결과 회오리바람 속에서 어떻게 자기를 지켜나가며 발전시켜나가나 하는 민족적 노력에서 생겨나온 것이다. 예언자는 인류 역사에서 독특한 자리를 차지한다. 예언자가 없었다면, 기독교는 없었을 것이다. 토막토막 끊어진 등뼈의 마디들이 이어져야만, 그 속에 사람의 안팎 모든 활동을 주장하는 척추가 있을 수 있듯, 예언자를 통해서 비로소 세계구원의 사관(史觀)이 뻗어 나왔다. 역사의 내면화 운동이다. 이 내면화의 결과가 예수이다."《함석헌-전집 제9권, 역사와 민족》

따라서 이스라엘 역사와 구약성서에 독특하게 나타나는 예언자가 어떤 유형의 사람인지를 알아보아야 한다. 그리고 기독교인들조차 예언자와 예언이라는 말을 오해하는 경우가 많으므로, 그 실상을 살펴보아야 한다.

1. 먼저 일반적인 측면에서, 고대 여러 민족의 예언자 현상에 대하여 생각해보자《해럴드 H. 로울리-고대 중국과 이스라엘의 예언과 종교》. 고대세계의 모든 종교와 사상 전통에는 신전과 수도원과 동굴에 기거하거나 시장과 거리에

서, 백성에게 신의 말씀(神託)을 전하는 예언자가 있었다. 유명한 예로는 조로아스터교(拜火敎)를 연 페르시아의 "조로아스터"와 그리스의 "소크라테스, 피타고라스"를 들 수 있다. 조로아스터는 깊은 종교적 체험을 한 가운데 신의 말씀을 듣고 선포하며 새로운 종교를 창시했다. 소크라테스는 깊은 종교적 체험과 지성적 통찰 속에서 깨달은 지혜(sophia)를 철학의 언어로 표현하며 사람들을 가르쳤다. 수학자이자 철학자였던 피타고라스는 종교적 신비주의자로 유명한 인물로서, 이집트로 유학을 떠나 오랫동안 이집트 신비 종교를 배우고 돌아와, 그리스에 신비주의 종교 공동체를 일구며 제자들을 가르쳤다.

종교학적으로 볼 때, 중국의 노자와 공자, 묵자와 장자와 맹자 등의 철인들도 이런 경우에 속하지만, 그들은 중국 고유의 비종교적 문화 전통과 세계관으로 인하여, 조로아스터나 소크라테스와 같은 종교적 체험과 신적 영감에 대해서는 거의 침묵한다. 단지 공자만이 "하늘이 나에게 덕을 낳으셨다."(천생덕어여天生德於予)《논어》라고 하며 슬쩍 신적 체험을 내비친다(덕=진리 자각). 그러나 그들은 평생토록 궁극적 실재(實在, Reality, 신. 道=진리, 天-하늘·하나님)를 깊이 의식하고 공경하는 태도로, 고도의 지성적 통찰을 통하여 깨달은 진리를 가르쳤다. 이 중에서 이스라엘 예언자 상에 가장 가까운 사람은 '맹자'라 하겠다.

이렇듯 진리의 한 측면을 드러내는 언어는 지성의 차원을 뛰어넘는 것이기에, 넓은 의미에서 볼 때 예언이라고 말할 수 있다. 그들의 말은 당대 사회를 위한 건설적인 처방이었고, 또한 시대와 역사를 뛰어넘어 모든 인간이 따라야 할 보편적인 진리이기도 했기 때문이다. 이처럼 고대 여러 나라의 예언자들은 독특한 신적 영감, 지성과 양심, 그리고 인격과 올바른 생활이 통합된 가운데 깨달은 인생과 역사의 진실을 자기가 살아가는 시대에 전한 사람들이었다.

2. 그러면 이스라엘 예언자들도 이와 같은 사람들인가? 물론 그런 측면을 갖는다. 그러나 이스라엘의 예언자들은 그들과는 전적으로 구별된다. 어떻게? 예언자들에게 있어서 결정적인 것은 그들이 무엇을 말하는가보다는 누구를 말하는가에 있었기 때문이다. 그들은 먼저, 그리고 언제나 야훼 하나님을 말한다. 그다음에 그 하나님의 말씀·뜻을 전한다. 그래서 대부분 "하나님이 말씀하시기를·가라사대…"라는 형식으로 시작한다.

그러나 그것은 단순한 설명이 아닌 증언(證言)이다. 마치 현장에서 직접 목격한 어떤 사건에 대하여 있는 그대로 밝히는 법정 증인의 말처럼, 예언자의 말은 증언이다. 때로는 목숨을 잃기도 하는 진실의 증언이다. 예언자들의 말은 하나님의 명령에 따라, 히브리 민족의 종교적 전통에 대한 혁신적인 해석과 사회 및 역사에 대한 심원한 통찰을 통하여, 신앙(의)과 사회정의를 짓밟는 당대의 불의하고 부패한 신앙, 종교, 정치, 사회, 윤리, 문화 등의 행태를, 하나님의 이름으로 비판하고 고발하고 경고하고 탄핵하고 저주하면서, 현실과 미래에 대한 적절한 대안(代案, alternatives)을 설파한 증언이다. 이러한 예언자 운동은 이스라엘만의 고유한 현상이었다.

문서 예언자들이 출현한 역사적 배경은 주로 네 가지 요인 때문인데, "1) 야훼 신앙의 혼합주의적 황폐화, 2) 야훼 신앙에서 이탈해가는 정치, 3) 경제발전과 사회적 불평등의 심화, 4) 중동세계의 국제적 영역에서 발생한 정치적 판도 변화이다."《게르하르트 폰 라트-구약성서신학, 제1권》 그런데 이 중에서 문서 예언자들이 등장하게 된 가장 심각한 현실적 배경은 역설적으로 네 번째 사항이었다.

문서 예언자들이 출현한 역사적 배경이 된 국제 정치적 역학관계의 변화와 그에 따른 국가위기란 시리아가 여섯 차례에 걸쳐 북이스라엘을 침략한 것(열왕기상 20장~열왕기하 8장; 13:22~25; 16장), 시리아와 북이스라엘 동맹군의 남유다에 대한 여러 차례 침략이다. 그러나 이 세 나라는 서로 국력이 대등하여 밀고 밀리는 각축전만 벌이며 국력을 소모하기만 했다.

그러던 차에 이들에게 결정적인 위협이 된 **"아시리아"**(Assyria, 신 아시리아: 기원전 884~612년)가 등장했다. 시리아 동북쪽의 메소포타미아를 거점으로 등장한 아시리아는 기원전 8세기 중반에 이르러 군사적 역량을 축적하여 본격적으로 팔레스타인 일대를 침공하며 공포에 떨게 했다.

아시리아의 조상인 "고 아시리아"(기원전 1748~1103년)는 한때 지중해 일대까지 세력을 뻗치며 지배했지만, 거칠고 폭력적인 민족적 성격상 자중지란으로 급격히 쇠퇴하여, 더는 이렇다 할 영향력을 행사하지 못했다. 이집트도 마찬가지였다. 그리하여 팔레스타인 일대에 다시금 국제 정치적 역학관계에서 힘의 공백이 생겼다. 그것이 사무엘 시대에서 사울과 다윗과 솔로몬을 거쳐 남북왕국 초기까지 이어지면서, 각기 평화롭게 번영할 수 있는 정치적 호기(好機)가 되었다. 여기에서 다시금 이스라엘이 번영한 시대는 국제정세의 이로움, 곧 팔레스타인에 미치는 강대국들의 힘의 공백기와 맞물린다는 사실이 여실히 드러났다.

그런데 아시리아는 곧 제국이 될 것이었다. 그들은 서서히 경제력과 막강한 군사력을 키워 정치적 야망을 불태우며, 팔레스타인 일대를 휩쓸고 이집트까지 정복하는 것을 목표로 삼고 있었다. 기원전 745년에 집권한 **"티글라트 필레세르 3세"**(745~727년, 성서-불Pul왕. 열왕기하 15:19) 시대에 이르자, 시리아와 페니키아와 북이스라엘과 남유다를 비롯한 팔레스타인 일대를 아무것도 거칠 것 없이 폭풍처럼 휩쓸며 제국의 위용을 갖추었다.

아시리아가 일으킨 정복 전쟁이라는 일대 사건을 전쟁에 대한 그 당시 사람들의 종교적 관점에 따라 해석하면, 제 민족의 신들이나 이스라엘 야훼 신도 아시리아 "아슈르"(Ashur, 국명이 여기에서 나옴) 신보다 열등한 신이기에 굴복한 것이었다. 이것은 그 후 아시리아 제국의 정복자들이 자기들이 '아슈르 신의 이름과 명령으로' 정복 전쟁을 수행하고 있다고 엄숙하게 선언하고 자랑한 사실을 기록해둔 비문에서 볼 수 있다.

아시리아의 남진(南進)은 이스라엘(남북 전체)에 엄청난 정치적·민족적·종교적 위기와 재앙을 불러왔다. 아시리아가 본격적으로 남진하기 직전과 직후에 북이스라엘에서는 아모스와 호세아, 남유다에서는 제1이사야와 미가가 활동했다(이사야 문제는 제21장 각주 참조). 따라서 이 예언자들은 당대에 벌어지는 국제정치의 돌변과 국가 절멸까지 예상되는 위기상황을 신학적으로 해석하여, 정치와 종교 지도층을 비롯한 백성에게 하나님의 말씀을 들려주며 구원의 길을 선포하는 과제를 수행할 수밖에 없었다.

이것이 이 예언자들이 등장하게 된 결정적인 이유였다. 단지 국내문제 때문만이 아니었다. "예언자들은 당시의 사건들을 세계사의 보편적인 관점을 가지고 하나님 편에 서서 해석하여, 그 사건들에서 하나님의 섭리 작용을 식별해낸 최초의 인물들이었다. 예언자들의 목소리는 오직 이스라엘에서만 들려왔다. 인류사의 그 어디에도 이스라엘의 이러한 예언 현상에 비견할 만한 유례는 없다."《마르틴 노트-이스라엘 역사》

이렇듯 문서 예언자들은 자기 나라를 둘러싸고 벌어지는 당대의 국제 정치적 역학관계의 급격한 변화를 통찰하고, 그것이 가져올 갖가지 비극적인 사건(전쟁)과 국내 정치의 암울한 현실이 초래한 국가위기, 또는 나라의 멸망과 식민지나 포로 상황을 예의주시하면서, 그 모든 일에 나타난 역사적이고 종교적인 의미를 자기들이 믿는 야훼 하나님의 통치와 섭리의 관점에서 해석하여, 그에 마땅한 태도를 가지라고 촉구한 종교 사상가·철인들이었다.

3. 그렇다면 사람이 예언자로서 나서기 전에 먼저 반드시 '무슨 일'이 있어야 할 것이다. 그것은 단지 국제정세 통찰이나 우국충정만으로 될 일이 아니다. 그것은 무엇인가? 한 개인에게 일어나는 **"어떤 사건"**이다. 그

것은 어느 날 느닷없이 틈입(闖入)해 들어와 한 인간의 모든 것을 뒤바꾸어 놓는 신적 체험이니, 곧 개인적으로 하나님을 만난 사건이다.

이것은 한 인간에게 일어나는 종교적·실존적 근본 경험의 사건이다. 이 체험은 한 인간의 내면에서 느닷없이 터져서 솟구치는 대지진과 같은 것으로서, 그를 이전과 이후로 확연히 다르게 분리해 놓는다. 이 근본 경험은 폭풍처럼 거칠고 격렬하고 위압적이기에, 마땅한 도피처도 없고 변명도 구실도 방어책도 찾을 수 없다. 이제 그 사람은 기존의 자아와 사회와 세상과 내적·자각적으로(!) 결별하지 않을 수 없어, 모든 것을 다시 보고 평가해야만 하는 결정적인 자리에 서게 된다. 세상이 바뀌는 것이 아니라, 한 인간이 철저히 바뀌는 것이다.

한편 이것은 신비적이다. 기존의 모든 지식과 이해와 신념과 감정 저 너머에서 느닷없이 침입해 들어오는 압도적이고 비현실적이고도 비언어적인 무엇이다. 또 이것은 현실적이다. 몽상과 환영의 세계로 빠지는 것이 아니라, 지금 현실 세계를 심원하게 들여다보고 평가하는 이성적 통찰을 낳는다. 그리고 이것은 역사적이다. 하나님의 뜻과 역사의 궁극적 의미·목적에 서서 지금의 사회현실을 평가하고 그 책임을 묻고 나아갈 방향을 제시한다. 따라서 이 근본 경험은 한 인간을 철저히 다시 태어나게 하여, 세상 전체에 홀로 맞서게 하는 충격적이고 종교적인 내적 경험이다. "예언자는 자신이 부서져야만 하는 대격변의 경험을 통하여 역사에 등장하는 사람이다."《A. J. 헤셸-예언자들, 상권》

이 모든 것이 내포하는 것은 불의하고 부패한 나라의 현실에 대하여 분노하며 구원하고자 하는 하나님의 마음·뜻에 참여해 들어가는 것과 역사적인 현실 세계의 모든 모순과 부조리에 대한 고통스럽고 심원한 고뇌와 통찰과 역사의식을 의미한다. 구약성서의 하나님은 마음의 하나님이기 이전에, 먼저 현실과 세상을 변혁시키며 행동하는 사회와 역사의 하나님이다. 그렇기에 종교적 체험이 현실 세계에 대한 통찰과 역사의식이 동반되지 않으면, 지성적으로 왜곡되고 교만하게 되기 쉽기에 위험하다. 예언자에게 있어서 먼저 중요한 것은 현실과 역사에서 활동하는 하나님에 대한 증언이고, 그다음에 사회현실과 역사에 대한 통찰인 메시지이다.

이런 충격적인 근본 경험을 통하여, 예언자는 진리의 한 부분을 깨닫는다. 모든 예언자가 자기의 신적 체험을 밝히지는 않지만, 하나님의 영에 사로잡히는 깊고 강렬한 신적 체험을 통하여 탁월한 영적 능력(카리스마)을 입어, 진리의 한 측면을 자각한다는 데 있어서는 공통점을 갖는다. 이것은 예언자 자신이 할 수 있는 일이 아니다. 예언자는 하나님의 선택이다.

그러나 예언자가 이런 근본 경험을 하게 되는 전조(前兆)는 분명히 있다. 하나님은 자질이 없는 사람, 다시 말하면 이기적이거나 세속적인 한량(閑良)·유한군자(有閑君子) 같은 사람을 예언자로 택한 경우가 한 번도 없기 때문이다. 예언자가 되는 데 있어서 사제나 농부나 학자 등, 직업이나 결혼의 여부는 전혀 고려되지 않는다. 하지만 자질은 십분 고려되는 사항이다. 그것은 진실한 신앙(영성), 탁월한 지성, 종교와 사회와 역사와 문화에 대한 깊은 이해, 숭고한 인격과 의로운 양심, 청빈한 생활 등인데, 무엇보다도 부패한 자기 시대에 대한 남다른 고뇌와 슬픔과 고통을 겪는 예민한 감성적 능력이다.

이것은 동시대의 일반인들과는 아주 다른 예외성이나 괴리감이다. 처절하게 외로운 고독, 고독한 외로움! 하나님은 부패한 시대를 아파하지 않는 사람을 예언자로 부른 일이 없다. 예언자로 부를 때 변명하며 도망치려고 한 사람도 역시 그러한 감성적 고통의 '낌새'(조짐)를 하나님에게 들켰기 때문에 사로잡히고 만 것이다(호세아와 예레미야의 경우). 하나님은 인간의 마음속 낌새의 내력까지 '허락도 없이' 다 들여다보고 안다! "한 인간의 존재가 그 참모습을 드러내는 것은 점진적인 것일 수도 있다. 어떤 아이들은 자신들 속에 깊이 파묻혀 있어서, 도무지 새벽빛이 그들 위로 드러날 것 같지 않았으므로, 그들이 나사렛 수의를 젖히면서 일어서는 것을 보면 사람들은 깜짝 놀라게 되는데, 사실 이 수의란 어린아이의 배내옷에 불과한 것이다."《장 그르니에-섬》

의롭고 고귀한 뜻은 품었으나 오랜 침묵의 나날을 뒤덮고 있는 어느 청년의 '나사렛 수의'(잠재된 능력) 속에는 이미 '새벽빛'이 감돌고 있다. 때가 되면 터져 나와, 부끄러운 대지를 환히 비출 것이다. 그렇다고 예언자들에게 있어서 침묵의 나날이 기다림의 세월은 아니었다. 그 누구도 감히 예언자가 되려고 준비하고 기다린 일은 없다. 다만 고뇌 어린 고독과 외로움 속에서 시대를 아파할 뿐이었다. 하나님은 그런 사람의 낌새를 오래 지켜보고 알아차린다. 따라서 하나님의 예언자가 되는 것은 느닷없으면서도 전혀 느닷없는 일이 아니다.

그리하여 예언자는 하나님을 만나는 체험을 통하여 듣고 깨달은 하나님의 진리(text, 뜻·명령)를 당대의 불의하고 부패한 사회적 상황(context)에 적용하여 비판하면서, 그 시대에 적절한 대안의 메시지를 선포한다. 따라서 **예언자의 성격·본질을 결정짓는 사항은 하나님 체험(소명), 진리에 대한 깨달음, 세계와 사회현실에 대한 통찰, 부패한 시대에 대한 비판과 대안(代案)의 메시지, 그리고 고난을 겪는 민중에 대한 위로와 희망의 제시** 등이다. "히브리 예언자는 두 개의 초점을 가지고 예언 활동을 했다. 한편으로는 그들이 사는 현실적 삶에 깊이 뿌리를 박고 역사적인 삶에 충실한 사람이며, 다른 한편에서는 이 현실적인 삶을 초월한 이상의 세계를 추구하는 사람들이었다. 그들은 현실에서 이상을 찾아 살아보려 했고, 그들이 가진 이상으로 현실을 갱신해 보고자 전심전력을 기울인 사람들이었다."

《김정준-전집 제3권, 율법서·예언서 연구》

요컨대 예언자는 부조리한 현실을 비판하며 개혁하려고 한 현실주의자이며, 종교적이고 윤리적인 이상주의를 가지고 현실을 거기에 맞게 인도하려고 한 이상주의자이다. 히브리 예언자는 워낙 종교적이고 사회적으로 독특한 현상이기에, 오늘날의 말로 표현할 길이 없다. 굳이 표현하자면, 히브리 예언자는 사회정의 사상에 기초하여, 이 땅에 참된 정의와 평등과 평화의 세계를 세우기 위하여 헌신한 종교와 정치와 사회 철학자라 하겠다. 그들은 온몸을 바쳐서 당대 현실사회의 부패한 정치와 종교와 도덕을 비판하고, 사회정의, 인권, 평등한 경제 질서, 이웃과 연대할 것 등을 촉구하면서 올바른 나라를 건설하기 위한 대안을 설파한 사람들이다. 즉, 그들은 하나님이 원하는 사회정의와 평등사회와 평화로운 세계라는 이상사회의 실현을 위하여 죽음까지도 각오하고 행동에 나선 사람들이다.

4. 예언자는 이스라엘 민족에게 평안과 번영의 복을 주려는 하나님의 구원 의지, 곧 **하나님의 의**(Tsedaqah)**와, 사랑과 자비를 통하여 드러내는 사회정의**(Mishpat)**를 천명한 사람**이다. 그들이 목표하는 바는 이스라엘의 내적·외적 변화이다. 내적 변화란 야훼 하나님을 향한 신실한 신앙의 회복이요, 외적 변화란 책임감을 갖고 백성을 돌보고 보호하는 사명을 가진 왕을 비롯한 정치가와 지도층의 도덕성, 사회정의의 실현, 그리고 백성의 윤리적인 생활이다. 예언자는 국제정치의 역학관계가 급변하고 나라가 점점 더 부패해가며 거대한 재앙을 초래하고 있는 위기의 시대에서, 야훼 하나님에게 충성을 다 바치는 의로운 나라가 되어야만 구원의 희망이 있다고 하면서 회개와 개혁을 촉구한 사람이다. 그래서 그들은 이구동성(異口同聲)으로 현재 펼쳐지고 있는 조국의 부패한 현실을 비판하고 질타한다.

예언자는 비인간적이고 어두운 시대가 낳은 아들로서 자리매김 된다. 시대가 정의롭고 평화로운 질서 속에서 살아간다면, 예언자가 나설 필요는 없다. 그렇기에 예언자는 지도층, 특히 불의한 왕들과 관료들과 종교인들이 하나님의 뜻을 저버리고 배반의 길을 걸어가면서 백성을 오도(誤導)하고 나라 전체를 부패구조로 변질시키고 있을 때, 하나님이 보낸 비판적인 "말(예언) 심부름꾼"이라는 성격을 갖는다. "내 말은 맹렬하게 타는 불이다. 바위를 부수는 망치이다."(예레미야서 23:29)라는 말이 이런 뜻이다.

히브리어 **"다바르"**(Dabar, 배후에 있는 것·힘)는 **"말"**(말씀, Word)과 함께 **"사건"**(Event)을 의미한다. 이것은 히브리만의 특유한 언어다. 그 어느 민족도 말과 사건을 같은 의미로 쓰는 일은 없다. 창세기 1장에서 보듯, 하나님의 다바르(말씀)는 우주와 만물의 창조라는 다바르(사건)의 근본이다.

그처럼 예언자의 말(다바르) 역시 사건(다바르)이다. 예언자의 '배후에 있는 어떤 힘'은 하나님이기 때문이다. 예언자의 말은 단순한 정치혁명가나 사회 비판적 지식인의 한 견해나 이론이 아니라, 어느 날 갑자기 그를 붙들어 그 시대를 향해 구원의 다바르(말씀)를 전하여 다바르(사건)를 일으키라고 명령하는 하나님의 말씀이다. 예언자는 하나님의 전격적인 개입이라는 독특하고 특수한 배경에서 출현하기에, 예언자의 말은 그가 사는 당대의 부패하고 불의한 사회를 보고 판단하고 진단한 하나님 자신의 말씀이다.

그러므로 예언자의 말은 당대의 정치와 종교를 비롯한 국가의 모든 것을 뒤흔들며 거대한 파장을 일으키는 사회적 사건의 소용돌이이다. 그런 까닭에서 예언자의 다바르(말)는 마치 독재체제나 부패한 정치체제에서 뿌려지는 저항과 비판의 지하문서(propaganda)와 날선 언론 같은 정치적이고 선동적이고 혁명적인 성격을 가진 하나님의 다바르(사건)를 일으킨다.

구약성서에 "야훼의 말씀"이 242회 나오는데, 그중 152회는 문서 예언서에 나온다. 이것은 야훼 하나님의 말씀과 예언자의 말이 밀접한 관계에 있음을 보여주기에, '야훼 하나님의 말씀'은 예언자들의 "전문용어"(Terminus말, Technicus전문)라고 할 수 있다.

5. 예언자는 무엇을 다루며 말하는가? 1) 긴박하게 돌아가는 이스라엘 주변 국제정세에 대한 냉철한 의식, 2) 가나안 종교문화의 유입으로 인한 야훼 종교의 혼합주의와 사회적 불평등, 3) 당대의 불의한 정치 현실, 4) 무책임한 제사장들과 거짓 예언자들에 의한 당대 종교의 부패 현실.

1)은 앞서 말했듯이, 모든 문서 예언자들은 강대한 제국의 침략과 정복의 위기, 멸망과 식민지 시대에 출현했다. 2)~4)는 동시에 나타나는 현실이다. 2)는 물질주의와 풍요주의에 기초한 바알 종교와 야훼 종교가 뒤섞이는 현상이다. 예언자들은 해방과 자유(아브라함의 떠나서 가라와 출애굽의 탈향脫向), 진리와 사회정의, 도덕성과 윤리, 특히 사회적 평등과 역사의식을 천명하고 명령하는 야훼 종교와 전적으로 반대편에 있는 바알주의가 유입되거나 그에 흡수되는 혼합주의 사태에 대하여 극렬하게 투쟁한다.

3)은 왕과 정부가 야훼 하나님과 맺은 계약에 대한 백성의 충실성을 가로채거나 가로막거나 오도하여, 이방 민족들이 하는 것같이 왕과 정치에 무조건 복종하게 하는 정치체제이다. 이것은 이스라엘의 파라오화·이집트화이다. 그 시초는 솔로몬의 독재정치였다. 그래서 예언자들은 하나님이 이스라엘의 왕임을 천명하는 야훼 계약(Mono Yahwism)을 환기하며 부패한 왕들과 정치체제를 비판하며 대립한다.

이것 하나만으로도 고대 히브리 예언자들은 인류 정치사의 위대한 혁명이다. 왕에 대한 예언자들의 비판 사상을 결코 오늘날의 민주주의 언론과 비교할 수는 없지만, 그들은 하나님의 이름으로 왕과 권력의 분명한 의무와 한계를 선포하고 요구한 사람들이다. 그것은 왕에 대한 새로운 이해 때문에 나온 것으로, 예언자들은 왕을 하나님이 백성을 돌보는 목자로 세운 정치적 도구로 볼 뿐이다. 따라서 그 책임과 의무를 다하지 않고 권력을 남용할 경우, 하나님의 이름과 권위로 가혹할 정도로 비판하고 탄핵한다(예레미야서 22:13~19). 예언자들은 하나님은 약한 사람들의 편이라고 선언한다. 이것은 고대세계에서 전혀 유례가 없는 일이다.

4)는 앞의 세 가지 원인과 현상에 대하여, 특히 왕에게 아부하는 제사장들과 권력 주변의 거짓 예언자들이 아무런 문제도 제기하지 못하고, 오히려 불의와 부패를 부채질하는 태도이다. 이들은 지극히 보수주의적인 종교적 관념의 신봉자들이다. 세속의 단맛에 중독된 부패한 제사장들과 거짓 예언자들은 불의한 왕권과 한 편이 되어 각종 이권과 혜택을 누리면서, 야훼 종교를 왕의 권한 아래에 두는 것을 묵인하고 협조하고 조장한다.

그리고 이들은 야훼 종교와 바알 종교가 일상적으로 혼합되어 감으로써 빚어지는 민족 정체성의 근본적 위기국면을 모르거나 외면할 뿐만 아니라, 오로지 성전과 제의(祭儀)에 대한 과신에 사로잡혀 있어서, 왕과 지도층이나 백성에게 성전제의만 충실히 수행하면 하나님이 무조건 잘 지켜준다는 맹목적인 종교적 관념을 교묘히 가르치고, 하나님이 요구하는 일상의 신앙과 도덕적 책임의식과 정의로운 생활과 역사의식에 대해서는 별로 문제 삼지 않는 편안한 신념을 갖게 하여, 끊임없이 의와 사회정의를 요구하는 야훼 종교를 암암리에, 혹은 공개적으로 무력화시킨다.

그래서 예언자들은 누구보다도 세속화된 제사장들과 거짓 예언자들을 규탄하고 탄핵한다. 왜냐하면 이들은 무엇보다도 성전제의(종교)와 신학적 지식을 손에 틀어쥐고 있고, 왕을 거의 수하의 종처럼 조종하고, 백성들과 일상적으로 접촉하며 영향력을 행사하는 세력이기에, 야훼 종교의 가나안 종교화나 불의한 정치체제의 현실에 대하여 일차적으로 책임이 있는 사람들이기 때문이다. 그래서 예언자들의 책에는 왕들에 대한 비판보다는 제사장들과 거짓 예언자들에 대한 비판과 대결장면이 더 많이 나온다.

예언자들은 이러한 상황을 빚어낸 계층을 대상으로 강력하게 투쟁하면서, 야훼 종교와 계약에 담긴 실천적 사회정의 이념을 일상화하는 것이 하나님의 뜻이며, 그래야만 나라를 보전할 수 있다고 설파한다. 그들은 홀로 나라 전체와 맞선다. 그들은 왕들조차 무서워하지 않는다. 따라서 그들을 지지해줄 계층이란 극소수 제정신을 가지고 살아가는 가난한 자들·겸손한 자들·의인들을 제외하고는 없다. 그러나 그들은 조금도 굴하지 않고, 하나님의 손에 붙들린 "영적인 권능과 내적인 확신을 가지고 장엄한 고독 속에서"《발터 아이히로트-구약성서신학, 제1권》 전사처럼 나아간다.

예언자들의 메시지는 국가안보나 왕권안정이 아닌, 오로지 야훼 하나님에게 충성하라는 것이다. 그래야만 하나님이 국가와 왕권을 보장해준다고 설파한다. 따라서 예언자들은 일차적으로 왕들과 제사장들과 거짓 예언자들과 정면충돌할 수밖에 없다. 그러나 이것은 전혀 계급적인 이해관계에서 나온 것이 아니다. "하나님의 영으로 인도함을 받은 예언자들은 언제나 민족 공동체를 대상으로 했다. 그랬기 때문에 그들은 윤리, 정치, 경제 분야에 대해서 날카로운 비판과 관여를 과감히 했을 뿐만 아니라, 현재의 안락과 풍요에 안주한 종교가 자기의 할 일을 망각한 것을 통렬히 비난할 뿐더러, 저주하는 일까지 주저하지 않았다. 저들은 궁극적인, 우주적인, 총체적인 미래를 보았기 때문에 현재에 대해서 그토록 파괴적이었다. 이것이 바로 구약의 예언자들을 이끌던 영의 운동이다."《안병무-해방자 예수》

6. 그러면 예언자가 신적 체험을 통하여 깨달은 말씀이 하나님으로부터 온 진리(하나님의 명령)라는 것을 어떻게 증명할 수 있는가? '이것은 그 예언자 개인의 지나친 주관적 견해나 사상이 아닐까? 그 누구라도, 다른 이들은 아무도 알 수 없는 자기만의 종교적 체험을 주장하면서 하나님의 말씀을 들었다고 말할 수 있는 것이 아닌가? 누가 거짓 예언자들인지 이단(異端, heresy-거짓된 가르침)인지 어떻게 구별하고 알 수 있는가?' 이런 의혹과 문제를 제기할 수 있다. 사실 예언자 중에서 당대 사람들로부터 이런 의혹과 비난을 받지 않은 경우는 하나도 없었다.

그렇다면 예언자의 말과 사상과 행동에서 어떤 객관적인 준거·기준이 있어야 할 것이다. 어떤 신앙·신학·말(설교)·주장(논문)·행동에는 반드시 객관적·사회적 증명이 필요하기 때문이다. 종교와 신앙이야말로 객관적인 준거에서 나온 것이어야 하고, 사회적 증명을 통해서 그 진실성을 입증해야만 한다. 그렇지 않다면 종교의 언론은 맹목적인 세속주의로 포장된 자기 신념의 속된 철학일 뿐이다.

그 객관적인 준거는 무엇인가? **종교를 창시한 사람의 가르침과 행동과 삶, 그리고 그것에서 비롯된 신학적 전통이다.** 예언자가 서 있는 틀은 바로 '오직 야훼' 이념과 전통이다. 예언자의 하나님 이해나 말은 개인적인 생각을 선포한 것이 아니라, 신적 체험을 통하여 오래도록 전승되어 내려온 신앙과 신학의 근원적인 자료를 당대에 새롭게 해석하여 선포한 것이다. 그래서 예언자의 말은 신학적인 해석학(hermeneutics)이라는 과정을 거친 것이다. 그저 옛날의 전통과 문서와 자료에 이런 말이 있으니, 그대로 지키라고 요구한 게 아니다. 만일 그렇다면 시대마다 예언자가 나올 필요조차 없었다. 경전이나 전통이나 종교적 문서(자료)라는 것은 시대마다 그 역사적 현실과 상황에 따라 다시금 해석되어 선포되고 전해져야 한다. 이것이 예언자의 몫이다. 따라서 예언자들은 모두 자기가 살아가던 당대의 신학자이다.

예언서에 나오는 "이상(異象)"(환상幻像, vision, 이사야서 1:1)이라는 말은 환각적인 상태에서 현실과 미래를 투시(透視)하는 것이 아니다. 예언자들이 이해한 하나님은 정확히 모세의 율법에 계시된 야훼 하나님이다. 이것이 바로 예언자들이 서 있는 객관적인 준거의 틀이다.

대표적인 것은 두 가지이다. "계약법전"(출애굽기 20:22~23:19)은 후대에 기록된 오경(Torah)의 기본 자료가 된 가장 오래된 전승으로, 야훼를 사회적 약자의 옹호자와 해방자와 수호자, 곧 히브리들에게 은혜롭고 자비로운 분으로 계시한다. 다른 하나는 "고대 이스라엘의 신앙고백서"이다. "나 주는 자비롭고 은혜로우며, 노하기를 더디 하고, 한결같은 사랑과 진실이 풍성한 하나님이다. 수천 대에 이르기까지 한결같은 사랑을 베풀며, 악과 허물과 죄를 용서하는 하나님이다. 그러나 나는 죄를 벌하지 않은 채 그냥 넘기지는 아니한다. 아버지가 죄를 지으면 본인에게뿐만 아니라 삼사 대 자손에게까지 벌을 내린다."(출애굽기 34:6~7; 민수기 14:18)

예언자들은 계약법전과 전통적인 신앙고백에 기초하여 단독자(單獨者)로서 사회적 약자를 적극적으로 옹호하면서, 왕과 정부를 포함한 당대 지도층을 비판하고 대결하며 하나님의 뜻을 선포한다. 그러나 예언자들의 사회적 약자 옹호는 공산주의식의 계급투쟁을 선동한 것이 아니라, 야훼 하나님이 히브리들의 해방자요 구원자라는 전통에 서서 민족의 참된 안정과 융성을 바란 데서 나온 것이다. 그래서 예언자들은 당대 사회의 권력자들과 지도층으로부터 미움을 받아 박해, 추방, 투옥, 소외, 죽임을 당한다. 당대 권력자들은 예언자를 국가종교를 해치는 이단자, 왕권과 국가안보를 위협하고 선동하는 불온한 사상가, 더 나아가 적의 첩자로까지 인식한다.(아모스서 7:10~17; 예레미야서 26~28장)

이렇듯 히브리 예언자란 깊은 종교체험을 통하여 하나님의 부름을 듣고, 계약법전과 전통의 신앙고백서에서 천명하고 있는 틀에 서서, 당대 불의한 사회에 필요한 진리와 의를 새롭게 깨닫고 재해석하고 나서서 철저한 회개와 복종을 설파하고, 그 길을 가는 것만이 평화와 구원의 길이라고 선포한 야훼 종교의 주창자이다. 즉, 예언자들은 모세 율법과 신앙고백서에 나타난 이스라엘의 평등하고 평화로운 공동체 건설의 전통과 이상을 시대에 맞도록 재해석하여 새롭게 선포한 사람이다. 그래서 모든 예언자의 메시지는 두 가지이다. 하나님을 향한 신앙과 사회정의이다. 이 역시 아브라함의 명제인 '떠나서 가라'와 출애굽 정신을 시대에 적용한 새로운 번역이다.

7. 예언자를 잘못 이해하면, 마치 종교적 체험을 통한 황홀경의 몰입, 탈혼(脫魂), 몰아(沒我)에 빠져, 자기도 모르는 말을 녹음기처럼 외친 샤먼(shaman, 무당) 같은 사람으로 오해할 수 있다. 그러나 전혀 그렇지 않다. 구약성서의 문학 양식이란 예언자의 말을 **하나님의 직접화법**으로 처리하기에(하나님이 말씀하시기를) 개인의 무아지경으로 생각하게도 하지만, 실상은 그보다 더 미묘하고도 실제적인 것이다.

즉, "이스라엘의 예언자는 야훼 하나님의 영력(靈力)에 사로잡히기는 하지만, 그 자신의 자기의식과 이성적 기능을 상실하지 아니하고, 자기 판단을 통하여 주어진 말씀에 의지적 결단을 한다. 야훼 하나님은 인간의 이성을 최대한 살려서, 인간 자신의 결단으로 말씀을 전달하게 한다. 예언자는 언제나 인간의 윤리 관계를 기초로 한 예언을 말한다. 인권의 상실과 자유의 유린에 대하여 이스라엘 예언자는 항상 민감하다. 공평과 정의, 자유와 평화의 예언이 이스라엘 예언의 특징적인 테마가 된 것은 윤리적 성격이 예언운동의 불가결한 요소이기 때문이다."《김정준-정의의 예언자, 아모스 주석》

예언자는 하나님의 영으로 심원한 종교적 체험과 영감을 받은 상태에서 실존적으로 하나님의 강제적 징발을 느끼고, 하나님의 진리에 대한 근본적 확신, 민족 전통인 모세 종교와 법률과 문화에 대한 깊은 이해, 조상들의 역사, 인간과 사회와 역사에 대한 통찰, 올곧은 양심과 도덕적 용기, 청빈한 생활, 죽음을 무릅쓴 강직한 얼과 기개를 지니고, 당대 사회의 현실과 문제점을 꿰뚫어 보고 개혁하는 데 마땅한 대안(代案)을 설파한 실천적 사상가이다. 즉, "하나님이 말씀을 하늘에서 큰소리로 외쳤다는 것이 아니다. 사실로는 나라와 민족을 생각하는 정성된 사람이 깊이 생각하고 간절히 기도하다가 마음속에 들려오는 소리가 있어서, 이것을 '하나님이

가르쳐주셨다.' 하고 깨닫게 된 것이다."《함석헌-전집 제11권, 두려워말고 외치라 : 이제 죽어도 좋다》

말하자면, 예언자는 하나님의 꼭두각시나 스피커 같은 기계가 아니다! 물론 그들은 자기를 "하나님의 종"(아모스서 3:7)으로 이해하고 말한다. 그러나 이 말은 자기 정체성과 확신과 복종적(하나님에게!) 투쟁 의지(부패한 세상에!)의 표현이지, 꼭두각시라고 말하는 것이 아니다. 역설적으로, 예언자의 실존이 하나님의 말씀이기도 하다. 곧, 예언자를 보는 것은 하나님을 보는 것과 같다. 그래서 예언자의 말을 듣는 것은 하나님의 말씀을 듣는 것, 예언자의 말을 따르는 것은 하나님에게 복종하는 것이다. 하나님은 예언자의 입속에 있다!

그렇기에 예언자의 말은 예언자의 영성과 도덕성, 지식과 개성, 인격과 삶이 함께 녹아들어 있는 예언자의 자각 언어요 주체적인 말이다. 그런데 그 말을 심원한 하나님의 영감을 받은 상태에서 하는 것이기에, '하나님의 말씀'이라고 한다. 따라서 하나님의 말씀은 예언자의 말과 행동과 삶으로 나타나고, 예언자의 말과 행동과 삶은 곧 하나님의 말씀이다. 예언자는 당대 최고의 영성가, 지성인, 정신 및 정치혁명가, 사회개혁가, 하나님의 재야인사로, 혼자의 몸으로 당대 사회 전체와 맞선 사람이다. 엘리야를 생각해보라.

예언자는 부패한 마음과 악정과 행위를 일삼는 왕과 지도층, 타락한 상류층, 그리고 불의하게 살아가는 백성에 이르기까지 전방위에 걸쳐서, 모든 이스라엘 사람을 향하여 과격할 정도로 비판하면서 철저한 회개를 촉구한 시대의 나팔수요 스승이요 등불이다. 그래서 예언자들은 인간 그 자체보다는 그 인간들의 부패한 마음과 행위와 삶을 질타한다.

예언자는 오로지 하나님의 마음에 깊이 감정이입(感情移入) 되어, 시대를 질책하며 구원의 길인 대안을 선포한 사람이다. 그러므로 예언자의 감정 기저에 흐르는 정서는 자비심/측은지심이다. 왕을 비롯한 불의한 시대의 모든 인간이 다 불쌍한 것이다. 예언자는 누구나 눈물과 아픔이 많다. 만일 창세로부터 이 세상에 존재했던 헤아릴 수 없는 인간 중에서, 자신이나 가족이 아닌, 타인으로 인하여 일생토록 슬퍼하고 아파하며 눈물 흘리며 산 인간을 꼽으라면, 단연코 이스라엘 예언자를 꼽으리라. **"아, 어찌하여 이 몸이 모태에서 나와서, 이처럼 고난과 고통을 겪고 생애를 마치는 날까지 이러한 수모를 받는가!"**(예레미야서 20:18) 이것이 모든 예언자의 정서이며, 또한 그들의 일생이다.

이렇게 예언자는 이중적으로 살아간 사람이다. 예언자는 하나님을 향한 신앙을 상실하고 영성을 내버리고 살아가는 불의하고 타락한 시대에 분노하면서 질책한 하나님의 사자(使者)요, 못난 시대를 만나 죽도록 고생하는 히브리 민중의 편에 서서 위로하고 격려하며 용기와 희망을 준 따스한 마음을 지닌 하나님의 현자(賢者)이다. 예언자는 "분노의 인간"(호모 오르기우스Homo Orgius)이며 "공감(共感)의 인간"(호모 심파테티코스Homo Sympathetikos)이다.

8. 그러면 **예언자의 살림살이**는 어떤 것인가? 이것 역시 예언자의 진위(眞僞)를 가르는 하나의 기준이다. 말을 청산유수(靑山流水)처럼 한다고 해서 예언자가 아니다. 인격과 삶이 전제되어야 한다. 예언자는 누구나 **청빈(淸貧)한 주변부 인간**이다. 청렴성과 주변성, 이것이 예언자의 결정적인 요소로서, 그가 서 있는 삶의 자리이다. 예언자는 하나님의 의와 사회정의와 사회적 약자 옹호에 사로잡힌 하나님의 딸깍발이 선비, 권력욕이나 명예욕이나 물욕을 초극한 참된 신비주의자(이 말은 "진리를 깨달은 사람"이란 뜻으로 쓴 것), 그리고 권력과 부와 시대의 유행 외곽에 선 이방인이다.

따라서 부유한 예언자는 상상조차 할 수 없다. 하나님은 권력자나 부자 지식인을 예언자로 부른 일이 한 번도 없다. 그렇게 보이는 '제1이사야'나 왕족인 '스바냐' 예언자도 부자로 볼 수 없다. 예언자는 가난한 민중(Am ha arets)의 한 사람이다. 그런데 겉으로 볼 때(!), 부유한 예언자가 가능하기도 하다. 그러나 구약성서는 그런 경우를 분명하게 '거짓 예언자'(거짓 성직자·설교자·지식인)로 따로 분류하며 못 박는다. 엘리야 시대에 등장한 바알과 아세라 종교의 제사장들과 예언자들이 그런 경우인데, 그들은 남북 왕조시대 전체에 걸쳐 왕권의 보호와 육성 속에서 많은 연봉을 받으며 일한 공무원이었다(아모스서 7:10~17; 예레미야서 28장). 책으로 전해지는 예언자 중에서 이런 인물은 한 사람도 없다.

거짓 예언자는 권력과 돈, 지위와 신분, 평판과 안락한 생활을 얻기 위하여 왕과 권력자들과 지도층과 부유층 주변에서 사람들이 듣기 좋아하는 말만 늘어놓고 아첨하면서, 나라와 백성을 파멸로 몰고 가는 거짓된 정보와 듣기 좋아하는 말이나 팔아먹는 지식 장사꾼이다. 이런 거짓 예언자들이 세월이 흐르면서 더 많이 출현하여, 가뜩이나 어지러운 나라를 더욱 깊은 혼란과 무질서와 불평등 체제로 몰아넣는 데 앞장선다.

이스라엘의 거짓 예언자들을 이해하는 데 좋은 예는 고대 그리스 사회에서 나타난 "소피스트들"(Sophists, 궤변론자들)이다. 그들은 고대 이스라엘(기원전 8세기 중반)보다 약 300년 후에 나타난 철학자들의 한 부류이다(기원전 5세기 중반). 주로 민주주의 도시국가인 아테네에서 '소크라테스' 무렵부터 나타나 아테네가 무너질 때까지 활동했고, 후에는 로마제국으로 흡수되며 끈질기게 살아남았다. 세상은 늘 그러하니, 어쩌겠는가? 소피스트들은 돈 많은 지도층과 부유층, 곧 양반계층 집안의 젊은 자제들에게 비싼 수업료를 받고, 그럴듯한 말로 대중을 선동하고 속이기 위한 수사능변(修辭能辯)의 기술(수사학)을 전수하며 출세의 길을 가르쳤다. 잘 나가는 어떤 자들은 아예 학원(아카데미아Academia)을 차리기까지 했다.

대중선동의 기술은 걸출한 민주주의 지도자인 "페리클레스"가 전염병으로 죽고 난 이후, 급격하게 쇠락해가던 아테네 민주주의 사회에서 권력에 접근하여 출세하는 가장 좋은 지름길이었다. 그들은 성공과 출세를 위해서라면, 어떤 수단도 가리지 않고 온갖 미사여구로 대중을 현혹하는 방법론을 가르쳤다. 그것은 극단적인 개인주의와 이기주의, 주관주의와 도덕적 상대주의와 성공주의에 서 있는 것으로, 교묘한 말솜씨로 상대를 굴복시키고 대중을 설득하기만 하면 되는 것이었다. 민주주의나 국가, 정의, 도덕, 선, 지혜, 덕 같은 것에 대해서는 가르치지 않았다. 그리하여 소피스트들은 값비싼 수강료 덕분에 모두 부유하게 살았다.

대표적인 두 명의 소피스트는 "무력한 이론을 유력한 이론으로 만들라. 인간은 만물의 척도이다."라고 가르친 '프로타고라스'와 "정의(正義)는 강자의 이익이다."라고 가르친 '고르기아스'이다. 프로타고라스가 말하는 '인간'이란 존엄한 인간이나 보편적인 인간이 아닌, 철저히 정치적 목적을 가지고 출세를 지향하는 이기적인 개인으로서의 인간이다. 그런 인간이 "내가 곧 만물의 척도, 내가 세상의 기준이다!"라고 말하는 것이다.

따라서 보편적 기준이란 없다. 오로지 자기의 신분 상승의 목적만이 만물의 척도이다. 그들이 규정하는 정의는 '힘이 정의'라는 고르기아스의 발언이다. 결국 아테네 민주주의 사회를 내부에서 무너뜨린 것은 소피스트들이라고 말할 수 있다.《버트런드 러셀-서양 철학사, 제1권; S. P. 램프레히트-서양 철학사》

이러한 거짓 예언자 문제는 아모스 예언자 시대부터 점차 많이 나타나 결국 나라를 망하게 하는 데 기여했다. 따라서 거짓 예언자들이 기승을 부리는 현실은 결코 개인의 출세와 성공을 위한 수사학을 가르쳐주는 단순한 문제로 그치는 게 아니다. 그것은 사회적 불평등과 계층분열을 가져와 나라를 망하게 하는 지름길로 작용한다. 그들에게는 나라도 민족도 없고, 도덕과 윤리와 진선미에 대한 진지한 탐색 또한 찾아볼 수 없기 때문이다.

이런 지식인들이 우글거리는 나라에 무슨 희망이 있을 것인가?

그런 까닭에 시대마다 예언자보다 거짓 예언자들이 더 많다. 예언자는 항상 홀로 시대와의 불화(不和) 속에서 살아가는 사람이다. 그는 자기를 정신적으로 추방하여 그 시대의 주류와 관습과 유행과 경향의 바깥인 주변에 서 있으면서도, 역설적으로 그 속에 가장 깊이 참여하고 개입하며 행동하는 실존이다. "추방적 지성인은 관습적인 논리에 반응하지 않고, 모험적 용기의 대담성에, 변화를 재현하는 것에, 가만히 서 있는 것이 아니라 움직이는 것에 반응한다."《에드워드 W. 사이드-권력과 지성인》 그러나 거짓 예언자는 언제나 등에 업은 자나 옹호해주는 사람들이 많다. 거짓 예언자는 권력자와 지도층과 부유층 편에 서서 백성을 오도하며 예언자를 박해한다. 예언자 역시 고난받는 가난한 민중의 한 사람이다. 그래서 예언자는 하나님의 뜻인 민중의 인권과 여러 가지 정당한 권리, 그리고 나라의 사회정의와 참된 평화를 위하여 목숨을 내걸고 불의한 시대에 맞서서 싸운다. 예언자는 홀로 불의한 시대 전체에 맞서는 대책 없는 사람이다.

9. 예언자의 내면과 사고와 인격, 행동과 윤리적 삶을 구성하는 요소, 곧 예언자의 영성(spiritus), 감성(pathos), 도덕성(ethos, 이성), 자비(agape, 인간애)는 어떤 것인가? 특히 예언자의 감성은 우리가 이해해야 할 매우 역설적인 것이다. 어떤 예언자도 저주와 징벌과 심판과 파멸을 원한 사람은 없다. 오히려 아브라함처럼(창세기 18:16~33) 하나님 앞을 가로막고 죄인들을 심판하지 말라고 하며, **"하나님께서 하신 약속을 상기시켜 드리며"**(이사야서 62:6) 하나님의 용서와 사랑의 정감에 호소하고 설득한다.

예언자는 사람들 앞에서는 하나님을 변호하고, 하나님 앞에서는 사람들을 변호한다. 하나님은 끊임없이 말을 전하라 하고, 지도층과 백성들은 끊임없이 그 말을 거부한다. 그래서 "예언자의 일생을 비틀거리게 하는 두 가지 사실이 있다. 하나는 하나님이 부단히 그를 마주 대하는 것이며, 다른 하나는 인간들이 부단히 그를 등지는 것이다. 이것은 그의 숙명이다. 하나님께 선택받고 사람들에게 거절당함!"《A. J. 헤셸-예언자들, 상권》

이 둘 사이에 낀 예언자는 거의 불가능한 사명과 책임에서 오는 고통을 고스란히 겪어야만 한다(이사야서 28:9~13). 예언자는 때로 설득하고(예레미야서 1:4~8), 때로 강요하는(예레미야서 20:7) 하나님의 영과 정감(情感)으로 내면의 홍수를 겪었을 수밖에 없다. 예언자의 길은 소명감으로 기꺼이 걷기도 하지만, 싫어도 억지로 가야만 하는 길이기도 하다.

그리하여 예언자는 슬퍼하고 고통을 겪는 하나님의 그 심정(心情)을 품어 안고, 자기도 나라와 백성의 어지러운 현실을 슬퍼하고 아파하면서, 권력과 돈과 인기와 명예심과 타협하지 않고, 악한 권력자들과 지도층에 대한 분노와 반대 및 그들의 옹고집과 살해 위협, 그리고 고난받는 민중을 향한 자비심을 가지고 책망하며 구원의 길을 선포한다. "위대한 외톨이들"《한스 큉-유대교》인 예언자는 그 시대의 의인으로서 부패하고 불의한 시대에 맞서서 기꺼이 저항하면서 십자가의 길을 걸어간다. 나라와 백성을 살리기 위해서!

그러므로 예언자의 성공과 실패는 그대로 나라의 구원과 파국으로 직결된다. 그런데 모든 예언자가 실패한다. 따라서 예언자의 말을 듣지 않은 나라도 끝내 파국으로 치닫는다. 그렇기에 예언자는 살아서는 외면당하고, 죽어서는 존경받는 역설의 인간이다. 그러나 예언자는 역설적으로 실패를 통해 자신의 말을 진리로 증언하는 데서 성공한다. 그 시대가 그렇게 만든다. 비극적인, 너무나도 비극적인 일이다.

예언자의 출신은 제사장, 지식인, 평민(농민, 노동자)이다. 하나님은 법기(法器)의 용량을 갖춘 사람이면, 아무나 붙들어 징발하여 예언자로 세운다. 아무도 예언자가 되고 싶어서 나선 사람은 없다. 예언자들은 전의 예언자들이 어떠했다는 것을 잘 알기에, 처음 부름을 받을 때 핑계하고 도피한다. 그러나 그를 징발하는 하나님의 손아귀 힘이 더 억세기에, 아무도 뿌리치지 못한다. 그렇다고 해서 예언자가 억지춘향격으로 활동한 것은 아니다. 이것은 단지 역설적으로 표현한 말이다. 예언자는 하나님의 생각과 분노, 곧 하나님의 감정과 마음, 뜻과 태도에 깊이 공감하고 나선 사람이다.

예언자는 **문자를 해득한 사람**이다. 예언자 중에서 문자를 모른 사람은 아무도 없다. 이것이 조건이라면 단 하나의 조건이다. 문자를 해득한 사람이란 하나님의 뜻을 잘 이해하고 그것을 조리 있는 말로 표현하여 전달할 줄 안다는 뜻이다. 그래서 출신이 어떠하든, 모든 예언자는 **어휘의 선택과 언어의 표현력이나 문장력**에 있어서, 대단히 개성 있고 지성이 풍부하고 문학적으로도 출중한 재능을 보인다. 예언자는 역사가, 시인, 촌철살인의 에스프리를 말하는 현인, 인생의 근본적인 이치를 드러내는 철인의 면모를 갖추었다.

그런데 우리가 지나치지 말아야 할 것은 예언자는 물론 한 탁월한 개인이지만, 예언자가 활동하던 시대마다 그 한 사람만 깨어 있는 사람은 아니었다는 점이다. "엘리야"에서 살펴보았던 것같이(7,000명), 모든 시대마다 어떤 악조건과 상황 속에서도 신실하게 신앙과 의를 지키는 깨어 있는 '소수'가 있었다. 아모스는 이런 사람들을 **"남은 자들"**(The Remnants)이라고 했다(3:12). 남은 자 사상은 아모스 이후 계속 이어졌다. 남은 자들은 "예언자의 동지, 민족의 장래를 위해 싸우는 사람들, 뿌리 족(族)인 사람들이었다."《함석헌-전집 제8권, 씨올에게 보내는 편지》

이렇게 예언자는 이제부터 전개되는 구약성서와 이스라엘 역사, 그리고 더 나아가 나사렛 예수와 기독교 사상을 이해하는 길이다. 성서적 신앙은 예언자의 신앙이라 하겠다.

제20장 북이스라엘 왕국의 후기와 멸망

– 예언자 아모스, 호세아

성서: 열왕기하 13장~17장, 아모스서와 호세아서

아모스의 메시지가 사회에 던진 정치 신학적 폭탄이라면, 호세아의 메시지는 종교에 던진 신학적 폭탄이다. 어느 종교든 자기 본래의 진리를 제대로 가르치지 않는 것은 직무유기요 나라를 망치는 근본이다. 이것은 오늘날 점점 더 세속화되고 있는 기독교에 대한 선전포고이기도 하다.

아시리아 제국의 등장과 북이스라엘의 말기와 멸망

이스라엘은 가나안에 들어온 기원전 13세기 중반부터 8세기 중반까지 500여 년 동안, 대체로 강대국의 영향 없이 조용히 지내왔다. 그것이 이스라엘에 행운으로 작용했다는 것은 앞서 몇 차례 생각해보았다. 그런데 8세기 중반에 들어서면서부터 역사에 거대한 지진이 일어나기 시작했다. 그때 북이스라엘에서 활동한 두 예언자가 "**아모스와 호세아**"인데, 먼저 이들의 메시지를 이해하기 위하여, 그 시대 중동세계의 정치 상황을 생각해보아야겠다. 이들은 코앞에 닥친 국가의 위기를 직감하고 그에 따른 대처방안을 선포한 예언자들이다.

두 강대국 이집트와 히타이트 세력이 약해지면서 이루어진 팔레스타인의 오랜 공백기를 깨뜨린 것은 "**신(新) 아시리아**"(Assyria, 앗수르, 926~612년. 이라크 서북부와 시리아 동북부)였다. 그 나라는 현대 역사가들조차 "모든 나라에 계속해서 치명적 타격을 주어 모조리 파괴해버린 자살적 군국주의, 잔학한 행위를 저지른 군사적 천재들, 극단적인 제국주의"《아놀드 J. 토인비-역사의 연구, 제1권》, "역사상 가장 잔혹하고 무자비하고 폭력적인 제국"《한스 W. 볼프-예언의 어제와 오늘》이라고 평가할 만큼, 역사상 그 어떤 제국들보다 더 잔혹한 것으로 악명을 떨쳤다.

역사가들이 아시리아를 '잔혹 제국'으로 평가한 까닭은 무엇일까? 그들은 폭력 그 자체를 즐겼다! 물론 자비로운 제국이란 없지만, 역사상 그렇게도 가학적인

(sadistic, sadism-남을 학대하며 쾌감을 느끼는 병든 심리) 제국은 없었다. 그들은 정복한 모든 왕국의 왕과 주요 지배층과 지식인과 군인들을 참수하고, 십자가(세계최초 십자가 발명!)에 매달아 독수리와 까마귀가 파먹게 하고, 마차 바퀴에 묶어서 굴려 죽이고, 군량미 충당을 위해 민가를 달달 털어낸 다음 불태우고, 장차 반란을 꿈도 꾸지 못하게 청야전술(淸野戰術, 마을과 들판을 깨끗이 함. 열왕기하 3:25)로 산과 들과 도시에 있는 나무를 모조리 베어내고 농토에는 소금과 자갈을 뿌려 황폐하게 하고, 대다수 주민을 포로로 끌고 가 노예로 삼거나 팔아먹은 후 그 땅에 타민족을 강제이주 시킨 것 등으로 악명을 떨쳤다(이 모든 것이 세계최초). 결국 그들이 휩쓸고 지나간 땅에는 시체를 묻어줄 사람조차도 없었기에, 들짐승들의 잔칫날이 되었다. 아시리아의 침략이 남긴 후유증에 대해서는 그 시대에 활동한 남유다의 예언자 제1이사야가 "폐허와 황무지만 남았다."(1:7~8)고 말했을 정도였다.

실로 극악무도한 군국주의 제국이었다. "아시리아군이 이르는 모든 국가의 모든 수도 중에서, (745년부터) 612년 아시리아의 수도 니네베(니느웨)가 약탈될 때까지, 파괴되지 않고 남은 것은 티레(지중해변의 레바논)와 예루살렘뿐이었다."《아놀드 J. 토인비-역사의 연구, 제1권》 후일 아시리아 제국이 바빌로니아 제국에게 멸망당해 완전히 폐허가 된 것은 역사의 인과응보를 참혹하게 되돌려 받은 것이었지만, 그것은 사실 "자살행위로, 마치 나무꾼이 자기가 걸터앉은 가지를 톱으로 잘라서, 등걸은 그대로 서 있는데 나무꾼은 잘린 가지와 함께 요란하게 땅에 떨어지는 일과 같은"《아놀드 J. 토인비-역사의 연구, 제1권》 것이었다. 그것은 지나친 군국주의와 막무가내식의 무분별한 정복 전쟁이 가져온 자살행위였다.

아시리아의 "티글라트 필레세르 3세"(745~727년, 성서-불Pul왕. 열왕기하 15:19)는 대단한 정치력과 경제 운용능력에다가 제국건설의 꿈에 부푼 인물로, 짧은 기간에 군사 대국을 이루어 이집트까지 정복할 야욕에 넘쳐 있었다. 그가 등극한 때는 40년간 집권하면서 눈부신 중흥을 이룩한 북이스라엘의 "여로보암 2세"(786~745년)가 죽기 전으로, 아모스는 이 왕의 말기에 활동했다. 따라서 가나안 한복판에 놓인 북이스라엘과 남유다는 태풍 앞의 수풀처럼 요동칠 수밖에 없었다.

그런데도 북이스라엘 왕들과 정치인들과 군인들은 세상이 돌아가고 있는 형국을 제대로 파악하지 못하고, 온통 쿠데타에 중독되어 나라는 급속하게 병들어 고칠 길 없이 무너져갔다. 여로보암 2세의 아들인 "스가랴"(746년)는 6개월 만에 장군 "살룸"(746년)에게 살해당했다(예후 왕조 끝). 살룸은 한 달 만에 장군 "므나헴"(746~736년)에게 살해당했는데, 그 장군은 자기에게 성문을 열어주지 않는다고 임신한 여자들의 배를 갈라 죽이는 만행을 저질렀다. 고대 이스라엘의 무신정권 시대였다(호세아서 7:3~7). 호세아는 이 시기에 활동했다.

아시리아가 쳐들어오자, 므나헴은 금은을 주어 정권을 보장받고 꼭두각시가 되었다(열왕기하 15:19). 그의 아들 "브가히야"(736~735)가 2년 만에 군사령관 "베가"(735~729년)에게 죽임을 당하고 므나헴 왕조는 2대 만에 끝났다. 베가는 시리아와 동맹을 맺고, 국내 사정으로 잠시 숨 고르기에 들어간 아시리아를 경계하는 한편, 유다 왕국을 공격했다. 그때 남유다 "아하스" 왕은 막대한 금은을 바쳐 아시리아와 조약을 맺어 원군을 요청하고는, 동족인 북이스라엘을 공격하기도 했다.(호세아서 5:8~14)

출정한 아시리아 왕은 먼저 시리아를 멸망시키고(732년), 몇 년 후 북이스라엘 북부를 휩쓸어 수많은 주민들을 포로로 잡아갔다. 그러자 장군 "호세아"(호세아 벤 엘라=엘라의 아들 호세아, 729~721년)가 쿠데타를 일으켜 베가를 죽이고 왕이 되었다. 그도 아시리아에 조공을 바치고 정권을 보장받았다. 그러던 중 그가 여전히 국제사정도 모르고 이집트 파라오 "소"(So)에게 원조를 요청하자, 티글라트의 아들로 왕위에 오른 "살마네세르 5세"(살만에셀, 727~721년)가 725년에 침략하여 그를 잡아 옥에 가두고 돌아갔다. 그러나 얼마 후 탈출한 그가 다시 맞서자 쳐들어온 살마네세르 5세는 도성 사마리아를 포위했다. 그러나 호세아는 3년간 저항했다. 전쟁 중 아시리아 왕은 "사르곤 2세"(721~705년)로 바뀌었고, 결국 그가 북이스라엘을 **멸망**시켰다.(열왕기하 17:1~6. 기원전 721년)

아시리아는 모든 지도층과 백성 대부분을 포로로 사로잡아 갔다(열왕기하 17:6). 아시리아는 가장 **"가난한 백성들"**(땅의 사람들. 암-하렛츠Am ha aretz)만 남겨두어 살게 했고, 자기들이 이미 정복한 다른 나라 주민들을 강제 이주시켰다. 그리하여 그 후 북이스라엘 후손들은 포로지에서나 조국 땅에서 혼혈이 되고 말았다.

그리하여 북이스라엘(기원전 931~721년, 211년)은 역사에서 사라졌다. 모두 열아홉 명의 왕에 여덟 번의 쿠데타가 일어났다. 특히 마지막은 아주 어지러웠다. 그러자고 분단한 것이 아니었다. 아무런 명분도 대의도 없는 일이었다. 그러나 그것은 역설적으로 야훼 하나님이 한 일이었다! 북이스라엘에는 좋은 왕이 한 사람도 없었다. 그나마 괜찮았던 왕은 여로보암 2세의 아버지인 '여호아스'로, 그는 '엘리사'를 스승으로 섬기고 시리아에 잃었던 영토를 되찾기도 했다.

그래도 소수 의로운 백성은 전통을 지키려고 무진 애를 쓰며 살았으나, 왕부터 크게 엇나갔으니 나라가 제대로 될 턱이 없었다. 포로로 아시리아에 끌려간 사람들의 후손들은 혼혈이 된 채, 먼 후대 페르시아 제국 때(539년 이후) 일부 고국으로 돌아오기도 했다. 그러나 **북이스라엘을 구성했던 10지파는 역사에서 사실상 완전히 해체되어 사라져버렸다.**

그리고 그때 이스라엘 민족 전체나 구약성서의 기록에서 매우 중요한 일이 하나 일어났다. 나라가 망하기 전후에 지식인들(제사장과 학자들)이 역대지략(궁중실록), 조상들의 이야기, 율법 전통, 예언자들의 어록문집 및 활동 사항, 역사 기록물 등, 각종 민족 전승을 가지고 탈출하여 남유다 왕국으로 망명했다. 그들이 가져온 북이스라엘 전승은 유다의 왕국 시대와 멸망 후 학자들이 새롭게 편집하고 집필한 오경과 역사서(여호수아기~열왕기)와 예언서와 성문서(주로 시편과 잠언)의 기본 자료가 되어, 구약성서의 골격을 이루는 주요한 부분을 차지하게 되었다. 실로 눈물겨운 일이었다.

수도 사마리아가 함락되던 날의 모습을 그린 현대 독일 작가의 말을 들어보자. "무수한 적들이 사마리아로 들이닥쳤다. 성문과 성벽 요새의 방어선은 형편없이 무너지고, 성읍은 단숨에 적의 수중으로 들어가고 말았다. 학살, 약탈, 겁탈과 윤간으로 거리마다 공포와 비명과 피 냄새가 넘쳐흘렀다. 겁에 질린 피난민들이 성을 탈출하고자, 좁은 문 앞으로 몰려들어 혼잡을 이루었다. 검은 얼굴에 얼룩진 패잔병들, 공복감에 휩싸여 오들거리며 떠는 여인들과 어린아이들. 잔뜩 핏발이 선 황혼, 적도(賊盜)의 병졸들이 말을 내몰며 단박에 따라잡아 남자들은 그 자리에서 가차 없이 죽였고, 여자들은 한 줄로 엮어서 모두 성내로 끌고 갔다. 성문 앞에는 많은 포로들이 몰려나와 있었고, 왕의 궁궐들은 화톳불처럼 타오르고 있었다. 그러나 포로라고 해서 생명을 부지할 수 있다는 보장이 주어진 건 아니었다. 그들 역시 그 원수의 나라에서 고된 노역에 시달리다, 결국은 비참한 종말을 맞게 될 게 뻔했다."《헤르만 코흐–아모스의 이야기, 사자가 포효할 때》

그리하여 이집트에서 나와 자유와 평등과 평화의 나라를 만들자고 했던 실험과 꿈은 한쪽에서 와르르 무너지고 말았다. 남은 것은 그 아래 있는 나머지 반쪽뿐이었다. 장차 그 반쪽이 동족의 파멸에서 무엇을 배웠을지는 지켜보아야 할 일이었다. 약 100여 년이 흐른 기원전 622년 이후, 그 반쪽인 남유다 왕국의 역사가들(신명기 학파·신명기계 역사서)이 쓴 북이스라엘의 멸망에 대한 평가는 이러하다. "일이 이렇게 된 것은 (북)이스라엘 자손이 자기들을 이집트 땅에서 이끌어 내어 파라오의 손아귀로부터 구원하여 주신 야훼 하나님을 거역하여 죄를 짓고, 다른 신들을 섬겼기 때문이다…."(열왕기하 17:7~23) 그렇게 동족에게 적용한 잣대에서 자기들은 정녕 자격을 가졌는지는 전적으로 그들의 몫으로 남겨졌다.

아시리아는 이집트까지 정복하는 것이 목적이었기에, 다음 목표는 자연히 "유다 왕국"이었다. 유다는 바람 앞의 등불 격이었다. 일단 연이은 전쟁의 피로를 잠시 쉬면서 회복한 아시리아는 이내 "유다를 침략하여 성읍 46개를 빼앗고, 20만 150여 명에 이르는 백성을 포로로 잡아갔다."《한스 W. 볼프-예언의 어제와 오늘》 이것은 구약성서에 기록된 것이 아니라, 아시리아 "사르곤 2세"와 그의 아들인 "센나케리브"(산헤립, 705~681년)의 비문에 기록된 역사적 사실이다. 두 차례 모두 남유다의 "히스기야" 왕 때였지만, 구약성서에는 이 기록이 없다. 그러나 20만 명은 과장이나 오기(誤記)로 보인다. 당시 유다 왕국의 인구는 그 정도도 안 되었다.

북이스라엘의 부흥, 여로보암 2세

18장에서는 북이스라엘의 '예후 혁명과 엘리사' 이야기로 끝을 맺었다. 북이스라엘은 아합 왕 이래 연이은 여섯 번의 시리아 전쟁, 한 번의 모압 전쟁, 그리고 군사혁명 쿠데타로 하루도 편안할 날이 없었다. 그리고 혁명으로 정권을 차지한 세력은 무너뜨린 정권과 하등 다를 게 없이 독재적이고 폭력적이었다. 처음부터 끝까지 그렇고 그런 역사였다. 그런 와중에서 죽어 나가는 것은 백성뿐이었다. 그 어떤 왕도 백성의 안위를 생각하지 않았다. 그러는 사이에 이스라엘의 얼은 거의 사라졌고, 왕정은 사실상 와해한 것이나 마찬가지였다. 예언자 '엘리사'는 "여호아스"(801~786년)로부터 "나의 아버지, 이스라엘의 전차!"(열왕기하 13:14)라는 존경을 받으며 후학들을 길러내다가 세상을 떠났다.

그런데 그 후 예후 왕조에서 '여로보암 2세'(태조 여로보암과 이름이 같아서 구별하기 위하여 학자들이 붙인 것)가 등극했다. 그는 북이스라엘 역사에서 처음이자 마지막으로 크나큰 경제적 부흥을 이루고, 영토를 확장하고, 정치적 안정과 국가안보를 확고하게 다진 걸출한 임금이었다. 그가 그렇게 뛰어난 정치적 수완과 업적을 발휘할 수 있었던 것은 주변 강대국들이 각기 잦은 내란과 침체로 원정을 할 처지가 아닌 정치 역학적 환경 때문이기도 했다. 그것은 그가 죽자마자, 드디어 강대국 '아시리아'가 출현하여 북이스라엘과 남유다를 비롯한 팔레스타인 국가들이 급속도로 해체의 위기에 처한 것을 보아도 알 수 있는 사실이다.

여로보암 2세는 그런 국제적 상황을 십분 활용하여 획기적인 경제부흥의 황금시대를 열었다. 모두 훌륭한 왕의 치세를 격찬했다. 부유층들의 호화로운 생활과 사치는 하늘을 찔렀다. 그들은 요르단강 건너편 "암몬" 왕국의 대관령 고산지대인 "바산"(Bashan. 오늘날 헤르몬 산에서 요르단까지 남북 60km에 이르는 고원지대. 밀과 목축의 주산지, 상수리나무와 건축용 고급 석재가 많은 지역) 목장에서 수입한 고급 송아지 스테이크를 즐기고 값비싼 외국 명품을 소비하는 데 정신이 없었으며, 세금을 포탈하고, '자연을 사랑한 나머지!' 전국의 풍광 좋은 땅마다 투기로 사들여 여름과 겨울용 별장을 마련하고 주말마다 유흥에 빠져 지냈다.

그리고 여로보암 2세는 영토를 크게 확장했다. 북으로 오늘날 시리아 남부, 남으로 유다 왕국을 동쪽에서 포위하여 요르단 고원지대와 사해를 지나 홍해에 이르기까지, 시리아를 완전히 제압하고 남유다를 고립시킨 군사 대국이 되었다.

그런 세월이 해가 지지 않을 만큼 오래 갔으면 얼마나 좋았겠는가? 여로보암 2세가 미처 모르고 손을 놓아버린 것이 있었다. 바로 이스라엘 전통의 신앙과 사법질서였다. 이것을 무시한 것은 외적보다 무서운 사태를 가져올 것이었다. 경제적 풍요 속에서, 전통의 신앙을 바알 종교로 바꿔치기했다. 그리하여 나라 안에 기복주의가 창궐했다. 국가의 주요한 종교시설이 있는 "벧엘, 길갈, 사마리아"의 성전, 그리고 지방 곳곳에 있는 산당(山堂)은 많은 복채를 바치며 더 많은 부와 풍요한 살림살이와 감각적인 쾌락만 추구하고 갈망하는 사람들로 넘쳤다. 종교 천국을 방불했다. 그 덕택에 제사장들과 거짓 예언자들은 입이 찢어질 정도로 화려한 호황(好況)의 태평성대를 보냈다.

그리하여 여로보암 2세의 통치 40년은 커다란 사회 문제를 낳고야 말았다. 특히 서민경제는 말이 아니었다. 가난한 사람들은 영토 확장에 여념이 없는 임금의 국방정책에 동원되어 농사를 포기하고 강제로 군대에 징발되기 일쑤였다. 신앙과 사법질서, 인권과 도덕성과 사회정의는 완전히 사라지고 말았다. 그러나 왕과 정부는 이런 것에 대해서 완전히 눈을 감아 버렸다. 나라는 날이 갈수록 심각한 부의 불균형과 계층 차별, 사회적 강자들의 불법과 폭력, 대량으로 빈민을 양산하는 지독한 극단의 부조리 사회가 되고 말아, 필연적인 파국사태를 예고했다.

그런데 파국은 예상보다 더 빨리 다가왔다. 여로보암 2세는 여러모로 '솔로몬'과 비교되는 인물이었다. 그는 교만해져 신앙과 도덕성을 상실했고, 극단의 모순사회를 만들어 곧장 파국으로 치달아가는 길을 확실하게 마련해놓았다. 그에게도 바로잡을 기회는 있었다. 그것은 하나님의 목소리, 곧 "아모스" 예언자의 메시지였다. 그러나 그는 모든 말을 전해 들었으면서도 귓전으로 흘려버렸다. 그만큼 그는 자기가 이룩한 업적으로 자아도취에 빠져 있었다.

정통 역사책인 '열왕기'에는 '여로보암 2세' 시대에 관한 기록이 별로 없지만, 아모스와 호세아의 책에는 그 극단적 사회의 실상이 자세히 나온다.

활동을 시작한 정확한 시기는 알 수 없으나, 아모스는 750년경, 호세아는 740년경으로 본다.

아모스

하나님을 정의의 하나님으로 이해한 **"아모스"**(Amos, 무거운 짐을 진 자)는 "정의의 예언자"이다《김정준–정의의 예언자, 아모스 주석》. 의롭고 투박한 시골 농부 지식인으로, 극단적인 표현을 쓰면서까지 사회정의를 위한 정치개혁과 사회개혁을 주창했다. 그의 메시지는 사회 복음으로서 하나님이 지닌 부성적인 측면을 드러낸다.

아모스는 남유다 예루살렘 서남쪽에 있는 "테코아"(Tekoa, 드고아)에서 야생 돌무화과나무와 양을 기르며 살던 농부였다. 어느 날 종교적 체험을 통해 하나님의 목소리를 듣고 징발당하여, 같은 민족이지만 남의 나라인 북이스라엘에 가서 활동했다. 그가 동시대인인 호세아와 만났었는지는 알 수 없다. 그는 처음부터 끝까지 **사회정의만이 살 길이며, 그렇지 않으면 전멸한다**고 외치다가, 끝내 북이스라엘의 최고위 종교당국자에 의해 추방당하고 말았는데, 죽임을 당하지 않은 것만도 다행이었다.

아모스의 메시지는 오로지 사회정의이다. 그는 개인이나 정치의 존재 이유와 목적, 그리고 나라가 평화롭게 살 수 있는 길은 거짓과 사기와 쾌락주의와 폭력을 그치고 사회정의를 실천하고 확립하는 데 있다고 말했다. 그는 이스라엘 법률전통에 기초하여, 사회정의를 이웃에 대한 인간적이고 정당한 대우와 존중, 그리고 타인의 권리에 대한 불가침이라고 말했다.

그는 먼저 북이스라엘 백성들에 대한 주변 국가들의 불의와 폭력을 규탄했다(1:1~2:5). 다마스쿠스(다메섹–시리아 수도, 북동쪽)의 학살, 블레셋(남쪽)과 페니키아(두로, 서쪽)의 국제적 인신매매, 에돔(동쪽)의 테러와 폭력, 임신부들의 배까지 가른 암몬(동쪽)의 잔혹성, 죽은 자의 뼈를 불태우며 반인간적 행태를 보인 모압(동쪽), 하나님을 배신한 유다(남쪽) 등, 북이스라엘의 북남서동에 있는 주변 모두가 폭력 국가였다.

여기에서 아모스가 평범한 시골 농부가 아닌, 고도의 문학적 양식을 배우고 익힌 시인·문학가·지성인이라는 사실을 알 수 있다. 그가 일종의 '마당놀이 형식'을 취하여 말을 들려주고자 하는 대상은 어디까지나 북이스라엘 사람들이다. 따라서 그가 다른 나라들이 저지른 불의한 일들을 이야기할 때, 마당놀이 관객이 되어 죽 둘러서서 듣고 있던 북이스라엘 사람들은 신이 나서 들었을 것이다. 그런데 듣다 보니 어느새 점점 좁혀 들어와 동족인 유다 왕국 이야기에 이르렀다. 그러자 무엇인가 불안한 기색을 감추지 못하게 된다. 그렇다면 다음 차례는?

아니나 다를까, 결국 그들은 아모스가 말하고자 하는 것이 북이스라엘 사회의 불의와 폭력이라는 것을 알게 되었다. 그가 이야기를 빙빙 돌려 한 것은 극적 효과를 노린 고도의 문학적 수사법이었던 셈이다. 그렇게 하여 아모스는 청중에게 잊을 수 없는 말을 들려주었다. 그 내용을 보면, 남유다 사람인 그가 그 땅을 샅샅이 돌아다니며, 왕실과 지도층과 상류층의 무책임하고 후안무치한 행위, 시장 상인들의 거짓된 상술, 그리고 일반 백성의 부패한 인헹에 이르기까지, 북이스라엘의 불의하고 폭력적인 현실을 속속들이 직접 보거나 정보를 입수했다는 것을 알 수 있다. 그는 이것을 '르뽀'(report)형식으로 보도하면서 메시지를 선포한 것이다.

그는 여기에서 민족적 경계와 종교적 울타리까지 무너뜨리면서, 신앙과 이해의 시야를 세계사적으로 확대하고 있다. 이것은 **이스라엘 역사에서 최초로 나타나는 역사에 대한 보편적인 관점**이다. 아모스에 의하면 이스라엘 민족만 야훼 하나님의 선택과 보호와 인도를 받은 것이 아니라, 이스라엘의 가장 큰 원수인 블레셋과 시리아, 그리고 세계의 가장 변두리 촌구석인 에티오피아도 선택과 보호와 통치와 인도를 받고 있다(9:7). 따라서 이들도 엄연히 하나님의 정의 아래에 있는 것이다. 이것은 당대에는 실로 충격적이고 경악할 신학 사상이었다. 이것으로 아모스는 하나님의 선민(選民)이라는 북이스라엘의 종교적 자만과 특권의식을 일거에 철폐시켜 버린 것이다. 그에 의하면, 종교적 선민의식과 특권의식은 그만큼 사회적 책임, 곧 정의로운 생활방식이 뒤따라야 하며, 그렇지 않으면 선민의식이 없는 민족들보다 더 가중처벌(加重處罰)을 받아야 하는 하나님의 심판 아래 있는 것이다.

아모스가 본 북이스라엘의 사회상은 참으로 끔찍했다. 사마리아 궁정사회와 상류사회는 숫제 **"폭력과 강탈의 도성"**(3:10)이었다. 극단의 폭력사회. 아니, 국가 자체가 폭력이었다. 그가 보기에 이것은 자멸의 징조였지, 결코 평화의 길이 아니었다. 폭력 국가, 이것이 경제적 풍요와 군사적 안전과 안보를 실현하여 자만에 빠진 여로보암 2세 시대 북이스라엘의 숨길 수 없는 실상이었다.

얼마나 심각하게 부패하고 타락했는가? "너희는 돈을 받고 의로운 사람을 팔고, 신 한 켤레 값에 빈민을 팔아넘기고, 힘없는 사람들의 머리를 흙먼지 속에 처넣어서 짓밟고, 힘 약한 사람들의 길을 굽게 하였다. 아버지와 아들이 같은 여자에게 드나들며, 전당으로 잡은 옷을 모든 제단 옆에 펴놓고는 그 위에 눕고, 하나님의 성전에서 벌금으로 거두어들인 포도주를 마시곤 하였다."(2:6~8)

왕으로부터 정치, 경제, 종교, 시민사회 등, 지도층과 백성이 똑같이 불의와 폭력의 깊은 수렁에 빠져 있었다. 아마 왕은 주변의 아첨꾼들에게 포위되어 나라의 실상에 대해서 제대로 파악하지 못하고 있었거나, 아니면 알면서도 자신의 치적에 만족하면서 세상이란 으레 그런 법이라고 외면했을 것이다.

사회적 약자들(히브리들)의 인신매매는 전혀 문학적 수사의 과장이 아닌 사실이었다. 돈 몇 푼 받고 동족을 외국에 팔아넘기는 일이 유행처럼 벌어지고 있었다. 정의가 없어진 것을 넘어서, 인간성 자체가 말살된 시대였다. 소수 지도층과 부유층은 배금주의와 쾌락주의로 넘쳤다. 그 결과가 성적 타락으로 나타났다.

아모스가 그렇게 거칠게 불의를 규탄하며 돌아다니자, 갖은 회유와 압력과 협박이 들어왔다. 외국인(그는 유다인이다)인 주제에 왜 남의 나라에 들어와 설치고 다니느냐는 것이었다. 그 말에 아모스는 이렇게 맞받아쳤다. "사자가 먹이를 잡지 않았는데, 부르짖겠느냐? 덫을 놓지 않았는데, 새가 덫에 치이겠느냐? 성읍에서 비상 나팔이 울리는데, 사람들이 두려워하지 않겠느냐?"(3:3~6)

도성의 부유층 집에는 폭력의 결과물들이 가득 쌓여 있었다. 남녀노소할 것 없이, 고급 수입명품인 아프리카 산(産) 상아로 꾸민 집에 살면서, 네 귀퉁이에 상아조각을 단 고급침대에서 자고, 낮에도 고급 안락의자에서 늘어지게 기지개를 켜고, 아침저녁으로는 입에서 살살 녹는 어린 양 요리를 해 먹고, 거문고 소리에 맞추어 연회(작은 콘서트 파티)를 열고 대접으로 포도주를 퍼마시는 일이 유행이었다(3:15; 6:4~7). 대낮에도 술을 많이 먹어 댔으니, 자동차가 있었다면 음주운전을 했으리라.

그리고 주말이 되면, 풍광 좋은 시골에 마련한 호화로운 별장으로 내려가, 그간 실컷 악행을 저지르고 노느라 쌓인 피로를 풀며 호의호식하였다. 그래서 또 피곤해지는 식이었다. 게다가 질 좋고 값비싼 소고기 생산지로 유명한 **"바산의 암소들"** 같은 상류층 여인네들은 부패한 남편들 못지않게, 하나같이 가난한 자들을 착취한 재물로 사치하며 교만하고, 살집이 뒤룩뒤룩하고, 고가의 외국산 수입 화장품을 바르고, 매일 흥청망청하는 각종 모임에 참여하느라 시간이 모자랄 지경으로 바빴고, 게다가 남편들에게 술을 가져오라고 명령할 만큼 기본적인 가정질서까지 무너뜨렸다.(4:1~3)

정치와 행정과 법률이 실종된 지 오래였다(5:12~13). 왕부터 말단 관리에 이르기까지, 사회적 약자들의 호소를 경청하는 자가 하나도 없었다. 왕과 정부는 소수를 위해서만 존재했고, 대다수 백성은 왕도 군대도 법률의 보호도 받을 수 없는 무국적자 신세로 전락하고 말았다. 법률을 다루는 자들만이라도 제정신을 가지고 직책을 수행한다면 백성에게 희망이 있을 텐데, 오히려 그런 자들이 한술 더 떠서, 법정을 강자의 눈치 보기와 편애와 뇌물수수의 관행이 판치는 유전무죄 무전유죄의 현장으로 만들어 놓았으니, 가난한 백성의 정당한 호소와 권리를 누가 옹호하고 구제해주겠는가! 법정에서는 올바른 증인을 미워하고, 사회는 바른말 하는 의인을 학대했다. 아모스는 이 모든 것이 정의(Mishpat)를 쓰디쓴 쓸개처럼 만들어 땅바닥에 내팽개치는 일이라고 몰아쳤다.(5:7)

어디 그뿐인가? 나라가 썩으면 한두 곳만 부패하는 게 아니라, 부패하지 말아야 할 곳조차 부패하기 마련이다. **종교도 썩었다. 아니, 종교가 부패와 불의의 본산이었다.** "벧엘"(남쪽)과 "길갈"(북쪽)의 두 성전조차도 "폭력과 강탈의 소굴"이었다(4:4~5; 5:5). 그러자 아모스는 차라리 벧엘과 길갈로 몰려가서 실컷 죄나 지으라고 신랄하게 조롱하며 비판했다. 내적 혁신과 사회정의를 외면한 종교행사 따위는 해서 뭣하겠느냐는 것이었다. 나라 안에 하나님 경외와 사회정의는 사라지고 없는데, 수많은 종교행사는 하루도 쉬지 않고 벌어져 구름 떼 같은 신자들로 가득했다. 그러한 종교행사는 하나님 모독의 죄였다.

종교인들은 아무도 진리와 정의에 대해서 말하지 않았다. 그저 많은 신도와 헌금만 생각할 뿐, 하나님의 말씀을 가르치지 않았다. 진리와 정의의 말씀을 가르치면, 신도와 헌금이 줄어들기 때문이었다. 종교가 올바른 인간을 길러내고 나라를 구원하는 길잡이가 아니라, 사람을 망치고 나라를 파멸로 몰아가는 앞잡이가 되어 있었다. 그래서 온 나라 안에 "기근"이 넘쳐났다. 밥 없는 배고픔이 아니라, "하나님의 말씀을 듣지 못한 굶주림이었다."(8:11~12)

그는 이 모든 일이 결국 결정적인 역사의 심판, 곧 "야훼(주)의 날"을 스스로 불러들이고 있는 것이라고 선포했다(5:18~20). 야훼의 날은 심판과 멸절의 날이다. 폭력 국가는 하나님이 역사폭력으로 해결한다! 이를 대행하는 것은 강대국이니, 곧 군사적 침략이다.

그러면 아모스가 선포한 생명의 길은 무엇인가? "너는 너의 하나님을 만날 준비를 하여라(4:12b). 너희는 하나님을 찾아라. 그러면 산다. …너희가 살려면 선을 구하고 악을 구하지 말라. …나는 너희가 벌이는 절기 행사들이 싫다. 역겹다. 너희가 성회로 모여도 도무지 기쁘지 않다. 너희가 나에게 번제물이나 곡식 제물을 바친다 해도, 내가 그 제물을 받지 않겠다. 시끄러운 너의 노랫소리를 나의 앞에서 집어치워라! 너희는 다만 공의가 물처럼, 정의가 마르지 않는 강처럼 흐르게 하여라."(5:6, 14, 21~24)

하나님을 만나는 것, 곧 거룩한 만남, 이것이 구원의 길이다. 그리고 이것은 하나님을 찾는 것이다. 이것이 의·공의이고, 선과 사회정의의 근본이다. 그런데 문제는 '하나님을 만날 준비를 하고, 하나님과 선을 찾으라.'고 했더니, 각종 제사(예배)와 절기 행사와 집회를 열어 드높은 소리의 오케스트라와 찬양대와 찬송가로 대신하고 있는 것이었다. 그 차이점이 무엇인지, 도대체 분별할 줄 몰랐다. 하나님은 이미 예배당을 떠나서 없는데, 사회정의와 올바른 삶을 외면하고 두엄더미처럼 썩어버린 신도들의 마음은 여전히 돈과 풍요와 쾌락만 빌었다. 도대체 예배와 기도가 어떤 것인지를 근본적으로 착각했다.

이렇게 과격하기 그지없는 비판의 언어를 쏟아내며 전국을 돌아다니자, 결국 당국에서 그를 체포했다(7:10~17). 그런데 체포한 사람은 경찰이나 검찰이 아니라, 의외로 종교인이었다. 국가 최고 대제사장인 '벧엘'의 "아마샤"(야훼는 능력자이시다)는 여로보암 2세에게 가서, 한 외국인 촌놈이 들어와 반란을 선동하고 있다고 보고했다. 그는 절대권력 곁에서 듣기 좋은 말만 하며 호의호식하는 어용 종교인이었다.

그런데 이상하게도 왕은 아무 조치도 내리지 않았다. 아마 풍요한 경제와 튼튼한 안보를 이룩한 제 업적을 믿고 도량이 커진 것 같았다. 그러자 아마샤도 하는 수 없이 체포한 아모스에게 위협만 하고 내쫓아버렸다. 그는 이렇게 말했다. "여기를 떠나라. 네 나라에나 가서 예언을 하면서 밥벌이나 하고 살아라. 다시는 이곳에 나타나서 떠들지 말라. 이곳은 임금님의 성소요 왕실이다."

그는 자기가 밥벌이로 제사장을 하고 있었기에, 남도 밥벌이로 예언자 행세를 하는 줄 알았다. 측은하기 그지없는 종교인의 모습이었다. 그러자 아모스는 자기는 본래 예언자도 아니고, 예언자의 제자 축에도 들지 못하고 그저 야생 무화과나무를 가꾸는 농부인데, 어느 날 하나님이 자기를 붙잡아 "말하라!"고 시켜서 하는 수 없이 하는 것이라고 대답했다.

17세기 네덜란드 암스테르담에서 안경알을 갈고 닦아 생계를 유지하며 철학을 했던 유대인 철학자 '바루흐 스피노자'는 당대 유럽의 정치와 종교(기독교와 유대교)의 부패한 현실을 비판하면서 이런 말을 한 적이 있다. "매우 야비한 위선자들은 결백하고 뛰어난 자질을 지닌 사람들이 대중의 적대감을 선동한다는 이유로 온갖 곳에서 그들을 고소해왔다. 이 위선자들은 자신들이 신의 율법에 대한 열성이라고 부르는 것과 동일한 열정에 사로잡혀 있다. 그들은 이 훌륭한 사람들이 공공연하게 자신들의 믿음을 비난하고, 자신들을 향한 군중의 야만스러운 분노를 부채질했다고 말한다. 이렇게 종교라는 미명 아래 숨어 있는 이 부끄러움을 모르는 방자함을 진정시키는 것은 쉽지 않다."《신학 정치론》 아니, 쉽지 않은 것만도 다행이라 하겠다. 거의 불가능하다.

아무도 듣지 않아, 그는 완전히 실패하고 떠났다. 북이스라엘은 그가 떠나고 20여 년이 지나 결정적인 "폭력의 날", 즉 "야훼의 날"이 다가와 멸망하여 깜깜한 역사의 어둠 속으로 침몰하고 말았다. 그리하여 아모스가 사용한 단어대로, "골라"(Gola), 곧 "포로로 사로잡혀가는 이스라엘인"(5:5)이 되고 말았다.

그러나 그는 "남은 자"(The Remnants) 사상을 선포하며 희망을 전하기도 했는데(3:12; 9:8), 이후 제1이사야(6:13) 등 모든 예언자가 이어받아 이구동성으로 설파했다. 이것은 아무리 종교와 국가가 해체되고 민족이 절멸에 가깝도록 심판받는 지경까지 이른다고 하더라도, 야훼 하나님은 여전히 자기를 신뢰하고 충성하는 소수의 사람들을 살아남게 하여, 그들을 통해 계속 이스라엘의 전통과 정신과 법과 삶의 태도, 곧 세계구원의 계획인 아브라함의 명제를 이어간다는 희망의 언어, 희망의 신학, 희망의 사상이다.

세계사에서 그토록 과격하게 사회정의를 외친 사상가도 없었다. 그는 지금도 여전히 세계에 도전하고 저항하고 있다. 오늘의 세계 역시 아모스의 메시지 앞에 서 있다. "오늘날 우리는 유다에서 올라온 이 예언자 앞에 나서는 것이 얼마나 위험스러운 것인지를 깨닫고 있다. 교회는 강력한 고성능의 폭발물질을 가진 이 예언자의 책을, 자신이 경전으로 삼고 있는 구약성서의 밑바닥 속에 묻어 두고 있는지를, 아직도 전혀 눈치채지 못하고 있다. 아모스는 자기 자신의 종말에 직면하여 서 있는 모든 세대의 동시대인이다. 그는 강인한 반대와 가차 없이 저항한 사람이요, 쉬지 않는 혁신의 선구자이다."《한스 W. 볼프–예언과 저항》

호세아

"호세아"(Hosea, 야훼께서 구원하신다. 본래 여호수아. 호세아는 애칭. 혹은 예수아. 그리스어-예수. 뜻은 같다)는 성품이 다정다감한 지식인 출신으로 하나님의 사랑과 자비에 대해서 강조했기에, "사랑의 예언자"《한스 W. 볼프-호세아서 연구》라고 한다.

그는 각 개인의 내면적 변혁을 통하여 이룩하는 사회정의를 요구한다. 하나님을 사랑하는 마음으로 사람을 사랑하라고 하는 그의 메시지는 부드럽고 따스한 사랑의 하나님이 지닌 모성적인 측면에 대한 자각을 강조하기에, 영적·내면적·정신적 성격이 강하다. 그의 가문과 직업과 출신 지역에 대해서 아무것도 알 수 없지만, 그의 책에 나타난 갖가지 심원한 지식과 신학 사상과 고도의 문학적 표현양식을 고려할 때, 체계적으로 공부한 계층 출신이 분명해 보인다. 어쩌면 '엘리사' 예언자가 세워 북이스라엘의 전통으로 자리 잡은 수도원 학교 출신의 지식인일지도 모른다.

호세아를 통하여 읽어야 할 것은 종교적 상징(symbol)의 의미와 힘이다. 호세아만큼 삶 그 자체로 나라의 상징과 메시지가 된 예언자도 없다. 그가 겪은 눈물겹고 비극적인 가정사는 북이스라엘과 하나님의 관계를 상징하는 메시지이다. 그가 말하는 하나님은 당신의 자식·백성에게서 버림받은 분이시다! 그래서 그는 온 마음과 몸을 내던져, 하나님의 거룩한 사랑의 부드러움과 거룩한 형벌의 격렬함을 중간에서 화해시키려고 눈물 나게 분투했다.

깊고 강렬한 신-체험에 대한 깊은 사색을 통해 하나님의 마음과 감성과 뜻을 깨달은 호세아는 육욕과 음란과 방탕과 사치에 찌들어 사는 "고멜"(Gomer, 고메르)과 결혼한다. 그러나 자식을 셋이나 낳은 그녀는 다시금 남자들의 유혹을 못 이기고 나가, 가정을 완전히 쑥대밭으로 만들어버린다. 그렇게 버림받은 호세아 식구들은 그대로 하나님과 북이스라엘의 망가진 관계를 상징하는 대역배우들이다. "호세아의 모든 메시지는 그의 가슴의 고통으로부터 나온 것이었다."《E. 젤린-구약성서개론》

그렇게 하여 호세아는 이스라엘 역사상 최초로, 사랑의 하나님과 하나님의 사랑 이해에서 가장 심원하고 높은 차원에 도달한다. 이것은 호세아가 본래 '계약관계에 대한 법적 충실성'을 뜻하는 사랑(헤세드Hesed)의 개념이 하나님과 인간(이스라엘)의 법적 관계를 표현하고 규정하는 데 있어서, 이제 그 효용성을 상실하여 부적절하게 되어버렸다는 것을 이해했음을 의미한다. 그래서 호세아는 헤세드 개념을 인격적·정서적·감정적 차원으로 다르게 이해하여, 자신의 메시지 전체를 중심 잡고 꿰뚫는 하나의 단어와 자신의 존재 방식으로 삼는다. 그런 점에서 호세아는 실로 구약성서의 신앙과 신학의 최고봉이요, 나사렛 예수의 선구자라 하겠다.

이처럼 호세아의 가정사는 하나님을 저버리고 물질적 탐욕과 풍요(바알과 아세라)에 빠져서 영혼을 상실하고 살아가는 북이스라엘의 비참한 삶과 아내 북이스라엘을 향한 남편 야훼 하나님의 외롭고도 비극적인 슬픔과 고통을 보여준다. 더 나아가 북이스라엘의 부정(不貞)에도 불구하고, 아니 그럴수록 더욱더 불길처럼 타오르는 사랑의 하나님이 드러내는 역설적이고도 끈질긴 사랑의 심리학적 내력을 보여준다. 하나님의 사랑은 당신이 준 율법조차도 무너뜨리고 넘어서는 초월적인 사랑이다.

"호세아는 자기 가정적 비극에서 하나님의 헤세드를 설명하고 있다. 호세아는 지옥의 심연에까지 끌려 들어갈 수밖에 없었다. 이스라엘과 하나님과의 관계를 부부관계로 본 호세아는 자기의 비극적인 경험에서, 타락한 이스라엘이 하나님을 버리고 바알과 다른 신에게 마음과 몸을 바친 간음행위를 볼 수 있었다."《김정준-전집 제4권, 구약신학의 주제와 방법》

그렇게 하여 호세아와 고멜의 비극적인 가정사는 여로보암 2세 사후 잇

따른 쿠데타로 인한 정치적 혼돈(7:3~7)과 급속히 무너져가는 경제 현실 속에서도, 여전한 풍요하고 사치스러운 생활에 대한 탐욕, 극단적인 계층 차별, 만연한 도덕적 부정, 모든 정부 부처 관리들의 불법적 행위, 그로 인하여 버려진 양 떼처럼 방황하면서도 여전히 부와 풍요에 매달려 살아가는 가여운 백성, 곧 남편인 하나님을 내버리고 헛된 **"우상"**(엘릴림Elilim, 그-에이돌론Eidolon, 없는 것·허무하고 헛된 것)만 추구하며 빠르게 몰락해가고 있는 북이스라엘의 참담한 현실에 그대로 대입되었다. 그런데도 북이스라엘은 자신이 **"하나님의 아내·신부"**(2:19~20)라는 고귀한 신분조차 깨달을 줄 몰랐다. 그러니 북이스라엘은 제아무리 바알(Baal)신 남편(Baal 단어의 뜻)에게 사랑을 바친다 해도 만족을 모르고, 늘 배고프고 목마르고 고통만 겪을 것이고, 돌아서지 않는 한 끝내 버림받고 말 것이었다.

호세아는 온 나라가 극한의 어둠으로 뒤덮인 것을 보았다. 불의와 쾌락주의로 뒤덮인 나라는 한 치 앞도 내다볼 수 없는 상황이었다. 사람은 많았지만, 도무지 사람(!)이 없었다. 모든 인간적 가치가 무너져 내렸다. 도덕적 아노미(anomie) 상황. 돌아서지 않으면, 곧 파멸할 것이었다. 그러나 아무도 모르고 있었다. 모두 거대한 어둠의 토네이도에 휩쓸려가고 있었다. 이것이야말로 동서고금 하나의 나라가 빠지는 가장 무서운 모습이다. 멸망의 불구덩이를 향하여, 열성적이다 못해 광적으로 달려드는 부나비 같은 모습! 정치도 종교도 지도층도 지식인 사회도 백성도 다 썩었다면, 남은 것은 파멸밖에 없다.

그는 나라의 현실을 이렇게 말했다. "이 땅에는 진실도 없고, 사랑도 없고, 하나님을 아는 지식도 없다. 있는 것이라고는 저주와 사기와 살인과 도둑질과 간음뿐이다. 살육과 학살이 그칠 사이가 없다. 땅이 탄식하고 주민이 쇠약해진다."(4:1~3) 그는 '살인'은 개인이 저지르는 것으로, '살육과 학살'은 군부 쿠데타로 상대편을 몰살시켜버리는 잔혹한 행위를 가리키며 구별해서 사용했다.

진실(Emeeth)과 사랑(Hesed)과 하나님을 아는 지식(다아트 엘로힘Daath Elohim) 세 가지는 호세아 신학의 중심 개념이다. 이것은 사람이 하나님을 향해서 지녀야 할 태도를 말하는 것으로, 본질은 같다. 히브리 신학 개념으로는 의(체다카Tsedaqah)이다. 하나님을 알면 진실하게 이웃을 사랑하며 살고, 일상에서 진실하고 이웃을 사랑하며 사는 것은 하나님을 아는 것이라는 게 호세아의 사상이다. 하나로 말하면 하나님을 아는 것이다. 하나님을 아는 것은 한 인간의 온전한 내적 변화를 뜻한다. 거기에서 진선미의 삶이 나온다.

따라서 호세아는 북이스라엘의 타락한 현실이 하나님을 알지 못하기 때문에 빚어진 일이라고 본 것이다. 그는 사회정의를 촉구한 아모스와는 달리, 각 사람의 내면을 향해 직접적이고 감성적이고 인간적으로 접근하며 호소했다. 그는 인간을 대단히 긍정적으로 보고 높이 평가한 셈이다. 그는 사람들의 선한 감성에 호소했고, 인간의 가능성을 긍정했다. 그는 타락한 인간이라도 여전히 하나님의 사랑을 알 수 있는 가능성이 남아 있다고 보았다. 그로 인해, 그리고 또 수없이 배반당하여 슬픔과 고통을 겪는다 해도, 그는 인간을 버리거나 포기하지 않았고, 오히려 그럴수록 더욱 믿었다. 인간 중에서 이러한 일이 가져오는 고통을 견디어 낼 사람은 진실로 하나님의 손아귀에 있는 예언자 외에는 없다.

그러나 돌아온 것은 여전히 묵묵부답에 더 광기를 부리며 치달아가는 물질주의와 쾌락주의와 하나님 배반뿐이었다. 사람들은 하나님의 사랑 같은 것은 아무런 가치도 없는 듯 여기고 살았다. 이것이 참된 구원의 길인데도 불구하고, 지금 당장 누리는 행복과 쾌락과 성공을 신처럼 떠받들 뿐이었다.

그러면 나라가 망가지게 된 근원이 있을 것이 아닌가? 나라가 저절로 망가질 리는 없으니, 앞장서서 말아먹는 자들이 있는 게 아닌가? 놀랍게도 호세아는 정치인을 말하지 않고 **종교인들**을 말한다. 그는 백성을 올바로 인도해야 할 당대 지식인들, 곧 **"제사장들과 왕실 예언자들"**(변질된 예언자 집단인 나비즘Nabism)이 탐욕과 부패와 불의에 지독하게 중독된 것을 나라가 망가지게 된 첫째 원인으로 꼽았다.(4:4~5:3; 8:11~13)

종교와 정치와 돈의 야합! 물론 모든 지식인이 망가진 것은 아니었겠지만, 그는 그 어떤 예언자들보다도 제사장 종교인들·교육자들·지식인들의 무책임과 탐욕을 강력하게 비판하고 심판한 예언자였다. 그의 책에서 많은 비중을 차지하고 있는 부분이 종교비판이라는 것이 이를 증명한다. 그는 제사장이나 왕실 예언자들의 직무가 단지 예배나 듣기 좋은 설교만 수행하는 것이 아니라, 왕들과 관료들과 지도층을 비롯한 모든 백성에게 하나님을 아는 지식을 제대로 가르치는 일에 있다고 보았다. 따라서 그는 이스라엘의 종교적 전통을 그 시대에 맞게 재해석하여 새롭게 밝힌 것이다. 모세 종교와 율법은 예배나 설교가 그 자체로 중요성을 가진 게 아니다. 이것은 전적으로 이스라엘의 평등하고 평화로운 공동체 건설과 건강한 삶을 위한 종교적 방편으로 주어진 것이다.

그래서 그는 하나님을 아는 것과 사회적 실천을 가르쳐야 할 종교인의 거룩한 사명을 망각하고 방기(放棄)한 제사장들과 지식인들에게 준엄한 선고를 내렸다. "제사장과 (왕실) 예언자가 함께 넘어질 것이다. 제사장이 하나님의 율법을 마음에 두지 않는다. **제사장이 많아질수록, 하나님에게 짓는 죄도 더 많아진다. 나의 백성은 음행하는 일과 정신을 빼앗기고, 포도주에 마음을 빼앗겼다. …깨닫지 못하는 백성은 망한다!"**(4:4~14)

바로 이것이었다. 하나님의 말씀(신앙·의·진리)은 제쳐두고, 오로지 예배와 성공과 위안과 안락의 심리학과 처세 철학만 강조하고 축복하는 제사장들과 왕실 예언자들이 나라를 망가뜨린 주범이었다. '제사장이 많아질수록 죄도 더 많아진다.'는 말은 예언자들이 한 말 중에서 가장 강력한 비판이다. 결국 나라가 망하는 데 가장 큰 책임을 져야 할 사람은 종교인들이라는 것이었다. 지도층과 백성이 하나님을 알도록 강직하게 가르치지 않았기 때문이다.

이것은 오늘날 점점 더 세속화되고 있는 기독교에 대한 선전포고이기도 하다. 아모스의 메시지가 사회에 던진 정치 신학적 폭탄이라면, 호세아의 메시지는 종교에 던진 신학적 폭탄이다. 어느 종교든 자기 본래의 진리를 제대로 가르치지 않는 것은 직무유기요 나라를 망치는 근본이다.

'제사장이 많아진다.'는 말은 무엇보다 종교와 율법(오늘날 성서와 기독교 전통)에 대한 신학적 지식도 형편없는 무자격자들이 밥벌이로 성직을 맡는 일이 관행이 되다시피 한 것을 말하며, 깊은 내적 자각이나 인격적 변화도 없는 그들이 하나님의 말씀을 제대로 알지도 가르칠 줄도 모르고, 그저 형식적으로 주관하는 현실을 빗댄 것이다. **'음행, 포도주'**는 글자 그대로 성욕과 술에 취한 음란과 매음과 광란을 넘어서, 나라 전체가 미쳐서 빠져 사는 일체의 것들을 상징한다. 먹고 마시고 놀고, 성공을 자랑하고, 별장 짓고 잔치하며 흥청망청 사는 소비문화의 중독! 호세아는 이것을 '몸을 파는 창녀 짓'이라고 격하게 말했다.

그런데 국제정세와 나라가 자기들의 생각이나 말처럼 전개되지 않고 점점 더 위기로 치달아가자, 다급해진 제사장들과 거짓 예언자들은 본질은 생각할 줄도 모르고, 오히려 백성을 더욱 충동하여 수없이 **경건한 기도와 회개집회**를 개최하며 하나님의 구원을 호소했다. 하지만 그 모든 것이 면피용의 거짓된 형식주의에 불과했다. 광장이나 운동장이나 체육관 회개집회의 위선은 수천 년의 오래된 내력을 가지고 있다! 그렇게 해서 정녕 사람들이 회개란 것을 한다면야 매일 열어야 할 것이고, 나라는 곧 천국으로 변하리라.

호세아는 이것을 지적한다(6:1~3, 4~11). 1~3절은 수많은 기도집회에서 드린 제사장들과 거짓 예언자들과 백성들의 기도가 얼마나 위선적인지를 그가 폭로한 내용이다. "이제 주님께로 돌아가자. 주님께서 우리를 찢으셨으나 다시 싸매어 주시고, 우리에게 상처를 내셨으나 다시 아물게 하신다. 우리가 애써 주님을 알자. 새벽마다 여명이 오듯이, 주님께서도 그처럼 어김없이 오시고, 해마다 쏟아지는 가을비처럼 오시고, 땅을 적시는 봄비처럼 오신다."(6:1~3)

얼마나 경건하고 거룩한 기도인가? 그러나 실상은 죄다 거짓 회개요 위선이었다. 이를 통찰한 20세기 독일 신학자의 말을 들어보자. "이 기도에는 하나님을 향하여 직접적으로 부르는 호칭이 없다. 그 백성은 하나님의 눈길을 피하는 것처럼 보인다. 이 예언자는 그들의 기도를 빈말이라고 평가한다. 이 기도는 전체적으로 자기의 환난과 슬픔을 달래기 위하여 미사여구를 늘어놓은 군말에 불과한 것으로 보인다. 게다가 이 기도에는 자기들이 범한 불법의 인정과 회개가 없다."《한스 W. 볼프-호세아서 연구》

이렇게 수많은 집회에서 기도는 경건한 목소리로 하지만, 실제로 변화된 것은 하나도 없었다. 집회 후에도 여전히 예전의 죄와 부패한 생활을 반복하며, **"하나님 배반, 폭력과 살해"**(6:7~10)를 일상으로 벌였다. 종교를 가진 사람들이 이렇게까지 위선과 무감각한 상태에 빠질 수 있다는 것은 실로 가공스러운 일이다.

그러면 그것을 고치고 살길은 무엇인가? "내가 바라는 것은 변함없는 사랑이지 제사가 아니다. 불살라 바치는 제사보다는 너희가 나 하나님을 알기를 더 바란다."(6:6) 그는 계속해서 **'하나님을 아는 지식'**을 호소한다. 이것은 신에 대한 종교 철학적 지식이 아니라, 하나님과 인격적인 관계를 맺고 살아가는 것, 곧 하나님을 진실하게 사랑하는 것이다. 그러면 사람을 사랑하게 되어 있다.

이런 상황에서 드디어 아시리아가 쳐들어오기 시작하고, 안에서는 습관처럼 쿠데타가 벌어졌다(7:3~7; 8:1~14). 호세아는 그것을 "뒤집지 않고 구워서 한쪽만 익은 빈대떡" 같은 경우라고 말했다(7:8). 곧 아시리아가 세상을 폭풍처럼 쓸어버릴 것이었다. 그러나 북이스라엘은 무지한 종교적 교만과 풍요의 단물에 가득 중독되어, 아시리아에 삼켜 죽을 날이 얼마 남지 않은 것도 깨닫지 못했다.

호세아는 그런 위기 속에서 계속 구원의 길을 설파했다. 그런데도 왕을 비롯한 정치가들은 도대체 귀를 기울일 줄 몰랐다. 온 나라가 거짓말투성이고, 허망한 것에 정신이 팔려서 느슨하게 풀어진 활과 깨진 오지그릇처럼 도무지 쓸모없게 되어가고 있었다. 그는 그것을 **"바람을 심어 광풍을 거두는 짓"**(8:7)이라고 비난했다.

그동안 줄곧 사랑의 하나님을 설파해온 그였다. 그러나 이제는 바람 앞의 촛불 격인 나라를 바라보고, 백성이 말씀을 버리면 하나님도 기다리다가 또 기다리다가 끝내 백성을 버린다고 말하기 시작했다. 그리하여 그도 결국에는 우상숭배, 곧 풍요와 성공과 물질적 향락의 바알 종교를 섬긴 일에서 돌아서지 않는 한, 파멸밖엔 맞을 것이 없다고 선포했다.

그는 있는 힘을 다해서 호소했다. **"지금은 정의를 뿌려 사랑의 열매를 거두고, 묵은 땅을 갈아엎을 때이다."**(10:12) 그러면 구원이 온다. 그러나 왕을 비롯한 대신들이나 군부는 오히려 많은 전차와 군대만 믿고 끄떡없다고 큰소리쳤다(7:15). 그러자 호세아는 하나님만이 희망인데, 날이 갈수록 바람을 먹고 살며, 종일 열풍을 따라서 달리고, 거짓말만 하고 폭력만 일삼는다고 책망하다가, 이제는 그 죗값을 치를 수밖에 없다고 절망적으로 선언했다. **"이 나라는 곧 망한다!"**(9:1~9; 11:5~7)

호세아는 그렇게 대략 20여 년 정도, 왕을 비롯한 정치가, 상류층, 지식인 등의 지도층, 그리고 백성에게 하나님의 사랑과 진리를 외치며 다녔다.

그가 하나님을 어린 아기를 돌보는 엄마의 모습으로 그린 것은 훌륭한 표상이었고, 후일 바빌로니아에서 활동한 한 신학자·예언자에게 큰 영향을 끼치기도 했다(이사야서 46:3~4). "나는 에브라임에게 걸음마를 가르쳐 주었고, 내 품에 안아서 길렀다. 나는 인정의 끈과 사랑의 띠로 그들을 묶어서 업고 다녔으며, 가슴을 헤쳐 젖을 물렸다."(11:1~4)

그러나 아무도 귀를 기울이지 않았다. 지도층이 듣지 않는데, 어찌 백성이 듣겠는가? 게다가 백성이 듣는다 해도 소수뿐이었기에, 힘이 되지 못했다. 그리하여 가정사의 비극을 통하여 온몸으로 생명의 길을 설파한 호세아 예언자의 인생은 완전히 실패로 돌아가고 말았다. 그리고 얼마 후, 결국 아시리아 제국에게 멸망당했다.

호세아서는 구약성서에서 단연 독특한 책이다. 구약성서의 복음서라 할 수 있겠다. 그런데 지나치게 시대를 앞섰다. 그보다 800년 후에 나타나 사랑의 하나님과 내면의 변화에 대한 복음을 말한 예수의 시대에도 알아듣지 못했는데, 그렇게 이른 시대에 알아들었겠는가? 사람을 향한 하나님의 애끓는 사랑과 하나님을 향한 진실한 사랑만이 구원의 길이라고 설파한 그는 철저히 실패했다.

그러나 그의 말과 삶은 그러한 실패를 통하여 두고두고 이스라엘 역사에 남아, 사람들의 가슴을 적신 진리의 샘물이 되었다. 800여 년 후의 예수도 호세아에게 많은 영향을 받아 그를 좋아하여(자기와 이름이 같음), 그의 말을 여러 번 인용하면서 깊은 애정을 드러낸 바 있다.(마태복음서 9:13 등)

호세아서에는 북이스라엘의 멸망에 대한 기록은 없다. 아마 그 전에 예언 활동을 마치고 은둔했거나, 어쩌면 세상을 떠난 것으로도 보인다. 호세아는 남유다 왕국의 예언자인 제1이사야와 미가와 활동 시대가 겹친다. 모두 아시리아의 세계적인 군국주의 광풍 앞에서 나라와 민족이 살길을 외쳤다.

제21장

남유다 왕국의 중기

– 예언자 제1이사야, 미가

성서: 열왕기하 14장~20장, 이사야서 1장~39장, 미가서

기원전 8세기 후반부에 남유다 왕국은 동족인 북이스라엘의 멸망을 지켜보며 떨어야 했고, 이윽고 그 아시리아 제국의 두 번에 걸친 침공으로 인한 위기의 시대에 처해 있었다. 나라는 쑥대밭이 되었다. 그러한 상황에서 제1이사야와 미가 예언자는 거룩하고 의로운 하나님에게 돌아서서 정의로운 나라를 이룩하는 것만이 살 길이라고 외쳤지만, 아무도 듣지 않았다.

나라는 깨져가고…

남유다의 중기역사는 북이스라엘의 여로보암 2세 이전으로 돌아간다. 제18장 끝에서 '요아스는 신하들에게 살해당했다.'고 말했다. 시리아의 침공 때, 요아스가 선대왕들이 마련해둔 성전과 왕실창고의 모든 보물을 주고 달래서 돌려보낸 것에 불만을 품은 민족주의자들이 살해한 것 같다. 그의 아들 **"아마샤"**(800~783년)는 아버지를 살해한 신하들을 무서워하다가 왕권을 확고히 다진 후 복수를 감행하여, 그들을 모조리 처단했다. 그는 아버지가 종교와 성전에만 힘쓰고 군대를 제대로 돌보지 않은 까닭에 참살당한 것으로 보고, 군대를 강화하여 확고하게 손에 쥐었다.(열왕기하 14:1~22)

그런데 그는 군대가 장기간 놀기만 하면 탈을 일으킨다고 보고, 일부러 이리저리 전쟁을 일으켜 다른 데로 눈을 돌리지 못하게 했다. 그러자 전쟁 맛에 빠져, 겁도 없이 자기보다 몇 배 더 강한 군사력을 가진 북이스라엘에 도전장을 냈다가, "여호아스"(엘리사를 스승으로 받든 왕) 왕에게 대패하고 생포되어 예루살렘으로 끌려왔다. 여호아스는 유다 왕실을 약화시킬 겸, 유다 사람들이 소중하게 여기는 성전을 둘러싼 예루살렘 성벽을 180미터나 헐어버리고는, 성전과 왕궁의 보물창고에 그나마 남아 있던 금은보화를 달달 털어 약탈하고 백성까지 볼모로 잡아갔다. 그 후 아마샤는 15년이 지나도록 나라를 제대로 회복하지 못하고 어물거리다가, 믿는 도끼(군대)

에 발등을 찍혀(반란), 유다 남서부 블레셋 국경지대인 "라기스"로 도망쳤다가 살해당하고 말았다.

그의 아들 **"웃시야"**(아사랴)는 52년간 통치했는데(783~742년), 대부분 북이스라엘의 여로보암 2세와 겹친다. 그가 오래 통치한 것을 볼 때, 여러 업적을 남긴 훌륭한 임금이었을 텐데 이상하게도 열왕기 사관들은 별다른 말이 없고, 단지 유다 남부 홍해 아카바만의 항구도시인 "에일랏"(엘랏)을 재건했다는 말만 있어, 군사적 업적이 컸다는 것을 짐작하게 할 뿐이다(열왕기하 15:1~7). 아마도 말년에 저지른 종교문제 때문에 평가절하 된 것 같다.

그런데 "역대지"에는 웃시야에 대해 좀 더 자세히 기록되어 있다(역대지하 26장). 그는 훌륭한 제사장 "스가랴"를 스승으로 두고, 충실하게 이스라엘의 전통을 따르며 통치했다. 블레셋을 정복하고, 아라비아 족들을 물리치고, 암몬 왕국이 조공을 바치게 하는 등 국토를 확장하고, 곳곳에 초소를 세우고 유능한 공학자들을 기용하여 큰 돌을 성으로 날리는 투석기까지 발명하며 강력한 군대를 만들어 안보를 튼튼히 했다. 그리고 아버지 시대에 무너진 예루살렘 성벽을 보수하고, 목축과 농업을 장려하고 식량 생산량을 늘려 풍요로운 경제를 가져왔다. 그래서 그의 이름이 이집트까지 알려졌다. 실로 유다 왕국 사상 처음 있는 일이었다. 물론 북이스라엘처럼 그 당시 펼쳐진 국제정세의 혜택을 입은 덕분이었다.

그런데 '사자는 백수의 제왕이지만, 정작 장(腸) 속 벌레 때문에 죽는다.'고 했다. 경제부흥과 국가안보를 확보하게 되자, 그는 무소불위의 권력자가 되어 못 하는 일이 없었다. 급기야 성전에 들어가 왕도 하면 안 되는 제사를 집행하려 하자, 대신들과 제사장들이 만류했지만 듣지 않았다. 그런데 마침 악성 피부병(문둥병)을 얻었다. 사람들은 하나님의 심판이라고 해석했다. 그래서 별궁에 유폐되어 **"요담"**(756~736년) 왕자가 섭정에 들어갔다. 52년의 통치라 하지만 15년은 그렇게 한심한 신세로 연명하다가 죽었다. 웃시야가 죽던 해에 "이사야"(제1이사야)가 예언자의 소명을 받아* "요담, 아하스, 히스기야"를 거쳐 "므낫세" 왕 초기까지 활동했다.

'요담' 왕 때 쳐들어온 북이스라엘의 '베가' 왕과 시리아 동맹군에게 많은 성읍과 백성을 빼앗겼다(열왕기하 15:32~38). 남유다 왕국에 서서히 검은 구름이 덮쳐왔다. 요담은 별로 한 일도 없이 시름시름 앓으며 아들에게 섭정을 맡기고 살다가 세상을 떠났고, 그의 아들 "아하스"(746~726년)가 왕이 되었다.(열왕기하 16:1~20)

어려운 국제정세 속에서 기울어진 나라를 물려받은 아하스는 야훼 신앙으로 돌아서지 않고, 오히려 북이스라엘 왕들의 예를 따라갔다. '이사야' 예언자가 종교 고문으로 있었지만, 그를 제대로 활용할 줄도 몰랐다. 그렇기는커녕 그는 솔로몬처럼, 여러 나라의 종교와 풍속을 들여와 제사를 바쳤다. 그리하여 나라에 이방 종교와 풍속이 급속도로 창궐하여 정신문화가 혼탁해지고 말았다.

그러자 곧 하나님의 심판이 떨어졌다. 다시금 북이스라엘과 시리아 연합군이 쳐들어왔다(시리아-에브라임 전쟁, Syro-Ephraimite War, 734~733년). 그는 할아버지 웃시야가 확장해 놓은 영토를 대부분 잃어버리고, 섬 마냥

---

* 이사야서는 한 권으로 된 세 사람의 책이다. 1~39장을 쓴 사람이 제1이사야, 40~55장은 이름이 익명이기에 제2이사야, 56~66장을 쓴 익명의 기자는 제3이사야라 한다. 자세히 보면, 시대와 상황과 내용이 전혀 다르다. 제2이사야서는 유다 왕국 멸망 후 바빌로니아 포로지에서, 제3이사야서는 바빌로니아가 멸망하고(기원전 539년) 고국으로 돌아온 후 페르시아 시대에 선포된 것이다.

이사야서를 모두 제1이사야가 썼다면, 그가 예언자로 나선 742년경부터 페르시아시대에 성전을 다시 지은 515년 이후까지 227살이 되고, 거기에다 예언자로 나선 나이를 알 수 없어 25세 정도로 봐도 252세를 살았다는 말이 되기에, 전혀 현실성이 없다. 개중에는 '환상으로 보고 쓴 것'이라 말하는 사람들이 있는데, 그런 말은 예언자가 어떤 인물인지를 전혀 도외시한 무책임한 발언이다. 신학자들이 이사야를 1,2,3으로 말한 것은 시대상의 차이를 파악하고, 그들을 서로 구별하기 위해 한 것이다. 제2,3이사야는 그 시대를 다룰 때 말하고자 한다.

국제적으로 고립되고 말았다. 그때 이사야는 그에게 **"신앙 안에 굳게 서지 못한다면, 절대로 굳게 서지 못한다."**(이사야서 7:9b)고 하며 야훼 하나님만 믿으라고 촉구했지만, 그는 콧방귀도 뀌지 않았다. 예루살렘 요새 안에서 저항하던 그는 아시리아의 '티글라트 필레세르 3세'에게 원군을 요청했다. 그는 원조 대금으로 그나마 성전과 왕궁의 보물창고에 남아 있던 금은 보화를 죄다 긁어서 주었다. 그러자 이게 웬 횡재인가 싶은 아시리아 왕이 즉각 출동했다. 그는 오는 길에 그 소식을 듣고 황급히 수도로 돌아온 시리아 왕을 죽이고 멸망시켰다.(732년)

그러자 아하스는 '큰 형님'의 처사에 너무나도 감격하고 황송한 나머지, 직접 '다마스쿠스'까지 달려가 아시리아 왕을 알현하였다. 그리고 어리석게도 그들의 승리와 강대함이 그들의 신과 종교의 도움이라고 생각하고는, 야훼 종교를 내버리고 아시리아 종교 제단의 모형과 도면을 세밀하게 그려서 고국으로 보내, 하루빨리 그대로 만들어 놓으라고 명령했다. 그러고는 돌아온 즉시 그곳에서 제사를 바치고, 예루살렘 성전을 거의 폐쇄해 버렸다. 그는 그렇게 뼛속까지 친-아시리아파가 되어버렸다. 대제국의 황제에게 경의를 표한다고, 왕궁과 성전을 오가는 왕 전용 통로까지 폐쇄해 버리고는, 일반 백성이 드나드는 문으로 출입할 정도로 자신을 겸손하게 낮추기까지 했다. 도대체 유다 왕이라는 게 믿어지지 않을 정도였다. 그러고는 얼마 후에 죽었다. 유다 역시 어리석은 왕들 때문에 자발적으로 망국의 길로 걸어 들어가고 있었다.

아들 **"히스기야"**(726~697년)가 왕이 되었다(열왕기하 18:1~20:21). 그의 제6년에 북이스라엘이 아시리아에 멸망당했다(721년). 그 '민족적 대사건'에 유다 왕국은 엄청난 충격을 받고 공황상태에 빠지고 말았다. 그래서 미리 아시리아에 납작 엎드려 조공을 바치며 속국으로 사는 것만이 살길인 듯 보였다. 그런데 뜻밖에도 히스기야는 아시리아 왕(사르곤 2세, 구약성서에는 나오지 않음)에게 반기를 들고 자주독립의 기치를 세웠다. 그는 이사야를 충실히 따르며, 하나님만 의지한다는 것을 증명하고자 대대적인 **종교개혁**을 단행했다. 그러고는 장기전에 대비하여 성 밖의 "기혼" 샘에서 예루살렘 도성의 "실로암"으로 이어지는 **지하수로**를 파서 물 저장소를 만들어 놓았다.(히스기야 수로. 지금도 있음)

그런데 그는 그 후 대단히 모순된 행동을 했다. 느닷없이 **이집트와 동맹조약**을 맺었다. 아시리아의 위협을 극복하고자 종교개혁을 단행한 왕으로서는 어처구니없는 외교정책이었다. 이러한 정책의 이유는 720년경 이집트에 정변(政變)이 발생하여 에티오피아의 "샤바코"가 이집트를 정복하고 통일하여 제22왕조를 출범시켰기 때문이다. 그렇다고 해도 이집트는 팔레스타인 일대를 도와줄 힘이 없었다. 그러나 그는 이집트만 믿었다(역대지하 32:1~8). 그렇기에 그가 백성 앞에서 "하나님이 우리와 함께하신다."고 했던 연설은 전혀 신앙에서 나온 것이 아니었다.

이사야는 히스기야의 이집트 동맹을 저주하면서 여러 차례 극구 반대했지만 듣지 않았다(31:1~3). 국제정세 판단이 매우 미숙하여, 이미 **"이집트는 부러진 갈대 지팡이"**(열왕기하 18:21, 아시리아 장군의 말)요, 이빨 빠진 늙은 악어라는 것조차 모른 것이었다. 조금이라도 국제정세를 파악했더라면, 차라리 아시리아의 속국이 되는 게 더 나았다. 아시리아는 얼마 후 이집트를 정복하고 명실상부한 제국이 되었기 때문이다.

시리아와 북이스라엘을 차례로 멸망시키느라 힘을 소진한 아시리아는 충분히 쉬며 전력을 가다듬었다. 그러다가 히스기야 제14년인 705년, 사르곤 2세에 이어 새 황제가 된 **"센나케리브"**(산헤립, 705~681년)의 군대가 홍수처럼 유다를 휩쓸었다. 그는 예루살렘을 포위하고, 히스기야를 **"새장 안에 갇힌 새처럼 가두어 놓고"**(센나케리브의 비문) 공격했지만, 천연요새를 쉽게 정복하지는 못했다. 그렇게 장기간 대치하던 아시리아 군대의 행패는 이만저만이 아니었기에, 난리 통에 성 밖에 버려진 백성만 수도 없이 죽어 나갔다. 그는 46개의 성읍을 불 지르고 농토에 소금을 뿌려 못 쓰게 만들어버리고, 무려 20만 150명에 이르는 백성을 포로로 잡아갔다.(센나케리브의 비문. 20만은 과장으로 보임)

그러자 히스기야는 아시리아 왕에게 온갖 보물을 긁어다 주며 철수를 요청했다. 사실상 항복 선언이었다. 그러나 단단히 화가 난 아시리아 황제는 들어줄 생각이 없었다. 그러자 절망에 빠진 그는 성전에 들어가 기도했다. 그러면서 이사야에게 사람을 보내 살려 달라고 울부짖었다. 이사야는 그에게 하나님만 굳게 믿으면 구원이 온다고 격려했다. 그러자 마침 "천사"(열왕기하 19:35)가 개입하는 기적이 일어나, 아시리아 군영에 "전염병"이 들어 거의 전멸하는 사태가 벌어졌다(이사야서 10:5~19). 성서 고고학자들의 발굴 결과, 그곳에서 쥐 뼈를 무더기로 찾아내고 페스트로 결론지었다. 페스트든 독감이든 장질부사든, 아니면 기록대로 천사의 개입이든, 그로 인해 아시리아는 철수했다.

그리고 아시리아에서 반란이 일어나, 산헤립의 아들들이 제 아버지를 살해하고는 도망쳤고, "에사르하똔"(681~669년)이 왕이 되어(열왕기하 19:35~37; 이사야서 36:37~38), 계속해서 유다를 압박하다가 동생이 반란을 일으켜 자중지란을 겪다 죽었다. 그 후 난을 평정한 "아슈르바니팔"(669~626년)이 왕이 되어, 이집트의 수도인 "테베"를 정복하여 제국이 되었다. 그는 '니네베'(니느웨)에 거대한 도서관을 세워 수많은 유물과 자료(비문 및 점토판)를 보관해 놓아, 오늘날 그 당시 세계에 대하여 많은 것을 알 수 있게 했다. 현재 런던 박물관에 있다.

그러나 아시리아는 다시는 유다를 침공하지 못했다. 그 곁에서 강적이 나타났기 때문이다. 바로 "신바빌로니아"였다. 그러자 히스기야는 재빨리 신흥국 바빌로니아와 동맹을 맺었다. 이사야가 또 극구 반대했지만, 그는 듣지 않았다. 종교개혁까지 단행한 왕이 맞는가 싶을 정도로, 뼛속까지 친외세가 되고 말았다.

히스기야가 죽고 그의 아들 **"므낫세"**(696~641년)가 왕이 되었다(열왕기하 21:1~18). 그는 전 이스라엘 역사상 최악의 폭군이었다. 그간 악의 대명사였던 '아합'조차 저리 가라 할 정도였다. 남북 역사상 가장 길게 반세기하고도 5년(55년) 동안이나 통치하면서, 아시리아 신과 종교를 들여와 섬기며, 야훼 종교는 물론, 나라 안의 모든 것을 부수어 다시는 회복시키지 못할 정도로 망가뜨렸다. 왜 그렇게 했는지는 알 수 없다. 결국 그 후 예레미야 예언자가 **"므낫세 때문에 유다 왕국이 망하게 되었다."**고 말했을 정도였다.(15:4)

이렇게 아시리아의 침공과 위협이 난무했던 요담과 아하스와 히스기야의 어지러운 시대가 제1이사야와 미가 예언자가 활동한 역사적 무대이다. 제1이사야는 남유다 왕국 최초의 문서 예언자이고, 미가는 그보다 한두 해 늦은 것으로 보인다.《장일선-히브리 예언서 연구》

제1이사야(1~39장)

제1이사야(야훼는 구원이시다)는 **"웃시야 왕이 죽던 해"**(742년)에 성전에서 기도하던 중, 하늘에서 하나님과 천사들이 회의하는 신비적인 장면을 보고 하나님의 음성을 듣는 거룩한 종교체험을 통하여 예언자로 부름을 받았다.(6장)

그는 아무리 세상이 타락한다 해도, 상수리나무가 잘릴 때 그루터기는 남아 다시 새싹이 돋듯이, **"거룩한 씨"**(6:13), 곧 신실하게 신앙과 의를 지키는 **"남은 자들"**(4:2)이 있을 것이고, 그들을 통해서 이스라엘 민족의 신앙과 영성훈련과 거룩한 생활의 사상과 삶의 양식(樣式)이 전수될 것이라고 믿었다.

그의 종교체험은 그의 신학적 사고에 지대한 영향을 주었다. 그 경험을 통하여, 그는 야훼 하나님을 '의롭고 거룩하고 영광스러운 온 세상의 주(主)와 왕'으로 깨달았다. 이것도 아모스로부터 시작되어 그에게서 확장된 유일신 사상의 신학적 지평이었다. 그리하여 그는 자신의 사상을 의의 신학, 거룩함(聖)의 신학, 영광의 신학으로 정립했다. "거룩함"(코데쉬Qodesh, 그-하기오스Hagios)은 말로 설명하기 곤란한 개념이다. 이 세상의 현상과는 질적으로나 절대적으로 다른 신적인 광휘(光輝)다. 일반적으로는 "다르다, 구별되다"라는 뜻으로 쓰지만, "영광"이라는 말과도 의미가 상통한다.

여기에서 그의 '예루살렘 성전의 신성함, 시온(Zion) 산(山) 중심의 보편주의 신학, 그리고 다윗 계열의 메시아사상'이 나왔다. 그러나 이것은 그가 비록 예언자이기는 해도, 왕족과 궁정 고문이라는 신분의 한계로 인하여, 유다 왕국이 멸절하면서 메시아사상만 후대로 전수되고 나머지는 모두 무효가 되고 말았다.

그는 이스라엘이 온 세상에서 유일하게 하나님의 선택을 받은 민족이라는 사실을 매우 강조했다. 따라서 유다 왕국의 안보와 미래의 구원은 전적으로 의롭고 거룩하고 영광스러운 주(主)요 왕인 하나님의 손에 달려 있으며, 신앙만이 평화와 구원의 길이라고 제시했다. 그렇기에 그는 무엇보다도 죄를 혐오하며 탄핵했다. 유다 왕국의 죄는 의롭고 거룩하고 영광스러운 주(主)요 왕인 하나님을 무시하는(만홀히 여기고) 교만 속에서 함부로 살아가는 것이며, 하나님을 모독하는 처사요 심판을 자조하는 어리석은 행위라고 못 박았다. 그의 사상은 아주 단순명쾌하고 심원한 정통주의 신학의 논조였다.

그는 요담에서 므낫세 왕 초기까지, 여느 예언자들과 달리 주로 왕의 종교 고문으로 활동했지만, 왕들이 말을 듣지 않아 별 효과는 없었다. 북이스라엘에서 활동한 아모스보다는 조금 늦고, 호세아와는 동시대 사람이다. 그의 신학은 아시리아의 남진으로 긴박해진 국제정세 속에서 급격하게 기울어가는 남유다 왕국의 정치적 상황 가운데 배태된 것이었다. 정치와 국가안보에 대한 그의 일관된 신학적 관점은 온 세상을 다스리는 하나님에 대한 "절대 의존감정"《프리드리히 슐라이어마허-기독교 신앙》이었다. 그렇기에 아무리 강대한 제국이라도 두려워하거나 동맹을 맺고 원조를 구걸할 것은 없었다. 그는 그런 것에 대하여 극한의 저주를 퍼부으며 "죽음과의 언약", 곧 자멸의 길이라고 선언하면서 극렬하게 반대했다.(28:14~18; 30:1~7; 31:1~3)

그는 유다 왕국이 살 수 있는 길은 오직 온 세상을 의로 다스리는 거룩한 야훼 하나님에게 절대충성, 절대의존 하는 것밖에는 없다고 선언했다. "너희가 회개하고 마음을 편안하게 하여야 구원을 받을 것이다. 잠잠하고 신뢰하여야 힘을 얻을 것이다."(30:15) 그러나 요담 왕은 야훼 하나님과 바알 신 사이에서 갈팡질팡했고, 그의 아들 아하스는 아예 뼛속까지 친-아시리아파가 되었고, 그의 아들 히스기야는 종교개혁을 하고 아시리아 동맹을 폐기한 것까지는 좋았으나, 이집트와 새롭게 부상하는 신바빌로니아와 동맹을 맺는 어처구니없는 정책을 취하며 갈팡질팡했다. 정책의 목적과 동기와 방법론이란 것이 죄다 두루뭉수리였다. 그렇다면 히스기야는 도대체 무엇 때문에 종교개혁을 한 것이란 말인가?

왕을 비롯한 백성 전체가 천박한 인간군상으로 전락했다. "사람들이 천박해졌고, 백성이 비굴해졌다."(2:9) "고귀한 사람은 고귀한 일을 계획하고, 그 고귀한 뜻을 펼치며 사는데"(32:8), 유다 왕국에는 고귀한 사람, 즉 의롭고 믿음직한 사람을 찾아볼 수 없었다.

그렇게 왕들과 정치가들이 우유부단하고 갈팡질팡하고 자기들만 살려고 하는 가운데서, 죽어 나가는 것은 백성뿐이었다. 왕들에게 버림을 받은 백성은 살고자 하는 본능으로, 하나님이든 바알 신이든 아시리아의 신이든, 아무나 붙잡고 구원을 호소했다. 그렇게 남유다 왕국은 동포인 북이스라엘이 망한 것이 하나님 배반과 우상숭배 때문이었음을 알고도 아무것도 배운 게 없었다.

그 모든 상황을 바라보면서, 그는 다음과 같이 통절한 어조로 말했다. 1장은 그가 전한 메시지의 핵심을 담은 것으로, 당대 사회를 비판하고 그 대안으로 제시한 모든 신학적 처방이 들어 있다. "하늘아, 땅아, 들어라! 주께서 말씀하신다. '내가 자식이라 기르고 키웠는데, 그들이 나를 거역하였다. 소도 나귀도 주인이 저를 어떻게 먹여 키우는지 알건마는, 이스라엘은 알지 못하고, 나의 백성은 깨닫지 못하는구나.'"(1:2~3)

사람들이 짐승만도 못하게 천박하고 비굴해져 있었다. 그도 호세아처럼 '하나님을 아는 지식'(Daath Elohim)을 말했는데, 그의 신학에 따르면 절대적 신앙을 의미하는 "의"(Tsedaqah)이다. 그는 의만이 구원의 길이라고 설파했다. "의의 열매는 평화요, 의의 결실은 영원한 평안과 안전이다."(32:17)

이와 같은 나라의 현실은 십수 년 사이에 모두 네 번(북이스라엘과 시리아 연합군 2회, 아시리아 2회)의 외세침공으로 쑥대밭이 되어버린 형국에서, 왕실이나 백성들이 신앙의 의와 도덕성은 외면하고서 열광적으로 종교행사에 몰입하면서 나타난 것이었다. 사람들은 어떻게든 살아남고 안전보장을 받으려고 하나님의 이름을 부르며 제사만 바쳤다(1:11). 그러면서도 일상에서는 여전히 "못된 짓"(1:13)을 하면서 "팔을 벌리고 기도한 손에 피를 가득 묻혔다."(1:15) 그는 이런 행위는 의롭고 거룩한 하나님을 놀리고 모독하는 것이며, "성전 마당만 밟는 짓"(1:12)이라고 힐책했다. 그들에게는 거룩한 하나님을 아는 지식이나 절대의존의 감정이 없었다.

북이스라엘과 시리아 연합군의 두 차례 침공으로 예루살렘 일대는 쑥대밭이 되었고(열왕기하 15:37; 16:5; 이사야서 7:1, 734년경), 연이어 아시리아의 사르곤 2세와 센나케리브의 군대가 두 번씩이나 전 국토를 유린하며 수만의 백성을 포로로 잡아갔고 예루살렘을 포위했다(714년, 705년. 구약성서에는 없는 두 황제의 비문기록). 그런데도 망하지 않은 것은 하나님이 "얼마라도 살아남게 했기"(1:9a) 때문이었다.

그런 상황을 바라보는 그의 마음은 슬픔과 고통으로 가득 찼다. 그는 잇따른 외세침략과 나라의 황폐함을 죄에 대한 하나님의 심판이라고 보았다. 그리고 죄를 거룩한 하나님을 향한 절대의존 감정인 신앙·의의 상실과 하나님을 조롱하는 작태라고 규정했다. 즉, 그는 죄를 나쁜 행위를 저지르는 것으로 보기 이전에, 하나님을 절대적으로 신뢰·의존하지 않는 마음이라고 보고, 이것이 모든 일탈과 상실과 황폐함의 근원이라고 말했다.

왜 이렇게 되었는가? 그가 보기에, 모든 것이 이스라엘의 거룩하고 의로운 하나님을 버리고 업신여긴 결과였다. 그러면 그 일의 앞잡이는 누구였는가? 왕과 지도층이었다. "너희 소돔의 통치자들아!"(1:10a) 그래서 백성들조차도 갈팡질팡하며 지도층의 길을 따라갔다. "너희 고모라의 백성아!"(1:10b) 그가 자기 나라를 고대에 죄악으로 파멸한 소돔과 고모라에 비유한 것은 대단히 파격적이고 위험한 발언이었다.

그런데도 왕들이나 지도층이나 백성은 매일 종교행사만 벌였다. 그렇지만 그가 종교행사를 반대한 것은 아니었다. 그가 종교행사를 문제시한 까닭은 그것이 이율배반적인 행위였기 때문이다. 그들은 수없이 많은 "거룩한 집회"(1:13)를 마치면, 일상에서는 여전히 "악한 행실, 악한 일"(1:16), 곧 억압받는 사람들이나 고아나 과부와 같은 사회적 약자들을 착취하고 법정을 불의한 곳으로 만들어버렸다(1:17). 그것은 하나님을 조롱하는 작태였다. 그 모든 게 나라가 계속 외세의 침공으로 쑥대밭이 되어가고 있는 일의 원인이었다.

그는 지금 이 순간 필요한 것은 의를 회복하는 것뿐이라고 갈파했는데, 의를 회복하는 방법은 하나님과 솔직하게 만나서 **"대화를 나누는 것"**(1:18)이라는게 그가 제시한 대안이었다. 그의 말은 고대세계에서 신학적으로 뛰어난 신선한 발상으로서, 동시대에 북이스라엘에서 활동한 호세아와 공유한 신학이었다. 이것은 의롭고 거룩하고 영광스러운 하나님은 인격적이고 도덕적인 분이기도 하다는 데서 나온 신학이었다. 그는 인간이 인격적인 하나님과 인격적으로 만나서 대화를 나누면, 자신의 상황 전반을 통찰하여 환히 들여다보고 이해할 것이고, 그로부터 내면적 변혁과 윤리적 혁신이 가능할 것이라고 보았다.

그러나 이미 천박하고 비굴해진(2:9) 정신과 삶을 회복하는 것은 말처럼 쉽지 않은 일이었다. 왕과 지도층을 비롯한 백성은 여전히 "교만한 눈초리와 오만한 거드름"(2:11~12)이나 피우며 "이방 사람들과 동맹"(2:6)이나 맺고, "많은 은과 금과 군마와 병거"(2:7)만 믿으며 국가안전을 보장받으려고 했다. 그러자 그는 하나님이 장차 사람들이 의지하던 모든 것, 곧 빵과 물, 군대와 외교관 등을 없앨 것이라고 위협했다(3:1~15). 그는 사람들이 언행으로 하나님께 대항하고 결코 이길 수 없는 싸움을 하고 있다고 말하며, 그것은 하나님의 영광스러운 현존(Shekhinah)을 모독하는 일이라고 선언했다. 그러니 장차 **"화(禍)/재앙(災殃)"**(호이Hoy, 심판)이 미칠 수밖에 없었다.

그는 이것이 전적으로 왕과 정치인들과 제사장들을 비롯한 **지도층의 잘못** 때문이라고 선언했다. "내 백성아, 네 지도자들이 길을 잘못 들게 하며 기야 할 길에서 벗어나게 하는구나."(3:12b) "이 백성을 인도하는 지도자들이 잘못 인도하니, 인도를 받는 백성이 멸망할 수밖에 없다."(9:16) 이 경우 '아우구스티누스'의 말이 어울리리라. "어른들은 어떤 놀이를 하면 '일'이라 한다. 그런데 아이들이 그 놀이를 하면 같은 놀이를 하는 주제에 벌을 내린다. 그러나 아무도 그 어린아이를 동정하는 사람도 없고, 또는 그 어른들을 딱하게 생각해주는 사람도 없다."《고백록》 그는 가난한 사람들의 얼굴을 맷돌질하듯 짓뭉개며 짓밟는 지도층이야말로 하나님의 포도원(나라)을 망쳐놓은 원흉이라고 힐난하면서 비난했다.(3:14~15)

그런데 지도층 뒤에서는 '사모님들'이 단단히 한 몫을 하고 있었다. 그는 예루살렘 부유층 여인들의 행태를 비판하고 고발하며 저주했다(3:16~4:1; 32:9~14에서 반복). "시온(Zion)의 딸들"인 그들은 교만하여 목을 길게 빼고 다니며, 성욕으로 가득 차서 남자들을 홀리는 눈짓이나 하고 꼬리를 치고 다녔다. 그리고 발목에는 구슬을 넣은 스프링 같은 링을 차고는 잘랑잘랑 소리까지 내면서, 세상을 대려다보며 한껏 도도하게 걸어 다녔다.

그 여인들이 사치한 장식품 목록은 다음과 같았다. "발목 장식, 머리 망사, 반달장식, 귀고리, 팔찌, 머리쓰개, 머리 장식, 발찌, 허리띠, 향수병, 부적, 가락지, 코걸이, 고운 옷, 겉옷, 외투, 손지갑, 손거울, 모시옷, 머릿수건, 너울들." 여인들이 자기들의 향락적 생활을 위하여 뒤에서 남편들을 쥐고 조종한 것이었다.

그래서 그는 어린애라도 알아들을 만한 쉬운 비유를 들려주며 비판했다(5:1~7). "여기에 포도원을 가꾸는 한 사람이 있다. 땅을 일구고, 돌을 골라내고, 망대를 세우고, 즙을 짜는 틀을 만들고, 울타리를 치고는 극상품 품종을 심었다. 거름을 주고, 가지치기와 북 주기를 하며 하지 않은 일 없이 다 하고는, 좋은 포도가 맺히기를 바라며 기다렸다. 그런데 이게 웬일인가! 열린 것이라고는 잡종 들포도뿐이었다. 그러면 그 사람은 어떻게 할 것인가? 포도원을 폐쇄해버리고 걷어치운다. 그리하여 포도원은 황무지가 되어, 찔레나무와 가시나무만 자랄 것이다."

해야 할 일은 좋은 포도, 곧 탐욕과 불의를 버리고 의로 돌아서서 이웃을 사랑하고 정직하게 사는 것이었다. 그런데 "보이는 것은 살육뿐이요,

들리는 것은 희생된 사람들의 울부짖음뿐이다." 나라가 썩을 대로 썩어 흐물흐물 문드러지고 있었다.

그래서 그는 다섯 번에 걸쳐 심판을 선포했다(5:8~30). 더 차지할 곳이 없을 때까지 집에 집을 더하고, 밭에 밭을 늘려나가, 땅 한가운데서 홀로 살려고 하는 자들(5:8), 아침에 일찍 일어나 독한 술을 찾고, 밤이 늦도록 포도주에 얼이 빠져 있고, 날마다 연회를 열어 수금과 거문고와 소구와 피리를 갖추고 쾌지나칭칭나네를 부르며, 하나님의 일에는 아무런 관심도 없는 자들(5:11~12), 거짓으로 끈을 만들어 악을 잡아당기며 수레의 줄을 당기듯이 죄를 끌어당기면서, 이스라엘의 거룩하신 분께서 세우신 계획이 빨리 이루어져야 우리가 그것을 알 게 아니냐 하며 조롱하는 자들(5:18~19), 악한 것을 선하다 하고 선한 것을 악하다고 하며, 어둠을 빛이라 하고 빛을 어둠이라고 하며, 쓴 것을 달다고 하고 단 것을 쓰다고 하면서 가치전도에 빠져 있는 자들(5:20~21), 뇌물을 받고 악인을 의롭다고 하고 의인의 정당한 권리를 빼앗는 사법계의 인사들(5:22~23)에게 철저한 심판을 선언했다.

그는 북이스라엘과 시리아의 연합군이 예루살렘 북쪽에 진주해왔을 때, '아하스' 왕에게 유명한 말을 했다(7장) **"너희가 믿음 안에 굳게 서지 못한다면 너희는 절대로 굳게 서지 못한다."**(7:9b) 그는 의롭고 거룩하고 영광스러운 하나님을 향한 절대적 신앙만이 구원의 길이라고 말했다. 북이스라엘과 시리아는 곧 망할 것이었다(17:1~14; 28:1~6). 그리고 "가시덤불과 찔레나무"(10:17)와 같은 아시리아가 두 번이나 침공했을 때, 나라를 멸망시키지는 못할 것이라고 하면서(8장, 10장, 36~37장), 아시리아 왕은 유다의 죄를 다스리려고 하나님이 불러다 쓰는 도구라고 말했다. "아시리아 왕은 하나님의 진노의 몽둥이다. 하나님이 그를 경건하지 않은 민족에게 보내, 닥치는 대로 노략하고 약탈하게 하여 거리의 진흙같이 짓밟도록 하였다."(10:5~6) 그리고 그는 불의한 아시리아도 역시 "온 땅"(10:23)을 다스리는 하나님의 손에 의하여 망할 것이라고 선포했다(14:24~27; 30:27~33). 그러니 유다 왕국에 필요한 것은 오직 하나뿐이다. **"이스라엘의 거룩하신 분인 주님만을 진심으로 의지하는 것!"**(10:20)

아시리아의 사르곤 2세가 침공했을 때(714년경), 그는 3년 동안이나 웃통을 벗고 맨발로 온 나라를 돌아다니며 행위연극(Performance)을 보여주면서, 누구나 회개하지 않으면 자기 같은 꼴로 포로가 되어 갈 것이라고 선포하기도 했다(20:1~6). 그러나 아무런 효과도 없었다. 그러다가 마침내 "유다의 방어선이 뚫렸다."(22:8) 그때 히스기야는 왕실만 보전하려고 도성 밖 백성들은 내팽개치고, 왕궁 지하에서 도성 바깥에 있는 샘물을 연결시켜 긴 수로를 뚫어 "저수지"(22:11)를 만들었는데, 그는 이것을 "하나님을 의지하지 않고, 하나님에게는 관심도 없는" 일이라고 비난하며, "이 죄는 너희가 죽기까지 용서받지 못한다."(22:14)고 선언했다.

그러나 그는 희망의 신학자였다. 그는 상한 백성에게 희망을 들려주었다. 모두 여섯 번 나오는데(2:1~5; 9:1~7; 11:1~9; 25:6~9; 32:1~8; 35장), 세 개만 생각해본다. "주님께서 민족들 사이의 분쟁을 판결하시고, 뭇 백성 사이의 갈등을 해결하실 것이니, 그들이 칼을 쳐서 보습을 만들고, 창을 쳐서 낫을 만들 것이며, 나라와 나라가 칼을 들고 서로를 치지 않을 것이며, 다시는 군사훈련도 하지 않을 것이다. …오라, 야곱 족속아! 주님의 빛 가운데서 걸어가자!"(2:1~5)

이것은 칠흑 같은 고난과 불안의 시대에서 궁극적인 평화의 세상이 도래하기를 꿈꾼 메시아 정치에 대한 희망이다. '빛'이 그립다! '…' 앞부분은 "미가" 예언자와 공유한 것으로(4:1~5), 누가 먼저 말한 것인지는 알 수 없지만, 미가의 것이 보다 더 자세하다. 아마 두 사람이 당대 민중 사이에서 불리던 메시아적 희망의 노래를 인용한 것으로 보인다.

"그때에 이리가 어린 양과 함께 살며, 표범이 새끼 염소와 함께 누우며, 송아지와 새끼 사자와 살진 짐승이 함께 풀을 뜯고, 어린 아이가 그것들을 이끌고 다닌다. 암소와 곰이 서로 벗이 되며, 그것들의 새끼가 함께 눕고, 사자가 소처럼 풀을 먹는다. 젖 먹는 아이가 독사의 구멍 곁에서 장난하고, 젖 뗀 아이가 살무사의 굴에 손을 넣는다. 하나님의 거룩한 산 모든 곳에서, 서로 해치거나 파괴하는 일이 없다. 물이 바다를 채우듯, 주님을 아는 지식이 땅에 가득하기 때문이다."(11:5~9)

이것 역시 평화로운 세상에 대한 희망의 비전이다. 육식동물은 강대한 나라와 사회적 힘을 가진 계층, 초식동물은 약한 나라와 약한 계층, 아이는 영혼이 순결하게 된 의로운 백성의 상징이다. 그러한 평화의 세상은 모든 인간이 '하나님을 아는 지식'으로 내적 변화와 고귀한 인격을 이루어 상생할 때 이루어진다.

그리고 다음 이야기로 희망의 대미를 장식한다. "광야와 메마른 땅이 기뻐하며, 사막이 백합화처럼 피어 즐거워할 것이다. …사람들이 하나님의 영광을 보며, 우리 하나님의 영화를 볼 것이다. …거기에 큰길이 생겨 '거룩한 길'이라고 부를 것이다. 거기에는 사자가 없고, 사나운 짐승도 그리로 지나다니지 않을 것이다. 기쁨이 그들에게 영원히 머물고, 즐거움과 기쁨이 넘칠 것이니, 슬픔과 탄식이 사라질 것이다."(35:1~10)

그는 조국이 이런 나라가 되기를 절실하게 바랐다. 무너져가는 나라를 살리기 위하여 평생 노력했지만, 모든 게 무효가 되고 말았다. 그는 히스기야가 이집트에 이어 신바빌로니아와 동맹을 맺자(39장), 거의 절망하고 말았다. 전하는 바에 의하면(구약성서 위경僞經, 이사야의 승천), 그는 히스기야의 아들인 폭군 "므낫세" 때 "톱에 잘려 순교했다."고 한다(신약성서 히브리서 11:37에는 이 말만 있고 이름은 없다). 그런 까닭에 그의 책은 아무런 결론도 없이 갑자기 도중에 끝나고 말았다.

미가

"미가"(미카Micah, 야훼와 같은 자가 누구냐?)는 분노하는 예언자이다. 예루살렘 남서쪽 시골 "모레셋" 출신의 학식 있는 농부·촌장·장로인 것으로 보인다. 그곳은 아모스의 고향에서 그리 멀지 않고, 서울에서 남서쪽의 대로(네게브-수르 광야 길)로 통하는 길목에 있는 마을이라서, 예로부터 외적이 쳐들어올 때마다 큰 피해를 본 지역이었다. 그는 이스라엘 역사상 가장 끔찍하고 과격한 말을 한 예언자이다. 그만큼 수도의 부패하고 불의한 왕들과 지도층이 연약한 백성을 억압하고 착취하는 현실에 경악하며 분노했다.

그는 남유다의 멸망 150년 전에 아예 성전의 폐허와 멸망을 선포했다(기원전 730년경). 악하고 무능한 왕들과 지도층이 돌이킬 길이 없이 부패했다고 판단했기 때문이다. 그는 '예루살렘 성전의 신성함과 시온(Zion) 중심의 보편주의 신학'을 설파한 제1이사야와는 정반대로, 아예 그것을 과격하게 철폐했다. **"시온이 밭 갈듯 뒤엎어질 것이며, 예루살렘이 폐허더미가 되고, 성전이 서 있는 이 산은 수풀만이 무성한 언덕이 되고 말 것이다."**(3:12) 그래서 그는 시골 사람들에게 대단한 영향력을 발휘하여, 130여 년이 흐른 뒤인 예레미야 시대에도 여전히 시골 민중에게 기억되고 존경받았다.(26:17~18)

그는 백성의 죄는 거의 말하지 않고, 왕과 지도층의 죄악을 탄핵하고 멸망을 선포하는 데 주력했다. 그는 백성을 **"내 백성"**(My Peoples)과 **"이 백성"**(This Peoples)으로 뚜렷하게 대별해 보며 말했다(2:9, 11; 6:2). 이 두 단어를 뒤섞어서 사용하기도 했지만, 그는 여느 예언자들보다 가장 명확하게 구별해서 썼다. 그래서 '백성'이라는 말이 나올 때마다 문맥을 잘보고 분간해야 한다. '내 백성'은 주로 미가 자신과 같이 고난당하는 사회적 약자계층인 착하고 의롭게 살아가는 소수의 백성을(남은 자들), '이 백성'은 사회적 약자들에게 폭력과 착취를 일삼는 왕과 지도층을 비롯한 강자계층과 그들에게 동화되어 수족노릇을 하며 그 아류로 살아가는 백성까지 가리킨다. 그래서 그는 경건하게 살아가는 사회적 약자계층인 '내 백성의 죄'에 대해서는 한 번도 말하지 않는다.

모든 예언자가 고난당하는 백성의 편에 서서 말하며 투쟁했지만, 그중에서 미가는 단연 으뜸이었다. 그 자신이 고난당하는 시골의 민중 출신이었기 때문이다. 그는 민중의 눈, 즉 나라 밖에 있는 적들과 나라 안에 있는 적들에게 짓밟히는 시골 사람들의 눈으로 현실을 보고 사회정의를 선포한 사람이었다. 그래서 그는 수도 없이 '내 백성'이라는 말을 하면서 민중에 대한 애틋한 파토스를 드러냈다. 이것은 매우 중요한 구분이다. 예언자들은 언제나 나라 전체를 보고 말하기에, 뭉뚱그려서 백성까지 죄다 싸잡아 비판하기는 했지만, 언제나 경건하고 의롭게 살아가면서 고난당하는 백성을 염두에 두고 말했다. 예언자들은 나중에 나라가 망한 것을 두고, 백성의 죄가 하늘에까지 사무쳐서 그랬다고 말하지만, 모두 그렇지 않았다는 것은 구약성서에 나오는 사실이다. 예를 들어 멸망한 후에 쓰인 시편 44편을 비롯한 시편들을 보면, 그 땅에는 여전히 의롭고 경건하게 살아가는 백성·제사장들·지식인들이 많았다는 것을 알 수 있다. 따라서 예언서들을 읽을 때 항상 이 점을 생각해야 한다. 이러한 사실은 고려와 조선이 망한 것은 부패하고 무능한 지도층 때문이지, 백성 때문이 아닌 것과 같다. 어느 나라든 악질·무능 지도층 때문에 망하는 법이다.

미가의 백성 구별은 조선의 사상가였던 "교산 허균"(1569~1618년)의 "호민론"(豪民論)에서도 볼 수 있다. 그는 백성을 세 부류로 나누고 있다. "항민"(恒民)은 그저 아무 저항 없이 순종하면서 부림을 당하는 무기력한 백성, "원민"(怨民)은 관리들에게 수탈을 당하면서 원망하지만 행동으로 나서지 못하는 나약한 백성, "호민"(豪民)은 사회 부조리를 꿰뚫어보고 비판하고 저항하면서 가난해도 의를 지키고 부패에 물들지 않고 사회변혁의 주체로 나서는 백성이다《허경진-시대 앞에 서서, 허균 산문선》. 항민과 원민은 착하기는 하지만 신분과 지위와 권한이 없어 무력할 뿐이기에 미가가 비판하는 '이 백성'에 속하고, 호민은 착하면서도 의로워서 저항하다가 수난을 당하기도 하는 '내 백성'에 속하는 것으로 볼 수 있다.

제1이사야와 동시대인으로서 북이스라엘 멸망 이전인 요담-아하스-히스기야 왕 시대를 거쳐 활동한 미가는 남북왕국의 서울을 죄악의 본산으로 규정한다. "야곱(북이스라엘)의 죄가 무엇이냐? 사마리아가 아니더냐? 유다의 산당이 무엇이냐? 예루살렘이 아니더냐?"(1:5b) 그는 남북 공히 서울의 왕과 고위층 인사들이 망국의 근본이며, 정치가 잘못되어 나라가 망한다는 고전적인 진리를 천명했다. 결코 백성 때문이 아니었다.

그는 예루살렘의 왕들과 왕실과 지도층과 상류층의 행태를 자해와 자살행위로 보았다. 도대체 인물다운 인물이 별로 없었다. 아모스가 악하고 더러운 시대에는 의인도 입 닫고 침묵한다고 말한 것처럼(5:13), 미가 역시 그렇게 말했다(2:11). 모두 도토리처럼 고만고만한 불량하기 짝이 없는 인사들이 각종 직위를 나누어 차지하고서, 하이에나처럼 나라를 뜯어먹기에만 바빴다. 나라 안에 도둑떼가 넘쳤다. 그런 부패하고 불의한 시대에서 그도 제1이사야처럼 슬퍼하고 통곡하면서, 맨발로 벌거벗고 다니며 여우처럼 구슬피 울고 타조처럼 목 놓아 울기도 했다.(1:8)

"요즈음에 내 백성이 대적처럼 일어났다."(2:8a) 이 '내 백성'은 '이 백성', 곧 부패하고 타락한 지도층이다. 그는 그들 '내 백성'을 백성의 지도자가 아니라, 차라리 적국의 원수나 마찬가지라고 비난했다. 실로 그러하다. 부패하고 타락한 지도층이야말로 국가안보를 해치는 제1 "공공의 적"이다. 그래서 백성도 어느덧 나쁜 백성과 착한 백성 두 부류로 나누어져 있었다. "너희는 내 백성의 아내들을 그 정든 집에서 쫓아냈고, 그들의 자녀들에게서 하나님이 준 복을 영영 빼앗아 버렸다."(2:9) '너희'는 부패하고 타락한 지도층(관리과 군인들)과 시골의 부유층이고, '내 백성'은 짓밟히면서도 의롭고 경건하게 살아가는 민중이다.

그는 서울에 사는 왕실과 지도층과 부유층이 농사도 짓지 않으면서, 권력과 법률을 교묘히 이용하여 시골 땅과 집을 강탈하듯 사들이고 부동산에 투기를 하는 악행을 고발했다. 그리하여 토지매매조차 원천적으로 금지한 전통을 죄다 파괴하여, 전통과 사회정의가 모두 무너지고 말았다. 권력이 진리가 된 사회였다.

"야곱의 우두머리들아, 이스라엘 집의 지도자들아, 내가 하는 말을 들어라. 정의에 관심을 가져야 할 너희가 선한 것을 미워하고, 악한 것을 사랑한다. 너희는 내 백성을 산 채로 그 가죽을 벗기고, 뼈에서 살을 뜯어낸다. 너희는 내 백성을 잡아먹는다. 가죽을 벗기고, 뼈를 산산조각 바수고, 고기를 삶듯이 내 백성을 가마솥에 넣고 삶는다."(3:1~3)

그의 말은 구약성서에서 가장 과격하고 무시무시한 발언에 속한다. 그것은 지도층들이 그가 사랑하는 가난하고 경건하게 살아가는 '내 백성'을 악마처럼 억압하고 착취했기 때문이다. **우리 안의 적들!** 적은 내부에 있다. 정의감을 상실한 지도층이 악어 같은 짐승보다 더 극악무도한 인간 도살자가 된 나라이니, 백성은 풀 뜯어먹고(草根木皮) 사는 초식동물 신세나 미찬가지였다. 사람이 아무리 무식해도 돼지나 닭을 산 채로 끓는 솥에 넣고 삶지는 않는다. 그런데 인간이 인간을 산 채로 잡아먹으니, 식인종의 나라가 된 것이다. 이것은 비유가 아닌 현실이었다. 지도층이 백성을 방치하는 사태나, 문자도 모르는 백성을 그릇되고 교묘한 법령으로 착취하여 모든 것을 강탈해가는 현실이 극에 달하고 있었다.

그런데 이 모든 원인이 그저 돈 때문이었다. 만물 위의 존엄한 인간이 자신이 만든 사회적 형식과 필요의 노예가 되어버린 기가 막히는 현실! 아니, 근원적으로는 돈이라기보다 "단맛"《데이비드 호킨스-호모 스피리투스》, 곧 부와 영화로운 생활에 대한 탐욕 때문이었다. "이스라엘 집의 지도자들아, 너희는 백성을 죽이고서 그 위에 시온을 세우고, 죄악으로 터를 닦고 그 위에 예루살렘을 세웠다. 이 도성의 지도자들은 뇌물을 받고서야 다스리며, 제사장들은 삯을 받고서야 율법을 가르치며, 예언자들은 돈을 받고서야 계시를 밝힌다. 그러면서도 이런 자들은 하나같이 하나님께서 자기들과 함께 계시니, 재앙이 닥치지 않는다고 큰소리를 친다."(3:9~11b)

율법은 이스라엘의 진리였다. 율법은 오로지 두 가지만 가르쳤다. 하나님 사랑과 이웃 사랑. 율법은 사회계약론이었다. 그런데 역사를 내려오면서 괴이하게도 율법을 내팽개치는 일이 벌어졌다. 그러고도 자기들이 선민이므로, 얼마든지 하나님의 보호를 받을 수 있다고 생각하기에 이르렀다. 그것은 지독한 자기모순이었다. "'율법이다, 이것이 제일이다.' 하고, 후손들은 율법의 자식이 되었다. 하나님 자신은 뒤에 물러 앉히고, 하나님이 명령한 조문을 왕좌에 모셨다. 인격과 인격의 세계가 아니라, 인격과 물건의 세계가 그들을 붙잡은 것이다."《김재준-김재준 전집 제1권》

그런데도 끝내 그것을 깨달을 줄 몰랐다. 나라 안에는 율법이 명하는 것과는 전혀 반대되는 현실만 나타났다. 불법과 부패와 불의와 폭력의 세계였다. 그리하여 그는 예루살렘이 자리 잡고 있는 시온 산이나, 그 안의 성전과 궁궐을 근본적으로 부정했다. 그것은 이스라엘이 떠받드는 다윗 왕이나 그 후손인 다윗 왕조 자체를 부정한 것이나 마찬가지였다. 그는 예루살렘은 가인의 도성이요, 죄악의 성전이요, 도둑 떼의 소굴이라고 말했다.

왕이나 지도층은 무엇 때문에 존재하는가? 백성 때문이다. 즉, 정의를 세우고자 함이다. 여기에서 미가가 이스라엘의 전통, 곧 모세의 전통에 확고하게 서 있는 사람이라는 것이 확연히 드러나고 있다. 그리고 왕과 정치 지도자들 뒤에는 역시 똑같이 부패한 종교인들과 거짓 예언자들·지식인들이 있었다. 그들은 교언영색(巧言令色)의 갖은 논리로 무장하고 부패한 정치가들을 정당화해주었다. 돈에 대한 탐욕으로 말과 논리를 팔아먹으니, 백성을 망치는 종교와 교육이 되어버린 것이었다. 그들은 하나님마저 종처럼 부려먹었다. 그러나 그 신은 그들이 "탐욕적 환상으로 만들어낸 신"이었다.《리처드 도킨스-만들어진 신》

그러자 지도층은 올바른 소리를 하는 미가를 비롯한 많은 의로운 선비들을 갖가지 권력적 수단을 가지고 사찰하고 악의적 소문을 뒤집어씌우고 훼방하고 억압하고 박해하면서 입을 막아버렸다. "그들의 예언자들이 말한다. '너희는 우리에게 예언하지 말라. 이 모든 재앙을 두고 예언하지 말라. 하나님이 우리를 망신시키실 리가 없다.' …거짓말쟁이나 사기꾼이 와서 너희에게 포도주와 독한 술이 철철 넘칠 것이라고 예언하면, 그 사람이야말로 이 백성의 예언자가 될 것이다! …예언자라는 것들이 나의 백성을 속이고 있다. 입에 먹을 것을 물려주면 평화를 외치고, 먹을 것을 주지 아니하면 전쟁이 다가온다고 협박한다."(2:6, 11; 3:5)

'그들'은 부패한 지도층이고, '예언자들'은 왕실 전용 거짓 지식인들이다. '너희'라고 말한 것으로 보아, 당대에 미가를 비롯한 여러 예언자들이 있었음을 알 수 있다. '포도주, 독한 술'은 부패한 자들이 갈망하는 세속적인 성공의 가치들과 듣기 좋은 말에 대한 상징이다.

불의하고 부패한 자들은 정치문제, 경제문제, 사회문제는 설교주제가 아니라고 항변하면서, 설교주제까지 자기들이 정해준다. 그러면서 듣기 좋은 설교, 이를테면 축복과 마음의 안정과 성공을 기원하는 말만 하라고 요구한다. 예언자는 누구나 그런 취급을 당했다. 오늘날도 마찬가지이다. 부패한 시대의 불의한 사람들이 가장 두려워하고 싫어하는 것은 올바른 소리이기 때문이다. 그래서 미가는 이렇게 선포했다. **"예언자들아, 너희의 날이 끝났다."**(3:6a) 참된 예언자와 거짓 예언자를 가르는 기준은 아주 단순했다. 돈을 위해 말하는가, 백성을 위하여 진리와 정의를 말하는가? "그러나 나에게는 주님께서 주님의 영과 능력을 채워 주시고, 정의감과 함께 야곱에게 그의 죄를 꾸짖고, 이스라엘에게 그의 범죄를 꾸짖을 용기를 주셨다."(3:8) 그래서 미가가 진정한 예언자인 것이다.

그런데 예레미야서를 보면(26:17~19), 미가의 무서운 말에 충격을 받은 '히스기야' 왕이 일련의 종교개혁을 시도한 것을 알 수 있다(열왕기하 18:3~8). 하지만 "이 개혁은 그 자체가 불완전한 것이었다. 그것으로써 사회적인 악폐를 일소할 수는 없었다. 사람들의 마음과 실생활이 달라졌다고는 누구도 기록할 수가 없었다. 히스기야의 노력은 처음부터 실패하고 말았다."《마르틴 부버–예언자의 신앙》

모두 듣기에 좋고 취하는 말(술로 상징)만 하고 듣는 세상이 되어, 아무도 진리와 정의의 말에는 귀를 기울이지 않았다. 그처럼 모든 게 뒤집힌 세상이었다. 거짓 예언자를 참예언자로 받들고, 참예언자는 거짓 예언자로 여기고 내몰았다. 그런 세상에서 그는 한없이 외로워서 끝내 절망하고 말았다. **"아, 절망이다! 나는 가지만 앙상하게 남은 과일나무와도 같다."**(7:1a) 그러니 예언자의 절망이란 곧 나라의 멸절이다. 지금도 이런 예언자적 설교자가 있을까!

그는 나라에 신실한 사람은 하나도 남지 않았다고 보았다(7:2~6). 남아 있는 사람이라고는 다만 사람을 죽이려고 숨어서 기다리는 자들과 이웃을 올가미에 걸어서 잡으려고 하는 자들뿐이었다. 악한 일을 하는 데는 모두들 이력이 난 사람들이었다. 모두가 탐욕스러운 관리, 돈에 매수된 재판관, 사리사욕을 채우는 권력자뿐이었다. 그들 가운데서 제일 좋다고 하는 자들조차 가시나무 울타리보다 더 고약했다. 결국 나라는 "헬(hell) 남유다"가 되었다. 그리하여 그는 끝내 나라의 멸망을 선포했다.(3:12; 6:13b)

그러나 그것은 회개하면 피할 수 있었다. 그래서 미가는 이스라엘의 전통을 한마디로 요약하여 들려주었다. 이것은 익명의 한 사람의 질문에 대하여 그가 대답하는 형식인데, 시골 사람이 얼마나 뛰어난 신학자인가를 보여주고도 남는다.

"내가 주님 앞에 나아갈 때에, 높으신 하나님께 예배드릴 때에, 무엇을 가지고 가야 합니까? 번제물로 바칠 일 년 된 송아지를 가지고 가면 됩니까? 수천 마리의 양이나 수만의 강줄기를 채울 올리브기름을 드리면 주님께서 기뻐하시겠습니까? 내 허물을 벗겨 주시기를 빌면서 내 맏아들이라도 바쳐야 합니까? 내가 지은 죄를 용서하여 주시기를 빌면서 이 몸의 열매를 주님께 바쳐야 합니까? 너 사람아, 무엇이 착한 일인지를 주님께서 이미 말씀하셨다. 주님께서 너에게 요구하시는 것이 무엇인지도 이미 말씀하셨다. 오로지 공의를 실천하며, 인자(仁慈)를 사랑하며, 겸손히 네 하나님과 함께 행하는 것이 아니냐!"(6:6~8)

미가는 본래 이스라엘 전통의 **"예배"**(아보다Avodah)를 회복할 것을 천명한다. '아보다'는 하나님을 향한 의례와 일상에서 하는 노동이라는 두 가지 뜻을 갖는다. 그러니 예배란 성전에서만 드리는 것이 아니라, 일상의 노동 속에서도 드리는 것이다. 사람의 마음과 몸과 삶은 하나이기 때문이다. 따라서 미가는 '아보다'의 의미를 통합하여 분리할 수 없는 하나로 천명한 것이다.

미가는 하나님이 원하는 것을 하나로 말한다. **"선"**(착한 일, 토브Tob)이다. 선이란 먼저 남에게 좋고 향기롭고 즐겁고 매력적인 것이고, 그 다음 나에게도 그런 것이다. 선의 중심은 객체, 곧 타인에게 있다. 그는 하나님이 원하는 그 선을 나누어 말한다. **"공의와 인자와 겸손"**이다. '공의'(公義, Mishpat)는 항상 특정한 부류의 사람들인 사회적 약자계층인 가난한 자들을 친절하게 돌보고 배려하는 것이다. 그런데 이것은 먼저 하나님과 맺는 친밀하고 도타운 인격적 관계인 의(義, Tsedaqah)를 전제한다. '인자'(仁

慈, Hesed, 仁愛, 그-아가페Agape)는 이웃을 향한 사랑이다. 현대어로는 "공동체 의식"《한스 W. 볼프-예언의 어제와 오늘》이라 하겠다. '겸손'(아나와Anawah)은 하나님 앞에서 자신을 낮추고 내려놓는 경건한 일상의 예배로, "하나님과 함께 주의하며 맑은 정신으로 깨어서 사는 것이다."《한스 W. 볼프-예언의 어제와 오늘》

그리고 그는 쇠락해가는 나라를 바라보며 궁극적 희망을 품었다. "주님께서 …원근 각처에 있는 열강 사이의 갈등을 해결하실 것이니, …나라와 나라가 칼을 들고 서로를 치지 않을 것이며, 다시는 군사훈련도 하지 않을 것이다. 사람마다 자기 포도나무와 무화과나무 아래 앉아서 평화롭게 살 것이다."(4:1~4)

제1이사야와 공유한 이것은 지금 뉴욕의 유엔빌딩 현관의 동판에 새겨져 있다. 그런 날이 온다면, 얼마나 좋겠는가? 그 후 '**무화과나무 아래에서…**'는 이스라엘 민족이 바라는 궁극적 평화(Shalom)의 유토피아(Utopia)에 대한 고전적인 희망의 어구로 자리 잡아, 오래도록 민중의 기억 속에 남아 사랑을 받으며 후대로 전수되었다. 약 800년 후인 예수 이야기에 나오는 "무화과나무 아래"(요한복음서 1:48)도 이것이다.

이렇듯 기원전 8세기 후반부에 남유다 왕국은 동족인 북이스라엘의 멸망을 지켜보며 떨어야 했고, 이윽고 그 아시리아 제국의 두 번에 걸친 침공으로 인한 위기의 시대에 처해 있었다. 나라는 쑥대밭이 되었다. 그러한 상황에서 제1이사야와 미가 예언자는 거룩하고 의로운 하나님에게 돌아서서 정의로운 나라를 이룩하는 것만이 살 길이라고 외쳤지만, 아무도 듣지 않았다. 나라는 엉망진창이 되어버렸고, 백성은 흩어진 양 떼처럼 늑탈당했다.

그리고 히스기야가 세상을 떠나자, 그동안 왕궁에서 조용하게 자라오던 악의 씨가 더 크게 자라나, 전 이스라엘 역사상 최악의 임금이 등장할 무대가 완벽하게 마련되었다.

제22장

유다 왕국의 말기와 멸망(1)

– 예언자 스바냐, 나훔, 하박국, 오바댜

성서: 열왕기하 21장~25장, 스바냐서, 나훔서, 하박국서, 오바댜서

하나님의 멸망신인은 일반역사의 관점에서 보아야만 풀린다. 그것은 '요시야가 할아버지 므낫세가 무너뜨린 나라를 되살려보려고 무진장 애를 썼으나 역부족이어서, 결국 망할 수밖에 없었다.'는 말로 읽어야 한다. 역사란 신의 필연이 아니라, 인간의 악행이 만들어 놓는 엄정한 필연의 무대가 되는 것이다. 나라도 선악과를 먹으면 결국 죽게 되어 있다.

므낫세의 광기

아, "므낫세!"(697~641년). 그는 어떤 말로도 설명할 수 없는 인간이요, 또한 왕이었다. 그는 등극하자마자, 아버지 히스기야가 어렵사리 마련해놓은 개혁의 성과를 낱낱이 파괴해버리면서, 마치 자기가 나라를 무너뜨리는 역사적 사명을 안고 이 땅에 태어났다고 확신하는 사람처럼, 모든 것을 철저히 훼파하며 착실하게 나라의 멸망을 준비해놓았다.

이 사람을 도대체 어떻게 이해하면 좋을지 모르겠다. 타고난 성품 때문일까, 가정교육을 제대로 받지 못한 탓일까, 아버지의 정치적 이중성을 보아서일까, 어떤 정신적인 충격 때문일까, 아니면 무너져가는 나라에 절망한 것일까? 아, 도대체 알 수 없는 자여, 그대 이름은 인간이로다! 세상에 인간만큼 많으면서도 신비의 베일 저편에 가려져 있는 존재도 없으리라.

어릴 적부터 광적으로 종교에 탐닉하다가, 왕이 되고 나서 더욱 열광적이 된 그의 모습은 어쩌면 천성이 여린 데다가, 왕자 시절 부모나 주변 사람들로부터 충분한 사랑을 받지 못하거나, 아버지 히스기야 왕이나 정치인들의 위선적인 행태를 보고 자란 데 그 원인이 있는 것으로 여겨진다. 어찌 본래 그런 악인으로 태어났으랴! 어린 시절의 결핍된 사랑이나 축적된 불안은 잠재의식 속으로 스며들어, 어른이 되어서도 모르는 사이에 그 텅 빈 부분을 채워 충족시키려는 행위를 하도록 유도하기 때문이다. 이런 데서 자유로워지기는 매우 어렵다. 그 대상이 종교든 성공이든 돈이든 권력이든, 아무런 차이가 없다. 박탈과 결핍과 상실감의 경험이 깊을수록, 어떤 대상의 소유와 탐닉에 대한 비정상적 열정 역시 커지는 법이다.

그렇다면 므낫세는 야훼 종교에 심취하면 되었을 것을, 어째서 다른 나라의 이상한 종교, 특히 아시리아 종교에 빠져들어 갔던 것일까? 이것은 우선 자연스러운 일이었다고 볼 수 있다. 왜냐하면 야훼 종교는 신적 형상, 주문과 부적과 마술, 신비한 비밀의식 등, 일체의 몰사회·몰역사의 야릇한 신비주의적 형식과 숭배행위를 철저히 금지하는 엄숙하고 율법적이고 윤리적인 종교로서, 어린아이들에게는 한없이 재미없고 하품이 나게 하는데다가 무서운 종교였기 때문이다.

그래서 그는 자연히 어릴 적부터 여러 가지 원인으로 인하여 이상야릇하고 재미있고 영험하다는 종교적 신상(神像)에 대한 숭배, 신비스러운 장소나 의식(儀式)에 대한 몰입, 물건과 주문(呪文)에 대한 탐닉에 빠지는 오컬트(occult) 신비주의와 비밀종교(밀교密教·비교秘教)의 신도가 되었다고 생각할 수 있다. 그리고 아시리아 종교의 광신도였던 할아버지 '아하스' 왕에게서 큰 영향을 받은 것도 고려할 수 있다.

아시리아 종교는 특히 성(性) 숭배의 종교로서, 그리스 조각상처럼 나신(裸身)을 드러낸 남녀 신을 떠받들며 자손의 번식을 빌거나, 성적 쾌락을 추구하는 일에 몰두했다. 그래서 자손의 번성을 바라는 어머니들과 젊은 여성들이 더 열광적이었다. 이 종교의 신전에도 성창(聖娼) 제도가 있어서, 신년이나 동지나 봄 축제 때, 왕들과 귀족들이 신에게 공물을 바치며 성창과 합방하여 국가와 가문의 안녕과 다산을 빌었다.

아시리아가 자리한 메소포타미아·시리아의 대표적 종교는 "탐무즈"(Tammuz, 담무스) 신 숭배였는데, 시리아와 가나안과 페니키아 여성들도 열광했다. 탐무즈는 미남의 벌거벗은 큰 몸에 금발의 긴 머리가 치렁치렁하고 건장한 태양신이었다(에스겔서 8:14~16). 그 원형은 수메르와 고 바빌로니아 종교와 신화의 "두무지"(Dumuzi, 충성스러운 아들·생명의 아들)였다. 이름만 바뀐 것이다. 여신은 '달의 신'인 "신"(Sin)이다.(로마의 디아나 Diana)

탐무즈는 농경 신으로서, 보리 추수와 부활을 상징한다. 바빌로니아 달력에서는 제4월이고, 이를 그대로 채용한 히브리 달력에서는 "탐무즈의 달"로 부르며 같은 달에 지켰다. 지금의 태양력으로는 6월 15일~7월 15일 사이이다. 그는 본래 메소포타미아에서 살았던 절세미남인 실제 인물로서, 뭇 여인들의 찬사와 흠모를 받던 중, 시기하는 자들에게 무참하게 죽임을 당한 후, 통곡하는 여인들로부터 신으로 격상되어 숭배를 받았다.(페키트Pekith, 통곡)

사람들은 그가 겨울 동지쯤에 죽어서 지하세계에 머물다가, 이듬해 봄이 오면 부활하여 뭇 생명으로 피어나 대지에 다산과 풍요의 축복을 가져다준다고 믿었다. 그래서 동지축제는 탐무즈 신의 죽음을 애도하는 슬픔과 금식의 축제이고, 춘분축제는 그의 부활을 축하하는 기쁨의 축제로 자리 잡았다. 세월이 흐르면서, 왕이 국가종교를 대표하는 사제들과 귀족들과 백성들과 함께 신전에서 성대한 종교의식으로 치르는 봄축제와 새 생명이 탄생하는 부활절축제가 되었다. 그러니까 탐무즈 신화와 종교는 고 바빌로니아의 "이시타르"(Ishtar) 여신의 변종인 셈이다. 모두 식물과 곡식의 신으로서, 자손의 번식과 곡식의 풍요와 가축의 다산을 관장하고 부활절 축제에 등장한다는 점에서 같다. 따라서 두무지 남신, 탐무즈 남신, 이시타르 여신은 자연과 계절 순환의 신화화·종교화이다.

중요한 것은 태양신 탐무즈 신화가 "새벽의 종교"로서, 그의 신상을 나무에 새겨 몸에 지니고 다니거나, 집안에 모셔놓거나, 아침에 동쪽에서 떠오르는 태양을 바라보며 절하고 찬가를 부르고 숭배하면서, 탐무즈와 같이 복스러운 미남 아들이나 손자의 탄생을 기원하며 가문의 융성을 갈망했다는 점이다. 탐무즈와 성격이 비슷한 메소포타미아·시리아의 다른 신화에는 아티스(Atis), 아도니스(Adonis), 미트라(Mithra)가 있는데, 이집트의 "오시리스"(Osiris) 신화도 그러하다. 이 중에서 미트라 신화는 후일 예수 시대까지 로마 제국의 군인들이 열광적으로 숭배한 것으로 유명하다. 이 신들은 모두 미남 신이라는 특성을 갖고, 종교의 내용이나 형식도 대동소이하다.

이러한 수메르·고바빌로니아·메소포타미아·시리아의 여러 신화와 종교는 지중해 일대 여러 문명에 지대한 영향을 주어, 각기 지역 나름대로 토착화되어 종교적 제의로 발전했다. 기원전 5세기경 성행하기 시작한 그리스의 "엘레시우스"(Ellesyus) 밀의(密儀) 종교에서 축제로 기린 "페르세포네" 신화도 마찬가지이다. 대지의 여신인 "데메테르"의 딸인 그녀는 어느 초겨울 날 지하세계의 신인 "하데스"에게 납치당해 그의 부인이 되어 6개월간 살다가, 봄이 오면 지상으로 올라와 6개월 동안 살 수 있도록 허락되었다. 모두 농경과 다산과 부활의 신화이다.

영어권 문화의 부활절(Easter)은 앵글로색슨족인 영국의 "에오스트레"(Eostre) 여신과 관련되어 기독교로 흡수되었는데, 해가 솟는 동쪽으로 상징되는 태양신이다. 19세기에 영국인들이 남태평양에서 수많은 거석상이 있는 신비한 섬을 발견하고 "이스터"라는 이름을 붙였는데, 실은 에오스트레 여신 이름에서 따온 것이다.《제임스 G. 프레이저–황금가지; 조셉 캠벨–신의 가면 제2권, 동양신화》

오컬트(occult) 광(狂) 므낫세는 **"나무로 신상을 조각하는 목각솜씨가 좋았다."**고 말하는데, 이 모든 것이 할아버지 '아하스' 왕이 들여온 아시리아 종교와 신화에 심취하고 열광했다는 것을 보여주기에 충분하다(열왕기하

21:3, 7). 이 외에도 그는 여러 민족의 이상야릇한 신비주의 종교라면 사족을 못 썼는데, 예루살렘 성전 안에 가나안의 바알과 아세라 신상과 제단을 세워 신비적인 황홀경에 빠지는 의식에 열을 올리기도 했다. 특히 나신(裸身)의 아세라 여신상과 탐무즈 남신상을 나무에 새겨, 마치 그들이 부부이기라도 하듯, 성전과 궁전 곳곳에 나란히 세워놓고, 추켜세우는 뭇 입술의 찬양 속에 무한한 행복에 젖어 들기도 했다. 그는 신상만 보면, 온몸이 짜릿짜릿해지고 감각이 황홀하게 마비되어 비몽사몽의 희열에 잠기는 이상야릇한 정신구조의 소유자였다.

그는 또 성전 안팎에 하늘의 일월성신(日月星辰, 탐무즈의 상징)을 숭배하는 제단을 만들고는, 수많은 후궁의 자식들을 잡아다가 산 번제물(holocaust)로 불살라 바치는 경악스러운 일도 서슴없이 벌였다(고/신 아시리아·모압·암몬족의 종교에서 하던 관습). 그런가 하면 점쟁이를 불러 점을 치고, 마술사를 시켜 마법을 부리게 하고, 심지어는 악령과 귀신을 불러내어 운세를 물어보기도 했다.

그렇게 그는 왕이 되자마자 나라 안에 "판테온"(Pantheon, 만신전萬神殿)을 세우고, 잠잘 틈이나 국정을 돌볼 틈도 없이, 마술과 신비 종교의식에 빠져서 지냈다. 그 모든 게 나라와 백성을 제쳐둔 유별난 종교 취미였지만, 그는 그 모든 것을 나라를 위해서 하는 일이라고 확신했다. 그리하여 가히 샤머니즘의 나라가 되었다.

그런 그가 열심히 수행한 단 하나의 국정(國政)은 잔혹한 백성 탄압이었다. 자기의 종교적 취미를 반대하고 비판하고 따르지 않는 사람들을 있는 대로 색출하여 물골을 냈고, 술집에서 두 사람이 소곤대며 하나님의 '하', 정의의 '정' 자만 말해도 잡아다 고문하고 투옥했기에, 백성은 겨우 숨만 쉬고 살았다. 그는 아마도 세계최초로 분서갱유(焚書坑儒)를 일으켜, 나라 안의 모든 것을 훼파한 폭군 중의 폭군이라 할 것이다. 그보다 470여 년 후에 나타난 중국의 '진시황제' 외에, 어느 나라 역사에서도 비슷한 예는 찾아볼 수 없다. 잔혹 제국 아시리아도 그럴 법한데 기록이 없다.

유대 전설에 의하면, 그는 노인이 된 예언자 제1이사야를 멍석에 둘둘 말아 톱으로 잘라 죽였다고 한다. 구약성서는 그가 저지른 그런 모든 일에 대하여 이렇게 말한다. **"더욱이 므낫세는 유다로 하여금 하나님이 보시기에 악한 일을 하도록 잘못 인도하는 죄를 지었으며, 죄 없는 사람을 너무 많이 죽여서, 예루살렘이 이 끝에서부터 저 끝에 이르기까지, 죽은 이들의 피로 흠뻑 젖어 있다."**(열왕기하 21:16) 이것은 그가 어떤 비판도 허용하지 않고, 당대의 예언자들을 비롯한 지성인들과 신앙인들을 수없이 도륙해버렸다는 말이다.

전 이스라엘 역사상, 이런 말이 기록된 것은 그가 유일했다. 그 악행 하나만으로도 그는 역사에 더러운 이름을 남겼다. 그는 모든 예언자와 의인을 대숙청했다. 북이스라엘의 '아합'은 차라리 젖비린내 풀풀 풍기는 어린애 아마추어였다. 박해니 추방이니 하는 것은 이미 먼 시대의 신화가 되어버렸다. 그나마 예전의 예언자들은 운이 좋았다. 예언자라는 예언자는 모두 죽인 나머지, 므낫세 시대에는 예언자가 단 한 사람도 없었다! 거친 입을 다 잠재웠기에, 온 나라가 쥐 죽은 듯 고요했다. 그러자 그는 자기가 태평성대를 이루었다고 생각했다.

그때가 기원전 697년 이후이다. 7세기로 접어들자마자 유다 왕국은 그렇게 말기증상을 뚜렷이 드러내며, '프레스토 아사이'(Presto Assai, 아주 빠르게)로 자멸의 길을 걸었다. 닥치는 대로 부수어버리는 인간 포클레인 같은 왕이 반세기도 넘는 55년 동안, 나라를 계엄 상태로 만들어 놓고 광기어린 폭력을 행사했다. 야훼 종교 폐지, 전통 파기, 윤리 폐기로 인한 악몽 속에서, 나라는 쓰러지기 직전에 놓이게 되었다.

그렇게 그는 신앙과 종교와 윤리, 정치와 경제와 문화 등, 이스라엘의 영혼과 골수(骨髓)를 꺼내 내팽개쳤다. 무덤 속의 아합과 이세벨 여사가 부끄러워할 지경이었다. 그리하여 그는 그 누구라도 다시는 복구하지 못할 정도로 나라를 완전히 망가뜨리고는 세상을 떠났다. 그래서 왕실묘지에도 묻히지 못했다. 그래서 그가 죽은 지 33년 후인 "여호야김" 왕 때, 예레미야 예언자도 **"므낫세 때문에 나라가 망했다."**(15:4)고 말할 수밖에 없었다.

그의 아들 **"아몬"**(641~639년) 왕은 아버지가 이방 종교 제사를 바치며 불태워 죽인 이복형제들을 지켜보면서 공포 속에서 성장한 탓인지(열왕기하 21:6), 아니면 살아남으려고 아버지와 맞장구치며 자라온 탓인지, 아버지를 그대로 따르다가 3년 만에 신하들에게 살해당하고 말았다.

비운의 왕 요시야

그리고 전 이스라엘 역사상 가장 위대한 왕으로 평가받는 **"요시야"**(639~608년)가 출현했다. 여기에서도 역시 인간은 알 수 없다는 불가해성이 드러났다. 그는 그렇게도 악한 할아버지와 그 아류인 아버지 밑에서 자랐건만, 전혀 다른 별에서 온 사람처럼, 영혼과 마음이 의롭고 맑고 강직했다. 그가 일찍 전사하지만 않았다면, 아마 나라는 다른 길을 걸었으리라. 그러나 모두 부질없는 상상이다. 이미 므낫세와 아몬이 57년간 나라를 철저히 파괴해버렸기에, 다시는 돌아올 수 없는 강을 건넌 상태였다. 하나님이 망하게 할 계획을 세운 게 아니라, 스스로 망쳐놓았기에 망하게 된 것이다.

먼저 요시야에 대한 역사가들의 칭찬을 들어보자. **"이와 같이 마음을 다 기울이고 생명을 다하고 힘을 다 기울여 모세의 율법을 지키며 주님께로 돌이킨 왕은 이전에도 없었고, 그 뒤로도 다시 나타나지 않았다."**(열왕기하 23:25) 그러니 그는 이스라엘이 대대로 치켜세우던 다윗보다 더 훌륭한 왕이라는 말이다.

요시야는 여덟 살의 어린 나이에 임금이 되었다. 그런데도 쿠데타가 일어나지 않은 까닭은 무엇일까? 그것은 **"그 땅의 백성"**(열왕기하 21:24)이라는 정체를 알 수 없는 세력 때문이었는데, 아마도 레위인 사제계급이었던 것 같다. 그들은 '아몬' 왕을 죽인 대신들을 모조리 숙청하고, 요시야를 옹립하여 정치와 민족전통을 쇄신하도록 충실하게 도왔다. 거기에는 '예레미야'의 역할도 빼놓을 수 없다(요시야 제13년인 627년경부터 활동). 그들 때문에 요시야의 권력안정과 영토회복과 종교개혁이 가능했다. 그리하여 그는 곧 파멸할 나라를 어느 정도 다시 일으켜 세워놓을 수 있었다.

이제 그가 해야 할 일은 무엇이었을까? 그것은 할아버지와 아버지가 망쳐놓은 신앙과 종교와 전통과 도덕을 개혁하여 유다 왕국을 **진정한 이스라엘이 되게 하는 것**이다. 그는 다윗 시대의 영토를 온전하게 회복하려는 정치적 꿈을 가지고 있었다. 그는 이 두 가지 일을 하나로 생각했다. 그는 이내 아시리아 제국이 지리멸렬해진 틈을 이용하여 북이스라엘 땅을 회복하고, 대대적으로 종교개혁을 실시했다.(열왕기하 23:8, 15, 19, 29)

요시야가 종교개혁을 하게 된 역사적 배경은 이러하다. 재위 제18년째 되던 해(622년)에 성전수리를 하던 중, 제사장들이 **헌금궤짝 속에서 율법 두루마리**를 발견했다. 모세의 이름으로 된 율법을 단편적으로 기록한 짧은 양피지 문서였다. 그것이 그 속에 있었던 이유는 아마도 므낫세 독재와 야훼종교 박해 때 저항하던 몇몇 사제계층 학자들이 비판과 저항의 눈서로 작성하여 숨겨 두었던 것으로 보인다.(이것을 원原신명기〈12~26장〉라 함)

대제사장이 그 문서를 가지고 오자 읽어보니, **"하나님의 율법을 지키지 않으면, 온갖 재앙이 일어나 나라가 파멸하게 될 것"**이라는 무서운 내용이었다. 요시야는 옷을 찢으면서 애통했다. 그러고는 곧 그 율법에 따라 종교개혁의 기치를 들었다. 장로들을 불러 율법을 들려준 다음, 그에 따라 살 것을 맹세하는 언약식부터 가졌다. 그리하여 성전과 궁전, 그리고 전국의 모든 산당에서 우상들을 철폐하여 불살라버리고, 모든 이교숭배자들을 처단했다. 심지어는 이미 죽은 우상숭배자들까지 산소에서 파내어 뼈를 갈아 산천에 뿌리기까지 했다.

그리고 곧이어 그 문서에 기초하여 율법과 역사를 정리하는 **국책사업**을 출범시켰다. 그 일이 바로 솔로몬 시대 이후 '두 번째 이스라엘 르네상스'라 할 수 있는 '신명기계 율법서와 역사서'(신명기계 역사가들)의 편찬 작업이었다. 그리하여 우선 '신명기'가 완성되었다. 신명기에 수도 없이 나오는 "오늘"이란 단어는 민족멸망의 위기에 처한 요시야 시대의 상황과 현실에서 민족 신앙의 결단을 촉구한 것이다. 이어 '여호수아기~사사기~사무엘기~열왕기'에 이르는 방대한 역사서들을 기록하기 시작했다. 열왕기가 최종적으로 완성된 것은 바빌론 포로시대이다. 그 후에도 이 역사서들은 더 보충되고 개찬되었다.《게르하르트 폰 라트—구약성서신학, 제1권》

그렇게 나라 안에서 모든 이교 문화를 말끔히 정리하고, 민족 해방절인 유월절을 지켰다. 그것은 "**사사들이 이스라엘을 다스리던 시대로부터 북이스라엘과 유다 왕들의 시대에 이르기까지, 어느 시대에도 이와 같은 유월절을 지킨 일이 없는**"(열왕기하 23:22) 전무후무한 거국적인 축제였다. 그는 13년 동안 종교개혁과 정신개혁을 수행했다. 이제 외세에 맞서 나라를 보전하는 일만 하면 되었다. 아니, 율법에 순종했으니 하나님이 지켜줄 것이었다.

그러나 역사는 사람 뜻대로 되는 게 아니다. 요시야의 개혁으로도 정치와 종교와 문화는 온전히 회복되지 않았다. 거기에는 주로 두 가지 요인이 있었던 것으로 볼 수 있는데, 하나는 예레미야의 말처럼 므낫세 악정의 결과가 너무나도 깊어 정상으로 되돌리기에는 역부족이었다는 측면, 다른 하나는 왕과 정부주도 개혁이 지닌 한계였다.

이것은 그 당시 활동한 예언자들의 말을 통해서도 확인할 수 있다. 지도층과 상류층은 여전히 위선적으로 행동하며 왕 앞에서는 그럴싸하게 보였지만, 뒤에서는 여전히 불의한 짓을 했다. 그렇게 하여 요시야의 개혁으로 나라의 정신을 회복할 마지막 기회는 완전히 무위(無爲)가 되고 말았다. 요시야를 이은 왕들은 하나같이 무능하기만 하여 멸망을 향하여 치달아갔다. 그래서 '하나의 나라가 망할 무렵에는 하늘이 미치게 한다.'는 말이 여기에서도 들어맞게 되었다. 혼군(昏君)이 연이어 등장하고, 정부는 갈팡질팡하고, 지도층은 더욱 탐욕적이 되고, 백성은 처량하게 방황했다.

그런데 구약성서는 요시야의 업적에 대한 칭찬에 이어 곧바로 이렇게 말한다. **"그러나 주님께서는 유다에게 쏟으려던 그 불타는 진노를 거두어들이지는 않으셨다. 므낫세가 주님을 너무나도 격노하시게 하였기 때문이다. 그래서 주님께서는 이렇게 말씀하셨다. '북이스라엘을 내가 외면하였듯이 유다도 내가 외면할 것이요, 내가 선택한 도성 예루살렘과 나의 이름을 두겠다고 말한 그 성전조차도 내가 버리겠다.'"**(열왕기하 23:26~27) 이것이었다. 57년간 므낫세와 아몬의 악정(惡政)이 낳은 결과를 되돌려 놓기에는 그 해악이 너무나도 깊은데다가, 정부 주도의 일방적 개혁이 한계를 노출한 것이었다.

그런데 어쨌든 이것은 참으로 이상한 말이 아닌가? 요시야가 그토록 철저하게 순종했는데도, 어찌하여 하나님은 분노를 풀지 않고 망하게 했을까? 율법의 약속과는 다르지 않은가? 이래도 망하고 저래도 망한다면, 하나님의 수호라는 것은 도대체 무엇이란 말인가? 이 말은 구약성서가 말하는 하나님의 모습과 반대되어, 하나님을 무색하게 만들어 놓는다. "나 주는 자비롭고 은혜로우며 노하기를 더디 하고, 한결같은 사랑과 진실이 풍성한 하나님이다. 수천 대에 이르기까지, 한결같은 사랑을 베풀며, 악과 허물과 죄를 용서하는 하나님이다."(출애굽기 34:6~7a) 이 말은 모세가 십계명을 받을 때 나온 말이다.

그렇다면 하나님은 죽은 조상의 죄 때문에 충실한 후손도 용서하지 않고, 그의 아름다운 행위도 전혀 고려하지 않고, 죄다 무효로 여기고 멸망시킨다는 말이 된다. 도대체 이스라엘의 하나님은 어떤 분이란 말이며, 우리는 이 말을 어떻게 이해해야 하는가?

우선 이 말은 모든 것을 하나님이 하는 일로 이해하는 이스라엘 민족과 구약성서 특유의 사고와 표현방식에서 사용한 말이다. 그래서 이런 이해와 표현이 지나치면, 역사적인 사태나 하나님을 이해하는 데 방해도 되고 왜곡의 가능성까지 생긴다.(다윗의 인구조사나 솔로몬 통치에 대한 두 가지 상치된 기록을 기억해보라)

그리고 이 심판의 말은 약속한 '영원한 다윗 왕조'와도 너무나 다르다. 그러면 왜 이렇게 말했을까? 바로 그때 제시한 조건 때문이었다. 하나님의 약속은 무조건적인 것이 아니었다. 조건을 이행할 때에만 집행되고 지속되는 것이었다. 그래서 신명기 역사서인 열왕기 안에 두 가지 다른 소리가 나오는 것이다. 그들은 다윗을 말할 때는 다윗 왕조의 영원성을 유난히 강조했다. 그래서 때로 조건 불이행 사태에는 일시적으로 "징계"는 하겠지만, "너의 왕조에서는 총애를 거두지 아니하겠다. 네 집과 네 나라가 내 앞에서 영원히 이어 갈 것이다."(사무엘하 7:14~16)라고 하면서, 왕조의 영속성을 영원히 보장하는 것으로 말했다.

그런데 여기에서는 폐한다는 선고를 하고 있다. 누구든 율법대로 행하면 번영과 안전을 지켜준다고 말했으면서, 요시야 왕이 그렇게 했는데도 폐한다는 것이었다. 그러면 어느 말이 맞는가? 도대체 하나님의 진실은 무엇일까? 아니, 영원한 다윗 왕조라는 말의 진실은 무엇일까?

이제 확실하게 말할 수 있다. 그것은 사실 하나님의 말이 아니라, 다윗 왕조 신학자들이 만들어낸 정치적이고 종교적인 이데올로기였다! 더 정확하게 말하자면, 후대의 신명기 역사가들이 역사를 거슬러 올라가 그렇게 영원한 정통성을 부여했던 것, 즉 요시야 시대의 학자들이 철저한 종교개혁과 역사서 편찬 작업이 이루어지는 것을 보고, 하나님의 보호와 보장을 확신하면서 다윗 왕조의 영원성을 희구하고 천명한 것이다! 그러나 그것은 어디까지나 그들의 바람일 뿐이었다. 다윗 왕조는 얼마 후면 문을 닫을 것이었고, 다시는 재건되지 않을 것이었다.

이렇게 다윗 왕조 이데올로기는 좋은 면도 있었지만, 폐해도 적지 않았다. 그것은 이스라엘 민족을 택하여 인류를 구원하려는 하나님의 큰 뜻·계획을 가리는 안대(眼帶) 구실을 했다. 그리고 이것은 후대에 더 큰 폐해를 낳아, 유다 왕국 멸망→ 바빌로니아 포로기→ 페르시아 제국 시대의 포로 귀환(539년) 이후에도 여전히 유다 지파(유대인)만의 정통 이데올로기로 이어지며 위력을 떨쳤다. 그때 귀환한 유대인들은 '순수한 피'(純血主義)를 내세우면서, 피가 순수한 유대인은 유다 지파의 후손들뿐이고, 북이스라엘의 10개 지파 후손들은 이방인들과 피가 뒤섞여 더러워진 땅의 잡종 혼혈인종(사마리아인)이기에 유대인이 아니라고 하면서, 이스라엘 역사에서 완전히 배제해버렸다. 그런 이야기는 '에스라기와 느헤미야기'에 나온다(제26장 참조). 그리고 560여 년 후인 예수 시대까지 이어졌다. 그런데도 여전히 하나님이 다윗 왕조의 영속성을 보장했다고 말한다면, 결과적으로 하나님이 거짓 약속을 한 것이 될 수밖에 없다.

과연 그러한가? 그렇지 않다. 유다 왕국의 멸망이라는 역사적 사태는 좁아터진 땅에서 강대국들에 둘러싸여 대대로 고난을 겪으며 살아갈 수밖에 없었던 약소민족 이스라엘의 정치적이고 군사적인 허약함 때문이었다. 그러한 상황에서 이스라엘은 생존과 안보를 도모하기 위해 다윗 왕조 이데올로기 아래 국민총화를 부르짖으며 살아갈 수밖에 없었다. 그러니 본래 "오직 야훼주의"(Mono Yahwism)만 제대로 지키면 하나님의 보호와 안보를 보장받는다는 것이 이스라엘의 근본적인 신념과 이념이었는데(출애굽 정신), 이것을 버리고 다윗 왕조 이데올로기로 대체한 것이다.

따라서 하나님의 멸망선언은 일반역사의 관점에서 보아야만 풀린다. 그것은 '요시야가 할아버지 므낫세가 무너뜨린 나라를 되살려보려고 무진장 애를 썼으나 역부족이어서, 결국 망할 수밖에 없었다.'는 말로 읽어야 한다. 역사란 것이 그렇지 않은가? 역사란 신의 필연이 아니라, 인간의 악행이 만들어 놓는 엄정한 필연의 무대가 되는 것이다. 스스로 무덤을 파는데도 망하지 않을 나라가 없고, 그런 나라에 복을 내리는 신도 없다. 그래도 복을 내린다면 신도 아니다. 나라도 선악과를 먹으면 결국 죽게 되어 있다.

구약성서에서 하나님의 뜻은 다윗 왕조 이데올로기가 아니라, 처음부터 끝까지 아브라함의 명제와 출애굽 정신과 이념이다! 우리는 이 점을 확실히 이해해야 한다. 그리고 세계구원에 대한 하나님의 뜻·계획은 이스라엘이 국가를 잃어도 민족으로는 이어진다는 것이다. 구약성서에서 왕조와 국가는 별 의미가 없다. 물론 다윗 왕조와 이스라엘이 대대로 '신앙(의), 영성훈련, 거룩한 생활', 곧 '오직 야훼주의'라는 절대조건, 곧 아브라함의 명제와 출애굽 이념을 받들어 나갔다면 더욱 좋은 일이었겠지만….

따라서 요시야가 종교개혁을 통해 충성했다 하더라도, 그 후의 왕들이 계속 하나님의 뜻을 거역했기에 다윗 왕조 폐기선언은 정당한 것이었다. 그렇게 하여 비록 이스라엘이라는 국가는 없어지더라도 민족은 살아남아서, 아브라함의 명제와 출애굽 이념에 나타난 신앙과 의, 영성훈련과 거룩한 생활을 대대로 이어가며 세상에 전해주어, 하나님의 세계구원이 이룩되도록 해야 할 것이었다. 이것이 바로 구약성서의 주제이다. 다윗 왕조의 영속성이 주제가 아니다!

요시야가 종교개혁과 영토회복을 어느 정도 실현했을 무렵, 그동안 조용했던 중동정세가 다시금 요동치기 시작했다. 612년 아시리아를 멸망시키고 제국으로 등장한 **신바빌로니아**(626년 나보폴라사르〈626~605년〉 건국)가 남진하기 시작했다. 그러자 이집트가 나섰다. 파라오 "느고"(네코 2세〈610~595년〉)는 바빌로니아를 견제하고 지역균형을 도모하려는 계획 아래, 그 중간에 아직도 남아 있는 아시리아의 잔당세력을 방패막이로 세우기 위하여, 유프라테스강의 지류인 오론테스강의 "**카르케미쉬**"(갈그미스)로 출동했다. 다급해진 요시야는 이집트 군대를 막으려고 북부 군사요충지 "**므깃도**"에 출전했다가 **전사**하고 말았다(열왕기하 23:28~30; 역대지하 35:20~27). 그것은 매우 충격적인 사건이었다. 그때 예레미야 예언자는 의로운 왕의 죽음과 나라의 마지막 희망이 스러져가는 것을 보고 깊이 애도하면서 조가(弔歌)를 지어 불렀다.

그러나 요시야의 종교개혁은 아무 성과 없이 사라져버린 것은 아니었다. 특히 학문적 업적(오경 편집, 신명기와 신명기계 역사서 편찬)은 위대한 것이었다. 그것은 그 후 유다 왕국이 멸망하고 바빌론 포로로 사로잡혀 간 동안 유대인들을 살아남게 하고, 그 후 이스라엘이 신앙공동체로 형성되어 가게 하는 굳건한 토대가 되었다.

요시야를 이은 왕들은 다시금 므낫세의 길을 걸어갔다. 그런 사실은 요시야 시대~586년 멸망 전후까지 활동한 '예레미야, 스바냐, 나훔, 하박국, 오바댜' 예언자들의 책에 기록되어 있다. 이상과 같은 역사가 이 예언자들의 활동 무대이다. 이들의 활동 기간은 서로 겹친다. 먼저 예루살렘 일대에서 활동한 '스바냐, 나훔, 하박국, 오바댜' 예언자들(책이 짧아서 소小예언서로 분류)을 살펴보고, 다음 장에서 예레미야를 생각해본다.

스바냐

요시야 때 활동한 스바냐(야훼께서 숨겨주시는 자)는 그의 친척인 왕족이었다. 히스기야가 요시야의 증조할아버지, 스바냐의 고조할아버지이기에 그의 조카뻘이다. 그는 **의식(意識)과 도덕 개혁**에 초점을 맞추어 활동하다가, 끝내 무너져가는 나라에 절망하고 파멸을 선포했다. 그때는 아시리아가 멸망하기 전이었다.(612년, 2:13)

그는 하나님이 손을 들어 공중의 새와 바다의 고기는 물론, 남을 넘어뜨리는 악한 자들을 거꾸러뜨리며 **"사람의 씨를 말릴 날이 올 것"**(1:3)이라고 선포했다. 그 까닭은 여전히 바알을 비롯한 다른 나라의 신들, 게다가 일월성신까지 숭배하면서 하나님을 등지고 돌아서서 찾지 않는 현실 때문이었다. 나라에 의와 정의가 사라졌다. 보전할 만한 것이 전혀 없는 나라가 되고 말았다.

그래서 그는 하나님도 이제 더는 인내하지 않고, 유다 왕국을 번제(燔祭, holocaust)로 만들어버린다는 끔찍한 선언을 했다(1:7~11). 그렇게 제물을 잡아 놓으면, 제물을 먹을 사람들을 불러 나라를 정화할 것이었다. 따라서 그날은 제물을 잡는 심판의 날이 될 것이고, 제물은 왕들과 왕자들과 대신들을 비롯한 지도층, 그리고 이방 종교와 풍속에 몰입하던 자들, 폭력과 속임수를 써서 신전을 가득 채운 자들이 될 것이다. 그러면 장사하는 백성은 다 망하고, 돈을 거래하는 자들(주식시장, 은행)은 다 끊어진다고 선포했다.

그는 하나님이 직접 유다의 원수가 되어 예루살렘을 달달 뒤져, "술찌꺼기 같은 인간들"을 낱낱이 수색하여 잡아갈 것이라고 위협했다(1:12~18). 그날, **"야훼의 날"**은 환난의 날, 무너지고 부서지는 날, 먹구름과 어둠이 뒤덮이는 날, 전쟁의 나팔이 터지는 날이 될 것이다. 그리하여 괴로움의 시대가 전개되어, 사람들이 가지고 있는 은금이 전혀 도움이 되지 않을 것이며, 피가 물처럼 흐르고 시체가 오물처럼 널릴 것이다. 저주였다.

그러나 그는 그것을 필연으로 말하지 않았다. 파멸은 정해진 것이 아니라, 경고를 통해 예고된 것이기에 회개하고 돌이키면 얼마든지 무효처리될 것이라고 말했다. 그러면 회개의 때는 언제인가? 지금·오늘이다. 이것을 보면, 그도 신명기 학파의 영향을 받은 것이다. 그는 지금 이 순간이 돌이킬 마지막 기회라고 선언했다. "함께 모여라. 창피한 줄도 모르는 백성아! 때가 이르러 세월이 겨처럼 날아가기 전에 함께 모여라."(2:1~2) 모여서 무엇을 해야 하는가? 오직 회개뿐! "주님의 명령을 따르면서 올바로 살도록 힘써야 한다. 그러면 행여 심판을 피할 수 있을지도 모른다."(2:3)

그러나 아무도 듣지 않았다. 100여 년 전 미가 예언자가 말한 현실이 더 깊어졌다. "망하고야 말 도성, 반역하는 도성, 더러운 도성, 억압이나 일삼는 도성아, 주님께 순종하지도 않고 충고도 듣지 않고 의지하지도 않고 가까이 나아가지도 않는구나!"(3:1)

이렇게 요시야의 종교개혁은 허울 좋은 겉모습이었을 뿐, 의식(意識)의 변화와 도덕의 혁신은 전혀 보이지 않았다. 대신들은 으르렁거리는 사자와 같고, 재판관들은 이리 떼 같고, 거짓 예언자들은 거만하고 믿을 수 없는 자들이고, 제사장들은 성소를 더럽히는 자들이었다(3:2~5). 지도층은 온통 부패한 악질이 되어 부끄러움조차 없었다. 노래와 기쁨이 넘치는 구원의 삶은 하나님 안에서만 가능한데(3:17), 산천은 유구해도 그 땅에 도무지 사람이 없었다.

이것이 바로 열왕기 역사가들이 요시야 종교개혁에 대한 칭찬에 이어 파멸을 선포한 실상이었다(열왕기하 23:26~27). 스바냐의 예언도 아모스와 미가만큼이나 거친 절멸(絶滅)에 대한 선포였다.

나훔

나훔(위로자)의 말은 폭력 제국 아시리아에 대한 극도의 분노로 가득 찬 저주와 심판과 멸망의 선포이다. 그의 활동에 대한 역사적 정황은 두 가지이다. 그가 북이스라엘인이라면 아시리아가 나라를 멸망시킨 후이고(721년, 남유다로 피난한 후), 남유다인이라면 아시리아가 히스기야 시대에 두 번에 걸쳐 침략하여 성읍 46개를 유린하고 수만 명의 백성을 포로로 잡아간 사건(사르곤 2세와 산헤립의 비문, 705년) 이후이다. 따라서 그의 활동시기는 아시리아가 속국 바빌로니아에게 멸망당하기 전이다(612년). 여기에서는 이것으로 잡는다. 그의 언어는 현장 생중계처럼 생동감이 넘친다.

그는 야훼를 "질투하며 원수를 갚는 복수(復讐)의 하나님"으로 선포하면서, 아시리아를 그 "원수"로 규정했다. 그는 하나님이 아시리아 수도 "니네베(니느웨)를 범람하는 홍수로" 쓸어버리고, 원수들을 흑암 속으로 던진다고 선언했다. '범람하는 홍수'라는 표현은 유프라테스강과 티그리스강 상류 지역인 메소포타미아에 자리 잡은 아시리아 지역이 장마 때면 크게 범람하여 쓸려나가는 것을 차용하여 심판의 이미지로 활용한 것이다. 역사의 홍수!

그러면 하나님은 왜 아시리아 제국을 심판하는가? 그 잔혹한 불의 때문이다. 그는 아시리아를 "피의 도성, 거짓말과 강포가 가득하며 노략질을 그치지 않는 도성"(3:1b)으로 규정했다. 이 말은 문학적 과장이나 민족적 적개심에서 나온 표현만은 아니었다. 그보다 100여 년 전에 제1이사야도 아시리아를 이렇게 말했다. "아시리아 왕은 어떻게 하면 많은 민족들을 파괴하고, 어떻게 하면 그들을 멸망하게 할까, 하는 생각뿐이었다."(10:7)

"너희는 망한다!"(3:1a) 세상에는 언제나 뛰는 자 위에 나는 자가 있는 법이다. 아시리아보다 더 강한 자가 바로 그 제국 속에서 나와, 아시리아를

"떼죽음, 높게 쌓인 시체 더미, 셀 수도 없는 시체"(3:3)로 가득하게 만들어 버릴 것이다. 하나님은 아시리아에 오물을 던져서 천하의 구경거리가 되게 할 것이다. 그런 아시리아가 망하는 것은 유다 왕국에 "좋은 소식, 평화를 알리는 소식"(1:15)이고, 모든 나라들은 그것을 보고 기뻐서 손뼉을 칠 것이다.(3:19)

아시리아는 하나님이 보낸 "니느웨에서 나온 침략군"(1:11; 2:1)인 바빌로니아에게 멸망당하고 말았다(고대에는 수도를 나라와 동일시). 따라서 나훔도 제1이사야처럼 이스라엘의 하나님이 세상과 역사를 다스린다는 사상을 말한 것이다.

하박국

바빌로니아는 '여호야김, 여호야긴', 마지막 왕 '시드기야' 때 잇따라 세 번 침공하여(1. 604년-여호야김 때 종속국가로 세움, 2. 597년-여호야김 전사, 여호야긴 임명과 폐위와 포로〈재위 세 달〉, 시드기야 임명, 3. 588~586년-정복) 꼭두각시를 세웠다(열왕기하 24장의 여호야김에 대한 기록이 확실치 않음). 하박국은 현장에서 이 모든 역사를 지켜본 사람이었다. 바빌로니아가 예루살렘 성에 "흙 언덕을 쌓아서 점령할 것이다."(1:10)라고 말한 것으로 보아, 멸망 직전과 직후에 활동한 사실을 알 수 있다. 곧 무너지고 말 정부는 여호야김 때부터 친/반 이집트파, 친/반 바빌로니아파, 강경 극우 민족주의 독립파 등의 3분파로 나뉘어 치열한 정쟁(政爭)만 일삼았고, 세 왕은 신하들의 꼭두각시가 되어 있으나마나 한 존재였다.

바빌로니아는 두 번째 침공 때 여호야긴을 비롯한 지도층과 종교인과 기술자와 백성 수만 명을 포로로 잡아갔기에, "나라는 깨지고 산하는 있으나"(국파산하재國破山河在)《두보-춘망春望》, 그나마 남은 백성은 주인 잃은 양 떼처럼 버려졌다. 마지막 왕은 한없이 무능했고, 사악한 지도층은 제 잇속 챙기기에만 골몰했다. 가만 두어도 스스로 무너질 판국이었다.

바빌로니아는 예루살렘을 포위하고 만 1년 6개월 동안(588년 10월~586년 4월) 공방을 벌였다. 온 나라는 이미 잿더미로 변했다. 하박국(씨름하는 자)은 망국을 기정사실로 받아들이고, 자멸적인 부도덕성과 폭력사태에 대해서는 간단히 말했다. 그러고는 주로 한 가지 이해할 수 없는 문제를 가지고 하나님에게 이의를 제기하면서, 이제는 각 사람이 신앙으로 살면서 하나님의 구원을 바랄 수밖에 없는 처지가 되었다고 말했다.

살려달라고 부르짖는 소리, "폭력이다!"라고 외치는 소리, 눈앞에서는 약탈이 다반사이고, 다툼이 그칠 새 없고, 공의는 사라져 악인이 의인을 협박하는 시대인데도, 하나님은 아무런 움직임조차 없었다(1장). 하나님의 무한한 침묵! 이것이 언제나 그러한 인생과 세상의 실상이었다. 그래서 그는 항의했다. "주님, 언제까지 그러실 겁니까?"(1:2)

그런데 그런 현실에서 그가 더욱 이해할 수 없는 일은 작은 폭력 왕국(유다)을 처단하는 데 "천하를 주름 잡고 돌아다니는 사납고 성급한 민족"(1:6)인 더 큰 폭력왕국(바빌로니아)을 불러들이는 하나님의 행동이었다. 그나마 의로운 나라에게 멸망당한다면 이해할 수도 있겠다. 그러나 하박국은 하나님의 정치원리는 엄정한 정의의 저울이라는 것을 알아야 했다. 그 저울에 달아 기울어지면, 누구든 혁명하여 폐한다는 것이 역사에 대한 하나님의 통치방식이었다. 따라서 불의한 제국은 또 다른 제국을 통해 폐할 것이었다. "이제는 네(바빌로니아)가 털릴 차례이다."(2:8) 그것이 하박국의 마음속에서 들려오는 하나님의 대답이었다.

그것은 모든 나라에 적용되는 보편적인 법칙이었다. 인간사는 그런 식으로 진행되는 것이었기에, 하박국이 이해하고 말고 할 문제가 아니었다. 그러니 이해할 수 없는 문제를 가지고 항의하기 전에, 어째서 스스로 수많은 구원의 기회를 날려버렸는지를, 시대의 "초소, 망대 위에 올라가 자기 자리를 지키며"(2:1) 진지하게 성찰해봐야만 했다. 그렇게 할 줄 아는 사람이 "신앙으로 사는 의인"(2:4b)이다. 그런 발견에 이른 그는 침묵했다. 인간은 하나님의 역사심판 행위에 대하여 이러고저러고 말할 게 없었다. "온 땅은 하나님 앞에서 입을 닥쳐라!"(2:20)

그는 왕이고 군대고 나라고 할 것 없이, 아무것도 의지할 데가 없다고 말했다. 그는 '스바냐' 예언자가 말한, 걸핏하면 운동장이나 체육관에 모여 거행하는 진정성이라고는 전혀 없는, 늘 그렇고 그런 위선적이고 집단적인 회개집회도 이젠 다 소용없다고 선언했다. 그러면서 이젠 다 썩은 인간들뿐인 짐승의 시대이니, 각 개인이라도 살아남을 길을 찾아야 한다고 말했다. 진정성 있는 회개를 하는 신앙을 가진 의인만이 살 것이라고 했다. 그래서 그는 그런 사람들이 많아지기를 희망하면서 이렇게 말했다. "바다에 물이 가득하듯이, 주의 영광을 아는 지식이 땅 위에 가득할 것이다."(2:14) 이것은 제1이사야에게서 배운 사상이다.(11:9)

그러면 그토록 궁핍하고 고단한 시대에서 의인은 대체 어떻게 살아야 하는가? 그는 그것을 자기의 신앙고백 형식에 담아 설파했다. "비록 무화과나무에 과일이 없고 포도나무에 열매가 없을지라도, 올리브 나무에서 딸 것이 없고 밭에서 거두어들일 것이 없을지라도, 우리에 양이 없고 외양간에 소가 없을지라도, 나는 주님 안에서 즐거워하련다. 주 하나님은 나의 힘이시다."(3:17~19)

그에 의하면, 인생에서 모든 것을 박탈당한 후에도 여전히 하나님만을 기뻐할 수 있는 이유를 가지고 있는 사람, 그가 곧 의인이며 신앙의 사람이다. 이제 이스라엘은 멸망한 다음에 그것을 배워야 할 것이었다. 그것은 참으로 무섭고도 힘겨운 길이다.

오바댜

예언자들이 그렇게 살 길을 외쳤어도, 모든 게 무효가 되고 말았다. 결국 나라는 망했다(기원전 586년). 강대국을 탓할 게 없었다. 모든 것이 왕들과 정부, 사회 지도층의 고집스런 죄 탓이었다.

오바댜(야훼의 종)는 **예루살렘의 멸망 직후에 활동한 예언자이다.** 그도 '나훔'처럼, 다른 나라에 대한 저주와 멸망을 선포했다. 그 나라는 사해 남쪽의 광야 고원지대에 있는 **"에돔왕국"**인데, 그들은 이스라엘의 형제국이었다(야곱의 형 에서의 후손). 그러니 바빌로니아가 유다를 침략하여 멸망시킬 때 돕지는 못할망정, 최소한 적을 편들거나 박수치며 좋아하는 짓은 하지 말았어야 했다. 예레미야서(49:7~22)와 에스겔서(25:12~14; 35:1~15)에도 에돔에 대한 심판선언이 있는데, 내용은 비슷하다.

그는 **"아우 야곱에게 저지른 폭행 때문에"**(1:10) 에돔을 저주했다. 그러면 에돔은 어떻게 바빌로니아의 가렴주구(苛斂誅求) 노릇을 했는가? "네 형제의 날, 그가 재앙을 받던 날에, 너는 방관하고 기뻐하거나 웃지 않았어야 했다. 그날, 너는 그 재산에 손을 대지 않았어야 했고, 도망가는 이들을 죽이려고 길목을 지키고 있지 않았어야 했다. 고난받던 그날, 살아남은 사람들을 원수의 손에 넘겨주지 않았어야 했다."(1:12~14)

바빌로니아의 꼬봉이 되어 유다를 능멸하는 형제국 에돔의 악행은 인사불성(人事不省)이었다. 포로기의 에스겔도 이와 비슷한 말을 했다. "에돔은 내 땅을 자기들의 소유로 만들면서 기뻐하였고, 내 땅의 주민을 멸시하면서 내쫓고, 내 땅의 목초지를 약탈하고 차지하였다."(36:5) 이것이 바로 예로부터 "현인(賢人) 왕국"으로 명성이 자자하던 에돔(1:7c. 예레미야서 49:7)이 한 악행이었다.

그렇다고 그들이 태평성대를 누릴 것도 아니었다. 오히려 "동맹과 평화조약을 맺고"(1:7) 주인으로 섬긴 바빌로니아 제국에게 곧 버림받고, "샅샅이 털려, 깊이 숨겨둔 보물마저 다 빼앗기고 정복당하여, 온 땅에 한 사람도 남지 않고 모두 다 칼에 쓰러져, 네가 한 대로 당할 것이다."(1:6~9, 15) 이 말대로 얼마 후 에돔은 바빌로니아에게 망했다. 국제관계에서 영원한 친구란 없다. 이용가치만 있을 뿐이다.

유다 왕국의 말기와 멸망을 정리해보자(열왕기하 23:28~25장). 어쩔 수 없이 예레미야 이야기와 다소 겹친다.

기원전 608년, 주체적인 민족주의 개혁군주인 요시야 왕이 북부 국경선의 군사요충지 요새인 '므깃도'에서 이집트 군대를 막아서다가 전사했다. 굳이 나가지 않을 수도 있었지만, 내 나라를 함부로 지나가니 가만히 바라볼 수 없었다. 신하들은 전쟁터에서 급히 그의 차남 **"여호아하스"**(살룸, 예레미야서 22:11)를 왕위에 올렸다. 그때부터 멸망할 때까지 왕들은 신하들의 꼭두각시였고, 정부는 친/반 이집트파, 친/반 바빌로니아파, 극우 민족주의 자주독립파가 오락가락하며 접수했다.

'카르케미쉬'에서 일어난 **제1차 이집트-바빌로니아 전쟁**은 3개월 동안 공방만 벌이다가 양쪽 모두 힘만 소진하고 말았다. 철수하던 이집트 파라오 '느고'는 요시야가 자기들의 힘을 낭비하게 만들었다며 괘씸죄를 물어, 석 달 만에 여호아하스를 시리아의 "리블라"에서 사로잡아 폐위시키고 이집트로 끌고 가 죽이고, 그의 형(2살 위, 열왕기하 23:31절과 36절 비교)인 장남 **"여호야김"**(608~597년)을 꼭두각시 왕으로 세우고 막대한 배상금을 물렸다. 여호야김은 성전과 왕실의 금은보화도 모자라, 백성에게서도 달달 털어서 파라오에게 바쳤다. 정부는 이내 친 이집트파/반 바빌로니아파가 접수했다.

3년 후인 605년, 다시 '카르케미쉬'에서 **제2차 이집트-바빌로니아 전쟁**이 벌어졌다. 바빌로니아의 총사령관은 병이 난 '나보폴라사르'를 대신하여 황태자 "네부카드네자르 2세"(느브갓네살, 605~562년)였다. 전략이 뛰어난 노련한 군사 전문가인 그는 이집트를 대파한 후, 이집트 정벌을 위한 교두보를 확보하기 위하여 팔레스타인을 침공했다. 블레셋 일대를 초토화시킨 후, 예루살렘에는 무혈 입성하여 여호야김에게 굴욕적인 강화조약을 맺어 막대한 조공을 바치게 했다(604년, 무혈입성이기에 침공으로 간주하지 않음). 그러던 중 나보폴라사르의 서거소식을 듣고는 철수했다. 정부는 곧 친 바빌로니아파/반 이집트파가 접수했다.

3년째 되던 602년, 그렇게도 국제정세에 어두운 것인지 고집이 센 것인지, 여호야김은 다시 친 이집트 정책을 취하며 주변 왕국들과 합세하여 바빌로니아에 맞섰다. 다시 친 이집트파/반 바빌로니아파가 정부를 접수했던 것이다. 그러나 이집트는 바빌로니아에게 대패한 후였기에 유다 왕국을 돕기는커녕, 제 몸 하나도 가누지 못하고 흐느적거리고 있던 때였다. 그러자 바빌로니아가 침공하여(제1차 침공) 다시금 전보다 더 강력한 굴욕적인 조약을 맺게 하고, 성전과 왕궁까지 달달 털어 돌아갔다.

그런 판국에 여호야김은 별장까지 짓고 주지육림에 빠져 살았다(예레미야서 22:13~14). 열왕기는 여호야김이 자연사한 것으로(열왕기하 24:6), 역대지는 전투 중 사로잡혀 바빌로니아로 끌려간 것으로 말한다(역대지하 36:6). 바빌로니아 연대기는 "그 성을 함락시키고 왕을 사로잡았다."고 말하는데(함락-가짜뉴스)《존 M. 밀러·존 H. 헤이스 -고대 이스라엘 역사》, 죽인 것인지 바빌론으로 끌고 간 것인지는 알 수 없다. 바빌로니아는 그의 아들 "여호야긴"(597년)을 왕으로 세우고 떠났다.

597년, 즉위한 지 3개월밖에 안 된 여호야긴은 친 이집트파/반 바빌로니아파의 압력으로 바빌로니아를 배반했다. 참으로 암군(暗君)이었다. 그러자 바빌로니아가 다시 침공해왔다(제2차 침공). 별다른 전투도 없었다. 바빌로니아는 왕을 갈아치우고, 왕과 그의 어머니와 왕비를 비롯한 왕실 사람, 정부 인사, 관리, 기술자들 등, 거의 2만 명에 가까운 백성을 포로로 잡아갔다. 그 가운데는 후일 바빌로니아에서 예언자가 된 "에스겔" 제사장도 포함되어 있었다. 바빌로니아 왕은 요시야의 셋째아들 "시드기야"(597~586년. 야훼는 의로우시다. 이름이 꽤나 상징적이다)를 왕으로 세웠다. 정부는 다시금 친 바빌로니아파/반 이집트파가 접수했다.

네부카드네자르 2세는 그 후 두 차례 이집트를 원정하여 정복하고 속국(屬國)으로 삼고 꼭두각시 정권을 세웠다(572년. 569년. 에스겔서 29:19). 그리하여 완전히 늙어버린 "나일 강 속에 있는 악어"(에스겔서 32:2)는 이빨조차 다 빠져버린 채, 나일 강 동물원에 갇혀 더 이상 "국경 밖으로 나오지 못하였다."(열왕기하 24:7)

그런데 588년 열째 달 10일, 그렇게도 국제정세를 모르는 허수아비 왕 시드기야와 반 바빌로니아파/친 이집트파/극우 민족주의파가 다시 정부를 접수하고는, 겨우 숨만 쉬고 있는 꼭두각시 정권인 이집트 파라오에게 원조를 요청했다. 이집트 군대가 올라오자, 바빌로니아는 잠시 퇴각했다가(예레미야서 37:5~7) 다시 전면 침공했다(제3차 침공). 이번에는 유다를 완전히 멸망시킬 참이었다. 겁을 집어먹은 이집트 파라오는 그냥 돌아갔다. 결국 유다 왕국은 시드기야 제11년인 586년 넷째 달 9일에 멸망당했다.

그런데 바빌로니아는 정치적으로 노련했던지, 아시리아 제국이 북이스라엘을 멸망시키고 다른 민족을 강제 이주시킨 것 같은 일은 하지 않았다. 그것은 장래 유대인들의 역사 경과에 있어서 매우 중요한 일이었다.(페르시아로부터 귀환한 후 있었던 제2성전 건축 시대의 순혈주의와 민족분열 문제: 에스라기 1~6장)

그런데 왕을 보라! 밤중에 혼자만 살려고 도망치다가 붙잡혔다. 그는 바빌로니아 왕 앞으로 끌려가 무릎을 꿇린 채, 눈앞에서 아들들이 죽임당하는 것을 지켜보아야 했고, 그것을 마지막으로 두 눈이 뽑혀 쇠사슬에 묶여 수도 바빌론 포로로 끌려가 죽었다. 그와 함께 제사장과 고위 군인 60명이 처참하게 죽임을 당했고, 몇 차례에 걸쳐 지도층과 군인과 제사장과 학자 등, 수천 명의 백성이 거의 2,000km나 되는 머나먼 길을 걸어 바빌론 포로로 사로잡혀갔다. 바빌로니아 왕은 그 땅에 "가장 가난한 백성만 남겨 두어 농사를 짓고 살게 했다."

살아남은 유대인들에게 조국의 멸망은 단지 땅, 성전의 파멸보다 더한 무엇이었다. 그것은 참으로 소중한 것에 대한 상실감을 가져왔다. 영혼의 굴욕적인 상처! 그것은 그들에게 하나님의 무관심·하나님의 침묵·하나님의 부재, 아니 하나님 죽음을 증명한 사건이었다! 조국의 잿더미는 유대인들의 영혼을 잿더미로 만들어버렸다.

그때부터(586년) 유대인들은 페르시아가 들어선 539년까지 47년간 바빌론 포로 생활을 했다. 제1차 포로인 597년부터 따지면 58년이지만, 히스기야 때 두 차례 아시리아 포로(714년-사르곤 2세와 705년-센나케리브〈산헤립〉의 비문)가 된 것까지 넣으면 대략 130년 이상이다. 그리하여 유다 왕국은 931년~586년까지 345년 동안 존속하다가 사라졌고, 이스라엘은 1250년경부터 586년까지 664년 동안 국가로서 존속하다가 완전히 해체되고 말았다.

그때 기록된 것으로 보이는 시편 74편과 79편은 예루살렘과 성전과 궁궐과 나라 전체가 바빌로니아 군대의 말발굽 아래 얼마나 처참하게 불타고 파괴되고, 백성들이 수도 없이 죽었는지를 사실적으로 기록하고 있다. "하나님, 이방 나라들이 주님의 땅으로 들어와서 주님의 성전을 더럽히고, 예루살렘을 돌무더기로 만들었습니다. 그들이 주님의 종들의 주검을 하늘을 나는 새들에게 먹이로 내주고, 주님의 성도들의 살을 들짐승에게 먹이로 내주어, 사람들의 피가 물같이 흘러 예루살렘 사면이 넘치게 하였건만, 희생당한 이들을 묻어줄 사람이 아무도 없습니다."(79:1~3)

그때부터 유대인들은 나라 없이, 오직 민족으로만 살아야 하는 "디아스포라"(Diaspora, 흩어진 유대인)의 운명이 되었고, 유대 종교는 성전 겸 학교인 "시나고그"(Synagogue, 회당)를 통해 후세대를 교육하면서 서서히 "랍비"(Rabbi) 종교로 대체되었다.(이것을 유대교라 한다)

히브리 전통에 따라 유다 멸망을 해석할 때, 그것은 '오직 야훼주의', 곧 신앙의 실패에 대한 심판이었기에 더는 국가로서 존속할 수 없게 된 것이다. 이것은 유다 역사가들이 135년 전 북이스라엘이 멸망한 원인을 기록한 것과 같은 일이었다(열왕기하 17장). 그리하여 모세 율법에 담긴 평화 공동체의 이상(理想)은 완전히 사라져버렸다.

이것을 일반적인 역사의 관점으로 보면, 약소민족 유다 왕국의 멸망은 순전히 지역적 상황과 군사적 열세와 강대국들의 제국주의 때문에 일어난 것이었다. 그런 곳에서 작은 민족이 아무리 정신적으로 강하게 무장한다 한들, 배겨날 도리는 없었다.

그런데도 살아남아 포로가 된 소수 사람들은 그 모든 일을 자기들의 죄 때문에 발생한 하나님의 정당한 심판으로 이해하고 받아들이며, 결코 강대국을 저주하지 않았다. 어떻게 보면, 그들은 자기비하가 지나쳐 자학적으로 보일 정도로 철저히 자기반성을 하면서 계속되는 고난 속에서도 굴복하지 않고, 오직 신앙의 줄을 붙잡고 하나님의 뜻을 받들며 미래를 향하여 나아갔다.

세상에 국가가 생겨난 이래, 이스라엘처럼 오랜 고난을 겪으면서도 종교적 얼과 정체성을 유지하며 극복해나간 민족도 없었고, 그처럼 작으면서도 인류의 유산이 된 경전을 써낸 민족도 없었다. 그들은 "한 책의 민족"(Nationalis Unius Libri)이 되었다. 그러나 그들을 멸망시킨 바빌로니아 제국은 지난 20세기 초반 독일의 고고학자들이 이라크의 일대를 발굴하기 전까지는, 그저 구약성서에만 나오는 나라로 여겨지며 세계사에서 완전히 잊혀졌고, 인류 역사에 이렇다 하게 공헌한 바도 별로 없었다(바빌로니아 제국의 유물은 대부분 독일 페르가몬 박물관에 있다). 구약성서의 민족 이스라엘이 그 후 2,700여 년 동안 온갖 고난을 받으면서도 무너지지 않은 것은 오로지 신앙의 얼 때문이었다. "이스라엘은 누구도 정복할 수 없는 얼의 민족이다."《조셉 게이어-정복되지 않는 민족》

제23장

유다 왕국의 말기와 멸망(2)

- 예언자 예레미야

성서: 열왕기하 22장~25장, 예레미야서, 애가서

예레미야는 강렬한 종교 체험을 통하여, 아시리아의 멸망과 이집트와 바빌로니아의 대결로 역사가 한바탕 혼돈의 진흙탕으로 접어들어 위기로 치달아가는 시대의 한복판으로 들어서서, 평생 고뇌하고 눈물을 흘리며 진리의 말씀으로 나라를 바로 세우려고 분노하고 저항하며 분투했다.

소명과 예언자의 길

"예레미야"(Jeremiah, 야훼께서 건설하신다)는 모든 예언자 중에서 활동기간(최소 45년 이상)과 책의 분량이 가장 많다(52장). 그는 요시야 왕 제13년인 기원전 627년부터 시작하여(1:2. 열왕기하 인용은 따로 표시), 나라가 망한 후(586년) 바빌로니아에 끝까지 저항하던 사람들이 이집트로 내려가면서 강제로 데려가는 바람에, 그곳에서 활동하다가 세상을 떠났다. 그때가 언제인지 알 수 없지만, 어쩌면 그곳에서 유대인 학교(회당)를 세우고 가르쳤을 것이다.

그는 이스라엘 예언자 운동의 거대한 호수였다. 출애굽 사건과 모세 계약법전의 전승, 엘리야와 아모스와 호세아와 제1이사야와 미가 등, 전통과 남북 모든 선배 예언자들의 사상이 그의 영혼으로 모여들어 심화되고 확장되어 후대로 흘러내려 갔다. 예레미야는 예언자의 "집대성"(集大成)《맹자-맹자》이다. 그의 메시지에는 선배 예언자들의 말과 비유가 반복되고 종합되었다. 특히 그는 "호세아를 스승으로 삼은 예언자"《마르틴 부버-예언자의 신앙》라고 할 만큼, 성격과 심정과 인격과 사상과 삶이 매우 비슷하다.

그는 예루살렘에서 여리고로 가는 길목에 있는 마을인 "아나돗"의 제사장 가문 출신의 제사장으로, 20대 초반에 예언자가 되어 평생 독신으로 살았다(16:2). 현대 신학자들은 그를 가리켜 "감수성 깊은 성격의 소유자로서, 동족에게 임한 재난과 고통에 대해 마음 아파하는 모습을 여실히 보이는 극심한 예민성을 지닌 사람"《아브라함 J. 헤셀-예언자들, 상권》, "눈물의 예언자"《버나드 W. 앤더슨-구약성서의 이해, 제2권》, "고뇌(苦惱)의 예언자"《서인석-오늘의 구약성서 연구》라고 말한다. 그는 죽을 때까지 사람들과 나라와 세상으로 인한 슬픔과 고통을 운명처럼 겪으며 어깨에 짊어지고 간 사람이었다. 그와 견줄 만한 사람은 오랜 시간이 지난 후 같은 예언자로 나타난 "예수"라 하겠다(마가복음서 6:4). 오죽하면 "한탄, 넋두리, 슬픔, 괴로움, 고뇌, 비탄"을 뜻하는 영어 "Jeremiad"가 그의 이름 Jeremiah에서 유래했으랴!

'김재준 목사'는 1933년 6월 10일에 발표한 글인 "전기적으로 본 예레미야의 내면생활"에서 이렇게 말한다(원문을 그대로 싣는데, 괄호 안은 필자의 보충). "다윗왕업이 바야흐로 기울어져 가는 저녁, 눈물과 피와 힘으로 짜내인 예레미야의 一生은 너무나 深刻(심각)하고 多端(다단, 복잡한 심경)하였다. 그리하여 탄식 없이 읽을 수 없는 것이 그의 豫言詩(예언시. 지금은 預言)이다. 그의 일생은 不義 橫暴(불의 횡포)한 王을 책망하며, 썩어지고 俗化(속화)한 제사(祭司, 제사장·사제)들을 꾸짖으며, 自意(자의)로 豫言하는 거짓 豫言者(預言者)들과 싸우며, 귀머거리 같은 庶民(서민·백성)들을 爲(위)해 歎息(탄식)하며 淺見短慮(천견단려, 얕고 짧은 견해)의 政客(정객, 정치가들)을 敎導(교도, 가르쳐 이끌다)하는 피와 눈물로 짜내인 多端한 평생이었다."《김재준 전집, 제1권》

그는 강렬한 종교 체험을 통하여, 아시리아의 멸망과 이집트와 바빌로니아의 대결로 역사가 한바탕 혼돈의 진흙탕으로 접어들어 위기로 치달아 가는 시대의 한복판으로 들어서서, 평생 고뇌하고 눈물을 흘리며 진리의 말씀으로 나라를 바로 세우려고 분노하고 저항하며 분투했다. 그는 후대 바빌론 포로기의 예언자 "에스겔"의 말처럼, "무너진 성벽 틈에 서서, 하나님이 이 땅을 멸망시키지 못하게 막아서는 사람"(22:30)으로 살았다.

그러나 그의 예언 활동은 끝내 "영웅적인 실패"《존 브라이트-이스라엘의 역사》가 되었다. 그렇지만 그는 이스라엘 민족의 가슴과 역사에, 조국과 민중의 고통을 온몸으로 끌어안고 이해하고 공감하고 아파하고 눈물 흘린 '위대한 영혼'(Mahatma)으로 새겨져, 모든 세대가 기억하고 추앙하는 고귀한 인간상으로 자리 잡았다.

그가 눈물과 고뇌의 예언자인 것은 단순히 풍부한 시적 감수성을 지닌 인간이었기 때문이 아니다. 그것은 죄와 불의와 타락으로 가득하여 하나님의 심판 아래 놓여 있는 나라의 현실에 대한 신성한 분노와 저항과 슬픔과 아픔 때문이었다. 그는 죄악의 비탈길을 내려감으로써 "하나님의 긴급성(緊急性)"《한스 W. 볼프-예언과 저항》을 촉발하고, "돌이킬 시간이 모자라는 지점을 향하여 맹목적으로 돌진하고 있는 형국"《카를 F. V. 바이젝커-시간이 촉박하다》을 드러내고 있는 조국의 현실 때문에 분노하고 저항하며 하나님의 말씀을 선포했다. 그는 여성의 감수성과 전사(戰士)의 용맹성을 결합한 통전적인(holistic) 인간이었다.

'하나님의 긴급성', 곧 죄악에 대한 심판이 코앞에 닥쳤는데도 불구하고, 그 시대 사람들은 착각의 깊은 잠에 빠져 지냈다. 실로 집단망상의 시대였다. 눈앞에서 거대한 역사적 비극이 커다란 입을 벌리고 점점 다가오고 있는 것조차 몰랐다. 이내 역사의 절벽에서 밀려나 산산조각으로 파멸하고 죽을 것이 빤한데도, 아무도 하나님의 말씀을 듣지 않았다. 참으로 가련한 짐승의 시대였다. 왕들이고 정부 고위인사들이고 지도층이고 상류층이고 지식인이고 뭐고 할 것 없이, 나라 전체가 거대한 파멸의 블랙홀 속으로 빠져 들어가고 있는 처참한 시대였다.

그런 현실을 바라보아야 하는 그의 눈에서는 끊임없이 애처로운 동정과 자비의 눈물이 흘러내렸다. 그는 한 인간이, 죽음으로 치달아가는 시대로 인한 마음의 병 때문에 얼마나 많은 눈물을 흘리고 고통과 슬픔을 겪을 수 있는지를, 날 것 그대로 보여준 사람이었다.

한 사람이 예언자가 된다는 것은 그를 부른 하나님과 그를 반대하는 부패한 세상 양쪽으로부터 압박을 받으며 짓눌리는 자리에 서는 것이다. 하나님은 말하라 압박하고, 부패한 세상은 말하지 말라 압박한다. 하나님의 명령을 따르는 것이 싫으면서도 양심상 거부하기란 불가능하고, 세상의 위협을 거부하는 것은 신상에 위험하다. 그래서 예언자는 하나님의 이상(理想)과 세상의 현실 사이에서, 기름틀의 깨처럼 쥐어짜지는 고난받는 실존(實存)이 된다. 이런 모습이 가장 뚜렷하게 드러나는 사례가 예레미야이다.

"내가 너를 모태에서 짓기도 전에 너를 선택하고, 네가 태어나기도 전에 너를 거룩하게 구별해서, 뭇 민족에게 보낼 예언자로 세웠다."(1:5) 그는 하나님의 목소리 속에서, 진실로 고난받는 백성의 아우성을 들었다. 반대로 말하면, 그는 고난당하는 백성 속에서 슬픔과 고통에 지친 하나님이 거친 숨을 몰아쉬고 신음하며 자신을 살려내라고 호소하고 있는 모습을 보았다. 그것은 같은 소리, 같은 모습이었다. 따라서 그가 하나님을 저버리는 것은 고난당하는 백성을 저버리는 것이고, 고난당하는 백성을 저버리는 것은 하나님을 저버리는 것이었다. 하나님을 저버려야만 백성을 저버리고, 백성을 저버려야만 하나님을 저버릴 수 있을 것이었다.

네덜란드 화가 "렘브란트"(1606~1669년)가 그린 예언자 예레미야를 생각해본다. 하얀 머리와 깊이 주름이 파인 훤한 이마에 긴 수염을 가진 맨발의 늙은 예언자가 홀로 길가의 바위에 비스듬히 걸터앉아, 가죽 성서를 왼 팔꿈치로 받치고 얼굴을 괴고 침통하게 고뇌하고 있다. 그런데 그의 얼굴로 한 줄기 빛이 비치고 있다. 주변은 어둡다. 그는 맑은 눈으로 땅바닥을 내려다보며 무엇인가를 골똘히 생각한다. 그렇게 누란(累卵)의 절망적인 위기에 놓인 조국의 현실 앞에서 고뇌하지만, 그는 그 빛으로 인해 결코 무너지지 않는 철인(哲人)의 면모를 드러낸다. 화가는 예레미야의 진정한 모습을 그 빛에서 포착한다.

그동안 어두운 세상에서 줄기차게 그 빛을 찾아온 게 이스라엘 민족의 역사였다. 그 빛으로 인해서 자기들이 출발해 살아왔고, 또한 앞으로도 존재할 것이었다. 그 빛은 이스라엘의 존재의 터전과 근거였고, 중심과 혼이었고, 언제나 따라가야 할 미래의 인도자요 별이었다. 그 빛은 바로 하나님의 현존(Shekhinah)이었다.

그렇게 하늘빛이 날마다 시대마다 이스라엘을 불렀다. 그런데 스스로 두꺼운 차일을 쳐놓고 그 빛을 가려버리고, 그러면서도 빛을 갈망하는 지독한 모순의 역사를 드러냈다. 그러나 착한 백성이 아니라, 왕들과 지도층이 앞장서서 그렇게 해왔다. 백성이 무슨 죄가 있겠는가? 목자들이 제 일을 내팽개쳤는데, 도대체 양 떼가 무엇을 할 것인가?

옛길과 파수꾼의 나팔소리가 구원의 길이다

지금은 회개를 위해 주어진 유예기간이니, 길을 찾으면 늦지 않을 것이었다. 그런데 그 길은 새로 만들어내야 할 길이 아니라, 이미 오래 전부터 나 있는 탄탄대로였다. "너희는 가던 길을 멈추어서 살펴보고, **옛길**이 어딘지, 가장 좋은 길이 어딘지 물어보고 그 길로 가라."(6:16) 그 옛길은 아브라함과 모세를 통해 형성된 신앙전통이었다. '공자'의 말처럼, 단지 "옛길을 밝혀 제시할 뿐이지, 새로 만들어내는 것이 아니다."(술이부작述而不作)《논어》

따라서 당장 "흉악하고 사악한 생각과 행위"(4:14; 6:19)를 끊고, 사회정의와 윤리를 저버린 종교 형식주의와 기복주의인 "바알 신과 도움을 주지도 못하는 헛된 우상"(2:8) 등 다른 신들을 버리고, **"마음의 할례"**(4:4a; 9:26)를 받아 "하나님의 진실"(5:1, 3)을 찾아 돌아가는 것만이 **하나님의 평화**

(Shalom)를 누릴 수 있는 유일한 길이다.

그가 옛길을 강조했다고 해서 전통주의와 복고주의를 주창했던 것은 아니다. 그는 예로부터 제시된 길, 곧 올바른 삶의 존재 방식을 시대에 따라 혁신하는 것에 관하여 말한 것이다. 그것은 하나님이나 어떤 법률이나 윤리적 덕목 등에 관한 종교적 신조나 신념(dogma)을 앵무새처럼 문자적·기계적으로 되풀이하는 것이 아니라, '마음의 할례', 곧 내면의 혁신을 통한 깊은 이해와 자각을 얻은 새로운 사고방식으로, 무엇이 진정 행복과 안전과 평화에 이르는 길인지를 통찰하는 것에 관한 말이었다. 전통과 이성을 가졌으니, 생각해보라!

게다가 옛길뿐만 아니라, 그것을 오늘에 맞게 해석하여 새길을 설파하는 시대의 "파수꾼"(6:17)이요 스승인 참된 예언자들의 "나팔소리"(말·가르침)도 있었다. 그들은 날마다 소리치는 광야의 소리였다. 그 소리를 "귀담아 들으며" 실천하면, 그것이 새로운 대로(大路)가 되어 나라는 평화에 이를 것이었다. 중요한 것은 실천이다.

예레미야는 옛길이나 파수꾼들의 목소리를 정태적(情態的)으로 고정된 것이거나 강제적인 것이 아니라, 오늘 그 앞에서 역사의식과 윤리적인 책임의식을 가지고 긴장을 느끼면서 이해하고, 실존적으로 선택하면서 나아가야 하는 역동적인 길로 선포한 것이다. 그는 인간을 무슨 자동기계나 짐승이나 노예로 생각하지 않았다. 거기에는 부단히 생각하고 반성하고 성찰하는 이성적 노고가 따를 수밖에 없다고 생각했다. 그렇기에 그것은 어려운 길이다. 그러나 그는 그것을 진정 심원한 차원에서 생의 보람과 의미와 목적을 찾는 사람과 나라가 걸어가야 할 인간적인 길이라고 보았다.

그러한 새로운 삶은 이렇게 말할 수도 있는 것이었다. "너 자신의 자아에게 진실하여라. 그리하면 밤이 낮을 뒤따라오듯이, 그 연쇄적 결과로 너는 어느 사람에게도 거짓될 수가 없다."《윌리엄 셰익스피어–햄릿》

성전설교와 대결

아무리 오래도록 밖에서 말해봤자, 효과가 없었다. 그래서 예레미야는 나라의 본산 **예루살렘 성전**으로 나아가 성전설교를 했다(두 번 나오는데, 더 자주 했을 것). 그것은 왕들과 정부와 지도층에게 직접 경고하고, 전국에서 순례하러 오는 백성에게 공개적으로 말하기 위해서였다(7:1~8:17; 26장). 결국 대신들과 제사장들과 거짓예언자들의 대표회장과 충돌하고 말았다(20장, 28장). 성전설교의 내용은 그때까지 선포한 말과 같은 것이었다.

첫 번째 성전설교에서 예레미야는 놀랍게도 **예루살렘 성전의 파멸선고**를 내렸다. 모든 이가 경악할 과격하고 충격적인 발언이었다. 그러면서 그는 오래 전에 폐쇄된 "실로"(Shilo) 천막성전의 예를 들었다(사무엘시대 "엘리" 제사장 이후). "실로를 보라!"(7:12) 그것은 어찌해서 폐쇄되었던가? "하나님이 경고했으나 듣지 않았고, 불렀으나 대답도 하지 않은 것"(7:13), 곧 성전은 그 자체나 예배가 목적이 아니라, 하나님 사랑과 이웃 사랑·사회정의를 위한 종교적 상징과 수단이라는 사실을 외면했기 때문이다.

그는 히브리 신학의 전통에 따라, 성전의 영적 효용성과 가치성과 사회적 의미는 서로 분리될 수 없는 것이라고 선포했다. 그는 성전이란 "모든 생활과 행실을 참으로 바르게 고치고, 참으로 이웃끼리 서로 정직하게 살면서, 나그네와 고아와 과부를 억압하지 않는 것"(7:6)을 위한 종교적 수단이라고 갈파했다. 즉, 성전과 예배는 인간성의 혁신과 사회 윤리적 갱신을 창출하여 변화된 세계를 만들어 나가는 데 필요한 틀이라고 말했다. 그런데 오로지 기복적 목적으로만 예배를 바치며 실천적 응답이란 전혀 없었다. 따라서 성전이 이미 그 가치를 상실했으니 폐쇄한다는 것이었다.

예레미야는 하나님을 향한 사람의 응답이란 사회에서 드러내는 정직한 생활과 인간에 대한 사랑과 존중으로 나타나는 것으로 보았다. 그 역시 하나님을 향한 진실(헤세드Hesed, 신앙·충실성)을 담은 예배란 밖에 나가 일상생활에서 사람을 소중히 여기는 태도로 나타나야만 비로소 완성되는 것이라는 전통에 굳게 서 있었다.

그런데 그런 것은 안중에도 없고, "전혀 무익한 거짓말"(7:8), 곧 성전이 하나님이나 되는 듯 성전 지상주의 이데올로기만 신봉하고 있었다. 그렇게 사람들은 하나님보다는 성전에 방점을 찍었다. 성전을 하나님보다 위에 두었고, 하나님을 성전에 예속된 신으로 격하시켰다. 예레미야가 성전 지상주의의 위험성을 경고하다가 끝내 예루살렘 성전 폐쇄 선고를 내렸던 것은 하나님을 의지하지 않고 성전만 의지하는 것은 하나님을 성전에 종속된 신으로 아는 것이었기 때문이다(7:12~15). 그런 종교적 열광주의는 하나님과 성전에 대한 대단한 왜곡이요 모독이었다.

그는 이렇게 말했다. **"그래, 하나님의 이름으로 불리는 이 성전이 너희의 눈에는 도둑들이 숨는 곳으로 보이느냐?"**(7:11a) 그것이 "성전에서 벌어진 온갖 악"(7:11b)의 실체였다. 그것이야말로 진정한 신앙이 무엇인지를 모르는 행태였다. 조상인 아브라함 할아버지가 성전도 없었던 시대에서 100살에 낳은 아들조차 하나님께 바친 그러한 신앙과는 얼마나 다른가!

사람들이 동물처럼 "배고프면 먹고 졸리면 자는"《앨런 왓츠–있는 그대로의 자유》 자연스러운 존재 방식만 취하며 살아도, 나라가 그렇듯 타락하지 않았을 것이다. 그런데 욕심이 지나쳤다. 그래서 상식(常識)이 무너진 사회가 되고 말았던 것이다. 예레미야는 진리는 상식이고, 상식은 진리라고 보았다. 나라가 쇠락하고 망하는 것은 무슨 거창하고 고매한 진리를 내팽개쳐서가 아니라, 인간들이 넘어지면 일어서고 나가면 돌아오는 어린아이의 상식, 철따라 떠났다가 때가 되면 돌아오는 철새들의 동물적 상식조차 따르지 않고 살아가기 때문이었다.

그 후 그는 두 번째로 성전에 나가 회개를 촉구했다. 그렇게 수많은 백성이 드나드는 성전 앞에서 성전폐쇄와 국가멸망을 선포하고 국가안보를 위협하면서 백성을 선동하는 그의 위험한 발언은 분명한 결과를 초래했다. 대제사장은 그를 체포하여 때리고 구금시켰다가 풀어주었고, 모든 제사장들과 거짓예언자들이 함께 달려들어 죽이려고 했다.

그때 그는 "여러분이 나를 죽인다면, 무죄한 사람의 피를 흘린 죄값을 받을 것"(26:15)이라고 맞받아쳤다. 그 말에 두려움에 사로잡힌 일부 고관들과 백성이 그를 옹호하고 나섰다. 그리고 자기들과 신분이 같았던 130년 전의 평신도 예언자 '미가'를 존경하는 시골에서 순례 차 올라온 "지방장로들"이 "미가가 예루살렘 성전폐기를 선언했지만, 아무도 죽이지 않았다."(26:16~19)는 예를 거론하면서, 그를 옹호해주는 바람에 간신히 위기를 넘겼다. 그 외에도 그는 수차례 구덩이에 갇히거나 살해위협을 넘겼다. 그렇게 "예레미야는 순간순간 시간의 칼날 위에서 실존적으로 살았다."《프랜시스 A. 쉐퍼–도시 속의 죽음》

자전적(自傳的) 고백

그가 고뇌의 예언자라는 사실은 그의 자전적 고백록을 통해 알 수 있다. 그는 때마다 느낀 내면 상태와 삶의 형편을 써두었는데, 그것은 "모든 일기 중에서도 가장 진귀한 일기"《마르틴 부버–예언자의 신앙》로 값진 기록이다. 〈8:18~9:2, 10; 10:6~16, 23~25; 12:1~6; 13:15~17; 14:19~22; 15:10, 15~21; 17:14; 18:19~23; 20:7~18〉

그런데 그가 슬픔과 고통, 눈물과 고뇌의 예언자가 된 까닭은 나라와 백성의 형편이 목불인견(目不忍見)의 참상(慘狀) 때문이기도 하지만, 무엇보다 하나님을 "**눈물 흘리는 하나님**"으로 보았기 때문이다. 즉, 그의 하나님 관(觀)이 그를 울게 한 근원이다. 그는 하나님의 직접화법을 사용하여 이렇게 말한다. “내 눈에서 밤낮 하염없이 눈물이 흘러내리고 있다. 처녀 딸, 내 사랑스러운 백성이 참혹하게 얻어맞아 죽을 지경에 이르렀기 때문이다.”(14:17) ‘처녀 딸’은 그야말로 한창 꽃을 피운 예쁜 청소년기의 딸, ‘사랑스러운 백성’은 눈에 넣어도 아프지 않을 아기라는 뜻이다. 예레미야는 이 말로, 딸이 어릴수록 아버지 마음이 더욱 애틋한 것과 같이, 하나님을 딸과 아기를 사랑하는 인자하기 그지없는 아버지로 묘사하면서, 고생하는 백성을 향한 깊고도 절절한 사랑의 마음을 드러내고 있다. 아버지들은 사랑스런 딸이 시집갈 때 운다고 하는데, 그런 딸이 ‘참혹하게 얻어맞아 죽을 지경에 이르렀으니’, 아버지·아빠인 하나님이 어찌 조국 땅 한복판에서 처연하게 울고 있지 않을 것인가! 이것은 악질들 때문에 사람 지은 것까지 후회하는 하나님의 모습(창세기 6:1~8)과 비슷한 것으로, 성서 전체에서 유일한 장면이다. ‘호세아’조차도 이렇게 말하지는 못했다. 고난당하는 백성 때문에 우는 하나님!

예레미야는 유달리 감성이 예민하고 풍부한 시인이었다. 그는 먼저 하나님에게 깊이 공감(共感, sympathy)했고, 고난받는 ‘내 백성’에게 공감했다. 그는 전형적인 공감(동정·자비)의 인간, 곧 ‘호모 심파테티코스’(Homo Sympathetikos)였다. 다른 예언자들은 자신의 감정을 숨겼지만, 그는 자신의 감성을 표현하는 데 조금도 주저하지 않았다. 그와 견줄 만한 예언자는 멸망 후 바빌로니아 포로지에서 활동한 “에스겔”인데, 그는 감성이 지나치게 예민한 것을 넘어서 거의 정신이상의 경계까지 오갔다.

눈물을 흘리는 하나님과 역시 눈물을 흘리며 살아가는 ‘내 백성’을 향한 예레미야의 공감은 “살을 저미는 깊은 슬픔”《신경숙-깊은 슬픔》과 헤아릴 길 없는 고통으로 나타났다. 그에게 “고통이란 살아 있다는 것 자체이다.”《빈센트 반 고흐-서간집》라고 할 만큼, 자신의 문제가 아닌 하나님과 백성으로 인한 고통으로 넘쳤다.

"나의 기쁨이 사라졌다. 나의 슬픔은 나을 길이 없고, 이 가슴은 멍들었다. …나의 백성, 나의 딸이 채찍을 맞아 상하였기 때문에 내 마음도 상처를 입는구나. 슬픔과 공포가 나를 사로잡는구나. 어찌하여 나의 백성, 나의 딸의 병이 낫지 않는 것일까?"(8:18~22)

그는 고대 이스라엘의 고통받는 "욥"이었다. 이 글귀 하나만으로도 그는 불후(不朽)의 시인이기에 충분하리라. 그를 "고대 이스라엘의 두보(杜甫)"라고 한다면 지나칠까! 아무리 많은 눈물을 흘려도, 끝없이 눈물이 솟구쳤다. 실로 한 인간이 감당해내기에는 지나치게 무거운 슬픔과 고통이었다. 그러니 그런 신세가 된 것을 한탄할 것 같으면, 인정사정없는 하나님에게 붙잡힌 것을, 아니 슬픔과 고통으로 눈물을 뚝뚝 흘리는 하나님에게 물들어버린 것을 탓할 수밖에 없을 것이었다.

그런데도 죽을 때까지, 그 모든 짐을 제 한 몸뚱이에 짊어지고 나갔으니, 실로 위대한 인간이었다. 그가 나라의 짐을 짊어지고 간 것은 하나님이 그가 그만한 인간임을 알아보고 짐을 지웠기 때문이다. 그러니 그가 슬픔과 고통이 지나치다고 느껴서 도피하고픈 마음을 품은 적이 있었으면서도 끝까지 짊어지고 나간 것은 차라리 영광스러운 것이었다. 그것은 편안하게 살아가는 여느 사람들은 결코 알 수 없고 질 수도 없는 슬픔과 고통의 짐이었다.

세상을 떠난 어머니가 몹시 그립고 보고 싶었다. 그러나 그 어느 한 구석에도 그 작은 몸뚱이가 쓰러져 울 수 있는 곳이 없었다. 하나님이 곁에 있어도 위로가 안 되었다. 그저 "혼자라는 느낌, 너무나 짙은 어둠과 너무나 큰 고통과 공허함"《브라이언 콜로디척 편-마더 데레사, 나의 빛이 되어라》 속에서, 그는 실로 "영혼의 어두운 밤길"《십자가의 성 요한-갈멜의 산길》을 홀로 걸어갈 뿐이었다. "광야의 올빼미, 폐허더미의 부엉이, 지붕 위의 외로운 참새 한 마리"(시편 102:6~7)가 되고 말았다.

그렇게 돌아가신 어머니를 생각하다가, 그만 하지 못할 말까지 토해냈다. "아, 내가 태어난 날이 저주를 받았어야 했는데. 어머니가 나를 낳은 날이 복된 날이 되지 말았어야 했는데. …내가 모태에서 죽어, 어머니가 나의 무덤이 되었어야 했는데. 어찌하여 이 몸이 모태에서 나와서, 이처럼 고난과 고통을 겪고, 나의 생애를 마치는 날까지 이러한 수모를 받는가!"(20:14~18)

고통의 극한에 이르면, 누군들 이럴 것이다. 그러나 고통이 크지 않더라도, 삶을 깊이 관찰하면 인생이 고통의 무대라는 것은 누구나 안다. 우리 모두 "유아기에는 미소로써가 아니라 울음으로써 현생을 출발한다. 이것은 어찌 보면 이제 막 시작된 (생의) 고통에 대한 무의식적인 예언이다."《아우구스티누스-하나님의 도성》 "당신도 알다시피, 우리는 바보들의 이 거대한 무대에 온 것을 애곡한다."《윌리엄 셰익스피어-리어왕》

예레미야의 자전적 고백은 지금 읽어도 눈물겨운 것이다. 2,600년 전에 이런 사람이 살았었다는 것이 그저 놀랍기만 하다. 그렇기에 인류 역사는 아무리 악행이 많았다고 하더라도, 의미 없는 것이 아니다. 한 인간의 거룩하고 빛나는 삶은 민족과 인류의 죄악을 대속(代贖, 대신 죄 값을 치름)할 수 있는 무게를 갖는다. 그는 정녕 나라와 민족을 사랑한다는 것, 아니 사람을 사랑한다는 것이 도대체 어떤 것인지를 숨김없이 그리고 남김없이 보여주었다.

독자들 중, 마지막 인용구에서 생을 한탄하는 예레미야의 고백을 읽으며 "욥"의 탄식을 떠올린 분들도 있을 것이다(욥기 3장). 그러나 오늘날 구약성서에 욥기가 앞에 있기는 해도, 사실은 예레미야의 고백이 그보다 거의 200년 전에 나온 것이기에, 후대 익명의 욥기 기자가 예레미야에게서 배워 차용했다는 것을 알 수 있다.

사랑의 신학

사랑의 예언자 호세아의 정신적 제자이기도 한 예레미야가 일생 겪은 슬픔과 고통 역시 사랑 때문이었다. 나라와 민족, 아니 사람을 사랑하지 않았다면, 슬픔도 고통도 없었으리라. 그의 말은 거칠고 과격하고 혁명적이었으나, 그것은 어쩔 수 없어서 한 말이었을 뿐이다. 그는 본디 성정(性情)이 부드럽고, 심성(心性)이 착하고, 마음이 여리고 숭고하고 자비심이 많은 사람이었다. 그래서 헤아릴 수 없는 고통을 받았던 것이다.

그는 사람들에게 이렇게 말한 적이 있다. "**너희가 내 말을 듣지 않으면, 너희의 교만 때문에 내 심령은 숨어서 울고, 끝없이 눈물을 흘릴 것이다.**"(13:17a) 자기를 신쯤으로 아는 교만이란 망상은 인간이 도달하는 최후의 절벽이다. 아무 말도 듣지 않는 벽창호가 된다. 더 가면 "비류직하삼천척(飛流直下三千尺)"《이백-망여산폭포 2》으로 날개도 없이 추락한다.

아무도 보는 사람이 없는 곳에서 홀로 우는 사람! 그런 심정은 아는 사람만 안다. 이렇듯 그는 사람들의 감성(感性)에 대고 호소하고 절규했다. 그들도 인간이기에, 인간의 심장을 가지고 있으리라. 따라서 인간의 심장을 향한 그의 호소는 상식과 이성과 양심에 대한 호소를 지나 마지막으로 기댄 최후의 호소였다. 죄악에 빠진 인간을 설득하고 돌이키려 하는데, 무슨 신학, 이념, 이데올로기, 사상, 철학, 이론, 담론이 필요하랴? 펄펄 살아 뛰는 심장을 가진 인간이라면, 심장이 들려주는 인간의 진실이 무엇인지 조금은 알고 느끼고 들을 것이다. 그것마저 거부한다면, 비록 천 년을 예배드린다 해도 구원이란 없다!

그가 이런 말을 한 것은 그러한 고집과 교만의 끝이 어떤 것인지를 환히 내다보고 있었기 때문이다. "너희가 포로로 끌려갈 것이므로, 내 눈에서 하염없이 눈물이 흐를 것이다."(13:17b)

예레미야는 호세아 못지않게 사랑의 메시지를 설파하면서, 하나님 사랑의 신학을 전개한다. 앞서 인용한 하나님의 직접적인 말이 그러하다. 따라서 하나님의 하염없는 눈물과 자신의 끝없는 눈물에 대한 예레미야의 말은 그의 사랑의 신학이 어떠한 차원에 이른 것인지를 보여준다. 그야말로 그는 자신의 온몸을 통하여 하나님의 사랑을 드러낸 사람이다. 그의 슬픔, 고통, 눈물, 비탄, 탄식, 고뇌 등 모든 것이 하나님의 사랑을 보여준 절절한 몸의 언어이다.

그는 인간을 향한 하나님의 가슴·심장 그 깊은 곳을 들여다보고 느끼고 안 사람이었다. 그것은 사랑이었다. 하나님은 온통 사랑이다. 그렇기에 하나님이 사람에게 주려는 것은 번영, 곧 행복하고 평화로운 삶이다. 미래에 대한 인간의 희망은 하나님의 사랑뿐이다. 따라서 인간이 행복하고 평화롭게 살려면, 신앙과 영성훈련과 거룩한 생활의 길을 걸어가면서 영혼과 온몸으로 그 사랑에 응답해야 한다. 인간이 이것을 거절할 때, 하나님은 운다. 재앙이니 심판이니 파멸이니 멸망이니 하는 온갖 무서운 말들은 어떻게든 설득하려고 마지못해 하는 것이다. 하나님의 본심은 그것이 아니다.

"나는 영원한 사랑으로 너를 사랑하였고, 한결같은 사랑을 너에게 베푼다."(31:3b) **"나는 이스라엘의 아버지이다."**(31:9c) 하나님의 사랑은 일시적인 사랑이 아니다. "부지런한 세월 피어선 지고"《이육사-광야》, 다시 또 오고 흘러가도, 언제나 언제까지나 변하지 않는 영원한 사랑이다. 하나님은 이스라엘·인간의 아버지이다.

하나님의 사랑을 알면, 일상에서 "감사의 노래가 터져 나오고, 기쁨의 목소리가 퍼져 나오리라."(30:19a) 인간이 하나님이나 세상을 떠났거나 살아 있는 사람과 생명체에게 고마움을 느끼며 기뻐하며 사는 것이 행복과 평화가 아닌가! "인생에 주어진 의무는 다른 것 없다네. 그저 행복하라는 한 가지 의무뿐. 우리는 행복하기 위해 세상에 왔다. …인간은 선을 행하

는 한, 누구나 행복에 이르지. 그러니까 사랑을 하는 한….”《헤르만 헤세–행복해진다는 것》

“너희는 나의 백성이 되고, 나는 너희의 하나님이 되어”(30:22), 온전한 화해와 일치 속에서, 온통 “하나님의 복을 받아라, 너 정의의 보금자리, 거룩한 산이여!”(31:23b) 하고 기뻐하며 노래하는 나라가 이루어지는 것! 이것이 낮이나 밤이나, 아무리 세월이 오래 흐른다고 하더라도 변함없는 사랑의 아버지 하나님이 바라는 소망이다. 그러면 더 이상 외면적인 율법이 아닌, “하나님의 율법이 그들의 가슴 속에, 그들의 마음 판에 새겨져”(31:33) 거룩한 사랑 속에서 존재하리라. 이것이 하나님이 계획하는 “새 언약”(31:31), 즉 복음이다.

예레미야가 제시한 대안(代案)

호세아도 그러하지만, 예레미야는 이스라엘에서 실질적으로 “마음의 종교”를 연 사람이다. 신명기도 이것을 말하기에(30:11~14), 그가 당대 신명기 역사가들로부터 영향을 받은 것인지, 아니면 그들에게 영향을 준 것인지는 알 수 없다. 그는 수차례 “마음의 할례”를 말한다(4:4, 14; 9:26; 31:33). 이것은 의(체다카Tsedaqah), 곧 신앙(신뢰·내맡김·투신)에 관한 색다르고 심원한 표현이다.

이 책 처음부터 ‘신앙’이란 말을 써왔는데, 그것은 신앙과 믿음(belief)은 큰 차이가 있는 용어이기 때문이다. 이것은 매우 중요하다. 신앙은 하나님을 향한 사랑의 내적인 감동·영감과 인격적 변화 속에서 세상을 초월하고 내재하며 인도하는 하나님에게 자신을 전적으로 내맡기고 신뢰하는 것, 그리고 불의와 부패(또는 그러한 세력들)에 저항하고(떠나기·버리기) 투신하는(나아가기) 행동과 존재 방식이다. 그래서 신앙은 내면과 인격과 실존과 실천이 동반된 사회적인 것이다. 아브라함의 발자취를 따른 인물들이 그러하다.

그러나 믿음은 신이나 종교적 명제·신조나 교리, 상징물(symbols)인 건물이나 전통을 진리라고 승인하는 머릿속의 지적 작용이다. 그래서 믿음은 형식적이고 제도적이고 비인격적이다. 예언자들이 비판하던 제사장들이나 거짓 예언자들과 당대의 지도층과 백성들이 가진 교리적 확신과 성전에 대한 믿음 등이 그것이다.

구약성서는 대부분 신앙을 뜻하는 믿음을 말하고, 믿음을 뜻하는 믿음이란 말은 거의 사용하지 않는다. **믿음으로 번역된 단어도 그 실체는 신앙이다.** 신앙(信仰)이란 한자는 구약성서의 정의에 가깝다. 신뢰하고 내맡기고(信, '진실'의 뜻도 있다) 우러르고 따르는·복종하는(仰) 것이다. 미국 신학자 '하비 콕스'는 신앙과 믿음의 차이를 이렇게 말한다. "신앙은 마음 깊숙이 자리 잡고 있는 확신과 관련된 것이다. 이것은 신학자 '폴 틸릭'이 '궁극적 관심'이라 일컬은 것인데, 헤브라이인들이 '심장'이라는 낱말로 말한 바, 그러한 일을 가리킨다. 이와 달리, 믿음(belief)은 오히려 견해(見解)와 같은 것이다. 이것은 실존적인 것이기보다는 훨씬 더 명제적인 것이다. 우리는 우리에게 별다른 변화를 일으키지 않으면서 무엇이 참된 것인가를 믿을(believe) 수 있다. 그러나 우리가 살아가는 방식에 중대한 의미가 있는 어떤 것에만 우리는 우리의 신앙(faith)을 둔다."《종교의 미래》

따라서 신앙과 믿음의 차이를 구별하지 못한 것이 대대로 이스라엘의 문제였고, 그것 때문에 예언자들이 싸운 것이었다. 이런 문제는 오늘날 기독교 안에서도 여실히 드러나는 지극히 현실적인 문제이다. 예배당용 믿음은 결코 신앙이 아니다. 신앙은 인간이 거처하는 모든 시간 모든 공간에서 참된 위력을 드러내고 발휘하는 빛과 힘과 실체이다.

예레미야가 말하는 '마음의 할례'란 자각적 신앙을 가리킨다. 그가 율법과 전통을 가리키는 '옛길'을 말하면서도, 그보다 더 심층적인 내면의 차원에 대해서 말한 것도 그래서였다. 그것은 아마 그동안 예언자로 활동해 오면서 직접적 체험과 관찰을 통하여 터득한 진리로 보인다. 그는 사람의 마음이 변하지 않고서는, 아무리 수만 가지의 도덕률과 윤리적 법률, 곧 '옛길'을 말한다 해도 듣지 않는다는 사실을 깨달았던 것이다. 그가 보고 깨달은 사람이란 이런 존재였다. "만물보다 더 거짓되고 아주 썩은 것은 사람의 마음이니, 누가 그 속을 알 수 있습니까?"(17:9) 그는 인간성의 부패에 치를 떨었다. 인간성의 부패를 심각하게 고려하지 않는 종교란 한없이 가벼울 뿐이다.

그런데 외형적인 '옛길'도 못 지키는 판국에서, 내면적인 '마음의 종교'까지 말하는 것은 시대를 지나치게 앞선 것이 아니었을까? 마음의 종교는 법을 지키는 사람만이 취할 수 있는 그 다음 단계이기 때문이다. 물론 그도 이것을 잘 알았다. 그래서 그는 **"사람의 가슴 속에 새겨진 하나님의 율법, 사람의 마음 판에 기록된 하나님의 법"**(31:33)을 말하면서, 사람들이 각자 자각적인 신앙을 가진 개인으로 재탄생하여 진정한 하나님의 사람이 되어, 마음의 법을 따라 조화롭게 살아가는 평화로운 미래의 세상을 꿈꾸었다. 종교의 진면목을 통찰한 것이었다. 이것이 활짝 꽃피어나려면, 600년을 더 지나야 했다. 예수! 이러한 '개인의 발견'은 이스라엘 역사에서 예레미야가 최초이지만, 이것을 보다 더 심화시킨 사람은 포로시대의 예언자 "에스겔"이었다.

예레미야는 마음의 할례, 곧 자각적인 신앙이 낳는 구체적인 열매를 세 가지로 말했다. 이것은 모세와 이스라엘 전통을 '공의, 사랑, 겸손'으로 요약한 '미가'의 사상을 수용한 것으로 보인다(미가서 6:8). **"긍휼(자비)과 공평(정의)과 공의(의)."**(9:24a)이다. "지혜를 자랑하지 말고, 힘을 자랑하지 말고, 재산을 자랑하지 말라. 자랑하고 싶은 사람은 하나님이 긍휼과 공평과 공의를 세상에 실현하는 분이라는 것을 깨닫고 자랑하라."(9:23~24) 결국 자각적 신앙을 통한 하나님 사랑(체다카Tsedaqah)과 이웃 사랑(미슈파트 Mishpat)이다.

그러면 누구부터 그것을 실천해야 했는가? 물론 백성의 목자인 왕이다. 그런데 그때 왕이라는 자가 하는 짓을 보라! 얼마 전에 만나 낮은 곳에 내려앉으라고 했건만, 귓등으로도 듣지 않았다. 그렇기는커녕 오히려 더욱 더 콧대만 높아졌다. 그러자 그는 이렇게 말하며 돌아다녔다. "너희는 사로잡혀간 왕을 생각하고 슬피 울어라."(22:10) 그 왕은 이집트로 끌려가 죽은 '여호아하스'(살룸), 곧 지금의 왕 '여호야김'의 동생을 말한다. 왜 그런 말을 했을까? 살룸을 지금 왕의 전조(前兆)로 삼아, 낮은 곳으로 내려앉지 않으면 장차 자기 형과 똑같은 신세가 될 것이라고 경고한 것이다.

그런데 여호야김은 그 소리를 듣기는커녕, 망국의 위기 속에서도 상상을 초월하는 짓을 벌였다. 그러자 성품이 고결한 예레미야조차 머리끝까지 화가 나서, 왕에게 육두문자까지 날리며 저주를 퍼부었다. "불의로 궁전을 짓고, 불법으로 누각을 짓는 이 몹쓸 놈아! 동족을 고용하고도 품삯을 주지 않는 너에게 저주가 미칠 것이다. 네가 남보다 백향목(레바논 송백나무)을 더 많이 써서 집짓기를 경쟁한다고 해서, 네가 더 좋은 왕이 될 수 있겠느냐? 네 아비(요시야)는 법과 정의를 실천하지 않았느냐? …이것이 바로 하나님을 아는 것이 아니겠느냐? 그런데 너의 눈과 마음은 불의한 이익을 탐하는 것과 무죄한 사람의 피를 흘리게 하는 것과 백성을 억압하고 착취하는 것에만 쏠려 있다. …아무도 네가 죽으면 애도하지도 않을 것이다!"(22:13~19, 공동번역)

기가 막힐 노릇이었다. 백성은 죽어 나가고 나라는 온통 깨져가고 있는데, 왕이란 사람의 정치적 소신이 집이 좋아야 정치도 잘할 수 있다는 것이었다. 그런데 집을 짓기 위해 필요한 돈은 누구의 것인가? 나랏돈, 곧 백성의 호주머니에서 나온 돈이었다. 게다가 일꾼에게는 품삯도 주지 않고 떼어먹었다. 그런 자가 왕이었으니, 나라가 잘될 턱이 없었다. 그러니 돌아보면 그 모든 게 저 "히스기야의 아들 므낫세가 죄를 지었기 때문이다."(15:4; 24:3) 그래서 나라가 망하려고, 뱃속에서 그런 증조할아버지를 쏙 빼닮은 어리석고 악한 자손이 나와 똑같은 짓을 하고 있는 것이었다.

왕이 하나님과 율법에 관심이 없었으니, 지도층은 말할 것도 없었다. "가뭄이 계속되어 …유다가 슬피 울고, 성읍마다 백성이 기력을 잃고 땅바닥에 쓰러져 탄식하며 울부짖는 소리가 예루살렘에 치솟는데도"(14:1~2), 아무것도 느끼지 못했다. 가뭄이 어찌 천기(天氣)의 장난뿐이냐! 나라와 백성의 쇠락과 경제 파탄과 침울함과 방황이 진정 가뭄이 아니더냐!

그러나 "유다의 죄는 그들의 마음 판에 철필로 기록되어 있고, 금강석 촉으로 새겨져 있다."(17:1) 그 누구도 부정할 수 없었다. 그래서 그는 또 다시 왕궁 앞으로 가서 이렇게 선포했다. "유다의 왕아, 공평과 정의를 실천하고, 고통받는 사람들을 구해주고, 무죄한 사람의 피를 흘리지 마라."(22:1~3) 그렇지 않으면 "비록 모세와 사무엘이 다시 나와서 빈다고 하더라도, 내(하나님)가 이 백성에게 마음을 기울이지 않을 것이다."(15:1)

그런데도 끝내 말을 듣지 않았다. 그러자 예레미야는 그동안 선포한 예언을 두루마리에 기록하여 제자인 "바룩"(바루흐Baruch)을 시켜 왕에게 전달했다(36장). 그런데 여호야김은 겨울별장의 따스한 난롯가에 앉아 서기관을 시켜 읽게 하고는, 두루마리 하나를 읽을 때마다 "칼로 북북 찢어 난로에 집어 던져 태워버렸다." 그러고는 예레미야와 바룩에 대한 체포명령을 내렸다. 그들은 급히 숨어 화를 면했다. 가히 말세(末世)·세말(世末)이었다.

이윽고 그 여호야김도 죽고(597년) 그 아들 여호야긴이 등극했으나, 여전히 제 아버지와 똑같이 바빌로니아에 등을 돌렸다. 결국 다시 침공하여 3개월 만에 그를 끌어내려 갈아치우고(같은 해), 그와 그의 어머니, 왕비와 후궁들, 제사장들과 지식인들과 기술자와 백성 등, 2만 명 이상을 포로로 잡아갔다(열왕기하 24:8~16). 그러고는 그의 삼촌이며 요시야의 셋째 아들인 시드기야(597~586년. 야훼는 의로우시다)를 왕으로 세우고, 알아서 기라고 이르고는 철수했다. 일이 그런 지경으로 가고 있었으니, 그는 정녕 국제정세와 누란(累卵)의 위기를 깊이 깨닫고 돌아설 것이었다. 그는 하나님이 유다 왕국에 준 마지막 기회였다.

그러나 "사람이 자기 운명의 주인이 아니라는 것, 아무도 자기 생명을 조종하지 못한다는 것"(10:23)이라는 말이 그 마지막 왕에게 그대로 적용되었다. 심약하기 그지없는 그는 신하들의 꼭두각시가 되어 큰형(여호야김)과 조카(여호야긴)보다 한 술 더 떴다. "시드기야와 그 대신들을 비롯하여 예루살렘에 남은 사람들과 이 땅에 남은 사람들, 이집트 땅으로 간 사람들(원조를 위해서 간 외교사절단)은 아주 나빠서 먹을 수가 없는 나쁜 무화과나무처럼"(24:8) 되었다. 그리하여 더 이상 돌이키라고 말할 것조차 없어져버렸다. 그저 "많은 어부가 와서 고기 잡듯, 많은 사냥꾼이 와서 샅샅이 뒤져 이 백성을 잡아낼"(16:16) 때만 기다려야 할 처지가 되고 말았다.

그렇게 끝까지 돌아서지 않자, 예레미야는 시드기야에게 또 다른 대안으로, 하나의 차선책을 제시하며 받아들이라고 촉구했다. '하나님의 눈에 드는 사람'인 바빌로니아 왕은 자기도 모르게 '하나님의 종'(기름 부음 받은 사람·메시아)이 되어, 하나님이 통치하고 이끌어가는 세계역사에서 할 일을 하는 것이니, 생명의 길과 죽음의 길 앞에서 그에게 항복하는 것만이 왕실과 궁전과 성전, 그리고 무엇보다 백성을 건질 수 있는 마지막 생명의 길이라고 선언했다(21:1~10; 25:1~14; 27장) 그러면서 항복하면 왕도 편히 살다 죽을 것이라고 했다(34:1~5; 38장). 실로 엄청난 발언이었다.

예레미야가 그렇게 선언한 까닭은 무엇보다 백성을 살리기 위해서였다. 그는 이미 여러 번 "이스라엘의 희망은 하나님"(14:8)이라고 말하면서 눈물로 호소했었다. 어찌 나라가 망하기를 바랐겠는가? 그처럼 나라와 민족을 사랑하는 애국자도 없었다. 그가 항복을 권유한 것은 왕실과 지도층은 어떻든 백성만은 건져야 했기 때문이었다. 저항하면 백성은 거지반 죽어나갈 것이 틀림없었다. 항복하라는 것은 그가 하나님의 영감과 국제정세에 대한 냉철한 판단을 통하여 내린 가장 현실적인 대안이었다. 바빌로니아는 이미 곳곳에서 항복하는 나라를 관용하며 군신조약과 조공을 실시했고, 이미 유다 왕국에게도 그렇게 해오고 있었기 때문이다. 총독정치는 정복한 후에만 실시한 것이었다. 그렇게 살면서 백성을 구하고 '옛길, 마음의 할례'를 회복하여, 하나님의 때를 기다리자는 것이 예레미야의 권고였다.

그러나 시드기야는 듣지 않았다. 그러면서 모두 합친다 해도 결코 바빌로니아의 상대가 될 수조차 없는 주변 군소국가의 외교 장관들을 불러들여, 예루살렘에서 '비동맹 국제회의'를 개최하며, 대 바빌로니아 연합전선을 구축하려고 했다(27장). 그러자 예레미야는 그 자리에 나아가, 저항하는 나라는 모두 멸망당하고 포로가 될 것이지만, 항복하면 나라를 유지하며 살 수 있을 것이라고 선언했다. 그리하여 회의는 그 즉시 파장(罷場)이 되고 말았다.

왕 주변은 이미 이상한 무리, 곧 왕에게 아첨하면서도 거침없이 위협하는 무리가 둘러싸고 있었다. 그들은 거짓 예언자들, 곧 "썩은 제사장들과 왕실 예언자들"이었다. 그들은 왕을 포위하고 "끊임없이 거짓말을 하고 악행을 저지르는 자들을 도와서, 어느 누구도 죄악에서 떠날 수 없게 했다." 그리하여 "예루살렘은 소돔과 고모라 같이 되었다."(23:9~14)

그러자 예레미야는 모든 것을 포기하고, 전에 여호야긴 왕 때(597년) 포로로 잡혀간 '바빌론의 유대인 포로 공동체'에 편지를 썼다(29장). 그는 편지에서 "그곳에 정착하여 집을 짓고 농사도 짓고 시집 장가도 가고 아들딸을 낳으며 잘 살라. 아직 이곳에 남아 있는 왕이나 지도층이나 백성들도 곧 사로잡혀 가게 된다. 그렇게 70년을 채우고 나면, 다시 고국으로 돌아오게 된다. 하나님의 약속이다. 유대민족을 향한 하나님의 계획은 재앙이 아니라 번영이다. 부디 거기에서 부지런히 하나님을 찾으라. 때가 되면 고향으로 돌아올 것이다. 금방 돌아가게 된다는 거짓예언자들의 말을 듣지 말라."고 말했다. 이것은 그때나 후일에 바빌로니아 포로가 된 유대인들이 그곳에서 어느 정도 자유롭게 살았다는 것을 보여준다.

그 후 예레미야는 아시리아에 잡혀가 지금은 바빌로니아에 넘겨진 "**북 이스라엘 왕국의 후손들도 모두 고국으로 돌아오게 될 것**"이라고 말하면서, 그때 남북 왕국의 후손들이 돌아오면 하나님이 이스라엘과 "**새 언약**"을 체결할 것이라고 선언했다(30~31장). 그것은 장차 고국으로 돌아온 **남북왕국 후손들의 통일에 대한** 말이었다. 이것은 페르시아 제국시대의 역사를 이해하는 열쇠이다!

그리하여 결국 올 것이 왔다. 시드기야가 반 바빌로니아파/친 이집트파/극우 강경파들에게 휘둘려 반역하자, 그의 통치 9년째인 기원전 588년 열째 달(테베트Tebeth, 12~1월) 10일, 바빌로니아 군대가 전면 침공하여 전국의 모든 요새와 성읍을 점령하고 민가들을 불태우고, 많은 백성을 죽이거나 바빌론으로 붙잡아갔다. 이윽고 예루살렘을 포위했다(32:1~2). 그 어디에도 "평화는 없고, 폭력뿐이다. 슬프다. 무엇과도 비교할 수 없는 무서운 날. 주님의 진노가 폭풍처럼 터져 나온다. 휘몰아치는 바람처럼 악인들의 머리를 후려친다. 마지막 날에야 너희가 이것을 깨달을 것이니."(30:5, 7, 23~24)

그 사이에 시드기야는 강경파들의 주장을 따라 이집트에 원군을 요청하는 한편, 뜻밖의 조치를 단행했다. 노예 해방령을 선포했던 것이다(34장). 코앞에 적이 쳐들어온 급박한 상황에 겁먹은 예루살렘의 모든 고관들과 지도층이 송아지를 두 조각으로 갈라놓고 언약을 맺으며 동의하고 노예를 풀어주었다. 그제야 하나님의 구원을 바랐던 것이다.

그런데 얼마 후 왕과 지도층은 손바닥 뒤집듯 언약을 무효처리 해버리고는, 다시금 노예들을 붙잡아 들였다. 하나님을 우롱하고 모독하는 지나친 처사였다. 그렇게도 정신을 차릴 줄 몰랐다. 그러자 예레미야는 분노하면서 왕을 찾아가, 언약을 위반한 자들은 모두 그 송아지 꼴로 조각이 나, "전쟁과 염병과 기근으로 죽어 …그 시체가 공중의 새들과 들짐승들의 먹이가 될 것"(34:17, 20)이라 선언했다.

그런데 어느 날 시드기야는 몰래 사람을 보내 근위대 뜰에 갇혀 있던 예레미야를 불렀다. 그때는 마침 이집트 군대가 출동했다는 소문이 퍼져, 바빌로니아 군대가 예루살렘 포위를 풀고 일시적으로 퇴각했던 때였다(37~38장). 왕은 그것을 믿고 다시 마음이 흔들렸던 것이다. 왕을 만난 예레미야는 다시금 거침없이 바빌로니아에게 항복하는 것만이 살 길이라고 말했다. 그런데 이집트 군대는 승산이 없다고 판단했는지, 오다가 다시 돌아가고 말았다.

강경파들이 어떻게 알았는지, 왕에게 몰려와 예레미야를 사형에 처해야 한다고 주장하며 왕을 위협했다. 그러자 시드기야는 "죽이든 살리든 그대들 뜻대로 하시오. 나에게 무슨 힘이 있다고 반대하겠소?" 하고는 내주었다. 그들은 그를 "근위대 뜰 안의 물 없는 우물 구덩이 속에 내던졌다." 나중에 죽일 셈이었다.

그것을 안 에티오피아 출신의 흑인 내시가 왕에게 말하고는 몰래 빼냈다. 시드기야가 다시 예레미야에게 방책을 묻자, 그는 여전히 항복만이 살 길이라고 말했다. 만일 항복하지 않으면, 왕궁에 있던 모든 여인들이 포로로 끌려가면서, "믿던 도끼에 발등 찍혔다. 친구들이 너를 속이고 멋대로 하다가, 네가 진창에 빠지니, 너를 버리고 떠났다."고 탄식하며 조롱하는 노래를 부르게 될 것이라고 선언했다. 그러나 허수아비 왕은 뜻대로 할 수 있는 게 아무것도 없었다. 예레미야는 예루살렘이 함락되는 날까지, 1년 7개월 동안 근위대 뜰 안에 갇혀 있었다.

예루살렘 멸망과 예레미야

마침내 기원전 586년 넷째 달(탐무즈Tammuz, 6~7월) 9일, 예루살렘 성벽이 뚫렸다. 결국 왕은 죽고, 나라는 완전히 해체되고, 죽임을 당한 백성의 시체는 산을 이루었다. 분노한 바빌로니아 군대는 궁전을 비롯한 지도층과 예루살렘 일대 백성의 집까지 샅샅이 뒤져 금은보화를 털어갔고, 예루살렘 성전은 초석까지 불태우고 성벽은 완전히 무너뜨렸다. 민가들도 닥치는 대로 불 지르고, 사람들을 태워 죽이기까지 했다. 그것은 이스라엘 민족 역사상 최초로 일어난 집단학살이었다(Holocaust). 그리하여 다윗이 예루살렘을 수도로 삼은 때로부터 그날까지, 이스라엘 민족이 대대로 "온 세상의 중심"(에스겔서 5:5)으로 자랑하던 도성은 "쓰레기더미"(에스겔서 5:14), "온 세상의 조롱거리"(에스겔서 5:15)가 되고 말았다.

"추방당한 자들은 오로지 상류층뿐이었고, 하류층 주민들인 농부들과 포도 재배자들과 노예들만 모두 그 땅에 남아 있게 되었다."(《게르하르트 폰 라트-구약성서신학 제1권》, 열왕기하서 25:2) 상류층인 왕족들과 정부 관리들과 귀족들, 제사장들과 지식인들과 장인들(匠人, 목공과 석공 등)은 굴비처럼 엮여, 머나먼 바빌론(티그리스·유프라테스 강이 합류하는 하류지점의 바빌로니아 수도 일대. 오늘날 바그다드 주변)으로 끌려갔고, '땅의 백성들'(암-하렛츠Am haaretz, 가난한 백성들)은 그 땅에 남겨져 농사를 지으며 살게 되었지만, 궁핍하기 이를 데 없는 삶이었다. 그렇게 하여 이스라엘 땅은 역사의 화산재 아래 깊이 묻히고 말았다.

바빌로니아는 곧바로 유대인 총독을 임명하고, 세금이나 군역을 제외한 모든 것을 자치적으로 다스리게 했다. 그것이 예레미야가 항복을 권유한 이유였다. 잠시 굴욕을 겪으며 왕실과 백성을 보전하고 추후 하나님이 마련해주는 기회를 보자는 것이었는데, 끝내 말을 듣지 않았던 것이다.

예레미야는 바빌로니아 왕으로부터 위대한 철인(哲人)으로 존경받으며 지내다가, 소수 저항하던 사람들이 총독을 죽이고 이집트로 망명하면서 강제로 데려가는 바람에, 하는 수 없이 조국을 떠나 이집트에서 백성을 가르치며 살다가 세상을 떠났다. 언제 떠났는지는 모른다. 그렇게 하여 이집트 곳곳에 '최초의 유대인 공동체'(디아스포라)가 생겨나, 이스라엘 정신과 전통을 보전하는 데 힘쓰게 되었다. 이것은 역사적 사실이다.

330여 년 후인 기원전 3세기 중엽, 알렉산드리아의 유대인 학자들이 그리스 제국의 일파인 "프톨레마이오스"(프톨레미Ptolemy) 왕조의 지원에 따라, 히브리어 성서의 오경(창세기~신명기)을 그리스어로 번역하여 세상에 알렸다(Septuaginta, 70인역). 역사서와 예언서와 시가서는 그 후 정경(Cannon)이 확립된 후에 번역하여 출판했다. 그런데 70인역은 "야훼"를 "주"(퀴리오스Kyrios, 主. Lord)로 대체하고, "엘로힘"은 "하나님"(테오스Theos, 신神. 보통명사. God)으로 썼다!

멸망 후 히브리어는 유다 땅에서 사라지고, 당시 국제통용어인 "아람어"로 대체되었다. 이런 문제는 후일 페르시아 제국의 예루살렘 총독인 유대인 "느헤미야" 시대에 성벽 봉헌식을 하면서 오경을 낭독해줄 때, 백성들이 히브리어를 알아듣지 못하여 제사장들이 아람어로 통역해준 일로 증명된다.(느헤미야기 8장)

그리고 후일 신약성서를 쓴 사람들은 구약성서를 인용할 때, 70인역 그리스어 성서를 원본으로 사용했다. 그래서 신약성서에는 "야훼"가 나오지 않는다! 따라서 로마 제국시대에 기독교가 세계로 진출할 수 있었던 배경에도 70인역 그리스어 성서와 이집트를 비롯한 지중해 세계 각지로 흩어져 살던 유대인들에게 힘입은 바 크다. 이것은 신약성서 "사도행전"에서 볼 수 있다. 그러니 이런 모든 일에 예레미야의 영향도 컸다고 말할 수 있을 것이다.

'김재준 목사'는 예레미야의 죽음을 이렇게 평한다. "거룩한 수난자(受難者)의 위대한 종결(終結)."《김재준 전집, 제1권》 '함석헌' 선생이 1938년에 예레미야에 대하여 한 말을 들어보자. "예레미야! 그렇다. 우리는 예레미야를 대망한다. 저 같은 난세의 위대한 전도자를 갈망한다. 저는 인심의 타락이 극하야 미친 시대에 나타나서, 생명의 말씀을 외치고 외치다 죽은 전도자이다. 미친 시대를 보고 진리의 말씀을 하는 것처럼 위험한 것은 없다."《전집 제9권, 역사와 민족》

애가

"애가"(哀歌, 탄식의 노래, Lamentation)는 그가 쓴 또 하나의 자전적 기록으로 전해진다(기자를 알 수 없다고 말하는 신학자들도 많다). 애가의 히브리어 제목은 "에카"(Ekah)로, "아! 어떻게!"라는 탄식의 감탄사이다. 애가는 예레미야가 바빌로니아 왕으로부터 위대한 사상가로 대접을 받아 유대인 총독의 보호 아래에서 자유롭게 살아가는 동안(39:11~14), 불타고 무너져 내린 성전과 성벽, 궁궐과 관공서와 민가, 그리고 거리와 마을마다 수없이 죽은 백성의 시체 등, 멸망한 조국과 살아남아 도탄에 빠져 있는 백성을 돌아보면서 느낀 단장(斷腸)의 슬픔과 고통을 노래한 시이다. "시로 쓴 역사"《한성무-두보 평전》라고 할 수 있는 애가는 동서고금에서 나라를 잃어버린 인간의 비애(悲哀)와 고통과 탄식(歎息)을 표현한 것 중 단연 최고의 자리를 차지하며, "타고난 표현의 천품이 낳은 우울하고도 아름다운 슬픈 노래"《존 메이시-세계문학사》로 평가받는다.

바빌론 포로기는 유대인들에게 하나님에 대한 새로운 이해가 필요한 시점이었다. 에스겔은 이스라엘이 버려진 것이 아니며, 새로 탄생하는 중이라고 말했다. 바빌론의 고난은 역설적으로 여전히 하나님의 임재(Shekhinah)와 함께 걸어가는 여정(旅程)이었다. 유대인들은 이것을 깨달아야 할 것이었다.

제4부

포로가 된 이스라엘

제24장

유다 왕국의 말기와 멸망(3) ~바빌론 포로

– 예언자 에스겔

성서: 에스겔서

에스겔서는 멸망 11년 전(597년) 유다 왕국 말기의 사실적 면모와 멸망 후 바빌론 유대인 포로공동체의 상황을 있는 그대로 보여주는 훌륭한 역사적 자료이다. 바빌론 포로기 초반에 세상을 떠난 것으로 보이는(50세 정도, 573년 이후) 에스겔은 여러 제사장 후학들에게 많은 영향을 끼쳤다.

기이한 예언자

유대인들은 바빌로니아에게 멸망당한 전후 몇 차례에 걸쳐 포로로 잡혀갔다. 멸망 전인 기원전 597년 제2차 침공 때는 2만 명 정도(열왕기하 24:12~16), 멸망 후에는 4,600명이다(예레미야서 52:30). 아마 대략일 것이다. 죽은 백성이나 포로가 되거나 농사지으며 살도록 남겨진 '가난한 백성'(Am haaretz)은 얼마인지 알 수 없다.(예레미야 52:15-가난한 자들도 포로가 되었다고 함)

바빌론 포로는 이집트로 자발적으로 내려간 동포들과는 사뭇 다른 것이었다. 이집트 유대인들은 그나마 파라오의 환대를 받고 이곳저곳에서 자유롭게 살았던 것으로 볼 수 있다. 훗날 나일강 중류 "엘레판틴" 섬에서 나온 유대인들의 문서나, '알렉산드리아'를 비롯한 곳곳에서 살던 유대인 공동체가 이것을 증명한다. 그러나 바빌로니아 포로들은 그야말로 자비량으로 살려두었기에 살아남은 사람들일 뿐이었다. 그래서 예레미야의 편지와 같이(29장), 그들은 비교적 자유롭게 살기는 했어도, 여러모로 감시와 조롱을 받았던 것이 분명하다.(이사야서 40~55장; 시편 137편)

그런데 우리가 여기에서 주의 깊게 생각해보아야 할 아주 중요한 점이 한 가지 있다. 비록 바빌론의 유대인 포로공동체가 감시와 조롱을 받거나, 혹은 운하건설과 건축과 농사의 부역에 동원된 일은 있었겠지만, 비교적 한정되고 폐쇄된 지역에 배정되어 함께 모여 여러 집단 마을을 이루어 살았다는 것이다. 만일 바빌로니아 제국이 그들을 아시리아 제국이 북이스라엘 후손들에게 한 것처럼 산지사방으로 퍼뜨려 다른 민족과 통혼하게 했다면, 유대인들은 하나의 민족으로서도 완전히 멸종되고 말았을 것이다. 알다시피 북이스라엘 10지파는 역사에서 사멸되었다.

따라서 그 후 바빌론의 유대인 포로공동체가 살아남았을 뿐만 아니라, 오히려 더욱 새로운 신앙공동체를 일구며 민족 전승과 경전의 수집, 그리고 새로운 글쓰기(후일 경전이 됨)와 회당(예배와 학교)전통 도입 등의 놀라운 문화적 창조작업을 할 수 있었던 것은 단연코 바빌로니아 당국의 배려 덕택이라고 볼 수 있다. 이것은 제2이사야 예언자의 영향을 받은 제사장(P문서 학자들) 제자들의 노력으로 나타났는데(제25장 참조), 역사적 행운이었다.

그러나 이스라엘 특유의 신학적 관점으로 볼 때, 유대인들이 모여서 살게 된 것은 역시 하나님이 베푼 은총과 섭리의 작용이었다. 그렇게 하여 고난의 시대가 오히려 창조의 시대로 전환될 수 있었던 것이다. 그러나 이러한 창조 작업은 유대인들이 바빌론으로 가자마자 곧바로 이루어진 것이 아니라, 오랜 고난과 실의와 체념과 좌절감을 딛고 일어선 다음에 이루어진 일이었다.

이제 우리의 이야기는 이스라엘 역사상 가장 비극적인 시대의 가장 기이한 예언자의 무대로 들어선다. "에스겔"(에제키엘Ezekiel, 하나님께서 강하게 하신다)은 기원전 597년, 바빌로니아의 제2차침공 때 사로잡혀간 제사장이었다(1:2). 멸망하기 11년 전이다. 그는 신비주의적이고 기괴한 면모와 함께, 대단히 냉철하고 명증한 이성적 사상가이기도 한 복합적인 모습을 지닌 인물로서, 철저히 '사제-제의(祭儀) 전승'에 근거를 두고 활동을 펼쳤다. 이 말은 세 가지 사항을 뜻하는 것으로, 멸망과 고난의 원인은 1) 양부(養父)이신 하나님을 배신하고 불결하게 살아온 역사, 2) 하나님이 주신 언약과 계율과 법조문을 파기한 것, 3) 제의의 거룩함을 모독하고 형식적이고 위선적으로 행해온 죄이다.

에스겔의 예언은 여느 예언자들과는 사뭇 다른 형식을 드러낸다. 그는 하나님의 말씀을 직접 선포하는 것보다는, 지난 역사와 현실을 조망하면서 지금 사태에 이른 내력을 깊이 천착하여, 수많은 비유(알레고리)와 상징을 들어서 그 모든 것이 가져온 결과를 세세히 설명하고, 또한 지금의 태도가 장차 열려 있는 미래를 어떻게 펼쳐지게 할 것인지를 말하며 결단을 촉구한다.

바빌론은 지리 방위상 예루살렘에서 정동쪽에 있는 곳으로, 직선거리로는 약 880km(2천 2백 리), 이집트와 바빌로니아를 잇는 고대 교역로인 "왕의 대로"를 따라가면 약 2,000km(5천 리)가 넘는 머나먼 곳이었다. 유대인들은 이 길로 갔을 것이다. 아라비아 사막으로는 가지 않았을 것이기 때문이다. 그 머나먼 길을 끌려가던 유대인들의 처참한 심정은 어떠했을까!

"유대인"의 공식명칭은 "예후디"(Yehudi)로서, "예후다(Yehuda, 유다) 사람들"이라는 뜻이다. 기원전 539년 바빌로니아를 무너뜨린 페르시아 제국이 명명한 행정용어에서 기원한다. 한자로는 "유태(猶太)·유태인(猶太人)", 한글음역으로 "유대·유대인"이다.

바빌론 포로기는 이제부터 전개되는 에스겔서와 제2이사야서(이사야서 40~55장)에 나타나는 유대인들의 충격과 고난과 절망과 신앙의 회의주의를 이해하는 데 있어서 매우 중요한 사항이다. '제1장의 창조 이야기'에서 생각해본 그 내용이다. 머나먼 타지로 유배당한 그들의 절망을 헤아려야만, 그러한 가운데서 선포된 에스겔과 제2이사야 예언자의 현실적이고 이상적인 메시지, 유대인들이 그 오랜 고난 속에서도 굴복하지 않고 극복해

나가는 과정이 얼마나 위대한 일인가를 이해할 수 있다.

유대인들은 오늘날 페르시아만(灣)에 가까운 유프라테스강과 티그리스강이 합류하는 하류의 삼각주에 자리 잡고 있는 바빌로니아(Babylonia, 한글성서들은 바벨론·갈대아 등으로 쓰기도 하는데, 구시대 언어는 지양하는 게 좋다) 제국의 수도 "바빌론"(Babylon) 동남쪽, "그발 강"(케바르, 유프라테스강의 지류, 오늘날 바그다드 지역) 일대의 여러 마을에 정착하여 공동체를 일구고 농사지으며 살았다(예레미야서 29:4~7). 비록 바빌론 사람들로부터 구박을 받거나 부역에 동원되기는 했어도, 노예생활을 한 것은 아니었다.

에스겔의 활동은 망국(586년) 7년 전으로 거슬러 올라간다(593년). 강대국에 의해 왕이 끌어내려지고 임명되는 처참한 형국 속에서, 강제퇴위 된 왕과 왕비를 비롯한 수많은 동포들과 함께 바빌론 포로로 끌려간 일은 젊은 제사장에게 엄청난 충격을 주었다. 그는 스물다섯 살 정도로 결혼한 몸이었다(1:1~2; 24:15~19). 감수성이 예민하기 그지없는 그는 그 충격으로 거의 정신이상의 경계까지 오갔다. 그의 소명 이야기와 예언형식에 괴이하고 신비적이고 환상적인 장면이 많이 나오는 것도 그런 충격과 무관하지 않다.(1:4~3:15)

특출한 음악 재능을 타고나 "악기를 잘 다루고, 듣기 좋은 목소리로 사랑의 노래를 잘 부르는 가수"(33:32)로 소문이 자자하던 명랑한 성격의 음악가 에스겔 제사장은 5년 동안 그런 충격과 혼란에 휩싸여 살아가던 서른 살 때(593년), 예언자의 소명을 받고 멸망을 향해 치달아가는 조국을 바라보며 예언을 선포했다.

에스겔서는 그가 여러 번 예루살렘과 바빌로니아 사이를 오가며 예언하는 형식으로 전개된다. 그러나 실제로 오간 것이 아니다! 그것은 불가능하다. 그것은 그의 기이한 종교적 체험 속에서 무엇을 보는 "환상"(幻像, 하존Chazon, vision)을 통하여 공간이동을 하는 식으로 오간 것으로 나온다.

이것은 오늘날 도저히 이해하기 어려운 일이지만, 모두 나라가 짓밟히고 포로가 된 충격으로 인한 혼돈상태를 보여주는 것으로 이해하면 되겠다. 비록 예레미야와 같은 개인적인 고백은 없어도, 그러한 그의 모습은 우리를 애상(哀想)에 젖게 한다.

그러나 그의 이성은 명료했다. 그런 가운데서 그는 마치 연극배우처럼, 직접 여러 가지 퍼포먼스를 연출하며 조국의 부패한 현실을 비판하고 파멸적 운명을 예고했다. 한 마디로 에스겔은 구약성서에 나오는 많은 예언자 중에서 제일 이해하기 어려운 기인(奇人) 예언자였다. 그러나 말과 사상은 명증했다.

에스겔서는 멸망 11년 전(597년) 유다 왕국 말기의 사실적 면모와 멸망 후 바빌론 유대인 포로공동체의 상황을 있는 그대로 보여주는 훌륭한 역사적 자료이다. 바빌론 포로기 초반에 세상을 떠난 것으로 보이는(50세 정도, 573년 이후) 그는 여러 제사장 후학들에게 많은 영향을 끼쳤다. 1~36장까지는 593~586년(유다멸망)까지 8년 사이에 바빌론이나 (혹은 공간이동을 하여) 예루살렘에서 선포한 것이고, 37~48장까지는 바빌론 유대인 포로공동체를 위로하며 민족의 열려 있는 미래에 대한 희망과 결단을 선포한 것이다.

포로가 된 지 5년째 되는 어느 날, 여러 사람들과 같이 강가에 있던 중 그가 겪은 종교적 체험은 기이하기 그지없는 것이었다. 그는 현대인들이 읽으면 마치 외계인 우주선(UFO)이라고 100% 확신할, 바퀴가 달리고 이리저리 움직이며 전조등이 켜지고 소리가 큰 비행체의 조종석에 앉은 어떤 이가 말을 걸어오는 음성을 듣고 예언자로 부름 받았다. 그러나 그는 그것을 하나님의 음성으로 알아들었다. 그 체험으로 가뜩이나 포로로 사로잡혀와 영혼의 상처 속에서 황망하게 지내던 그는 또다시 "두려움과 떨림"《루돌프 오토-성스러움의 의미》, 고통과 슬픔과 분노 등, 온갖 복합적인 정서를 겪으며 엄청난 충격을 받았다. 그래서 그는 정신적 혼동에 빠진 채, "괴롭고 분통이 터지는 심정에 잠겨"(3:14) 이리저리 돌아다니다가, 아내에게 말도 없이 집을 나가, '그발' 강의 다른 쪽에 있는 유대인 마을 "텔아비브"(Tel-Abib, 델아빕)까지 가서, "7일 동안 머물러 얼이 빠진 사람처럼"(3:15) 몽롱한 상태로 앉아 있었다.

유대인들이 붙인 '텔아비브'라는 마을 이름은 두 가지 뜻이 있는데, 하나는 바빌론적 의미로서 "폭풍과 홍수의 언덕"이다. 따라서 "그발" 강가가 유대인 포로들의 거주지로서, 옛날 청계천 뚝방 동네 같은 열악한 곳이라는 사실을 보여준다. 그 지역은 툭하면 "사막의 폭풍"(1991년 미국의 대 이라크 전쟁 때의 작전명)을 타고 날아오는 모래더미에 묻히는데다가, 매년 여름마다 유프라테스와 티그리스강의 범람으로 홍수에 잠기고 휩쓸리는 환경이었기에, 유대인들의 고통과 수난의 삶을 상징적으로 보여준다. 예레미야의 편지에서 보는 바와 같이, 아무리 자유롭게 농사를 지으며 살았다 하더라도, 전반적으로 볼 때 유대인 포로들의 삶은 이래저래 지치고 힘든 삶이었다.

또 하나는 이스라엘적 의미로서, "봄(아비브)의 언덕(텔)"이다(지금도 이스라엘 지중해 항구에 텔아비브가 있다). 이것은 포로생활 및 폭풍과 홍수로 매년 수난을 당하면서도 꿋꿋하고도 절실한 희망을 품고, 봄이면 꽃이 피어나는 조국 땅을 그리워하며 살아간 유대인들의 삶의 내력을 보여준다. 그렇기에 텔아비브라는 지명은 우리민족의 "나의 살던 고향은~"과 같은 것으로, 유대인들의 희망과 의지를 나타낸다. 바빌론 포로기는 고국산천에 대한 애틋한 그리움과 희망을 먹고 살아가야만 했던 고난의 시절이었다.

집을 나간 에스겔이 스스로 집에 돌아온 이야기는 없다. 아마도 그의 아내와 여러 제사장 동료들이 수소문하여 찾아내 데리고 온 것으로 보인다. 그런데 "사람들이 밧줄로 묶어 놓은"(3:25) 것을 보면, 아마 계속 혼잣말을 중얼거려서 미친 사람으로 여긴 것 같다. 그러니 다시 집을 나가지 못하게 한 것이거나, 아니면 간질 발작 같은 것을 일으켜 광포한 행위를 못하게 방지해놓은 것 같다. 슬픔과 고통에 지치다 못해 터져버린 것이었다. 그러나 그것은 그가 그들이 모르는 강렬한 신적 체험, 곧 "주님의 영광, 말씀하시는 이의 음성"(1:28)을 보고 듣고, "주님의 영, 주님의 능력"(3:12, 22)을 입고 대면하여, 아직도 깊은 정신적 충격 속에서 헤어 나오지 못하고 있었기 때문이다.

그렇게 지내던 어느 날, 그는 다시 그 비행체에서 이런 말을 들었다. **"너 사람아!**(사람의 아들人子, 벤Ben-아들, 아담Adam-사람), 내가 너를 반역만 해온 한 반역 민족에게 보낸다. 얼굴이 뻔뻔하고 마음이 굳을 대로 굳어진 그 반역하는 족속에게, 그들이 듣든지 말든지 나의 말을 전하여라."(2:1~7) 그러더니 그 물체에서 로봇 같은 팔이 쑥 나와, **두루마리 책**을 한 권 건네주었다. 들여다보니, 거기에는 "온갖 조가(弔歌)와 탄식과 재앙의 글"(2:10)이 적혀 있었다.

그것을 읽고 또다시 견딜 수 없는 충격을 받은 그는 급기야 "벙어리"(3:26)가 되고 말았다. 오랜 시간이 지나 예루살렘 함락 소식을 들은 직후에야 혀가 풀려 말을 하게 되었다(33:22). 그러니 벙어리~함락 사이(593~586년)에 나오는 모든 구절은 말로 선포된 것이 아니라, 서판에 적어 보여주거나 나중에 기록한 것으로 볼 수 있다. 그러니 이런 방식 또한 에스겔 자신만큼이나 기괴하기 그지없는 것이었다. 이런 방식 때문에 에스겔서는 이해하기 어렵지만, 그러나 그가 말을 하게 되기까지 한 말을, 그가 선포한 것으로 전제하고 풀어나갈 수밖에 없다.

상징적 행위

에스겔도 호세아처럼 자신의 삶을 통하여 조국에 대한 상징을 보여준 예언자였다. 그 우주선(?) 사건 이후, 그는 집 안에 틀어박혀 제사장 일을 놓았을 뿐만 아니라, 얼빠진 사람이 되어 아무도 만나지 않고, 아내에게조차 말도 하지 않고, 무한한 침묵에 빠져 두문불출했다(유대인들은 안식일마다 강가나 제사장 집, 혹은 조금 후에 생긴 회당에 모여 예배). 그렇게 얼마를 지났을까, 그는 어느 날 느닷없이 이상한 행동을 보이기 시작했는데, 그 모든 것을 하나님의 지시로 이해했다.

1) 그는 방 안에 틀어박혀, 톱과 자와 망치와 벽돌과 각목을 가지고 뚝딱거리며, 예루살렘 성과 바빌로니아 군대의 모형물(miniature)을 제작했다. 그러고는 무려 390일 동안, 마치 장기판을 바라보듯 팔을 걷어붙이고 흥분하며 포위된 예루살렘 성을 바라보고 함성을 지르고 공방을 벌이는 전쟁놀이를 하면서, 거기에다 대고 예언을 선포했다. 도대체 그 말을 누가 들을까?

그러고는 마른 쇠똥을 구해다가 마당 구석에 잔뜩 쌓아놓고, 방 안에서 작은 화로에 그 똥으로 불을 피우고는, 밀과 보리와 콩과 팥과 조와 귀리를 섞어 만든 빵을 구워, 하루 한 조각씩 왼쪽으로 누워 걱정에 싸인 채 먹었다. 물은 하루 여섯 번 나누어 한 모금씩 벌벌 떨며 마셨다. 모든 것을 그램까지 정확히 저울에 달아 재서 일정량만 먹고 마셨다.(4:1~17)

그런 광경을 바라보던 "얼굴이 곱고 마음 여린 아내"(24:16a)의 고통과 황망함과 눈물은 이만저만이 아니었다. 들어가서 이것저것 물어봐도 벙어리가 되었기에 들은 체도 않았고, 대답한다 해도 그저 입속으로만 웅얼거릴 뿐이었다. 이윽고 젊은 제사장이 그렇게 지낸다는 소문이 퍼져, 제사장들과 사람들이 몰려와 웅성거렸다. 몇몇 선배 제사장들이 들어가서 보고는, 하나님의 영에 사로잡힌 것 같다고 말했을 테지만, 확실한 것을 알 수 없어, 그저 괴이하고 불길한 일에 섬뜩하다는 표정을 지으며 망연자실할 뿐이었다.

2) 그렇게 390일이 지나자, 그는 다시 40일 동안 오른쪽으로 누워 밧줄로 온몸을 침대에 묶고 지냈다. 무슨 시체놀이를 하는 사람 같았다.

이 두 가지 퍼포먼스는 곧 포위되어, **"빵과 물이 부족하여 누구나 절망에 빠져, 자기들의 죄악 속에서 말라 죽고"**(4:17) 멸망하여 포로가 될 조국에 있는 민족의 운명을 상징하는 행동이었다. 그는 그렇게 무려 1년 2개월이 넘도록, 이따금 모형 예루살렘에 대고 고래고래 소리를 지르며 말씀을 선포하거나, 아니면 하나님의 영에 붙들려 환상 속에서 공간이동을 하여 예루살렘으로 날아가 죄를 규탄하는 말씀을 선포했다. 그러고는 다시 돌아오면, 바위처럼 앉아서 무한한 침묵에 빠져들었다.

스스로 집 안에 들어앉아 자발적 수인(囚人) 행세를 하며, 참으로 괴상하기 짝이 없는 퍼포먼스를 벌이는 동안, 그는 마른 명태처럼 비쩍 말랐다. 머리칼과 구레나룻과 수염은 산지사방으로 자라나 흡사 귀신을 방불케 했고, 눈은 한없이 깊은 동굴이 되어버렸고, 얼굴에서는 피부가 버석거리며 비듬처럼 떨어졌고, 손은 뼈마디가 앙상하게 드러났고, 발걸음은 휘청거렸다. 그새 백 살 넘은 노인처럼 보였다. 그러나 눈빛만은 형형한 광채를 뿜었다. 그러는 사이, 마음 여린 아내는 나날이 가슴만 타들어갔고, 제대로 먹고 잘 수조차 없어 남편처럼 말라갔다.

3) 그러던 어느 날, 그는 방 안에서 또 다른 이상한 행동을 했다. 급기야 제사장에게 금지된 수염과 머리칼을 박박 밀어 버렸던 것이다. 그러고는 머리칼을 저울에 달아, 몇 가닥은 남겨 옷에 싸두고는, 1/3은 모형 예루살렘 성 안에서 불태우고, 1/3은 성 밖에서 칼로 내려쳐 잘라버리고, 1/3은 바람을 불어 날려 보냈다. 집 안에서는 머리칼 타는 냄새가 진동했고, 방

은 머리칼 천지였다. 그의 아내는 파랗게 질리고 말았다.(5:1~4)

4) 어느 날, 그는 갑자기 밖으로 뛰쳐나오더니, 곧 어디 먼 데로 떠나는 사람처럼, 괘나리 봇짐을 꾸려 마당에 내놓고는, 하루 종일 마루에 앉아 넋을 놓고 우두커니 지켜보기만 했다. 그러다가 저녁나절이 되자 성큼 일어나, 마치 끌려가는 포로처럼, 얼굴을 가리고 뒤도 돌아보지 않고 길을 떠나, 밤새도록 돌아다니다가 새벽이슬을 맞고서야 집으로 들어왔다(12:1~7). 몇날 며칠 동안 매일 그런 일을 반복했다.

5) 그 후에는 음식을 덜덜 떨면서 먹고, 초조한 마음으로 주위를 살피며 두려움과 근심에 싸여 물을 마셨다(12:17~20). 결국 그의 아내는 마음과 몸에 큰 병을 얻고 말았다.

이 세 가지 행동은 장차 조국 백성(머리칼로 상징) 대부분이 바빌로니아 군대의 칼에 죽고, 전염병에 걸려 죽고, 굶어 죽고, 사방으로 흩어지고, 몇몇은 살아남아 그 땅에 내팽개쳐지고, 왕을 비롯한 지도층과 백성은 바빌로니아의 그물에 낚여, 수 천 리 길을 덜덜 떨며 빵조각을 씹고, 놀라움과 황망함에 싸여 물을 마시며 끌려오는 것에 대한 상징이었다.

6) 이번에는 사람들이 보는 앞에서, 매일 하루종일 허리가 끊어지는 듯 괴로워하고 지독한 슬픔에 젖어 탄식하며 울기 시작했다(21:6~7). 사람들이 무엇 때문이냐고 묻자, 그는 곧 예루살렘에 재앙이 다가와 사람마다 간담이 녹으며, 두 손에 맥이 빠지며, 모두들 넋을 잃으며, 모든 무릎이 떨게 될 재앙이 닥쳐오고 있기 때문이라고 대답했다.

7) 그렇게 5년이 지나도록(593~589년, 24:1) 벙어리가 되어 이상한 일을 벌이고 떠들며(예언하며), 해골같이 말라가는 남편의 얼굴을 바라만 봐야 했던 그의 아내는 급기야 탈진하여 몸을 가누지도 못했다. 사람들이 몰려와 수발을 들어주었지만, 먹으려고도 하지 않았다. 결국 그가 "눈에 들어 좋아하고 마음으로 사랑하는 사람"(24:16a)인 그의 아내, 아마 20대 후반쯤

이었을 그의 아내는 세상을 떠나고 말았다.(24:15~17)

그 일로 그는 또다시 말할 수 없는 충격을 받았다. 그러나 그는 하나님의 영감(靈感, 지시)에 따라, "슬퍼하거나 울거나 눈물을 흘리지도 않고, 고요히 탄식하며 머리를 수건으로 동이고, 발에 신을 신고, 초상 음식도 먹지 않았다."(24:16b~17) 그러나 사랑하는 아내에게 미안한 마음은 한이 없었다. 사람들이 초상을 치러주는 동안, 벙어리 신세였기에 한 마디도 할 수 없어, 그저 속으로만 울음을 삼키고 또 삼킬 뿐이었다. 칼날이 머리부터 발끝까지 온몸을 서걱서걱 저미는 것 같았다.

이 두 가지는 곧 사랑하는 사람들을 잃어버리고, 허리가 끊어지는 듯 괴로워하며 탄식하게 될 조국 백성에 대한 상징적 행동이었다.

예언자는 언제나 백성보다 앞서서 슬픔과 고통을 겪는 사람이었다. 이제 곧 조국 백성에게는 그가 겪은 일처럼, "그들의 요새(집), 그들의 기쁨과 영광, 그들의 눈에 들어 좋아하며 마음으로 사모하는 것을 빼앗고, 그들의 아들딸들을 데려가는 날"(24:25)이 다가올 것이었다. 그러니 아내를 잃은 그에게 실컷 울어야 할 마당에 울지도 말고 탄식만 하라는 하나님의 지시는 아내를 지켜주지 못한 슬픔과 고통을 뱉지 말고 속으로 삭이고 또 삭여서, 이제 곧 죽어갈 백성의 슬픔과 고통을 깊이 느끼며 짊어지고 가는 "하나님의 진정한 한(恨)의 사제"《서남동-민중신학의 탐구》가 되라는 것이었다.

그렇게 하나님은 참으로 한 인간에게 너무하다고 할 정도로 지독한 슬픔과 무거운 고통의 짐을 지웠고, 예언자는 시대의 노새가 되어야 했다. 그것이 멸망을 향해 치달아가는 조국을 위해 예언자로 부름받은 그가 짊어지고 가야 할 그 시대의 십자가였다.

우상숭배의 본질

예언자들은 우상숭배의 본질에 대한 심원한 통찰로서 단연 세계사에서 뛰어난 철인(哲人)이었다. 그들은 세계사에서 최초로 우상숭배가 얼마나 인간과 나라 공동체를 부패시키고 쇠락과 파국으로 이끄는 악마적인 것인지를 들여다본 인물들이었다. 그들은 '프리드리히 W. 니체'가 말한 것처럼, "우상 파괴자"였다《이 사람을 보라》. 이것만으로도 예언자들은 세계사에서 그 유례를 찾아볼 수 없는 대단히 독특하고 위대한 사상가로 자리매김된다.

이스라엘 민족에게 자기를 계시한 하나님은 아브라함과 출애굽의 하나님으로서, 해방과 자유의 하나님, 진리와 의의 하나님, 선과 사랑의 하나님, 정의와 평등과 평화의 공동체 질서를 명령하고 인도하는 하나님이다. 그래서 이스라엘은 언제나 이러한 하나님과 하나님의 도덕적 가치 질서를 삶의 우선성으로 받들고 따르며 존재해야 했다. 평등과 평화의 공동체 건설이야말로 이스라엘의 절대적 명제이다. 이스라엘은 한 언어와 종교와 인종으로 구성된 단일민족이 아니라, "오직 야훼주의"(Mono Yahwism)라는 하나의 신과 신앙과 종교와 정신과 이념으로 뭉친 연합민족(United Nations)이었다. 따라서 가장 중요한 가치는 신앙과 연대체제의 유지였다.

우상숭배는 단지 무슨 신상을 숭배하는 문제가 아니다. 우상숭배의 본질은 곧 이기주의이며, 구체적으로 표현되는 것은 물질주의이다. 곧, 성공과 풍요와 안락을 생의 목적으로 추구하는 것이 그 본질이다. 이러한 우상숭배가 바알 종교의 특성이다. 그래서 예언자들이 그토록 열렬히 바알 종교와 대결한 것이다. 따라서 우상숭배는 그 본질적 성격상 인간의 해방과 자유, 평등하고 평화로운 공동체 건설을 명령하는 하나님과 그런 가치체계를 현실화하는 삶에 대하여 결정적 파괴요인이다.

우상숭배 금지는 아브라함과 출애굽 사건의 명제인 '떠나서 가라'는 것을 거부하는 현실, 곧 '안 떠나고 안 나가는 것'에 대한 부정과 저항과 초극(超克)을 위해서이다(십계명 제3조). 우상숭배가 일상화되고 극단화되면, 개인과 국가는 필연적으로 도덕적 혼란과 무질서로 치달아, 얼(정신·사상·윤리적 가치체계)과 나라의 붕괴에 직면한다. 예언자들은 이런 사실을 꿰뚫어 본 사람들이다. 이스라엘의 멸망은 우상숭배의 결과였다.

그러나 우상숭배는 종교적인 형식보다 더 깊고 심리적인 층과 관련된다. 세상에는 언제 어디나 인간과 나라의 보편적인 생명의 원리와 평화의 이상을 정면으로나 우회적으로 거부하는 강력한 심리 기제(基劑)가 엄존한다. 그것은 개인과 일부 집단이나 국가가 세상을 독점적으로 소유하려고 하는 형식을 취하는데, 정치와 행정, 종교와 경제, 교육과 언론, 군대와 일반 시민사회 등, 인간이 몸담고 움직이는 모든 방면에서 총체적으로 출현한다. 그것은 인간 내면의 어두운 충동과 외면의 오염된 사회적 형식들이 하나가 되어 뿜어내는 강렬한 물적 소유의 충동과 유혹의 힘이다. 곧, "탐욕이 우상숭배이다."(골로새서 3:5)

예언자들이 야훼 하나님과 그 이름을 통해서 말하고자 하는 바는 그분이 인간의 해방과 자유, 인권존중과 이웃 사랑, 정의롭고 평등하고 평화로운 공동체를 명령하고 실현하는 분이고, 그러한 가치를 인간 사회의 근본적인 가치와 질서로 선언하고 세운다는 것이다. 이것은 하나님의 절대가치이다. 따라서 세상을 구원하기 위하여 선택받은 이스라엘도 이것을 절대가치로 추구해야 한다. 이스라엘이 우상숭배에 종속되어 패배하는 한, 결코 아브라함과 출애굽 사건에서 드러난 하나님의 뜻인 탈출과 지향의 신앙(신뢰·내맡김)을 가지고 존재하는 방식, 곧 부단한 영성훈련과 거룩한 생활을 통하여 "건전한(sane) 인간, 건전한 사회"《에리히 프롬–건전한 사회》, "열린(open) 인간, 열린 사회"《카를 포퍼–열린 사회와 그 적들, 제1권》를 건설할 수 없다. 우상숭배 사회에는 사랑하고 연대하고 어울려 평화로운 공동체를 만들어 나갈 "알맞은 짝"(파트너, 창세기 2:18)이 없다. 거기에서는 인간적인 "나와 너가 없어, 모두가 물건(It)으로 전락해버린다."《마르틴 부버–나와 너》

유다 왕국 말기의 우상숭배 현실

에스겔 예언자의 뚜렷한 특징 중 하나는 그가 우상숭배에 대한 집요한 비판자라는 점이다. 그만큼 우상숭배의 본질을 통찰하고 장문(長文)에 담아 그 사악함과 폐해를 비판하며, 그것이 인간이 병들고 나라가 망하는 지름길이라는 사실을 천명한 예언자도 드물었다(6~17장, 22~23장). 그는 우상숭배를 "삶에 대한 사랑"(biophilia)이 아닌, "죽음에 대한 사랑"(necrophilia)《에리히 프롬–사랑의 기술》으로 보았다. 그가 보기에, 우상숭배가 지금 조국과 바빌론에서 겪고 있는 모든 불행과 비참의 근본 원인이었다.

그는 어느 날, 환상 속에서 그 특유의 공간이동을 통하여 예루살렘 성전 안뜰로 들어가, 그곳에서 벌어지는 장면을 보았다(8장). 사방에 "질투의 우상", 곧 바알과 아세라 신상들을 비롯한 여러 민족 신들의 조상(彫像)들이 가득했다. 그것이 바로 지금 아무도 부정할 수 없는 유다 왕국의 신앙과 종교와 정치, 사회와 윤리, 사상과 문화의 적나라한 현실이었다. 그는 그런 우상들의 발밑에 이스라엘의 혼과 정신이 처참하게 짓밟힌 것을 보았다.

조금 더 들어가자, 대제사장을 비롯한 이스라엘을 대표하는 장로 70명이 향로를 들고, 사면에 온갖 벌레와 뱀을 비롯한 불결한 짐승들과 우상들이 그려져 있는 성벽 앞에서 절하는 "흉악하고 역겨운 일들"을 벌이며, "야훼는 우리를 돌보고 있지 않으며, 이 나라를 버렸다."고 하면서 우상들에게 복을 내려달라고 빌고 있었다.

그리고 한 떼의 여인들이 머리를 풀어헤치고 땅바닥에 주저앉아 동쪽을 바라보며, 탐무즈(Tammuz, 담무스) 신을 애도하며 곡하고 있었다(제22장 므낫세 부분 참조). 그런 종교가 예전부터 이스라엘 안에서도 성행했던 것인데, 다른 예언자들은 말하지 않았고 오직 에스겔만 말했다. 다른 나라의 신까지 수입해서 섬겼으니, 그 정신과 나라의 현실이 어떠했겠는가?

다른 쪽으로 가자, 이번에는 성전 곁에 **25명의 젊은 남자들**이 모여 성전을 등지고는 동쪽으로 얼굴을 들고 연신 "**태양**"에게 절을 하고 있었다. 그 이름은 나오지 않지만, 담무스였을 것이다.

그러자 갑자기 "심판의 환상"이 열리며, **연장(鍊匠)을 든 사람들**이 나타났다. 그들은 "모시옷을 입고 서기관의 먹물 통을 차고 있는 어떤 사람이 이마에 표를 찍은 사람"을 제외하고는, 태양신 신도들부터 죽이기 시작하여, 도성 안에 있는 모든 사람을 쳐 죽였다. 실로 무시무시한 살육의 장면이 펼쳐졌다. 그것을 본 그는 땅바닥에 엎드려 얼굴을 대고, "이스라엘의 남은 사람들을 다 죽이실 작정입니까?" 하고 울부짖었다.

이윽고 그는 "**하나님이 성전을 떠나버리는**" 장면을 목격하고는 절망에 빠져 주저앉고 말았다. 그것은 하나님이 유다 왕국을 버린다는 뜻이었다. 그렇게 정신이 황폐해진 결과, "온 나라에는 지혜와 율법이 사라지고" 무지막지한 "폭력만이 가득 차 있게" 되었다. 그것이 에스겔이 본 우상숭배가 가져오는 국가의 필연적인 쇠락과 파멸의 모습이었다.

비유문학의 천재

에스겔은 많은 비유를 채용하여 유다 왕국의 현실을 비판하면서 변화를 촉구한 비유의 천재였다. 그가 직접 몸으로 보여준 여러 상징적인 행위들, 입양한 딸에게 배반당하고 처절히 무너져 내리는 어떤 아버지 이야기를 비롯한 비유들, 골짜기의 마른 뼈다귀들이 살아나 군대가 된 이야기, 두 막대기를 하나로 조립하여 장차 남북 이스라엘 민족의 통일에 대한 이상을 제시한 이야기 등은 탁월하면서도 통렬하기 그지없는 비유이다.

그는 노래를 잘하고 악기를 잘 켜는 예술적 재능에다가, 문학적 소질도 풍부한 제사장 예언자였기에, 여러 가지 절묘한 비극적인 비유를 통하여 하나님의 마음에 깊이 감정 이입하며 공감하는 가운데서, 타는 가슴으로 조국의 우상숭배 현실을 풍자하며 비판하고 회개할 것을 설득했다. 두 가지만 생각해본다.

1) 딸에게 배반당한 아버지(16:1~34)

어떤 젊은 남자가 들판을 지나가는데(아내는 나오지 않음), 어디선가 아기 울음소리가 들려온다. 다가가 보니, 포대기 속에서 탯줄도 자르지 않은데다가, 몸도 깨끗하게 씻지 못하여 핏덩이가 된 여자아기가 버둥거리며 울어대고 있다. 누가 내다 버린 것이다. 그러자 마침 딸이 없던 그 남자는 불쌍하게 여긴 나머지, 아기를 안고 "제발 살아만 다오, 제발 살아만 다오." 하면서 집으로 데려가, 탯줄을 잘라주고 소금물로 소독을 하고 우유를 먹여 기른다.

수양딸은 "들의 풀처럼, 가장 아름다운 보석처럼" 예쁜 아기로 자란다. 그리고 세월이 흘러 아버지가 주는 "수놓은 옷, 물개 가죽신, 모시, 비단, 온갖 보물, 팔찌, 목걸이, 코걸이, 귀고리, 화려한 머리 면류관" 등으로 지장하고, 온갖 좋은 음식을 마음껏 먹고, 어느덧 "아름다운 왕비" 같은 처녀로 자라서, 주변의 칭송을 한 몸에 받는다. 양아버지는 크나큰 기쁨과 행복을 느낀다.

여기에서 그쳤다면, 얼마나 아름다운 이야기일까? 그런데 청천벽력 같은 일이 벌어진다. 어느 날 장성한 딸이 집을 나가더니, 창녀 노릇을 하는 게 아닌가! 아버지는 이 기절초풍할 노릇에 사색(死色)이 된다. 찾아가 아무리 달래고 말리며 돌아오라 해도 도통 말을 안 듣고, 양아버지의 사랑과 자신의 과거를 다 잊어버리고, 계속 온갖 역겨운 짓을 하며 돌아다닌다. 아버지는 큰 상처를 받은 끝에 절망하고 만다.

실로 처연한 진실을 담고 있는 이야기이다. 여기에서 아버지는 하나님, 입양된 딸은 이스라엘(유다 왕국)의 상징이다. 그녀가 저지르는 음행은 여러 가지를 상징한다. 종교적으로는 하나님 배반 행위와 바알과 아세라 여신 숭배를, 정치적으로는 하나님을 의지하지 않고 강대국들인 이집트와 아시리아와 바빌로니아와 맺는 여러 가지 동맹과 조약들을, 윤리적으로는 일상의 부패하고 타락한 행위이다. 모두 하나님을 사랑하고 의지하지 않는 우상숭배 행위이다.

그런데 예언자들이 아무리 달래고 말리며 돌아오라 해도 말을 안 듣는다. 그리하여 아버지 하나님의 상처와 절망은 헤아릴 수조차 없이 크고 깊다. 그런 기가 막히는 일이 지금 입양된 딸(여러 민족 가운데서 택했다) 유다 왕국이 저지르고 있는 짓이다.

2) 아내의 죽음(24:15~27)

어느 날 갑자기 불어 닥친 **"눈에 들어 좋아하고, 마음으로 사랑하는 사람"**(24:16a)의 죽음. 5천 리 머나먼 포로의 길을 끌려온 타향에서, 가녀린 마음을 지닌 여인이 자기로 인해 하루도 눈물 없이 지낼 수 없던 한(恨) 많은 나날을 가슴에 품어 안은 채, 한창 젊은 시절에 그 무겁고도 머나먼 미지의 땅으로 떠났다.

그러나 그는 울지도 눈물을 흘리지도 않고 먹지도 않는다. 오로지 소리 없이 속울음만 울 뿐이다. 왜 그렇게도 모질어졌을까? 아예 정신이 혼미해졌는가? 아니다. 하나님이 에스겔에게 온몸으로, 얼마 후 멸망해 완전히 불타버릴 예루살렘 성전과 주검을 이룰 고국 사람들, 그리고 살아남아 바빌로니아의 포로가 되어 끌려올 사람들의 표징(상징)이 되라고 해서 한 일이다.

에스겔 아내의 죽음은 두 가지를 상징한다. 먼저 유다 사람들이 '좋아하고 사랑하는' **"예루살렘 성전"**의 죽음이다. 그들은 지금까지 하나님보다 성전을 더 믿고 자랑하고 떵떵거리며, 아무리 많은 죄를 지어도 성전이 있으니 용서받고 망하지 않는다고 자만하고, 성전만 보면 좋아하고 늘 마음에 그리며 살아왔으나, 이제 곧 불타서 허물어져 지상에서 없어질 것이다.

그리고 사람들이 기뻐하고 '좋아하고 사랑하는' **"아들딸들"**의 죽음이다. 그렇게 젊은이들이 모두 외적의 칼에 도륙을 당하면, 아무도 울어줄 사람도 없고, 장사 음식을 먹을 사람도 없고, 초상을 치를 사람도 없게 된다. 살아남아 고국 땅에 버려진 사람들이나 포로가 되어 끌려올 사람들은 모두 에스겔처럼 단지 속으로 신음만 삼키게 된다.

거짓 예언자들

그러면 나라가 그 지경으로 우상숭배로 넘쳐 망가진 근본적 원인이 있을 것이 아닌가? 에스겔 역시 그것이 거짓 예언자들 때문이라고 규정했다(13~14장, 22~23장). 많은 분량에 걸쳐서 이들을 집중적으로 성토하고 탄핵한 것도 예언자들 가운데서 에스겔이 단연 독보적이라 할 수 있는데, 이것은 종교인·지식인의 사회적 책임에 대한 문제 제기였다. 고대 이스라엘 민족처럼 종교인·지식인의 사회적 책무를 그렇게도 일찍이 천명한 예는 찾아보기 어렵다.

거짓 예언자들은 무엇보다 고난받는 백성에 대한 깊은 자비심, 곧 함께 슬퍼하고 아파하며 해결해주려는 공감의 마음 자체가 없다. 기만적인 수사(修辭)와 공감의 실천은 공존 불가능한 것이기 때문이다. 거짓된 지식을 팔아 호의호식하는 그들은 "호모 아파테티코스"(Homo Apathetikos, 냉혹하고 무자비한 인간)로서, "호모 심파테티코스"(Homo Sympathetikos, 동정하고 자비로운 인간)인 예언자들과는 전적으로 다른 유형의 인간상이다.《아브라함 J. 헤셀-예언자들, 하권》

그러면 거짓 예언자들은 자기들이 무슨 말을 하는지조차도 모르고 있었을까? 아니다. 그들은 자기들이 "백성을 속여 잘못 인도하는 것"을 너무나도 잘 알았다. 그런데 왜 그런 짓을 계속했을까? 오직 "몇 줌의 보리와 몇 조각의 빵", 곧 이익과 부귀공명에 대한 탐욕에만 빠져 있었기 때문이다. 그들은 탐욕에 압도적으로 종속된 나머지, 하나님을 두려워하는 마음조차도 없고, 무엇 하나 잘 되는 것이 없는데도 잘 되어 간다며 백성을 속이고, 성벽(나라)이 무너졌는데도 보수할 생각이 아예 없었다. 무책임할 뿐만 아니라, 나라를 도둑질해 먹는 무리였다. 그들은 오로지 자기들만의 태평성대를 누리려고 했다. 그들은 죽어서는 안 될 영혼들은 죽이고 살아서는 안 될 영혼들은 살렸다. 에스겔은 그들이 "의인의 마음을 슬프게 하고, 거짓말로 괴롭히고, 악인의 손을 강하게 만들어, 그가 악한 길에서 돌아서서 살길을 찾을 수조차 없게 만드는, 내 백성의 영혼을 해치는 사냥꾼들, 폐허 더미에 올라 있는 여우와 같은 자들"이라고 비판했다.

에스겔이 보기에 나라가 온통 썩어 문드러져 가고 있었다. 멸망이 코앞까지 닥쳐와 "전혀 평화가 없는데도", 회칠한 무덤과 같은 위선적인 거짓 예언자들은 여전히 "성전, 제사, 성공, 평화, 번영, 안전"을 떠들었다. 그들은 나라가 죄와 부패와 타락을 부추기는 비인간적인 악의 부조리한 구조로 고착되어가고 있음에도 불구하고, 갖은 감언이설로 왕들을 비롯한 정치가들과 지도층의 마음과 뇌를 중독시켜 개혁하지 못하도록 했다. 그러고는 모든 것을 각 개인의 타고난 신분과 능력과 무능력과 행운과 불운으로만 치부하는 괴상한 신학을 진리처럼 신봉하도록 이끌었다. 그런 가운데서 사회적 약자들만 죽어 나갔다.

거짓 예언자들과 그들의 가르침을 따르는 부패한 지도층과 백성(내 백성과 이 백성)은 사람의 인격과 도덕성과 인생의 의미와 가치를 판단하는 기준은 오직 성공과 부일 뿐이라고 믿는 데서 아주 확고했다. 그래서 부패한 사회구조 속에서도 어엿하게 성공한 자는 신앙이 좋고 도덕적인 자이기에 하나님의 복을 받은 자로 격상시키고, 가난한 자는 신앙이 부실하고 부도덕한 자이기에 하나님의 저주를 받은 자로 격하시켰다.

그들은 이런 불의한 신학적 논리를 여러 가지 매체를 통하여 끊임없이 선전하여 대중을 세뇌해, 누구랄 것도 없이 부의 이데올로기를 진리로 확신하여 성공을 향해서 뛰도록 만들었고, 패배한 자는 그 논리를 그대로 받아들여 체념하고 좌절하게 하여 영락없는 낙오자가 되게 했다. 그리하여 그러한 과정에서 수없이 많은 반칙과 불법이 성행하여 사회 전체가 비이성과 비효율, 무질서와 불평등, 불안과 타락, 폭력과 공포가 넘치게 되고 말았다. 그 모든 것이 거짓 예언자들이 만들어낸 유다 왕국의 사회현실이었다.

그래서 에스겔은 나라를 말아먹고 있는 거짓 예언자들에게 심판을 선고했다. 그는 그들을 기다리고 있는 것은 "네 가지 맹렬한 재앙들, 곧 전쟁과 기근과 사나운 짐승과 전염병"뿐이라고 선언했다. 그는 그것이 "온 땅이 황무지가 될 날, 들어보지도 못한 재앙에 재앙이 겹치는 날, 교만을 꺾을 채찍과 죄악을 징벌하는 거대한 폭력의 몽둥이로 매질하는 날, 이 땅의 사방 구석구석에 파멸을 가져올 끝날"(7:1~12)이 될 것이라고 저주를 퍼부었다. 따라서 거짓 예언자들이야말로 진짜로 살아 있는 우상들이었다. 그들이 잘 살아가고 있는 한, 망국은 필연적인 사실이 되고 말 것이었다. 이토록 거짓 예언자들을 통박하고 저주한 예언자는 에스겔이 단연 독보적이었다.

개인의 발견

이스라엘의 전통신학 사상은 주로 의·정의와 죄의 연대성의 문제, 곧 가정과 나라로 구성된 공동체의 의와 죄가 쌓여 대를 이어 가져오는 사회적·역사적 영향을 다룬다. 개인의 의와 불의보다 더 중요한 것은 사회적 차원이다. 대표적으로 십계명 제2조가 그러하다. 하나님을 버리고 우상숭배를 하는 아버지의 죄의 값(결과)은 본인뿐만 아니라 자손의 3~4대까지 벌을 받고, 하나님을 경외하는 아버지의 의는 수천 대 자손까지 하나님의 사랑을 받는다. 세대마다 드러내는 의와 죄는 시간과 역사의 흐름을 따라 축적된다.

그러다가 기원전 7세기 중반(대략 640년 이후) 이래, 집단의 의와 불의에 대한 신학적인 사고체계의 방향이 바뀌기 시작했다. 그때부터 개인의식이 발생하여, 각 사람의 의와 불의는 전적으로 각 사람의 책임이라는 새로운 사상이 자리 잡기 시작했다. 그것은 주로 '왜 의로운 인간은 고난을 받고, 악한 인간은 잘살고 평안한가? 그리고 부모와 자식의 의와 불의는 각기 어떤 관계가 있는가?' 하는 질문으로 나타났다.

아모스나 제1이사야의 '남은 자들' 사상은 개인의 신앙과 책임 문제를 다루는 최초의 싹으로 볼 수 있고, 그 후 요시야 시대에 이루어진 '신명기계 역사가들'에 의한 일련의 역사서(신명기~열왕기) 저술에서도 확인할 수 있다. "자식이 지은 죄 때문에 부모를 죽일 수 없고, 부모의 죄 때문에 자식을 죽일 수 없다. 사람은 저마다 자기가 지은 죄 때문에만 죽임을 당할 것이다."(신명기 24:16)

유다 멸망 전후에 활동한 '하박국'도 이런 문제를 깊이 생각하여, "의인은 신앙으로 산다."(2:4)고 밝힌 바 있다. 동시대에 활약한 신명기 학파와 '예레미야' 중에서 누가 먼저 개인을 천명했는지는 알 수 없다. 아무래도 개인 사상이 대단히 혁신적인 것이기에, 신명기 학파라는 집단보다는 예레미야일 가능성이 더 큰 것으로 보인다. 예레미야는 개인과 마음의 종교를 개진했다(31:29~34). 그러다가 바빌론 포로기에 에스겔이 본격적으로 전개하기 시작했다.

이러한 개인(인격)의 발견은 고대세계에 나타난 대단히 혁신적인 종교철학 사상으로서, 개인의 인권과 삶에 대한 문제 제기였다. 사실 그전에는 어떤 나라와 문명에서도 개인이란 없었다. 개인은 단지 집단에 종속된 존재였을 뿐이다. 개인의 발견과 인권의 천명은 고대세계에서 이스라엘 민족이 가장 빠른 일이었다.

그러한 일은 20세기 독일 철학자 '카를 야스페르스'가 《역사의 기원과 목표》에서 밝힌 것과 같이, 기원전 7~5세기경의 200년 사이에 동서양에서 각기 개인의 존엄성과 인권의식, 사랑과 자비와 관용의 가치, 인간구원의 길 등에 대한 가르침이 동시다발적으로 터져 나와, 현대에 이르기까지 인류의 사상과 문명의 토대와 방향이 되어준 보편적인 철학을 창안한 "차축시대"의 모습이었다. 이스라엘은 예레미야와 하박국과 에스겔과 제2이사야(627~539년), 인도는 고타마 붓다(624~544년경)와 마하비라(599~527년경), 중국은 노자(604?~531?)와 공자(551~479년)와 묵자(468~390년경), 그리스는 소크라테스(469~399년)이다. 그동안 인류는 이들의 사상적 기반에 기초하여 여기까지 온 것이다. 이들이 없었다면, 인류는 아직도 중세 봉건주의나 근대 절대왕정 시대를 면치 못하고 있을지도 모른다.

개인에 대한 에스겔 신학의 독특성은 한 인간의 존엄성과 도덕적 책임에 대한 사상을 심도 있게 천착하여 제시하고 전개한 데 있다(18장; 33:10~20). 그때부터 그는 민족 집단인 유대인보다는 각 개인이 신앙과 양심에 따라 도덕성을 확보하는 것만이 구원의 길이라고 말했다. 그렇다고 해서 그가 민족을 배제하고 개인주의를 취하라고 말한 것은 아니었다. 그는 다만 각 개인이 신앙과 도덕적 존엄성과 책임성을 의식하고 결단하는 것이 개인을 살리고, 그러한 개인들이 연대할 때 민족 집단에 중요하고 바람직한 결과를 가져온다는 것을 밝힌 것뿐이다.

그런 점에서 그는 본격적으로 개인을 도덕적 존엄성과 책임성을 가진 귀하고 위대한 존재로 본 것이다. 그가 그토록 개인을 강조한 것은 바빌로니아에서 살아가는 삶이 오랜 고난의 세월이 될 것이기에, 어떻게든 신앙을 지키고 살아남은 자들만이라도 굳세게 연대하여 장차 고국으로 돌아가서 새로운 공동체를 건설해야 할 것이라고 보았기 때문이다. 그는 바빌론 포로기가 오래이기는 하지만 영구할 것으로 생각하지 않았으며, 이스라엘의 신앙과 도덕성을 훈련하는 값진 기회가 될 것이라고 보았다.

민족의 **"파수꾼"**(3:17)으로 세워진 그는 고난받는 유대인들에게 말을 전해야만 했다. 듣고 안 듣고는 그들의 문제였다. 듣는 사람은 살 것이고, 듣지 않는 사람은 죽을 것이다. 살거나 죽는 것은 **전적으로 개인의 책임**이다. 악인이든 의인이든, 모두 자기 책임에 따라 살거나 죽는다. 더는 이스라엘에서 "아버지가 신 포도를 먹으면, 아들의 이가 시다."(18:1; 예레미야서 31:29~34가 원조)는 속담은 통하지 않을 것이다.

이제부터 아버지의 의로움 때문에 자식이 절로 복을 받거나, 아버지의 죄 때문에 자식이 그 죗값을 치르는 일은 없다. "**모든 영혼**(개인)**이 하나님의 것이다.** 아버지의 영혼이나 아들의 영혼이 똑같이 하나님의 것이니, 죄를 짓는 그 영혼이 죽을 것이다."(18:4) 더는 의와 보상의 자동적 효력이나 죄와 벌의 연좌제는 없다. 그리하여 온 세상을 구원하려는 하나님의 뜻은 유대인 중에서도 신앙을 지키는 소수 '남은 자들'을 통해서 이어질 것이다.

개인의 중요성과 책임을 강조한 에스겔의 사상은 22장 30절에서 그 절정을 이룬다. 거기에서 그는 한 사람이 민족 전체를 살릴 수 있다는 것에 관하여 잊을 수 없는 말을 했다. "나는 그들 가운데서 한 사람이라도 이 땅을 지키려고, 무너진 성벽의 틈에 서서, 내가 이 땅을 멸망시키지 못하게 막는 사람이 있는가를 찾아보았으나, 나는 찾지 못하였다." 멸망은 결국 자신을 민족 전체의 운명에 깊이 관련시킬 줄 아는 사람이 지나치게 부족해서 온 것이다. 다시 말해서, 비록 깊은 자각과 책임의식을 가지고 민족의 운명을 자기 어깨에 짊어지고 살아가는 소수의 남은 자들이 있기는 했지만, 왕들을 비롯한 지도층 전체의 부패가 지나치게 확대되어서, 소수의 힘만으로는 공동체가 붕괴하는 파국을 막을 수 없었다. 따라서 바빌론의 유대인들은 이제라도 철저히 자각적 신앙을 지닌 하나의 실존적인 개인으로 다시 탄생해야 한다. 이것만이 미래의 희망이다. 이것이 에스겔이 개인의 발견을 통해서 강조한 사상이다.

고난의 뜻과 미래에 대한 희망의 선포

예언자들이 서울 한복판에서 외쳤어도 듣지 않았거늘, 바빌론에서 모형을 만들어 놓고 거기에다 대고 말하거나, 서판(書板)에 써서 동포들에게 들려주거나, 환상 속에서 공간을 이동하고 외치는 이상한 예언자의 말을 누가 듣겠는가? 끝내 **나라는 망했다**(586년). 에스겔을 비롯한 유대인 포로 공동체는 6개월이나 지난 후에야, 고국에서 도망쳐온 어떤 사람을 통해서 그 소식을 들었다(33:21). 모두 망연자실하며 대성통곡했다. "우리가 바빌론 강변 곳곳에 앉아서, 시온을 생각하면서 울었다."(시편 137:1)

그러면 이제 하나님은 유대인들을 완전히 잊고 내친 것일까? 아니었다. 이제부터 이스라엘은 국가로서가 아니라 **"한 민족으로 남아"**(예레미야서 31:36) 하나님의 뜻을 이어가야 할 것이었다. 하나님은 예루살렘 성전이나 유대 땅에 감금된 신이 아니다! "하나님이 이스라엘을 멀리 이방 사람들 가운데로 쫓아 버렸고 여러 나라에 흩어 놓았어도, 그들이 가 있는 여러 나라에서 하나님이 잠시 그들의 성소(聖所)가 되어준다."(11:16)

따라서 바빌론 포로기는 유대인들에게 하나님에 대한 새로운 이해가 필요한 시점이었다. 에스겔은 이스라엘이 버려진 것이 아니며, 새로 탄생하는 중이라고 말했다. 바빌론의 고난은 역설적으로 여전히 하나님의 임재(Shekhinah)와 함께 걸어가는 여정(旅程)이었다. 유대인들은 이것을 깨달아야 할 것이었다.

그렇다면 살아남은 유대인의 고난은 대체 무슨 뜻을 가진 것인가? 에스겔은 옛날 이집트에서 나온 조상들이 광야에서 고생하며 훈련받은 것처럼, 바빌론 포로기를 또 다른 "민족의 광야"라고 말했다(20:32~44). 유대인들은 제2의 광야를 지나가고 있다. 그곳은 영원히 살 곳이 아니다. 그것은 통과 의례이다. 그래서 그는 포로기를, 그동안 "자신을 더럽히며 살아온 길과 모든 행실을 기억하고 스스로를 미워하고, 하나님이 돌같이 굳은 마음을 없애고 넣어주는 살같이 부드러운 마음, 새 마음과 새 영"(36:25~28)을 가지고 회개하고 성찰하며, 신앙과 영성훈련과 거룩한 생활을 새롭게 다질 기회라고 설파했다. 그러고는 "이제 곧 고국으로 돌아갈 날이 다가온다."(36장)고 하며 위로하고 희망을 주었다.

그러나 그들은 여전히 절망에 빠져 있었다. 전쟁에서 죽어 골짜기에 가득한 "해골 무더기"야말로 그들의 처지 그 자체였다. 그런데 하나님의 영이 들어가자 부활하여 군대가 되었다(37:1~14). 그 이야기를 들은 사람들이 무슨 뜻이냐고 물었다. 그러자 그는 다음과 같이 대답해주었다. "이 뼈들이 바로 이스라엘이다. 여러분은 '우리의 뼈가 말랐고, 희망도 사라졌고, 우리는 완전히 망했다.'고 말한다. 여러분은 지금 무덤 속에 있다. 그러나 하나님이 무덤을 열고 여러분을 이끌어내어 고국으로 돌아가게 하실 것이다." 그런 말에 유대인 포로공동체는 어느 정도 새로운 힘을 얻고 미래에 대한 희망을 가지게 되었다.

그때부터 에스겔은 하나님의 새로운 계획에 대하여 말했다. 그것은 '예레미야'도 말한 것인데(30:9; 33:14~26), 에스겔은 그것에 앞서 조건 하나를 분명히 전제했다. 그것은 무엇보다 장차 고국으로 돌아가면 가장 먼저 북이스라엘 후손들(사마리아인들)과 화해하여 민족화해·연합·통일을 이루어야 한다는 것이었다. 그렇게 순서대로 한다는 조건 아래에서만, 하나님이 다시금 다윗 왕조를 세우고 성전 재건과 독립국가의 새 역사를 건설하게 해줄 것이라고 분명하게 선포했다.(37:15~28)

그는 이것을 상징행위를 통해 밝혔다. "유다 및 그와 연합한 이스라엘 자손"이라 쓴 막대기와 "에브라임 및 그와 연합한 이스라엘 온 족속"이라 쓴 막대기를 자기 손에서 하나로 연결시켰다. 그것이 「남북 민족의 화해와 통일→ 다윗 왕조의 재건→ 성전 재건」에 대한 하나님의 새로운 계획이었다. 유대인 포로공동체는 결코 이 순서(!)를 망각하면 안 될 것이었다. 만일 또 하나님의 계획을 따르지 않는다면, 유대인들은 다시금 참혹하고 기나긴 역사의 무덤 속으로 들어가게 될 것이다!(* 이것은 페르시아와 그리스 제국시대의 역사와 여러 문서들을 이해하는 열쇠이다!)

그리고 또 세월이 가고, 달이 차고 기우는 숨바꼭질을 계속했다. 예루살렘 함락 후 13년째 되던 해(573년), 에스겔은 바빌로니아 제국은 때가 되면 망할 것이라고 선언하면서(38~39장), 고국으로 돌아가면 이루어질 미래의 일에 대한 청사진을 들려주었다. 그는 장차 하나님이 화해·연합·통일을 이룬 이스라엘과 "평화의 언약"을 맺고, "때를 따라 내리는 비"를 내려주어 풍성히 먹고 마시며 평안히 살며 "새로운 성전"을 짓고, 12지파가 다시금 분배된 각 지파의 땅에서 하나님의 현존을 "물처럼" 마시며 거룩하고 복되게 살아가게 해줄 것이라는 환한 미래상을 선포했다.(40~48장)

그 후 에스겔이 얼마나 더 살았는지 알 수 없다. 포로로 잡혀간 5년째 되던 해인 기원전 593년부터 예언자가 되어 예루살렘 함락 후 13년째 해인 573년까지 활동한 연대는 분명하게 기록되어 있다. 그동안, 그는 지치고 절망에 빠진 동포들을 가르치고 위로하고 희망을 주며 살았다. 예언자로 부름 받았을 때가 30세였으니, 50세 정도까지 활동하다가 세상을 떠난 셈이다. 그가 고국으로 돌아갔다는 말은 어떤 문서에도 없다. 유대인들이 고국으로 돌아갈 날은 아직 34년이나 더 남아 있었다.(539년)

제25장

바빌로니아 제국시대

– 예언자 제2이사야

성서: 이사야서 40장~55장

제2이사야는 새로운 신학을 세운다. '하나님은 사람이 고난 속에 있다 해도, 더는 어린애 취급하지 않는다. 옛 시대의 유치한 신학적 관념에서 해방되어라. 너를 계속해서 스스로 옥에 가두어두는 체념적 자기연민의 신학은 이제 버려라. 그런 신앙의 새로운 인식과 의식이 너의 모든 것을 결정한다.' 이것이 그 시인 예언자의 메시지이다.

유대인 포로공동체의 현실과 위기의 본질

유대인들이 에스겔로부터 많은 위로와 희망의 말을 들었어도, 가슴 아프고 절망적인 포로기 고난의 현실을 극복하고 벌떡 일어서기에는 여전히 결정적인 무엇인가가 부족했다. 그런 까닭에 그들은 좀처럼 영혼의 깊은 수렁에서 헤어나지 못했다.

그들은 바빌론에서, 고대세계 최고의 거대도시(megalopolis)를 보았다. 그에 비하면, 그들이 자랑하고 칭송하던 예루살렘은 그저 시골의 작은 읍내 정도였다. 그들은 하늘을 찌를 듯 높이 솟구친 바빌로니아의 주신(主神) '마르두크'를 모신 사각형 계단식 피라미드 성전 '지구라트'를 보았다. 그에 비하면, 예루살렘 성전은 오두막 정도였다. 그들은 '네부카드네자르 2세' 황제가 "메디아" 출신의 왕비 "아미티스"를 위해 만들어준 세계 7대 불가사의의 하나인 "바빌론 공중정원"을 보았다(605~562년경). 그에 비하면, 이스라엘 왕들의 정원이란 조그만 마당일 뿐이었다. 그들은 바빌론에서, 자기들이 700년 동안 자랑해오던 야훼 종교가 영광스럽고 찬란한 광휘를 발하며 성공한 마르두크 종교에 완전히 패배한 사실을 보았다. 그렇게 그들은 바빌론에서, 정작 도와주어야 할 때 자기들을 버리고 역사에서 사라져버린 신, 아니 죽어버린 신 야훼를 보았다. 그래서 그들의 상황은 저 '태초의 혼돈, 공허, 어둠, 심연'(창세기 1:2), 곧 무(無)의 심연(深淵) 그 자체였다. 바빌론은 야훼 신의 무덤, 유

대인의 공동묘지가 되었다.(에스겔서 37:1~10)

유대인들이 절망의 수렁으로 빠져들어 가게 된 까닭은 크게 네 가지 사실 때문이었다.

1) **종교적 신념.** 이스라엘의 신앙과 전통에서 볼 때, 망국과 바빌론 포로기의 현실은 야훼 하나님이 구원과 보호의 계약을 지키지 않고 일방적으로 파기한 것이었다. 그래서 살아 '남은 자들'은, "우리는 율법을 버린 적이 없었는데, 당신은 우리를 원수들에게 넘겨주었습니다!"(시편 44편)라는 말로 항변하기도 했지만, 어떻든 바빌론의 유대인들이 절망했던 것은 역설적으로 종교적 신념 때문으로, 이것이 가장 근본적인 이유였다.

2) **고대의 전쟁 관념.** 고대인들은 두 나라의 전쟁을 군대의 싸움이기 전에, 자기들이 섬기는 신들의 싸움으로 보았다. 그래서 전쟁의 결과, 승리한 나라의 신은 강하고 패배한 나라의 신은 약한 것이 증명된 것이기에, 패전국민은 신까지도 바꿔야만 했다. 전쟁 후에 섬기던 신들도 바뀌었다는 것은 세계종교사가 보여주는 사실이다. 고대 왕들이 남긴 비문, 조각, 성전과 무덤의 부조(浮彫), 원통형(cylinder) 인장(印章), 그리고 왕실과 공공건물의 박석(薄石-바닥에 깐 블록) 등, 갖가지 유적에는 자기들을 전쟁에서 승리하게 해준 신들을 드높이 기리며 찬양하고, 굴복시킨 적의 왕이나 그 신들을 조롱하는 장면을 새겨 놓은 것을 볼 수 있다. 따라서 유대인들의 멸망과 포로기는 야훼 하나님의 패배로 인한 것이었기에, 지켜주지도 못하는 신을 더 이상 믿을 이유가 없어졌다.

3) **공간과 시간에 대한 이해.** 이스라엘 역시 야훼 하나님을 유대 땅과 예루살렘 성전이라는 특정 공간의 신으로 이해했다. 물론 예언자들은 하나님을 하늘과 땅의 주(主)요, 모든 곳에 계시는 분이라고 말하며, 신의 공간적 초월성을 깨우치려고 무진 애를 썼다. 그러나 그것은 고대 세계에서 쉽사리 수용될 사상이 아니었다. 그런데 나라가 망하고 백성이 통째로 바

빌론으로 옮겨졌다. 그것은 그들 삶의 공간이 변한 것을 넘어서 아예 없어져버린 것이다. 그렇다면 야훼 하나님은 더 이상 남의 나라 땅·공간인 바빌론에는 없는 것이고, 예루살렘 성전과 함께 불타버린 것이다. 따라서 공간이 없어졌으니, 시간도 없어진 것이나 마찬가지였다.

4) 땅에 대한 이해. 고대인들의 신 관념이란 전적으로 자기네 국토에 한정된 것이었다. 따라서 야훼 하나님 역시 가나안 땅에 속한 신이었고, 그 경계를 넘어서지 못하는 것이다. 그런데 나라가 망하여 땅을 빼앗기고, 예루살렘은 훼파되고 바빌론으로 끌려왔다. 그러면 야훼 하나님은 더 이상 다른 신의 땅인 그곳으로 올 수도 없고 존재하지도 않는 것이다.

따라서 이스라엘에는 오직 하나의 길이 남아 있을 뿐이었다. 그것은 이제 죽은 신 야훼는 잊고, 바빌로니아 종교로 전향하여 승리자 '마르두크' 신을 새로운 신으로 받드는 것이다! 그러나 거기에는 커다란 문제가 있었다. 그것은 유대인들이 야훼 하나님에게 절망했으면서도, 여전히 그 하나님을 향한 미련을 버리지 못하여 '마르두크' 신을 받아들일 수 없었다는 것이다. 유대인들은 종교적·민족적 자존심상, 다른 민족의 신을 떠받드는 일은 결코 할 수 없었다. 그렇다고 계속 믿기도 어려웠다. 하나님은 이미 전쟁에서 패배하고 죽은 신이었고, 자기들은 버림받은 민족일 뿐이었기 때문이다. 아무리 그것을 부정한다고 해도, 바빌론의 포로 현실이 엄연히 보여주고 있었다. 그리하여 이스라엘은 하나님을 버릴 수도 없고 믿을 수도 없는 진퇴양난에 빠지고 말았던 것이다.

그렇다면 결국 남은 문제는 오로지 하나일 수밖에 없었다. 하나님이 무능력하거나 자기들을 버리거나 죽은 것이 아니라는 것, 즉 오래도록 믿어왔지만 아직 채 알지 못하는 하나님의 참 모습이 있다는 것을 새로 발견하고 믿어야 한다는 것뿐이었다. 그런데 그것을 어떻게, 아니 누가 할 수 있단 말인가? 그렇게 유대인들은 자기네 역사 이래 처음으로 해결 불가능한 신학적 난제(難題)에 직면하게 되었다. 그것을 풀지 않고서는 아무런 신앙도 희망도 가질 수 없었다. 그런 사람이 나타난다면, 당연히 그가 해야 할 과제는 새로운 신학적 담론을 통해, 위에서 말한 네 가지 사항을 한꺼번에 설명하여 하나님에 대해 새롭게 해명해주는 것이다.

즉, 하나님이 계약·약속을 파기한 것이 아니라는 것. 하나님이 마르두크 신보다 약하고 무능력한 신도 아니고, 전쟁에서 패배한 신도 아니고 죽은 것도 아니며, 지금도 시퍼렇게 살아서 그곳에서 자기들을 움직이고 사랑하고 다스리고 있다는 것. 하나님은 공간의 신일 뿐만 아니라 시간의 신이기에, 가나안이든 바빌론 땅이든 이스라엘이 발붙이고 살아가는 모든 땅의 하나님이며, 그것을 넘어서 이 세상 모든 땅과 시간과 인간과 역사의 하나님이라는 것을 신학적으로 심도 있게 논증하고 증명하여 설득시켜주는 것이다.

따라서 유대인들이 기존의 신앙과 신학과 이해를 포괄하면서도 그것을 넘어선 혁신적인 견해, 곧 새로운 종교적 패러다임(Paradigm)을 창출하는 것만이 포로 공동체를 다시 일으킬 유일한 대안이 될 것이었다. 그런 상황에서, 설령 에스겔의 말마따나 더 큰 강대국이 바빌로니아를 무너뜨려 해방된다 하더라도, 그것 역시 고대의 전쟁관념에 따라서 야훼 하나님의 은총이 아닌, 새로운 제국이 받드는 또 다른 신의 은총과 그 제국의 황제가 베푸는 시혜일 뿐이었기에, 이스라엘은 자기들의 하나님을 죽은 신화의 세계로 넘겨버리고 새로운 제국의 신을 채택해야 할 것이었다.

익명(匿名)의 예언자, 그는 누구인가?

그런데 바로 그런 진퇴양난의 중차대한 신의 위기, 신앙의 위기, 신학의 위기, 종교와 민족의 정체성과 생존의 위기 상황에서, 정말로 한 사람의 예언자가 출현했다. 그것이야말로 야훼 하나님이 베푸신 기적이었다. 그는 유대인들이 직면한 네 가지 문제에 대한 확실한 신학적 대답을 발견했다.

1) 종교적 신념의 문제에 대해서: 그는 하나님이 계약을 파기한 것이 아니라, 이스라엘이 저지른 죄를 계약 조문에 따라 심판한 것이라고 대답했다.

2) 고대의 전쟁 관념에 대해서: 그는 바빌로니아의 '마르두크' 신이 야훼 하나님보다 강해서가 아니라, 하나님이 죄지은 우리를 징벌하고 단련하기 위하여 바빌로니아 제국을 그 도구로 쓴 것이며, 그 신은 바빌로니아 사람들이 만들어낸 우상·허상일 뿐이라고 대답했다.

3) 공간과 시간의 이해에 대해서: 그는 야훼 하나님은 공간과 지역에 제한되는 신이 아니라, 무엇보다 시간의 신이라고 대답하면서, 공간은 제한적이지만 시간은 보편적이고 시간이 공간을 포섭하기에, 야훼 하나님은 과거나 지금이나 미래 어느 때든지, 모든 시간과 공간에서 이스라엘과 함께하는 분이라고 선포했다.

4) 땅의 이해에 대해서: 그는 하나님은 가나안이나 바빌론이나 이집트나, 하늘 아래 이 세상 모든 땅에서, 세계와 민족과 역사의 주(主)와 섭리자, 더 나아가 우주와 만물의 유일한 창조주이기에, 이스라엘과 함께 현존하는 분이라고 선포했다.

그렇게 하여 그는 절망에 빠진 유대인들에게 새로운 하나님 이해의 패러다임을 가르치고 선포하고 설득하면서, 꺼져가는 신앙의 심지를 북돋아 다시금 타오르게 하고, 밝은 미래상을 보여주며 힘차게 일어서서 나아가도록 도와주었다.

그는 누구였을까? 그의 나이도 이름도 직업도 아는 사람이 없다. 그저 남자라는 것만 알 수 있을 뿐이다. 어쩌면 에스겔처럼 유다 땅에서 제사장을 하다가 포로로 잡혀 온 사람일 수도 있다. 그는 이스라엘 역사에서 철저히 익명(匿名, 숨겨진 이름. anonymity)의 예언자로 남았다.* 그는 하나님의 영광을 위하여 자신을 완전히 지워버린 사람이었다. 그의 활동기간은 에스겔 이후 바빌로니아 제국의 멸망 얼마 전까지로 보이는데, 길면 10년 짧으면 5년 정도이다. 에스겔과 함께 활동한 기록은 없다.

그가 바로 제2이사야이다(제21장 각주 참고). 그런데 "중요한 것은 이사야가 몇 사람인가가 아니라, 어떤 시대에서 어떤 말을 전하며 행동했느냐 하는 것이다."《유진 H. 피터슨-그 길을 걸으라》 그는 유대인의 종교적 회의와 절망과 기나긴 싸움을 벌여야 했고, 다른 한편 바빌로니아 제국과 그 종교와 신화체계와도 싸워야 했다. 어쨌거나 그가 맡은 역할은 이스라엘 자신과의 싸움이었다.

아무도 그의 이름을 모른다. 그러나 누구나 안다. 그가 얼마나 숭고한 사상을 지닌 고귀한 인격의 철인이요 위대한 시인이요 탁월한 신학자였는지를…. 그는 실로 고대세계에 나타난 위대한 종교적 코페르니쿠스였다. 그는 기존의 히브리 신학체계를 완전히 새로운 차원에서 이해하고 승화시켜 통합한 사람이었다. 그로 인하여 비로소 히브리 종교의 유일신(Monotheism) 사상이 확립되었다.

제2이사야의 언어는 예언과 자전적인 고백과 제자들의 기록에 이르기까지, 무두 시로 구성되어 있다. 그의 시구 하나하나는 폭포수처럼 힘찬 음악이다. 그의 시 한 구절 한 구절은 번뜩이는 지혜와 웅혼한 정신과 위대한 사상으로 파도치며 넘실거린다. 그는 자신의 메시지를 "복음"(40:9)이라고 말한다.

그의 메시지는 지금도 우리의 심금을 울리고 폐부를 찌르고 생각을 혁

* 제2이사야의 연대는 알 수 없지만, 에스겔이 활동을 마친 기원전 573년 이전이나 그 후부터 바빌로니아에서 해방된 539년 사이이다.

신하고 일상을 변혁한다. 그것은 원망과 체념과 절망에 빠져 주저앉은 사람을 단번에 일어서게 만드는 강력한 신의 손아귀이다. 그의 말은 찬란한 빛이다. 아니, 그의 존재 자체가 빛을 내뿜는 발광체이다. 그래서 지금도 그의 책을 읽는 사람은 누구나 그의 언어에서, 시대의 어둠과 자신의 고통을 끌어안아 창조적으로 해석하여 새로운 의미의 빛과 지평을 발견하고 일어서서 어려움을 넘어 가도록 격려를 받는다. 그의 말을 귀담아 듣는 사람은 자기도 모르게 변화된다. "나를 만난 사람은 내가 그의 영혼을 가져가기에, 이전처럼 살 수 없다."(《엔도 슈사쿠-호반》. 예수가 자신의 제자가 된 외아들을 돌려달라는 홀어머니에게 한 말)는 말과 같다.

그는 사람이 자기에게 닥쳐온 고통을 피한다 해서 문제가 해결되지 않는다면, 차라리 그 고통을 적극적으로 수용하고 바람처럼 이용하는 "독수리"(40:31) 같은 인간이 되는 게 낫다고 선언한다. 자신을 '닭대가리'로 여기는 자는 끝내 절망하고 파멸한다. 그는 하나님은 인간을 무풍지대로 인도하는 것이 아니라, 태풍 같은 고난 속에서 함께하면서 삶의 의미를 보게 하여, 힘을 주어 등을 떠밀어 부정적인 현실을 박차고 미래를 긍정하면서 나아가도록 길을 환히 비추어주는 분이라고 말한다. 그래서 그는 고난과 역경은 오히려 위대한 창조의 기회로 바뀔 수 있다고 설득한다. 이토록 그의 언어와 사상은 강렬하면서도 부드럽고, 웅혼하고도 세밀하고, 심원하고도 즐겁다.

그러면 그가 고난의 시대 한복판에서, 그렇게도 자신만만하게 말할 수 있었던 까닭은 어디에서 나온 것일까? 그는 깊고 강렬하고 숭고한 종교적 체험을 통하여 하나님과 진리를 깨달은 사람이었다. 게다가 그는 천성적으로 웅혼한 영혼이었다. 그러면서도 그의 인격과 삶은 자기를 전혀 드러내지 않고 감추고 지워버릴 만큼 지극히 겸허했다.

그는 기도하는 사람, 사색가, 실천가였으니, 곧 영혼의 혁명가였다. 그는 좌절해 있는 유대인 포로공동체를 온 영혼으로 끌어안고 끊임없이 기도하고, 하나님과 그의 뜻과 진리를 선포하면서 위로와 희망을 주었다. 그가 유대인 포로공동체에 준 영향은 헤아릴 수 없이 깊고 컸다. 결국 그 예언자로 인하여 유대인들은 다시 벌떡 일어섰고, 그에게서 사상적 영향을 받은 제자들(제사장들)은 오늘날 구약성서에 들어 있는 많은 책들을 써냈다(창세기~민수기 안에. 레위기는 전체). 따라서 그는 이스라엘 민족사에 또 하나의 르네상스를 마련한 신학적 프런티어(frontier)였다. 그 한 사람으로 인하여 유대인들의 바빌론 포로기는 역설적으로 빛나는 신학적 유산과 민족 정체성을 새롭게 창출하는 위대한 결과를 가져왔다.

'아놀드 토인비'는 바빌론 포로기를 적극적으로 평가한다. "우리의 눈길을 끄는 것은 '네부카드네자르 2세'의 아시리아식 야만정책으로 복귀한 것이 가져온 결과이다. 이 신바빌로니아 제국의 무장(武將)은 유대인을 포로로 삼아 끌고 감으로써 단순히 기존의 고등종교 보급을 조장하였을 뿐만 아니라, 사실상 새로운 종교가 탄생하도록 이바지했던 것이다."《역사의 연구, 제2권》

실로 고난의 세월을 위대한 종교·사상·철학·문화의 르네상스 시대로 바꾸어 놓은 것이니, 단연 세계사에서 경이롭고 역설적인 초유(初有)의 일이 발생한 것이다. 물론 제2이사야 혼자서 다 한 것은 아니고, 저 아브라함과 모세를 거치며 내려온 이스라엘 전통과 숱한 예언자들의 노고가 그에게서 집약되어 위대한 사상으로 폭발한 것이다. 그렇다 해도 그의 업적은 퇴색되지 않는다.

고대 이스라엘의 운명 교향곡

그의 예언은 고대 이스라엘의 종교적 "운명 교향곡"과 같다. "'너희는 위로하라. 나의 백성을 위로하라.' 하나님께서 이렇게 말씀하신다. '예루살렘 주민(포로들)을 격려하고 일러주어라. 이제 복역기간은 끝났다. 죄에 대한 형벌도 다 받았다고 외쳐라.' 한 소리가 외친다. '광야에 하나님께서 오실 큰길을 닦아라. 사막에 우리의 하나님께서 오실 큰 길을 곧게 내어라. 주님의 영광이 나타날 것이니, 모든 사람이 그것을 함께 볼 것이다. 이것은 주님께서 친히 약속하신 것이다.'"(40:1~5)

이 첫마디는 마치 '루트비히 V. 베토벤'의 "제5번 교향곡(운명)"의 주제인 '따따따 따~안!' 하는 소리와 같다. 이 교향곡의 첫머리는 트럼펫, 트롬본, 혼, 바순, 클라리넷, 오보에, 튜바 등의 관악기와 바이올린, 비올라, 첼로, 콘트라베이스 등의 현악기가 한꺼번에 터져 나오며 울리는 폭포수요 천둥이요 벼락이다. 이것은 절망과 체념에 흠뻑 젖어 불평불만의 가여운 소리나 읊조리며 넋을 잃고 주저앉아 있는 자를 내려쳐 깨우는 하늘의 대포소리이다.

그렇다. 이 첫마디는 그 위대한 시인 예언자의 영혼의 목소리이다. 이것은 이 예언자의 메시지 전체를 함축하고 있는 주제의 힘찬 선언이다. "조지 F. 헨델"은 그의 "오라토리오(Oratorio, 종교적 서사 오페라) 메시아(Messiah)의 제1부 서창(敍唱)"에서, 테너의 높고 힘찬 목소리로 "위로하라, 나의 백성을 위로하라…"는 이 구절을 그대로 가사로 사용하여 고통에 빠진 인류를 위로한다.

이 메시지의 주제는 무엇인가? 제2의 출애굽! 해방과 자유의 선포이다. '이제 우리는 곧 바빌로니아를 떠나 그리던 고국으로 돌아간다!' 그는 첫마디에서부터 유대인들의 골수까지 파먹고 있는 하나님께 버림받았다는 어둡고 절망적인 생각, 강대국에 영원히 굴복해야 할 운명이라는 우울한 체념에 빠져 있는 나약한 정신을 한 번에 날려버리며, 그 모든 것을 얼마든지 초극하고 새로운 운명을 창조할 수 있다는 웅혼한 소리를 폭발시킨다.

그런데 해방과 자유에 관한 일, 곧 떠나서 가는 일, 탈출과 지향의 길, 저항과 복종의 길은 하나님이 혼자서 하는 것도 아니고, 어린애 이유식처럼 떠먹여 주는 것은 더더욱 아니다. 사람이 하나님을 도와야 한다! 세상에 대한 주도권은 하나님에게 있지만, 그렇다 해도 사람이 주체성을 가지고 하나님을 긍정해야 한다. 이것이 진실이라는 것은 지금까지 절망의 나락에 빠져 지내온 유대인 포로공동체가 더없이 보여주었다. 하나님이 없어서 절망에 빠진 것이 아니라, 그들이 스스로 절망에 빠진 것이다. 따라서 사람이 정녕 자신을 돕고자 한다면, 하나님을 도와야 한다(창세기 37~50장의 요셉). 이것이 이 예언자의 메시지이다.

그래서 그는 신앙에 대한 새로운 정의를 내린다. 신앙이란 하나님의 도움과 구원을 소극적이고 피동적으로 바라는 것이 아니라, 능동적으로 하나님을 돕는 것이다. 하나님은 당신을 향한 절대적 신뢰와 미래에 대한 희망을 갖고 스스로를 부둥켜안고 일떠세우는 자에게만 구원을 베푼다. 해방과 자유는 하나님과 사람의 협동 작업이다. 설령 하나님의 해방 사건이 일어난다 해도, 여전히 체념과 절망에 안겨 있다면 해방도 해방이 아니다.

그리하여 그는 새로운 신학을 세운다. 하나님은 사람이 고난 속에 있다 해도, 더는 어린애 취급하지 않는다. 따라서 이제는 엎어질 때마다 엄마를 부르며 징징 우는 어린애를 넘어서야 할 때이다. 그런 구원의 시대는 지난 것이다. 무엇보다 옛 시대의 유치한 신학적 관념에서 해방되어라. 너를 계속해서 스스로 옥에 가두어두는 체념적 자기연민의 신학은 이제 버려라. 그런 신앙의 새루운 인식과 의식이 너의 모든 것을 결정한다. 이것이 그 시인 예언자의 메시지이다.

인간을 구원하는 것은 어쩔 수 없이 관념, 곧 마음에 품는 생각이다. 인간은 기억이나 사고(思考) 없이는 하나님을 생각할 수 없다. 따라서 밝은 빛과 같은 힘차고 깊고 좋은 생각을 일으켜야 한다. 하나님을 믿는다는 것은 하나님을 생각한다는 것이다. "하나님은 무엇보다 내 생각으로 온다. 내가 하나님을 생각하는 것은 하나님이 내 안에서 생각하는 것이다. 그 생각은 진선미이다."《유영모-다석어록》 따라서 하나님을 향한 내 생각은 내 것이 아니라, 하나님의 것, 즉 하나님의 말씀이요 진리요 신적 영감이다. 하나님의 존재 자체가 인간에게 절로 도움이 되지는 않는다. 하나님을 생각하는 것은 나의 실존이다. 하나님을 생각해야만 나는 비로소 하나님과 관계를 맺으며, 하나님은 그런 인격적인 관계방식을 통하여 나를 구원한다. 따라서 하나님의 존재 자체보다 하나님을 깊고 바르게 생각하는 것이 나에게 더 중요하다. 하나님은 진리이고 선이고 아름다움이다. 따라서 진리가 우리를 구원하고, 선이 우리를 구원하고, "아름다움이 우리를 구원한다."《정현경-결국은 아름다움이 우리를 구원할 거야, 제1권》

그리고 여기에서 또 한 번의 역설이 나타난다. 그때 구원을 얻은 인간은 하나님의 사랑과 은총에 대한 깊고 드높은 감각을 얻어, 자기의 구원이 하나님의 일·은혜라는 것을 깨닫고 이렇게 고백하게 된다. "나는 하나님의 은혜로 오늘의 내가 되었습니다."(바울, 고린도전서 15:10) 이것이 신앙에 관한 영원한 진실이요, 고백적 신앙의 언어이다.

진선미에 대한 감각을 고도로 일깨우는 그 생각은 나에게 이 세상 만물이 얼마나 보잘것없고 허망한 것인지를 깨닫게 한다. 모든 게 곧 마르고 시들어버리는 풀이요, 들의 꽃일 뿐이다. 무얼 좀 가졌다고 거만하고 교만한 사람도, '우리에게는 결코 해가 지지 않는다.'고 뻐겨대며 선진국·강대국이라고 으스대는 나라와 제국들의 가벼운 입도, 인간이 누리는 모든 권세와 부와 영광과 영화로운 생활이라는 것도 다 한때의 풀이요, 하루살이의 날갯짓일 뿐이다(40:6~8). "날아가는 돌멩이가 생각할 줄 안다면, 분명히 제 스스로 날아간다고 생각하리라."《블레즈 파스칼-팡세》

그리하여 그는 이제 하나님을 말하기 시작한다. "여기에 너희의 하나님이 계신다. …보아라, 그가 백성에게 주실 보상을 가지고 오신다! 그는 목자와 같이 그의 양 떼를 먹이시며, 어린 양들을 팔로 모으시고, 품에 안으시며, 젖을 먹이는 어미 양들을 조심스럽게 이끄신다."(40:9~11) 그러므로 **하나님-새로 보기**로 나아가야 한다.

그런데 거대한 벽이 앞에서 떡 버티고 막아서고 있다. 그것은 거대한 감방이라 해야 할 바빌로니아 제국의 수인(囚人) 생활이다. 아니, 정확하게 말하면 그것도 아니다. 절망한 이스라엘의 마음이다. 그래서 그것을 자기들의 영원한 현실인 양 받아들이고 체념과 절망 속에서 주저앉아 있어, 결코 그 너머의 세계를 볼 수 없는 것이다. 따라서 진정 희망을 품고 그 너머의 세계를 보려면, 하나님을 바라보는 관념과 생각부터 혁신해야만 한다.

그러면 어떻게 바꾸어야 하는가? **생각을 바꿔라**. 제국조차도 한 방울의 물, 뵈지도 않는 저울 위의 티끌일 뿐이다. 불티처럼 잠시 명멸(明滅)하는 것이 제 주제도 모르고 뽐내고 우쭐거리고 나대며 설치는 것이다. 사람이나 나라나 힘 좀 가졌다 하면 어찌나 교만한지, 달려오는 마차를 제 두 손으로 들어 올리겠다고, 한바탕 눈을 치뜨고 용을 쓰는 "당랑거철"(螳螂拒轍, 사마귀)《장자-장자》 꼴이 아닌가?

그러나 이 세상에는 제국에 비교할 수 없이 아주 큰 힘이 분명히 존재한다. 그 힘이 온 세상과 역사를 지배한다. 그 힘이 바로 하나님이다. 따라서 하나님은 "힘님"이다. 유일한 힘님이다. 그 하나님은 위대한 창조자이다. 그래서 그는 이렇게 말한다. "너희가 하나님을 누구와 같다 하겠느냐? …땅 위의 저 푸른 하늘에 계신 분께서 세상을 만드셨다. 땅에 사는 사람들은 하나님 보시기에는 메뚜기와 같을 뿐이다. …그는 통치자들을 허수아비로 만드시며, 땅의 지배자들을 쓸모없는 사람으로 만드신다. 이 세상의 통치자들은 풀포기와 같다. 하나님께서 입김을 부셔서 말려 버리시니, 마치 강풍에 날리는 검불과 같다."(40:18~24)

이것들은 마치 "여우가 호랑이 행세를 하는 것"(호가호위狐假虎威)《유향-전국책戰國策》이고, "허수아비들이 춤추는 격이다. 수컷들의 긴 세월에 걸친 큰 싸움판, 그게 역사라는 것이다."《조정래-허수아비 춤》 그것은 길가의 강아지풀과 같은 것, 한 철 바람에 하늘거리다가 가을이 오면 곧 시들어 말라 버린다.

시각을 크게 가져라. "세상을 영원의 상하(相下)에서 보라."《바루흐 스피노자-에티카》 별들의 세계 너머에 계신 이, 우주를 창조한 나지도 죽지도 않는 영원한 이, 그리고 지금 이 순간 여기에 우리와 함께하는 이를 보라. 시간의 감각을 길게 가져라. 인류가 문명의 발자취를 남기던 저 수천 년 전부터 지금까지 한 눈에 살펴보라. 마치 한 편의 장편영화나 역사책을 보듯이…. 모든 것은 지나간다. 제국은 들어섰다가는 무너진다. 뭇 황제들과 그 제국의 영광이란 것은 세월의 바람에 흩날리는 사막의 먼지처럼 스러져간다. 그 어느 것도 영원하지 않다. 잠시 스쳐가는 어지러운 바람일 뿐.

그처럼 이 시인 예언자는 계속해서 운명 교향곡의 힘찬 선율을 천둥처럼 쏟아낸다. 그 넓이를 알 수 없는 저 광대한 우주, 그리고 지구와 그 안의 만물, 더 나아가 수많은 민족과 제국과 나라들은 모두 하나님의 창조물이다. 우주적 시각과 감각을 가지고 바라보면, 존재들에게 숨이 붙어 있는 세월이란 지극히 미미하다. 모든 것은 하나님의 손아귀 안에 있고, 하나님이 홀로 다스린다. 이스라엘도 바빌로니아도…. 모든 게 푸른 역사(靑史)의 들판을 잠시 휘몰아치는 바람이다. "돌개바람은 아침 내내 불지는 못한다."《노자-도덕경》

"거룩하신 분께서 말씀하신다. '그렇다면 너희가 나를 누구와 견주겠으며, 나를 누구와 같다고 하겠느냐?' 너희는 고개를 들어서 저 위를 바라보아라. 누가 이 모든 별을 창조하였느냐? 바로 그분께서 천체를 수효를 세어 불러내신다. 그는 능력이 많으시고 힘이 세셔서, 하나하나 이름을 불러

나오게 하시니, 하나도 빠지는 일이 없다."(40:25~26)

이것이 이 위대한 예언자·시인·신학자의 신학적 주제이다. 그리고 그가 이스라엘 신앙과 신학의 역사에 기여한 가장 탁월한 업적이다. 이것은 창조신학, 창조신앙, 창조영성에 관한 신앙고백이요 선언문이다. 별들 뒤에서, 그 별들을 품에 아우르고 계신 이가 홀로 계시다. 우주는 본디 없었던 것인데, 그분이 홀로 있도록 창조했다.

이 예언자의 창조신학은 이런 배경에서 나온 것이다. 즉, 이 예언자는 하나님이 온 세상을 다스린다는 이스라엘의 역사신학(만군萬軍〈온 세상〉의 하나님)에 근거하여, 이스라엘에는 없었던 바빌로니아의 창조신화를 빌어서 유대인의 신앙과 신학에 맞게 재해석하여, 바빌로니아의 다신 종교를 폐지하고 이스라엘의 하나님 유일신 신앙으로 대체한 것이다. 여기에서 중요한 것은 구약성서의 창조신학이 남의 창조신화를 베꼈다는 사실이 아니라, 그것을 자기네 종교와 문화에 서서 창조적으로 재해석하여 탁월한 신학적 작업을 이룩해낸 그 얼이다. 이것이 이 예언자의 탁월한 업적이다.

이 예언자는 바빌로니아의 창조론이 단순히 종교적 관념의 문제로 그치는 게 아니라, 유대인들에게 주는 강력한 종교적·정신적 영향력에 깊이 주목한 것이다. 사실 바빌로니아의 종교와 문화는 서서히 유대인들을 빨아들이고 있었기 때문이다. 그러한 모습은 이 예언자의 책이나, 그보다 조금 전의 선배인 '에스겔'의 책에도 자주 나온다. 그래서 이 예언자는 바빌로니아의 창조론을 빌어, 그것을 야훼 하나님이 홀로 "말씀"으로 창조하신 것이라고 선포하기 시작한 것이다. 물론 그는 자세한 줄거리는 이야기하지 않고, 하나님이 홀로 창조한 것이라는 요점만 말했을 뿐이다. 이 예언자는 전통적인 이스라엘의 신학 전체를 새로운 방향으로 틀어 신앙을 재해석하고 이해하여 자기 정체성을 새롭게 정립하도록 이끈 위대한 신학자이다.

고난받는 종(Servant)의 노래 - 자전고백과 제자들의 기록

그는 자기를 하나님이 붙들어다가 일을 시키는 "종"(에베드Ebed, 그-둘로스Doulos)으로 이해한다. 종은 글자 그대로 평생 주인집에서 일하는 일꾼이다. 그런데 종은 자유가 없으면서도 자유롭다. 주인이 해방하기 전에는 자유로울 수 없지만, 맡은 일에는 창조적인 지성과 재주를 자유롭게 발휘할 수 있기 때문이다.

종의 노래에 나오는 주인공이 누구인지를 놓고 신학자들에게서 오래 논란이 되어 왔다. 주로 개인으로 보는 견해와 이스라엘이라는 집단(49:3)으로 보는 견해로 나누어지는데, 개인으로 보면 그는 그 시대의 메시아이고, 집단으로 보면 이스라엘은 고난을 통하여 구원을 얻는 것이다. 여기서는 이 노래의 호칭(1인칭과 3인칭)을 그대로 해석하여 개인(나/그)으로 보고 풀어가고자 한다. 종의 노래는 네 개인데, 개인의 고백(42:1~4; 49:1~6; 50:4~9)은 세 번, 네 번째는 그의 제자들의 증언 기록이다.(52:13~53:12)

놀랍게도 이 익명의 예언자야말로 진정한 하나님의 종, 곧 그 시대의 메시아였다. 그는 자신의 고난을 통하여 하나님 백성의 구원을 이루는 하나님의 도구인 종이다. 이것은 그의 현실이면서도, 또한 그가 보여주며 제시하는 메타포와 상징이기도 하다.

부분만 발췌하여 생각해본다.

1) 첫 번째(42장 1~4절)

나의 종을 보아라. 그는 내가 붙들어 주는 사람이다. 내가 택한 사람, 내가 마음으로 기뻐하는 사람이다. 내가 그에게 나의 영을 주었으니, 그가 뭇 민족에게 공의를 베풀 것이다. 그는 소리치거나 목소리를 높이지 않으며…, 상한 갈대를 꺾지 않으며, 꺼져가는 등불을 끄지 않으며, 진리로 공의를 베풀 것이다. 그는 쇠하지 않으며 낙담하지 않으며, 끝내 세상에 공의를 세울 것이다.

하나님의 직접화법으로 표현된 이것은 그가 예언자로 나서게 된 내력을 신앙고백 형식으로 보여준다. 그가 예언자로 나서게 된 것은, 하나님이 영을 주어 불러 세웠기 때문이다. 그의 사명은 "**하나님의 의**"를 높이 세우는 것이다. 그의 신학은 하나님의 의(Tsedaqah)의 신학이다.

2) 두 번째(49장 1~6절)

주님께서 이미 모태에서부터 나를 부르셨다. 내 입을 날카로운 칼처럼 만드셔서 나를 주님의 손 그늘에 숨기셨다. 나를 날카로운 화살로 만드셔서, 주님의 화살통에 숨기셨다. …흩어진 이스라엘을 다시 불러 모으시려고 나를 택하셨다.

그러나 내 생각에는, 내가 한 것이 모두 헛수고 같았고, 쓸모없고 허무한 일에 내 힘을 허비한 것 같았다.

그러나 참으로 주께서 나를 올바로 심판하여 주셨으며, 내 하나님께서 나에게 정당하게 보상하여 주셨다.

'나는 시대의 화살이다!' 이것은 동포들이 깨어나기 전에 쓴 고백이다. 그가 그동안 예언자로 활동한 것은 단순한 의분이나 민족애로 인하여 나선 것이 아니다. 그렇다면 그냥 단순한 애국적 지성인에 그쳤을 것이다. 그는 하나님이 당신의 심부름을 하라고 해서 나선 것이다. 그것이 민족애로 나타난 것일 뿐이다. 심원한 종교적 체험을 통하여 하나님의 손에 붙잡혀 시대의 칼과 화살이 된 그는 그동안 회의와 절망의 시대 한복판에서, 뭇 가슴을 베고 영혼을 꿰뚫으며 일으켜 세우려고 무진 애를 쓴다.

3) 세 번째(50장 4~9절)

> 주 하나님께서 나를 학자처럼 말할 수 있게 하셔서, 지친 사람을 말로 격려할 수 있게 하신다. 아침마다 나를 깨우쳐주신다. 내 귀를 깨우치시어 학자처럼 알아듣게 하신다. 주 하나님께서 내 귀를 열어 주셨으므로, 나는 거역하지도 않았고, 등을 돌리지도 않았다….

그는 자기를 하나님의 제자(학자, 탈미드Talmid)로 여긴다. 그는 예언자로 나서기 전에 분명 학식 높은 제사장이거나 지식인·시인이었을 것이다. 그래서 지금까지 사람들이 알아듣기 쉬운 말로, 하나님, 신앙, 자존감, 희망, 귀향, 생명의 길에 대해서 전해주면서, 지친 동포들을 위로해준 것이다.

그러면 바빌로니아 당국은 그렇게도 위험한 발언을 연일 쏟아내며 돌아다니는 한 보잘것없는 히브리인을 왜 가만두고 있는가? 그것은 그가 '소리치거나 목소리를 높이지 않는'(42:2) 방식으로, 이슬처럼 조용히 이 마을 저 마을로 돌아다니며 동포들을 찾아가 바빌로니아의 멸망과 새로운 제국의 등장을 들려주었기 때문이다.

그러다가 결국 모든 것이 들통 나서 체포되어 고문당하는 사태를 맞고야 만다. 그리하여 수난(受難)이 시작된다. 수난당하기 때문에 저항하는 것이 아니라, 저항하기 때문에 수난당하는 것이다. 그의 저항사는 수난사이다. 그리고 그의 저항은 바빌로니아 당국에게는 정치적 저항이다. 새로운 제왕의 출현과 바빌로니아의 패망에 대한 그의 말은 그렇게밖에 해석할 수 없었기 때문이다.

> 나는 나를 때리는 자들에게 등을 맡겼고, 내 수염을 뽑는 자들에게 뺨을 맡겼다. 내게 침을 뱉고 나를 모욕하여도, 내가 그것을 피하려고 얼굴을 가리지도 않았다. 주 하나님께서 나를 도우시니, 그들이 나를 모욕하여도 마음 상하지 않았고, 오히려 내가 각오하고 모든 어려움을 견디어 냈다. 내가 부끄러움을 당하지 않겠다는 것을 내가 아는 까닭은 나를 의롭다 하신 분이 가까이에 계시기 때문이다. 누가 감히 나와 다투겠는가? …나를 고발할 자가 있으면 하게 하여라.

나는 "하늘을 우러러 한 점 부끄러움 없다."(《맹자-맹자》. 앙불괴어천仰不愧於天; 《윤동주-서시》) 이미 죽음까지 각오한 바이다. 그는 갖은 고문을 받는다. 그럼에도 불구하고, 그는 인간이 견뎌내기에 어려운 숱한 고문과 '모욕에도 마음 상하지 않는' 성인(聖人)의 경지에 오른다. '부끄러움', 곧 수치감이나 억울하다는 느낌조차 없다. 모든 게 그분을 위한, 그리고 민족을 위한 영광스런 일이다.

그렇게 고문을 당하다가, 더는 말하고 돌아다니지 말라는 위협과 겁박과 경고를 받고 얼마 후 풀려나온다. 그러나 도중에 멈출 일이라면, 애초부터 하지도 않았다. 그래서 더욱 용감한 전사처럼 나아간다. 이제 이 예언자 앞에는 어떤 운명이 기다리고 있을까?

4) 네 번째 – 제자들의 증언 기록(52장 13절~53장 12절)

> 1) …그의 얼굴이 남들보다 더 안 되어 보였고, 그 모습이 다른 사람들보다 더욱 상해서 그를 보는 사람마다 모두 놀랐다. …그는 사람들에게 멸

시를 받고, 버림을 받고, 고통을 많이 겪었다. 그는 언제나 병을 앓고 있었다. 사람들이 그에게서 얼굴을 돌렸고, 그가 멸시를 받으니, 우리도 덩달아 그를 귀하게 여기지 않았다. …우리는 그가 징벌을 받아서 하나님에게 맞으며 고난을 받는다고 생각하였다.

2) 그는 실로 우리가 받아야 할 고통을 대신 받았다. …그가 찔린 것은 우리의 허물 때문이고, 그가 상처를 받은 것은 우리의 악함 때문이다. 그가 징계를 받음으로써 우리가 평화를 누리고, 그가 매를 맞음으로써 우리의 병이 나았다. …주님께서 우리 모두의 죄악을 그에게 지우셨다. …그는 죽는 데까지 자기의 영혼을 서슴없이 내맡겼다. 그는 많은 사람의 죄를 대신 짊어졌고, 사람들을 살리려고 중재에 나선 것이다.

이것을 제자들의 증언 기록으로 보는 까닭은 3인칭으로 쓰고 있고 신학적 해석이 내려졌기 때문이다. 제자들이 그의 정치적 저항과 수난을 종교적으로 해석한 것이다. 스승이 그 오랜 수형생활 속에서 모진 고문을 받던 중, 결국 바빌로니아 당국에게 죽임을 당하고 만다. 그것은 너무나도 무기력하고 허망하고 절망적인 죽음이었다. 그 시대의 새벽빛이었던 사람, 민족의 불꽃이었던 사람이 그렇게 죽어감으로써, 끝내 마지막 희망의 불조차 완전히 꺼져버리고 말았다.

그러나 과연 그런 것일까? 그렇게 모든 게 허망하고도 절망적으로 끝나버리고 만 것일까? 정녕 스승의 죽음은 아무런 가치도 없는, 그저 약한 민족이 당해야만 하는 숱한 비운의 한 토막일 뿐일까? 그렇다면 스승의 말에도 불구하고, 하나님은 정녕 사신(死神)이 되어버린 것이리라. 그러나 그럴 수는 없다! 그래서도 안 된다!

그러면 무엇인가? 도대체 스승의 죽음을 어떻게 바라보고 생각해야 한단 말인가? 유일한 길은 스승이 오래도록 가르쳐온 말(새로운 패러다임)을 생각하면서, 스승의 삶과 죽음을 혁신적으로 해석하는 데 있다. 그리하여 스승의 죽음은 제자들에게 그동안 겪어온 고난과 절망과는 전혀 다른 신학적인 과제를 던져준 절체절명의 위기의 사건으로 다가왔다. 이제 그들은 스승의 죽음이 가진 그 신학적 의미를 찾아내야만 했다.

여기에는 시간의 흐름이 있다. 1)부분은 제자들과 유대인들이 수차례 그를 면회하고 난 다음에 생각하고 주고받은 말과 무관심하고 회의(懷疑)에 빠진 여러 사람들이 한 말들의 기록이고, 2)부분은 제자들의 말이다. 그 엄청난 차이를 보라. 1)부분은 그의 죽음을 그 개인의 불행한 죽음으로만 생각하고 절망하고 있는 것을 드러내지만, 2)부분은 전혀 다른 말이다.

그렇다면 그 사이 그들의 생각에 무슨 일대 변혁의 사건이 일어난 것이다. 그간 시간이 얼마나 흘렀는지는 아무도 모른다. 아마 몇 년은 될 것이다. 따라서 2)부분은 제자들이 스승의 죽음에 담긴 거룩한 뜻을 찾으려고, 오랫동안 생각하고 토의한 결과로 나온 신학적 해석의 증언(證言)이다. 마침내 제자들은 스승의 죽음에 담긴 신학적 의미와 민족사의 뜻을 발견하기에 이르렀던 것이다!

그들의 신학적 자각에 따르면, 스승의 수난과 죽음은 전혀 개인적인 불상사가 아니다. **스승의 수난과 죽음은 하나님의 거룩한 뜻 아래에서 일어난 일이다!** 하나님이 스승을 수난과 죽음에 처하게 한 것이다. 그러면 하나님은 왜 그렇게 했는가? 그것은 '우리'를 살려내기 위해서이다. 스승의 죽음은 고난 속에서 절망에 빠진 유대인들, 곧 '우리'를 대신한 거룩한 죽음이다. 하나님은 '우리'를 살려내기 위하여 그의 목숨을 대신 지불한 것이다. 따라서 그의 죽음은 곧 우리의 죽음이다. 그는 자신의 죽음으로, 우리의 모든 고통과 슬픔, 절망과 미움과 한(恨)을 대신 짊어지고 떠나간 것이다. 그의 죽음은 우리 유대인 집단의 죽음을 대신하고 구원하기 위한 거룩한 희생제물이 된 죽음이다. **'그의 죽음, 바로 저기에 산 하나님이 계신다!'**

그렇게 하여 고난받는 유대민족의 하늘을 가로지르며 찬란한 희망을 제시하고 스러져간 유성(流星)이 이스라엘 역사의 현재와 미래를 환히 밝히는 불꽃으로 산화하여, 민족의 생명과 구원을 위한 번제물이 된 것이다. 따라서 그의 죽음은 유대인을 위한 하나님의 구원 '사건'이다. 역설적으로, 그 스승이야말로 유대민족을 위하여 하나님이 "기름 부어 세운 목자"(45:1), 곧 메시아(Messiah, 구원자)이다. 여기에서 비로소 이스라엘 역사상 진정한 메시아사상이 잉태되었다. "제2이사야의 고난의 종에 관한 노래들을 통하여 읽을 수 있는 고난관념은 구약의 다른 인물들(예레미야, 욥 등)을 통하여 읽을 수 있는 고난관념과는 다른 혁명적인 견해로서, 의로운 자가 자기 자신 때문이 아니라 다른 사람 때문에, 그 다른 사람을 구원하기 위하여 받게 되는 고난관념이었다. 이것은 하나님의 무죄한 종이 하나님의 부당한 재판의 희생물이 되는 사건으로서, 일종의 공동체의 구원을 위한 한 수단이 되는 사건이었다. 실로 의로운 자가 하나님의 부당한 심판의 희생물이 되는 것이 다름 아닌 인류 공동체를 구원하는 한 수단이 될 수 있다는 신앙의 출현, 그것은 하나의 새 시대의 예고라고 할 수 있을 것이다."《김이곤―구약성서의 고난신학》

스승의 죽음을 통해서 그들이 비로소 이해한 메시아는 더는 군왕의 이미지(이를테면 다윗과 같은!)가 아니라, 하나님과 역사에 대한 숭고한 이해와 한없이 맑고 어질고 고결한 선비의 마음을 가지고, 기꺼이 자신을 고난과 죽음에 내던져서 다른 사람들을 살려내는 사람, 민족의 빛과 양심이 되어주는 사람, 역사의 물줄기를 돌리는 사람 이미지이다. 그 스승이 바로 이런 메시아이다. "민족이 지고 가야 할 짐이 있다면, 그것을 구체적으로 누군가가 지는 사람이 있어야 한다. 대속(代贖, 대신 값을 치르는 일)해야만 한다는 그 말이다. 이것이, 이것이 진리이다. '그가 그렇게 되었기 때문에, 그들이 아니었더라면……' 하는 이것. 그렇게 되었기 때문에, 우리가 사람

노릇을 할 수 있는 것이다. 이 민족을 생각하시는 사랑에서 그렇게 하신 것이다."《함석헌-전집 제11권, 두려워말고 외치라》

따라서 이제 바빌론에서 고난받는 유대인들은 그의 고난과 죽음 속에서 자기들의 고난과 죽음을 믿고 보아야 한다. 그럴 때에만 그 사건은 역설적으로 새로운 희망과 새로운 출발·탈출과 자유와 부활의 근거가 된다. 그러므로 이제부터 유대인 각 개인과 민족 공동체는 하나님의 용서와 사랑에 대한 새로운 이해를 가지고, 주체적인 책임의식을 가지고 자유로운 삶을 살아가면서 미래를 향하여 전진해야 한다.

이 모든 작업을 관통하는 그들의 종교적·사상적·민족적 목적은 단연 이것이었다. "한편으로는 '우리는 누구인가?' 하는 유대인의 정체성을 실증하는 이야기(하가다Haggadah)와 다른 한편으로는 '우리는 어떻게 사는가·살아야 하는가?' 하는 유대인의 행동을 규정하는 율법(할라카Halakhah, 뜻: 걸음걸이, 길 안내)을 제정하는 것이다. 모든 시대의 그 어떤 다른 민족도 이스라엘 민족처럼, 국가가 존재하지 않음에도 불구하고 기록된 전승을 통해 자신의 정체성을 보존하는 일에 그렇게 애를 썼던 적은 없었다. 교육을 받은 바빌론 포로의 집단 안에서 전승을 수집하고 기록하고 편집했다는 사실은 의심할 여지가 없다."《한스 큉-유대교》

그 제자들이 만들어낸 신학적 문서 중에서 가장 핵심적인 이야기가 바로 제1장에서 말한 바와 같이, 창세기 1장 1절~2장 4a절의 창조 이야기이다. 따라서 그 이야기는 단순히 천문학적 우주 창조론을 말하는 게 아니라, 오랜 고난 속에서 절망적으로 살아가다가 다시금 신앙으로 깨어난 유대인들의 신학적 증언(證言)이다.

얼마 후, 그 스승의 말대로 바빌로니아는 망하고, 페르시아 황제는 모든 포로 해방령을 선포하여 고국으로 돌아가게 했다. 그 익명의 예언자는 실로 이스라엘 역사에서 찬란한 위업을 이룩한 위대한 신학자였다. 그로 인하여 비로소 이스라엘의 하나님은 유일신으로 격상되었다. 물론 그전에도 가끔 표출된 적은 있었으나, 그에게서 비로소 확정된 것이다. 그러나 그렇다고 해서 그 후 이스라엘 역사가 물 흐르듯 전개된 것은 아니다. 그 후의 역사 역시 각 세대들의 신앙의 태도에 달려 있는 것이었다. 어떻든 이스라엘이 끊임없이 추구해야 하는 바는 오로지 할아버지 아브라함의 명제인 탈출과 지향, 영성훈련, 거룩한 생활의 삼중주이다. 이것이 '복, 하나님의 의를 이룬다.'는 말의 참뜻이다.

이사야서 40~55장에 있는 그의 말은 짧지만, 그가 이스라엘 역사에서 수행한 업적은 단연코 위대한 것이었다. 이스라엘의 사상은 비로소 그에게서 활짝 피어났다. 앞으로 누군가가 그의 사상을 이어받아 더욱 광대하게 세계적인 사상이 되도록 해야 할 것이었다.(제27장의 제3이사야가 그 사람이다)

그는 찬란하게 솟구쳐 올라 위대하게 사라진 불꽃 같은 사람, 진실로 '아름다운' 영혼이었다. 그는 자신의 메시지에서 '아름다움'이란 말을 단 한 번 사용한다. "좋은 소식을 전하는 자의 발이 어찌 그리 아름다운가!"(52:7, 개역개정판) 아름다움!(히-토브Tob. '선하다, 좋다.') 이것이 그의 모습이다. 그의 눈은 대단히 심미적이다. 고난의 현장에서도 아름다움을 볼 줄 알았던 눈. 그는 고난당하면서 남을 구원하는 일의 아름다움을 느낀 사람. 오늘날에도 이해하고 받아들이기 어려운 역설의 언어, 역설의 인간이다. 그의 삶 전체가 아름다움이다. 그의 메시지도 아름다움이다. 그리고 그가 선포하는 하나님과 그분의 구원 방식도 아름다움이다.

죄, 죄책감, 고난, 불평, 항변, 눈물, 슬픔, 그리움, 조롱, 힘겨움, 하나님, 하나님의 활동, 사랑, 희망, 구원, 역사 등, 그 모든 것이 아름다움이라는 종교적 미학의 세계 안으로 한데 휘말려 올라가며 승화되고 있다. 이것이 그가 말하는 구원의 세계이다. 그리고 성서 전체가 말하는 구원의 세계이다.

그러나 우리는 그의 이름조차 모르고, 그의 제자들이 스승의 이름을 숨긴 까닭도 모른다. 그의 말과 삶에 대한 기록은 세월이 오래 흐른 후, 구약성서를 최종적으로 편집하고 완성하고 확정한 유대인 학자들이 제1이사야서 중간에 붙여 놓았을 뿐이다. 현대 신학자들은 그러한 일을, 모세오경이 최종적으로 편집되고 확정된 기원전 5세기 중반 이후, 학자요 랍비인 "에스라"가 페르시아로부터 귀국한 다음(458년)에 벌인 **경전 집대성의 일환으**로 이루어진 것으로 본다.《E. 젤린 · G. 포러—구약성서개론; G. 포러—구약성서개론 상권; 헬머 링그렌—이스라엘의 종교사》

그래서 그가 더욱 위대하게 보인다. 바람처럼 이름조차 남기지 않고 떠나간 사람! 인간이 어찌 그렇게 살 수 있었을까? 그의 이름은 몰라도, 그의 인격과 시혼(詩魂)과 위대한 신학 사상은 길이길이 유대인들의 정신을 채우고 또 채운 원천(源泉)이 되었다.

그에 대한 현대 유대인 학자의 말을 들어보자. "바로 이 역사의 소용돌이 속에서, 한 예언자가 나타나 이 모든 사건들의 의미를, 정치사의 차원으로부터 하나님의 구원사로서의 세계 역사에 대한 이해의 차원을 끌어올렸다. 그의 메시지는 특별히 어느 한 시대에만 국한되지 않는다. 그것은 인간의 눈물로 반죽되고, 모든 상처를 치료하는 기쁨이 섞여 있고, 아픈 오늘에 서서 내일을 바라보는 길을 지시하는 그런 예언이다. 병든 세계가 신음할 때, 이보다 더 큰 위로가 되는 말이 없었다. 그는 계속하여 창조주와 그의 피조물들, 영원과 무상(無常), 하나님의 생각과 인간의 생각, 하나님의 장엄하심과 인간의 하찮음, 하늘과 땅, 하나님의 실재하심과 우상들의 허무성, 그분 말씀의 영속성과 인간의 유한함을 날카롭게 대비시켜 나간다."《아브라함 J. 헤셀—예언자들, 상권》

그렇게 하여 이스라엘 역사와 구약성서에서 **바빌론 포로기의 역사**는 끝난다. 그것은 비록 눈물로 가득한 어두운 고난과 시련의 시기였지만, 그럼에도 불구하고 그 시대는 에스겔과 제2이사야라는 걸출한 예언자·사상가·철인을 내고, 오늘날 성서에 담긴 여러 가지 문서를 새로 작성하고 이전의 문서들을 편집하여 신학과 문예부흥을 창출한 위대한 유대-르네상스 시기이기도 했다.

그때부터 유대인들은 "책의 민족, 책의 종교"를 열었고, 제사장들보다는 문서를 기록하고 필사하고 가르치는 교육자인 '서기관들'이 역사에서 중요한 역할을 담당하게 되었다. 이들로부터 율법 전문가·교육자 계층인 '랍비'가 출현했다. 그래서 "바빌로니아 포로사건은 이스라엘 역사상 하나의 분기점을 이룬다. 외형적으로는 분명히 왕실의 전통과 예루살렘 성전 예배의 종식을 가져온 비극적인 사건이지만, 내면적으로는 새로운 하나님의 백성을 탄생시킨 기적적인 사건이다."《장일선-이스라엘 포로기 신학》 그러나 가장 큰 기적은 하나님을 창조자와 세계역사의 주인과 섭리자로서 새롭게 발견하고 천명한 신학적 혁명이라 하겠다.

제26장

페르시아 제국시대(1)

– 예언자 학개, 스가랴

성서: 에스더기, 에스라기, 느헤미야기, 학개서, 스가랴서

고국으로 돌아온 유대인들은 하나님의 우선적인 뜻인 민족화해와 통일은 제쳐두고, 그 이듬해에 성전부터 짓기 시작했다(538년). 그러나 성전건축은 사마리아 사람들의 방해로 중단되었다. 그렇게 18년 동안 성전건축이 지지부진한 것을 책망하며 건축을 독려한 동시대 예언자들이 "학개, 스가랴"이다.

페르시아 제국시대의 신학적 난맥상

바빌론 해방과 조국 귀환에서 140여 년이 흐른 뒤인 기원전 400년대 초반부의 페르시아 시대에 나온 역대지 역사서는 매우 이상한 책이다(바사-페르시아 음역). 그것은 반쪽 역사책으로서, 북이스라엘 왕국의 역사를 생략한 남유다 왕국만의 역사책이다. 그뿐만 아니라, 역사에 대한 민족주의적이고 국수주의적인 데다가 불공정하고 편협하기까지 한 관점을 드러내기에, 140여 년 전 바빌론의 제2이사야 예언자가 제시한 우주적이고 광대하고 심원한 구원의 신학 사상과는 감히 견줄 수조차 없다.

물론 그렇게 된 시대적 상황은 분명하다. 페르시아 식민지가 된 지 140여 년이 지나면서 제국의 정치력과 통제가 느슨해지자, 곳곳에서 연이어 반란이 터져 정치적 혼란이 심화되었고, 게다가 중동세계의 혼돈상태가 확산되어 팔레스타인의 유대인들은 정체성마저 흔들리며 암울한 시대를 살아가야 했기 때문이다. 그래서 유대인들은 다시금 크나큰 정신적 위기에 직면하지 않을 수 없었다.

유대의 정신적 지도자들은 그것을 타개하기 위한 방책으로, 다시 한번 민족적 자부심과 정체성을 고취하려는 목적으로 일련의 역사책을 써냈다. 그래서 무엇보다 옛 조상들의 좋은 면과 영광을 부각시켜 암울한 시대를 살아가는 유대인들에게 긍지와 희망을 심어주고자 했다. 그것이 '역대지 역사서·역대기지계 역사서'로서 '역대지~에스라기~느헤미야기~에스더기'이다. 그러나 그렇다 해도 역대지계 역사서는 분명히 하나님의 세계 구원계획의 역사로부터 멀찍이 퇴행한 작업이었다는 평가를 면할 수 없다. "이것은 작품의 내적인 통일성도 없고, 어떤 정신적인 고갈의 인상을 부인할 수 없다."《게르하르트 폰 라트—구약성서신학, 제1권》 그래서 신학자들은 이스라엘 역사에 대한 타당성 있는 자료로 평가하기를 주저한다.

역대지 역사서는 '신명기계 역사서'(여호수아기~열왕기)를 기본사료로 했음에도 불구하고, 역사적 사실에 대한 부정확성, 오류, 혼동, 과장, 첨삭, 왜곡, 변조가 심하고, 다윗 왕조의 재래(在來)에 대한 지나친 동경, 동족인 북이스라엘 왕국의 후손들에 대한 미움에서 나온 배타주의와 극우적 민족주의, 그리고 맹목적인 성전주의에 대한 역사관이 지나칠 정도이다. 그래서 그 후 편협한 율법주의와 문자주의와 배타주의의 유대교를 낳은 근본이 되었을 뿐만 아니라, 역사와 세계인식에 대한 유대인들의 이해를 크게 후퇴시키고, 세상을 구원하기 위한 하나님의 도구로 선택된 민족적 사명을 망각하고 선민(選民)인 자기들만의 구원에 집착하게 하여, 하나님의 세계 구원계획을 왜곡시키는 결과를 가져오기까지 했다. 이것이 비슷한 시대에 나왔지만 사상은 전혀 다른 '욥기, 제3이사야서, 요나서, (룻기)'를 이해하는 역사적·신학적 배경이다.

물론 역대지 역사서가 이 모든 것을 주관했다는 말은 아니다. 거기에는 오래도록 계속되는 식민지 시대의 암울하고 희망 없는 고난의 상황이 절대적인 요인으로 작용했다. 하지만 그런 경향을 주도하고 부채질한 책임은 결코 면할 수 없다. 그러한 편협한 경향은 400여 년이 지난 예수 시대까지 이어졌다. 그래서 역대지 역사서 이후의 시대는 예수 시대의 유대인들이 예수를 반대하고 죽인 까닭을 이해할 수 있는 역사적·신학적 배경으로 자리 잡는다. 아무런 까닭 없이 그렇게 된 것이 아니다.

주요 신학 사상을 간추려보자.

1. 철저한 응보 사상

역대지 역사서는 철저한 응보 사상으로 회귀한다. 곧, '신명기 신학'을 극단적으로 적용하여 유다 왕국의 역사를 말하는데, 그 적용이 편파적이다. 왕들의 역사에서 좋은 점만 부각하고 나쁜 사실은 모두 감춘다. 물론 역사의 정황이 식민지와 신학적 위기의 시대였기에 그랬던 것은 충분히 이해할 수 있다. 그러나 시대와 세상과 역사를 지나치게 개인적이고 민족주의적인 협소한 응보 신학의 관점에서만 보고, 거시적인 관점에서 자기들을 새롭게 바라보며 하나님의 뜻을 진지하게 찾는 태도가 적어서, 공동체의 분열을 가져왔다. 율법과 성전과 경건과 하나님의 통치를 부와 성공의 잣대로만 쟀기 때문이다. 부유하고 성공한 자는 하나님께 충성한 결과이고, 가난과 고난은 하나님께 불충한 결과라고 말했다. 식민지 모순과 구조적인 사회 부조리가 가져온 약소국 민중의 고난에 찬 삶에 대한 거시적인 관점이나 자비로운 이해는 거의 없었다. 모든 것을 종교와 성전, 곧 율법에 대한 충성 하나로만 판단하고 적용했다. 그리하여 하나님마저 성전과 율법에 종속시키는 결과를 가져왔다. 그런 추세에서 나타난 것이 사두개파 제사장들의 득세와 바리새파의 출현이었다.

2. 예루살렘과 성전의 합법성과 정통성 강조

'예루살렘과 성전은 영원하다.' 이것이 역대지의 강조점이었다. 그래서 다윗을 예루살렘을 창설하고, 성전의 설계를 비롯한 모든 재료를 완벽하게 준비시켜 놓고 떠난 성왕(聖王)으로 치켜세우고, 성전을 지은 솔로몬을 동서고금 제일의 경건하고 현명한 군주로 격상시켰으며, 그가 민족분단의 모순을 낳은 사실에 대해서는 한마디도 하지 않았다. 분단은 그의 잘못이 아닌, 전적으로 북쪽 10지파의 사악한 반란으로만 규정했고, 북이스라엘 후손들(사마리아 사람들)을 여전히 배반자·이방인·적으로 취급했다. 그래서 하나님을 다시금 예루살렘 성전과 다윗 왕조 이데올로기에 종속시키고 민족 신으로 강등시키는 결과를 가져왔다.

3. 다윗 가문의 영원성

다윗 왕조의 재래(在來)! 이것이 이상(理想)이었다. 다윗과 같은 전륜성왕(轉輪聖王)이 다시 나타나서, 유대인을 구원하고 세계를 통치할 것이라는 유대 민족주의를 절대 이념으로 내세웠다. 따라서 다윗은 메시아의 표상으로 확고히 자리 잡기 시작했고, 메시아는 오로지 다윗 왕조의 후손으로부터만 올 것이라고 천명했다. 그리하여 다윗 왕조가 다시 실현되면, 아무도 제압할 수 없는 영원한 왕조가 될 것이라고 믿고, 하나님이 그것을 보장했다고 말했다.

4. 율법에 대한 절대적 충성과 문자적 복종

따라서 유대인들이 다시 영광스러운 역사를 맞이하려면, 무엇보다도 율법을 문자적으로 준수해야 한다고 천명했다. 율법은 하나님이 준 것, 아니 더 나아가 "글자로 된 하나님"이기에 아무도 범접할 수 없는 신성불가침의 영역이다. 율법을 어기는 것은 하나님을 배반하는 대역죄이다. 따라서 율법이 규정한 대로 복수하고 심판해야 한다. 그렇게 하여 식민지 시대의 상황을 고려하지 않고, 모든 인간을 율법에 종속시켜버렸다. 심지어 하나님마저도 율법을 따라 행동해야 한다고 천명했다.

5. 다윗과 솔로몬 시대에 대한 동경과 그 재래(在來)의 미래에 대한 기대

이것은 3항과 비슷하지만, 종말론적 기대로 치달아 간 데서 조금 다르다. 3항이 과거의 재현에 무게를 둔 것이라면, 이것은 미래의 영광스런 모습에 대한 기대가 핵심을 이룬다. 세상은 악의 제국이요, 사탄의 무대이

다. 그렇기에 세상은 완전히 절멸해야만 할 악의 세계이다. 아무것도 기대할 것이 없다. 구원은 역사의 초월적 지평에서만 온다. 그것을 가져올 이가 메시아이다. 따라서 메시아는 정치적일 수밖에 없다. 정치적인 제왕인 메시아가 오면, 유대인은 세계를 지배하는 제국이 되고, 이민족은 유대인의 발아래 무릎을 꿇을 것이다. 그렇게 하여 이스라엘에 **'정치적인 메시아에 대한 종말론의 기대'**를 들여온 시초가 되었다. 아브라함의 명제 같은 것은 거의 망각되었다. 따라서 구원을 오로지 정치적으로만 해석하는 사고가 자리 잡게 되었다. 유대민족의 정치적인 해방자가 아니라면 메시아가 아니다! 이것이 그 후 400년이 지난 예수 시대까지 이어졌다는 것은 복음서에서도 볼 수 있다.

이상은 '역대지계 역사서'를 읽는 주요 사상이다. 그렇다고 해서 그 당시 모든 유대인이 편협한 민족주의·국수주의·율법주의·문자주의·성전주의·메시아주의의 시대적 조류에 목을 매고 편승한 것만은 아니었다. 시대의 대세에 저항하면서, 아브라함의 명제, 하나님의 세계 구원계획, 그리고 이스라엘의 민족적 사명을 잊지 않고 주창하고 선포한 몇몇 사람들과 기자들과 민중이 있었다. 그들이 바로 '제3이사야 예언자, 요나서와 욥기와 (룻기)의 기자, 그리고 몇몇 시편의 기자들'이다. 그러나 이들의 목소리는 별로 영향을 끼치지 못하고 지하로 스며들어 흘러갔다. 그러면서도 이들의 작품은 사라지지 않고 구약성서에 편입되었다. 실로 놀라운 일이었다.

페르시아 제국 키루스 2세 황제의 정치

기원전 539년, 바빌로니아 제국을 무너뜨리고 페르시아 제국(아케메네스 왕조)을 연 **"키루스 2세"**(CyrusⅡ, 고레스) 대제(大帝, The Great King)는 등극하자마자 뜻밖에도 "제(諸) 민족 해방령"을 선포했다. 그런데 바빌론 정복 이전부터 오래도록 숙고해온 것으로 보이는 그 정책은 그가 성인(聖人) 임금이었기 때문이 아니라, 다분히 정치적 판단이 작용한 것이었다. 왜 그런 정책을 펼쳤을까? 그것은 그가 "아시리아와 바빌로니아의 정치수단이 오로지 여러 민족을 파괴하고 격하시킨 것뿐이었기에, 억압보다 더 저항을 촉발시키는 것은 없으며, 굴복당한 이방 민족들의 운명이 행복할수록 페르시아 제국이 더 만족을 누리게 되며, 회유와 관용 이외에 그 어느 것도 그런 저항을 제거할 수는 없다는 하나의 원칙을 세웠기 때문이다."《G. 포러-이스라엘역사》 그런 점에서 그는 대단히 노련하고 탁월한 정치가였다.

그런데 키루스도 제 민족 해방령에 관한 칙령을 자기가 섬기는 신인 "하늘의 위대한 주(主) 마르두크(Marduk)의 이름으로" 선포했다(키루스 칙령 비문. 후일 '다리우스 1세'〈522~486년〉 때 조로아스터교를 국교로 삼음). 그러나 유대인들은 키루스 해방령을 "하나님이 페르시아 왕 고레스의 마음을 감동시켜서 한 일"(역대지하 36:22~23; 에스라기 1:1)이라고 말한다. 그 칙령은 이러하다.

> 페르시아 왕 고레스는 다음과 같이 선포한다. "하늘의 주 하나님이 나에게 이 땅에 있는 모든 나라를 주셔서 다스리게 하셨다. 또 유다에 있는 예루살렘에 그의 성전을 지으라고 명하셨다. 이 나라 사람 가운데서 하나님을 섬기는 모든 사람은 유다에 있는 예루살렘으로 올라가서, 그곳에 계시는 하나님의 성전을 지어라. 그 백성에게 하나님이 함께 계시기를 빈다."(에스라기 1:1~3)

키루스의 '하늘의 주 하나님'은 '마르두크'인데, 듣는 유대인 입장에서 야훼 '하나님'으로 신학적으로 해석하여 기록한 것이다. 해방된 다른 민족도 자기들의 신이 베푼 것이라고 말했으리라. 다시 말해서, 그는 바빌로니아 제국의 포로였던 모든 민족을 해방하는 단 하나의 칙령을 선포했을 뿐, 개개 민족마다 그렇게 한 것은 아니었기에, 유대인에게만 별도로 말한 것이 아니다. 이 칙령에서 알 수 있는 사실은, 그가 제 민족에게 자유롭게 고국으로 돌아갈 권리, 충분한 자치주의의 허용(현지인 총독 정치), 그리고 종교와 문화적 자유를 허용했다는 점이다.

그것은 페르시아 제국의 실질적 이익을 위한 정치적 계산으로 채택한 정책이기는 했지만, 그렇다 해도 실로 고대세계에서 나타난 유일하고 위대한 관용과 포용의 정치였다고 평가할 수 있는 것이었다. 그래서 키루스 대제는 지금도 역사가들로부터 "진정한 관용과 자비의 대왕(大王)이었다."《마르틴 노트-이스라엘 역사; 존 M. 밀러·존 H. 헤이스-고대 이스라엘 역사》는 평가를 받는다.

"키루스는 고대에 있어서 참으로 개화(開花)한 통치자였고, 속방(屬邦-속주 식민지)의 백성들이 가능한 한 문화적 자치를 누리도록 허용하여, 그들의 관습을 존중하고 종교제의를 육성하고, 그 지역 토착민 군주들(총독)에게 행정 책임을 맡기고 통치했다."《존 브라이트-이스라엘의 역사, 하권》 그것은 크나큰 자신감과 포용성에서 나온 정치였다. 그래서 그는 후일 자기가 정복한 속주에 일방적으로 그리스 종교와 문화, 곧 헬레니즘 정책을 강요한 그리스의 '알렉산드로스' 대왕과 여러모로 비교되는 인물이다. 그런 점에서 그를 '인류 역사상 유일의 대제'라 해도 무방하리라.

그가 나중에 어떤 정치를 했든지, 바빌로니아의 포로가 된 모든 민족을 조국으로 돌아가게 하고 자치정부를 허락한 것 하나만으로도 세계사에 유례가 없는 위대한 정치를 한 것이다. 그리하여 그는 "페르시아 합중국"(USP, United States of Persia)의 창건자가 되어, "팍스 페르시아나"(Pax Persiana, 페르시아의 평화) 시대를 열었다.

구약성서에 나오는 페르시아 제국의 초·중기 황제들을 간략히 적는다.

키루스 2세(고레스)	558/539~529
캄비세스	529~522
다리우스 1세(다리오)	522~486
크세르크세스(아하수에로)	486~465
아르타 크세르크세스 1세(아닥사스다)	465~423
다리우스 2세(다리오)	423~404
아르타 크세르크세스 2세(아닥사스다)	404~358

* 키루스 2세의 등극 연대는 페르시아 왕(안샨)이 되었던 때와 제국의 황제가 된 연대이다. 캄비세스는 구약성서에 나오지 않지만, 이집트를 정복했다. 다리우스 1세, 2세의 구별은 성서에 없기에, 문맥으로 확인한다. 크세르크세스는 에스더기와 관련되고, 에스라와 느헤미야에 나오는 아닥사스다는 1세, 2세 중 누구인지 확정하기 어렵지만 연대를 고려하여 1세로 본다. 아닥사스다 1세 때는 페르시아의 국력이 급속히 쇠퇴하던 때로서 이집트가 반기를 들었고, 그리스에도 밀려 그리스와 에게해의 함대를 철수한다는 불명예스러운 조약을 맺기도 했다(칼리아스 평화조약, Peace of Callias. 기원전 449년). 그렇기에 아닥사스다 1세 시대의 페르시아 관리였던 '에스라와 느헤미야'의 활동은 그 황제가 이러한 중동의 국제정세를 십분 고려하여 국방의 전초기지와 후방 보급기지로서 매우 중요한 팔레스타인의 안정을 도모하기 위해 취한 정책의 하나로 볼 수 있다.

키루스는 광활한 제국을 20개 '관구'(管區, 州·道, Satrapy)로 나누어 책임자(사령관·주지자·도지사)를 파견했다. 관구 예하 여러 '지방'(군郡, Province)에는 총독(큰 군수)을 파견하고, 그 아래에는 '구역'(District)을 두어 현지인 호족(그 땅의 민족)을 구역 총독(작은 군수)으로 임명했다. 그들은 제국의 정책을 받들어, 각 지방의 민족과 종교와 문화의 특성을 인정하고, 조세와 부역(공사와 전쟁) 의무를 수행하게 하면서 정치와 행정의 자율권을 최대한 보장했다.

유대인들은 페르시아 제국의 유다 구역(유대인 제사공동체)으로 재편되어 유대인 총독의 자치주의 정치 아래서 살아가게 되어 고국으로 귀환하기 시작했다. 페르시아는 팔레스타인을 두 개로 나누어 북이스라엘 지역은 "사마리아 지방", 남유다 지역은 "예후다 지방"(Yehudah, 유다·유대)으로 명명했고(사마리아가 한 자리 위), 유대인을 "예후디"(Yehudi)라고 불렀다.

그때 해방과 귀환의 기쁨을 노래한 사람이 있었다(시편 126편). "주께서 시온에서 잡혀간 포로를 돌려보내실 때에, 우리는 꿈을 꾸는 사람들 같았다. 그때에 우리의 입은 웃음으로 가득 찼고, 우리의 혀는 찬양으로 가득 찼다. 주께서 우리 편이 되시어 큰일을 하셨을 때에, 우리는 얼마나 기뻤던가!" 결국 순교자 제2이사야 예언자의 말대로 되었다. 긴가민가하던 일이 실제로 벌어졌으니, 그 모든 일을 하나님의 은총으로 보고 노래한 것이다.

유대인들의 과제와 일탈

그런데 돌아온 유대인들에게는 가장 우선적이고 분명한 과제가 이미 주어져 있었다. 그것은 '에스겔'이 선포한 **'남북왕국 후손들의 무조건적 용서와 화해를 통한 민족통합'이었다!**(37:15~28; 40~48장) 이것이 **다윗 왕조와 성전을 다시 세우는** 하나님의 전제조건이었다. 따라서 귀환한 직후의 그때가 민족화해와 통합을 위한 **첫 번째 기회**였다. 이것은 돌아온 유대인 총독과 관료들과 제사장들을 비롯한 지도자들이 뜻만 있다면 얼마든지 가능했다. 그러한 화합과 관용과 통합은 이미 키루스 황제가 모범적으로 보여준 일이었고, 그가 제국안정을 위해 모든 속주에 바란 일이기도 했다.

민족화해와 통일이라고 해서 그렇게 거창한 일도 아니었다. 유대 땅에도 처음부터 수 대 동안은 유대인 출신이 총독이 되었기 때문이다. 그들은 모두 바빌로니아 제국 시절부터 크게 출세한 다윗 왕조의 후손들(왕실 가문, 1대 세스바살과 2대 스룹바벨), 또는 "느헤미야"(6대 총독)처럼 페르시아에서 크게 출세한 유대인들이었다. 그 작업은 남북의 대표자들과 주요 지도자들이 모여서, 예전처럼 전통에 따라 하나님의 이름으로 계약을 갱신하고 제사를 바치고 용서하고 화해하며 선포하면 될 간단한 일이었다(여호수아처럼. 여호수아기 24장. 이것은 가나안의 히브리들을 통합한 작업이었다). 그리고 서로 격려하며, 약속대로 조국으로 돌아올 수 있게 해준 하나님을 향한 신앙(신뢰·내맡김), 탈출과 지향, 영성훈련, 거룩한 생활을 지향해 나가면 되는 것이었다.

그런데 그들은 민족화해와 통일작업은 시도조차 하지 않았다! 왜 그랬을까? 돌아온 유대인들의 고집과 편견과 편협성, 민족 분열주의와 국수주의 태도 때문이었다. 어렵사리 바빌로니아에서 돌아온 유대인들(남유다 사람들)은 아시리아 제국에 멸망당해 더 오랫동안 포로 생활을 하다가 돌아오거나, 북이스라엘 땅에 살면서 아시리아 제국이 강제 이주시킨 여러 민족과 어쩔 수 없이 섞여 살아오면서 **통혼(通婚)**하여 **혼혈**이 되어 민족 정체성을 많이 상실한 유대인들(북이스라엘 후손들·사마리아 사람들)을 **'피가 더럽다'**(순혈주의純血主義)며 철저히 배척하고는 민족화해와 통일을 거부했다. 그러자 분노한 사마리아 사람들이 **오래도록 성전건축을 방해**했다.

고국으로 돌아온 유대인들은 하나님의 우선적인 뜻인 민족화해와 통일은 제쳐두고, 그 이듬해에 **성전부터 짓기 시작했다**(538년). 그러나 성전건축은 곧 유대총독보다 윗자리인 사마리아총독의 훼방과 사마리아 사람들의 조직적 방해로 중단되었다. 그러다가 **"다리우스 1세"**(다리오, 522~486년)에게 성전건축 문제를 청원하여 확실한 보장을 받아낸 다음, **학개와 스가랴 예언자**를 중심으로 성전건축에 박차를 가했다.(520년)

성전 정초식 직후, **북이스라엘 후손들·사마리아 사람들**이 "우리도 유대인이니, 같이 성전을 짓겠다."(에스라기 4:2)며 내려왔다. 민족통일을 위한 **두 번째 기회**였다. 그런데 유대인들은 이렇게 말했다. "이것은 당신들과는 관계가 없는 일이오. 페르시아 왕 고레스가 우리에게 명령한 대로, 하나님의 성전을 짓는 것은 오로지 우리가 할 일이오."(에스라기 4:3) 그러면서 그들에게 “그 땅 백성”(에스라기 4:4), “대적들”(4:6), “배신자”(10:10)라는 모멸적인 표현까지 써가며 계속 배척했다.

그래서 성전건축 공사는 18년 동안 중단되고 말았다(538~520년). 그것으로 민족화해와 통일은 완전히 물 건너가고 말았다. 그때와 100여 년 후, 그러한 불관용과 배타주의, 분리주의와 민족대결의 조류에 저항하는 문서들이 나오기도 했지만(제3이사야서, 요나서 등), 이미 고착화된 사태를 되돌릴 수는 없었다. 그러면서도 돌아온 유대인들은 여전히 다윗 왕조 이데올로기에만 매달렸다. 실로 고집스럽고 어처구니없는 일이었다.

그리하여 사마리아 사람들은 이스라엘 민족의 역사에서 사실상 사라지고 말았다. 이것은 20세기 현대 유대인 신학자도 슬퍼하는 일이다. “고대 유대교가 저지른 비극적인 실수들 가운데 하나는 북왕국이 멸망한 뒤 아시리아로 끌려간 이스라엘 10지파에 대하여 무관심한 것이었다. 돌봄을 받지 못하고 주목을 끌지도 못한 채 버림받은 그 10지파는 망각의 바다에 빠져 시야에서 사라졌다. 마침내 그들은 없어졌다.”《아브라함 J. 헤셀-누가 사람이냐?》

유대인들이 민족화해와 통일을 거부하며 내세운 순혈주의 논리에는 정당한 이유도 명분도 없었다. 그저 하나님의 뜻을 저버린 고집일 뿐이었다. **이스라엘 민족전통에서 중요한 것은 야훼 종교와 모세 법률로 뭉쳐진 신앙과 연합의 정신이지, 인종의 피나 국가의 영속성이 아니었다.** 그리하여 페르시아 제국시대는 비록 독립 국가만 아니었지, 다른 제국들의 시대와는 비교할 수 없는 정치적 자유와 민족 자치주의를 누린 시대였는데도, 이상하게 유대인의 정신적 후퇴와 쇠락이 급속하게 진행되고 드러난 시대가 되고 말았다. 제3이사야(56~66장) 한 사람을 제외하고는 예언자도 출현하지 않았다. 뛰어난 작품도 없었고, 있다 해도 편협한 국수주의와 극단적 율법주의를 비판한 욥기와 요나서 두 편 정도였다.

그러나 이스라엘을 통하여 장차 세상 모든 민족에게 복·구원을 주려는 아브라함의 명제는 **소수 유대인들의 정신**을 통하여 면면히 이어져 내려갔다. 다수는 국수주의와 분열주의, 폐쇄주의와 율법주의와 문자주의로 흘러내려갔지만, 소수는 본래 이스라엘의 전통과 예언자 계통의 공감과 사랑, 자비와 관용, 화해와 평화의 정신을 소중히 여기며 보편주의적인 인류애 사상을 지켜나가며 후대에 전수해주었다. 그들이야말로 아브라함의 명제를 따르며 전수한 '남은 자들'이었다.

성전건축 공사는 538년에 시작했다가 사마리아인들의 훼방으로 18년 후 다리우스 2세 때인 520년에 다시 시작하여, 5년 후인 **515년에 완공**했다. 24년이나 걸린 셈이다. 기초는 다윗 왕족 출신인 초대 총독 "세스바살"(세낫살, 역대지상 3:17), 본격적인 시작과 완공은 520년에 부임한 다윗 왕족 출신인 제2대 총독 "스룹바벨"과 대제사장 "여호수아"가 중심이 되어 한 일이었다.

그때 18년 동안 성전건축이 지지부진한 것을 책망하며 건축을 독려한 동시대 예언자들이 **"학개, 스가랴"**이다. 그러나 예언자인 그들조차 단 한 번도 민족화해와 통일에 대해서는 말하지 않았다. 기원전 520년, 두 달을 사이로 함께 활동하기 시작한 그들은 정치가인 '스룹바벨'과 종교인인 대제사장 '여호수아'와 함께 성전건축의 중심이었고, 또한 민족 지도자의 한 축이었다.

그렇게 하여 성전 봉헌식을 올렸다. 그러나 거기에 북이스라엘의 유대인들은 없었다. 그러고는 7일 동안 유월절과 무교절을 지켰다(에스라기 6:13~18). "그들은 주 이스라엘 하나님의 성전을 다시 지을 수 있었으므로, 한없이 기뻤다."(에스라기 6:22) 그때부터 유대역사를 **"제2성전 시대"**, 또는 **"예루살렘 제의(祭儀)공동체"**《마르틴 노트-이스라엘 역사》라고 한다. 그리하여 유대인들은 예루살렘 성전 중심의 **"유대교"**라는 율법 종교, 제사장이 지배하는 신정정치 체제로 들어서게 되었다. 이것이 유대교의 시작이다. 그 전의 이스라엘 종교는 유대교라 하지 않는다. 이러한 신정정치 체제는 예수 시대를 지나 유대인들이 로마 제국에게 완전히 멸망할 때까지(서기 66~73년, 유대전쟁) 지속되다가 끝내 역사에서 사라졌다.

학개

귀향한 지 거의 20여 년이 되었지만, 성전건축은 고사하고 유대인들은 "제집 일에만 바쁘다."(1:9c) 그러면서 "성전을 지을 때가 되지 않았다."(1:2)고 핑계만 댔다. 사람들마다 제집 일에만 바빴으니, 잘 먹고 잘 살았을 것이다. 그러나 실상은 그렇지 않았다. 씨앗을 뿌려도 얼마 거두지 못하며, 먹어도 배부르지 못하며, 마셔도 만족하지 못하며, 입어도 따뜻하지 못하다. 가뭄과 병충해가 심하여 곡식이고 가축이고 보잘것없었다.(1:6, 9~11)

왜 그러한가? 학개가 보기에, 성전이 무너져 있는데도 제집 일에만 신경 쓰고 있었기 때문이다. 결국 학개의 말에 총독과 대제사장과 백성이 감동받아, 다시금 성전건축을 재개했다. 그러자 학개는 날마다 "이제 힘을 내어라. 하나님이 함께 계신다."(2:4)고 말하며 격려했다. 그는 '스룹바벨' 총독을 "하나님의 옥새"(2:23), 곧 당대의 메시아로 격상했다.

스가랴

스가랴는 한편으로는 아직도 바빌로니아에 머물고 있는 유대인들에게 "어서 빠져 나오라."(2:7)고 말하고, 다른 한편으로는 "너희에게 손대는 자는 곧 하나님의 눈동자를 건드리는 자"(2:8)라고 하며 성전건축 공사를 독려했다.

그리고 스룹바벨 총독에게는 “힘으로도 되지 않고, 권력으로도 되지 않고, 오직 하나님의 영으로만 된다.”(4:6)고 말하며 분발을 촉구했다. 그는 성전이 지어지고 나면, “시온을 열렬히 사랑하는 하나님”이 복을 주어, “예루살렘 광장에서 다시 남녀 노인들이 한가로이 앉아서 쉬고, 사람마다 오래 살아 지팡이를 짚고 다니고, 어울려서 노는 소년 소녀들이 광장에 넘친다.”(8:1~5)는 희망의 메시지를 선포했다.

* 작중 인물의 연대를 고려하여 에스더기부터 다루고, 에스라의 활동은 느헤미야기에 실린 것까지 포함하여 생각해본다.

에스더

에스더 때의 페르시아 황제는 ‘크세르크세스’(Xerxes, 486~465년)이다. 그리스 역사가 “헤로도토스”는 크세르크세스를 가리켜 “호색가, 호화와 사치와 과시의 광(狂), 변덕쟁이, 생각이 깊지 못한 잔혹한 전제군주”《역사, 제7권》로 묘사하는데, 에스더기에 나오는 인상과 똑같은 진술이다. 현대 역사가는 “아주 무능하기 짝이 없는 인물이었다.”《존 브라이트–이스라엘의 역사, 하권》라고 평가절하 한다. 그는 선왕들의 관용과 통합정책을 폐기하고 정복한 나라들을 잔혹하게 억압하고 착취했고, 특히 각 민족의 종교적 자유를 철폐하여 성전과 고대 유적을 파괴하는 데 일가견을 보이기도 했다. 그로 인하여 이집트와 바빌로니아의 수많은 유적이 역사에서 사라졌으니, 문화 파괴자였다는 표현이 맞다.

사치광·과시광·전쟁광인 그는 유흥과 오락과 연회를 즐겼는데, 가장 잘한 일은 전쟁놀이였다. 숱한 인민을 사지(死地)로 몰아넣은 무지막지한 황제였다. 그는 페르시아 제국 역사상 가장 넓게 영토를 확장했다. 서로는 터키, 동으로는 인도(파키스탄)와 아프가니스탄까지, 북으로는 카스피 해(海)와 아르메니아를 거쳐 흑해(黑海) 일대, 남으로는 이집트와 에티오피아(누비아, 나일 강 상류)까지 정복하여, 모두 127개의 속주(국가·도)체제를 운영했다.

즉위 2년 후에 이집트를 원정(遠征)하여 정복하고 잔혹하게 통치했고, 선왕 '다리우스 1세'가 490년 그리스의 평원 **"마라톤 전투"**에서 대패한 원한을 복수하기 위하여 연속 두 번이나 침공했다. 첫 번째 전쟁은 영화 "300"에 나오는 이야기인데, 스파르타의 영웅군주 "레오니다스"는 300용사를 이끌고 "테르모필레"의 좁은 해안협곡에서 배수지진(背水之陣)을 치고 결사 항전하다가, 페르시아 군대에게 완전히 몰살당했다. 크세르크세스는 스파르타를 초토화시키고, 아테네까지 침공하여 아크로폴리스 일대를 불태우고 유적을 파괴하고 수많은 백성을 학살했다. 결과적으로 그런 잔학한 모습은 그리스 여러 도시국가를 분노하게 하고 굳게 뭉치는 것을 도왔다. 특히 그리스의 길목에 있던 아테네는 페르시아의 재침공에 만반의 준비를 하고 기다렸다.

두 번째 전쟁은 '고대 그리스의 명량대첩'이라 할 저 유명한 **"살라미스 해전(海戰)"**이다(480년, 세계 4대 해전의 하나). 그 전투에서 페르시아 군대는 함선 1,200척, 아테네 군대는 360척을 동원했기에 싸움은 해보나마나 한 것으로 보였다. 그런데 '고대 그리스의 이순신'이라 할 총사령관 "테미스토클레스"는 "울돌목" 작전과 비슷한 전략을 사용하여, 물살이 빠르고 좁은 해협으로 도망치는 것처럼 유인하다가 돌아서서 바다를 틀어막고 공격하여, 뒤따르던 페르시아 함대가 서로 얽히면서 소용돌이치는 급류에 휘말려 부딪쳐 깨지게 하여, 2/3를 몰살시키는 데 성공했다. 페르시아 함대는 완전히 전의를 상실하고 물러났다.

마침내 크세르크세스는 대패하고 철수하여, 다시는 그리스를 침공하지 못했다. 그러다가 그는 지나친 전쟁과 사치와 국가재정 악화와 반란 때문에 신하들에게 살해당하고, 둘째 아들이 등극했다. 그 후 페르시아는 급속히 세력이 약해졌고, 그 지역 역사의 방향은 결정적으로 그리스(유럽) 중심으로 바뀌었다《헤로도토스-역사 제7~8권; 배리 스트라우스-살라미스 해전: 세계의 역사를 바꾼 전쟁》. 따라서 150여 년이 지난 후, "알렉산드로스"가 페르시아를 삽시간에 무너뜨린 것도 살라미스 해전의 덕을 많이 본 것이다.

유대인 처녀 "에스더"(에스테르Esther, 별. 바빌로니아 미의 여신 이시타르Ishtar의 변형)가 크세르크세스 황제의 황후가 된 내력은 이러했다. 즉위 3년째를 맞이한 황제는 수도 "수산" 왕궁에서, "제국의 영화로운 부요와 찬란한 위엄"을 한껏 "과시하며", 가볍기 한량없는 뭇 입술로부터 찬사의 아부를 듣고자, 127개 속주 총독들과 관리들, 귀족들과 귀부인들을 초청하여 무려 180일 동안 연회를 열며 흥청망청했다. 모두가 '해가 지지 않을 제국'이라고 찬사를 늘어놓으며 먹고 마시고 취했다. 그것이 끝나자 또 7일 동안 주요 인사들만 데리고 왕궁 안뜰에서 잔치를 벌였다.

마지막 날, 취기가 오른 황제는 황실의 예법도 무시하고, 신하들에게 황후의 미모를 과시하고픈 욕구에 휩싸여, 그 자리에 나오라고 했다. 그런데 "와스디" 황후는 주체성 있는 여성으로, 황제가 자신을 마네킹쯤으로 여긴다고 생각했는지 거부했다. 그러자 큰 망신살을 당했다고 여겨 화가 난 황제는 간신들의 말만 듣고, 곧장 황후를 폐위해버렸다.(1장)

그 후 황제는 후회했지만 번복할 수는 없었다. 그러자 신하들은 "아리땁고 젊은 처녀들을 발굴하는" 채홍사(彩虹司)를 두어, 황후를 선발하는 게 좋겠다고 건의했다. 그리하여 일찍이 부모를 잃고 삼촌 "모르드개"(모르데카이Mordecai)에게 입양되어 자란 에스더도 뽑혔다. 몇 개월의 황궁예법 훈련을 마치자 드디어 에스더가 낙점되어, "왕은 에스더의 머리에 관을 씌우고 황후로 삼았다."(2:17)

그때 신혼 초기의 즐거운 나날을 음악으로 형상화한 작품이 유럽의 바로크 시대(17세기~18세기 중반) 음악가 "G. F. 헨델"의 오라토리오 "크세르크세스"(Serse)이다. 여기에서 크세르크세스는 유대인 여성 에스더 왕비를 매우 사랑하는 자상하고 낭만적인 군주로 묘사되고 있다. 지금 이 악극은 거의 상연되지 않지만, 그중의 아리아(Aria-독창) "라르고"(Largo느리게, 옴브라 마이 푸Ombra Mai fu-저 나무 그늘 아래서)는 지금도 노래나 오케스트라나 여러 독주 악기로 연주되고 있는 아름다운 곡이다.

유대인 모르드개는 황궁 경호부대 소속의 장교였던 것으로 보인다. 어느 날, 그는 대궐 문에서 근무하던 중, 두 내시가 왕에게 원한을 품고 살해하려는 음모를 꾸미는 것을 발견하고, 그 사실을 에스더에게 알려주었고, 그녀는 황제에게 알려주어 그들은 곧바로 처형되었다. 그것이 궁중실록에 기록되었다.

그러던 중 페르시아인 "하만"이 3총리(내무, 군대, 사법) 중의 하나가 되어, 황제의 총애를 독차지했다. 그가 어떻게 황제의 마음을 녹였는지, 지나갈 때마다 모두 무릎을 꿇고 절하라는 황명(皇命)까지 내려주자, 그는 자신을 '하만대군' 쯤으로 생각하고는, 하늘을 찌를 듯 기고만장했다. 그런데 유대인 모르드개만은 하만에게 절을 하지 않았다.

그러자 하만은 **유대인 학살계획**을 세웠다. 그가 페르시아 풍속을 따라 "주사위"(푸르Pur, lot)를 던져 날짜를 잡자 12개월 후가 나왔다. 그는 황제의 심리를 십분 활용하여, 나라 안에 황제의 법을 따르지 않고 자기 민족의 법만 따르는 나쁜 종자들이 있으니, 모두 제거해야 한다고 주청하여 허락을 받아냈다. 하만은 황제의 인장을 찍은 칙령을 만들어 전국의 총독들에게 알려, 12월 13일 모든 유대인을 죽이고 재산을 빼앗으라고 선포했다.(3장)

그 모든 일이 자기 때문에 비롯된 것을 알게 된 모르드개는 "옷을 찢고 굵은 베옷을 걸치고, 재를 뒤집어쓴 채로, 대궐 문 밖에 주저앉아 통곡했다."(4:1) 그러자 수산 도성 안의 온 유대인들도 함께 대성통곡했다. 그는 이 일을 에스더에게 알려, 어떻게 해서든 황제에게 탄원하여 민족을 구원해야 한다고 호소했다. 그러자 에스더는 "왕이 부르지도 않았는데 그 앞에 나가면 죽는 것이 페르시아의 법이지만, **죽으면 죽으렵니다.**" 하고 대답하며, 자기를 위하여 3일 동안 금식기도를 해달라고 요청했다.(4:4~17)

그 후 지혜로운 방법을 사용하여 황제의 부름을 받게 된 에스더는 두 번 잔치를 베풀어 황제와 하만 총리를 초청하여 결국 하만의 음모를 좌절시켰다. 유대인들은 집단학살의 위기를 넘겼다. 그 후 유대인들은 그것을 기념하는 "**부림절**"(Purim, 주사위Pur에서 온 것)을 지켰다. 모르드개는 황제를 구한 공적을 인정받아 하만의 재산을 하사품으로 얻으며 승승장구했다.(5~10장)

그런데 에스더기에서 유대인들이 "원수들을 75,800명이나 죽였다."(9:6, 15~16)는 일대 복수와 숙청사건은 페르시아 제국 안에서 벌어질 수도 없을 뿐더러, 페르시아 역사기록에도 없는 사건이기에, 역사적 사실로 보기는 어렵다. 그래서 대개의 신학자들은 에스더기를 역사적 사실보다는, 페르시아 시대의 고난 속에서 유대인들에게 민족의식을 고취하기 위해서 쓴 문학작품으로 본다. 다만 부림절이 유대민족의 한 명절로 자리 잡은 것은 어떤 역사적 사건을 전제로 나타난 것이 분명해 보인다.

에스라

페르시아 제국은 아르타 크세르크세스 1세(463~423년)와 다리우스 2세(423~404년)를 지나면서 급격히 국력이 쇠퇴했고, 아르타 크세르크세스 2세(404~358) 시대에 들어서서는 최고의 식민지인 이집트를 비롯한 여러 속주들을 잇달아 잃어버리면서 뚜렷한 쇠락의 징후를 드러냈다. 그리하여 각지에서 저항의 불길이 치솟았다. 그러자 페르시아 제국은 한편으로는 관용정책을 포기하고 가혹한 조세와 군역(軍役)을 강제하면서 각 속주를 더욱 압박했고(채찍), 다른 한편으로는 회유책을 써서 각 속주의 종교와 정치를 담당하는 **제사장 계층**에게 최대한의 정치적 권한을 주거나 특별히 우대하고 성전세금을 면제해주며 자기들을 지지하게 만들고 백성들이 저항하지 못하게 했다.(당근)

에스라와 느헤미야의 자유로운 활동은 이러한 페르시아 제국의 정책적 변화와 맞물려 일어난 일들이었다(당근 정책). 그들의 출중한 품격이나 능력, 페르시아 황제들의 아량 때문만은 아니었다. 따라서 유대인들이 처해 있던 당시의 역사적 상황을 충분히 고려하고 그들의 이야기를 읽어야 한다.

에스라의 활동상은 에스라기와 느헤미야기에 나뉘어 간략하게 나온다. 바빌로니아 포로시대 어느 시기부터 예배당과 학교와 회의장을 겸한 회당과 율법교육가·선생인 랍비(Rabbi)제도가 생겼다. 페르시아에서 최고의 유대인 학자와 랍비인 에스라는 성전이 완공된 후 57년이 지난 기원전 458년에 귀국했다. 이미 순혈주의와 인종주의가 뿌리를 내린 후였다.

그런데 에스라는 거기에다 더욱 철저한 율법주의와 문자주의를 보탰다. 그리하여 그는 가뜩이나 순혈주의와 인종주의로 **"닫힌 길"**《카렌 암스트롱—축의 시대》을 더 강고하게 만들었다. 그것이 비록 그 시대의 종교와 문화의 제반 문제로 인하여 어쩔 수 없이 취한 방식이었다고는 해도, 그 길만이 최선은 아니었다. 보다 더 근본적으로 하려고 했다면, 예언자들의 관용과 사랑, 자비와 공감, 그리고 상생의 윤리사상을 기초로 삼았어야 마땅했다.

그런데 그는 모세 율법을 문자주의로 강제하는 데만 힘썼다. 그리하여 민족주의와 순혈주의와 분열주의가 더욱 고착될 수밖에 없었고, 어느덧 유대 땅은 페르시아 제국 안에서 섬처럼 고립되어, 그조차도 보이지 않는 38선으로 두 조각 나고 말았다. 그러한 일들은 모두 가난하고 착한 백성들을 생각하고 한 것이 아니라, 주로 지도층을 중심으로 이루어진 강제적이고 위압적인 것이었다.

에스라기 끝에는 이방 여자와 결혼한 가문의 명단이 나오는데(10:18~44), 거기에는 놀랍게도 스룹바벨과 함께 성전을 지은 종교 세력의 한 축인 대제사장 **"여호수아 및 그 형제들의 자손들"**까지 있었다. 여호수아는 스가랴 예언자가 "새싹"(메시아의 다른 호칭)으로까지 격상시킨 인물이었으니, 그 후 유대인들이 이래저래 모든 명분을 잃어버리고 갈팡질팡 헤맸다는 것을 알 수 있다.

그 후 에스라가 어떻게 살았는지는 구약성서가 침묵하고 있어서 알 수 없지만, 분명한 것은 에스라 시대부터 본격적으로 마을마다 회당을 건립하고 백성에게 문자와 율법을 가르치고(국민교육), 율법 학교도 세워 전문가인 랍비를 양성했다는 것이다. 그래서 에스라를 "랍비의 아버지, 유대교(Judaism)의 아버지"《버나드 W. 앤더슨-구약성서의 이해, 제3권》라 한다. 에스라는 이스라엘 역사에서 실질적인 "국민교육과 학교의 아버지"이다.

그렇기에 이스라엘 민족은 수메르 문명에서 처음 실시했다가《새뮤얼 N. 크래머-역사는 수메르에서 시작되었다》 끊어진 국민교육을 다시 시작하여 현대까지 이른 유일한 민족이다. 이것이 지금까지 이르는 유대인 힘의 원천이다. **교육의 민족!** 그리하여 이스라엘의 종교는 에스라 시대 이후부터 실질적으로, 성전과 제사장 종교에서 회당과 율법과 그 해석과 인생에 대한 교훈을 가르치는 율법종교와 랍비종교가 되었다. 물론 성전제사도 병행했다. 그렇게 에스라는 이스라엘 역사에서 공이 큰 인물이었다.

그러나 그가 율법주의를 지나치게 내세우며 '닫힌 길'을 걸어갔다는 것은 예언자들의 정신에서 크게 후퇴한 일이었다. 그리하여 유대인과 이방인, 또한 유대인과 유대인 안의 비유대인(율법을 준수하지 않는 자)을 철저히 분리하고 격리하는 인종주의라고도 할 수 있는 유대인 순혈주의는 율법에 의하여 더욱 강고해졌다. 그때부터 유대인은 누구나 율법을 문자 그대로 준수하는 것(문자주의)만이 하나님의 은혜와 사랑을 받는 길이라고 확신했다. 율법이 하나님을 대신했다. 심지어 하나님마저도 율법을 변경할 수는 없다고 믿었다. 그런 경향은 식민지 시대의 고난이 길어질수록 더욱 강경하게 고착화되어, 예수 시대에 극단에 이르렀다.

그 후 이스라엘 역사는 예수 시대까지 **사상적 암흑기**를 지나게 되었다. '제3이사야, 말라기' 두 사람을 제외하고, 예언자는 더 이상 나오지 않았다. 그렇게 페르시아에서 돌아온 후부터(539년) 에스라 랍비의 활약에 이르는 시기(458년 이후)의 역사는 유대인들이 민족정신을 지키려고 고투하면서도, 예언자들을 통해서 약속한 하나님의 계획을 저버린 이율배반적인 역사였다. 요나서, 말라기서, 욥기 등이 나온 기원전 400년 초반부 이후부터 구약성서에는 없는 예수 시대에 이르기까지(다니엘서 예외), 400년 동안의 **"구약 신약 중간기"**가 이스라엘 역사에 있어서 창조적인 인물이나 작품이 거의 나오지 않은 **불임(不姙)과 암흑의 시기**가 되어버린 것도 유대인들의 그러한 이율배반적인 역사인식이 가져온 협량한 사고구조 때문이었다고 볼 수 있겠다.

느헤미야

느헤미야기는 에스더 시대에서 40여 년이 지난 후에 일어난 이야기이다. 느헤미야는 에스라보다 14년 후인 기원전 445년에 페르시아 제국의 **유대 속주 제6대 총독이 된** 유대인으로, 에스더 시대의 황제인 크세르크세스의 둘째 아들 '아닥사스다 1세'(아르타 크세르크세스 1세) 시대 사람이

다.(이 황제는 에스더의 아들이 아님)

그는 키루스 해방령에도 귀국하지 않은 유대인 후손으로, 바빌로니아에서 태어나고 자라 페르시아의 황궁 의전비서관(연회담당)으로 출세했다. 고대에는 어느 나라 궁정에서나 왕을 독살하는 일이 많았기에, 그 자리는 왕의 특별한 신임을 받지 않는 한, 왕실 측근조차 도달하기 어려운 높은 신분과 연봉을 보장받은 지위였다. 게다가 식사 중인 황제와 대화를 나누며 친분을 쌓을 수도 있는 자리였다. 그것만 봐도 유대인인 그가 진실한 성품을 지닌 사람으로 황제의 신임을 한 몸에 받은 것을 알 수 있다.

어느 날 그는 유대 땅 동포들의 황폐한 삶에 대한 소식을 듣고는, 오랜 숙고와 기도 끝에 황제에게 유대 총독으로 가게 해달라고 요청하여 허락을 받았다.

그런데 황제의 허락은 단지 개인적인 친분이나 느헤미야의 덕성 때문만은 아니었다. 명색이 정치가가 그렇게 일을 처리하는 경우는 거의 없다. 그때 페르시아는 이집트 정복을 과제로 두었기에, "느헤미야의 유대 총독임명은 페르시아 정부의 **전략적인 임명**이었다. 아르타 크세르크세스 1세는 이집트 평정을 위해서 팔레스타인이 잠잠하기를 원했다. 팔레스타인은 이집트 통상로에 있으며, 전쟁시 군사기지 및 후방 보급소로도 사용할 수 있기 때문이다. 그리고 또 이스라엘은 사마리아의 직할 영역으로 있었던 만큼, 페르시아 정부당국에 대해서도 불만이 많았기 때문에, 그것도 해소할 겸 정치적인 안목에서 느헤미야를 파송하게 된 것이다."《장일선–구약전승의 맥락》

조국으로 돌아온 느헤미야는 오래 전 바빌로니아 군대가 허물어버린 후 그대로 있는(586~445년) 예루살렘 성전을 둘러싼 **성벽을 재건**했다. 울타리조차 없는 제2성전(515년 완공)은 70년이 지나도록 '시온' 산 한가운데 버려진 것처럼 쓸쓸하게 서 있었다. 그리하여 성전 곁에서는 날마다 장마당이 열려 사람들로 왁자지껄했고, 짐승들의 오물과 사체 조각들과 각종 채소 찌꺼기로 더럽기 이를 데 없었으며, 밤이면 노숙하는 사람들 천지였다(13:11~16, 20~21). 이 구절은 성벽완공 후에도 여전히 벌어지고 있었던 일을 말하기에, 그전에는 더 무질서했다는 사실을 알 수 있다.

그때 그의 나이는 알 수 없다. 40대 초반으로 본다 해도, 해방령이 내린 539년에서 94년이 지난 후의 일이니, 오늘날로 보면 이민 3~4대쯤 후였기에, 그의 결단은 실로 존경할 만한 일이었다. **느헤미야는 이스라엘 역사에서 고난당하는 조국과 동포들에 대한 깊은 애정, 훌륭하고 돈독한 신앙, 진실하고 중후하고 사려 깊고 합리적인 인품, 다감한 성격과 단호한 태도, 청렴하고 솔선수범하는 지도자의 표상으로** 존경받고 있다. 그는 오늘날에도 진정한 정치가의 리더십, 또는 CEO의 전형을 보여주기에 배울 점이 많은 사람이다.

에스라와 느헤미야는 그리스의 희곡 작가 "아이스퀼로스"(기원전 525~456년), "소포클레스"(496~406년), 철인 "소크라테스"(469~399년)와 동시대 사람이다. 그러나 아테네 문명이 활짝 꽃을 피웠던 그리스 사회와는 달리, 페르시아 제국의 식민지가 된 지(539년) 거의 100여 년이 되던 그 당시 유대사회는 암흑시대였다. 비록 515년에 제2성전은 세워졌지만, 유대인들은 곧 실망과 좌절에 휩싸이고 말았다. 그리하여 유대 신앙공동체는 종교적이고 정신적인 파산의 위기에 빠졌다.

그런 시대적 상황 속에서 에스라와 느헤미야의 활동은 **꺼져가는 민족정신의 혼에 다시금 불을 붙인 위대한 작업**이었다. 비록 그들의 활동이 극단적인 율법주의와 국수주의에 기초한 종교개혁과 사회개혁을 하면서 사마리아 사람들에 대한 배타적인 태도로 인해 민족분열을 낳기도 했지만, 그것은 어떻든 암흑시대에서 살아남아야만 하는 민족적 위기에서 취한 어쩔 수 없는 자구책이었다고 볼 수도 있다. 그들로 인해 꺼져가는 유대인들의 신앙과 공동체가 다시금 힘을 받았다는 것만은 부인할 수 없다.

제27장

페르시아 제국시대(2)

– 예언자 제3이사야

성서: 이사야서 56장~66장

제3이사야 예언자의 메시지는 이스라엘의 새로운 사명에 대한 비전 제시와 격려였다. 그는 성전을 다시 세우고도, 여전히 예전의 편협한 사고에 갇혀 사는 것을 어떻게 해서든 깨뜨려, 세계사를 위한 이스라엘의 사명을 새롭게 각인시키려고 무척이나 노력한 예언자였다.

페르시아 제국시대에 나타난 유대교의 두 흐름

페르시아 제국 시대 유대 땅의 상황과 제3이사야서와 요나서를 이해하기 위해서는 바빌론에서 귀환한 후에 나타난 유대교의 두 흐름에 대해서 알아둘 필요가 있다. 이것은 그 후 500년간의 이스라엘 역사, 예수 시대 사두개파의 성전주의와 바리새파의 율법주의와 문자주의, 자주 독립운동 집단인 젤롯당(Zealot, 열혈 독립운동파)과 그 일파인 암살단체 시카리파(Sicarii, 단도短刀)의 활동, 그리고 초기 기독교까지 깊이 영향을 미치며 관련된 것이기에 매우 중요하다. 앞장의 '유대인들의 과제와 일탈'에서 간략히 생각해본 바와 같이, 거기에는 뚜렷하게 대조되는 두 가지 흐름이 있었다.

1) 민족주의와 배타주의와 율법주의를 강조하는 유대교

이것은 제2성전 시대 이후부터 시작되어 랍비 '에스라'를 통하여 강화된, 다분히 민족주의와 배타주의와 국수주의의 경향을 띤 유대교의 주류인 '후기 유대교'이다. 이것은 고난의 역사 때문에 혼혈이 되어버린 북이스라엘의 후손인 '사마리아' 사람들을 비롯한 이방인들을 순혈주의(純血主義)와 인종주의에 기초하여 배척하고, 유대인들에게는 율법주의와 문자주의로 민족통합을 거부하며 불관용을 드러낸 흐름이다.

이것은 고난의 시대에서 하나님을 향한 신앙, 신앙인

들의 지조와 충성과 절개에 대한 강조, 그리고 민족적인 우국충정을 담고 있어서 훌륭한 면모를 지니고 있다. 하지만 유대인들만으로 구성된 민족과 역사와 구원을 지나치게 적극적으로 옹호한 나머지, 강고한 선민의식과 이방인 배타주의(선교에 대한 사고 자체가 없음), 유대인의 정치적 메시아에 의한 세계지배를 주창한 단점을 가지고 있다. 주로 랍비를 비롯한 지도층이 앞장섰다.

그런데 이들이 드러낸 한 가지 뚜렷한 종교 사상적 변화가 있었는데, 바로 **페르시아 "조로아스터교"의 사상을 수용했다는 점**이다. 이것은 철저히 이원론 종교로서, 우주와 세계와 인간과 역사를 서로 성격이 다르고 적대적인 두 신, 곧 선신(善神)과 악신(惡神)의 투쟁무대라고 말한다. 선신은 '아후라 마즈다'(Ahura Mazda), 악신은 '아리만'(Ariman)인데 히브리인들은 **'사탄'**(Satan, 악마·마귀. 혹 루시페르Lucifer)이라 한다. 그래서 역사는 인간계를 지배하려고 서로 다투는 선신과 악신의 전쟁터이다. 그러나 언젠가 결정적인 날이 오면, 선신이 승리하고 악신은 패배하여 평화의 세계가 이루어진다.

그런데 이것은 **정통 히브리 종교의 사상과는 전혀 다른 세계관**이다. 히브리 종교에서 야훼 하나님과 대등하거나 맞서는 신적 실체는 전혀 상정되지 않는다. 그리고 세계를 이원론적으로 이해하는 것도 없다. 따라서 정통주의를 내세우며 민족주의와 배타주의와 선민의식과 세계 통치를 강조하는 주류 유대교가 사탄개념을 수용하여 세계와 인생과 역사를 설명하려고 했다는 것은 매우 어설프고 심각한 자기모순이며, 그것도 자기주장을 강화하기 위하여 채택했다는 데서 문제가 더욱 큰 것이다. 그 후 정통 유대교를 따르지 않는 나라 안의 모든 족속은 배척하고 척결해야 할 사탄의 자식들이 되고 말았다.

후기 유대교에서 나온 여러 문서들인 **외경**(外經, 정경正經·카논Cannon

에 들어가지 못한 경전. 아포크리파Apocrypha)에는 사탄의 활약상이 더욱 많이 나타나고 있다. 그리고 예수와 그 후 기독교에도 깊은 영향을 끼쳐서, 복음서의 예수나 제자들의 서신 처음부터 끝까지 기세등등하게 등장한다. 더욱 기묘한 것은 신약성서에 외경을 인용한 구절도 있다!(베드로후서 2:4~8; 유다서 1:9 등)

이러한 사탄관념을 기독교 신학과 문학과 기독교인들의 사고체계로까지 끌어들여 막대한 영향을 끼친 사람은 17세기 영국 시인 '존 밀턴'(1608~1674년)이다. 현재까지 기독교인들이 가지고 있는 대부분의 사탄 개념과 활동사항에 대한 지식은 사실 밀턴의 서사시 《실낙원》의 영향이 크다. 물론 그의 사탄개념은 주로 유대교 외경에서 끌어온 것이다. 그 책에 따르면, 사탄은 하나님이 창조한 영인 천사들의 두목이었는데, 하나님의 자리를 차지하려고 반역하여 쿠데타를 벌였다가 패배하고 지상으로 내쫓긴다. 그러다가 어찌 어찌해서 하나님이 지구에 인간을 만든다는 계획을 입수하고, 에덴동산에 잠입해 뱀으로 변신하여 인간을 유혹해 타락하게 해서 자기 부하로 만들어버린다. 그래서 지금도 대부분의 기독교인들이 그 뱀을 사탄으로 해석한다. 그러나 이것은 전혀 구약성서의 말이 아니다.

이것은 기독교 역사 내내 하나님이 한 분이라면, 도대체 사탄은 어디에서 온 것인가 하는 문제, 곧 기독교 신학에서 말하는 하나님의 유일성과 전지 전능성의 문제를 촉발시켰지만, 명확한 대답도 없이 당연지사로 여기며 현재에 이르고 있다. 그런데 이것은 대단히 큰 신학적 오류와 혼란을 가져온다. 왜냐하면 '천사'를 하나님의 명령 없이 독립적이고 독자적인 사고나 행동을 할 수 없는 존재라고 말하면서, 어떻게 그 두목과 그를 따르는 일단의 타락천사들이 독자적으로 쿠데타를 벌일 수 있으며, 하나님은 그것을 몰랐는가 하는 문제가 나오기 때문이다. 게다가 하나님이 알면서도 일부러 방치했다면 하나님이 아니게 되고, 인간의 역사는 죄다 하나님

혼자서 벌이는 코미디요, 구약성서에 기초한 유대교나 기독교는 여지없이 조로아스터교의 아류가 되고 만다.

따라서 이러한 이해와 언설은 정확히 조로아스터교의 것이지, 구약성서나 신약성서나 기독교의 것이 아니다. 따라서 사탄·악마·귀신이니 하는 것은 옛 사람들이 도무지 이해할 길 없는 악과 현상들(질병, 장애, 자연재해, 의인들의 수난 등)을 설명하기 위해서 채택한 종교적이고 문학적인 설정일 뿐이지, 어떤 실체가 아니다. 유대교가 조로아스터교의 교리와 사상을 채택한 것은 악의 근원을 해명하는 것과 함께, 지나친 정통주의·민족주의·배타주의·선민사상을 강조하며 자신들의 말을 듣지 않는 사람들을 정죄하기 위한 수단으로 채택한 것이다.(이것은 욥기에서 잘 드러난다)

2) 보편주의와 세계주의를 강조하는 유대교

이것은 아브라함의 세계적 명제를 천명한 창세기 12장 1~3절 이하의 기자, '제1이사야'를 비롯한 여러 예언자의 단편적인 사상에서 비롯되어 끊어지지 않고 내려오다가, '예레미야와 에스겔'이 구체화한 남북 민족화해와 통일에 기초한 민족의 새로운 미래에 대한 사상, 그를 이어받아 '제2-3이사야' 예언자가 설파한 창조주와 역사의 주(主) 하나님과 이스라엘의 세계사적 사명에 관한 사상, '욥기'의 일방적 정통주의의 적용에 대한 저항과 비판, 그리고 '요나서'의 이방인 구원에 관한 사상으로서, 유대교의 비주류였다.

물론 이 책들 역시 하나님을 향한 신앙과 지조에 대한 강조와 민족적 우국충정을 담고 있기는 하지만, 강조점과 지평과 방향이 역대지 사가의 책들과는 사뭇 다르다. 이 책들은 결코 율법주의나 선민의식이나 이방인 배타주의를 설파하지 않는다. 아브라함의 주제에서 비롯된 이 책들은 온 세상의 구원을 위한 이스라엘의 선택과 사명에 관하여 말한다. 하나님의 구원은 유대인들에게만 국한된 게 아니다. 그래서 이들은 하나님의 용서, 화해, 민족통합, 이스라엘의 세계사적 소명, 이민족에 대한 관용, 그리고 인류구원에 대한 선교의 문제를 추구하고 설파한다.

이것이 구약성서에 나타난 하나님의 뜻에 합당한 흐름이었다는 것은 결국 예수와 기독교의 출현으로 입증되었다. 이 점을 놓치게 되면, 왜 예수 당시의 유대인 지도층이 예수를 수용하지 않았는지를 이해할 수 없다. 예수의 선교명령과 사도행전, 그리고 바울은 이 점에 대해서 길게 논증하고 있다.(로마서 9~11장)

이처럼 구약성서나 유대교 안에 두 가지 대조적인 문서전통이 있다는 것은 매우 놀라운 일인데, 이것은 고난으로 점철된 역사 속에서 무엇이 민족을 위해서 가장 좋은 길인지를 나름대로 천착하고 주장한 데서 비롯된 대립적이고도 다양한 사상활동으로 보인다. 한쪽은 전통과 종교와 고유의 사상을 간직해야만 민족이 살 수 있다고 생각하여 민족주의 방향으로 나아갔고, 다른 쪽은 그러면서도 민족을 넘어 아브라함과 이스라엘에 주어진 하나님의 세계구원의 약속과 계획을 지향해야 한다고 촉구하는 보편주의 방향으로 나아갔다.

구약성서에 포함된 책만 가지고 말하자면, 페르시아~그리스~로마 제국시대를 거치는 동안에 나타난 이스라엘 역사는 유대 민족주의와 율법주의에 기초한 역대지계 사가들의 신학과, 그에 맞서 이스라엘의 본래적 사명과 세계구원을 지향한 제2-3이사야 및 요나서 신학의 두 가지 사상적 흐름이 어떻게 충돌하면서 내려왔는지를 보여준다. 그러나 구약성서에는 요나서 이후 그러한 충돌 이야기가 없다. 다만 그리스 제국(헬레니즘시대, 기원전 331년~143년)과 로마 제국시대(기원전 63년 이후)의 유대인의 역사와 외경들에 담겨 있다. 그래서 신학에서는 그 기간을 대략 400여 년으로 잡

고, "구약과 신약 중간시대"라고 한다.《베르너 푀르스터–신구약 중간사; 보 라이케–신약성서 시대사》

주로 전자 측이 주도적이었지만, 후자 측은 끝내 스러지지 않고 면면히 내려갔다. 가장 분명한 사실은 유대교 안의 주류 이야기 중에서 바람직한 면은 포용하고 그릇된 부분은 지양하고 초극하면서 비주류 이야기를 따른 것이 예수 그리스도와 초기 기독교라는 것이다. 그러한 보편주의 사상이 결국 예수 그리스도의 사상과 가르침과 생애, 그리고 거기에 기초한 초기 기독교를 통하여 드디어 유대인의 담을 넘어 온 세상으로 확대되어 나갔다.

우리가 지금까지 여러 차례 전자의 목소리를 비판한 것은 그 후 계속된 이스라엘 민족의 고난사를 어떻게든 이해하기 위해서였다. 그렇지 않으면, 그 후 이스라엘 역사는 그들의 죄에 대한 하나님의 심판, 하나님의 무능, 하나님의 버림으로밖에 해석할 도리가 없다. 따라서 포로 귀환 후, 이스라엘의 새롭고도 밝은 미래상에 대한 모든 예언자의 말도 죄다 하나님의 부도수표가 되고 만다.

주류 유대인들이 성전종교와 율법주의를 추구하고 배타주의를 강화하면서 이스라엘의 정신을 보전하려고 한 것은 매우 가상한 일이었지만, 그것은 결코 하나님이 원하는 방식이 아니었다. 따라서 그 후 이스라엘 역사는 전적으로 그들이 선택한 역사였다고 말할 수밖에 없다.

그렇다면 이스라엘 역사의 진실은 무엇일까? 일반역사의 관점에서 보면, 강대국들에 둘러싸인 비좁은 땅에서, 약소민족으로서 숱한 고난을 받으면서도 어떻게든 자기 정체성을 보전하고 살아남으려고 피나게 투쟁한 역사이다. 구약성서 전체의 관점에서 보면, 하나님이 이스라엘 민족을 통하여 온 세상을 구원하려는 뜻을 지속시켜오고 있는 역사이다. 따라서 중요한 것은 이스라엘 민족의 좁고 닫힌 생각이 아니라, 그들을 세계의 구원을 위한 도구로 쓰는 하나님의 뜻이다. 이것이 제3이사야서를 이해할 수 있는 토대이다.

제3이사야

드디어 우리는 오랜 역사 속에서도 끊어지지 않고 면면히 흘러 내려온 아브라함의 명제에 기초한 이스라엘의 신앙과 신학과 역사의 본류를 명확하게 드러낸 위대한 신학자·예언자의 세계주의와 보편주의의 선교, 곧 하나님의 세계구원에 관한 이야기를 만나게 되었다. 이 사람에게서 비로소 구약성서에 계시되고 나타난 이스라엘 민족의 역사적 목적에 대한 사상이 가장 아름답고 찬란한 꽃으로 피어났다. 이스라엘 민족은 이 사람의 빛나는 사상에 이르기 위해서 그 숱한 고난의 역사를 달려온 것이다. 이것은 구약성서의 절정이다. 그가 떠나고 나서 이스라엘 사상은 급락(急落)하여, 근 500여 년의 기나긴 암흑기 속으로 들어간다. 그 후 다시금 그의 세계구원 사상을 발견하고 심화하고 확장시켜 이스라엘을 넘어 세계로 뻗어나가게 된 결정적인 전환점이 바로 예수이다.

제2이사야처럼 이름을 알 수 없는 익명(匿名)의 예언자인 "제3이사야"는 페르시아 제국의 식민지 상황 속에서 힘겹게 살아가던 유대인 공동체를 향하여 말씀을 선포한 사람이지만, 그 정확한 활동 시기를 특정할 수 없는 난점이 있다. 그는 곳곳에서 "훼파된 성전, 성전제사, 무너진 성벽, 성벽 위, 안식일 준수, 안식일 장사금지" 등을 언급한다. 이것은 말 자체의 모순이고, 시대 정황상으로도 한데 어울리기 어렵다. '훼파된 성전'은 바빌로니아 군대에 의하여 솔로몬 성전이 불탄 586년에서 제2성전이 세워진 515년 사이, '무너진 성벽'은 586년에서 성벽이 완공된 느헤미야 시대 445년 사이, '성전제사'는 515년 제2성전 봉헌 이후, '성벽 위, 안식일 준수와 장사금지'는 느헤미야기의 기록과 일치하기에 성벽이 완공된 445년 이후의 상황이다. 결국 모든 것을 종합해보면, 이 예언자의 활동기간이 지나치게 길다.

그래서 이 예언자의 활동연대를 확정할 수 있는 좋은 실마리는 '성전제사'이다. 그러면 성전이 봉헌된 515년을 기준으로 잡을 수 있는데, 30대 초반에 활동을 시작한 것으로 보면 바빌론 포로기인 545년경이고, 출생은 575년이 된다. 따라서 제2이사야와 같은 바빌론이 무대이다. 그런데 이 예언자의 활동은 결코 바빌론 포로기일 수가 없다. 그리고 성벽이 완공된 445년 이후의 상황까지 말하고 있기에, 나이를 최소한으로 잡아도 575~445년으로 130세를 지나서까지 활동한 것이 되기에 가능성이 없다.

그래서 신학자들은 대개 제3이사야 예언자를 '학개, 스가랴' 예언자와 거의 동시대에 활동한 사람으로 생각하고, 515년 성전이 세워지기 전과 후에 선포한 그 예언자의 말 일부분(56~62장)과 후대 그의 제자들이나 예언서 최종 편집자들의 추가 부분으로 본다(63~66장). 그래서 우리는 역사적인 인물로서 제3이사야의 시대를 **515년 성전봉헌 전후**로 잡고 말하고자 한다. 그래야만 앞에서 언급한 그의 말과 시대정황의 모순을 해결할 수 있다. 어떤 신학자는 그의 책을 "14개의 단편을 모은 문집"으로 설명하기도 한다.《E. 젤린 · G. 포러—구약성서개론》

중요한 것은 제3이사야 예언자가 당대 이스라엘의 문제를 정확하게 짚어내면서, 이스라엘 본래의 사명과 하나님의 세계구원 계획을 드높이 천명했다는 점이다. 그는 당대 유대교 사회의 협소한 성전중심주의, 인종 우월주의까지 내포한 지나친 선민의식, 극단적인 율법주의와 문자주의, 사마리아인 및 여타 이방인에 대한 극단적 배타주의를 드러내는 종교 및 문화의 일방적인 조류와 정면으로 충돌하며 저항한 예언자였다.

그가 제시한 대안은 단연코 "**시선 넓히기**"로서, 이스라엘을 그 본래 사명인 **하나님의 세계구원**을 위한 거룩한 도구로 재인식하게 하여, 민족사를 세계 구원사의 지평 안에서 바라보고 확대하여 복음의 선교를 촉구한 것이다. 그는 유다 왕국의 멸망과 바빌로니아~페르시아 제국의 오랜 식민지 고난의 원인이 협소한 다윗 왕조 이데올로기와 민족주의와 선민의식에 안이하게 젖어서, 아브라함의 명제에 따라 하나님의 세계구원의 도구가 되는 것을 거부한 데 있었음을 누구보다도 명확히 인식한 사람이었다.

그는 하나님이 세계 구원계획을 위하여 부른 사명과 정체성을 망각해 가는 유대인들에게 다시금 아브라함의 명제를 꺼내, 그것을 이스라엘의 정체성과 역사와 세계사에 적용한 탁월한 신학자였다. 즉, 그는 당대 유대인들로 하여금 시야를 넓게 가질 것을 촉구하면서, 야훼종교를 성전종교와 율법종교가 아닌, **내면의 종교, 진리의 종교, 사상의 종교**로 전환시켜 모든 민족에게 활짝 개방하고, 유대인들의 세계사적 사명을 천명하여 세계관의 지평을 넓게 확장했다. 이런 일은 그가 하나님을 여전히 이스라엘 민족 신과 유대교의 신으로 제한, 종속, 왜곡, 평가절하 하는 당대의 편협한 민족주의적이고 보수적이고 배타적인 신학 조류를 깊이 성찰하고 비판하며, 하나님을 세계 속에서 이해하는 가운데서 나온 당연한 신학적 귀결이었다.

그는 무엇보다 창세기 기자(12:1~3을 비롯한 아브라함의 명제가 드러나는 일련의 이야기들)와 제2이사야의 사상(42장, 49장, 52장)에서 많은 영향을 받은 것 같다. 그는 당대 유대인들이 여전히 북이스라엘 후손들을 '사마리아 사람'이라 하며 이방인 취급하는 것에 이의를 제기하며 민족통합을 촉구하는 한편, 이방인들까지도 기꺼이 수용하여 인류를 구원하려는 하나님의 계획과 그의 진리를 온 세상에 선교하는 유대인의 거룩한 사명에 대해서 천명했다. 페르시아 제국시대에 일어난 그런 신학적 보편주의와 세계주의의 경향은 그뿐만 아니라, 그와 동시대로 보이는 익명의 '요나서 기자'의 사상으로 이어지기도 했다.

제3이사야에 대하여 알 수 있는 것은 그의 종교체험과 사상뿐이다. 그의 사상은 후일 예수나 복음서 사가(史家)들이나 서신의 기자들에게도 엄청난 영향을 주었다. 그는 진실로 '기도의 종교, 내면의 종교, 진리의 종교, 사상의 종교, 영적 종교의 창시자'라고 말할 수 있는 사람이었다.

종교적 체험과 메시지의 성격

"주님께서 나에게 기름을 부으시니, 주 하나님의 영이 나에게 임하셨다."(61:1a) "신랑에게 제사장의 관을 씌우듯이, 신부를 패물로 단장시키듯이, 주님께서 나에게 구원의 옷을 입혀 주시고, 의의 겉옷으로 둘러 주셨으니, 내가 주님 안에서 크게 기뻐하며, 내 영혼이 하나님 안에서 즐거워할 것이다."(61:10)

이것은 그의 종교체험에 관한 고백이기도 하면서, 이스라엘 민족의 영적 체험과 사명에 관한 것이기도 하다. 즉, 그의 말은 그와 이스라엘 민족이 함께 얽혀 있는 공동의 사명에 관한 것이다. 그가 하는 일은 장차 이스라엘이 해야 할 일이다. 그렇게 하여 이 예언자와 이스라엘 민족은 세상의 구원을 위한 공동 운명체가 된다. 제2이사야 예언자에 이어서, 다시 예언자와 이스라엘의 운명이 하나로 얽힌 것이다.

그는 하나님 영의 내적 체험을 통하여 카리스마를 얻는다. 하나님의 영이 그를 감동시킨 이유는 "가난한 사람들에게 기쁜 소식을 전하고, 상한 마음을 싸매어 주고, 포로에게 자유를 선포하고, 갇힌 사람에게 석방을 선언하고, 주님의 은혜의 해를 선언하고, 모든 슬퍼하는 사람들을 위로하게 하기"(61:2b) 위해서이다. 이것이 그의 사명이며, 또한 이스라엘의 사명이다. 이것은 후일 예수 그리스도가 자신의 사명을 천명하며 인용한 말이다.(누가복음서 4:18~19)

이 모든 활동의 목적은 '**하나님의 은혜의 해**'를 이 땅에 이룩하기 위해서이다. 은혜의 해(희년禧年, Year of Jubilee)는 안식년이 일곱 번 지난 다음 50년째 되는 해에 지키는 해방과 자유의 해이다. 그 핵심내용은 노예해방, 부채탕감, 땅의 휴식으로, 반세기마다 누적된 사회모순을 해결하며 국가 공동체를 혁신하는 제도이다. 바로 자유, 평등, 박애의 세상을 건설하는 것으로, 이스라엘이 언제나 지향해야 할 목적론적 가치인 아브라함의 명제에 내포된 신앙·의, 영성훈련, 그리고 거룩한 생활의 실현·토착화이다.

이처럼 제3이사야는 이스라엘 전통 중에서 하나님의 해방과 자유, 평등과 이웃에 대한 책임, 그리고 구원 사상에 가장 적합한 희년 개념을 끌어다가, 자기의 사명은 물론, 이스라엘 민족의 목적에 연결하여 부각함으로써, 자기 시대를 영적이고도 실제적인 해방과 자유를 실현해야 할 희년의 때로 선포한다. 즉, 그는 자기 시대를 위대한 전환의 때로 보고 새로운 사고체계와 세계관의 패러다임을 가질 것을 촉구하면서, 희년은 먼 미래의 희망이기도 하지만 무엇보다 지금 여기에서 실현해야 할 과제라고 천명한 것이다. 그래서 그는 "시온의 의가 빛처럼 드러나고, 예루살렘의 구원이 횃불처럼 나타날 때까지, 시온을 격려해야 하므로 잠잠하지 않고 쉬지 않으며"(62:1) 활동한다. 그는 실로 어둡고 긴 페르시아 식민지 시대에 나타난 복음의 예언자이다.

이스라엘을 향한 하나님의 사랑

그의 메시지는 이스라엘을 향한 하나님의 오래된 현실이며 미래이다. 즉, 그의 메시지는 아브라함에게 제시된 오래된 명제를 지금 이 순간의 역사 속에서 현실이 되게 하면서도, 또한 미래를 지향하게 하는 추동력이고, 더 나아가 언젠가 미래에 건설될 희년의 세계에 대한 희망이다. 그는 자기 안에서 새로운 일을 시작한 이가 지금 이스라엘을 위하여, 그리고 이스라엘을 통하여 세상을 구원하기 위해 위대한 구원의 빛을 비추기 시작한다고 말한다.

그는 이스라엘을 "하나님의 영광을 나타내시려고 손수 심으신 나무, 주님의 제사장, 우리 하나님의 봉사자"(61:3b~6)로 규정하며 새롭게 불러낸다. 그는 이스라엘의 새로운 해방과 자유는 이스라엘이 자기 자신을 새롭게 인식하고 확신하는 데서 출발한다고 말한다. 이제는 "황폐해진 곳을 쌓고, 오랫동안 무너져 있던 것을 다시 세울"(61:4) 때이다.

그가 보기에 '황폐하고 무너진 것'은 비단 성전과 성벽과 정치와 일상생활만이 아니다. 그것은 선민의식에 기초하여 유대인만의 구원을 바라는 극단적인 율법주의와 문자주의와 정치적 메시아 이데올로기 때문에 거의 폐기되다시피 한 아브라함의 명제, 곧 하나님의 세계구원 계획이다. 그것을 다시 세워야 한다. 그러한 하나님의 일을 위한 봉사자가 되는 조건 아래에서만, 그동안 받은 "수치를 갑절이나 보상받으며"(61:7) 안정과 번영이 실현될 것이다.

그런 시대에 이스라엘이 해야 할 일은 무엇인가? 단연코 영성훈련이다. 그는 특히 하나님이 세운 파수꾼들인 제사장들부터 밤낮 기도하며 온 백성이 함께 기도하도록 이끌어야 한다고 천명하면서, 유대교를 기도와 영성의 종교로 전환하고자 한다. 그가 말하는 기도의 영성이란 단지 종교적 형식에 몰두하는 것이 아니라, 이스라엘의 근본적인 목적을 새롭게 인식하여 사상적으로 깨닫는 지성과 도덕적 권위와 공동체 전체의 혁신에 관한 것이다.

"예루살렘아, 내가 너의 성벽 위에 파수꾼들을 세웠다. 그들은 밤이나 낮이나 늘 잠잠하지 않을 것이다. 주님께서 하신 약속을 늘 주님께 상기시켜 드려야 할 너희는 가만히 있어서는 안 된다. 늘 상기시켜 드려야 한다.

주님께서 예루살렘을 세우실 때까지 쉬시지 못하게 해야 한다. 또 예루살렘이 세상에서 칭송을 받게 하시기까지, 주님께서 쉬시지 못하게 해야 한다."(62:6~7)

이 말은 얼핏 민족주의적인 말로 들리지만, 전혀 그렇지 않다. 이것은 이스라엘·예루살렘이 '하나님의 약속'인 아브라함의 명제를 기억하여 온전한 영적 공동체가 되어야만, 하나님의 세계 구원계획을 위하여 이바지할 수 있다는 말이다. 이스라엘은 하나님의 세상 구원계획을 위한 제사장과 봉사자로서 **"이방 나라들의 구원의 빛"**(61장)으로 부름 받은 민족이다.

그래서 그는 계속 **이스라엘을 향한 하나님의 변함없는 사랑**을 말하며 각지를 유랑한다. "하나님의 은혜·긍휼·자비가 지금 이스라엘 안에 넘친다."고 말한다(63:7). 그런데 이것은 어불성설의 역설이다. 유대 땅은 지금도 페르시아 제국의 식민지이고, 사회 불의가 창궐하여 굶주리고 떠도는 "빈민들"로 넘치고(58:7), "온갖 폭력과 폭언"이 판치고(58:9), "황폐와 파괴 소문"이 들려오는 판국이고(60:18), "원수들이 성소를 짓밟는" 상황인데(63:18), 무슨 하나님의 은혜란 말인가?

그러나 삶의 객관적인 정황의 겉모습과 하나님의 사랑이 반드시 일치하는 것은 아니다. 즉, 풍요와 평안과 건강과 복을 누려야만 하나님의 사랑을 받고 있음이 증명되는 것이 아니다. 그렇게 믿는 것은 오히려 미신에 가깝다. 고난 속에서도 하나님의 사랑은 여전히 빛난다.

진정한 신앙과 기뻐하며 자유로운 삶은 하나님이 "우리의 아버지"(63:16; 64:8)라는 사실을 아는 데 있다. 하나님 아버지 이미지·표상은 이스라엘과 인간을 향한 무한책임과 무한사랑을 품고 실현하는 존재를 말한다. 하나님 아버지는 자식인 이스라엘에게 말한다. **"그들은 나의 백성, 나의 자녀들이다."**(63:8) 따라서 하나님을 아버지로 알고 신뢰하는 것이 일상에서 하나님의 사랑을 발견하고 체험하고 즐거워하고 노래하게 한다.

그가 고난의 시대에 이런 역설을 들려준 것은 비록 현실은 그렇지 않을지라도, 먼저 그렇게 믿으면 힘과 희망이 생기고, 인생관과 세계관에 혁신이 일어나기 때문이다.

이스라엘 역사에서 최초로 하나님을 아버지로 말한 사람들은 유다 왕국이 망하기 전 '요시야' 왕 때 활약한 '신명기계 역사가들'(신명기 32:6)이지만, 이 예언자야말로 하나님을 인자한 아버지로 즐겨 말한 사람으로서, 후일 예수에게도 지대한 영향을 끼친다.

그러나 사람들은 당대의 비참한 현실에 짓눌려 그의 말을 듣지 않는다. 그러고는 저 먼 옛날에 일어났던 위대한 출애굽 사건, 곧 "주님의 종 모세의 날을 생각하며"(63:11), 오늘날에는 왜 그 일이 일어나지 않는가 하고만 묻는다. 그것은 너무나 어둡고 괴롭고 "신의 무한한 침묵"(《엔도 슈사쿠-침묵》, 57:11c)을 느낄 수밖에 없는 시대이기 때문이다.

그래서 그들은 **"하나님은 이제 어디에 계시는가?"**(63:11~13, 네 번) 하고 물으며, "주님의 열성과 권능은 이제 어디에 있습니까?"(63:15b) 하고 항의한다. 그러면서 도대체 하나님의 구원이란 어떤 것인가 하고 따진다. 거기에 대하여 그는 하나님이 구원하려고 해도, 사람들의 죄가 그것을 가로막고 있다고 선언한다. "주님의 손이 짧아서 구원하지 못하시는 것도 아니고, 주님의 귀가 어두워서 듣지 못하시는 것도 아니다. 오직 너희 죄악이 너희와 너희의 하나님 사이를 갈라놓았고, 너희의 죄 때문에 주님께서 너희에게서 얼굴을 돌리셔서 너희의 말을 듣지 않으실 뿐이다."(59:1~2) 그 죄악이란 어떤 것인가? "너희의 손이 피로 더러워졌으며, 너희의 손가락이 죄악으로 더러워졌고, 너희의 입술이 거짓말을 하며, 너희의 혀가 악독한 말을 한다."(59:3)

유대 땅을 곡함!

그는 먼저 지도층의 죄악을 규탄하고 저주한다. 나라를 말아먹는 자들은 언제나 지도층이다. 결단코 백성이 아니다. "들짐승들아, 와서 나의 백성을 잡아먹어라. 숲속의 짐승들아, 와서 나의 백성을 삼켜라."(56:9)

'백성'은 지도층이다. 페르시아 제국의 식민지로 개편된 지도 벌써 30여 년이 흐르고 있는데(무대를 515년 성전재건 전후로 잡는다고 했기에), 유대인 총독대리가 다스리는 자치정부 하에서 동족이 동족을 억압하고 착취하는 일이 버젓이 자행되고 있다. 왜 그런 현상이 벌어진 것일까? 그것은 단지 인간의 물질적 탐욕에 기인하는 것만은 아니다. 거기에는 불운한 역사적 정황과 사회구조와 그에 따른 심리적 이유가 담겨 있다. 나라가 식민지가 되어 고난을 겪으면, 서로를 가엾게 여기며 더욱 사랑하고 지켜주고 하나가 될 것 같지만, 인간은 저마다 "살아남기 본능"을 본격적으로 작동하기에 더욱 이기적이 되어 간다.

지도층의 부패와 타락은 페르시아 제국에 각종 세금과 부역을 바치고, 제2성전을 건축한 후에 내야 했던 성전세금 때문에 발생한 일이기도 했다. 그러나 당시 유대 지도층 역시 페르시아 제국에 줄을 대고 인정받아 관리가 되거나, 율법을 어기고 상업을 하여 부를 이룩한 것이었기에, 백성으로부터 민족 반역자라는 오명을 들으며 수치심을 안고 살아야만 했다. 그 때문에 그들은 자기들의 생존을 위해서 동족을 더 가혹하게 억압하고 착취했다. 이런 일은 예로부터 어느 나라에서나 동일하게 벌어지는 것이다. 그렇더라도 누군가는 그들의 책임을 추궁해야 했다.

이것이 제3이사야 예언자가 그토록 당대 지도층에게 분노하면서, 짐승들에게나 잡혀 먹이라고 저주했던 이유이다. 그는 지도층을 "백성을 지키는 파수꾼"이라고 말한다. 따라서 그들의 본분은 백성을 지켜주는 것이다. 그런데 “지도자라는 것들은 눈이 멀어서 살피지도 못하고, 망을 보지 않고, 숫제 벙어리 개가 되어서 야수가 와도 짖지 못하고, 기껏 한다는 것이 꿈이나 꾸고 늘어지게 누워서 잠자기나 좋아한다.”(56:10) 그러면서도 그들은 “굶주린 개처럼 먹고도 만족할 줄 모른다.”(56:11a) 그들은 아무런 분별력도 없고, 모두 저 좋을 대로만 하고, 저마다 제 배만 채우고 있다(56:11b). 그는 그런 지도자들을 “술에 취하고 식탐만 하는 도적들”(56:12a)이라고 책망한다.

백성도 똑같다. 그는 당대 사회를 가치전도(價値顚倒)의 세상, 의와 불의가 뒤집힌 세상이라고 말한다. 물질적 가치, 곧 돈·재산·풍요·안락이 인생의 절대목적이 된 세상이다. 따라서 아무리 도덕적으로 깨끗하게 살아도 가치를 부여하지 않는다. 그저 “꿩 잡는 게 매”라는 식으로, 돈만 잘 벌고 성공하면 훌륭한 인간으로 치부하는 세상이다. “아무도 의인이 죽고 경건한 사람이 세상을 떠나도, 마음에 두지 않고 그 뜻을 깨닫는 사람이 없다.”(57:1)

그는 그런 세상에 독설을 퍼붓는다. 그는 지도층과 백성을 싸잡아 비판하면서, 그들을 “점쟁이의 자식들, 간통하는 자와 창녀의 씨, 거역하는 자의 자식, 거짓말쟁이의 종자”(57:3~4)라 한다. 이것은 율법을 환기시키며(신명기 12:29~13:18; 18:9~15) 이스라엘이 절대로 범해서는 안 되는 행위들을 들어 비판한 것으로, 유대인들에게는 가장 모독적인 언사이다.

그는 율법을 어기는 것은 물론, 일상에서 수행하는 금식도 문제 삼는다(58장). 그는 유리를 배제한 금식행위는 위선과 거짓이라고 질타한다. 백성들은 금식하면서 하나님이 알아주지도 않는다고 항변하지만, 그는 거기에는 이유가 있다고 말한다. 그는 백성이 금식기도를 하면서도 더욱더 부만 찾고, 일꾼들에게는 무리하게 일을 시키며 임금을 떼어먹고, 일상에서는 폭력행위를 저지른다고 비판한다. 그는 이것을 하나님이 기뻐하는 금식이 아니라고 선언한다.

그는 금식을 이웃을 향한 자비와 연대의 윤리에 연결한다. 곡기를 끊고 금식하는 것은 단지 종교적 계율을 실천하는 데 목적이 있는 것이 아니라, 이웃들과 함께 살아가기 위한 윤리적인 행동을 위해서이다. "머리를 갈대처럼 숙이고 굵은 베와 재를 깔고 앉아" 금식하는 것은 책임감을 가지고 이웃을 돌보지 못한 것을 "통회하며 괴로워하기" 위해서이다.

그는 금식을 자기 내면과 삶의 혁신을 위한 것으로 규정하면서, 진정한 금식에 대하여 이렇게 말한다. "부당한 결박을 풀어주는 것, 멍에의 줄을 끌러주는 것, 압제받는 사람을 놓아주는 것, 모든 멍에를 꺾어버리는 것, 굶주린 사람에게 먹을거리를 나누어주는 것, 떠도는 불쌍한 사람을 집에 맞아들이는 것, 헐벗은 사람에게 옷을 입혀주는 것, 이웃을 피하여 숨지 않는 것, 나라에서 무거운 멍에와 온갖 폭력과 폭언을 없애는 것" 등이다. 이것은 후일 예수의 사상으로 그대로 흘러 들어간다.(마태복음서 25:31~46)

그런데도 유대인들은 거룩한 사명을 생각하지 못하고, 여전히 사마리아인과 이방인에 대한 배타주의와 선민의식, 율법주의와 문자주의와 국수주의의 옥에 갇혀서 살아간다. "성전은 만민이 모여 기도하는 집"(56:7)인데도, 민족통합과 개종하는 이방인에 대한 관용과 포용을 저버리고, 자기들만의 성전제사에 열을 올리고 있다. '만민'은 유대인 외의 모든 민족이다.

그는 그런 것이 모두 우상숭배와 같다고 규정한다. 유대인들의 종교 행위는 심히 이중적인 모순을 드러내고 있다. 성전에 드나들면서도 일상에서는 온갖 우상숭배를 저지르고 있다. 그래서 그는 우상숭배와 성전제사를 비판한다(57:5~13; 65:1~15; 66:1~9). 특히 성전제사에 대한 비판은 모든 예언자들 중에서 첨병에 선 탄핵이다.

사람들은 "매끈한 돌"을 가져다가 신을 떠받든다(57:6). 이것은 원주형태의 이집트 1자 돌기둥인 오벨리스크(Obelisk)를 가리킨 것으로 보인다.

그런 일은 남북 이스라엘 왕조시대에도 유행했었다(열왕기상 14:23; 열왕기하 17:10). 고대 이집트의 발명품으로 정치적·종교적 상징물인 오벨리스크는 오늘날 영국, 프랑스, 독일, 미국의 광장에도 있는데, 모두 이집트에서 훔쳐가거나 모방한 것들이다. 미국 워싱턴에 있는 현대식 오벨리스크는 그 속에 승강기까지 설치했다. 모두 국권 수호와 국가안전과 기복주의를 빌던 고대 이집트 종교와 신화의 우상숭배 행태이다. 그러고도 기독교 국가라고 하며 문명이 발전한다고 믿는다! 인간의 종교적·문명적 사유체계는 여전히 고대 종교와 신화에 예속되어 있는 것 같다.

그는 **종교적 혼합주의**를 매섭게 질타한다. 그가 "스올(셰올Sheol, 무덤·죽음)까지 사절을 내려 보낸다."고 비판한 것은 아마도 페르시아, 시리아, 이집트, 그리스 종교에서 유행하던 죽었다가 부활하는 신들에 대한 숭배 행위를 가리킨 것으로 보인다. 지중해 문명권의 오시리스, 탐무즈, 미트라, 아티스, 아도니스, 페르세포네, 디오니수스 등이 그러한 종교적 신화에 속한다. 그는 그런 행위를 "신들을 찾아 나선 여행길"(57:10)이라고 비난하면서, 그 모든 게 "하나님을 까마득히 잊어가는 일"(57:11)이라고 말한다.

그러면서도 또한 예루살렘 성전에서 "소와 양"을 바치며 제사에 열을 올린다. 이것에 대하여 그는 이렇게 조롱하며 비판한다. "소를 죽여 제물로 바치는 자는 사람을 제물로 바치는 자와 같고, 양을 희생제물로 바치는 자는 개의 목을 부러뜨리는 자나 돼지의 피를 바치는 것이나 우상을 찬미하는 자와 같다."(66:3~4) 개와 돼지는 유대인이 극도로 혐오하는 동물로서 제물로 바칠 수 없는 것은 물론, 식용조차도 금지된 품목이다. 그런즉 그의 발언은 성전과 제사 모독이다. 그는 그런 제사를 "살인행위, 우상숭배" 행위나 마찬가지라고 선언하면서, 더 이상 성전종교는 필요 없다고 하며 성전을 완전히 부정하고 철폐한다.

하나님은 지금도 백성을 찾고 있다. 성전제사로 그것을 대신할 수는 없다. 그가 말하는 사람을 찾는 하나님에게 응답하는 사람의 하나님을 찾는 행동이란 참된 신앙과 윤리적인 행동을 통해서만 증명되는 것이다. 하나님이 원하는 것은 성전제사가 아니라, 무엇보다 "진리이신 하나님"(65:16절) 앞에서 "기쁨으로 정의를 실천하며 주님의 길을 따르는 것"(64:5)이다.

왜 그러한가? 하나님은 "내 백성의 기도에 응답할 준비를 하고 있었지만, 내 백성은 아직도 내게 요청하지 않았다. 누구든지 나를 찾으면 언제든지 만나려고 준비를 하고 있었지만, 아무도 나를 찾지 않았다. …내가 종일 팔을 벌리고 있었다."(65:1~2) 이것이 예언자와 사람들의 생각 차이이다. 지도층이나 백성은 성전제사를 하나님을 찾는 일 대신 하고 있다. 그가 말하는 하나님을 찾고 만나는 일이란 금식 문제와 같이 이웃을 향한 윤리적 책임을 수행하는 것이다.

그러나 그는 백성을 설득하며 위로와 희망을 준다. "…나는 그들을 고쳐 주겠다. 그들을 인도하여 주며 도와주겠다. 슬퍼하는 사람들을 위로하여 주겠다. 이제 내가 말로 평화를 창조한다. 먼 곳에 있는 사람과 가까운 곳에 있는 사람에게 평화, 평화 있어라. 내가 너를 고쳐주마."(57:18~19) 하나님의 본심은 백성의 행복과 평화이다.

이스라엘의 세계사적 사명과 우주적 평화에 대한 비전

제3이사야는 이스라엘의 신앙과 종교와 신학을 융합시켜 이스라엘 민족의 사명을 세계사적으로 확대하고, 온 세상이 구원받는 우주적 평화에 대한 비전을 제시한 탁월한 예언자·사상가이다. 이 사람에 와서야 비로소 아브라함의 명제, 곧 이스라엘 민족을 향한 하나님의 뜻과 그것을 통하여 인류를 구원하려는 하나님의 계획이 명쾌하고 드넓고 높게 세계적으로 확장되었다. 따라서 제3이사야의 신앙과 신학은 아브라함 이후 전개되어 온 이스라엘 민족의 오랜 고난의 역사가 도대체 어떤 의미와 방향과 목적을 지닌 것인지를 확연하게 밝혀주어, 그 전체적인 면모를 이해하게 해주고, 또한 앞을 내다보게도 해주는 최종적인 융합점이다. 여기에서 이스라엘의 신앙과 종교는 그 정점(頂點)에 선다.

그는 사마리아 사람이든 이방인이든, 모든 민족을 끌어안는 이스라엘의 세계사적 사명에 대하여 천명한다. 그는 이렇게 말한다. **"하나님을 섬기려고 하는 이방 사람들도 하나님의 이름을 사랑하는 하나님의 종이 되어라."**(56:6) 이것이야말로 지금까지 이스라엘의 신학에서 선포된 적이 없는 전혀 새로운 말이다. 곧, 온 세상의 인류를 향해 '열린 길'이다.

이것은 아브라함의 명제에 내포된 "땅에 사는 모든 민족이 너로 말미암아 복을 받을 것"(창세기 12:3), "여러 민족의 조상, 여러 민족의 아버지가 되는 것"(창세기 17:4~5), 그리고 "땅 위에 있는 나라마다 아브라함으로 말미암아 복을 받게 될 것"(창세기 18:18)을 올바르게 해석한 말이다. 아브라함의 후손은 전적으로 이 일을 위해서 부름받은 민족이다.

그러자면 이스라엘은 무엇보다 먼저 **자신에 대한 견해부터 바꾸고 새로워져야만** 한다. 더는 민족주의와 선민의식, 율법주의와 문자주의와 성전주의에 매여서는 안 된다. 물론 이것도 하나님에게 충성하고 복종하는 신앙의 한 측면이지만, 여기에는 열린 마음, 열린 태도가 부족하여 자칫 완고한 배타주의와 보수주의, 국수주의와 분열주의, 그리고 무엇보다 자만으로 기울어질 염려가 크고, 자기만의 구원과 유대인의 세계 지배주의에 사로잡힐 가능성이 많기에 극히 위험한 것이다.

이런 일은 이미 제3이사야 당대 사회에서 강고해질 대로 강고해진 현실이다. 그런데 이것은 또다시 '제2의 바빌로니아 포로기'를 불러들이는 길이다. 하나님이 이스라엘에 바라는 바는 국가주의나 민족주의가 아니다. 오로지 하나님의 세계구원을 위하여 열린 마음의 신앙을 가지고 영성훈련을 하여 거룩한 백성이 되는 것이다.

'예레미야, 에스겔'도 이것을 천명한 바 있다. "그때가 오면, 내가 새 언약을 세우겠다. …나의 율법을 그들의 가슴 속에 넣어주며, 그들의 마음 판에 새겨 기록할 것이다."(예레미야서 31:31~33) "그때에 내가 그들에게 일치된 마음(새 마음)을 주고, 새로운 영을 그들 속에 넣어 주겠다. 내가 그들의 몸에서 돌같이 굳은 마음을 없애고, 살같이 부드러운 마음을 주겠다."(에스겔서 11:19) 따라서 이제는 진정한 영의 종교로 나아가야 할 때이다.

이스라엘이 아브라함에게 제시된 약속에서 늘 기억해야 할 바는, "내가 아브라함을 선택한 것은 그가 자식들과 자손을 잘 가르쳐서 나에게 순종하게 하고, 옳고 바른 일을 하도록 가르치라는 뜻에서 한 것이다. 그의 자손이 아브라함에게 배운 대로 하면, 나는 아브라함에게 약속한 대로 다 이루어 주겠다."(창세기 18:19)는 것이다. 따라서 이스라엘은 이제 보다 더 넓게 자기를 열어놓고, 하나님의 인류 구원계획을 위한 충실한 도구가 되도록 자신을 혁신해야 한다. 하나님에게 충성한다는 것은 배타주의를 내포하지 않는다. 오히려 하나님에게 충성하지 못하거나, 하나님을 알지 못하는 사람들을 향한 관용과 인내심과 무한한 자비심이다. 예수시대에 바리새파의 길과 예수의 길이 실상 하나님에게 충성하고자 하는 목적은 같으면서도, 그 방식에서는 결정적으로 큰 차이가 난 것같이, 하나님에게 충성하는 것은 율법주의나 배타주의가 아니라 모든 이를 향해 열린 마음과 무한한 자비심을 통해서 드러내는 것이다.

따라서 이스라엘에 중요한 것은 자신의 사명과 가치를 재발견하고 재인식하는 것이다. 그래서 그는 이렇게 말한다. "**예루살렘아, 일어나서 빛을 비추어라.** 구원의 빛이 너에게 비치었으며, 하나님의 영광이 아침 해처럼 너의 위에 떠올랐다."(60:1) 이것을 인식하는 것이 이스라엘의 새로운 패러다임의 빛이요 영광이다. 이스라엘이 참 이스라엘이 될 때에만 온 세상을 구원하는 빛이 될 것이다. 그리하여 "이방 나라들이 너의 빛을 보고 찾아오고, 뭇 왕이 떠오르는 너의 광명을 보고 너에게로 오고"(60:3), 그때에야 이스라엘은 "주님께서 심으신 나무, 주님의 영광을 나타내는 주님의 작품"(60:21b), "거룩한 분의 백성"(62:12a)이 된다. 이스라엘은 "뭇 민족"(62:10)이 "구원의 옷"(61:10)을 입게 하여, "영혼을 충족시켜 주고 뼈마디에 원기를 줄, 마치 물댄 동산, 물이 끊어지지 않는 샘처럼 될 것이다."(58:11)

그래서 그는 이스라엘의 하나님을 온 세상의 하나님으로 확고하게 천명한다. "하늘은 나의 보좌요, 땅은 나의 발 받침대다. 그러니 너희가 어떻게 내가 살 집을 짓겠으며, 어느 곳에다가 나를 쉬게 하겠느냐? …나의 손이 이 모든 것을 지었으며, 이 모든 것이 나의 것이다."(66:1~2a) 이것은 성전재건을 강조한 '학개, 스가랴' 예언자의 말과는 상치된다. 물론 그때의 상황은 성전재건을 촉구하는 일이 필요했다. 하지만 그것은 '에스겔'이 선포한 '민족통합→ 국가재건(다윗 왕조 재현)→ 성전재건'의 순서를 무시해 버리고 성전건축만 독려한 것이어서, 민족통합을 거부한 역사적 과오를 저질러, 결과적으로 성전재건은 명분을 상실한 일이 되고 말았고, 그 후 다시금 성전 제일주의와 배타주의와 선민주의에 빠져버렸다.

그런데 제3이사야 예언자가 성전재건 전후에 활동한 사람이고, 더구나 이 말은 성전 재건 이전에 한 말로 볼 수 있기에, 그가 에스겔의 말을 알고 있었다는 사실을 알 수 있다. 그래서 그는 성전이 아닌, 이스라엘 민족의 사명을 거론했던 것이다. 왜냐하면 이스라엘은 성전이 없던 바빌론 포로시대에도 "오직 신앙으로"(하박국 2:4) 살아남았기 때문이다.

성전이 없다고 해서 신앙조차 사라지는 것은 아니다. 오히려 진정한 신앙은 성전의 유무와 관계없으며, 더 나아가 진정한 신앙일수록 성전을 필요로 하지 않고 넘어선다(이것은 유대인들의 디아스포라와 초기 기독교 200년 역사가 증명한다). 하나님은 성전에 갇혀 있는 분이 아니다. 제3이사야의 이 말은 초기 기독교 시대의 순교자인 "스데반"이 성전을 넘어선 종교, 성전 없는 종교를 선포하면서 그대로 인용했다가 죽은 구절이기도 하다.(사도행전 7:49)

제3이사야의 언어는 실로 기원전 6세기 후반에 나타난 위대한 신학이다. 이제 더 이상 하나님의 집은 이 세상에 없다. 온 우주와 온 땅이 하나님의 성전이다. 그런 하나님을 모시는 길은 지금 "겸손하고 회개하여 하나님을 경외하고 복종하는 사람"(66:2b)이 되는 것이다. 사람의 내면, 곧 인간의 격(人格)이 하나님의 성전이다. 그렇기에 이제 그것은 유대인을 넘어 모든 민족에게 개방된 것이다.

그래서 그는 마지막으로, 이스라엘을 넘어서 온 세상에 이루어질 "새 하늘과 새 땅"에 대한 위대한 비전을 제시한다(65:17~25). "하나님은 구원의 권능을 가진 분이시고"(63:1c), 이스라엘은 하나님의 '새 하늘과 새 땅', 곧 '하나님의 나라'를 이 세상에 건설하기 위한 주춧돌이다. 그런데 그런 세상은 먼저 이스라엘에 이루어져야 한다. 먼저 예루살렘이 "기쁨이 가득찬 도성, 행복을 누리는 백성이 되어, 다시는 울부짖는 소리가 들리지 않게 되고, 모두가 나무처럼 장수하고, 포도나무 아래에서 즐거이 사는" 세상을 이루어야 한다.

그러면 장차 이스라엘의 선교를 통하여, 온 세상의 모든 인간이 "부르기도 전에 응답하고, 말을 마치기도 전에 들어주는" 하나님에게 응답하고 일치하여(신앙), "서로 해치거나 상하게 하는 일이 전혀 없는 거룩한 산"에서 사는 새로운 구원의 세상이 이루어질 것이다. 그리고 그런 세상은 먼 미래의 꿈만이 아니라, 저 앞에서 지금 이곳으로 다가오고 있는 것이기에, 지금 여기에서 이루어지고 있고, 또한 이루어야 할 세상이기도 하다.

따라서 가장 중요한 것은 이스라엘이 자신의 "빛"을 찾는 일이다. 즉,

마음의 변화, 내면의 종교이다. 그가 전에 '주 하나님의 영이 나에게 임하셨다.'(61:1a)고 한 말은 그의 종교체험에 관한 고백이면서도, 이스라엘 민족의 빛과 사명에 관한 것이기도 하다. 이스라엘을 향한 하나님의 뜻은 이 세상의 모든 '가난한 사람들에게 기쁜 소식을 전하고, 상한 마음을 싸매어 주고, 포로에게 자유를 선포하고, 갇힌 사람에게 석방을 선언하고, 주님의 은혜의 해를 선언하고, 모든 슬퍼하는 사람들을 위로하게 하여'(61:1b~2), 궁극적으로 이 세상에 '새 하늘과 새 땅'(65:17)을 이룩하는 것이다.

이와 같이 제3이사야 예언자의 메시지는 이스라엘의 새로운 사명에 대한 비전 제시와 격려였다. 그는 성전을 다시 세우고도, 여전히 예전의 편협한 사고에 갇혀 사는 것을 어떻게 해서든 깨뜨려, **세계사를 위한 이스라엘의 사명**을 새롭게 각인시키려고 무척이나 노력한 예언자였다. 그의 사상은 자기들만 구원받는다는 유대교 지도층의 협소한 사고와 행태, 편협한 선민의식, 폐쇄적 종교와 성전체제와 율법주의를 비판하고, 오래 전 제1이사야, 미가, 그리고 바빌로니아의 제2이사야 예언자들을 통해서 내려온 본래 히브리 종교의 핵심과 전통의 흐름을 잇는 꺼지지 않는 불씨였다.

그것은 아브라함의 주제에 대한 환기(喚起), 곧 이스라엘의 신앙과 영성 훈련과 거룩한 백성 되기를 통하여 천하 만민을 구원하려는 하나님의 뜻에 대한 증언의 전승이었다. "언약(하나님의 뜻·계획)을 이방인들에게 개방하려는 열망은 일찌감치 유대역사에서 시작되었고, 여러 세기를 통해 그 정도의 차이는 있었지만 계속되었다고 하는 사실을 상기하는 것은 중요한 일이다."《하비 콕스–예수, 하버드에 오다》

그러나 에스겔의 새 이스라엘의 꿈도(40~48장), 제3이사야의 새로운 세상의 비전도 끝내 이루어지지 않았다. 왜 그랬을까? 그의 신학에 의하면, 이스라엘이 거부했기 때문이다. 비극적인 일이었다. 그 후 예수 시대에 이르기까지, 500년 역사는 그의 위대한 사상이 물밑으로 가라앉은 퇴행(退

行)의 역사, 어둠 속에 잠긴 역사가 되고 말았다. 그렇지만 그의 신학과 사상은 결코 소멸되지 않고, 소수의 사람들을 통하여 면면히 흐르고 흘러, 그 어둠 속에서 환한 새벽빛으로 터져 나올 시기를 기다리는 기나긴 침묵과 인고의 역사를 이끄는 보이지 않는 빛이 되었다.

이것이 바로 '남은 자들' 사상이었다. 곧, 아브라함의 주제인 탈출과 지향을 하는 사람들! 결국 '남은 자들'이란 단지 고난 속에서 유대인으로 '생존하는 사람들'이 아니라, '아브라함의 길을 따라가는 사람들'이란 것이 밝혀진 것이다. 하나님 구원의 역사는 유대민족 전체가 아니라, 이들을 통해서 이어져 내려갈 것이었다.

그렇기에 제3이사야서에서 바로 건너뛰어, 예수 그리스도와 신약성서로 들어가면 사상이 긴밀히 연결되고, 이스라엘 역사가 무엇 때문에 있게 된 것인지 환하게 보인다. 그의 사상은 예수 그리스도에게서 활짝 피어 초기 기독교를 통해 전 세계로 확산되는 방향으로 나아갔다. 그런 점에서 결국 신앙을 지키려는 좋은 뜻에도 불구하고, 지나친 율법주의와 민족주의와 선민주의와 정치적 메시아주의에 빠져서 아브라함의 명제에 나타난 선교를 망각하고 거부한 역대지 역사서들이나 주류 정통주의 신학의 문제와 오류가 환히 드러나게 된 것이다.

유대교 내에서 '남은 자들'에 의하여 끊이지 않고 면면히 이어져 내려온 보편주의와 인류 구원주의의 흐름이 공연히 예수와 기독교를 통하여 세계화된 것이 아니다. 그것은 하나님의 인류구원 계획에 있어서 역사적 필연이었다. 따라서 유대인들은 장차 예수운동에 합류해야 할 것이었다. 그 후 유대인들이 어떤 역사를 맞이할지는 전적으로 그들의 태도에 달려 있을 것이다. 그때도 또 '이방의 빛'(이사야서 60:1~3)이 되기를 거부한다면, 다시금 불행한 역사를 되풀이할 것이다.

제28장

페르시아 제국시대(3)

– 예언자 요엘, 말라기

성서: 요엘서, 요나서, 말라기서

말라기는 세금과 부역과 전쟁 동원, 종교적 특혜와 성직매매 문제 등, 페르시아 제국의 갖가지 치졸한 정책과 압력으로 점점 더 고난의 강도가 심해지는 시대 속에서, 여전히 "하나님은 이스라엘을 사랑한다."(1:2a)고 선포한다. 이 역시 지독한 역설이다. 그러나 이런 생각이야말로 고난의 시대를 건너갈 수 있는 유일한 힘이다.

요엘

요엘서의 역사적 배경은 대개 "포로기 이후 이방(異邦)의 지배시대"《장일선-히브리 예언서 연구》, 곧 기원전 400년경의 페르시아 제국시대이다. 그러나 역사적인 내용은 거의 없고, 오로지 자연재해에 대한 신학적 이해만 말한다. 제사장 출신의 예언자로 보이는 그는 나라를 휩쓴 여러 가지 자연재해를 하나님의 경고(sign)로 들으라고 하며 회개를 촉구한다.

가뜩이나 오랫동안 페르시아 제국의 식민지로 고난을 겪는 처지인데, 설상가상 갖가지 자연재해가 닥쳐와 벌레들마저 난리를 쳐(1:4~7), 백성의 고난은 이루 말할 수 없었다. 셀 수 없이 많고 강력한 "풀무치, 메뚜기, 누리, 황충"(모두 메뚜기 종류) 등이 마치 "군대"처럼 나라를 공격하여 휩쓸었다. 그들의 이빨은 사자의 이빨과 같고, 날카롭기가 암사자의 송곳니와 같다. 그들이 포도나무를 망쳐 놓았고, 무화과나무도 그루터기만 남겨 놓았다. 나무껍질조차 다 벗겨서 모두 하얗게 말랐다.

백성은 대기근을 겪었다(1:8~13). 밭이 황폐하고, 곡식이 다 죽어 나가고 있었지만, 그저 바라볼 수밖엔 없었다. 곡식과 가축들도 다 떨어져, 성전에 바칠 제물조차도 없었다. 백성의 기쁨은 모두 사라졌다. "백성아, 울어라! 제사장들아, 슬피 울어라!"(1:8a, 13a)

그것은 도대체 무슨 징조인가? 요엘 역시 이스라엘 특유의 관점으로, 그것을 하나님이 보낸 심판행위로 해석하고 "회개"(2:12)를 선포했다. 지금이라도 "거룩한 금식과 성회(聖會)"를 열어 모든 백성이 진심으로 금식하고 통곡하고 슬퍼하면서 하나님께 돌아가야 한다고 말했다(1:13~14; 2:12~17). 그러나 그조차도 형식적으로 하면 안 되기에, "옷을 찢지 말고 마음을 찢어야 한다."고 했다. 사고방식과 일상생활의 전적인 변혁이 되어야 할 진실한 회개의 요청!

그러면 하나님은 은혜롭고 자비롭고 오래 참고 한결같은 사랑을 늘 베풀고 불쌍히 여기는 마음이 많아서, "혹시 뜻을 돌이켜" 재앙을 거두기도 할지 모른다고 했다. 재난과 위기는 기회이니, 더 늦기 전에 기회를 활용하라는 것이었다. 그러나 아무도 듣지 않았다. 그래서 끝내 이렇게 선포했다. "슬프다, 그 날이여! 바로 그 파멸의 날이 다가왔다."(1:15)

그래서 그는 현실에 대한 희망을 모두 거두고, 종말론적 기대 속에서 미래를 내다본다(2:28~29). 그것은 하나님이 사람들에게 영을 부어 주어 내면의 변화를 일으켜 새롭게 살아가게 되는 세상에 대한 꿈이었다. 이 말은 후일 기독교 시대에 인용되기도 했다.(사도행전 2:14~21)

요나

요나서는 4장밖에 안 되는 조그만 책이지만, 그것이 담고 있는 신학 사상은 실로 경천동지할 만큼의 엄청난 충격과 폭발력을 가지고 있다. 이 책은 그때나 지금이나, '사람들이 알고 있다고 확신하는 하나님은 진정한 하나님인가? 혹시 자기들의 이익과 편리를 위해 만든 신은 아닌가?' 하는 놀랍고도 충격적인 질문을 던진다. 그래서 이 책은 기존의 신학체계를 완전히 뒤집어엎는 혁명적인 책이라 할 수 있다.

제3이사야가 살던 편협한 국수주의적인 시대에서 온 세상을 끌어안는 광대한 신학적 지평을 선언한 사람은 비단 그만은 아니었다. 익명의 요나서 기자도 그러했다. 신학자들은 대개 요나서가 쓰인 시기를 "포로기 이후의 암흑시대인 기원전 400년 이후"《장일선-히브리 예언서 연구》로 본다. 그러나 이보다 더 중요한 것은 요나서가 지니고 있는 신학 사상이다.

이 책은 북이스라엘 왕국 '여로보암 2세' 때에 활동한 '아밋대'(진리)의 아들 "요나"(Jonah) 예언자(열왕기하 14:25)의 이름으로 선포된 형식을 취하지만, 사실은 그의 이름을 빌려 쓴, 기자를 알 수 없는 작품이다. 이런 글쓰기 방식을 "사건 발생 후 예언"(Vaticinia Ex Eventu)이라고 한다는 것을 이미 말한 바 있는데《E. 젤린·G. 포러-구약성서개론》, "당대 사람들에게 말하기 위하여 오래 전 시대와 인물을 설정하여 전개하는 문학형식"이다. 사실 구약성서의 대부분이 이런 형식의 글이다. 현대에서 이런 문학형식의 좋은 예는 역사소설이다.

그런데 기자가 작품의 주인공을 여로보암 2세 때 활동한 요나로 설정한 데는 커다란 이유가 있다. 북이스라엘을 멸망시킨 아시리아는 불구대천의 원수이다. 이미 '잔혹제국' 아시리아의 파멸을 선포한 '나훔' 예언자를 생각해본 것처럼(제22장), 그런 제국의 수도에 가서 말씀을 전하라 하고, 그들이 회개하자 용서하는 하나님의 모습은 선민의식과 민족 배타주의로 가득 찬 시대의 이스라엘로서는 도저히 수용 불가한 하나님이다. 그게 어찌 말이 되는가?

그런데 기자는 대답한다. 말 된다! 그의 대답이 바로 요나 이야기이다. 기자는 하나님을 이스라엘만의 민족적이고 편협한 신이 아닌, 온 세상 모든 인류의 신으로 증언한다! 그렇게 요나서 기자는 놀랍게도 이방인을 향한 하나님의 복음, 즉 이방인 구원의 신학을 선언한다.

그러나 기자는 그것을 강경하게 주장하지 않고, 읽는 이들이 절로 웃음을 터뜨리지 않을 수 없는 유머와 해학의 방식을 통하여 부드럽게 설득한다. 실로 탁월한 지혜가 아닐 수 없다. 가뜩이나 선민의식과 민족 배타주의의 옹고집으로 딱딱하게 굳어있는 마음과 머리들의 시대에 강경한 방식으로 말했다면, 유대인의 성격상 효과는커녕 비난과 반발과 저주와 돌팔매가 따랐을 것이다. 그가 사용한 절묘한 해학적인 이야기 방식은 저 "이솝" 우화에 나오는 것처럼, 해와 바람이 사람의 옷 벗기기 내기를 했다는 것과도 비슷하다. 바람이 거세게 불수록 사람은 옷깃을 붙잡지만, 햇살이 뜨거워지면 절로 옷을 벗는다.

기자는 책망하거나 강요하지 않고, 듣는 사람마다 한바탕 크게 웃을 수밖에 없는 즐거운 이야기를 들려주며 하나님의 행동 방식을 깊이 생각해보도록 넌지시 암시하며 유도한다. 그러한 낚시질은 하도 지혜롭고 교묘하여, 읽고 듣는 이마다 웃고 무릎을 탁치며 공감하고 진지하게 생각해보게 한다. 웃음과 설득이 기자가 바라는 신학적 효과이다.

요나서의 즐거운 점은 요나를 스스로 사서 고생하는 지독한 선민주의자와 율법주의자, 국수주의자와 편협한 인종주의자, 그리고 한참 더 나아가 하나님 앞에서 자신의 신학적 관념이 옳다고 끝까지 우기는 고집통 정통주의자와 폐쇄주의자로 설정하면서도, 이해할 수 없는 하나님의 이방인 구원과 무한한 사랑 앞에 그만 입을 다물고 뾰로통한 얼굴로 침묵하는, 아주 익살스럽고 해학적인 인물로 그린다는 점에 있다. 그러나 그의 침묵은 하나님의 무한한 자비와 은총에 대하여 수긍하는 것이 아니라, 여전히 이방인의 구원이 아주 못마땅하여, 당연히 죽어야 할 놈들이 죽지 않은 것에 대해서 분개하고 있는, 속이 좁아터진 모습일 뿐이다.

그것은 바로 여전히 온 세상을 구원하려는 하나님의 뜻에 대하여 여전히 고집불통인, 그러면서도 자기들만큼 충성하는 사람들은 없다고 하는, 당대 종교지도층을 비롯한 사회 전반의 선민의식과 문자주의와 국수주의 흐름에 대한 도도한 비판이다. 하나님의 마지막 질문 앞에서 아무 대답도 하지 못하고 처연히 앉아 있는 요나의 태도는 오늘날 우리에게 많은 것을 말해준다.

요나서는 미지근한 신학 사상을 담은 책이 아니라, 종교와 사고방식과 역사의 왜곡되고 그릇된 물길을 다른 방향으로 돌리고자 물꼬를 트는 농부의 괭이질과도 같은 책이다. 그래서 요나서는 신학적 폭탄이다. "요나서는 한 예언자의 이야기로서, 당대 유대인 사회의 완고한 민족적 배타주의에 대한 도전적인 성격을 지닌 설화(說話)이다. 그러나 또한 하나님의 자비를 찬양한다. 그 하나님의 자비는 모든 피조물 전부에게 미치는 성격의 것이며, 인간들이 쳐놓은 울타리를 깨뜨리는 성격의 것이다. 이것은 '어떻게 하나님이 이방인들에게도 행복과 번영을 주실 수 있단 말인가?' 하는 배타적 생각과 반대된다. 요나서는 배타주의가 후기유대교 신앙의 큰 위험으로 등장했을 때 나타난 책이다."《클라우스 베스터만–성서입문》

기자는 그동안 민족적 충정으로 '에스라와 느헤미야'를 비롯한 지도자들이 이룩한 종교개혁이 좋은 뜻에도 불구하고, 결과적으로 유대인들에게 선민주의·성전제일주의·분열주의(사마리아인 차별), 토라에 대한 지나친 율법주의와 문자주의 해석과 수호의 태도, 그리고 이방인 배척주의만 가지게 한 것을 우회적이면서도 강력하게 비판한다. 한 하나님을 말하는 신학적 관념이 이렇게도 서로 다를 수 있다. 그러나 다른 것이 다 정당한 신학은 아니다. 어떤 것은 차라리 없는 게 더 나은 신학도 있다.

기자는 유대인 중심의 역사관을 가지고 일련의 역사서를 쓴 '역대지계 역사가들'의 편협하고 폐쇄적인 관점이 드러낸 배타주의와 국수주의와 고립주의, 그리고 그것이 백성의 사고방식과 관습에 미친 좋지 못한 영향 등에 대하여 해학적이면서도 깊은 무게를 지닌 말로 점잖게 꾸짖는다. 그러면서 기자는 유대인들, 아니 이스라엘을 향한 하나님의 진정한 뜻이 무엇인지를 모색하고 그 대안을 분명하게 제시한다. 그래서 요나서가 구약성서에서 차지하는 비중은 모든 역대지계의 책들을 한 번에 상쇄해버릴 만큼, 그 울림이 크고 깊다.

요나서의 포괄적이고 보편적인 구원 사상의 심도(深度)와 외연(外延)은 대단히 깊고 크다. 기자는 **하나님**을 민족과 종교, 성전과 율법주의, 선민주의와 국수주의와 정통주의와 이방인 배타주의 울타리 안에 가두는 것에 저항한다. 더욱 놀랍고 혁명적인 것은 **하나님의 구원**을 민족, 종교, 율법, 신앙과 신학, 피, 정통, 윤리에 따른 당위적 결과로 보는 것에 반대하고, **하나님의 임의적이고 무차별적인 사랑과 자비와 은혜의 사건**으로 선언하는 데 있다.

구원은 인간의 도덕적 행위로 얻는 당연한 결과가 아니라, 전적으로 하나님의 자비로운 마음과 은혜에서 온다! 도덕주의자라고 해서 도대체 얼마나 깨끗하겠는가! "잔과 접시의 겉은 깨끗하다 해도, 속은 탐욕과 방종으로 가득하다."(마태복음서 23:25~26)는 말에서 누가 예외일 수 있겠는가! 따라서 요나서는 지금도 선민의식과 배타주의와 정통주의를 비롯한 갖가지 종교 울타리 안에 갇혀 있는 사람들을 뒤집어엎는 **혁명성**을 지니고 있다. 기독교인 중에서 요나서를 제대로 읽은 사람은 얼마나 될까?

'사람이 뭐라고, 하나님에게 이러저러하게 행동해야만 한다(!)고 가르칠 수 있단 말인가?' 하는 것이 요나서의 한 주제이다. 이런 행위는 비쩍 마른 작대기 주제인 지팡이가 사람더러 이리 가라 저리 가라고 하는 것과 같이 어처구니없는 일이다. 부드럽게 말하자면, 요나서는 고집 센 자식을 설득하는 **어머니 같은 하나님의 자애로운 해명의 편지**이다. 이것은 그릇된 선민의식과 율법주의와 문자주의로 가득한 배타적이고 협량한 종교적 이데올로기를 절대적 진리라고 확신하고 있는 답답하기 그지없는 유대인들을 넓은 구원의 세계로 초청하는 하나님의 편지이다. 우리도 즐거운 마음으로 들어가 보자.

어느 날 아침인지 저녁인지 밤중인지 알 수 없고, 깨어 있을 땐지 꿈에서인지 모르지만, 요나는 아시리아의 수도 **"저 큰 성읍 니느웨로 가서 외치라."**(니네베Nineveh)는 하나님의 명령을 받는다. 그러나 그는 아무런 충격도 감동도 받지 않고 내적 변혁도 없다. **"그들의 죄악이 내 앞에까지 이르렀다!"**(1:2) 아주 간단한 말이다. 그들을 어떻게 심판한다는 말조차 없다. 심지어 '회개하면 용서한다.'는 말조차 없다. 그러나 그의 머리는 그런 뜻으로 듣는다. 분명히 용서할 것이라는 사실을 **"내가 다 안다!"**(4:2)

명령을 받았으니 가야만 하는데, 도무지 마음과 몸이 안 따라준다. 아니, 따르기 싫다. 어떻게 해야 할까? 머리를 굴린다. 그러다가 최후의 전법 "삼십육계 줄행랑"을 친다. **"차라리"**(4:3) 도망치자!(그는 수없이 '차라리~' 타령을 한다) 이것이 **"요나 콤플렉스"**(Jonah Complex)로서, 끊임없는 자기 합리화 속에서 자신이 싫어하고 거부하는 것을 평가절하하며 회피하는 심리기제이다.

그래서 그는 그리로 가지 않고, 정반대 방향으로 내뺀다. 니느웨는 이스라엘 북동쪽 시리아의 메소포타미아에 있는 땅인데, 그가 도망치려고 하는 **"다시스"**(타르쉬슈Tarshish, 다르싯. 스페인)는 지중해 건너편 서쪽 땅끝이다. 그렇게 하나님이 하지 않은 말조차 다 미루어 헤아리고 짐작하고 잘 알아듣는 하나님의 종인 예언자가 못난 심보를 여지없이 발동하여, 하나님과 싸우기 시작한다.

그런데 이스라엘에서 스페인으로 가자면 세 가지 루트가 있다. 1) 물에 빠져 죽을 위험도 있지만 최단거리인 페니키아 항구에서 배타고 지중해를 건너가는 것, 2) 페니키아→ 시리아→ 터키→ 그리스→ 이탈리아→ 프랑스→ 피레네 산맥 등정→ 스페인까지 수만리 도보, 3) 지중해변길→ 시나이 반도→ 이집트→ 리비아→ 튀니지→ 알제리→ 모로코로 걸어간 뒤 다시 배를 타든지 수영을 하든지 해서 "지브롤터" 해협을 건너는 방법. 가장 좋은 길은 첫 번째이다.

그런데 왜 하필 스페인이었을까? 그곳에는 '솔로몬' 시대부터 유대인들이 무역을 위해 나가 공동체를 이루어 살고 있었고, 그 당시 알려진 세상의 끝이었기 때문이다. 그러니까 '이스라엘 땅에 사는 토지신'인 하나님이 못 따라올 가장 먼 곳으로 도망치려는 것이었다.

그는 페니키아로 내려가 상선(商船)을 타고 지중해 유람을 떠난다. "아마 하나님은 내가 여기 있는 줄도 모르시겠지?"《바바라 유르겐센–하나님은 내가 여기 있는 줄도 모르시겠지?》 하늘을 보자니, 지중해 쪽빛 바다가 한없이 아름답다. 난생 처음으로 바다에 나와 본 그는 황홀하기 그지없다. 신난다. 그러다가 뒤통수가 가렵다. 뒤를 돌아다보니, "하늘의 감시자"《프랜시스 톰슨–하늘의 사냥개》가 자기를 노려보는 듯하다. '아이쿠, 하나님이 저기에!' 무서워진다. 그래서 하나님도 안 보인다고 여겨지는 지점으로 하강한다. 배 밑창 여객실 가장 후미진 곳으로 들어가, 두꺼운 낯을 가리고는 금방 코를 골며 잠에 빠진다.

그러는 사이, 바다와 배 위에서는 난리가 난다. 요나를 괘씸하게 여긴 하나님이 지중해 귀퉁이를 붙잡고 인정사정없이 뒤흔든다. 미풍이 불다가 지쳐서 돌풍~폭풍~광풍을 거쳐 태풍까지 일사천리로 일어나, 그만 배가 오지그릇처럼 깨질 지경이다. 선장이나 사람들은 살아보려고 아우성친다. 저마다 자기들이 섬기는 신들의 이름을 부르고 야단법석이다. 짐을 버린다. 그래도 소용없다. 무슨 생각이었는지, 선장은 배에 탄 사람이 다 나왔는지 인원을 점검한다. 그러다가 특히 구레나룻에 긴 수염을 단 고집스럽고 괴상하게 생긴 한 사람(정통 유대인의 모발 수준)이 탄 기억이 나는데, 도통 보이지 않는다. 그러자 그 사람을 찾아 여객실을 샅샅이 뒤진다.

결국 배 밑창에서 자는 요나를 발견하고는 호통을 친다. "당신은 무엇을 하고 있소? 잠을 자고 있다니! 일어나서 당신의 신에게 부르짖으시오. 행여 그 신이 우리를 생각해 준다면, 우리가 죽지 않을 수도 있지 않소?"(1:6) 등 떠밀려 나와 보니, 일대 가관이다. 초죽음이 된 사람들은 물건을 내던지고, 짠물 천지인 바닥에 엎어져서 각자 믿는 신들의 이름을 부르고, 먹은 것을 죄다 토해내며, 한바탕 열렬한 '심령 대부흥회'를 열고 있다. 그는 새파랗게 질려 멀뚱멀뚱 바라만 본다. 그래도 풍랑은 진정되지 않는다.

그러자 그들은 "제비뽑기"를 하여, 풍랑의 원인으로 의심되는 괘씸한 죄인을 물색하기로 한다. 결국 하나님의 은혜로 요나 당첨! 그들이 묻는다. **"당신, 도대체 정체가 뭐요?"**(1:8) 요나는 이실직고(以實直告)한다. 그래도 그들은 인정이 있어, 차마 "심청"을 인당수에 빠뜨리듯 바다에 던지질 못하고, 어떻게 해서든 헤쳐 나가려고 용을 쓴다. 그러나 안 된다.

그러자 드디어 요나가 나선다. 자기 때문이니, 자기를 들어 바다에 던지면 모두 산다고…. 어떻게 그런 생각을 하게 되었는지 도저히 이해 불가한, 실로 위대한 희생정신을 보인다. 그들이 하는 수 없이 요나를 바다에 던지자, 신기하게도 바다가 곧 잔잔해진다. 그렇게 하여 배는 저 갈 데로 가고, 요나도 저 갈 데로 간다.

그런데 요나가 갈 데라고는 바닷물 속밖엔 없다. 우리의 요나, '아, 이젠 꼼짝없이 죽었구나!' 하고, 숨을 참을 수 있는 데까지 꾹꾹 참으며, 물속에서 눈을 떠본다. 조그마한 물고기들이 그를 보고 놀란다. 그런데 아이쿠, 이게 웬일인가! 바로 코앞에서 혹등고래인지 밍크고래인지, 아니면 저 무섭다는 "레비아탄"(Leviathan, 리바이어던. 고대 히브리인들이 상상한 바다괴물)인지, 거대한 물고기가 다가오더니 그를 통째로 꿀꺽 삼킨다. 그 통에 질근 눈을 감아버린 그는 물고기 뱃속으로 빨려 들어가 위장 속으로 내팽개쳐진다.

겨우 참았던 숨을 학학 토해내고는 눈을 떠보니, 칠흑같이 어두운데 온통 썩은 물고기 냄새가 진동한다. 코를 틀어쥐지만 만사 무효. 천장도 미끌미끌, 벽도 미끌미끌, 바닥재는 더욱 미끌미끌. 게다가 전후, 좌우, 상하, 과거, 현재, 미래가 죄다 흔들흔들, 도대체 정신이 하나도 없다. '아이쿠, 이렇게 물고기 밥이 될 것 같으면, 싫어도 갈 것을, 왜 고집을 피워 이렇게 죽는가!' 후회막급이지만 아무것도 할 게 없다.

하는 수 없이 죽을 때를 기다린다. 그런데 어찌 된 영문인지 공기가 통한다. '이것 참 신기한 일이로군.' 하며 깜깜하고 지극히 물질적인 방 속에서 사흘 밤낮을 지낸다. '아, 이게 다 내 탓이로다.' 하며 엎드려 기도한다. "하나님, 살려주소서!"(2:1~9) 그러면서도 그 다음 어떻게 하겠다는 말은 끝까지 하지 않는다.

한편, 거대한 물고기 씨를 보자. 오랜만에 커다란 물고기(물고기에겐 만상이 물고기로 보이는 법)를 진수성찬으로 먹었는데, 이상하게 소화가 안 된다. 아무리 애써서 소화액을 더 쏟아내도, 속에서 자꾸만 꼬물꼬물 움직이며 다음 방으로 넘어가질 않는다. 그런데 속에서 자꾸만 무슨 악다구니가 들려온다. 속이 거북할 대로 거북해져, 더 이상 견딜 수가 없다. 결국 해변에 다가가 와장창 토해낸다.

정신이 혼곤한 요나. 잠시 쉬며 풍광 좋은 지중해변 구경할 틈도 없이, 하나님이 '너 몰골이 말이 아니구나!' 하는 표정으로 다가오더니, 다시금 '니느웨'를 말씀하신다. 그러자 요나는 속으로 '억지춘향도 이런 억지춘향도 없으렷다!' 하고는 간다.

드디어 사막을 지나고 산을 넘고 먼 길을 걸어, "둘러보는 데만 사흘 길이 걸리는 니느웨"(3:3)에 도착하여, 사흘은커녕 "하룻길만 걸어" 적당히 해치우면서 다짜고짜 큰소리로 외친다. **"사십 일만 지나면 니느웨가 무너진다!"**(3:4) 회개하란 말도 없다. 그러곤 이왕 구경 못한 지중해변 대신, 그것들이 망하는 꼴을 지켜보려고 산으로 올라가 자리 잡고 앉는다.

그런데 요나의 설교는 예언자 중 가장 짧은데, 효과는 만점이다. 왕이 즉각 전국에 금식을 선포하자, 백성은 물론 짐승 새끼에 이르기까지 재를 뒤집어쓰고 회개한다. "혹시 하나님이 마음을 돌리고 살려줄 지, 누가 아느냐?"(3:9) 하는 게 그의 생각이다. 그러자 하나님은 그들이 뉘우치는 것을 보고는 흐뭇해져서 뜻을 돌이켜, 마음속으로 심판무효를 선언하고 재앙을 내리지 않는다.

이윽고 좋은 구경거리를 기다리던 요나는 망하기는커녕, 여전히 태평세월을 구가하고 있는 니느웨를 바라보면서, 무엇인가 조짐이 이상하다는 것을 알아차린다. "내 이럴 줄 알았다!"(4:2) 참으로 못마땅한 일이다. 가슴이 터지도록 화가 치솟는다. 그런데 화를 쏟아 부을 곳은 하나님밖엔 없다. "내가 진작 고국에 있을 때 뭐라고 그랬습니까? 내가 스페인으로 도망쳤던 것도 다 이럴 줄 알았기 때문입니다! 하나님은 은혜로우시며 자비로우시며, 좀처럼 노하지 않으시며 사랑이 한없는 분이셔서, 내리려던 재앙마저 거두실 것임을 내가 죄다 알고 있었기 때문입니다."(4:2) 불평을 쏟아낸다.

요나는 이스라엘 전통주의 신학대로 하나님의 속성을 줄줄이 읊어댄다. "하나님은 은혜와 긍휼과 사랑의 하나님이다!" 자비(하눈Hanun)는 타인에게 친절하고 타인의 고통에 공감하고 용서할 줄 아는 마음, 긍휼은 '어머니 자궁'을 뜻하는 라훔(Rahum)으로 자기희생, 사랑은 헤세드(Hesed)로 무조건적인 사랑(아가페Agape)이다. 문제는 하나님의 그러한 마음을 자기들에게만 적용시키고, 타민족에게는 적용할 줄 모른다는 데 있다.

그러니 자기가 공연히 도망친 게 아니다. 무엇보다도 하나님을 잘 알기에 도망친 것이다. 그렇게 하나님을 잘 안다면, 그대로 하면 될 것을! 그런데 "이제는 제발(아무튼·하여튼·어쨌거나·당장), 내 목숨을 거두어 주십시오. 이렇게 사느니 차라리 죽는 게 낫습니다!"(4:3) 하며 억지에다가 생떼까지 쓴다.

아, 하나님도 끝내 당신의 종이 그렇게까지 나올 줄 모른 게 분명하다. 그래서 묻는다. **"네가 화를 내는 것이 마땅하냐?"** 그런데 일언반구도 없다. 그러고는 여전히 그 성읍이 망할 것을 기대하면서, 산으로 올라가 초막을 짓고 그늘아래 앉아 자리를 잡는다. 그러자 하나님은 **"박 넝쿨"**이 돋아나게 한다. 그는 능청스럽게 웃으며, 그것을 자기더러 멋진 심판꺼리를 구경하라고, 마음을 돌린 하나님이 친절하게 파라솔을 펼쳐준 것으로 생각하고는, 시원한 그늘에 척 들어앉아 때를 기다린다. '아참, 그늘이 지니, 참으로 시원하고 편안하군. 이제 깨소금 일만 보면 되겠구나!'

다음 날 아침, 하나님은 무엇이든 닥치는 대로 갉아 먹어치우는 쏠기 전문가 **"벌레"** 한 마리를 보내, 박 넝쿨을 죄다 갉아먹게 한다. 한 3년은 굶은 듯, 삽시간에 박 넝쿨을 다 먹어치운 벌레는 곧 거대한 나비가 되어 '메롱!' 하며 훨훨 날아간다. 박 넝쿨 파라솔은 곧 가지만 앙상하여, 요나는 그 아래 앉으나마나 한 신세가 되고 만다.

어디 그뿐인가? 하나님은 제2탄도 준비한다. 푹푹 찌는 **"뜨거운 동풍"**을 훅훅 분다. 그리하여 가뜩이나 대머리인 요나는 머리가 다 지져지고 벗겨질 듯 혼곤해져 기력을 잃는다. 그러자 또 맘에도 없는 '가상(假想) 자결'을 자청하고 나선다.(4:8~11)

"아, 이렇게 사느니 차라리 죽는 게 더 낫겠습니다."

"박 넝쿨이 죽었다고, 네가 이렇게 화를 내는 것이 마땅하냐?"

"마땅하다마다욧! 어디 옳다 뿐이겠습니까? 나는 화가 나서 죽겠습니다."

"네가 수고하지도 않고, 키운 것도 아니며, 그저 하룻밤 사이에 자라났다가 죽어버린 이 식물을 그처럼 아까워하는데, 하물며 좌우를 가릴 줄 모르는 사람(아담)들이 12만 명도 더 되고, 짐승들도 수없이 많은 이 큰 성읍 니느웨를, 내가 어찌 아끼지 않겠느냐?"

'…!'

죽을 고생을 하며 한 일인데, 끝내 '제 뜻대로' 아무것도 성취하지 못하고 고국으로 돌아오는 길은 참으로 멀고 멀다. 아니, 차라리~ 지겹고 지겹고도 또 지겹다. 그러나 그처럼 성공한 예언자도 없다.

해학적인 요나 이야기는 이렇게 끝난다. 이스라엘의 종교적이고 민족적인 편협성과 소아병적 선민의식, 하나님을 여전히 민족 신으로 고집하는 당대의 신학과 그 조류에 저항하며 해체를 주장하면서 보편적인 구원의 하나님을 말하는 경악스러운 신학이면서도, 그지없이 웃기는 이 이야기가 당대 사회에 일으킨 파장은 제법 컸을 것이다. 그러나 당대 유대인들의 고집스런 사고방식과 관행을 되돌려 놓지는 못했다. 이스라엘은 계속 '닫힌 길'을 걸어갔다. 그러나 소수는 이 이야기를 듣고 시원하게 여기고 예언자들의 가르침을 따르면서, 하나님의 뜻과 이스라엘의 본래 얼, 곧 아브라함의 명제를 후대에 전수해주며 나아갔다.

"우리의 설화는 바로 이스라엘의 가면을 벗겨버린다. 그리고 오늘날에는 교회의 가면도 벗겨 제치고 있다. 우리의 더럽고도 야비한 도망자, 이탈자의 모습을 폭로하고 있다. 하나님의 백성에 속한 자들은 이 설화의 거울에 비친 자신의 모습을 알아보아야 한다. 요나서는 정확하게 질문하고 있다. '너희 교회들아, 너희 크리스천들아, 너희의 자유는 바로 요나와 같은 이런 사람의 노선을 따르는 것이 아니냐?' 사람들 중에는 자주 불필요하게도 이 아름다운 책을 이해하기에 아주 까다롭도록 만드는 자들이 있다. 이 작은 책은 아득한 옛날에 일어난 일에 우리를 끌어다 빠뜨리려고 하는 게 아니라, 현대의 독자들을 향하여 단호하게 호소하며 거울 앞에 직면하게 한다."《한스 W. 볼프–선교자 요나》

말라기

페르시아 제국은 '다리우스 2세'(기원전 423~404년)에 이르러 여러 속주들의 반란으로 점차 쇠락의 징후를 드러내기 시작하더니, 그의 아들 '아르타 크세르크세스 2세'(404~358년)에 들어서 이집트를 비롯한 여러 식민지들을 잇달아 잃어버렸다. 그런 경향은 여러 속주들에 그대로 반영되어, 페르시아 제국의 관용은 먼 시대의 신화가 되어버렸다. 제국은 점점 기울어가는 국력을 가혹한 조세와 부역과 군역으로 메워가면서, 각 속주들의 민중에게 헤아릴 수 없는 고난을 안겼다. 그리하여 각지에서 저항의 불길이 더욱 거세게 일어났다.

그러자 페르시아 제국은 식민지를 회유하고자 유화책을 쓰기도 했는데, 그것은 대단히 위선적인 정책이었다. 제국은 주로 각 속주에서 큰 영향력을 발휘하는 **제사장 계층**에게 최대한의 정치적 권한을 주고, 성전세금을 면제해주고 특별우대 하면서, 그들로 하여금 백성들이 저항하지 못하도록 했다. 그것은 커다란 효과를 발휘했다. 출세에 목말라했던 각 속주의 종교인들은 종교적 이데올로기를 십분 동원하여, 제국에 충성하는 것이 신의 뜻이라고 선전하면서 백성의 저항심을 누그러뜨리는 데 앞장섰다.

유대 땅 역시 그런 시대적 상황에 휘말려 들어가지 않을 수 없었다. 그런 시대에 활동한 **"말라키"**(Malachi, 말라기. 말라기記가 아님. 본래 말라키야-야훼의 사자使者)는 구약성서의 마지막 예언자로서, 기원전 400년 후반~300년대 초반에 활동한 것으로 보이는데, 아마도 제사장 출신인 것 같다. 그는 페르시아 제국의 위선적인 식민지 종교정책에 저항하면서, 주로 성전제사와 제사장의 불성실, 페르시아인들과 결혼하는 것을 출세의 수단으로 삼는 유대인 부유층, 그로 인하여 당대에 유행되다시피 한 이혼문제(아내 학대와 추방)와 십일조 문제에 천착하면서 제사장들에 대한 비판을 많이 했다.

말라기는 세금과 부역과 전쟁 동원, 종교적 특혜와 성직매매 문제 등, 페르시아 제국의 갖가지 치졸한 정책과 압력으로 점점 더 고난의 강도가 심해지는 시대 속에서, 여전히 "**하나님은 이스라엘을 사랑한다.**"(1:2a)고 선포한다. 이 역시 지독한 역설이다. 그러나 이런 생각이야말로 고난의 시대를 건너갈 수 있는 유일한 힘이다. 초월적인 구원을 바란들, 갑자기 오지 않는다. 어려운 시대일수록 신앙이 필요하고, 서로 사랑하며 붙들어 주고 격려하며 함께 사는 자세가 긴급히 요청된다. 그럴 때만 하늘이 응답한다. 그렇지 않으면 자포자기의 절망밖엔 없으며 사회는 몰락하고 만다. 따라서 그의 말은 어려운 시대를 건너가는 최선의 대안이다.

그러나 지독한 고난의 시대에서, 그런 말에 귀를 기울이는 사람이 있을까? 백성은 당연히 예상되는 반응을 보인다. "**하나님이 우리를 사랑하신다는 증거가 어디에 있는가?** …하나님을 섬기는 것은 헛된 일이다. 하나님의 명령을 지키고 죄를 뉘우치고 슬퍼하는 것이 무슨 유익이 있단 말인가?"(1:2b; 3:13~14) 하며 대든다.

그것은 이해할 수 없이 계속되는 고난과 그로 인한 사회모순이 점점 극단적으로 치달아가는 현실에서 나온 정당한 불만과 체념이 섞인 항의이다. 종교적 열성이 아무런 도움이 되지 못하는 세상이다. 세상은 날이 갈수록 신의 침묵·신의 부재를 느끼게 하는 현실로 뒤덮이고 있다. 아무도 어떻게 살아야 할지 모르고, 그저 어둠 속에서 가엾게 방황한다.

그런 현실에서 사람들은 본능적으로 점점 자기 생존과 안정에만 매달리기에, 사회에는 이기주의와 보수주의와 불법행위가 증가할 수밖에 없다. 따라서 정신이 급속도로 이완되고, 양심과 도덕성, 정직과 신뢰의 가치가 찬밥이 되고, "모든 방면에서 숱한 악령들이 출몰하는 세상"(칼 세이건–

악령이 출몰하는 세상》이 되어 간다. 나라 전체가 도덕적이고 사회적인 블랙홀 속으로 빨려 들어가고 있는 형국이다. 사회를 컨트롤할 중심이 없다. 각자가 알아서 살아남아야 할 무법의 시대이다.

그래서 백성은 이런 말까지 한다. **"이제 보니, 교만한 자가 오히려 복이 있고, 악한 일을 하는 자가 번성하며 하나님을 시험하는 자가 재앙을 면한다!"**(3:15) 이것은 사회가 구조 악으로 부조리하게 되어버린 시대에서 터져 나오는 보편적인 소리이다. 백성이 이런 말을 하는 것이 전혀 터무니없는 것도 아니다. 페르시아 제국의 교묘하고 편파적인 종교정책으로 인해 특혜를 받는 제사장들과 그에 빌붙어 살아가는 사람들이 출세하여 위세를 부리고, 법이 무력화되어버린 현실이기 때문이다. 그런 말은 말라기서와 비슷한 시대에 나온 "욥기"의 주제이기도 하다. 신앙, 진실, 선, 의를 지키면 손해가 되고, 불신과 이기주의를 따르면 이익이 되는 모순의 사회이다. 이미 붕괴한 것이나 마찬가지이다.

그는 그런 반응에 대하여 대답하지 않고 단지 **고난의 원인**만 강조하면서, 그 모든 게 종교, 곧 신앙과 영성의 상실 때문이라고 말한다. 그는 사회적 고난의 원인이 모두 "제사장들조차 제사를 멸시하며"(1:6), 백성이 아무 성의 없이 "더러운 빵, 눈멀고 병든 짐승"(1:7)을 바치는 **제사 모독행위**에 있다고 하며, 그런 행위에 분노한 나머지 급기야는 성전철폐를 선언하기까지 한다(1:10). 제2성전도 장차 "지푸라기 같이 타 버릴"(4:1) 날만 기다린다.

모든 것이 무너지고 있다. **"하나님에 대한 배신"**(4:10)을 비롯한 각종 배신이 일상화되어 있다. 그는 유달리 '배신'이라는 단어를 자주 사용하면서, 하나님과 유대인, 유대인들 사이에 있어야 할 최후의 보루를 신뢰의 문제로 파악하고 있다. 신뢰의 가치가 붕괴된 사회에 남아 있는 것이 무엇이겠는가?

그런데 그가 제사 문제와 종교인들과 배신의 일상화를 비판하는 이유는 그것이 결과적으로 사회적 약자들의 수난을 가져오기 때문이다. 지금의 현실이 그것을 보여준다. 정직하고 진실하다고 해서 입에 제대로 풀칠할 수 있는 세상이 아니다. 가지고 배운 자들의 불법과 부패가 능란한 처세술로 여겨지는 세상이다.

가장 큰 배신은 이혼이다. 사회적 약자 계층의 하나인 여성들이 아무런 이유 없이 일방적으로 이혼을 당하고 내쫓긴다. 그것은 "이방 우상을 섬기는 여자와 결혼까지 하는 일"(2:11), 즉 돈 많은 페르시아 여자나 다른 외국 여자와 결혼하는 것이 유행이 되었기 때문이다. 이것은 여성과 어린이, 과부와 고아 등, 사회적 약자들의 수난을 대표적으로 지적한 것이다. 그는 이런 일을 "한 아버지를 모시고 있는 백성이 서로 배신하는 추악한"(2:10) 사태라고 규정한다. 힘을 가진 사내들의 폭력이 이만저만이 아닌 세상이다.

그리하여 시대 전체가 도덕적 아노미(anomie, 연쇄 붕괴)로 쓰러져가고 있다. 사회적 약자들을 제외하고, 누구랄 것도 없이 모두가 그런 더럽고 어두운 시대의 공범(共犯)이다. 모두가 "시대의 깊은 어둠 속에서 활개를 치는 자식들"《황석영-어둠의 자식들》이다. 그런 혼탁한 물이 홍수처럼 나라를 휩쓸어, 백약이 무효한 지경이다. 외부에서 강한 압박을 받는 사회는 서로 신뢰하고 사랑하며 사는 것이 아니라, 오히려 더욱 극단적인 이기주의 속에서 갈등과 대립과 분열로 치달아간다는 고금의 진리가 증명되고 있는 시대이다.

그는 또한 십일조를 제대로 바치지 않는 행위를, "하나님의 것을 도둑질하는 것"(3:8~9)이라고 말한다. 그 이유는 십일조가 단지 헌금문제가 아니라 사회적 약자들을 보호하는 데 쓰는 것으로, 사회복지를 위한 도덕적 책임으로 주어진 법이기 때문이다(신명기 14:22~29). 예나 지금이나 사회적 약자들을 방치하는 것은 결국 사회 전체에 부메랑이 되어 돌아온다. 그것은 계층분열과 각종 범죄의 증가, 사회윤리와 연대와 사회적 효율성 약화로 나타나, 결국 붕괴위기에 직면하게 된다.

유대인들은 지금 하나님을 이해할 수도 없고, 그저 이상하게 돌아가는 세상만 넋을 놓고 바라볼 수밖에 없는 안타까운 처지이다. 그들은 외부에서 닥친 칠흑 같은 역사의 암흑 속으로, 또한 체념하고 위축된 마음의 어둠 속으로 움츠러들고 있다. 역사의 카오스이다. 그래서 유대인들은 그저 그 모든 것을 단번에 해결해줄 하늘의 터미네이터(해결사)를 기다린다. 말라기는 그 존재를 "하나님의 언약의 특사, 떠오를 의로운 해"(3:1; 4:2)라고 말한다. 그것은 초월적·신비적·신적 존재인 '메시아'를 가리킨다. 그러나 그 후 유대사회는 더욱 깊은 역사의 어둠 속으로 가라앉는다.

그렇게 하여 구약성서는 창세기 1장의 찬란한 우주적 빛으로 시작하여 짙은 어둠으로 끝난다(기독교 성서에서. 유대교 히브리 성서는 역대지가 끝). 그러나 이것은 결코 닫힌 길, 곧 절망적인 수렁이 아니다. 역설적으로 이것은 어두우면서도 미래를 향하여 열려 있는 길이기도 하다. 즉, 이것은 차디찬 역사의 혹독한 칼바람 속에서도, 늘 함께하는 **하나님의 세키나**(Shekhinah, 현존)를 굳게 신뢰하고 참아내면서, 미래에 밝아올 새벽녘에 대한 대망을 품어 안고 나아가야 할 열린 역사의 길이다.

그때부터 유대인들은 그 어두우면서도 열려 있는 시대를, 오로지 아브라함의 명제, 곧 신앙의 길, 영성훈련의 길, 거룩한 백성 되기의 길을 걸으며, 조상들이 이집트를 나올 때 가졌던 하나님의 그 거룩한 세키나가 인도하는 희망의 삶 안에서 살아가야만 한다. "이스라엘 자손은 구름이 성막에서 걷히면 진을 거두어 가지고 떠났다. 그러나 구름이 걷히지 않으면, 걷힐 때까지 떠나지 않았다. 그들이 길을 가는 동안에, 낮에는 주님의 구름이 성막 위에 있고, 밤에는 구름 가운데 불이 있어서, 이스라엘 온 자손의 눈앞을 밝혀 주었다."(출애굽기 40:36~38). 이것이 이스라엘의 길이다.

그 후 유대인의 고난은 점점 더 심해졌다. 기원전 331년 페르시아 제국이 그리스의 '알렉산드로스'에게 "가우가멜라" 회전(會戰)에서 참패하여 멸망당하고, 이스라엘은 그대로 주인만 바뀐 채, 그리스 제국(기원전 331~143년)의 식민지가 되어 역사상 가장 참혹한 고난의 시대로 들어섰다. 그러한 그리스 제국시대 중엽에 나온 책이 "다니엘서"로서, 구약성서에서 가장 늦게 쓰인 책이다.

제29장

그리스 제국시대

성서: 다니엘서

'박해시대에도 오직 야훼 하나님에게 절대충성하고 참아내면서, 하나님이 이룰 악의 제국 전복과 이스라엘의 구원과 세계통치를 기다리라.' 다니엘서는 인내와 희망의 격려를 담은 책이다. 그래서 그런 신앙과 인내를 지니고 살아간 한 인물의 예로, 고대 이스라엘에 살았다는 "다니엘"이라는 전설적인 의인을 주인공으로 삼아 이야기를 들려준 것이다.

그리스 제국시대와 유대인들의 저항

본래 이 장은 맨 끝에 놓아야 하지만, 다니엘서가 예언서에 속하기에 여기에서 생각해본다(다니엘서는 히브리성서·구약성서·타나크Tanak와 그리스어 성서 70인역〈LXX〉 목록에서, 예언서가 아닌 성문서·시가서). 기원전 4세기 후반 페르시아 제국시대 말엽 이후, 이스라엘은 급속도로 내리막길을 걸어 극심한 침체기로 접어들었다. 이렇다 할 책 하나 써내지 못했고, 마지막 예언자 '말라기'가 떠난 후에는 더 이상 예언자도 나타나지 않았다.

그렇게 정신이 말라비틀어진 불임(不姙)의 시대에 나온 "시편"에는 이런 말이 있다. "우리에게는 어떤 징표도 더 이상 보이지 않고, 예언자도 더 이상 없으므로, 우리 가운데서 아무도 이 일이 얼마나 오래 갈지를 아는 사람이 없습니다."(시편 74:9) '이 일'은 앞날을 알 수 없는 짙은 어둠의 식민지 시대를 가리킨다.

그리고 그러한 시대가 곧장 그리스 제국 시대로 이어져 유대인들은 역사상 가장 참혹한 박해를 당했다. 이에 비하면, 그 옛날 바빌론 포로의 고난은 차라리 평안한 시절이었다고 말할 수밖에 없을 정도였다. 그리스 제국의 식민지 시대는 정녕 "내 땅에서 유배된 자들"《프란츠 파농–대지의 저주받은 자들》이 "신의 침묵"《엔도 슈사쿠–침묵》 속에서 한없이 짓눌리며, 더 이상 하나님의 구원도 불가능해 보이고, 어떤 희망의 예언도 들려오지 않는 죽음과도 같은 시절이었다.

그러나 그런 가운데서도 유대인들은 결코 포기하거나 절망하지 않고, 한편으로는 의롭게 살다가 죽은 자의 부활 신앙을 가지고 인내하고, 다른 한편으로는 더욱더 하나님의 초월적 구원, 곧 하나님이 보내는 초월적 신인(神人)인 '메시아' 신앙을 가지고, 그의 강력한 통치가 실현되어 결정적인 불의 심판으로 악의 제국과 악인들을 없애버리고 자기들을 구원해주기를 대망하면서 살얼음판을 딛듯 살아갔다.

정치적 해방과 독립과 자유에 대한 유대인들의 피맺힌 갈망은 자연히 절절한 이야기 형식으로 표출되기 시작하여 고난당하는 민중의 영혼과 삶 속으로 파고 들어갔다. 그것이 **"묵시문학"**(默示文學, Apocalyptic Literature)이라는 문학형식이다. 이런 책들은 많은데, 대부분 '외경'(外經, Apocrypha)으로 분류된다. 편안하고 행복하고 평화롭게 사는데, 누군들 세상이 뒤집어지기를 바라겠는가?

묵시문학은 고난 때문에 울부짖는 히브리 민중의 눈물 어리고 절실한 구원의 호소와 희망의 책이라는 성격을 갖는다. "하나님 나라의 대망은 고난의 장에서 형성된 것이다. 묵시문학은 억압당한 민족의 사무친 한(恨)을 다양하게 표현한 것이라는 사실을 아는 것이 중요하다. 저들은 묵시문학을 통해 분노와 복수심, 자기 한계에 대한 한탄, 세상에 대한 증오, 그리고 새 세계를 그리는 애원, 힘의 한계를 처절히 경험하는 데서 오는 초월자의 기적적 관여, 심판, 새로운 통치 등을 갈구한 것이다."《안병무-민중과 성서》

다니엘서는 그리스 제국이 저지르는 잔혹한 박해의 암흑시대에 이스라엘의 중추적 사상인 '오직 야훼'의 기치를 내걸고 나온 대표적인 묵시문학이요 강력한 저항문서이다. 따라서 이 책을 이해하기 위해서는 우선 그 내용보다도, 그 시대의 정치적이고 종교적이고 문화적인 시대 상황을 아는 것이 필수적이다.

메시지는 단순하다. '박해시대에도 오직 야훼 하나님에게 절대충성하고 참아내면서, 하나님이 이룰 악의 제국 전복과 이스라엘의 구원과 세계 통치를 기다리라.' 다니엘서는 인내와 희망의 격려를 담은 책이다. 그래서 그런 신앙과 인내를 지니고 살아간 한 인물의 예로, 고대 이스라엘에 살았다는 "다니엘"이라는 전설적인 의인을 주인공으로 삼아 이야기를 들려준 것이다. 저자는 모른다.

기원전 333년, "북쪽에서 가마솥에서 끓는 물이 넘쳐"(예레미야서 1:13. 문장으로 인용) 들어왔다. 그리스의 '알렉산드로스'(Alexandros)였다. 그때부터 유대인들은 이스라엘 역사상 가장 참혹한 박해와 고난의 시대로 들어서게 되었다.《존 브라이트–이스라엘의 역사; 에드워드 M. 번즈–서양문명의 역사, 제1권; 니코스 카잔차키스–알렉산드로스 대왕; 남경태–종횡무진 서양사》

그는 기원전 356년, 그리스 북부 산악지대 왕국 "마케도니아"의 왕 "필립포스 2세와 헬레네"의 아들로 태어났다. 청소년 시절에 아버지가 데려온 철학자 "아리스토텔레스"를 가정교사로 두고, 그로부터 세계제패와 통일 및 헬레니즘의 세계화에 대한 야망을 교육받으며 자랐다. 헬레니즘은 그리스 종교와 사상과 철학과 문화 일체를 말하고, 그리스인들이 자기 땅을 가리킨 "헬라스"(Hellas)에서 온 단어이다. 헬라스는 지금도 그리스 안에서 사용하는 국명이다.

그는 신하들에게 살해당한 아버지의 뒤를 이어 20세에 왕위에 올라, 기원전 336년에 여러 폴리스(국가)를 통일했다. 이윽고 그는 곧바로 세계정복의 꿈을 실현하고자, 불과 4만여 명의 군대를 이끌고, 언제 돌아올지 모르는 기나긴 원정(遠征)을 떠났다. 바로 그때가 세계사의 흐름이 뒤바뀌는 순간이었다.

그는 좁다란 보스포루스 해협을 건너, 기원전 333년 "이수스" 회전(會戰)에서 터키 지역에 있던 페르시아 제국의 속주를 무너뜨리고 곧장 남쪽으로 내려오면서, 저항하는 페니키아와 사마리아를 초토화시키고, 별 저항이 없던 유대 땅을 간단히 접수했다. 그리고 332년에 이집트로 무혈입성하여 열렬히 환대하는 사제들로부터 이집트 최고신 "아문(Amun)의 현현(顯現), 신의 아들 파라오(Pharaoh)"라는 찬사를 받으며 황제가 되었다.

잠시 쉬면서 기력과 전력을 충분히 보충한 다음 이집트를 떠난 그는 331년 페르시아 제국의 중심부로 진격하여 "가우가멜라" 전투에서 "다리우스 3세 코도마누스"(336~331년) 황제의 대군을 격파하고, 이어 바빌론과 수산과 엑바타나를 정복하고 페르시아 제국을 멸망시켰다.

그런데 알렉산드로스가 그처럼 파죽지세로 페르시아 제국을 무너뜨릴 수 있었던 데는 주로 세 가지 이유가 있었다. 첫째, 앞서 제26장에서 말한 바와 같이, 약 150년 전인 기원전 480년에 있었던 '살라미스 해전'의 덕택을 많이 본 때문이기도 했다. 페르시아는 그 전쟁의 대패 이후 급속도로 힘을 잃고 내리막길을 걸어 속주들의 반란에 시달렸고, 특히 이집트를 상실했다. 그래서 페르시아는 바빌로니아와 본국(이란) 외에는 별로 통치할 능력이 없었다.

둘째, 어느 나라에도 없었던 매우 독특한 전법(戰法)이었다. 그것은 "적의 황제나 총사령관이 있는 적진의 중앙부를 철기병으로 돌파하는 전법, 그리고 4m짜리 긴 창과 방패를 든 중무장 보병의 밀집대형 전법이었다." 《아놀드 J. 토인비-역사의 연구, 제2권》 전자는 일거에 적진의 중심을 무너뜨리며 양분시켰다. 후자는 촘촘한 대열을 이루어 긴 창으로 찌르며 뒤에서 밀어붙이는 형태로, 짧은 칼과 창을 들고 각개전투를 벌이는 페르시아 군대를 짓밟았다.

셋째는 결정적인 것으로서 커다란 행운의 작용이었다. 페르시아 제국의 군대 안에 그리스인 용병이 다수 포함되어 있었다는 것이다. 저 이집트 제국에서부터 고대제국의 전쟁이란 자국 군인들만 동원하는 것이 아니라, 자기들이 정복한 식민지 백성의 군역(軍役)과 돈을 주고 용병을 사서 치르는 방식이었다. 그러나 군역은 주로 농민들을 차출하는 방식이어서 훈련을 시켜야 하는 문제가 컸기에, 많이 사용하지 않았다. 그렇기에 어느 제국이나 이미 전쟁기계가 된 사람들을 용병으로 고용하는 방식을 선호했다. 페르시아 제국은 그 광대한 영토를 유지하기 위해서 더더욱 그러했다. 따라서 "말기의 아케메네스 왕조가 그리스인 용병으로 직업적인 기동부대를 편성한 결과는 알렉산드로스 대왕에 의한 아케메네스 제국 정복이었다."《아놀드 J. 토인비-역사의 연구, 제2권》 이것은 이스라엘 역사 초기에 적군 안에 있던 '히브리들'이 전투 중 이스라엘 편에 붙어 싸우고 전향해온 것과 같은 일이다.

그 후 알렉산드로스는 더 동쪽으로 진격하여, 서북부 인도의 파키스탄(펀자브 지방)과 아프가니스탄까지 복속시키고, 마침내 그 당시 알려진 세계정복을 이뤘다. 그는 인도를 정복한 후, 그 동쪽의 거대한 산맥 너머에 광대한 제국이 있다는 정보를 듣기는 했지만, 오랜 원정에 지쳐서 넘어가지 않았다. 그 당시 중국은 한창 전국시대(戰國時代)였는데, 그때 만일 그리스와 중국이 맞붙었다면 세계사가 어떻게 되었을까?

그렇게 그는 33세에 그리스 제국이라는 세계적인 제국을 창업하고 고국으로 돌아가던 중, **"바빌론"에서 죽었다**(323년. 356~323년). 그가 그 당시 그리스에 알려진 세계전체를 정복한 것은 그리스의 최고신인 "제우스"가 자기에게 '헬레니즘의 세계화'라는 크고 신성한 사명을 안겨 세상에 보낸 것이라고 생각했기 때문이다. 그때 로마는 아직 이탈리아 반도에 있는 조그마한 왕국에 불과했다. 그는 "유명한 정복자, 그러나 교만했던 청년"《자와하를랄 네루-세계사 편력, 제1권》이었다. 그는 자신이 정복한 모든 나라에 헬레니즘을 전파했지만, 그보다는 대개 모든 나라들이 자발적 복종과 전향의 길을 걸었다. **오직 작은 한 민족만이** 까다롭게 반발하고 저항했을 뿐이다.

그리하여 세계는 그리스의 다신 종교와 철학, 언어와 문명과 문화로 강제 통일되기에 이르렀다. "알렉산드로스 대왕의 비전인 호모노이아(Homonoia), 즉 대화협(大和協, 인류의 통일)은 헬레니즘의 자취가 살아 있는 한, 그리스 세계에서 결코 가시지 않았다."《아놀드 J. 토인비–역사의 연구, 제1권》 알렉산드로스 사후, 그리스 제국은 각기 네 명의 장군에게 분할되어 맡겨졌다. 그중 시리아–메소포타미아 지역의 "시리아 셀류쿠스"(Seleucus) 왕조, 이집트 "프톨레마이오스"(Ptolemaios, Ptolemy) 왕조가 강력했다(마지막 황제가 여왕 클레오파트라 7세 필로파토르). 그 후 두 나라는 세계패권을 차지하려고 줄곧 싸우며 번갈아 팔레스타인 땅을 지배했다.

그런데 구약성서의 세계사적 관점, 곧 아브라함의 명제에 나타난 하나님의 세계구원 관점에서 알렉산드로스·그리스 제국·헬레니즘을 평가하면, 그도 역시 바빌로니아의 네부카드네자르 2세나 페르시아의 키루스 2세와 마찬가지로, 하나님이 불러다 쓴 구원의 막대기(하나님의 종·메시아)이다. 비록 그리스 제국의 통치가 유대인들에게는 상상할 수 없는 박해의 시대가 되기는 했지만, 세계역사나 문명사적으로 볼 때 헬레니즘은 하나님의 세계구원을 위한 계획의 일환으로 벌어진 일로 볼 수 있다. 왜냐하면 헬레니즘은 동서 지역의 교통과 문화와 문명의 교류와 융합, 그리스어의 세계화(국제공용어)라는 일대 혁신을 가져왔기 때문이다.(이것은 후일 구약성서의 그리스어 번역·70인역과 기독교 선교의 발판이 되었다)

그러나 유대인들은 거기에 휩쓸리지 않고, 전통의 신앙체계를 보전하는 사명을 지켜나가면서 후손들에게 아브라함의 명제를 계속해서 전승해주어야만 했다. 그렇게 하다 때가 되면, 제3이사야의 말처럼 온 세상에 하나님의 진리를 전해주어야 할 것이었다. 물론 이러한 관점의 해석은 후일 유대교에서 나온 기독교 차원에서 보는 것이지만, 세계역사가 그런 식으로 전개되어 왔기에 이렇게 말할 수밖에 없는 것이다. 대부분의 유대인들이 예수와 기독교를 반대했다 하더라도, 결국 세계역사는 소수 유대인 사도들과 그리스인이 포함된 그 제자들과 평신도들의 활동으로 세계로 퍼져 나간 기독교를 통해서 아브라함의 명제인 하나님의 세계구원 계획이 이루어져 온 역사이기 때문이다.

그리고 이것은 지금도 계속되는 진행형이다. 비록 세계역사나 기독교 안에 여러 가지 이해할 수 없는 모순과 부조리가 많아도(정복·전쟁·타락 등), 그것은 인간이기에 저질러지는 일이다. 그렇다 해도 하나님의 세계구원 명제는 그런 부족하고 죄 많은 인간들을 통해서 계속 세계역사 속에서 진행되면서 내려왔고, 앞으로도 그럴 것이다. 이것에 대한 하나의 증명이 지금까지 생각해본 대로, 구약성서의 고대 이스라엘 민족의 역사가 아니던가? 따라서 구약성서에 나타난 하나님의 세계 구원사적 관점에서 볼 때, 알렉산드로스의 활동과 헬레니즘 역시 하나님의 세계구원 계획의 한 부분으로 일어난 **준비과정**으로 해석하지 않을 수 없는 것이다.

헬레니즘을 이용하여 아브라함에게 제시한 명제를 실현해나가는 하나님의 세계 구원사적인 의미에 대하여 "함석헌" 선생의 말을 들어보자. "역사는 결국 복음의 역사, 곧 인류 구원사이다. 이 원리에 의하여 어떤 국가와 민족의 역사를 해석할 때, 각기 그 정당한 지위를 발견할 수 있다. 어떤 시대에든지 그 시대의 주연자의 사명을 받는 민족, 국가 혹은 개인이란 그 시대의 복음사의 전개에 가장 필요한 방법에 대하여 가장 적합한 자격(민족성, 제도, 학문, 재능, 국토 등)을 가진 자이다. 알렉산더의 공적은 무엇인가? 그는 무엇 때문에 왔던 인물인가? 그가 스스로 그리스 문화의 전파자로 자임하며 동서 문화(문명)를 융합시키려고 노력한 것은 (자기도 모르게) 장차 인류 전체의 종교를 위하여, 그 담는 그릇도 목적에 합당한 것을 준비한 것이었다. 이리하여 알렉산더는 장차 올 복음을 위한 준비라는, 자기가 계획하였던 것보다는 훨씬 더 영구적인, 자기가 실현한 것보다는 훨씬 더 고귀한 일에 공헌을 하고 갔다. 이것이야말로 과연 젊은 영웅의 기개에 상당한 사업이라 할 수 있다."《전집 제9권, 역사와 민족》 이렇게 생각한 역사가나 사상가는 유럽에도 없었다.

그리스 제국의 분할 이후 유대 땅을 지배한 그리스와 로마 제국의 약사(略史)이다.

이집트 프톨레미 왕조, 323~198년
시리아 셀류쿠스 왕조, 198~125년, 로마 제국에게 멸망
유다 마카베우스 일가의 혁명기, 166~143년 시리아의 위축과 유대인 제사장 지배시대, 143~104년 하스모네안 유대인 독립왕조, 104~63년
로마 제국의 폼페이우스 예루살렘 정복 및 식민지, 63년 하스모네안의 안티고누스(40~37년), 로마의 꼭두각시 왕

이스라엘 민족에 있어서 그리스 제국 시대(실질적 지배, 323~164년)는 역대 최악의 박해와 고난으로 얼룩진 암흑시대였다. 프톨레미와 셀류쿠스 두 왕조는 서로 경쟁하며 유대 땅을 번갈아 차지하여, 유대인들의 모든 것을 훼손하고 박멸해버리려고 했다. 특히 시리아 셀류쿠스 왕조의 박해는 이스라엘 역사상 가장 잔혹한 것이었다. 그러한 세계사의 흐름에 대한 이야기는 구약성서(마카베우스-마카베오 상하, 토비트〈토빗기〉, 유디트〈유딧기〉 등의 책에 나온다. 이 책들은 한국 가톨릭에서는 정경, 개신교에서는 외경)와 로마시대 유대인 역사가인 "플라비우스 요세푸스"의 "유대 고대사, 유대 전쟁사", 그리고 그리스 역사책에 나온다.

그런 박해는 그리스 제국이 모든 속주에 헬레니즘을 강요한 데 따른 것이었다. 그리스 제국은 모든 속주에 그리스 12신 숭배, 그리스식 신전과 경기장과 체육(올림픽), 그리스어, 그리스 도량형, 그리스식 건축과 조각과 연극을 비롯한 예술, 철학교육을 강제로 실시하며 세계를 그리스화 하는

데 광분했다. 바야흐로 최고신 '제우스'와 그 일가족 신들의 시대였다. 모든 속주는 자발적으로 급속히 그리스 문화에 동화되어, 12신 가운데서 자기들의 입맛에 가장 잘 맞는 신을 골라서 섬겼다. 그래서 중동세계에서 그리스 종교와 신화가 자연스럽게 기존의 수메르, 이집트, 바빌로니아, 페르시아, 가나안의 종교와 신화와 융합되면서 다양해졌다. 오늘날 우리가 아는 그리스 신화는 대부분 그때 이후 뒤섞이며 보강된 것이다.

그런 가운데서 처음 팔레스타인을 지배했던 프톨레미 왕조를 축출한 시리아 왕조에서, 기원전 175년에 자기 형 "셀레우코스 4세"를 죽이고 왕위를 찬탈한 **"안티오쿠스 4세 에피파네스"**(175~163년) 왕의 유대인 통치는 역사상 가장 잔혹했다. 그는 자기 이름에 "신의 현현"(顯現)을 뜻하는 "에피파네스"(Epiphanes, epiphany)란 말까지 붙여 쓸 정도로 광적이고 교만한 헬레니즘 신봉자였는데, 나중에는 그리스신들도 섬기지 않고 자신을 신격화했다.

그는 자신이 정복한 모든 민족에게 헬레니즘을 철저히 강제했다. "마카베오 상"에 나오는 이야기를 들어보자. "그 후 안티오쿠스 왕은 온 왕국에 영을 내려, 모든 사람은 자기 관습을 버리고 한 국민(그리스인)이 되어야 한다고 했다. 이방인들은 모두 왕의 명령에 순종했고, 많은 이스라엘 사람들도 왕의 종교를 받아들여, 안식일을 더럽히고 우상에게 제물을 바쳤다. 왕은 또 다음과 같은 칙령을 내렸다: 유대인들은 그리스인들의 관습을 따를 것, 예루살렘 성전에서 제사를 드리지 말 것, 안식일과 기타 축제일을 지키지 말 것, 성소와 성직자들을 모독할 것, 그리스 종교의 제단과 성전과 신당을 세울 것, 돼지와 부정한 동물들을 희생 제물로 바칠 것, 사내아이들에게 할례를 주지 말 것, 온갖 종류의 음란과 모독의 행위로 스스로를 더럽힐 것, 율법을 저버리고 모든 규칙을 바꿀 것. 이 명령을 따르지 않는 자는 사형에 처한다."(1:41~50)

그런데 안티오쿠스 4세가 그렇게까지 한 이유는 단지 헬레니즘의 광신도 때문만이 아니라, 정치적이고 국가 경제적인 이유가 더 컸다. 그러한 역사는 조금 더 거슬러 올라간다. 안티오쿠스 4세의 아버지인 "안티오쿠스 3세"가 "제2차 포에니전쟁"에서 로마에 패한 "카르타고"의 유명한 장군인 "한니발"(Hannibal)의 망명을 받아주자, 로마는 시리아를 잠재적인 적으로 생각하여 위험하게 보고, 곧바로 소아시아(터키)의 "마그네시아"(Magnesia) 전투에서 안티오쿠스 3세를 패배시키고(기원전 190년), 굴욕적인 "아파메아"(Apamea) 화친조약을 체결했다. 그로써 시리아는 사양길에 접어들었다.

기원전 187년에 안티오쿠스 3세가 죽자, 그의 장자인 "셀류쿠스 4세 필로파토르"가 즉위했고, 그는 아들 "데메테리우스"를 로마에 볼모로 보냈다. 12년 후인 기원전 175년, 셀류쿠스 4세의 동생인 '안티오쿠스'는 형을 죽이고 진정한 후계자 데메테리우스를 제치고 왕권을 가로채며 등극했다. 그가 바로 '안티오쿠스 4세 에피파네스'이다.

그런데 정통성도 없는 그는 시리아 제국을 부흥시킨다는 목표를 세우고, 나라의 힘이 모자라는 것도 고려하지 않고, 이집트 프톨레미 왕조와 끊임없이 전쟁을 벌였다. 그것은 별 소득도 명분도 지혜조차도 없는 전쟁이었기에, 국가재정과 군대의 힘만 고갈시키는 결과를 가져왔다. 그러자 그는 시리아 제국이 다스리던 모든 지역을 탈탈 털기 시작했다. 그중에서 유대 땅, 곧 **"예루살렘 제의(祭儀) 공동체"**는 여러모로 가장 좋은 먹잇감이었다. 성전세제 하에서 비축한 재산이 많았던 데다가(예루살렘 성전은 세계 최초의 은행이었다!), 이집트를 견제하는 데도 지리적으로 유리했기 때문이다.

그는 예루살렘에 개입하여 막대한 뇌물을 받고 대제사장을 마음대로 임명하고, 직접 성소에 들어가 성전의 돈과 보물들을 가져가기까지 하여 유대인들의 공분을 사기도 했다. 그는 자기 형이 세운 예루살렘 대제사장 "오니아스"(그리스어 이름. 철저히 헬레니즘에 경도된 유대인 종교지도층. 이하 같음)를 해임하고, 자기에게 많은 뇌물을 바친 그의 동생인 "야손"(히브리 이름은 여호수아)을 임명했다. 3년 후 "메넬라오스"가 더 많은 뇌물을 바치자, 야손을 해임했다. 그러던 중 안티오쿠스 4세가 이집트 원정에서 죽었다는 잘못된 소문이 퍼지자, 야손이 쿠데타를 벌여 메넬라오스를 축출하고 대제사장직에 올랐다가, 돌아온 안티오쿠스 4세에게 다시 축출되고 메넬라오스가 들어섰다.《마르틴 노트-이스라엘 역사》

이렇게 안티오쿠스 4세는 오로지 국가재정에 대한 관심만으로, 마음대로 예루살렘 제의 공동체를 유린했다. 그러다가 그마저도 부족해지자, 그때부터는 직접적으로 유대인들을 억압하고 착취하는 강경하고 폭력적인 정책을 채택했다. 그렇게 그는 이스라엘의 모든 것을 박멸하려고 했다. 그는 토라를 금지하고, 그것을 보유한 자를 처형했다. 예루살렘 성전을 폐쇄하고, 그 안에 군 사령본부(아크라Akra)를 설치하여 군대를 주둔시키고, 제우스 신단과 신상을 세우고, 곳곳에 제우스의 상징인 독수리 조각상과 문양을 새기고, 성벽을 돌아가며 군대의 제우스의 상징인 독수리 깃발을 세우고, 유대 땅 곳곳에 제우스 신전을 짓고, 경기장을 지어 유대인에게는 금기인 나체로 하는 올림픽 경기를 개최했고, 유대인의 종교와 언어와 축제를 말살하고, "디오니시우스" 종교축제 등 그리스 문화를 확산시키고, 창씨개명을 비롯한 문화통치까지 감행했다. 이런 것은 "마카베오 상하", 유대인 역사가 "플라비우스 요세푸스"의 "유대 고대사"(Antiquitates. 12장 5)에 나온다.

그런데 다른 민족들은 별 저항 없이 그리스 문화에 동화되어 갔으나, 유대인들만은 예외였다. 유대인들은 갖가지 방법으로 저항했다. 하나님은 여전히 침묵하기만 했지만, 그럼에도 유대인들은 여전히 하나님을 신뢰하고 율법과 예언자들의 말을 곱씹으면서, 그리스 제국과 헬레니즘에 저항하며 꿋꿋하게 버텨나갔다. 하나님은 그들의 끈덕진 정신 속에 살아 있었다.

물론 언제 어느 나라에서나 그러하듯, 그 당시 유대인 중에서도 도성 예루살렘과 성전을 중심으로 정치와 종교와 문화 등에서 온갖 기득권을 차지하고 살아가는 제사장들을 비롯한 지도층과 대지주인 부유층과 지식인들은, 협력하는 자에게 권력과 부의 단맛을 기꺼이 제공하는 그리스 제국에게 현혹되거나 자발적으로 전향하여, 침묵하는 하나님과 모세 어르신과 입만 열면 운운하던 율법과 민족을 배반하였다. 그러곤 매우 자랑스럽게 유대계-그리스인이 되어 갖은 특혜를 누리며 그리스 문화로 치장하고 우쭐댔다. 그들은 식민지라는 것을 까맣게 잊었을 뿐만 아니라, 오히려 영광스러운 제국의 일원이 된 것을 영예롭게 여기며 자발적으로 신식 문화인이 되었다(친-그리스파 세상). 그들이 신약성서의 복음서에도 이름이 나오는 예루살렘 성전의 종교세력이요 지배층인 **"사두개파"**(Sadducees)이다.

안티오쿠스 4세에 의해서 벌어진 그와 같은 정치, 종교, 문화적인 박해가 얼마 후에 **"마카베오 전쟁"**(기원전 166~164년)이 일어난 계기가 되었다. 하나님과 모세 율법과 민족의 얼을 지키고자 하는 많은 경건한 유대인들은 더러운 배반자의 도성이 되어버린 예루살렘 성전을 등지고 시골로 떠났다. 그들은 하나님의 궁극적 개입으로 인한 그리스 제국과 민족 배반자들에 대한 죽음의 심판과 유대인의 구원을 바라는 종말론적 희망을 품고, 공동체 생활을 했다. 일부는 곳곳에서 게릴라 전법으로 저항하면서 독립운동을 벌여 나갔다. 유대인들이 그렇게 할 수 있었던 것 역시 당시 국제 정세의 이로움이 크게 작용했다. 근본적으로 시리아 제국의 활동이 로마의 동진(東進)에 따라 크게 위축된 데다가, 이집트 프톨레미 왕조의 견제도

만만치 않아서 크게 힘을 쓸 수 없었기 때문이다.

저항운동을 전개한 유명한 두 개의 그룹은 **제사장 가문**('마따디아' 가문. 최근의 조상이 '하스몬'이라는 인물. 그래서 후일 이들이 세운 독립왕조 이름이 "하스모네안" 왕조)인 무장 독립군 **"유다 마카베우스" 5형제**들이었다(음역-마카베오). 예루살렘의 제사장이요 '하스모네안·하스몬 가문'의 수장이었던 '마따디아스'가 가족을 이끌고 시골로 내려가 독립운동을 벌인 것이 그 시초가 되었다(166년). 그들은 164년에 **농민봉기**를 일으켜 예루살렘을 탈환하고, 그동안 더렵혀진 성전을 정화하는 축제인 **"수전절"**(修殿節, 하누카 Hanukkah, 성전 봉헌절)을 8일간 지켰다. 이것이 요한복음서에 나오는 명절이다(10:22). 나중에 마카베오 형제들은 로마에 사절단을 보내며 친선관계를 유지하기도 했다.

그리고 역시 시골로 내려가 율법을 준수하는 경건파 집단인 **"하시딤"**(Hasidim)이 있었다. "하시딤 사람들이 모여 와서 그들과 합세했다. 그들은 용감한 사람들이었고, 모두 경건하게 율법을 지키는 사람들이었다. 박해를 피해온 사람들이 모두 그들을 지지하여 합세했다. 그래서 그들은 군대를 조직하여 죄인들과 율법을 어긴 자들에 대해서 분노를 터뜨리고, 그들을 쳐부수었다."(마카베오상 2:42~44a) '군대'란 하시딤에서 나온 게릴라 부대 **"젤롯파"**(Zealots)를 말한다. '죄인들과 율법을 어긴 자들'은 주로 예루살렘에 거주하면서 성전을 독점하고, 시골에 대토지를 소유하고 자기들의 기득권 옹호를 위하여 하나님과 율법과 민족을 배반하고 헬레니즘에 동화된 유대인 지도층(주로 제사장들)과 부유층(대지주들)이다.

그런데 후일 마카베오 제사장 가문이 독립을 쟁취하고 제사장 지배시대에 들어서서 "하스모네안 왕조"를 열자, 하시딤은 다시금 세 그룹으로 분열되고 말았다.

한 부류는 하스모네안 왕조가 친-그리스 제국 정책을 쓰며 권력다툼

속에서 혁명의 명분을 저버리자 그들과 결별하고, 이제 유대인 왕조와 투쟁하는 쪽으로 방향을 선회한 **젤롯파**였다(나중에 예수의 제자 중에도 있었다). 이들은 '하나님만이 우리의 왕이다. 따라서 하나님만이 우리를 다스릴 수 있다. 우리는 하나님만 섬기고 복종한다.'는 강령을 내걸고, 그리스 제국에 대항하여 세금납부 거부 운동을 펼치는 한편, 게릴라 전법으로 그리스 부대를 기습했다.

젤롯파 안에 있는 비밀 암살 결사체 "**시카리파**"(Sicarii)는 도시로 숨어들어가, 그리스 정부 인사들(주로 행정관리나 세금 관리원)이나 민족 배반자들을 암살하는 일에 주력했다. 이들은 나중에 로마 제국에도 동일한 방법으로 저항했다. 예수의 십자가 처형 당시 나오는 "강도 바라바"는 젤롯파 내의 시카리파를 가리킨다.

다른 부류는 이것도 저것도 다 포기하고 광야로 들어가, 종말론적 종교공동체를 이루어 율법과 예배와 학문에 매진하면서 메시아를 대망하며 수도원을 세운 "**에세네파**"(Essenes)가 되었다. 이들은 구약성서 필사를 많이 했다. 1947년에 발견된 "사해사본"은 이들 중 하나인 "쿰란(Qumran)공동체"가 만든 구약성서 필사본들이다.

또 다른 부류는 도시에 거주하며 상업을 통하여 부를 축적하면서 모세율법과 성전과 전통을 준수하고 학문을 장려한 "**바리사이파**"(Pharisees)가 되었다. 랍비들이 여기에 속한다.

젤롯파와 시카리파는 예수 이후 로마 제국에게 두 번(서기 66~73년의 유대 전쟁과 135년의 "바르 코흐바" 항쟁) 무장 독립투쟁을 하다가 패배하고 궤멸되었다. 그들은 66년 유대 전쟁 중 예루살렘에 진격하여, 로마 총독정부와 유대정부 문서 보관실로 들어가 세금장부와 채무서류를 모조리 불살라 가난한 자들을 빚에서 해방시키기도 했다.

유대 전쟁 후 유대인들은 완전히 "디아스포라"(Diaspora, 흩어진 유대인)

가 되어 전 세계를 떠돌면서 율법과 전통을 준수하면서 살았다. 그런 가운데 16세기 스페인 유대교 공동체에서 신비주의 운동인 "카발라"(Kabbala)가 발생했고, 18세기 폴란드 유대인 공동체에서 "바알 셈 토브"를 중심으로 한 새로운 "하시딤 운동"(Hasidism)이 폭발하여 현대까지 지속되고 있다. 20세기 유대인 철학자 "마르틴 부버"는 유명한 하시딤이었다.

위 사항을 간단하게 정리해본다.

사두개파	예루살렘 성전의 제사장들과 대지주들 친-그리스파, 민족 배반 및 기득권 세력
바리새파	도시거주 평신도 그룹, 랍비들, 중소 상공인 율법과 전통 고수, 반-그리스 저항도 함
하시딤파	시골 거주 제사장과 랍비들과 평신도들 젤롯파→ 무장독립투쟁, 시카리파→ 정부요인 암살 에세네파→ 종교 공동체(쿰란공동체)

한편 안티오쿠스 에피파네스 4세의 헬레니즘 강제정책 속에서 문화적 저항도 등장했다. 그러나 시리아 제국이 문화 활동을 철저히 검열하고 감시했기에, 유대인들은 아람어조차 마음대로 쓸 수 없었다. 그래서 그들은 자기네 책에 시리아 제국의 박해자들이 알아볼 수 없는 여러 가지 동물적 상징, 비밀숫자, 기호, 꿈, 비유 등을 사용하여 자기들만 알아들을 수 있게 하는 방법으로 저항정신을 북돋우며, 하나님을 향한 절대 신앙과 충성을 호소하고, 악의 제국의 멸망과 하나님의 종말적 구원에 대한 희망을 진작시켜 나갔다.

그렇게 적에게는 감추어 숨기고(黙) 아군만 알아듣고 보게(示) 한 히브리 문학이 묵시문학이다. 그것이 어떤 형식이든지, 묵시문학이란 사건이나 미래를 예측하는 것이 아니라, 오로지 지금 박해하는 적들에 대하여 종교적 · 문화적으로 저항하고, 고난당하는 신앙인들을 북돋우며 메시아를 대망하며 살게 하려는 이중적인 목적에서 채용한 민중의 지하문학이다. 따라서 묵시문학은 참혹한 박해로 인한 고난의 시대에 하나님의 최종 종말심판(Apocalypse, 대재앙·종말)과 궁극적 구원을 지향하는 신앙과 희망의 이야기이다.

이렇게 셀류쿠스 왕조의 안티오쿠스 에피파네스 4세의 잔혹한 헬레니즘 강제정책과 유대인 박해와 종교 및 문화 말살의 상황에서 나온 책이 바로 **다니엘서**이다. 다니엘서의 저작연대는 안티오쿠스 에피파네스 4세의 즉위년인 기원전 175년에서 '유다 마카베오'의 농민봉기가 일어난 164년 사이 10여 년으로 추정할 수 있는데, 그 후로도 추가된 부분이 있다. 그리고 그때 이후 여러 가지 저항 문학서들도 많이 나왔다.

그처럼 다니엘서는 시리아 제국의 잔혹한 통치로 인해 직접 이야기를 쓸 수 없는 상황 속에서, 이야기의 무대를 시대를 거슬러 올라가, 오래 전 바빌로니아와 페르시아 제국 시대로 설정하여, 잔혹한 고난을 당하는 유대인들에게 하나님을 향한 충성, 바위 같은 인내, 미래에 대한 희망을 고취시키려는 목적에서 쓴 책이다. 즉, '사건 후 예언'(Vaticinia Ext Eventu)이다. 따라서 유대인들은 분명히 몰래 돌려가며 읽거나, 그 책을 소지한 사람이 밤마다 이야기를 들려주는 방식을 취했을 것이다.

그 이름을 알 수 없는 기자는 옛날 전설적인 의인의 한 사람으로 존경받는 **"다니엘"**(Daniel, 에스겔서 14:13)을 채용하여 이야기를 풀어 나간다. 이 책의 신학적 주제는 이 세상과 역사는 그리스의 제우스를 비롯한 수를 헤아릴 수 없는 다신(多神)들이 아니라, **한 분인 이스라엘의 하나님이 홀로 다스리고 주관한다는 세계관과 역사관**으로서, 하나님이 결국 그리스-시리아 제국을 멸망시키고 유대인들을 구원할 것이니, 굳센 신앙을 갖고 참아내면서 끝까지 희망을 잃지 않고 이겨내야 한다는 것이다. 따라서 다니엘서는 이스라엘의 얼과 사상을 담아 저항정신을 일깨운 책이다.

다니엘서는 시리아 제국에 대해서는 직접적인 언급을 피하고, 수많은 상징과 비유, 암호와 환상으로 처리할 뿐이다. 따라서 이런 것은 모두 시리아의 안티오쿠스 에피파네스 4세 왕의 잔혹한 박해의 실상과 미래에 대한 희망을 가리킨다. 주인공 다니엘은 남왕국 유다를 멸망시키기 전인 기원전 597년, 바빌로니아 제국 "네부카드네자르 2세"의 제2차 침공 당시 포로가 된 때부터 페르시아 제국의 여러 황제를 거치며 고위관리로 활동한 것으로 설정된다.

그런데 다니엘서에는 바빌로니아와 페르시아의 왕명과 시대가 역사적 사실이나 순서 없이 마구 뒤섞여 표현되고 있다. 이것을 가지고 역사적 사실이 아니라거나 엉터리라고 말하는 사람은 묵시문학의 성격을 몰라서 하는 말이다. 많은 오기(誤記)는 시대 상황에 따라 어쩔 수 없이 의도된 것이다. 역대지계 역사서들의 오기와는 전혀 차원이 다른 문제이다. 이것은 단지 무대설정이기에 조금도 중요하지 않다.

그렇게 다니엘이 200년 이상 살면서(!) 시공을 넘나들며 활약하는 인물이라는 것 자체가 황당한 구성이지만, 중요한 것은 사실적 역사문제가 아니라, 그가 어떤 박해에도 불구하고 하나님을 향한 절대 신앙, 절대 충성, 절대 지조를 가지고 인내하면서 미래에 대한 희망을 품고 이겨냈다고 말하는 기자의 신학적 언어에 담긴 진실이다. 구약성서 모든 곳에서 읽어내야 할 것은 하나님과 인간에 관한 신학적 진실이지 역사적 사실추구가 아니다.

기자에 의하면 유대인들에게 중요한 것은 식민지 박해시대에 대충 제국에 빌붙어 살아가는 한없이 더럽고 괘씸하기 그지없는 친-그리스파, 민족 배반자의 처세가 아니라, 신앙의 지조와 절개를 지키며 하나님의 궁극적 구원에 대한 희망을 가지고 서로 격려하며 참아내는 것이다. 그래서 다니엘과 그의 세 친구들이 겪는 바빌로니아와 페르시아의 궁정 생활과 여러 가지 사건들은 당대 고난받는 유대인들을 향하여 저항과 인내를 강조한 설교이기에, 그때마다 그 의미를 천착하며 읽어야 한다.

다니엘과 세 친구

그들은 바빌로니아 포로로 붙잡혀간 똑똑하고 재능 많은 유대인 청년들로서, 바빌로니아 왕실에서 선발한 여느 민족의 청년들과 함께, 제국의 "관리 선발 프로그램"에 뽑혀 특별 훈련과정을 통해 바빌로니아 언어와 정치와 문학과 학문을 배운다(1장). 그런데 그 과정에서 바빌로니아 음식과 각종 술을 먹어야 한다.

그러자 그들은 훈련 담당자에게, 10일 동안 히브리 음식만 먹게 하여 시험해달라고 요청해 채식만 먹는다. 시험 결과, 그들은 조금도 야위지 않고 건강을 유지한다. 그렇게 하여 환상과 꿈을 해석하는 능력까지 겸비한 다니엘과 세 친구는 탁월한 성적으로 합격하여 등용된다. 그 후 그들은 왕실 집현전의 학자, 정치 비서관, 종교적 현상의 해석자, 혹은 달력과 기상을 담당하는 천문대 연구관 등에 배치되어 활동한다.

바빌로니아 황제의 꿈과 다니엘의 해몽과 시련

어느 날 느부갓네살이 꿈을 꾼다(2장). 그는 모든 점성술사와 주술사와 점쟁이들을 불러, 자기가 꾼 꿈을 맞추는 것은 물론 해몽까지 하라고 명령하면서, 그렇지 못할 시에는 삼족(三族)을 멸하겠다고 위협한다. 아무도 맞추지 못하자, 그는 모든 "지혜자들"을 죽이라고 명령하여, 그 자리에 나가지도 않았던 다니엘과 세 친구도 죽을 처지에 놓인다. 그러자 다니엘은 경호 대장을 찾아가 말미를 요청하여 허락받고는, 친구들을 불러 기도하자고 하여, 하나님으로부터 그 꿈과 해몽의 비밀에 관한 계시를 알아낸다.

그때 다니엘이 하나님을 찬양하며 한 말은 묵시문학의 주요한 내용을 이룬다. 그것은 두 가지이다. **1) 지혜와 권능은 하나님의 것이다. 2) 하나님은 이스라엘을 돌본다.** 하나님은 홀로 우주와 만물을 짓고 지혜로 그 운행을 섭리하는 창조자, 그리고 역사를 주관하는 역사의 주(主)이기에, 세계의 모든 왕들과 나라들을 폐하기도 하고 세우기도 한다는 것이다.

임금 앞에 나아간 다니엘은 꿈의 비밀을 알게 하는 것은 모두 "(이스라엘의) 하나님이 하는 일"이라고 강조하며, 위엄있고 찬란한 신상(神像)이 난데없이 날아온 커다란 돌덩이에 맞아 부서진 꿈 내용과 함께, 그것은 앞으로 왕들과 나라들이 잇달아 무너지고 일어나는 것을 보여주는 것이라고 해몽해준다. 그러면서 그는 "나라와 권세, 힘과 영광을 주거나 빼앗는 것은 하나님이 하시는 일"임을 강조하고, 하나님이 "이 왕들의 시대에 한 나라를 세워 영원히 망하지 않게 할 것"이라고 말한다.

그러자 느부갓네살은 "다니엘 앞에 엎드려 절까지" 하고는, 온갖 선물을 내려주며 치하하고, "이스라엘의 하나님이 모든 신과 왕 가운데서 으뜸가는 신과 왕"이라고 찬양한다. 그러고는 다니엘을 총리로 삼고, 세 친구는 도지사로 삼았다.

그리고 얼마 후, 느부갓네살은 신하들의 아첨을 타고 "거대한 금 신상"을 만들어 바빌론 평지에 세우고는, "모든 백성은 그 앞에 머리를 조아리고 절하라."는 명령을 내린다(3장). 그러나 다니엘과 세 친구들은 거부한다. 그러자 그들을 시기한 바빌로니아 신하들과 점성가들이 고발한다. 붙잡혀간 그들을 심문하는 왕이 지금이라도 절하면 살려주고, 그렇지 않으면 "불타는 화덕 속에 던져 넣을 것"이라고 하자, 그들은 매우 도도하게 신상에 절하지 않은 그런 일에 대해서는 대답할 필요조차 없으며, 그렇게 해도 하나님이 구해줄 것이며, "**그렇게 되지 않을지라도**(그리 아니하실지라도), 우리는 절하지 않을 것"이라고 선언한다.

그 말에 잔뜩 화가 난 왕은 세 사람을 묶어 "보통 때보다 일곱 배나 더 센 불길" 속으로 내던지게 한다. 그런데 느닷없이 화덕에 "네 사람"이 돌아다니고 있다. 네 번째 사람은 "신의 아들과 같았다." 놀란 왕은 그들에게 나오라 하고는, 그들의 신앙과 절개를 칭찬한다. "이들은 자기들의 하나님을 신뢰하여 몸을 바치면서까지 왕의 명령을 거역하고, 다른 어떤 신에게도 절하고 섬기지 않았다." 그 후 그들은 영광을 얻고 번영을 누리면서 산다.

벨사살 왕의 오만과 다니엘의 글자 해독

세월이 흘러 왕이 바뀐다. 어느 날, "벨사살" 왕이 수많은 귀빈을 초청하여 선왕 느부갓네살이 "예루살렘 성전에서 가져온 금과 은그릇들"로 술을 마시면서, 금과 은, 동과 철, 나무와 돌멩이로 만든 자기네 각종 신상들을 찬양하며 연회를 즐긴다(5장). 그러자 갑자기 "벽에 손 하나가 나타나더니, 글자를 쓰고는 사라졌다." 모두들 공포에 사로잡혀 파랗게 질리고 만다. 아무도 해독하지 못하자, 다니엘이 불려나간다.

다니엘은 그것이 "선왕의 일을 잘 알면서도, 마음을 겸손하게 낮추지 않고, 하늘의 임금님이요 주님이신 분을 거역하고 스스로를 높이며, 하나님의 성전 그릇으로 술을 퍼마시며 각종 신들에게는 찬양을 돌리면서도, 하나님께는 영광을 돌리지 않은 것"에 대한 경고라고 말한다. 그러면서 글자 뜻을 풀어준다. "하나님이 왕의 나라와 시대를 계산하여 끝나게 하셨고, 왕을 저울에 달아보니 무게가 부족하여 결국 나라가 둘로 나뉘어 다른 사람에게 넘어갔다."는 뜻이라고 말한다. 그날 밤, 왕은 신하들에게 살해당한다.

사자 굴의 다니엘

무대는 세월을 훌쩍 건너뛰어 페르시아 제국의 '다리우스'(1세, 2세 중 누군지 모른다) 황제시대로 넘어간다(6장). 다니엘은 세 정승 중의 한 명이다. 유대인 다니엘을 시기하는 페르시아 대신들이 황제를 신으로 떠받들면서, "30일 동안 그 어느 신에게도 기도하지 말라. 만일 그러하면 사자 굴에 던져 넣는다."는 칙령을 선포하게 한다. 그러고는 다니엘 감시체제에 들어간다.

그런데도 다니엘은 "다락방으로 올라가, 예루살렘 쪽 창문을 열고 하루 세 번씩 하나님께 무릎을 꿇고 기도하며 감사를 드렸다." 그것을 본 모함꾼들이 왕에게 보고한다. 왕은 아차 싶었으나, 법령 때문에 하는 수 없이 다니엘을 사자 굴속에 던져 넣는다. 다음 날 일찍 왕이 가보니, 다니엘이 사자들과 놀고 있는 것이 아닌가! "그가 자기 하나님을 신뢰하였기에, 아무런 상처도 찾아볼 수 없었다." 그러자 왕은 다니엘을 헐뜯은 무리들의 삼족을 멸한다.

그러고는 곧 조서를 반포하고는, "살아 계신 하나님이 영원히 다스리신다. 그 나라는 멸망하지 않으며, 그의 권세 무궁하다. 그는 구원하기도 하시고 건져내기도 하신다."고 말하며 하나님을 섬기라고 한다. 다니엘은 승승장구한다.

여러 가지 환상과 다니엘의 기도

그 후 다니엘은 여러 가지 환상(vision)을 보면서 "가브리엘" 천사로부터 그 해석을 듣는다(7~12장). 여기에서 중요한 것은 다니엘의 신앙과 이해, 그리고 가브리엘 천사의 말에 나타난 하나님의 섭리와 주권에 관한 사상이다.

천사의 말에 의하면, "장차 여러 나라와 왕들이 하나님을 대항하여 성도들에게 온갖 박해를 일삼는다." 성전은 폐쇄되고 백성은 짓밟힌다. 그러나 "옛적부터 계신 하나님"이 "인자(人子) 같은 이"(메시아)에게 권세와 영광과 나라를 주며, 성도들이 그 나라를 영원히 얻어 누리게 하고, 박해자들은 결국 하나님의 심판으로 멸망하고 만다. 그렇지만 그것은 곧 이루어지는 것이 아니기에, 유대인들은 정한 때가 될 때까지 고난의 시기를 참아내야 한다.

여러 가지 환상에 시달린 다니엘은 지쳐 앓다가 회복한 후, 민족을 위하여 금식하면서 기도한다. 기도의 내용은 단연 이스라엘의 전통 사상이다. "민족의 고난은 언약을 지키고 사랑을 베푸는 하나님에게 반역하고 죄를 지은 까닭이다. 하나님은 의로운 분이기 때문이다. 따라서 죄를 뉘우치고 하나님의 자비에 호소하며 돌아가면, 용서를 받아 평화를 누리게 된다."는 것이다.

다시 나타난 가브리엘은 다니엘에게 다음과 같은 말을 들려주며 격려한다. "하나님께 큰 사랑을 받은 사람 다니엘아! 두려워하지 말라. 평안하여라. 강건하고 강건하여라. 네가 하나님 앞에서 스스로 겸손한 그날부터 하나님은 네 기도를 들으셨다. 나는 진리의 책에 기록된 것을 네게 알려주려고 한다."

가브리엘은 다니엘에게 곧 일어날 시리아 안티오쿠스 에피파네스 4세의 잔혹통치에 대해서 말한다. 그는 "비열하고 뻔뻔스럽고 음흉한 성격으로, 매사에 흉계를 꾸미고 속이는 데 능숙하고, 마음이 방자하여 평화롭게 사는 사람을 많이 죽이며, 만왕의 왕인 하나님을 대적하는 왕"이다. 그가 곧 "패권자"가 된다. 그는 이집트(프톨레미 왕조)를 쳐서 굴복시키지만, 그들이 반역하자 다시 침공한다. 그러나 전과 같이 승리하지 못하고 퇴각하면서, 예루살렘에 들러 엉뚱한데다가 보복한다. 그는 "거룩한 언약을 맺은 사람들에게 분풀이를 할 것이고, 자기 나라로 돌아가서는 거룩한 언약을 저버린 사람을 뽑아서 높이 앉힌다." 유대 땅에 배반자인 제사장 꼭두각시 정권을 세운 것을 말한다.

그리고 그는 성전을 더럽히고 날마다 드리는 제사도 없애버리고(성전폐쇄), 성전과 도성 곳곳에 흉측한 파괴자의 우상들(제우스 신상과 그것의 상징인 독수리 석상과 독수리 깃발)을 세운다. 그러고는 계속해서 언약을 거역하고 악한 짓을 하는 친-그리스파 유대인들의 지지를 받아내 민족을 분리통치하면서, 자기 말을 듣는 자들은 크게 예우하여 높은 관직을 주고 토지도 보상으로 나누어 주고, 반항하는 자들은 모조리 색출하여 처단한다.

그러한 흐름에 저항하는 "**지혜 있는 지도자들**"이 백성에게 용기를 주며 깨우치지만, 대부분 칼에 쓰러지고 화형당하고 사로잡히고 약탈당한다. 그러나 "지혜 있는 사람은 하늘의 밝은 별처럼 빛날 것이요, 많은 사람을 옳은 길로 인도한 사람은 별처럼 영원히 빛날 것이다." 그러는 과정에서 학살이 계속되면서, 수많은 유대인이 항복하고 적군과 한패가 되는 일이 일어난다. 그러나 그 모든 일은 "**백성이 단련 받고** (신앙의) **순결을 훈련 받는 과정**이다. 끝까지 깨끗하게 견디는 사람은 살아남을 것이다. 이런 일은 하나님이 정한 그 끝 날이 올 때까지 계속된다."

그 왕은 자기 좋을 대로 하며, 스스로 자기가 모든 신들보다 크다고 하면서, 광기에 찬 괴상한 말로 가장 높은 이스라엘의 하나님을 대적한다. 그는 하나님이 정한 진노의 날이 끝날 때까지 형통한다. 급기야 그는 자기네 신들조차도 섬기지 않는다. 왜냐하면 스스로를 신들보다 더 높은 존재라고 여기기 때문이다. 그런 상황에서 많은 사람이 순결하게 단련될 것이지만, 하나님과 민족을 배반한 악한 사람들은 더욱더 악해질 것이다. 오직 하나님의 구원의 날, 곧 해방과 자유의 날을 기다리면서 참는 사람은 구원을 받을 것이다.

다니엘이 가브리엘 천사로부터 마지막으로 들은 말은 이것이다. "너는 끝까지(죽도록) 신실(충성)하여라." 이 말은 그 당시 독립투쟁에 나선 레지스탕스인 젤롯파의 슬로건이었다. 유대인들은 그 후로도 계속 박해를 받았다.

이와 같이 다니엘서는 잔혹한 박해시대에 고난받는 유대인들에게 부활신앙을 가지고 살도록 위로하고 격려하면서, 끝까지 지사(志士)와 같은 올곧은 신앙으로 참고 저항하며 메시아가 펼칠 미래에 대한 희망을 가지고 살라고 촉구한 저항문서·지하문서이다. 다니엘서 이후에 나온 "마카오베오 상하"에는 박해받는 유대인들의 이야기와 시리아 제국에 대한 독립투쟁사가 기록되어 있다.

그 후 유대인들은 바야흐로 부상하고 있는 로마(구약성서-깃딤)의 지원을 받으며 게릴라 전법을 통한 독립투쟁을 벌인 끝에, 자체 내의 쿠데타와 반란 등으로 지리멸렬해지고 힘을 상실한 시리아 제국의 제사장 자치 시대를 거쳐서, 결국 기원전 104년 "하스모네안" 독립왕조를 개창하는 데 성공했다(요한 히르카누스 1세). 그러나 그것은 다윗 왕조가 아니라 레위인 제사장 왕조였다.

바빌로니아 포로기 이후 다윗 왕조는 다시는 이루어지지 않았다. 게다가 종교인들이 통치하는 하스모네안 왕조는 그저 명목상의 유대교였을 뿐, 곧바로 대단히 모순되게도 친-헬레니즘을 표방하며 모든 면에서 자발적으로 그리스화 하여, 이름과 언어, 철학과 문화까지도 완전히 그리스 식으로 바꾸었다. 그런 유행은 예수시대 이후까지 이어져, 신약성서 안에도 그리스 이름을 가진 유대인들이 많이 나온다.

그들은 이내 혁명의 명분과 독립정신을 내팽개치고, 다시금 끊임없이 권력다툼을 벌이며 밥 먹듯 정권을 탈취했고, 민족주의 그룹들과 대치하던 끝에, 결국 기원전 63년에 자기들이 끌어들인 로마 제국의 "폼페이우스" 장군에게 멸망했다. 사실상 자멸한 것이었다. 그렇게 하여 구약성서의 마지막 책인 다니엘서는 끝내 그 후 2,000년 이상 전개될 유대인의 비극적인 방랑의 운명을 예고하는 것이 되고 말았다.

그리고 기원전 30년, 로마 제국의 세 머리(삼두三頭) 정치가 중의 한 사람이며 "율리우스 캐사르"(Julius Caesar)의 양자 "옥타비아누스"(나중에 아우구스투스Augustus 황제)가 다른 두 머리를 자르고 이집트의 프톨레미 왕조를 멸망시켰다(삼두의 한 사람인 안토니우스와 클레오파트라 7세 여왕의 사랑). 계속해서 로마 제국의 식민지가 된 유대인들은 그 후 예수시대 40년쯤 지나(서기 66~73년) 로마 제국에 전면적으로 항거했다가, "베스파시아누스" 장군과 그의 아들 "티투스" 장군에게 몰살당하고(마사다 전투, 둘 다 황제가 됨) 완전히 해체되어, 또다시 조국 땅을 떠나 세계 각지로 유랑하는 신세가 되고 말았다. 그리고 그런 방랑과 고난의 삶은 중세~근대를 거쳐 20세기 들어 유럽 각지에서 "시오니즘" 운동(Zionism, 이스라엘 건국운동)을 하던 사람들이 "벤 구리온"을 중심으로 뭉쳐, 영국과 프랑스와 미국의 도움을 받아 팔레스타인에 이스라엘을 건국하면서 끝나게 되었다.(1948년, 예루살렘 국제공항도 그의 이름이다)

젤롯파의 슬로건 '죽도록 충성하라'는 말은 신약성서 "요한계시록"에서도 인용되었다(2:10). 그러므로 다니엘서는 오로지 특정한 박해시대에만 유효한 이야기가 아니다. 그 이야기에 나오는 바빌로니아, 페르시아, 그리스 제국은 모두 하나님을 향한 신앙을 파괴하는 잔혹한 전제주의/전체주의 국가를 가리킨다. 요점은 그것들이 신앙인을 유혹하고 파괴하는 세력이라는 것이다.

따라서 다니엘서는 오늘날 신앙을 파괴시키는 어떤 세력에 대한 저항 이야기이면서 신앙인의 정체성과 생명 문화에 대한 이야기로 다가온다.

그 세력은 대개 이중적으로 나타난다. 직접적으로는 정치적·종교적 억압과 박해세력으로 나타난다. 간접적으로는 우리가 살아가는 시대를 가로지르는 어떤 악마적 경향성을 내포한 세속적 가치관이나 문화를 상징한다.

그러므로 다니엘과 세 친구들이 바빌로니아와 페르시아와 그리스 제국의 신상에 절하지 않았다는 것이나 죽도록 충성하라는 말은 오늘날 신앙과 영성훈련과 거룩한 생활, 곧 인간성과 양심과 도덕성, 그리고 공동체 연대를 무너뜨리고 파괴하는 세속적인 경향성과 물질문화에 대한 저항의 태도를 촉구하는 것으로 들어야 할 것이다. 구약성서가 오늘날에도 똑같은 시대상황에서만 유효한 이야기라면, 그 대부분은 거의 사장(死藏)될 수 밖에 없다. 중요한 것은 인간과 나라의 보편적인 현실에 적용되는 구약성서의 본질적인 정신과 사상이다.

구약성서와 신약성서의 가르침은 이 세상에는 어쩔 수 없이 "두 개의 세계, 두 개의 나라가 공존한다."는 것이다. 그래서 신앙과 영성훈련과 거룩한 생활의 삶이란 소유하고 머물러 지키려는 이집트적인 세계와 부정하고 지향하고 나아가야 할 미래의 세계 사이, 곧 "하나님의 나라와 가이사(Caesar, 시저)의 나라"《니콜라이 베르자예프-하느님의 나라와 가이사의 나라》 사이, 육체와 영혼 사이의 긴장과 투쟁의 삶으로 상징되고 설정된다(에베소서 6:10~18 참조). '아우구스티누스' 역시 그리스도인의 삶을 "하나님의 나라와 이 세상의 나라 사이의 투쟁"으로 이해한다.《신국神國》

그러므로 진정한 신앙의 삶은 저 앞에서 이리로 다가오고 있는 참된 평등과 평화의 나라인 "그 끝날"(다니엘서 12:13), 곧 하나님의 나라를 바라보고 기다리면서, 오늘 여기에서 신앙의 길, 영성훈련의 길, 거룩한 생활의 길을 충성스럽게 걸어가는 것이다. 이러한 주제는 후일 구약성서를 넘어서 그대로 신약성서로 유입된다.

제5부는 천 년을 넘게 두고 나온 문학 작품들을 다룬다. 이것은 쓰인 시기와 기자를 거의 알 수 없는 "문서집"(文書集, 케투빔Kethuvim, 시가서·지혜문학)으로, 수많은 현인과 민중의 이야기와 기도와 노래와 삶의 경구를 모은 책들이다. 구약성서에서 저작 기간이 가장 길다.

제5부

이스라엘의 기도와 지혜

제30장

욥기, 왜 세상에 의가 없는가?

기자가 하나님의 자회지찬으로도 비칠 수 있는 방식을 통하여 말하고자 하는 바는, 인간이 세상에 들어와서 사는 동안, 이 세계에 보태준 것은 아무것도 없으며, 인간은 모든 것을 하나님의 선물·은총으로 받아 누리며 사는 존재라는 것이다. 그리하여 기자는 지금까지 고난받는 자의 이야기를 해오다가, 놀랍게도 "은총의 신학"을 주창한다. 모든 것이 은총이다. 은총이 구원이고, 구원은 은총이다.

변질된 정통주의(正統主義, Orthodoxy) 신학

이스라엘 민족의 역사적 목적은 '오직 야훼주의' 신앙과 영성훈련을 통하여 하나님의 거룩한 백성이 되는 데 있다. 이것을 위해서 주어진 휴머니즘의 도구와 수단이 율법과 전통문화와 성전이다. 거룩한 백성이란 종교적 방면에만 국한된 것이 아니라, 사회적 약자를 비롯한 모든 사람이 서로를 포용하고 사랑하며 평등과 평화의 민족공동체를 이룩하는 것이다.

출애굽 사건에서 드러난 하나님의 해방과 자유, 은총과 사랑의 성품과 행동, 그리고 그 이미지는 이스라엘이 대대로 그대로 따라가면서 민족공동체 속에서 실현해야 할 영원한 전범(典範)이요 이상(理想)이다. 즉, 이스라엘은 '하나님의 마음으로 사는 민족'이 되어야 한다! 출애굽 사건은 이스라엘이 언제나 "오늘"(신명기 신학) 이 시대에 실현하고, 또한 미래를 향하여 지향해야 할 신학의 절대적 의미와 가치와 방향체계이다.

이 모든 것이 이스라엘의 신학, 곧 정통주의 신학이다. 곧, 하나님 사랑과 이웃 사랑이다. 이것이 이스라엘의 건강한 현재와 바람직한 미래를 건설하는 신학의 '올바른 줄기'(正統)이다.

그런데 이렇게 거룩한 민족으로 양육하려는 그 숭고한 신학사상이 왕조시대와 오랜 고난의 역사를 내려오면서 어느덧 흐려지고, 그저 각 개인의 개인적이고 이기적인 욕구를 추구하고 사람을 판단하는 차원으로 축소

되고 자리 잡으며 고착되었다. 이것은 '정통주의 신학의 변질'이다. 지난 수백 년 동안 예언자들이 이런 조류에 저항하고 제동을 걸면서, 하나님의 의와 사회정의를 따라야만 민족이 산다고 가르쳐 왔지만, 진지하게 귀를 기울인 사람들은 언제나 소수의 '남은 자들'뿐이었다.

이러한 간략한 역사가 욥기의 신학적 배경이다.

이제 우리는 실로 성서 전체, 아니 모든 종교사에서 가장 경악스런 책을 만난다. 대략 기원전 4세기 초반, 페르시아 제국 식민지 시대기에 나온 욥기는 당대 사회에서 벌어지는 세 가지 부조리, 곧 강대국의 정치적 억압, 부패한 지도층과 그릇된 신학에 의한 민중의 고통, 그리고 사회에서 벌어지는 갖가지 불의한 현실을 고발하고 저항한다. 그래서 그때까지 이스라엘이 확고하게 신봉해온 모든 율법과 예언자들의 신학, 지혜문학의 정통적인 가르침에 의문을 제기하고 도전하는 신학을 담고 있다. 심지어 하나님이 틀렸다고까지 말하며 도전한다! 이런 책이 구약성서에 있다는 것 자체가 실로 충격적인 일이다. 이처럼 당대의 변질된 정통주의 신학에 철저히 의문을 던지며 저항하는 전복적이고 반역적이고 혁명적인 책인 욥기는 하나님과 신앙, 인생과 세상을 전혀 새로운 관점으로 생각하고 행동하도록 이끈다.

따라서 변질된 정통주의 신학이 어떤 것인지 알아볼 필요가 있다. 물론 여기에는 '본래의 정통주의 신학'도 섞여 있기에, 욥기를 이해하는 데는 이 둘 사이의 미묘한 차이를 구별해야 한다. 정통주의는 **보상(報償)**과 **응보(應報·벌)**의 **신학**으로, **"의→ 보상, 보상→ 의의 증명"**, **"죄→ 응보, 응보→ 죄의 증거"**이다. 이것은 네 가지로 요약할 수 있다.

1) 하나님은 전지하고 전능하여 우주와 세상의 모든 것을 완전히 알고 행하는 지혜롭고 의롭고 공정한 분이다. 하나님은 오류와 판단 착오가 없

고, 거짓말과 불의와 악을 행할 수도 없다.

2) 하나님은 의와 불의, 의인과 죄인을 올바로 판단하고, 의로운 이에게는 복을 베풀고 죄인은 재앙으로 갚는다.

3) 현실에서 성공하여 행복하게 산다면 의로운 사람이고, 가난하고 고통을 겪는다면 죄를 지은 불의한 사람이다. 각 사람의 현실은 하나님의 은혜와 심판의 증거요, 그의 의와 불의를 증명하는 척도이다.

4) 그러므로 하나님의 처분은 절대로 공정하다. 설령 그가 아무리 죄 없다고 항변한다 해도, 그가 겪는 고통의 현실은 죄인임을 증명한다. 따라서 그는 자신이 죄인이라는 사실을 인정하고 회개해야 한다. 그러면 하나님은 그를 용서하고 삶을 역전시켜 복을 내린다.

모세 율법에서 나온 이것은 논리적으로 볼 때 매우 빈틈없는 신학이기에, 하나님마저도 여기에 예속되어 이를 깨는 다른 행동을 할 수 없다. 그러면 하나님의 자기모순이다. 이런 신학을 현실사회에 그대로 적용하는 것이 정통주의 신학의 역사적 사명이다. 이러한 신학의 역사는 욥기가 나온 지 400년 후 예수 시대까지 이어진다.(요한복음서 9장)

그런데 문제는 이러한 정통주의 신학 체계와 현실 사이의 크나큰 거리이다. 이것이 현실에서 때마다 그대로 적용된다면, 고민할 게 아무것도 없다. 그러나 사회현실은 그렇지 않다. "사람들은 왜 서슴지 않고 죄를 짓는가? 악한 일을 하는데도 곧바로 벌이 떨어지지 않기 때문이다. 악한 사람이 골백번 죄를 지어도, 그는 여전히 살아 있다."(전도서 8:11~12a)는 말도 이것이다. 하나님은 보상과 응보에 있어서 심각한 판단착오와 오류를 드러내는 것 같고, 세상에서 아예 철수한 것처럼 보인다. 이러한 정통주의 신학은 나라 전체가 교회인 이스라엘에서조차 명확하게 적용되지 않는 논리이다. 만일 정통주의 신학대로라면, 그동안의 수난사는 죄에 대한 응보이다. 과연 그러한가?

욥기는 정통주의 신학과는 다르게 전개되는 사회 부조리 앞에서, 불의한 자의 번영과 의인의 고난이라는 문제를 안고 홀로 씨름하고 저항하는 거대한 신학적 담론이다. 이것은 한편으로는 본래 정통주의 신학의 진리를 인정한다. 하지만 일방적으로 모든 인간에게 기계적으로 적용하는 변질된 정통주의의 시도를 공박하며 과감하게 맞서서, 부조리한 세상에서 죄 없이 고난당하는 사람들을 적극 옹호하면서, 인간에 대한 교리적 판단과 규정과 정죄가 아닌, 자비와 공감과 상생의 신앙과 신학을 천명한다.

욥기는 이런 정통주의 신학의 잣대를 자기 민족의 오랜 수난사와 현실에 대입시켜, 세상이 그 신학의 관념과 주장대로 돌아가기는커녕, 오히려 반대되는 현실에 대하여 하나님께 따지며 묻는다. 그렇게 의와 불의에 대한 보상과 응보가 뒤바뀌는 사태라면, 과연 하나님의 의로운 통치를 말하는 정통주의란 무엇인가? 그때는 하나님이 문제가 될 것이 아닌가? 과연 하나님은 세상을 의롭게 다스리는 것인가? 그렇다면 세상은 왜 이렇게 뒤죽박죽인가?

이것이 문제의 핵심이다. 비록 정통주의 신학이 옳다 해도, 현실에 무조건 적용할 수는 없는 일이다. 그렇게 하면 정통주의는 여지없이 부패한 사회현실과 구조적 악을 진지하게 비판하지 않고, 오히려 강자를 위한 절대주의 신학이 되어버리고 만다. 그리하여 그런 부조리한 구조적 악의 현실을 고착시키고, 인간을 오로지 경제적 소유와 그 가치로만 판단하고, 사회 악자들을 변두리로 내몰아 더욱 소외시키는 악마적 도구가 된다.

요컨대 정통주의 신학은 자신의 탐욕과 희망 사항을 불법적으로 추구하는 불의한 계층과 그런 사회구조에는 눈을 감고, 강자들을 옹호하며 축복하고 약자들을 억압하며 절망을 안겨주면서도, 그것을 하나님의 이름으로 정당화하는 거짓 이데올로기로 작용할 수 있다. 그때 신학은 여지없이 하나님을 만들어내 참된 하나님을 배반하고야 만다. 이것은 권력화한 종교와 신학으로서 불의를 정당화하고 백성을 억압하는 신학적 이데올로기 외에 다른 것이 아니다. 여기에서 하나님이나 율법은 그저 허울 좋은 명분일 뿐이다.

우리는 "종교란 인간의 욕망을 투사시킨 허구"라는 19세기 독일 철학자 **'루트비히 포이어바흐'**《종교의 본질; 기독교의 본질》와 그로부터 배운 **'카를 마르크스'**의 말에 귀를 기울여야 한다. 마르크스는 "종교는 압제 받는 피조물의 탄식이고, 심장 없는 세계의 심장이며, 혼 없는 상태들의 혼이다. 그것은 민중의 아편이다."《헤겔 법철학 비판; 경제학–철학 수고手稿》라고 했다. 이들이 종교폐지를 선언한 것은 그 교리와 행위가 세상을 평등하고 정의롭게 혁신하는 것이 아니라, 세상을 더욱 불평등하게 만들고 민중을 잠재우는 아편과 같은 마취제로 작용하고 있다고 보았기 때문이다. 사실 이것은 19세기까지 기독교가 유럽에서 드러낸 부정할 수 없는 역사와 현실이었다.

우리가 알다시피 강력한 지배 이데올로기가 되어버린 종교와 신학은 대개 사회적 강자들의 횡포와 불의에 대해서는 침묵하고 옹호하고 축복하기까지 한다. 그리고 사회적 약자들에게는 운명주의·체념주의·복종주의의 굴레를 씌워 부패한 현실에 대한 문제의식과 저항 의지를 잠재우며 사회 구조적 악을 보지 못하게 하고, 그저 개인적 성공만 추구하며 값싼 내면적 위로에 안주하게 하고, 저 피안(彼岸)의 세계에서나 구원을 갈망하게 하면서, 더 깊은 잠에 빠져서 나약하게 굴종하게 한다.

요컨대 종교와 신학이 자신의 권력을 하나님 자리에 올려놓고 절대화하며 자기 의의 권좌에 앉아, 부조리한 사회구조와 정치체제와 하나가 되면, 피도 눈물도 없는 매정한 논리를 제공하는 교묘한 신학적 응원체계로 작동하여, 독재·억압·폭력·전쟁·정복·살육까지도 얼마든지 정당화할 수 있다(《표도르 M. 도스토예프스키-카라마조프의 형제들, 제1권》, 대심문관 이야기). 그러면 비록 나라가 '종교 천국'이라도 아무것도 변하지 않을 뿐 아니라, 오히려 집단적 폐사위기에 처하게 된다. 예언서들에서 본 것과 같이, 당대 정통주의 신학의 보루로 자처하던 제사장들과 거짓 예언자들의 행위가 그런 것이었고, 이스라엘의 멸망이 그런 식으로 진행된 종교적 파국의 결과였다.

이처럼 의와 사회정의를 생명으로 천명하는 '본래의 정통주의'는 성결과 평화를 위해 세워진 것이지만, 변질되어 적용됨으로써 오히려 목적을 상실하고 그것을 파괴하기까지 하는 무서운 종교적 도구가 되어버리고 만다. 욥기는 바로 이것에 대하여 저항한다.

욥기의 특수성과 보편성

1) 욥기는 특정한 시대의 불의한 사회구조 속에서 겪어야만 하는 의로운 인간의 고통이라는 주제를 과감하고 심도 있게 다룸으로써, 세상과 역사를 깊이 이해해보려고 몸부림친 정직한 문학이다. 이것이 욥기의 특수성이다. 모든 인간의 고통을 다룬 것으로 보는 보편성은 그 다음에 보아야 할 문제이다. 그것을 앞세우면, 이 책이 말하려는 핵심을 놓친다.

욥기의 인간고(苦)라는 주제는 일반적이고 내적·심리적인 생의 고뇌가 아니다. 그것은 가치관이 혼돈된 부당한 억압적 사회구조 속에서 겪는 사회적 약자들의 구체적이고 현실적인 고통이다. 이것은 오늘날에도 수많은 사람들의 피부에 와 닿는 문제이기에, 여전히 특수성을 갖는다. 단지 보편성으로 희석시킬 것이 아니다.

욥기는 "의인의 까닭 없는 경건, 까닭 없는 고난"《김이곤—구약성서의 고난신학》이라는 주제에 따라, 불의한 사회구조와 부조리한 역사로 인한 죄 없는 약자들의 고난, 이해하기 어려운 하나님의 통치와 섭리방식, 불가해하고 가공할 악의 현실, 정의와 불의의 혼돈, 악하고 불의한 자의 번영, 그리고 자연재해로 인한 고통 등을 깊은 신학적 사색에 담아낸다. 욥기는 "의롭고 고난받는 자의 신학"《도널드 E. 고원-의인의 고난》이다.

정통주의 신학의 기초는 대표적으로 출애굽기 22장 21~24절로서, 하나님은 고아와 과부와 나그네 등의 사회적 약자들(히브리들)의 보호자이다. 그들을 학대하는 것은 하나님에게 도전하는 악한 행위이다. 따라서 하나님은 그들의 부르짖음에 응답하여, 억압자가 동족이든 외국인이든 구별하지 않고 응징한다. 이것이 예언자들의 신학적 기초이다. "예언자는 그 하나님의 정념(情念)에 깊이 공감하여, 고난당하는 사람들을 동정하면서 다른 사람과 더불어 살아가는 사람이다."《아브라함 J. 헤셸-예언자들, 하권》 그래서 비록 익명(匿名)이지만, 욥기의 기자를 "약자를 옹호하고 편드는 동정(同情)의 예언자"《제임스 림버그-예언자와 약자》라 할 수 있다.

욥기는 개인의 고난 이야기를 넘어선다. 이 책은 수백 년 동안 고난의 역사를 살아온 이스라엘 민족의 이야기이다. 영문도 모른 채 고난당하는 욥은 이유 없이 고난당하는 이스라엘 민족의 상징이요 대표이다. '왜 의로운 욥이 고통을 당해야 하는가?' 하는 것은 '왜 의롭게 살아온 이스라엘이 고난을 당해야 하는가?' 하는 질문이다. 기자는 욥과 가족의 경우를 들어, 인간이 처할 수 있는 가장 극단적인 상황을 설정하여 신앙의 삶에 대하여 논한다. 그들의 경우는 바로 당대 가난한 민중의 상황이다. 욥이라는 인물 설정은 강대국에게 오래도록 지배·억압·착취를 당하고, 또한 사회의 강자들에게 억압당하면서도 여전히 신앙을 지키며 착하게 살아가는 모든 사회적 약자들의 상징이다.

따라서 의와 죄에 대한 보상과 심판이라는 정통주의 신학은 더 이상 일반적으로 적용될 수 없다. 기자는 자기 민족이 오래도록 겪는 이해할 수 없고 부당한 고난의 신학적·사회적 의미를 하나님을 향한 거센 신학적 도전을 통하여 묻고 있다.

2) 근대 독일의 문호 '요한네스 W. V. 괴테'가 욥기 첫머리 이야기를 모티브로 차용하여 《파우스트-천상의 서곡(序曲)》을 썼듯이, 욥기가 서양의 시인, 소설가, 희곡 작가들에게 끼친 영향은 이루 다 헤아릴 수 없다. 19세기 영국 철학자·문인 '토마스 칼라일'은 욥기를 이렇게 말한다. "욥기는 일찍이 펜으로 쓰인 모든 것 중, 가장 위대한 저술이라고 나는 일컫는다. 그것은 히브리 민족의 것이 아닌 듯 느껴진다. 고상한 민족애나 종파심과는 다른 숭고한 보편성이 그것을 지배하고 있다. 하나의 숭고한 책, 모든 사람의 성서이다! 그것은 끝없는 문제, 곧 인간의 운명과 지상의 인간에 대한 신의 섭리를 적은 최초, 최고의 기록이다. 인류의 심금(心琴)이 울려 나오는 것 같은 장엄한 비애, 장엄한 인내. 이와 같은 문학적 가치를 가진 것은 성서 안에도 밖에도 없다고, 나는 생각한다."《영웅숭배론 : 제2장, 예언자로서의 영웅》

이것이 욥기의 보편성이다. 문학적 보편성의 관점에서 볼 때, 확실히 욥기는 심원한 시적 심상(心想)과 통찰력을 가지고, 수학 공식이나 물리학 법칙처럼 명확하게 이해되고 규정되고 정리되지 않는 인생과 역사의 다양하고 이해할 수 없는 면모에 대하여 회의하고 고투하면서 삶의 진실을 기록한 서사시이다. 인간의 고통은 동서고금 어디에서나 비슷한 이유로 비슷하게 겪는다.

그러나 우리는 보편성 아래 특수성을 외면하거나 망각해서는 안 된다. 그러면 정작 기자가 말하고자 하는 주제인 오늘 이 시대의 불의한 사회구조가 강요하는 현실적이고 구체적이고 부조리한 인간의 고통을 볼 수 없게 된다. 구약성서는 언제나 현실주의에 서서 보편주의를 말하기에, 먼저 현실을 보아야 한다.

주제와 형식

1) 주제

욥을 공박하는 등장인물들의 확고한 관점은 본래적인 것이든 변질된 것이든, 모두 정통주의 신학이다. 각자의 주장을 들어보면 구구절절 옳은 명언명구(名言名句)이기에 논박하기 어렵다. 그러나 그것은 정통주의의 일면일 뿐이다. 그래서 그들의 주장은 견강우회의 억지여서, 정통주의 신학에다가 사람을 꿰어 맞추는 격으로, '사람을 잡아다 침대에 눕히고 재서, 길면 자르고 짧으면 늘였다.'는 그리스 신화의 "프로크루스테스(Procrustes)의 침대"와 같다.

욥도 정확히 정통주의 신학에 기초하고 있다. 이 점을 놓치면 안 된다. 그러나 그는 그런 정통주의의 관점이 자기나 의로운 사람들의 고난의 현실에 합당하지 않을 뿐 아니라, 오히려 정반대로 적용되어 전개되고 있기에 항변한다. 같은 정통주의 신학에 굳게 서서 욥을 공박하는 쪽은, 고통받는 욥의 현실은 그의 죄를 증명해주는 것이니 회개하고 하나님께 돌아서라 하고, 욥은 사회적 죄를 지은 일이 없는 자신이나 의로운 사람에게 그 신학을 무차별적으로 적용하는 것은 잘못이라고 항변하고, 더 나아가 하나님의 공정성 문제까지 제기하는 것이다.

이렇듯 욥기는 **"불의한 사람이 어찌해서 성공하여 잘 살고, 의로운 사람이 어찌해서 까닭도 없는 고난을 받는가?"** 하는 주제를 다룬다. 이것은 이스라엘 역사상 대대로 의문이 되어왔던 문제이며, 또한 근현대 신학과 철학에서도 완전히 해결하지 못하는 영원한 미제(謎題)인 신정론(神正論, theodicy) 문제이다. 신정론은 '세상을 의로 다스리는 신이 존재한다면, 악은 어떻게 생기는 것인가?'에 대한 것이다.

악의 문제에 대한 구약성서의 전통적 대답은 다음과 같다. "하나님은 모든 것을 그 쓰임에 알맞게 만드셨으니, 악인은 재앙의 날에 쓰일 것이다."(잠언 16:4) 이것은 '신은 악과 재앙을 좋은 목적을 위한 수단으로 쓰고 있기에 바르고 의롭다."는 이론이다. 구약성서는 악을 신비화하지 않는다(조로아스터교를 수용하기 이전). 악은 신적인 실체(사탄)도 아니고, 인간의 의지와는 별개로 횡행하는 독립적인 힘도 아니다. 악은 악인 때문에 생기는 사회적 불의와 그로 인한 고통의 현실일 뿐이다. 자연재해는 악이 아닌 하나님 심판의 도구이거나, 아니면 그저 자연의 일일 뿐이다. 악은 인간의 어두운 이성과 의지, 내적 모순인 탐욕, 그리고 그러한 인간들이 드러내는 사회 구조적인 불의의 형식이다.

그렇다면 욥은 친구들 말대로 군소리 말고 정통주의 신학을 받아들이고, 순순히 하나님께 죄를 고백하고 회개하면서 항복하면 된다. 그러면 자비로운 하나님이 다시금 복을 내려 이전에 상실된 모든 것을 회복해준다. 그토록 아주 단순한 길이다. 그런데 욥은 무얼 어쩌자고 끝없이 항의하는가? 그것은 자기도 정통신학 안에서 성공과 부를 누리며 살 때는 그런 부조리에 대해 진지하게 생각해본 바 없지만, 막상 의롭게 살았는데도 불구하고 고난을 겪고 보니 그게 아니라는 것을 깨달았기 때문이다. 그렇게 같은 정통주의 신학에 서 있는 양측이 서로 다른 측면을 강조하며 날선 대립 속에서 긴긴 논쟁의 마당을 펼치지만, 끝내 의견이 팽팽하게 대립하여 평행선만 달리며 결말이 나지 않는다.

2) 형식

욥기의 문학 형식은 장편 서사시의 형태를 갖춘 대화체로 구성된 희곡(戱曲)이다. 인간고와 하나님의 의라는 문제를 가지고, 다섯 사람이 등장하여 팽팽하게 대립하며 신학적인 논쟁을 벌이다가 해결점을 찾지 못하던 중, 마지막에 하나님이 개입하는 형식으로 끝나는 서사적 구조이다.

욥은 고대 이스라엘의 전설적인 의인(義人, 에스겔서 14:13)이다. 당대의 무너진 도덕적 가치체계와 사회적 불의, 그로 인한 민중의 고통 문제를 사색한 시문학의 걸작인 욥기는 페르시아의 국교 '조로아스터교'의 '사탄'(Satan, 악마. 고발자accuser)이라는 신화적이고 종교적인 실체개념을 끌어다가 이야기를 전개하고 있다. 따라서 한 의인을 놓고 하나님과 사탄이 내기하는 첫 장면은 그저 이야기를 전개시키기 위해 차용한 문학적 장치일 뿐이므로, 그런 일이 실제인가 아닌가 하는 생각이나, 인간이란 천상에서 하나님과 사탄이 벌이는 '장기판 졸(卒)' 같은 신세라고 상상하면 곤란하다.

내용은 단순하면서도 복잡하다. 단순성은 시종일관 정통주의에 기초하여 자기주장을 펼치는 네 사람이 고통받는 욥을 불의를 저지르고 응보를 받는 죄인으로 단죄하면서, 회개하는 것만이 보상받아 사는 길이라고 윽박지르는 말에서 드러난다. 복잡성은 모든 대화가 시 형식으로 이루어져 있어서, 언뜻 흐름과 요점을 파악하기 어려운 데다가, 욥을 논박하는 네 사람의 주장도 큰 틀에서 보면 심히 일방적인 주장이지만, 부분에서 보면 정통주의 신학이나 현실에 어떤 정당성을 가지고 있다는 데서 온다.

하나님의 개입(38~41장)은 우주만물의 살림살이에 대한 말뿐이기에, 욥이 제기한 악인의 보상과 의인의 응보에 대해서는 대답 아닌 대답일 뿐이다. 그런데 이것이 참으로 대답이다. 인간은 그 이상에 대해서는 아무것도 알 수 없다.

제1막

의인 욥은 하나님과 사람들에게 진실하고 정직하고 신실한 사람이다(1장). 그래서 정통주의 신학이 말하는 대로, 그 의로움의 대가로 하나님의 복을 많이 받아 "동방에서 으뜸가는 부자"이다. 부모와 의로운 아들 일곱에 딸 셋이 일체 불신, 불선, 불의를 모르며, 매일 신앙과 의, 영성훈련과 거룩한 생활의 경건과 자비 속에서 깨끗하게 살아간다. 이때는 욥도 '의→보상'이라는 정통주의의 철저한 신봉자로서, 그 결실을 가득 맛보고 누리며 살아가던 시절이다. 기자는 욥에게 정통주의 신학의 한 축을 인정하며 시작한다.

천상에서 하나님과 천사들이 회의한다. 그 자리에는 늘 눈썹을 휘날리며 바쁘게 세상을 싸돌아다니는 사탄도 와 있다. 비록 지각했지만…. 악마는 누구인가? "악마도 나이를 먹으면 수도사가 되고…"《니코스 카잔차키스-최후의 유혹, 제1권》, "사람들이 조작한 발이나 뿔 같은 건 가지고 있지 않지만, 위대하고도 잔인한 영혼이다."《표도르 M. 도스토예프스키-백치, 제2권》

그러자 하나님은 다짜고짜 사탄이 묻지도 않은 말을 꺼내며 욥의 의로움을 칭찬한다. "이 세상에 그 사람만큼 흠이 없고 정직한 사람, 그렇게 악을 멀리하는 사람도 없다." 그 말에 사탄이 꽁하게 뜬 눈에 수많은 물음표를 그리며 반론을 편다. "어찌 욥이 까닭도 없이 하나님을 경외하겠습니까? 주님께서 그의 모든 것을 울타리로 감싸 주고, 그가 하는 일이면 무엇에나 복을 주시기 때문이 아닙니까? 이제라도 주님께서 손을 드셔서, 그가 가진 모든 것을 치시면, 그는 주님 앞에서 주님을 저주할 것입니다!"

사탄은 의롭고 경건한 욥의 삶을 지극히 종교적이고 이기적인 타산 행위로 격하시킨다. 사탄의 논리는, 신앙인이란 죄다 전형적으로 '울타리 신학의 신봉자'라는 비판이다. 즉, 더 많은 복을 바라고 믿고 의롭게 산다는 것이다. 이것이 욥기 주제의 하나로서, 저자는 이 울타리란 용어를 가지고 당대 정통주의 신학에 맞선다. 누가 이러한 사탄의 논리에서 자유로울 것인가? 정녕 그런 사람이라면 위대한 신앙인이리라. 인간심리의 복잡성은 아무도 다 헤아릴 수 없다.

그리하여 사탄은 하나님에게 내기를 제안한다. 하나님은 사탄에게 욥을 맡겨, 과연 그의 신앙과 의로움이 정녕 정치적 권력, 경제적 부, 사회적 명망을 바라고 하는 지극히 타산적인 것인지 아닌지를 시험해보게 허락하면서, 모든 부는 빼앗되 몸은 해치지 말라고 한다.

하나님의 허락을 받은 사탄은 음흉한 미소를 가득 머금고, 곧장 광속으로 날라 욥에게 가서, 갖가지 재앙을 일으켜 하루아침에 그의 열 자녀를 몰살시키고 재산도 깡그리 몰수해버린다. 그리하여 욥은 순식간에 그렇게도 경외하던 하나님에게 그만 철저히 배신당하고 버림받은 남자, 천하에서 가장 외롭게 내동댕이쳐진 남자, 세상의 천덕꾸러기, 개밥의 도토리 신세가 되고 만다.

그런데도 욥은 "겉옷을 찢고 머리털을 밀고, 머리를 땅에 대고 슬퍼하지만", 하나님을 원망하지 않고 오히려 찬양한다. "모태에서 빈손으로 나왔으니, 죽을 때에도 빈손으로 돌아가는 것. 주신 분도 하나님, 가져가신 분도 하나님이시니, 하나님의 이름을 찬양할 뿐입니다." 그에게 여전히 "하나님은 말을 걸 수 있는 분이다."《마르틴 부버-예언자의 신앙》 그는 순결한 신앙의 사람이지, 울타리 신학 때문에 하나님을 믿는 사람이 아니다! 그는 하나님을 위하여 하나님을 사랑한, 신앙의 최고 경지에 오른 사람이다.

제2막

다시 천상회의가 열리고, 하나님이 욥을 칭찬한다(2장). 그러자 크게 한 건(!) 했는데도 불구하고, '하나님의 바보천치'가 여전히 의로움을 지키는 바람에 크게 낭패를 당한 사탄은 음흉한 미소를 지으며, "가죽(몸뚱이)은 가죽으로 대신하는 법이니, 사람은 제 목숨을 지키는 일이라면 무슨 일이라도 합니다. 이제 그의 뼈와 살을 치면, 당장 하나님을 저주할 것입니다." 하면서, 그의 몸뚱이를 놓고 내기를 제안하자, 하나님은 다시 응한다.

사탄이 빛보다 더 빨리 내려와 욥의 발바닥에서부터 정수리까지 악성 종기가 생겨나 고생하게 한다. 욥은 잿더미에 앉아 옹기조각을 가지고 몸을 긁는다. 피와 고름이 터진다. "손톱으로 옴딱지를 긁어대는 모습은 마치 식칼로 물고기의 비늘을 긁어내는 것과 똑같았다."《단테 알리기에리-신곡, 지옥 편》 그러자 그의 아내는 그것을 보고 "여전히 신실함을 지켜요? 차라리 하나님을 저주하고 죽는 게 나아욧!" 하고는, 남편을 내버려두고 떠나버린다.

제3막

1~2막의 천상회의에 대해서는 아무것도 모르는 욥은 그렇게 갑자기 하루아침에 자식과 재산을 다 잃고, 온갖 병 덩어리가 되고, 아내마저도 떠나버려, 홀로 죽음 같은 고통을 겪고 있다. 그런 욥에게 "세 친구"가 찾아와 위로한다(2:11~13). 욥의 처참한 몰골에 할 말을 잊은 그들은 무려 "밤낮 7일 동안을 욥과 함께 땅바닥에 앉아 있다." 욥과 친구들은 무한한 슬픔과 고통의 침묵 속으로 돌덩이처럼 가라앉는다.

8일째 되던 날, 욥이 느닷없이 절망적으로 자조(自嘲)하며 하나님을 원망하고 불평하는 소리를 늘어놓기 시작하자, 그들은 모두 까무러치게 놀라 벌어진 입을 다물지 못한다. 그러다가 이내 정신을 가다듬고 그의 말을 공박하고 다시 욥이 반박하면서 기나긴 논쟁이 불붙는다. 모두 똑같은 정통주의 신학적 관점과 논조이다. 마지막에 자신만만한 젊은 신학자 "엘리후"가 등장하여 다시 같은 논조로 반박하지만, 욥은 대답하지 않는다.

제4막

이렇게 오랜 논쟁이 이어지다가 모두 지쳐서 침묵한다. 그러던 중 느닷없이 하나님이 출현하여, 욥에게 이것저것 말하며 묻는다. 그런데 욥의 고난에 대한 말은 한 마디도 없다. 모두 우주와 만물의 살림살이에 관한 것뿐으로(38~41장), 선문답(禪問答) 같은 형식이다. 그 후 욥은 건강을 회복하고 재혼하여 미남미녀 아들딸을 낳고 부자로 행복하게 살았다.

끝이 없는 길고 긴 논쟁

여기에는 세 번에 걸친 네 사람의 논쟁과 한 사람의 주장을 각기 모아서 골자만 간략히 인용하며 그 신학적 핵심을 생각해본다.

욥의 탄식

그도 인간이다. 하루아침에 자식과 재산을 다 잃어버리고, 온몸은 병들고 아내는 떠나고 없으니, 외롭고 슬프고 고통스럽기 한이 없다. "고통스러울 때는 그저 고통스럽다는 느낌밖엔 없다."《클라이브 S. 루이스-고통의 문제》 이상한 운명의 토네이도에 빨려들어 내동댕이쳐진 것이니, 어찌 괴롭다는 소리가 나오지 않으며, 아무리 신앙이 좋다 한들 어찌 하나님을 원망치 않을 것인가? 그것은 차라리 정직한 것이다.

세상에는 인간이 이해할 수 없는 일들이 많다. 인생은 자신의 생각, 신념, 신앙, 신학, 이념, 철학, 주의, 확신, 계획, 뜻, 희망, 전망대로 전개되는 것이 아니다. 인생의 바람은 사람을 가리지 않고 저 불고 싶은 대로 분다. 힘이 있다고 해서 늘 행복하고 안전한 것만도 아니고, 힘이 없다고 늘 불행하고 기쁨이 없는 것만도 아니다. 오늘날에도 의인, 최고의 부자, 사회적 존경과 남들의 부러움을 한 몸에 받았던 남자, 모든 이들이 줄 대기를 원한 힘 있던 남자, 가난한 이들의 친구와 아버지로 여겨졌던 남자가 하루아침에 모든 것을 잃고 몰락한다면, 그것을 바라보는 자마다 이렇게 말하리라. "저 사람은 분명히 저런 벌을 받을 만큼, 아무도 모르게 하나님·하늘에 큰 죄를 지은 게 틀림없어!"

"사람이란 올바른 자의 타락과 치욕을 기뻐하는 법이다."《표도르 M. 도스토예프스키-카라마조프의 형제들, 제2권》 인간성의 심연을 얼깊이 들여다 본 말이다. 인간의 내면에는 분명 고약하고 냄새나고 치졸하고 비겁하기 그지없는 구석이 있다.

욥은 일주일 동안 처절한 슬픔과 고통 속에서 생각에 생각을 거듭했을 것이다. 이윽고 그는 옹기조각으로 가려운 몸을 긁어대다가, 한없는 통곡과 울분 속에서 자신의 불운한 생을 저주한다(3장). 그의 말은 일찍이 200여 년 전 '예레미야' 예언자가 견딜 길 없는 고뇌와 고통 속에서 울부짖은 말과 똑같다(20:14~18). 욥기 기자가 예레미야로부터 큰 영향을 받은 사람이라는 것을 알 수 있다.

그러면 이 모든 사태의 근원은 무엇인가? 사람으로 태어났다는 것이다. 어머니의 자식으로 태어난 것이 죄이다. 태어나지 않았으면 고통도 없기 때문이다. 그래서 그는 태어난 것을 저주한다. 그리스 비극기자 '소포클레스'도 "일찍 죽는 자가 행복하다. 가장 행복한 자는 태어나지 않은 자이다."《안티고네》라고 말하지 않았던가!

"어찌하여 내가 모태에서 죽지 않았던가? 어찌하여 하나님은 고난당하는 자들을 태어나게 하셔서 빛을 보게 하시고, 이렇게 쓰디쓴 인생을 살아가는 자들에게 생명을 주시는가? 밥을 앞에 놓고서도 나오느니 탄식이요, 신음소리 그칠 날이 없구나. 마침내 그렇게도 두려워하던 일이 밀어닥치고 말았구나. 내게는 평화도 안정도 없고, 안식마저 사라지고, 두려움만 끝없이 밀려온다!"

이렇게 몇 날 며칠, 그지없이 가려운 온몸을 긁어대며 구구절절 탄식과 눈물과 원망 섞인 말을 가득 늘어놓는다. "저주받은 불행한 날, 증오해야 하는 비참한 날! 흐르고 흐르는 세월 중에 가장 비참한 이 시각! 아 슬퍼라! 아 서러워라! 이렇게 슬프고 불행한 날이 내 생전에 있을 줄이야! 아 서러워라! 아 슬퍼라!"《윌리엄 셰익스피어-로미오와 줄리엣》 그대로 욥의 신세와 탄식이다.

모든 게 엉망진창, 뒤죽박죽, 진흙탕이다. 신의 철수, 신의 부재, 인생무상을 뼈저리게 느끼며 독배(毒杯)를 남김없이 들이키는 순간이다. 신은 불러도 대답 없는 이름일 수 있다!

천하에서 가장 서럽고 외롭고 슬픈 고통이 칼날처럼 욥의 가슴을 사각사각 저미고, 영혼마저 바닥 없는 어둠의 구렁텅이로 돌덩이처럼 가라앉는다. 눈앞에서 죽음의 갈망이 뱀처럼 혀를 날름거리며 매혹한다. 어서 "삶에 지친 사람들도 쉴 수 있는 그곳"으로 가서, 모든 고통에서 "자유를 얻고"만 싶다.

그러나 모든 것을 상실하고, 아무것도 보이지 않는 칠흑 같은 어둠 속에 내던져졌을 때, 그때 최후로 남아 있는 하나가 있다. 그때는 마치 "신의 일식(日蝕)"《마르틴 부버–예언자의 신앙》과 같은 상황이다. 내 생(生)의 대지가 온통 컴컴해져서 눈앞조차도 가늠할 수 없는 순간.

그때는 어떻게 해야 하는가? 죽는 것보다 더 어려운 것은 사는 것이다. 영혼과 정신과 몸의 힘을 다하여, 그 하나를 긍정하고 살아야 한다! 그런 생의 일식에 처할 때, 다음과 같은 생각을 일으키는 게 도움이 되리라. "신은 공정한 가부장이 아니다. 자식들에게 빵이나 두뇌를 공평하게 나눠주지 않는다. 불공평, 잔혹함, 갈망, 굶주림은 황량한 우리의 대지 위를 내달리는 신의 마차를 끌어당기는 네 마리 준마이다. 신은 행복, 위안, 영광에서 창조되는 것이 아니라, 부끄러움, 굶주림, 눈물로부터 창조된다."《니코스 카잔차키스–신을 구하는 자》

신이란 어쩌면 내 영혼, 내 삶에서 최후의 진실일지 모른다. 절망적인 고난 속에서 이것을 택하는 것이 인생에서 가장 어려운 일이리라. 그러나 죽음의 유혹이 쓸쓸하게 다가올 때, 마지막 남은 힘을 다해 그 진실을 긍정해야만 한다. "삶이야 내가 바라는 것이지만, 하고 싶은 일에 삶보다 더

한 것이 있으니, 그러므로 구차하게 살려고 하지 않는다. 죽음이란 또한 싫은 것이지만, 싫은 일에 죽음보다 더한 것이 있으니, 그러므로 환란도 피하지 않는다."《맹자-맹자》

엘리바스와 욥의 논쟁

"엘리바스"가 참다못해 입을 연다(4~5장; 6~7장; 15~17장; 22~24장). 그가 입을 연 까닭은 하나님이 사람을 잘못 다룬다고 욥이 원망하기 때문이다. 그는 정통주의자이면서도 신비주의자이다. 그는 자기가 "조용한 가운데 어떤 영이 내 앞을 지나가는" 두렵고 떨리는 종교적 환상체험을 했던 일을 유난히 강조하면서, 자신의 말이 하나님으로부터 직접 들은 진리라는 확신으로 가득 차 선언한다.

그는 이렇게 말한다. "악을 밭 갈아 재난을 뿌리는 자는 그대로 거둔다. 재앙이 흙에서 일어나는 법도 없고, 고난이 땅에서 솟아나는 법도 없다. 죄 없고 정직한 사람이 망한 일이 없다. 어리석은 자의 집은 순식간에 망한다. 따라서 너나 네 집안의 재난은 죄에 대한 마땅한 대가이다. 그러므로 너는 죄를 고백하고 뉘우쳐 하나님과 화해하라. 그러면 다시 은총을 베푸신다."

여기에는 맞기도 하고 안 맞기도 한 말이 있다. 이에 대해 욥은 자신은 죄지은 일이 없는데도, 하나님이 자기를 "과녁으로 삼고 활을 쏘아 고난에 빠뜨린 것"이라고 항변한다.

빌닷과 욥의 논쟁

그는 정통주의자, 전통주의자, 경험주의자이다. 그는 '엘리바스'의 말에 대해 무죄를 주장하는 욥의 대답에 공박한다(8~10장; 18~19장; 25~26장). 그의 주장은 이렇다. "하나님은 의롭다. 따라서 하나님은 심판을 잘못 내리는 법이 없다. 죄에는 벌이 따르는 게 당연하다. 악한 자의 빛은 꺼진다. 옛 조상들의 경험으로 배운 진리가 이것을 가르쳐준다. 그러므로 네가 벌을 받고 있는 것은 너의 죄를 증명한다. 그러니 하나님께 자비를 구하고 정직으로 돌아가면 다시 회복시켜 준다."

여기에도 맞기도 하고 안 맞기도 한 말이 있다. 이에 대해 욥은 사람이 하나님 앞에서 의롭다고 주장할 수 없음을 인정한다. 그러나 자기의 경우는 죄→ 벌이 아니라, 하나님이 "까닭도 없이 그물로 덮어씌우는" 경우라고 맞받아치면서, 자기는 죽어도 옳다고 항변하며 하나님만이 진실을 가려주리라고 대답한다.

소발과 욥의 논쟁

그는 정통주의자, 신비주의자, 도덕주의자이다. 두 친구의 말과 욥의 무죄 주장을 듣고 나선다(11~14장; 20~21장). 그도 역시 자기의 신비체험을 내세우며, "깨닫게 하는 영이 내게 대답할 말을 일러주었다."고 하며 욥을 공박한다. 그의 주장은 이러하다. "너의 고통은 네가 저지른 죄보다 훨씬 더 가벼운 것이다. 부도덕한 생활은 반드시 그에 마땅한 대가를 치르게 된다. 사람이 저지르는 죄는 하늘이 알고 땅이 아는 것이기에, 아무도 부정할 수 없다. 남을 찌른 화살은 곧 내 쓸개를 휘젓게 한다. 따라서 사람은 자신의 한계를 똑바로 알고, 자신의 무지와 더러움을 고백할 줄 알아야 한다. 교만한 자는 홍수처럼 쓸려간다."

여기에도 맞기도 하고 안 맞기도 한 말이 있다. 이에 대해 욥은 자기의 무죄는 짐승들도, 공중의 새들도, 땅도, 바다의 물고기들도 아는 것이라고 말한다. 그러면서 세상을 둘러보면 악한 자들이 잘사는데, 이것이 어떻게 된 일인지 증명해보라고 반박한다. 그러고는 하도 말이 안 통하자, 하나님께 길게 기도하면서 자신이 죄를 지은 일 없이 억울한 고난을 당하고 있으

니, 제발 그만 끝내달라고 하소연한다.(27~31장)

엘리후의 발언

마지막에 젊은 신학자가 등장한다(32~37장). 그는 정통주의자, 도덕주의자이다. 그는 양비론(兩非論)을 펼치며 네 사람을 모두 비판한다. 그러나 그의 말에도 새로운 것은 전혀 없다. 그의 신학적 논조 역시 욥의 세 친구들과 같다. "하나님은 의롭다. 악을 행할 수 없다. 따라서 의→ 보상, 불의 → 응보이다. 그리고 사람이 받는 고통은 하나님이 사람을 가르치는 기회요 경고이다."

여기에도 맞기도 하고 안 맞기도 한 말이 있다. 그러나 욥의 경우는 이런 것이 아니다. 그가 욥의 세 친구들을 비판한 까닭은 논리가 철저하지 못하여 욥의 반론에 적절한 대답을 하지 못했다는 것이고, 욥을 비판한 까닭은 그가 불의→ 응보의 증명이라는 확고한 사실에도 불구하고 결백을 주장하다 못해 "하나님의 잘못"이라고까지 말하며 대들고 있기 때문이다. 그도 욥에게 회개를 권고한다.

그가 그래도 긍정적인 점은 인간은 전능한 분의 다스림을 다 알 수 없기에, 천지 만물의 운행을 보며 하나님 앞에서 겸허한 자세를 가지고 살아야 한다고 말하는 데 있다. 그리하여 기자는 그를 통해 곧 등장하는 하나님이 하는 말씀의 신학적 배경을 미리 깔아 놓는다. 그의 말에 대한 욥의 논박은 없다.

그런데 그가 크게 실수한 것이 하나 있다. 그도 역시 자신의 신학적 관점에 지나친 확신을 가진 나머지, '엘리바스'의 주장과 똑같이(22:2~3), "**인간의 악과 죄가 하나님께 아무런 손해와 영향도 끼치지 않으며, 인간의 선과 의도 하나님께 아무런 보탬이나 이익이 되지 않는다.**"고 말한다. 흥분하던 끝에 던진 그의 말은 경악스런 것이다. 그렇다면 그의 하나님은 죽은 하나님이요, 이 세상에 존재하지 않는 하나님이요, 존재한다 해도 내쫓긴 하나님이다. 이것은 결코 구약성서의 하나님이 아니다. 이것은 차라리 신앙의 해체선언이다. 이것은 근대 서구 유럽의 철학자들이 '세상을 창조하기는 했지만 법칙이 다스리도록 내버려두었다.'고 말한 이신론(理神論)의 신처럼 죽은 하나님이요 죽은 신학이다.

그러면서 그가 하나님이 세상을 의로 다스리며 불의를 심판한다고 말하는 것은 지독한 자기모순이다. 인간에게서 아무런 영향을 받지 않는 하나님이라면, 무엇 때문에 인간 세상에 개입하는 것이며, 인간의 불의에 분노한단 말인가? 그는 그런 식으로 정통주의를 극단으로 밀어붙이면, 하나님을 치켜세우려다가 외려 세상에서 추방하게 되고, 인간을 한없이 초라한 존재로 만들어 끝내 '인간벌레 신학'을 초래하고 만다는 사실조차도 알지 못한다.

그는 정통주의 신학의 덫에 걸리고 만 것이다. 이것이야말로 자가당착의 신학이다. 정통주의 신학은 그저 신학의 한쪽 날개일 뿐이다. 다른 날개는 내재주의 신학이다. 이것은 하느님을 이 세상 안에서 고난당하는 자들의 슬픔과 아픔을 함께 짊어지고 나가면서 위로하고 희망을 주는 분으로 말한다.

그렇게 다섯 사람의 논쟁이 끝난다. 이제 욥기를 통해 기자가 말하는 공감의 윤리와 대안에 대하여 생각해보자.

불의한 사회에서 가난한 자의 삶을 옹호하다

욥은 불의한 사회에서 희생당하는 의인과 가난한 자의 표상으로 기자의 신학 대행자이다. 구약성서는 이것을 같은 뜻으로 쓴다. 가난하다고 의로운 것은 아니지만, 의로우면 가난하다. 6~7장, 9~10장, 12~14장, 16~17

장, 19장, 21장, 23~24장, 26~31장에 있다.

욥기는 가난한 자의 신학이다. 의롭기에 가난한 자들이 겪는 고난과 고통을 저울에 달아볼 수 있다면, 틀림없이 저 바닷가의 모래보다 더 무거울 것이다. 그들은 하나님의 말씀을 거역하지도 않고, 폭행을 저지른 일도 없고, 언제나 진실하게 살아가건만, 까닭 없이 고난과 학대를 당한다. 그러나 그들의 고난은 죄에 대한 대가도 아니며, 더구나 하나님이 내린 것도 아니다. 그런 식으로 죄 없이 고난을 당하는 사람들에게 정통주의 신학을 들이대는 것은 비인간적인 학대와 저주의 신학, 교만의 신학이며, "한낱 쓸모없는 잡담이며, 가난한 이들을 경멸하고 욕하고 뺨을 후려치고 화살을 쏘아 허리를 꿰뚫어버리는 짓이며, 절망으로 밀어 넣는 짓이다."

가난하고 경건한 의인들의 고난에도 여러 원인이 있지만, 불의한 사회구조는 가난과 고통을 심화하고 확대한다. 가난은 그 자체로 죄이거나, 불의의 응보가 아니다.

그런데 가뜩이나 가난하고 의로운 사람을 고통으로 밀어 넣는 자들이 있다. 기자는 그들을 "하나님을 멸시하는" 사회적 "강도들"이라고 말한다. "그들은 하나님까지 자기 손에 넣었다고 생각한다." 그런 자들이 사회 곳곳에 포진하고 있다. 어떤 자들인가? "이 땅 백성의 지도자들, 고관들, 법관들, 제사장들, 권세 있는 자들, 지식인들, 귀족들, 친척들, 가까운 친구들, 평범한 악한 자들, 양 떼를 지키는 개들 축에도 끼지 못하는 쓸모가 없는 자들의 자식들"에 이르기까지, 지도층은 물론 서민들까지 탐욕을 부리며, 그렇지 않아도 가난하고 힘든 백성(서민 중의 서민들)을 후려치고 빼앗는다. 그러면서도 그들은 "제 집에서 안일하게 지내며 평안히 산다. 그들은 빛을 싫어하는 사람들이다."

기자는 인간고를 세밀하게 관찰한다. "인생은 땅 위에서 사는 고된 종살이와 같다. …인생의 날은 베틀의 북보다 빠르게 지나간다. 한낱 바람이다. 그러면서도 괴로운 밤을 보내고, 악몽을 꾸기도 하고, 온갖 불평에 슬픈 얼굴빛에 갖은 괴로움을 겪으며 산다. 진흙과 티끌에 불과한 인생이 갖가지 근심에 눈이 멀고 그림자처럼 야위어가면서, 술 취한 사람처럼 비틀거리며 행복하고는 거리가 멀어, 고통스럽게 산다. 그러다가 티끌 속에 눕고, 하나같이 구더기로 덮이는 신세가 되고 만다."

기자는 고난받는 사회적 약자에 대한 이해와 자비심으로 가득하다. "하나님이 마치 정당한 판결을 정해두지 않은 것처럼, 세상에서는 남에게 밭과 가축을 빼앗기고, 나귀를 강탈당하는 고아가 있고, 하나 남은 소까지 빼앗기는 과부가 있다. 그래서 인간의 권리를 빼앗기고 흙에 파묻혀 사는 가련한 사람들이 학대를 견디다 못해 도망가서 숨기도 한다. 가난한 사람들은 들 나귀처럼 메마른 곳으로 가서 일거리를 찾고 먹을거리를 얻으려고 하지만, 어린 아이들에게 먹일 것을 찾을 곳은 빈들뿐이다. 가을걷이가 끝난 남의 밭에서 이삭이나 줍고, 악한 자의 포도밭에서 남은 것이나 긁어모은다. 잠자리에서도 덮을 것이 없으며, 추위를 막아 줄 이불 조각 하나도 없다. 산에서 쏟아지는 소낙비에 젖어도, 비를 피할 곳이라고는 바위 밑밖에 없다."

이러한 세세한 표현은 상상력을 동원한 문학적 수사가 전혀 아니다. 기자가 지켜본 당대의 일상적인 사회현실이다. 그래서 기자는 불의한 자들의 폭력에 대한 분노로 가득하다. "아버지 없는 어린아이를 노예로 빼앗아 가는 자들이 있고, 가난한 사람이 빚을 못 갚는다고 자식을 빼앗아가는 자들도 있다. 살인하는 자는 새벽에 일어나서 궁핍한 사람을 죽이고, 밤에는 도둑질을 한다. 과부를 등쳐먹고, 자식 없는 여인을 학대한다. 그래서 가난한 사람들은 입지도 못한 채로 헐벗고 다녀야 하고, 곡식 단을 지고 나르지만, 굶주림에 허덕여야 한다. 가난한 노인을 조롱하고, 성읍 안에서 상처받은 사람들과 죽어 가는 사람들이 소리를 질러도, 하나님은 그들의 간구를 못 들은 체하신다." 그토록 무서운 세상이다.

그렇게 하여 욥의 친구들 주장이 얼마나 사회현실을 무시한 정통주의 신학의 도그마에 갇힌 배부른 자들의 하품인지 그대로 드러난다. 그런 세상에서도 그들은 자기들의 부를 자기들의 의에 대한 하나님의 마땅한 보상이라고 철석같이 믿는다. 그들은 과연 자기들이 고난을 당해도 그렇게 믿고 말할까? 물론 정직한 부는 사회적 존경을 받아야 마땅하다. 그러나 그들이 어느 정도 "고귀한 자의 사회적 책임과 의무"(Noblesse Obilige)를 담당하며 살아가고 있다는 말이 하나도 없는 것을 보면, 그들은 분명 자기만의 성공과 안락에 취하여 배부른 자의 '울타리 신학'을 즐기면서, 가난한 사람들을 오직 개인적인 '게으름과 불의→ 응보로 가난하다.'고 말하고 있다.

참으로 냉혹한 신학이다. 그들 배부른 신앙인들과 신학자들에게는 욥이 보는 가난한 사람들의 고난이 보이지 않는다. 더욱이 그들의 눈에는 사회에 만연한 불의의 현실과 구조적인 사회악이 전혀 보이지 않는다. 그들은 오로지 신학과 전통, 영적 체험과 도덕의 눈으로만 사람을 판단하면서 자기들만의 리그에 취해 있다.

그런 세상에서 기자는 **진정한 신학**, 곧 **공감과 자비의 윤리**를 설파한다. 이것이야말로 출애굽 사건의 정신에 기초한 기자의 진정한 정통주의 신학이다. 의롭고 거룩한 하나님의 마음으로 고난당하는 사회적 약자들과 더불어 살아가는 것이야말로 율법에 나타난 하나님의 뜻이기 때문이다.

'신에 대한 이론'인 신학(theologia · theology)은 역설적으로 신에 대한 연구가 아니다. 사실 **신학이란 인간학**이다. 인간 없는 신은 없기 때문이다. 그런 신이 있다면, 만들어진 신이다. 하나님을 말하는 것조차도 인간을 위해서이다! 인간 없이 하나님을 위한 길이란 없다. 신학은 인간을 위한 신학이다. 따라서 그것은 무엇보다 지치고 상처받은 인간을 향한 공감과 자비와 연대의 윤리를 천명하는 것으로 드러날 수밖엔 없다. "신학은 인간 세상에 가득한 고통을 치유하는 '길르앗의 향유'(香油, 치유의 기름과 의사로 유명한 곳. 예레미야서 8:22)와 같은 것이다."《초안 셍 송—아시아의 고난과 신학》

따라서 기자가 말하는 인간상은 히브리 정통주의 신학에 기초한 호모 심파테티코스Homo Sympatheticos, 곧 "통감(痛感)하는 인간"《초안 셍 송—대자대비하신 하나님》이다. 이것은 가난하고 천대받는 백성을 바라보면서 통감(공감·자비심)하는 하나님의 마음을 느끼면서 고난당하는 이웃을 포용하고 함께 살아가는 존재방식이다.

욥은 자기의 부를 가족들만 누린 게 아니라, 최선을 다해 사회적 책임을 감당하며 살던 중 고난을 겪게 된 것이다. 기자는 욥이 고난당하기 전까지, 그동안 '성공한 자의 사회적 의무와 책임'을 어떤 방식으로 충실히 감당하며 살아온 사람인지를 말한다(29~31장). 그는 부의 사회적 환원이라는 것에 있어서 정녕 모범적인 인간이다.

그의 자비로운 삶의 행로는 이웃들도 칭찬하고 존경하는 것이다. 그는 도움을 청한 가난한 사람들과 의지할 데가 없는 고아들, 비참하게 죽어가는 사람들, 과부들을 일일이 돌봐주며 "늘 정의를 실천하고 매사를 공평하게 처리했다." 그는 "앞을 못 보는 이에게는 눈이 되어 주고, 발을 저는 이에게는 발이 되어 주고, 궁핍한 사람들에게는 아버지가 되어 주고, 알지도 못하는 사람들의 하소연도 살펴보고서 처리해주었고, 악을 행하는 자들의 턱뼈를 으스러뜨리고 그들에게 희생당하는 사람들을 빼내어 주었다."

이러한 욥의 태도는 기자가 당대 불의한 사회에 제시하는 대안(代案, alternatives)이다. 이것은 누구나 아는 히브리 정통주의 신학의 상식으로서, 전적으로 공감과 자비의 신학과 윤리이다. 이것은 "미소를 지으며 사람들에게 확신을 주는 것, 웃는 얼굴로 용기를 주는 것, 슬퍼하는 사람을 위로해 주는 것, 사람들에게 훌륭한 조언을 해주어 갈 길을 가리켜 보이는 것, 고난받는 사람과 함께 우는 것, 궁핍한 사람을 보면 함께 마음 아파하는 것, 여성과 종들까지 인간으로 대접하는 것"이다.

기자의 이런 말은 정확히 그가 이해한 하나님의 모습이다. 하나님은 지금 이 순간에도 고통당하는 사람들의 말없는 위로자이고 친구이고 희망이다. 하나님은 여전히 출애굽 시절의 그 하나님이다. 하나님은 울부짖는 자의 아버지이다. 하나님이야말로 공감과 자비의 윤리를 가지고, 지금 여기에서 고난당하는 자들의 친구로서 함께하는 분이다. 신앙이란 예배당용이 아니라, 일상에서 구체적으로 드러내는 실천적 삶(비타 프락치스vita praxis)에 관한 것이다.

하나님의 출현

그렇게 모든 논의가 팽팽하게 대립하여 결말이 나질 않는다. 그때 하나님이 "폭풍이 몰아치는 가운데 나타나" 대답한다(38~41장). 그러나 대답이 아닌 대답이다. 시종일관 묻기만 한다. 그렇지만 이것이 가장 정확한 대답이다. 욥과 동시대인들은 이것을 받아들여야 한다. 지금도 마찬가지이다. 그래서 신앙은 역설이요 결단이요 선택을 요구하는 어려운 것이다.

하나님의 대답에 나오는 소재들은 우주만물이다. "땅의 기초들을 놓을 때, 네가 거기에 있기라도 했느냐? 바닷물이 땅 속 모태에서 터져 나올 때, 누가 문을 닫아 바다를 가두었느냐? 네가 지금까지 살아오면서 아침에게 명령하여 동이 트게 해 본 일이 있느냐? 네가 북두칠성의 별 떼를 한데 묶어 놓을 수 있느냐? 오리온성좌와 큰곰자리 별 떼를 인도하여 낼 수 있느냐? 네가 사자의 먹이를 계속하여 댈 수 있느냐? 말에게 강한 힘을 준 게 너냐? …?" 이런 식으로 하나님은 마치 온 세상의 만물을 일일이 다 열거할 생각인 듯, 끝없이 우주와 만물의 살림살이를 말한다. 여기에 대해서 욥이든 누구든, 하나님을 거들어준 인간은 아무도 없다. 모두 다 하나님 홀로 하는 일이다.

"너는 아직도 내 판결을 비난하려느냐?" 그러자 그는 다만 손으로 입을 막을 뿐, 더 할 말을 찾지 못한다. 그러고는 회개한다. 무엇인가를 깨달았다는 뜻이다. 하나님의 긴긴 담화에서 무엇인가를 알아들었고, 게다가 인간이 알거나 할 수 있는 것은 아주 미미하다는 것을 인정하기 때문이다.

그러면 하나님의 대답 아닌 대답인 질문 공세는 무슨 의미일까? 하나님은 이스라엘 정통주의 신학에 대해서 한 마디도 없다. 욥의 신정론 물음에 대한 대답도 하나 없다. 그러면 욥은 대체 무엇을 알아들은 것일까? 기자는 이런 구도를 통해서 무엇을 말하고자 하는 것일까?

하나님의 질문 공세는 인간이 자신의 존재에 대한 경이감, 우주와 사물의 존재에 대한 신비감, 자신의 소유물과 세상을 인류 공동의 살림으로 여기는 이해력을 가지고 살라는 말로 보인다. 이런 사람은 우주와 세계 안의 만물을 하나님의 신비로 본다. 눈길이 머무는 모든 곳에서, 생명의 춤, 삶의 노래, 사물의 신비, 더 나아가 그 배후에 있는 비가시적이고 궁극적인 실재의 거룩한 춤을 본다. 그는 하루를 살아도 무한한 고마움에 젖어 떨며, 생의 그 어떤 것도 당연하다고 여기지 않고, 걷는 일조차도 기적으로 느끼고 신의 신비를 경험하는 사람이다.

그런즉 기자가 하나님의 자화자찬으로도 비칠 수 있는 방식을 통하여 말하고자 하는 바는, 인간이 세상에 들어와서 사는 동안, 이 세계에 보태준 것은 아무것도 없으며, 인간은 모든 것을 자연의 무한한 선물, 곧 하나님의 선물·은총으로 받아 누리며 사는 존재라는 것이다. 그리하여 기자는 지금까지 고난받는 자의 이야기를 해오다가, 놀랍게도 **"은총의 신학"**을 주창한다.

은총의 신학에 의하면, 삶의 모든 것은 하나님으로부터 그냥 선물로 주어지고 배려된다. 참된 삶은 모든 것이 은총임을 알고 고마워하며, 남들에게 팔을 벌려 공감하고 자비를 베풀며 함께 살아가는 데 있다. 은총에 대한 생생한 감각을 가진 신앙인은 공감과 자비의 윤리를 담은 존재방식을 드러낸다. 여기에서 하나님은 '의→ 복, 불의→ 심판'을 그대로 집행해야 한다는 정통주의의 확신은 초라해지고 만다. 모든 것이 은총이다. 은총이 구원이고, 구원은 은총이다. 그래서 은총의 신앙·신학은 자비의 신학·실천으로 나아갈 수밖에 없다.

이렇게 하여 이스라엘 신학은 새로운 지평을 열어 젖혔다. 그러나 기자는 우리를 역사의 진공세계로 데려가는 것이 아니다. 오히려 가장 현실적인 인간이 되게 한다. 기자가 생각하는 현실적인 삶이란 하나님의 은총에 대한 생생한 감각을 가지고, 일상에서 의, 사랑, 자비, 배려, 친절, 책임을 통하여 이웃과 어울리면서 더불어 살아가는 상생(相生)의 삶이다. 그러면 고난받는 가난한 사람들도 생기와 위로와 희망을 얻어 살지 않겠는가? 이것이 욥기 기자가 할 수 있는 대답의 전부이다. 인간은 그 이상은 알 수도 없고 할 수도 없다.

그 후 건강을 회복한 욥은 재혼하여 자식을 낳고 이전보다 두 배의 부자가 된다(42장). 그런데 이 부분은 매우 심각한 문제를 제기한다. 얼마나 심각한가 하면, 이제까지 논의된 것을 폐기처분 한다. 그러면 지금까지의 모든 일이 농담이 되어버린다. 게다가 욥처럼 회복하지 못하고, 끝도 없이 고난을 겪는 사람들은 어쩌란 말인가? 절망하란 말인가?

그러면 왜 이것이 여기에 있을까? 신학자들은 대개 이 부분을 후대의 첨가로 여긴다. 하나님의 말로 끝나면 너무나도 참혹한 이야기로 종결되기에, 심약한 독자들을 배려하여 마지막 부분을 아름답게 장식한 것으로 본다. 제대로 이해한 것이다. 누가 그런 참혹한 결말을 받아들일까?

그러나 참혹한 이야기로 종결되어야 한다고 보는 것은 욥기가 개인의 문제가 아닌 이스라엘 민족의 고난, 더 나아가 죄 없이 고난받는 세상 사람들을 말하는 것이기 때문이다. 그 후로도 이스라엘의 고난은 계속되었다. 욥처럼 아름답게 종결되었다면, 얼마나 좋았겠는가? 그 후로도 고난받는 사람들의 삶은 지금도 계속되고 있다. 욥처럼 아름답게 회복된다면, 얼마나 좋겠는가?

제31장

시편, 히브리 민중의 노래와 기도

시편에는 히브리인들이 일상의 모든 경험에서 느낀 희로애락의 기도와 노래가 고스란히 녹아 있다. 시편은 히브리 민족이 오랜 고난 속에서도 무너지지 않은 것은 내적·외적 고통 가운데서도 창조 영성의 길, 곧 신앙과 영성훈련과 거룩한 생활의 길을 충실하게 걸어가면서 하나님께 말 걸기, 곧 기도와 노래를 하며 살아온 데 있다는 것을 보여준다.

노래와 기도

시편(Psalms)의 히브리어 제목은 예상 밖으로 "테힐림"(Tehillim, 찬송hymns)이다. 기도보다 노래에 의미를 둔 시편은 "노래의 책"이다. 유대인들은 전통적으로 시편을 찬송으로 만들어, 가정에서나 농사를 짓거나 길을 갈 때나 마을 축제 때 노래 불렀고, 특히 성전의 공식예배 때 독창자나 찬양대가 부르거나 회중이 공동으로 암송하며 찬송했다.

시편이 노래의 책이라는 것은 각 시의 제목에 표시된 "성전예배 때 부른 노래"(쉬르Shir), "영장(詠長, 람나츠아흐Lamnatsach, 찬양대 지휘자)으로 부른 노래", "여두둔, 알라못, 마할랏…" 같은 장조와 단조의 표시, 빠르기와 음색의 지시로 보이는 음악용어, 현악기 반주에 맞추어 노래한 "아무개의 시"(미즈모르Mizmor)라는 지시어(제사題辭)에서 알 수 있다.

시를 누가 썼든지 거기에는 히브리인들의 공통적인 삶의 경험이 녹아들어 있다. 히브리인들은 시편기도를 노래함으로써, 고단하고 힘든 삶에서 위로와 격려를 받고, 하나님을 향한 신앙과 삶의 희망을 새롭게 다지고 공동체의 결속을 강화하면서, 전통의 '신앙과 영성훈련과 거룩한 백성 되기'를 끊임없이 실험하며 살아왔다.

이러한 전통은 지금도 유대교에서 시행되고 있다. 유대인 예수와 제자들도 절기 때는 시편의 찬송가를 불렀고(마태복음서 26:30), 초기 기독교인들도 그랬다(골로새서 3:16). 이런 전통은 중세 가톨릭으로 전수되어, 찬양대가 오르겔(orgel)이나 실내악단(chamber)의 반주에 맞추어 노래하면서 더욱 다양하고 풍부해진 가운데 현대에 이르고 있다. 노래가 없는 유대교나 기독교는 상상할 수 없다.

기도는 세상에 종교가 생겨나기 전부터, 인간의 본성과 삶에 내재하는 근원적 갈망을 형식 없는 형식에 담아 해온 심정(心情)이요 말이다. 기도는 인간이 존재하는 한 사라질 수 없고, 기도가 있는 한 종교성과 신앙도 없어질 수 없다. 기도만 있다면, 비록 성서·예배당·성직자가 없다 해도, 신앙과 종교성은 잘 유지된다. 창세기와 기독교 초기와 소련 공산주의 70년 역사가 이것을 증명한다.

시편의 별칭은 "테필로트"(Tephillot, 기도)이다. 시편은 "기도의 책"으로, 히브리 민중의 기도문집이다. 시편이 나온 후, 히브리인들은 개인적으로 드리는 기도에서도 자기가 놓인 상황에 맞는 시편을 골라서 음송(吟誦)했다. '시편으로 드리는 기도'라는 형식이 이것인데, 지금도 가톨릭 수도원에서 시행되고 있다.

고대 히브리인들은 세상에서 단연 으뜸가는 종교적인 민족이기에, 자기들이 겪은 모든 종류의 기쁨과 고통과 소망을 기도로 표현하여 평안과 평화를 누리며 살게 되기를 희구해왔다. 고대 히브리인들이 구약성서 외에 인류에게 공헌한 또 하나를 들자면, 기도라는 유산이리라. 이것은 기독교와 이슬람교에 전수되었다.

그런데 이스라엘 역사에서 기도란 점잖게 말해 하나님께 나아가 말 듣기·말 걸기·대화하기이지만, 실상은 온몸으로 고통을 겪는 현실에서 거친 숨소리와 눈물을 머금고 팔을 휘저으며 터뜨리는 울부짖음이다. 동사 "츠크"(Tsq-부르짖다, 출애굽기 2:23)와 여기에서 나온 명사 "체아카"(Tseaqah-부르짖는 소리)는 본래 "아우성"이다. 기름틀에서 깨를 짤 때

공기가 빠져나오면서 '찌익~' 하는 그 소리를 표현한 의성어인데, 이것이 기도의 정의(定義)이다.

기도란 타향에 끌려가 죽도록 고생하며 살아가는 자식이 꿈속에서도 어머니를 부르는 것처럼, 오래도록 모진 역사의 말발굽 아래 짓밟힌 히브리 민중이 자기도 모르게 '하늘 아버지·어머니'를 향해 부른 절박한 심정의 외침과 절절한 소망의 말이다. "사람이라는 것이 제아무리 속 깊고 참을성이 있다고 해도, 때에 따라 속을 털고 마음을 헹구지 않고서는 살아내기 어렵다. 남모르게 펵펵 울어대는 것도, 새 보는 척하며 목 터져라 소리소리 질러대는 것도 다 그런 까닭에서이다."《조정래–아리랑, 제1권》 시편에서 가장 많이 나오는 기도가 "하나님, 도와주세요!"(O God, help me!)이다.

기도란 억울하게 고난받는 민중이 하나님께 해원(解寃)을 바라며 해방과 자유를 누리게 되기를 간청하는 "구원사의 기폭점인 탄원(歎願)이다. 그것은 야훼의 놀라운 구원행위를 충동하는 가장 직접적이고 근본적인 동인(動因)이며, 하나님에 관한 이야기인 이스라엘 신학의 기조를 이루면서 하나님과 맺는 관계신학의 모체이다."《김이곤–구약성서의 고난신학》

그러나 기도는 울부짖음을 넘어선 또 다른 차원을 가진다. 기도는 지금 이 순간의 고난 속에서도 마음과 생각을 전환하거나, 아니면 소망의 실현과 평안을 누리면서 드러내는 신앙고백, 결단, 용기, 인내, 희망, 미소, 기쁨, 노래, 감사, 어울림, 대중적인 호소까지 포함하는 매우 넓은 지평을 지니고 있다. 그래서 기도는 꼭 말로 표현해야만 하는 것은 아니다. 신-의식(意識), 곧 어디에 있든지, 그 순간 하나님을 깊이 의식하는 마음 자체가 기도이다. 그때 기도는 신적 빛과 지혜와 힘을 얻는 통로로 작용한다.

이렇듯 시편은 기원전 시대 1,000년 이상 오랜 고난의 역사 속에 살아온 히브리 민중의 기쁨과 행복, 슬픔과 고통과 눈물, 그리고 삶의 절절한 애환과 인내와 소망을 담아 부른 노래와 기도를 모아놓은 혼의 골수(骨髓)

로서, 신앙과 영성훈련과 거룩한 생활을 지향한 내력을 보여준다.

"마르틴 루터는 시편을 작은 성서라 하면서, 성서 전체에 포함되어 있는 것을 가장 아름답게 또 간결하게 요약한 한 권의 요지서 같은 역할을 한다고 말한다. 요한 칼빈은 시편은 영혼의 모든 부분의 해부학이라고 말한다. 삶이 고독하고 괴롭고 또 견딜 수 없을 만큼 무거울 때, 시편의 노래는 힘이요 위로요 또 살아갈 소망이다. 시편의 노래는 세기와 역사와 정신과 이념을 넘어 신앙인들의 마음과 생활에 살아 왔다."《김정준-전집 제2권, 이스라엘 시인정신》

시편은 또한 하나님 자신의 말씀이기도 하다. 시편은 사람의 말로 표현된 하나님의 말씀이고, 하나님이 우리로부터 듣고 싶어 하는 말이기도 하다. 그래서 우리가 "시편의 언어 속에 감춰져 있는 보화를 발견하여, 시편의 신비 안에서 당신 자신을 우리에게 온전히 드러내 보여주는 하나님의 말씀을, 하나님이 우리로부터 듣고 싶은 말로 이해한다면, 우리는 하나님을 알고 하나님과의 일치를 느낄 수 있게 된다. 시편은 이렇게 말한다. '하나님을 찬미하라! 찬미하라! 흠숭(欽崇)하라! 영광을 드려라!'"《토마스 머튼-가장 완전한 기도: 시편으로 바치는 기도》

시편은 현대인들이 읽어도 조금도 어색함이 없다. 오히려 같은 인간으로서 깊은 공감과 동질감을 느낀다. 비록 때와 장소는 달라도, 인간의 심정과 징시의 삶의 상황은 동서고금 어디서나 비슷하기 때문이다. 인간은 누구나 개인적으로 평안과 행복을 누리고, 이웃과 더불어 사이좋은 관계를 이루고 평화롭게 살기를 바란다(구약성서에서 평안은 개인적인 것, 평화는 관계적·사회적인 의미). 이것이 제대로 실현되지 않을 때, 인간은 누구나 괴롭고 슬프고 힘들다. 이럴 때 노래하고 기도할 수 있다는 것은 크나큰 축복이다.

그래서 20세기 유대인 철학자 '아브라함 J. 헤셀'은 히브리 인간상을 이렇게 정의한다(누가 사람이냐?). **"날마다 한 노래, 날마다 한 노래."**(이것은 본디 서기 2세기 랍비 '아키바'가 한 말) 평안할 때나 고난당할 때나, 늘 노래하며 기도하는 것. 이것이 히브리 인간상이다. 시편을 보는 것은 이스라엘 정신의 알짬(진수眞髓)을 보는 것이다. 아무도 히브리인들에게서 노래와 기도를 빼앗아 갈 수는 없다. 스스로 잃어버리지 않는 한, 이스라엘은 하나님을 의지하고, 서로를 격려하고, 보다 더 밝은 삶과 미래를 희망하고 바라보며 고난을 견뎌낸다. 유대인들로 하여금 2,700년이나 계속된 고난을 이겨내게 한 것도 바로 노래와 기도의 힘이다.

시편은 인간의 말을 들어주는 이가 있다는 것, 그리고 그이가 인간에게 찾아와 함께 삶을 살아간다는 것, 인간은 이 세상에서 혼자가 아니라는 것, 인간을 사랑하고 끊임없이 자상하게 배려하고 돌보는 이가 있다는 것에 관하여 말한다.

시편은 **5권 150편**이다(겹치는 것도 있다. 14편과 53편은 같고, 18편은 사무엘기하 22장에 나온 것, 108편은 57편 7~11절과 60편 5~12절을 편집하여 붙인 것. 따라서 시편 전체는 147편). 주요 내용을 열 가지 주제에 압축해 그에 따른 한두서너 구절을 생각해본다.

1. 일상(日常)의 행복

태양은 날마다 새롭고, 달은 밤마다 신비롭다. 밥은 먹어도 먹어도 맛좋다. 인생 대부분을 차지하는 하루하루의 일상은 되풀이되면서도 특별한 경이와 신비의 나날이다. 매일 "편히 눕거나 잠드는 것, 또다시 깨어나게 되는 것"(3:5; 4:8)의 경이로움과 신비, 먹고 마시고 하는 데서 만족을 누리는 것은 놀라운 은총이다. 이것이 시편이 보여주는 신앙과 종교성의 참 모습이다.

신앙과 종교성이란 내적 마음의 눈을 뜨고 세상을 보는 것이다. 그러면

동물들조차도 매일 하는 일상의 지극히 보잘것없고 당연한 일들이 하나님의 은총과 신비와 기적으로 보이기에, 고마워하고 노래하고 기뻐하지 않을 수 없다. 이것이야말로 "소유(having)를 지향하지 않고 존재(being)를 지향하는 삶의 방식이다."《에리히 프롬-소유냐 존재냐: 존재의 기술》

하늘과 땅 사이에서, 바뀌는 계절마다 숱하게 벌어지는 일상의 크거나 자잘한 일에서, 깊이 놀라워하며 기뻐하고 노래하고 고마워하고 신비감에 취하기도 하는 것, 시편은 이러한 존재의 예술을 보여준다.

히브리인들은 가장 동물적·물질적·인간적 사실조차도 영적 차원으로 승화시킨다. 그들은 빵과 옷, 일과 잠과 휴식을, 단지 물질적 필요가치로만 아는 것이 아니라, 존재의 심층에서 생의 고귀한 의미를 드러내는 거룩한 형식으로 변모시킨다. 날마다 먹고 마시고 숨 쉬고 자고 깨고 쉬고 걷고 일하고 어울리는 모든 일이 하나님의 은총이요 거룩한 일(聖事)이다.

일상이야말로 거룩한 사건이 일어나는 무대이다. 오늘은 창조 이래 첫 아침이며, 다시는 오지 않는 마지막 날이다. 오늘은 살기에도 좋은 날, 죽기에도 딱 좋은 날이다. 일상의 소소한 모든 일이 창조 이래 처음이자 마지막으로 일어나는 경이로운 현상이다. 물을 마시는 것, 내 발로 걷고 내 손으로 밥 먹는 것, 식구들의 건강과 행복, 햇빛과 비와 눈과 바람과 농사, 이웃들과 기쁘게 어울려 사는 일, 가축들이 알과 새끼를 낳아주고 군소리 없이 일을 잘해 주는 것, 뜻하지 않은 행운, 또는 슬프고 괴롭고 답답한 일 등, 모든 것이 삶의 신비이다.

2. 가정

누구나 그렇듯이, 고대 히브리인들도 가족의 건강, 넉넉한 살림살이에 대한 희망, 실패와 패배에 대한 걱정, 농사와 사업의 번영, 질병과 노쇠에 대한 불안, 사회적 망각과 소외와 외로움과 죽음에 대한 두려움, 늙으신

부모님과 어린아이들과 청소년들에 대한 염려를 담아 기도하고 노래한다. 이런 시에는 가족을 향한 정서와 희망이 담겨 있고, 여러 가지 잔치와 마을축제에서 맛보는 웃음, 기쁨, 즐거움, 어울림, 행복, 춤이 있다.

히브리인들은 아침마다 가정을 위해서 이렇게 기도한다. "우리의 아들들을 어릴 때부터 나무처럼 튼튼하게 잘 자라게 하시고, 우리의 딸들을 궁전 모퉁이를 장식한 우아한 돌기둥처럼 잘 다듬어주소서. 우리의 곳간에는 온갖 곡식이 가득하고, 우리가 기르는 양 떼는 넓은 들판에서 수천수만 배나 늘어나며, 우리가 먹이는 소들은 살이 찌고 잃어버리는 일도 없으며, 우리의 거리에는 울부짖는 소리가 전혀 없게 하소서."(144:12~14) 이것은 자신을 공동체의 한 부분으로 이해하는 히브리인 특유의 사유체계를 보여준다.

3. 인생무상(人生無常)

인생에는 '늘(상常·영원)'이 없다. 순식간이다. 어린 시절에 노년을 생각하면 아주 멀리 있어 보이지만, 노년에 이르면 어느새 온 것을 느낀다. 그러나 히브리인들이 느끼는 인생무상은 인생을 보는 데서 오는 것이 아니라, 나이를 먹지 않는 영원한 하나님과 비교하고서 느끼는 정신적 체험의 하나이다. 무시무종(無始無終)하여 아무리 세월이 흘러도 도무지 나이를 먹지 않고 영생불사(永生不死)하는 하나님과 삶이 무엇인지 알 만하다고 느낄 때면 떠나야만 하는 인생! 너무도 짧다. 비록 슬프고 고통도 많고 힘든 삶이라 하더라도 오래 살고만 싶은데, 인생이 그저 한 호흡 사이(순식간瞬息間)라서, 살 만하다 싶으면 떠나야 하니!

하나님은 "하늘과 땅은 모두 옷처럼 낡고 사라지더라도, 언제나 계신 끝이 없는 분"(102:26~27)인데, "인생은 티끌, 밤의 한순간, 한순간의 꿈일 뿐, 아침에 돋아나는 한 포기 풀과 같다."(90:3~5) "잎, 잎, 작은 나뭇잎. 너도 너의 아내와 자식들도, 황제의 영화로운 면류관도, 모두 떨어져 대지로 돌아가는 가을날의 작은 나뭇잎."《월터 페이터-페이터의 산문》 그러면서도 낙타처럼 온갖 무거운 시름의 짐을 짊어지고 산다!

"사람이란 한낱 숨결, 일생은 사라지는 그림자"(144:4)여서, "숨 한 번 끊어지면 흙으로 돌아가니, 그가 세운 모든 계획이 바로 그 날로 다 사라지고 만다."(146:4) 아무도 예외가 없다. 인생은 태어나면서부터 죽음을 향해 한시도 쉬지 않고 달려가는 여행자요, 이미 쏘아버린 화살이다. "인생이란 하룻밤 머무는 여인숙."(《데레사-자서전》, 16세기 스페인의 성녀) 인생은 짧아서 찬란하고 소중하다.

4. 신앙의 가치

"하나님의 날개 그늘 아래!"(17:8) 이것이야말로 영원한 하나님을 생각하는 히브리인의 언어 중 가장 아름다운 시적 이미지의 표현이다. 그들은 하나님을 마치 새끼들을 품에 안고 지켜주는 어미 닭이나 비둘기나 독수리처럼 생각한다. 이것은 신뢰하는 마음 하나만 가지고, 영원한 하나님의 품에 안겨서 살아가는 포근하고 아름다운 삶에 대한 표현이다.

히브리인에게 가장 좋은 존재 방식은 "하나님을 행복과 재산으로 여기고"(16:2.5), 온통 "삶을 내맡기고"(16:5), "언제나 함께 계시는 분과 걸어가면서 흔들리지 않는 것"(16:8)이다. 여기에서 기쁨의 삶, 두려움을 초월하는 삶, 생명이 넘치는 삶이 가능하다(16:9~11a). 그 하나님은 언제나 "내 오른쪽에 계신다."(16:11b) 하나님은 당신을 신뢰하는 이를 "눈동자처럼 지켜주신다."(17:8a)

이러한 삶은 잠시만 일어나는 게 아니라, "내가 사는 날 동안 나를 따르기에", 나는 "언제나 하나님의 집에서"(하나님 안에서) 살 수 있다(23:6; 90:1). 하나님을 집(home)으로 표상하는 것도 히브리인의 뛰어난 시적 메타포(metaphor)이다. "하나님만이 피난처"(sheltering house)이다(46:1). "하나님의 한결같은 사랑이 생명보다 더 소중하다."(63:3) 하나님의 다른 이름은 사랑이다.

그러므로 여느 신앙 없는 사람들이 "햇곡식과 새 포도주가 풍성해지면 기쁨을 누리며" 행복을 찾기보다는 "하나님을 신뢰하는 데서 오는 기쁨"을 더 소중히 여기는 진정성 있는 신뢰의 마음이야말로(4:7) "빛나는 유산"(16:6. heritage, 몫·기업·재산)이다. "하나님과 함께 있는 것만이 기쁨"(17:15)이다.

그러면 얼마나 하나님을 찾아야 할까? 한시라도 "죽음의 잠에 빠지지 않고"(13:3), "사슴이 시냇물 바닥에서 물을 찾아 헐떡이듯이, 하나님을 찾아 헐떡이는"(42:1) 데까지 나아가야 한다. 그래야 "낮에는 하나님의 사랑을 맛보고, 밤에는 하나님을 찬송하며"(42:8) "하나님의 선하심을 맛보고 알며"(34:8) 살아가게 된다.

5. 정의와 평화가 실현된 나라

히브리인들은 개인주의 의식보다는 공동체 의식이 강한 민족이기에, 개인을 공동체의 구성원으로 인식하는 데 확고하다. 히브리인들이 가진 하나님 안에서 모두가 형제자매라는 인식은 이집트에서 탈출할 때부터 견고하게 형성된 민족의식과 정체성이다. 따라서 개인의 행복보다는 정의롭고 평화로운 공동체가 우선이다. 공동체의 평화 없는 개인의 행복은 없다. "그 얼마나 아름다운가! 형제자매가 어울려서 함께 사는 모습!"(133:1)

그렇기에 시편에는 약자를 괴롭히는 고약한 자들에 대하여 분노하고 비판하는 시가 많다. 그것은 개인적인 원한보다는 사회공동체를 해치는 악행에 대한 의분에서 나온 것이다. 불의가 창궐하면, 개인이 받는 물질적 압박과 정신적 스트레스가 그만큼 강해져, 결국 모두가 불행해지기 때문이다. 대표적인 시가 12편이다. “하나님, 도와주소서. 세상에서 신실한 사람도 끊어지고, 진실한 사람도 사라지고 있습니다. 사람들이 서로서로 거짓말을 해대며, 악인들이 주위에 우글거리고, 비열한 자들이 사람들 사이에서 높임을 받습니다.”(12:1~2, 8) 도덕적 파열로 점차 무너져가는 사회 공동체에 대한 심각한 고뇌를 담고 있다.

“군대가 많다고 해서 나라를 구하는 것은 아니다.”(33:16~17) 나라는 궁극적으로 하나님이 지켜주는 것이지만, 조건이 있다. 국민의 도덕적 건강성이다. 하나님은 이것이 어떠한가에 따라 나라에 심판과 구원을 내린다. 그러므로 도덕적 건강성, 높은 의식(意識)의 인간적 문화의 구축은 군대보다 나은 안보의 핵심이다. 그렇지 않으면 백만 대군으로도 나라를 보전할 수 없다. 하나님은 더 큰 강대국을 끌어들여 부패한 나라를 심판한다.

이스라엘은 이것을 수없이 체험한 바이다. 그래서 시편에는 나라를 위한 기도, 나라를 잃어버린 비탄, 추방당한 자의 조국에 대한 그리움, 유형지에서 고통을 노래한 시들이 많다.(42, 44, 74, 80, 85, 137, 144편)

6. 진리를 따르는 삶

히브리인들은 움직이는 목표가 아닌 움직이지 않는 목표, 곧 영원한 진리를 인생과 민족의 목적으로 삼고 살아간다. 하나님은 “진리의 하나님”(31:5)이다. 진리는 하나님의 다른 이름이다. “하나님의 진리가 진정한 지도자”(25:5)이다. 진리만이 인생의 “요새”(성채城砦, 9:9; 18:2; 31:3)이다. 이것은 “나를 지키는 방패를 손에 들고 있는 것”(18:35)과 같다.

“하나님의 말씀은 내 발의 등불, 내 길의 빛이다.”(119:105) 태초부터 지금까지 세상은 어둡다. 인생은 한 치 앞도 내다볼 수 없다. 진리는 등불이다. 진리는 우주와 만물에 들어 있다. 만상이 하나님의 메시지이다. 보는 이는 보고, 듣는 이는 듣는다. 진리를 따라가면 늙어서도 아름답고, 죽음

앞에서는 더욱 찬연히 빛난다.

진리를 가까이하는 사람은 복되다. "복 있는 사람은 하나님의 법을 즐거워하며 밤낮으로 묵상하는 사람이다."(1:1~2) 진리를 "가까이, 날마다 더 가까이"《함석헌-시집, 수평선 너머》 하는 사람은 어느덧 진리를 닮는다. 현명하고 덕스러운 큰 바위 얼굴을 흠모하며 기다려온 소년은 어느덧 그 얼굴을 닮은 노인이 되었다고 하질 않는가!《나타나엘 호손-큰 바위 얼굴》 벼는 태양을 담아낸다. "향수가게에 들어갔다 나오면 향기가 나고, 변소에 들어갔다 나오면 쿠린내가 난다."(유대속담) "근묵자흑(近墨者黑), 검은 것을 가까이하면 검어진다."(중국속담)

진리를 가까이하면, 존재가 영근다. 진리는 하나님, 우주, 만물, 인류, 인생과 통하는 길이다. 인생의 목적은 도타운 인격실현이다. 진리를 가까이하면, 세상에 있어도 세속의 때(세진世塵)가 묻지 않는다. 진리를 가까이하는 것이야말로 행복한 삶의 길이다.

진리를 얼마나 생각해야 할까? "내가 하나님의 법을 얼마나 사랑하는지, 온종일 그것만 깊이 생각합니다."(119:97) "참사람은 하루종일 말씀의 수레를 떠나지 않는다."《노자-도덕경》 물 한 잔을 마시거나, 밥을 먹거나, 문을 여닫거나, 신발을 벗어 놓거나, 말을 하거나, 길을 가거나, 일을 하거나, 하나님과 우주와 만상과 인류가 지켜본다는 깊은 의식을 가지고 사는 이는 아름답다. 사람은 고귀하고 아름다운 존재 방식 그 자체로 세계평화에 기여한다.

7. 우주와 만물과 삶, 그리고 인간의 아름다움

우리를 아름답고 행복하게 하는 것은 천지에 가득하다. 인간은 정녕 축복받은 세상으로 보내진 존재이다. 아름답고 신비한 세계 앞에 서면, 가슴은 문득 경이감으로 물결친다.

"하나님, 주님의 이름이 온 땅에서 어찌 그리 아름다운지요? 저 하늘 높이까지 하나님의 아름다움·영광이 가득합니다."(8:1) 우주와 만물에서 하나님의 아름다움을 본다. 하나님의 신성이 그 안에 가득 스며들어 있다. 히브리 영성은 창조 영성이다. 우주와 만물은 하나님의 작품이며, 하나님은 그 안에서 숨 쉬고 있다. 산, 바위, 나무는 하나님의 믿음직스러움을, 바다와 강과 시냇물과 샘물은 하나님의 생명력을, 새들과 짐승들은 하나님의 명랑함과 기쁨을, 풀과 꽃은 하나님의 사랑스러움을 드러내는 살아 있는 우주와 만물의 그림이다. "어린이들과 젖먹이들"이 해맑게 깔깔대는 웃음조차 "하나님을 찬양하는"(8:2) 노래이다.

밤에 "하나님께서 손수 만드신 저 큰 하늘과 친히 달아 놓으신 저 달과 별들을 봅니다."(8:3) 감격스럽고 경이롭다. 이것들도 아름답지만, 더욱 아름다운 것은 "사람을 이렇게까지 생각하고 돌보아주시는 하나님"(8:4)의 사랑이다. "사람은 하나님보다 조금 못하고, 존귀하고 영화로운 왕관을 쓴"(8:5) 존재라는 것을 새삼스레 발견하고 몸을 떤다. 히브리 사유체계는 인간을 하나님 아래, 만물 위에 있는 존재로 본다. 모든 남녀노소가 존엄한 존재이다.

8. 죄와 용서

인간의 슬픔과 고통 중에서 무시하지 못할 것은 나약함과 무지와 어리석음과 탐욕으로 짓는 실수·죄로 인한 자책감이다. 죄를 그대로 지니고 있으면, 곧 무거운 죄책감으로 작용하여 영혼과 삶이 말라비틀어진다. 죄책감은 "하나님이 밤낮 짓누르는 일"(32:4a)과 같다. 그래서 사람은 "온종일 끊임없는 신음과 뼈가 녹아내리는" 고통을 겪으며, "여름 가뭄에 풀 마르듯 말라버린다."(32:3, 4b)

인간은 실수하고 죄를 짓기에 인간이다. 이것은 하나님도 인정하는 바이다. 그리고 인간은 자신의 실수·죄를 솔직히 인정하고 부끄러워하고 돌이킬 줄 알기에 인간이다. 이러한 인간에게는 하나님도 더는 돌을 던지지 않는다. 궁극적으로 하나님은 사랑이다. 비록 온 세상이 죄를 지은 사람에게 돌을 던진다 해도, 하나님은 뉘우치는 자를 용서한다.(51편)

히브리 인간관을 볼 때, 매우 고마운 마음이 든다. 그들은 인간을 결코 성인(聖人)으로 보지 않는다. 다만 성인을 목표로 나아가는 도상(途上, 길 위)의 존재로 본다. 인간은 죽는 그 순간까지 새로워질 기회가 있다. 그러나 돌이킬 시간은 언제나 일정한 유예기간이기에, 지나치게 늦지 않아야 한다고 말한다. 회개와 용서는 기쁨과 새로운 자각을 선물로 준다.

그리고 사회공동체인 나라와 민족이 짓는 죄도 만만치 않다. 이것 역시 개인에게 말할 수 없는 고뇌를 안긴다. 그래서 그들은 사회 불의와 타락의 만연을 '내 탓이로소이다!' 하고 말한다. 5)에서 열거한 시편들이 그러하다.

9. 고난

고난시는 시편에서 대단히 많은 분량을 차지한다. 질병, 자연재해, 그릇된 왕들의 통치, 외적의 침입으로 인한 부분을 제외하면, 모든 고난과 고통, 슬픔과 번뇌는 이웃과 사회에서 사람들이 가하는 위해(危害)로 인한 것이다. 그들은 형제자매, 친구, 친척, 직장 동료, 남녀노소 등으로 다양하다. 그것은 당하는 사람의 마음과 삶을 찢어놓는다. 그래서 "지붕 위의 외로운 참새 한 마리"(102:7)가 되어, 차라리 "비둘기처럼 날개가 있다면, 멀리멀리 날아가서 광야에 보금자리를 마련하고 머무를 텐데"(55:6~7) 하는 마음을 갖게 만든다. 그러한 고통을 충분히 이길 것 같으면 굳이 부르짖지 않을 터이지만, 견딜 수 없이 깊은 고통과 슬픔과 외로움을 안겨주기에, 하나님께 호소하며 해결해 달라고 한다.

신앙을 가지고 하나님을 믿는 히브리 사회라고 해서, 모두 의인인 것은 아니다. 역사서나 예언서에도 보았듯이, 남에게 고통을 안겨주는 사람들이 더 많았다. 그들에 대한 표현은 다양하다. "악인, 잘난 체하는 억압적인 통치자, 높은 자, 대적, 교만한 자, 거짓말쟁이, 사기꾼, 친구와 친척과 부모와 자식, 학대하는 자, 개와 황소와 사자와 같이 못된 자, 비열한 자, 떡 먹듯이 백성을 먹는 자, 이간질하는 자, 살인자" 등이다.

왜인가? 그들이 하나님이 아닌 "거짓 신"(4:2)을 섬기고 있기 때문이다. 거짓 신은 종교적으로 말하면 우상이고, 현실적으로 말하면 정치, 경제, 돈, 힘, 신분, 직위, 남성, 가장(家長), 재주, 젊음, 미모 등을 지나치게 믿고 설쳐대는 행위이다. 이런 것들을 소유하고 있거나 소유하려는 사람들은 거만하고 폭력적인 행위를 저지르며 사람을 파괴하고 불행을 가져다준다.

따라서 수난자에게 필요한 자세는 수난 속에서 새로운 사유의 형식, 곧 자신의 삶을 다스리고 인도하는 하나님의 행동에 대한 새로운 패러다임을 갖고 구원의 날을 기다리는 일이다. 고난의 현실이 "물기 없는 땅, 메마르고 황폐한 땅"(63:1)과 같은 참담한 실정이라고 할 때, 그는 이러한 상황을 "성소"(聖所, 63:2), 즉 하나님의 성전에 편안하게 앉아 있는 것으로 볼 수 있어야 한다. 그렇지 않으면 "발 붙일 곳이 없는 깊고 깊은 수렁에 빠져"(69:2), 절망 속에서 죽어갈 수밖엔 없다. 먼저 자신이 자신을 격려하며 도울 수 있어야 한다. 하나님은 스스로 절망에 빠져 자기를 버린 자를 구원할 수 없다.

고난의 현실을 하나님의 성소에 있는 것으로 보는 수난자는 오로지 하나님의 구원을 "간절히 기다리고 또 기다린다."(40:1) 그러면 때가 되어, 하나님의 "한결같은 사랑"(63:3)을 본다. 그리하여 "희망은 오직 하나님에게만 있으며"(62:5), "이 산 저 산 쳐다봐도, 내 도움은 하늘과 땅을 만드신 하나님에게서 온다"(121:1~2)는 것, 결국 구원의 때가 되어, "멸망의 구덩이에서 건져주시고 반석을 딛고 서게 해주시는"(40:2) 날을 보게 된다. 이것이 모든 수난자의 공통된 경험이다.

그리고 고난은 또한 나라의 위기로 인하여 겪기도 한다. 이것도 대개 앞의 5)에서 열거한 시들에 있다. 고난을 겪는 히브리인들이 바라보아야 할 것은 구원 그 자체보다는 구원 행동을 하는 하나님이다. 그것이 고난을 통하여 영혼, 정신, 마음, 사고, 시각, 인격, 언어, 행동, 존재, 공동체가 새로워지는 길이다. 이것이 히브리인들이 언제나 주목하는 지향점이다. 문제 해결만 바라보면 그저 가벼운 존재가 되고 만다.

10. 감사와 찬양

제5권 107편 이후는 대부분 감사·기쁨·자유·찬양의 시로 편집되어 있다. 이것은 신앙과 종교성의 피날레는 결국 그것이라는 것을 보여준다. 이를 통하여, 신앙의 인간은 하나님 안으로 몰입(沒入)하고 침잠(沈潛, 잠김)한다. 그렇다고 은둔, 도피, 둔세(遁世), 별세(別世), 피안(彼岸)을 찾는 것은 아니다. 구약성서에는 이상향(理想鄕)이라는 "샹그릴라"도 천국도 없다. 오직 이 현실과 역사 속에서 기쁘고 자유롭게 살아가는 것뿐이다. 감사와 기쁨과 자유와 찬양의 삶이야말로 진정 현실적인 것이다.

인간은 감사와 기쁨과 자유와 찬양을 위해서 존재한다. 이것이 히브리 인간상이다. 다른 말로 하면, 이것은 평화의 영성이다. 인간은 행복하게 살도록 이 세상으로 보내진 존재이다. 그때 인간은 창조자를 온전히 반영하는 삶을 살고 있다. 이것이 창조자의 기쁨과 영광이다. 죄와 불행은 창조자의 슬픔과 고통이다(50:16~23). "감사하는 마음을 제물로 바치는 사람이 나에게 영광을 돌리는 사람이다."(50:23a)

감사와 기쁨과 찬양을 해야 하는 것은 우주와 만물이 오로지 하나님의 것이기 때문이다. 인간이란 잠시 이 세상에 보내진 존재라는 것이 히브리 사유이다. "너희 집에 있는 수소나 가축우리에 있는 숫염소가 내게는 필요 없다. 숲속의 뭇 짐승이 다 나의 것이요, 수많은 산짐승이 모두 나의 것이 아니더냐? 온 누리와 거기에 가득한 것이 모두 나의 것이 아니더냐?"(50:9~10) 따라서 인간이 하나님께 바칠 수 있는 것은 사실상 아무것도 없다. 오로지 의식적으로 감사와 찬양만 드릴 수 있다.

시편 체계는 제5권 107편부터 150편까지 감사와 기쁨과 자유와 찬양으로 시작하고 끝난다. 그러나 끝이 아니다. 이것은 우주와 영원한 세계로 열려 있는 끝이 없는 시작, 영원한 과정이다. 히브리 인간상은 감사와 기쁨과 자유와 찬양의 날개를 타고 하나님의 품 안을 향하여 초월적으로 상승한다. 따라서 히브리인들의 신앙, 종교성, 역사의 최종 언어와 의미는 감사와 기쁨과 자유와 찬양에 있다. 시편 148편은 그 대미를 장식한다. 이 시는 "해와 달, 빛나는 별들, 하늘 위의 하늘, 온 땅, 바다의 괴물들과 심연, 불과 우박, 눈과 서리, 세찬 바람, 모든 산과 언덕들, 모든 과일나무와 백향목들, 모든 들짐승과 가축들, 기어 다니는 벌레들과 날아다니는 새들, 세상의 모든 임금과 백성들, 고관과 재판관들, 총각과 처녀, 노인들과 아이들", 즉 우주와 만물이 하나님을 향해 감사와 찬양을 부르는 우주적인 대축제, 대향연의 모습을 그린다.

이처럼 시편에는 히브리인들이 일상의 모든 경험에서 느낀 희로애락의 기도와 노래가 고스란히 녹아 있다. 시편은 히브리 민족이 오랜 고난 속에서도 무너지지 않은 것은 내적·외적 고통 가운데서도 창조 영성의 길, 곧 신앙과 영성훈련과 기룩한 생활의 길을 충실하게 걸어가면서 하나님께 말 걸기, 곧 기도와 노래를 하며 살아온 데 있다는 것을 보여준다. 아마 그들에게 기도와 노래가 없었다면, 바빌로니아 제국에게 무너졌을 때 흔적도 없이 사라지고 말았을 것이다. 시편은 히브리인들을 지켜준 것은 기도와 노래였다는 것을 힘차게 증언한다.

모든 시는 그 성격이 어떤 것이든, 영원한 임을 향해 부르는 노래이다. 시편은 "임만을, 오직 임만을 원하옵을"《라빈드라나트 타고르-기탄잘리》 노래한다. 히브리 민중이 일상에서 경험하는 크고 작은 모든 일을 있는 그대로 하나님을 향해 말하는 모습은 매우 소박하고 정겹기 그지없다. 논리도 두서도 꾸미는 것도 별로 없다. 그래서 고등학교 국어수업처럼, 시의 문학적인 구조를 밝히려고 분석의 메스를 들이대면, 그 정신과 맛을 죽이는 꼴이다. 그들의 언어에는 고결한 정신세계가 담겨 있다.

시편의 첫 마디는 "복 있는 사람은…", 마지막 말은 "할렐루야"(야훼를 찬양하라)이다. 이것은 무엇을 말하는 것일까? 복 있는 사람의 마지막 말은 찬양이라는 뜻이 아닐까? 신앙과 종교성의 최종 언어는 하나님을 향하여 기쁨으로 터지는 감사의 노래라는 뜻이리라. 따라서 시편은 복 있는 사람의 노래이며, 진정한 행복론이다.

이렇듯 시편은 수난 많은 역사 속에서 늘 고달프게 살아가면서도, 순수한 마음으로 하나님을 사랑하고 삶을 사랑한 히브리 민중의 살아 있는 영혼을 담고 있는 기도와 노래이다. 시편은 오늘 우리에게 우리가 이 세상에서 홀로 살아가는 존재가 아니라고, 늘 누군가가 곁에 머물러 있다고 말한다. 우리는 버림받은 존재가 아니라고, 늘 누군가로부터 친절한 배려를 받고 돌봄을 받는 존재라고, 우리는 말할 수 없는 사랑으로 사랑받는 존재라고 말한다. 그래서 시편은 우리를 삶·생명으로 부르는 초대장이다.

시편 시인들은 이구동성으로 이렇게 말하는 것 같다. "하나님, 당신이 계셔서 좋습니다!" 이러한 신앙이 있기에, 그들이 대대로 뼈와 살을 저미는 역사의 찬바람 속에서도, 언제나 노래하고 기도하고 감사하면서 극복해온 것이리라. 삶에서 기도와 노래를 잃어버린다면, 그대로 공동묘지가 되어버릴 것이기에….

제32장 이스라엘의 지혜 - 잠언, 전도서, 아가서

즐겁고 행복하고 가치 있는 삶을 위해서 필요한 것은 이미 전부 다 주어져 있다. 인간에게 필요한 것은 이것을 알아보고 즐거워할 줄 아는 기술, 곧 지혜와 능력이다. 아주 일상적이고 보잘것없는 것들까지도, 지금 이 순간 하나님이 베풀어주는 경이로운 선물로 이해하고 받아들일 줄 아는 능력을 갖추는 것이 진정한 홀로서기를 가능케 한다.

잠언

잠언은 대대로 히브리인들이 깨우친 인생의 진실을 축적한 지혜로운 격언의 모음집이다. 이 책은 나이 지긋한 현자(賢者)가 자신의 체험과 관찰과 성찰을 통하여 깨달은 하나님과 인생의 진실을 자라나는 세대에게 들려주는 형식이다.

그 현자의 눈에 비친 인생이란 끊임없이 안팎에서 다가오는 유혹과 도전으로 가득한 무대이다. 그래서 그는 손자손녀와 같은 청소년들과 청년들에게, 될 수 있는 한 신앙의 지혜와 선의지를 가지고 세상이라는 거친 바다를 잘 건너가는 법을 들려준다. 그래서 잠언은 젊은이들을 위한 사랑 어린 격려와 충고가 담긴 '인생 사용설명서'로 볼 수 있는데, 오늘날로 말하면 '이 땅의 젊은이들에게!' 정도가 되겠다. 전체적으로 보면, 신앙과 영성훈련과 거룩한 생활에 필요한 지혜를 탐구한 히브리인의 행복론이요 평화론이다.

잠언은 이스라엘의 척추와도 같은 창조 영성, 곧 신앙의 길과 영성훈련과 거룩한 백성 되기의 길에 대하여 부드러우면서 엄중하게 가르친다. 그래서 시종일관 영성을 기르고 살 때의 유익함과 영성을 상실할 때의 위험을 누누이 강조하면서, 비록 하나님이 모든 이가 행복하게 살기를 바라도, 사람이 제 스스로 무지와 착각과 탐욕에 빠지면 불행을 면치 못한다고 충고한다.

잠언은 동의(同意)와 반의(反意), 대구(對句)와 비유(譬

喩)의 병렬, 사물과 사람들에 대한 세심한 관찰 등을 적절히 도입해, 인생을 아름답고 풍요하게 살아가는 방법에 관한 촌철살인(寸鐵殺人)의 지혜를 들려준다. 수백 년 동안 축적된 히브리인의 지혜를 담고 있어, 지금도 직접 읽으며 그 뜻을 깊이 새기는 맛이 여전히 새롭고, 어두운 인생길을 환히 밝혀주는 등불이 되고도 남는다. 많은 주제가 있지만, 몇 가지만 생각해본다.

1. 지식의 근본

"하나님을 경외하는 것이 지식의 근본이다."(1:7a) 이것이 잠언의 척추(脊椎)이다. 히브리 사유에서 지식은 정보 축적이 아니라, 체험적이고 실존적인 앎(knowing, 지혜·통찰)이다. 하나님-경외는 "하나님을 아는 것"(Daath Elohim, 2:5; 9:10; 호세아서 4:2)이다.

하나님은 진선미와 덕의 근원이다. 하나님을 공경하는 마음, 곧 하나님과 친밀한 관계를 이루는 것이 사람의 성품, 인격, 사고, 존재방식, 그리고 삶을 고귀하고 향기롭게 하는 근본이다. 모든 덕행은 하나님을 경외하며 사랑하는 얼에서 나오며, 이 마음을 지닌 사람은 거짓말, 불의, 악을 행하지 않으며, 늘 정정당당하게 산다. 따라서 하나님-의식(意識, God-consciousness)이야말로 참사람의 근본이다. 이것이 생명의 길이다. "나는 나를 사랑하는 사람을 사랑하며, 나를 간절히 찾는 사람을 만나 준다. …그러나 나를 놓치는 사람은 자기 생명을 해치는 사람이며, 나를 미워하는 사람은 죽음을 사랑하는 사람이다."(8:17, 36)

2. 지혜는 어디에나 있다

우주와 세상은 진리의 도서관이요, 천지 만물은 지혜의 책이다. 경전은 천지에 가득한 진리의 극히 일부분만 담고 있을 뿐이다. 보고 들을 줄 아는 눈과 귀를 가지고 있다면, 만물로부터 진리의 메시지를 듣는다. "지혜가 길거리에서 부르며, 광장에서 그 소리를 높인다."(1:20; 8:1~2)

인간에게는 본디 진리를 깨달을 자질, 곧 "하나님의 영"(1:23), "총명"(8:9)이 내재되어 있다. 그래서 "지혜를 비웃고 어리석게 살면 공포가 광풍처럼 덮치고 고난과 고통이 밀어닥치지만, 지혜에 귀를 기울이면 안심과 평안을 누리며 산다."(1:22, 27, 33) 따라서 항상 경전을 읽고(1:2~6), 사물을 깊이 관찰하고(2:10~22; 8:22~31), 자신을 진솔하게 성찰하라.(4:10~27)

3. 젊은이의 길

젊은이들은 앞으로 수많은 위험과 유혹에 직면한다. 그렇기에 젊은 시절에 이루어야 할 가장 중요한 사업은 좋은 터를 잡아 뿌리내리는 것이다. 그 터는 이것이다. "은을 구하듯, 보화를 찾듯, 지혜를 찾아라."(2:4) 인생은 짧지만 머나먼 여행이기도 하기에, 지혜의 튼튼한 기초에 뿌리를 깊이 내려야 한다. 지혜는 정의의 칼이요, 정직의 방패이며, 인자(仁慈, 사랑)의 목걸이이다. "지혜를 소중히 여겨라. 그것이 너를 높일 것이다. 지혜를 가슴에 품어라. 그것이 너를 존귀하게 할 것이다."(4:8)

젊을 때 지혜를 닦으면, 악을 이기고 바른길을 걸어(2:12~13), 장차 "하나님과 사람 앞에서 은혜를 입고 귀중히 여김을 받아, 아름다운 화관을 머리에 쓰고, 영광스러운 왕관을 쓴다."(3:4; 4:9) 이것이 참된 인격과 인생을 이룩하는 길이다. 이것이 또한 사회적으로도 성공하는 길이다. "너의 창고가 가득 차고, 포도주 통에 햇포도주가 넘친다."(3:10) 그대, 성공하고 싶은가? 그렇다면 20~30대에 동서양 고전을 100권 정도 읽으라. 토대가 굳건해야 높은 건물을 짓는다.

그렇지만 "미련한 사람"(케실림Kesilim)이나 "어리석은 사람"(에빌림Ebilim)은 터전 없이 집을 짓고, 뿌리 없이 높이 솟구치려 하는 것과 같다

(1:22; 4:14~19). 따라서 이런 사람은 온갖 위험과 유혹에 노출되어, 결국 악한 자의 덫에 치이고, 시간의 풍상에 상하고, 세월의 태풍에 "뿌리가 뽑히고, 수치를 당한다."(2:22; 3:35) 이런 사람은 "악한 방법으로 빵을 얻으려 하고, 폭력으로 포도주를 빼앗으려 하지만"(4:17), 그 "앞길이 캄캄하여 넘어져도 무엇에 걸려 넘어졌는지 모른다."(4:19)

4. 마음

인간은 마음이다. 마음이 좋으면 좋은 사람이 되고, 마음이 나쁘면 나쁜 사람이 된다. 마음은 주인이며 마부이며, 머리와 팔다리는 종이며 말(馬)이다. "너는 네 마음을 지켜라. 그 마음이 바로 생명의 근원이기 때문이다."(4:23) "자기 마음을 다스리는 사람은 성을 점령한 사람보다 낫다."(16:32) "적을 물리치기는 쉽다. 성을 정복하기도 쉽다. 그러나 마음을 이기기는 어렵다. 그렇기에 마음을 이기는 자가 가장 강한 사람이다."《노자-도덕경》

좋은 마음의 빛을 지닌 사람은 "눈으로는 앞만 똑바로 보고, 시선은 앞으로만 곧게 두고, 발로 디딜 곳을 잘 살피며"(4:25~26), 어디서나 올바로 걸어간다. 마음을 이기는 사람은 진정한 사회적 리더(leader)가 된다. "정직한 사람이 축복하면 마을이 흥한다."(11:11) 지혜는 좋은 결과를 가져오기에, 지혜를 좋아하는 마음이 몸에 배도록 훈련해야 한다.(4:1~9)

5. 항상 배워라

세상은 너의 스승이다. 의인과 악인, 선인과 건달, 지혜로운 자와 무지한 자가 다 너를 가르친다. "세 사람이 걸어가도, 거기에 반드시 내 스승이 될 만한 이가 있다."《공자-논어》 아버지(지혜로운 이)와 어머니(덕스러운 이)를 가까이 하고 끊임없이 배우라(1:8~9). 개미조차도 지혜를 가르쳐준다. "개미는 우두머리도 없고 지휘관도 없고 통치자도 없지만, 여름 동안 양식을 마련하고 추수 때에 먹이를 모아 둔다."(6:7~8)

인생에서 성공하기를 바란다면, 부지런히 자기가 가장 하고 싶은 방면에서 실력을 갈고 닦아라. 자신의 삶은 정성과 노력만큼이라는 진실을 기억하라. 부모, 가정, 타인, 사회를 탓하지 말라. 그러면 한이 없다. 힘써 "정의와 공평과 정직"을 닦으며(1:3; 2:9), "정의와 신의에 굳게 서는 사람은 생명에 이르고", "푸른 나무처럼 번성하여 생명의 나무를 얻는다."(11:19, 28~30; 21:21) 하나님은 성실한 사람에게 "은총"(11:27)을 베푼다.

6. 언행을 조심하라

젊어서부터 말의 중요성을 알라. 입은 생명의 샘이나 죽음의 독이 될 수 있다. "의인의 입은 생명의 샘이다."(10:11) "속이는 저울은 하나님께서 미워하셔도, 정확한 저울추는 기뻐하신다."(11:1) 입·혀·말을 선용(善用)할 줄 아는 것이 성공의 길이다. "말을 조심하는 사람은 자신의 생명을 보존하지만, 입을 함부로 여는 사람은 자신을 파멸시킨다."(13:3) "죽고 사는 것이 혀의 힘에 달렸으니, 혀를 잘 쓰는 사람은 그 열매를 먹는다."(18:21)

사랑이 최고의 계획(10:12), 정직이 최상의 정책(11:3), 정의에 굳게 서는 것이 생명의 프로그램이다(11:19). 덕을 베풀면 나누어주면서도 더욱 부유해지고, 부덕하면 마땅히 쓸 것까지 아끼는데도 가난해진다(11:24~28, 인격과 사고방식과 생활태도도 포함). 나누어주면 하늘로부터 더 풍성히 받고, 옹색하면 가지고 있는 것조차도 하늘이 빼앗아간다.

말로 남을 구하는 사람이 되라. "경우에 알맞은 말은 은쟁반에 담긴 금사과와 같다."(25:11) "진실한 말은 영원히 남지만, 거짓말은 한순간만 통할 뿐이다."(12:19) "바른말을 해주는 것이 참된 우정이다."(24:26)

7. 올바른 인간관계 맺기

인생은 관계 맺기이다. 하나님과 맺는 관계(Tsedaqah, 공의·의)에 기초한 인간관계(Mishpat, 사회정의)가 인생이다. 젊은이가 인생에서 성공하려면 '하나님을 경외하는 지식'을 가짐과 동시에, 사람을 잘 사귀며 올바른 인간관계를 맺는 일이 중요하다.

인간관계의 첫 번째는 훌륭한 스승을 두는 일이다(3:1~10). 스승은 영혼과 인생의 아버지요 어머니이다. 그러면 스승다운 사람을 어떻게 알아볼까? 인자(仁慈)와 진리를 목에 걸고 다니는 사람(3:3), 즉 인격자이다. 금은보화보다 온몸으로 하나님을 아는 지식을 가르쳐주는 스승을 두는 것이 더 현명하다(3:14). "지혜 있는 사람의 가르침은 생명의 샘이다."(13:14) 스승은 "정의와 공평과 정직의 복된 길"(2:9)을 가르쳐, "생명의 나무"(3:18)를 얻게 한다. 지혜로운 스승을 놓치는 사람은 자기 생명을 해치는 사람이다.(8:36)

두 번째는 좋은 친구와 덕스러운 사람과 우정을 맺는 일이다(13:1~25). 그런데 좋은 사람이 다가오기를 기다리는 것보다 내 쪽에서 좋은 사람이 되는 자세가 필요하다. 선행(타인의 입장 헤아리기), 부드러운 말, 정직한 태도, 부끄러움을 아는 자세, 도덕성과 윤리를 중시하는 태도, 사람을 존경하는 마음, 믿음직스러운 언행, 하나님을 사랑하는 그 마음으로 타인을 대하는 태도 등이다. 이것은 어떤 이익보다 인간을 중시하는 휴머니즘이다. 사람을 얻는 것이 진정한 성공이다.

세 번째는 결혼이다(5:1~23; 31:10~31). 결혼은 하나님과 맺은 언약 안에서 이루어진다. 남편과 아내는 서로를 사랑스러운 존재로 받아들이고, 진리의 등불을 중심으로 하나가 되어야 한다. 서로를 사랑의 샘물로 여기고 기뻐해야 한다. 그리고 부부는 서로 자기가 맡은 역할에 충실해야 한다.

8. 하나님은 다 지켜본다

"주님의 눈은 어느 곳에서나 악한 사람과 선한 사람을 모두 지켜보신다. 사람의 마음은 하나님 앞에서 다 드러난다."(15:3.11) "사람의 눈에는 바른길 같이 보이지만, 마침내는 죽음에 이르는 길이 있다."(14:12; 16:25) 그런즉 착각·망상·합리화는 금물이다.

하나님은 "왕"(21:1)으로부터 "고아"(23:10, 최하층 약자의 상징)까지, 모든 사람을 다스린다. 아무도 하나님의 정치에서 벗어날 수 없다. "계획은 사람이 세우지만, 결정은 주님께서 하신다."(16:1~4) "어질고 진실하고 의롭게"(16:6) 살면, 마침내 "아무도 못 오를 높은 성벽처럼"(18:11) 된다. "하나님은 견고한 성채이다. 그 안에 머무는 사람은 아무도 뒤쫓지 못하지만"(18:10), 그 바깥에 머무는 자는 "유혹"(1:10)과 "죽음으로 트인 길"(7:27), "가시와 올무"(22:5)가 많은 이 세상의 전쟁터에서, 닥치는 대로 쏘는 궁수의 화살에 맞아 쓰러지고 만다.(26:10)

잠언의 결론은 인자(仁慈)와 진리(3:3), 지혜(8:12)와 정의(11:19)가 사람을 지켜준다는 것이다. 오만한 사람은 낮아지고(12:7), 겸손한 사람은 영예를 얻는다(22:4). 이렇게 잠언도 히브리 전통의 주제인 신앙과 의, 영성훈련과 거룩한 생활의 맥 안에서 살아가는 삶을 강조한다.

전도서(傳道書)

제29장에서 본 것처럼, 그리스 제국의 헬레니즘은 유대인들에게 '위력과 매력'을 떨쳤다. 대다수 유대인은 헬레니즘을 가공할 문화침탈의 위력으로 보았지만, 소수 부유층은 품격을 높여주는 매력으로 여겨 기꺼이 편승했다.

그런 시대에 나온 책이 전도서이다. 이 책은 이름을 알 수 없는 어떤 유대인 기자가 1인칭 화법으로 쓴 자전적 고백록이요 인생 에세이·인생론이다. 기자는 "코헬렛"(Qoheleth, 전도자傳導者, 그-에클레시아스테스 Ecclesiastes. 교사·설교자)을 주인공으로 설정한다. 강력한 힘과 재산을 가진 왕·권력자·부자인 그는 물질주의자, 유물론자, 쾌락주의자, 탐미주의자, 향락주의자로 살아가다가 어느덧 회의주의자, 불가지론자, 허무주의자를 지나서, 결국 신앙인으로 돌아가는 과정을 보인다. 식민지 시대에서 유대인이 이런 특권 유한계층으로 산다는 것 자체가 역사적 블랙코미디(black comedy)이다.

이처럼 겉으로 보기에, 전도서는 오랜 고난의 시대 속에서 '야훼 하나님에 대한 순종은 복을 가져오고 불순종은 심판을 가져온다.'는 도식적 세계관을 설파한 '신명기계 신학'의 전통적 신학 이념이 무너져, 모든 것이 짙은 어둠에 싸인 가운데서 물질주의와 쾌락주의에 빠져 살아가다가 대개 회의주의로 귀결되고 마는 당대 부유층 지식인들의 우울한 탄식으로 가득한 초상(肖像)이다. 그러다가 마지막에 젊은이들에게 '신앙'을 권고하지만, 그조차도 그리 시원한 모습은 아니며, 그저 마지못해 자조 섞인 음조로 말할 뿐이다. 그래서 책의 전체적 분위기가 공허하고 쓸쓸하기까지 하여, 구약성서에서 단연 특이한 책으로 분류된다.

그러나 전도서는 기원전 3세기 중반(250~200년경), **그리스 제국의 일파인 이집트의 프톨레마이오스(프톨레미) 제국의 헬레니즘이 유대 종교와 정신을 근본에서부터 무너뜨리려는 위기의 시대에서 나온 일종의 조롱과 고발과 저항의 문서이기도** 하다. 이것이 기자가 작품의 뒤편에 숨긴 복선(複線)이다. 직접적인 비판적 해학이나 조롱은 한 마디도 없다. 그러나 주인공의 쾌락주의와 허무주의를 드러내는 작품 전체가 비판이요 해학이요 조롱이다.

그래서 이중적인 회의주의와 저항의 요소가 담겨 있다. 헬레니즘의 권력주의·물질주의·향락주의 문화와 종교에 대한 회의와 저항, 그리고 여기에 영합하여 히브리 전통의 신앙과 영성훈련과 거룩한 생활을 저버리고 살아가는 유대인 지도층에 대한 씁쓸한 해학적 조롱의 저항이다. 그래서 전도서는 당대 헬레니즘과 유대인 지도층에 대한 조소와 희화(戱畫)를 담은 지극히 **"반체제적인 작품"**《자끄 엘룰-존재의 이유》이다.

이렇게 기자는 당대 유대인 부유층을 대표하는 한 사람을 주인공으로 설정하여, 헬레니즘 문화와 친-그리스파 유대인들의 매국적이고 유한계층적인 삶의 허망함을 쓴웃음 가득한 어조로 조롱하고 비판한다. '너희가 그렇게 살아봤자, 허무밖엔 아무것도 없다!' 이것이 전도서의 핵심이다.

이것을 파악하기 위해서는 기자가 사용하는 그리스 철학에 대한 이해가 필요하다. 그리스 철학은 우주와 세계와 인간의 삶을 "코스모스"(Cosmos) 개념으로 파악한다《토를라이프 보만-히브리적 사유와 그리스적 사유의 비교》. 코스모스는 우주의 조화로운 질서체계이다. 이러한 우주적·공간적 개념인 코스모스를 철학적으로 개념화한 것이 '우주적 이성'이라는 "로고스"(Logos)이다.(이것을 최초로 말한 철학자는 헤라클레이토스)

코스모스는 절대적인 원(圓)으로 상정되며 그 자체로서 완결된 질서이고, 완전한 법칙인 로고스 체계의 지배 아래 있다. 여기에는 아무것도 보태거나 뺄 것이 없다. 만물은 로고스의 법칙에 따라 끝없이 순환하고 반복된다. 여기에는 신들도 자유롭게 설 자리가 없다. 신들도 생멸(生滅)의 법칙에 종속된 운명적 존재들이다. 신들과 인간과 만물의 다른 점은 존재 형태와 역할과 기능의 차이일 뿐이다. 우주의 모든 것은 로고스 법칙 아래 종속되어 있다.

그런데 인간은 작은 코스모스(Micro-cosmos)이다. 따라서 행복이란 자기 안에 주어진 로고스인 "이성"(누스Nous)이라는 도구를 가지고, 영원한

질서와 법칙체계인 로고스와 코스모스를 이해하고 분별하여, 여기에 합목적적으로 조화롭고 일치하여 살아가는 데 있다. 이것이 "행복"(유다이모니아Eudaimonia, eu-들어가는 것, daimon-신. 신 안으로 들어가 하나가 되는 것)이다. 따라서 우주적 법칙인 로고스와 누스에 대한 부조화는 불행이다.

모든 것은 영원히 돌고 도는 거대한 사슬이라는 것이 그리스의 시간관과 세계관과 운명론이다. 오늘은 어제의 연속이며, 내일은 오늘의 연속이다. 우주와 세계에 근본적이고 질적인 변화란 없다. 다만 현상(現象, phenomenon)이 바뀔 뿐이다. 오늘의 몸뚱이는 어제 몸뚱이의 연속이고, 내일의 몸뚱이는 오늘 몸뚱이의 연장(延長)이고, 끝내는 늙고 병들어 죽어 해체되어 원소로 돌아간다. 모든 것은 "운명의 여신, 모이라"(Moira)의 지배 아래 있다.

이 세상과 삶을 지배하는 것은 로고스의 필연일 뿐이며, 우연적으로 발생하는 사건은 없다. 운명의 법칙만 있다. 자유는 없다. 우연 없는 필연뿐이다. 따라서 창조도 없다. 발견뿐이다. 제신(諸神)들도 인간도 만물도 영원한 로고스와 코스모스와 모이라의 법칙에 종속된 존재일 뿐이다. 모든 게 숙명적이다. 탈출도 결단도 실존도 없다. 있는 것이라고는 영원한 반복뿐이다.

그리스 철학의 영향을 받은 전도서 기자는 인생에 새것이란 있을 수 없다고 말한다. "해 아래 새것은 없다."(1:9) 그러니 가장 좋은 것은 한껏 쾌락을 누리며 사는 것이다. 그러나 그렇게 해도 실존적으로 들여다보면, 모든 게 허무하게 보인다. "헛되고 헛되다. 모든 것이 헛되다!"(1:2) 결국 허무주의밖엔 없다. 그리고 그렇게 본다 해도 도무지 빠져나갈 길이 없다(소포클레스, 아이스킬로스, 에우리피데스의 작품들). 이것이 전도서 주인공이 갇혀 있는 세계이다.

책의 구성형식을 볼 때, 기자는 결론을 앞뒤로 두 번에 나누어 말한다.

1장 2절~11절은 결론의 서두이고, 11장 7절~12장 14절은 결론의 말미이다. 그 사이에 주인공의 생활과 당대 사회의 모순과 일상에 대한 관찰이 나온다. 결론 서두의 주제는 회의주의와 허무주의이고, 말미의 주제는 신앙이다. 기자가 말하고자 하는 핵심은 세상의 부귀영화를 다 누려보아도 죄다 허무한 것뿐이니, 아직 살아 있는 동안 정신을 차리고 기쁘게 일하면서 하나님을 향한 신앙을 가지고 겸손하게 일상을 살아가는 게 좋다는 것이다.

기자는 주인공의 입을 빌려 당대 지도층과 부유층을 조용히 꾸짖는다. 그가 꾸짖는 방식은 예언자의 모습은 아니지만, 나직하면서도 깊은 울림을 갖는다. 그래서 그는 성인들에 대한 기대를 접고, 젊은이들에게 희망을 건다. 이것이 두 번째 결론 말미에 나오는 청년들에게 주는 권고사항인 "너의 창조주를 기억하라."(12:1a)는 말이다. 그는 늙은 사람의 모습을 생생하게 묘사한다(12:1b~7). 이것은 조용하면서도 강력한 호소이다.

그리하여 기자는 놀랍게도 젊은이들에게 실존(實存)에 관한 진리, 즉 홀로서기를 말한다. 무엇이 참된 삶인가? 이것은 오로지 하나님을 생각하며, 그 어떤 것에도 절대의존의 감정을 품지 말고(특히 부귀공명의 생활), 자기로서 홀로 서는 것이다. 하나님에 대한 기억(신앙) 없이, 외적인 것들과 자신을 동일시하고 의존할수록, 인간은 불만족스럽고 불평과 고통과 슬픔을 피할 수 없어, 끝내 허망하고 허무할 수밖에 없다. 그러고는 짐승과 마찬가지로 죽는다. 결국 "아무런 보람이 없는 삶이다."(2:11)

그가 젊은이들에게 일찌감치 홀로서기를 배우라고 권고하는 이유는, 삶은 창조자의 은혜·선물로 주어진 것으로 보기 때문이다. 즐겁고 행복하고 가치 있는 삶을 위해서 필요한 것은 이미 전부 다 주어져 있다. 인간에게 필요한 것은 이것을 알아보고 즐거워할 줄 아는 기술, 곧 지혜와 능력이다. 이를테면 햇빛, 달, 산들바람, 새들의 노랫소리, 어린아이들의 해맑은 웃음, 내가 존재하고 있다는 놀라움 등, 아주 일상적이고 보잘것없는 것들까지도, 지금 이 순간 하나님이 베풀어주는 경이로운 선물로 이해하고 받아들일 줄 아는 능력을 갖추는 것이 진정한 홀로서기를 가능케 한다.

이렇듯 전도서는 왕·권력자·부자인 한 주인공을 내세워, 하나님 없이 온갖 부귀공명 속에서 영화로운 삶을 실컷 누리지만, 끝내는 아무런 의미도 가치도 보람도 없는 헛되고 허무한 삶에 이르고 마는 사람들에 대한 점잖고 깊은 비판과 저항의 책이다. 이것은 가상의 인물을 통하여 인생의 진수(眞髓)가 무엇인지에 대하여 말한다. 따라서 이러한 복선을 깔고 있는 기자의 의도를 놓치지 않고 읽어나가는 것이 필요하다.

1. 세상만사 헛되고 헛되다

주인공은 죽기 전까지, 권력과 부와 영광과 극단의 쾌락 속에서 물질주의와 탐미주의를 추구하며 흐느적거리다가, 끝내 회의주의와 불가지론에 빠져 살던 중, 결국 깨달은 인생의 진리를 결론의 서두에 놓고 말한다.(1:2~11)

첫 마디가 이러하다. “헛되고 헛되다. 헛되고 헛되다. 모든 것이 헛되다. 사람이 해 아래에서 아무리 수고한들, 무슨 보람이 있는가?” 그간 실컷 쾌락주의에 빠져 살아오고 보니, 아무 보람도 없고 헛되기만 하다는 것이다. 그래서 “만물이 다 지쳐 있다.”고 하지만, 실은 자기가 지쳐 있는 것이다. 쾌락주의의 과정이나 끝은 반드시 허무주의이기 때문이다. 허무주의는 영혼을 파먹는 보이지 않는 벌레요 정신적 암이다.

“이 세상에 새것이란 없다.” 창포물은 샴푸로, 재래식 화분(花粉)은 최신 화장품으로, 냄새 나는 변소는 현대식 화장실로, 대화와 편지는 스마트폰으로, 걷기와 말 타기는 자동차와 지하철과 비행기로, 밭 가는 소는 딸딸이와 트랙터로, 목기와 토기는 플라스틱과 스테인리스그릇으로, 구들은 보일러로, 잠자리는 침대로 하는 등, 방식은 바뀌었어도 살림살이의 내용과 본질은 언제나 같다. 새것은 하나도 없다.

모든 것은 돌고 돌며 흐르고 흐른다. 멈추는 것은 아무것도 없다. 해도, 바람도, 비도, 강물도, 세월도, 관습도, 문명도, 남들의 칭찬이나 후세의 기억도 곧 다 스러지고 소멸된다. "사람은 같은 강물에 두 번 몸을 담글 수 없다"《헤라클레이토스-어록》는 만물변전(萬物變轉)의 철학적 명제는 어디에서나 통한다.

2. 쾌락주의와 탐미주의에 젖어 살다

모든 게 허무, 허망, 우울, 쓸개를 씹는 듯 씁쓸하니, 어찌할까? 왕과 권력자와 부자이니, 할 수 있는 모든 조치를 다 취해본다. 그런데 텅 빈 것(空)밖엔 없다. 혹시 많이 알면 행복하겠지? 그래서 "하늘 아래에서 되는 온갖 일을 살펴 알아내려고 지혜를 짜며 심혈을 기울였지만, 괴로움뿐이었다. 모든 일이 바람을 잡으려는 미친 짓이다."(1:12~2:11) 지식도 헛되다. 많이 알아서 행복한 것도 아니다. 지식과 번뇌는 단짝이라서, 한시도 떨어지지 않는다. 그러니 지식을 쌓으려 하는 것은 번뇌를 쌓는 허무하고 미친 짓이다.

먹고 마시고 즐기면 행복하겠지? 실컷 산해진미를 먹고 술마시고 떠들고 웃고 즐거워하기도 해보았다. 궁전도 지어보고, 포도원을 비롯한 여러 과일나무 농장도 해보고, 식물원과 저수지에 분수(噴水)도 만들고 잉어와 향어와 메기도 길러보고, 남녀 종들도 실컷 부려보고, 소와 양을 기르며 목장도 해보고, 금은보화도 산더미처럼 쌓아보고, 외국산 명품도 수집해보고, 개인용 실내 오케스트라와 일류 가수도 부려보고, 미모의 처첩들을 많이 거느려도 보았다. 천하제일, '타의 추종을 불허함'을 이루어 보았다. "원하던 것을 다 얻어도 보았고, 누리고 싶은 낙을 다 누려 보았다."(2:10)

3. 회의주의, 불가지론, 허무주의에 귀착하다

그런데 기쁨과 행복은커녕, 허무와 허망과 우울과 쓸쓸함만 더하다(2:12~23). 임금 노릇도 새것이 없다. 기껏해야 앞서 다스리던 왕이 이미 하던 일뿐이다. 슬기롭든, 무지하고 어리석든, 사람이든 짐승이든, 죽는 것은 다 마찬가지이다. 출세하는 것도 헛되고, 부자가 되는 것도 헛되다. 노예처럼 일해서 번 재산과 업적을 자식과 후세에 물려주는 짓도 헛되고 미친 짓이다.

자식을 백 명이나 낳거나, 천 년을 두 번씩 사는 것도 헛되다. 억압하고 억압받는 현실도, 온갖 경쟁심도, 이리저리 수고하는 것도 헛되다. 지혜니 어리석음이니 하는 것도 다 헛되다. 인간이 아는 것은 거의 없고, 알아봤자 별 가치도 없고 힘도 안 된다. "종이 말을 타고 상전이 종처럼 걷는"(11:7) 인생 역전(逆轉)이나 사회혁명도 헛되다. "그동안의 수고를 돌아보니, 세상 모든 것이 헛되고, 바람을 잡는 짓이었다. 산다는 것이 다 덧없는 것이고, 평생이 괴로움과 슬픔과 실망뿐이다."(2:11, 17, 20)

그러면 그 모든 게 어쩐 일인가? "이 모든 것이 다 하나님이 사람에게 수고하라고 지우신 짐이다."(3:10) 하나님은 사람을 이리 돌리고 저리 굴려서 괴롭고 슬프게 한다. 그런데 사람은 이것도 모르고, 사명감을 가지고 평생을 바친다. 악인조차도 하나님의 명령을 수행하는 중이라서, 그토록 바쁜 것이다. 모든 것을 소유하고 누려보았지만, 남은 것은 허무, 허망, 우울, 밑 없는 쓸쓸함뿐이다. 만사가 의심스럽고 알 수 없고 허무하다.

4. 그래도 좋은 게 있으니

그런데 그 가운데서도 좋은 게 있기는 있다. "먹는 것과 마시는 것, 자기가 하는 수고에서 스스로 보람을 느끼는 것, 이보다 더 좋은 것은 없다."(2:24~25) 그런데 그것 역시 헛되지 않을까? "기쁘게 사는 것, 살면서 좋은 일을 하는 것, 사람에게 이보다 더 좋은 것이 무엇이랴!"(3:12) 만족과 보람이야말로 최고의 미덕이요, 하나님의 선물이다.(3:13, 22)

"하나님은 이처럼 사람이 행복하게 살기를 바라시니, 덧없는 인생살이에 크게 마음 쓸 일이 없고"(5:20), "평생 어둠 속에서 먹고 지내며 온갖 울분과 고생과 분노에 시달리며 살아본들"(5:17), 좋을 게 하나도 없다. 그저 오늘 하루만 행복하게 살면 되는 것이다. 그래서 오늘은 '오! 늘(常)'이다. 일일(一日)이 일생이다.

"모든 일에 때가 있다."(3:1~8, 17) 인생만사 타이밍(timing)이다. 젊어서 지레 늙어도 안 되고, 늙은이가 젊은 체 행세해서도 안 된다. 심을 때 심고, 뽑을 때 뽑아야 한다. 허물 때 허물어야 하고, 세울 때 세워야 한다. 울 때 울어야 하고, 웃을 때 웃어야 한다. 껴안을 때 껴안아야 하고, 삼갈 때는 삼가야 한다. 포기해야 할 때 포기하고, 간직할 때 간직해야 한다. 전쟁해야 할 때 전쟁하고, 평화를 누려야 할 때 평화를 누려야 한다. 사과할 때 사과하고 용서해야 할 때 용서해야 한다. 일·공부할 때 일해야 하고, 쉴 때 쉬어야 한다. 살아야 할 때 살아야 하고, 죽어야 할 때 죽어야 한다.

정치도, 경제도, 교육도, 군대도, 연애도, 살림도, 먹는 것도, 자식 기르는 것도 때맞춰 해야 한다. 그 모든 일에 '삽질'(군대용어-허튼짓!)하면 안 된다. 때를 놓치면 후회막급뿐이다. "사람에게 이보다 더 좋은 것이 무엇이랴?"(3:12b)

5. 다 지내놓고 보니

다 지내놓고 보니, 모든 게 헛되고, 또 헛되고, 더 헛되고, 더더구나 헛되다. 그런즉 젊어서 때에 맞추어 정신 바짝 차리고 사는 게 가장 좋다. 나처럼 넋이 나간 채 살면 안 된다! "혈기왕성한 청춘은 곧 덧없이 지나간다!"(11:10) 사람은 누구나 늙고 죽는다. 이것은 생각보다 훨씬 더 빨리 다가온다. 그러니 늙어서 후회할 일을 하지 않는 게 가장 지혜로운 일이다.

이제 가장 좋은 일을 말해주겠다. "빛을 보고 산다는 것은 즐거운 일이다. 해를 보고 산다는 것은 기쁜 일이다."(11:7) 과거와 미래는 머릿속에만 있는 가상의 시공이다. 아무 데로도 도피하지 말라. 있는 것은 지금뿐이다. 지금 행복하라. 지금 기뻐하라. 연기(延期·演技)하지 말라. 지금 살라. 네 영혼이 요구하는 것에 귀를 기울여라. 남들의 의견에 지배당하지 말라. 특히 네 에고의 욕망에 지배당하지 말라. 극히 예외적인 경우를 제외하고는, 아무도 너를 망치지 않는다. 네가 너를 망칠 뿐이다. 권세와 부와 남들의 입에서 행복을 찾지 말라. 모두 헛된 일이다.

"젊을 때 너는 너의 창조주를 기억하라."(12:1a) 사람은 늙으면 도저히 할 수 없는 일, 반드시 젊어서 해놓아야 할 일이 있는 법이다. 자전거 타기는 젊어서 배워 놓아야 늙어서도 할 수 있는 것처럼, 하나님을 사랑하는 일도 그러하다. 하나님은 사후에 필요한 존재가 아니라, 지금 젊은 네 존재의 의미 중의 의미요 너의 참 영혼이다. 따라서 하나님을 의식하지 않는 것은 네 자신에 대하여 무책임한 것이다. 자신에게 무책임하고서 행복을 바라는가?

고생스러운 날들, 사는 것이 즐겁지 않다고 할 나이인 늙는 것이 어떤 상태인지, 몸에 비유하여 말해 주련다(12:1b~7). 창문 두 개는 닫혀, 먹구름이 잔뜩 끼어 해와 달과 별들이 어두워진 것같이 보이지 않고(눈이 침침), 두 파수꾼 용사는 떨며 후들거린다(허약해진 다리). 맷돌이 잘 돌아가지 않고(다 빠진 이), 길거리로 난 두 쪽문도 닫힌다(보청기를 끼어야 할 귀). 새들이 지저귀는 노랫소리에 새벽에 일어나고(잠을 잊은 그대여!), 높은 곳은 바라만 봐도 다리가 후들거리고, 발은 걸핏하면 걸려 넘어지고, 검은 머리는 파뿌리가 되고, 원기는 떨어져 보약(비아그라)도 소용없는 날이 빠르게 다가온다. 그리고 곧 조문객들이 몰려온다. 너는 본디 흙이요 먼지이니, 다시 먼지와 흙으로 돌아간다. 아무도 이렇게 되지 않을 수는 없는 노릇이니, 그런 꼴 나기 전에 네 창조주를 기억하라. 모든 것은 헛되고 헛되다!

이처럼 전도서는 겉으로 보기에는 회의주의와 허무주의를 주창하면서 히브리의 전통 사유체계를 부정하는 것 같아서, 이런 책이 구약성서에 들어 있는 게 충격적으로 보이기도 하지만, 사실은 그러한 삶에 대한 조용한 조롱과 해학과 비판과 저항의 책이다. 그래서 이 책은 우리로 하여금 자신과 모든 것에 대하여 철저한 의문을 가지고 물어보고 진지하게 성찰하고 대답하게 이끈다. 철저한 회의주의는 진정한 신앙에 이르는 길이기도 하다.

아가서(雅歌書)

전도서처럼 그리스 제국의 식민지 시대에 나온 책인 아가서는 "노래들 중의 노래"(Song of Songs)라는 뜻으로, 청순한 사랑의 열정으로 불타는 청춘남녀의 세레나데(Serenade)가 주요 선율로 흐르는 희곡작품이다(오페라 형식). 고대 이스라엘 문학에서 유일한 '무대를 위한 희곡대본'이다. 실제로 총각이 처녀의 집 창문 아래서 세레나데를 부른다(2:9~10). 서양음악과 문학의 세레나데 전통은 여기에서 발원한 것이다. '윌리엄 셰익스피어'의 희곡 《로미오와 줄리엣》에도 멋진 세레나데 장면이 나온다.(제2막 2장)

로미오: 앗, 저기 저 창문으로 새어 나오는 빛은? 저기는 동쪽, 그렇다면 줄리엣은 태양이다! 밝은 태양이여, 떠올라 샘쟁이 달님을 죽여 다오. 오오, 나의 여인, 나의 사랑! 아, 당신도 내 마음을 알아주었으면!

줄리엣: 장미꽃은 다른 이름으로 불려도 똑같이 향기로울 게 아닌가? 누구 안내로 이곳에 오셨나요?

로미오: 사랑의 안내지요. 당신을 찾으라고 재촉한 것도 사랑이오. 지혜를 빌려준 것도 사랑이오. 난 눈만 빌려준 셈이지요.

고난으로 점철된 식민지 역사를 살아가지만, 그래도 청춘남녀들은 여전히 사랑하며 눈과 입을 맞추며 결혼하고 미래를 꿈꾸는 일을 계속한다. 감히 누가 청춘의 사랑을 방해할까? "우리가 마음껏 사랑하기까지는, 제발 흔들지도 깨우지도 말아다오."(2:7; 3:5; 8:4)

"아가서는 하나님이 창조하고 복되게 한 사랑이 얼마나 아름답고 존귀하며, 철저한 관계적 상호성에 기초하고 있는지를 매우 직접적인 성적 표현으로 다루는 책이다."《유진 H. 피터슨-부활을 살라》 그렇기에 아가서는 정신과 몸과 생활력이 건강한 "청춘남녀의 사실적이고 진실하고 순수한 사랑 이야기요"《한국신학연구소 성서교재연구위원회-함께 읽는 구약성서》, 고대 이스라엘의 이몽룡과 성춘향 이야기이다.

아가서는 어느 날 양치기 청년과 농부 처녀가 들판에서 일하던 중, 서로 눈이 맞아 사랑하는 이야기이다. 내용은 간단하지만, 전문이 상징과 이미지와 은유로 가득한 시어(詩語)이고, 총각과 처녀의 아리아 독창, 꿈과 현실의 경계가 모호한 여주인공의 의식세계, 그리고 친구들의 코러스(합창)가 번갈아 나오는 오페라나 뮤지컬 형식이기에 의외로 복잡하다.

따라서 아가서의 오페라 형식은 당시 그리스 제국의 식민지인 중동일대에서 이미 이름을 떨치던 그리스 희곡기자들인 '소포클레스, 에우리피데스, 아이스킬로스, 아리스토파네스' 등의 작품에서 영향을 받은 것으로 볼 수도 있겠다. 그때는 팔레스타인을 두고 각축을 벌인 그리스 제국의 시리아 셀류쿠스 왕조와 이집트 프톨레미 왕조가 각기 헬레니즘의 전파를 위하여 곳곳에 세운 원형극장에서 연극공연을 하는 것이 유행이었다.

그런데 놀랍게도 아가서의 문학적 수법은 현대 소설가인 '마르셀 프루스트, 제임스 조이스, 버지니아 울프' 등이 사용한 "의식(意識)흐름 기법"을 사용하고 있다. 이것은 처녀의 가슴 설레는 상상과 꿈으로 처리되어 있다. 그래서 한 번의 겨울이 지난 것은 알 수 있지만, 그 후 세월이 얼마나 흐른 것인지는 알 수 없다.

아가서의 사랑 이야기는 그 후 유대교 랍비들이나 초기 기독교의 교부들과 신학자들과 중세~현대 신학자들이 영적 유비(喩譬, analogy)로 이해하여, 신랑인 하나님·그리스도와 신부인 이스라엘·그리스도인 사이의 순결하고 애틋한 사랑을 말하는 것으로 해석해왔다. 그러나 이것은 나중의 일이고, 우선 이 작품은 청춘남녀의 풋풋한 사랑 이야기이다.

1. 사랑의 출발

식민지 시대의 어려운 시절에 그나마 가정환경이 좋은 여주인공은 매일 들판에 나가 자기의 포도원과 염소를 돌보고, 오빠들의 포도원 일까지 거들어주는 성격이 씩씩하고 피부가 검게 탄 시골 농부 처녀이다(1장). 친구인 다른 처녀들은 그녀 얼굴이 검게 탔다고 놀려대기도 하지만, 그녀는 조금도 부끄러워하지 않고, 오히려 일하다가 그렇게 된 것을 자랑스러워한다. 미모에 신경 쓰며 화장대 앞에서 시간을 보내는 처녀가 아닌, 매우 주체적인 여성이다.

총각은 이리저리 풀을 찾아 양 떼를 몰고 다니는 목동인데, 어느 날 처녀의 포도원 근처로 간다. 그 순간, 우연히 두 사람의 눈이 마주쳐 인사를 주고받고 가벼운 대화를 나누다가, 서로 첫눈에 사랑이 싹튼다. 그런데 그 날 이후, 마음을 빼앗긴 처녀는 풀을 찾아다니며 한 곳에 머물지 못하는 총각의 직업 때문에, 보고 싶어도 자주 만날 수가 없어 애가 탄다.

그러자 친구들이 목동의 양 떼를 따라가보라고 말해주어(합창), 염소 떼를 몰고 가는 척하며 오빠들 몰래 만난다. 그리하여 두 사람은 풀밭에 나란히 앉거나 누워서, 오붓하게 사랑의 정담(情談)을 꽃피운다. 총각은 "아름다워라, 나의 사랑. 아름다워라, 비둘기 같은 그 눈동자!" 하며 사랑을 고백하고, 처녀는 "나의 사랑, 멋있어라. 나를 이렇게 황홀하게 하시는 그대!" 하며 고백한다.(독창)

2. 사랑의 날개를 타고

사랑에 빠진 두 사람의 눈, 특히 처녀의 눈에는 모든 것이 아름답게 보인다. 나리꽃인 수선화, 사과나무 과수원, 풀밭, 숲, 들판, 하늘, 이따금 지나가는 노루와 사슴 등, 모든 것이 아름답다(2장). 그 후 두 사람은 사과나무 과수원에서도 만나고, 친구의 결혼식에도 참석하여 만나 이야기를 나눈다. 처녀는 "사랑하다가 그만 병들었을" 지경으로, 그만 사랑의 포로가 된다. 만날 때마다 서로 머리를 어깨에 기대거나 안거나 키스도 한다.

아, 그런데 겨울이라니! 총각은 양 떼를 데리고 집으로 간다. 그리하여 겨울 동안은 만나지 못한다. 두 사람에게 재난과 같다. 왜 못 만나는지에 대한 이야기는 없다. 아마도 총각은 남의 집 양을 기르는 처지였던 것 같다. 처녀에게는 길고 긴 겨울날의 하루하루가 백 년같이 느껴져, 가슴이 다 타들어간다. '혹시 그새 다른 처녀를 만나 사랑하면 어쩌나?' 하는 걱정도 생긴다.

이윽고 봄이 온다. 집에 있던 처녀는 멀리서 들려오는 총각의 목소리를 듣는다. 아마 사랑하는 사람 들으라고 일부러 노래를 부른 것 같다. "아, 사랑하는 임의 목소리! 저기 오는구나. 산을 넘고 언덕을 넘어서 달려오는구나!" 총각도 겨우내 기다려 온 것이다. 노루처럼, 사슴처럼 빨리 달려온다.

그러고는 처녀의 집 창문 아래로 다가와, 사랑의 세레나데를 부른다. "꽃 피고 새들 노래하는 계절이 이 땅에 돌아왔어요. 비둘기 우는 소리, 우리 땅에 들려요. 무화과나무와 포도나무에 꽃이 활짝 피었어요, 사랑하는 임이여! 나의 귀여운 그대, 어서 나와요."

그리하여 반갑게 만나 사랑을 나눈다. 그런데 "여우 떼"(사람들)가 웃으면서 놀려댄다. 두 사람은 날이 저물도록 이야기를 하며 보낸다. 해가 지고 헤어지는데, 벌써 다음 날이 몇 번의 가을을 지나는 것같이 길게만 느껴진다.

3. 사랑의 꿈(1), 사랑의 기쁨

그러는 동안 처녀는 몇 차례 꿈을 꾸며(의식흐름 기법) 여러 장면이 이어진다(3:1~5). 처녀 특유의 걱정 어린 마음 때문이다. 물론 그렇지는 않겠지만, '혹시 총각이 다른 처녀에게로 가면 어찌하나?' 하는 마음이 든 것이다.

꿈속에서 성읍으로 나가, 거리와 광장을 돌아다니며 밤새도록 총각을 찾아다닌다. "야경꾼들을 만나 물어본다." 그러다가 총각을 만난다. 집으로 데려와 어머니에게 소개하고 나란히 앉아 오순도순 사랑의 대화를 나눈다. 그렇게 하여 첫 번째 꿈이 지나간다.

어느 날 두 사람은 다시 만난다(3:6~5:1). 처녀의 눈에는 사랑하는 총각이 마치 호위를 받으며 화려한 가마를 타고 다니는 "솔로몬 왕"처럼 보인다. 이 세상에서 가장 멋진 사람이다. 총각의 얼굴, 걸음걸이, 음성, 말씨, 뒷모습까지, 아름답고 믿음직스럽지 않은 것이 없다. 온 세상에 자랑하고만 싶다.

총각의 눈에도 그렇다. 그녀의 입, 볼, 목, 가슴, 머리채, 눈동자, 눈짓, 목걸이, 부드러운 음색, 향내, 자태가 사랑스럽지 않은 것이 없다. 마치 왕후같이 보인다. 양 떼를 몰고 가서도 그녀 생각뿐이다. 그도 역시 "그대에게 마음을 빼앗기고 말았다." 그녀는 그에게 이 세상에서 유일한 아가씨요, "문 잠긴 동산, 덮어놓은 우물, 석류와 온갖 맛있는 과일나무 동산, 꽃이 만발한 정원"과 같다. 이런 사랑의 기쁨 속에서 두 사람은 꿈같은 시간을 보낸다.

4. 사랑의 꿈(2), 친구들의 축하

그래도 처녀는 불안한 마음을 떨쳐낼 수 없다(5:2~16). 결혼에 이르기까지 그럴 것이다. 이윽고 또다시 꿈을 꾼다. 총각이 달려와 창가에서 세레나데를 부른다. 온몸이 다 젖어 있다. 그런데 잠들어 대답을 못했더니, 총각은 돌아간다. 옷을 주섬주섬 주워 입고 문을 열고 나가보니, 벌써 총각은 가고 없다. 가슴이 턱 내려앉는다.

처녀는 거리로 달려간다. 그러다가 밤에 돌아다닌다고, 야경꾼들이 희롱을 한다. 간신히 뿌리치고 돌아온다. 두려움이 엄습한다. 친구들이 마치 "너의 임이 다른 임보다 무엇이 더 나으냐?" 하고 말하며 놀리는 것 같다(합창). 그러자 처녀는 사랑하는 이를 적극 옹호하며, "그에게 있는 것은 모두 사랑스럽다."고 말하며 물리친다. 그러고는 꿈에서 깬다.

날이 개어 화창한 날, 친구들과 즐거운 소풍을 나선다(6:1~14). 친구들에게도 사랑하는 이를 소개해주고 싶다. 함께 가서 총각을 만난다. 서로 즐겁게 먹고 마시며 놀다가, 친구들은 돌아가고 두 사람은 "호도나무 숲"으로 가서 오붓하게 둘만의 시간을 보낸다.

5. 사랑의 결합

이윽고 결혼식을 올린다(7:1~8:14). 친구들이 와서 축가를 불러준다(합창). 두 사람은 사랑으로 가득하여 황홀하다. 신랑은 "오 나의 사랑, 나를 기쁘게 하는 여인아, 그대는 어찌 그리도 아리땁고 고운가?" 하고 말하고, 신부는 "나는 임의 것, 임이 그리워하는 사람은 나!" 하며 행복에 젖는다. 신부 친구들은 그녀를 부러워한다.

그리고 첫날밤, 두 사람은 굳은 사랑의 언약을 한다. 그녀는 먼저 자신에게 그런 남자를 만나게 해준 시어머니를 기억한다. "임의 어머니가 임을 낳느라고 산고를 겪으셨다."고 말하며, 그간 시어머니가 신랑을 잘 키워

준 것에 대하여 고마워한다.

그러면서 이렇게 말한다. “도장 새기듯, 임의 마음에 나를 새기세요. 도장 새기듯, 임의 팔에 나를 새기세요. 사랑은 죽음처럼 강한 것, 사랑의 시샘은 저승처럼 잔혹한 것, 사랑은 타오르는 불길, 아무도 못 끄는 거센 불길입니다. 남자가 자기 집 재산을 다 바친다고 사랑을 얻을 수 있을까요?” 첫날밤부터 그 씩씩한 성격대로, 신랑에게 한눈팔지 말 것을 단단히 이른다. 여기에 대하여 신랑은 아무 말이 없지만, 똑같은 마음이다. 그리고 깊고 푸른 밤!

오랜 고난 속에서도 히브리 총각 처녀가 건강한 사랑을 나누며 살아가는 이 이야기는 그냥 아름답다. 특히 처녀의 걱정스런 상상의 꿈을 의식흐름 기법으로 처리한 고대 히브리 기자의 솜씨가 놀랍기만 하다. 이 작품은 그 문학적 성격대로, 오케스트라와 독창과 합창이 서로 대화하듯 이야기를 주고받으며 전개되는 오페라나 뮤지컬을 감상하듯 읽을 때 제 맛을 느낄 수 있다.

나가는 말

이스라엘의 길

지금까지 "뜻으로 본 구약성서: 사람의 길, 나라의 길"이라는 주제를 가지고, 고대 이스라엘 민족사에 담긴 하나님의 뜻이 무엇인지 생각해보았다. "이스라엘 민족사와 구약성서 전체를 관통하여 흐르는 하나의 흐름은 온 세상과 거기에 있는 모든 것을 한 분 시나이 산의 하나님에게 종속시키고자 하는 것이다."《발터 아이히로트—구약성서신학, 제2권》 즉, 구약성서는 온 세상을 구원하려는 하나님의 뜻이 히브리 민족을 통하여 어떻게 펼쳐지며 내려왔는지를 보여주는 종교적 해석학이요 신앙의 증언이다.

이 주제의 시발점은 아브라함의 소명이다(창세기 12:1~3). 이것은 '아브라함의 선택→ 그의 후손 이스라엘 민족 형성과 성숙한 신앙 공동체 건설 → 선교→ 온 세상의 복·구원'에 관한 것이다.

그런데 이 땅에서 진정한 평등과 자유와 우애와 평화가 넘치는 구원의 공동체를 이루고자 했던 이스라엘 역사는 끝내 비극적인 결말로 끝나고 있다. 그렇지만 이것은 겉으로만 드러나는 모습일 뿐이다. 이것은 결코 이스라엘 민족의 폐쇄와 하나님의 뜻의 종언(終焉)을 의미하지 않는다. 이스라엘 민족사는 여전히 강대국의 지배로 인하여 어둠 속을 걷고, 그것이 어느 때까지 이어질지 모르지만, 언젠가 하나님에 의하여 이 땅에 참된 평등과 자유와 우애와 평화의 완전한 구원의 세상, 곧 하나님의 나라가 이루어지리라는 절절한 희망과 비전 속에서 미래를 향하여 나아가고 있는, 활짝 열려 있는 길이다.

그렇기에 구약성서에 나타난 이스라엘 민족의 신앙과 희망의 역사는 어둠 속에서도 꺼지지 않고 계속 타오르는 불꽃이다. 신앙과 영성훈련과 거룩한 생활을 지켜나가는 유대인의 삶은 계속 고난을 당하면서도 이 전통을 후손들에게 물려주며 "떠오를 의로운 해"(말라기서 4:2, 메시아)를 대망하며 희망을 가지고 나아가야만 하는 기나긴 여정(旅程)이요, 세상 끝 날까지 결코 멈출 수 없는 역정(歷程)이다. 언제나 현실을 초극하고(脫) 미래를 향하여(向) '떠나서 가는' 그 모든 과정에서 하나님의 현존(Shekhinah)은 항상 이스라엘과 함께한다(Immanuel). 이것을 이렇게 표현한다. "이스라엘 자손은 구름이 성막에서 걷히면 진(陳, tent · tabernacle)을 거두어 가지고 떠났다. …그들이 길을 가는 동안에, 낮에는 주님의 구름이 성막 위에 있고, 밤에는 구름 가운데 불이 있어서, 이스라엘 온 자손의 눈앞을 밝혀 주었다."(출애굽기 40:36~38; 민수기 9:15~23)

따라서 이스라엘은 고난 속에서도 늘 하나님의 현존을 믿는 가운데 수평의 삶이 아닌, 수직의 삶을 지향해야만 한다. 수직의 삶은 전적으로 신앙과 의이다. 수직적 삶에 대한 하나님의 명령은 아브라함의 '떠나서 가는 삶'에 기초하여, 야곱의 '하늘 층계'의 꿈을 지니고, '출애굽'의 해방과 자유를 동력으로 삼고, 그리고 역사의 각 시대마다 미래적인 평화의 세계인 '젖과 꿀이 흐르는 가나안'을 건설하고자 하는 신앙과 의 속에서만 지속되는 중심이요 뼈대요 가치이다. 그리고 수평의 삶은 수직의 삶에 기초한 공동체의 자유, 사랑과 도덕적 책임감, 인내심과 연대성, 진리와 사회정의의 실천, 그리고 밝은 미래와 역사에 대한 희망을 품고, 한 걸음 한 걸음 내딛는 실존적 결단의 길이다.

이렇듯 이스라엘의 길은 신앙과 영성훈련과 거룩한 백성 되기에 관한 것이다. 이스라엘은 미리 목적을 설정하고 역사 속을 지나가는 민족이다. 이것에 관해 현대 유대 철학자 'A. J. 헤셸'은 이렇게 말한다. "세계가 평평하고 모든 길은 수평으로 뻗는다고 주장하는 것은 치명적인 오류이다. 중심 되는 길은 수직으로 올라가거나 내려가거나 한다. 오르막길 아니면 내리막길이다. 유대인이 된다는 것은 중대한 투기(投己)이다. 이것은 계속 언덕을 오르는 것이다. 유대인에게 주어진 사명은 '신앙의 도약'이라는 진통(鎭痛)을 대가로 하여 이루어지는 발전이다. 하나님께 자신을 온전히 의탁한다는 것은 도약, 즉 인간의 피할 수 없는 자기-중심성을 일단 정지시키는 일을 요구한다. 신앙은 자기-중심성의 종언(終焉)의 시작이다. 신앙을 갖는 것은 자기-사랑을 끊어버리는 것이다. 우리의 집은, 모든 것이 되며 우리를 감싸고 계신 그분과 더불어 사는 바로 그곳이다. 따라서 '내 뜻을 깨치라(예레미야서 9:23). 고뇌 속에서 살아라. 그리고 삶이 지옥 같다 하더라도 신앙으로 살아남아라.' 이것이 유대인의 길이다."《어둠 속에 갇힌 불꽃》

간략한 고대 이스라엘 역사

〈원역사: 창세기 1~11장〉. 아브라함의 선택(기원전 2000년경)→ 이삭→ 야곱→ 요셉→ 히브리인들의 이집트 노예→ 탈출과 해방과 자유(1290년경)→ 시나이 반도 40년 방랑→ 가나안 진입과 정착(1250년경)→ 부족 연합 공동체의 자치주의 시대(약 230년간)→ 통일왕정 시대(사울~솔로몬)→ 남북 분단(931년)→ 북이스라엘(931~721년, 210년)과 남유다(931~586년, 345년): 전체 이스라엘(1250~586년, 664년).

바빌론 포로기(586~539년)→ 해방과 귀환(539년) 및 페르시아 식민지(539~332년)→ 그리스 식민지.(332~166년, 다니엘서의 배경. 166년 유다 마카베오의 예루살렘 탈환 및 165년 성전 재 봉헌. 가톨릭의 정경이며 개신교의 외경인 마카베오 상하에 나옴)

시간과 공간에 대한 이해의 실패

시간과 공간은 모든 인간과 나라·민족이 존재하는 실제적인 두 가지 형식이고 정체성과 행동을 규정하는 틀이다. 그런데 시간의 특성은 언제나 멈추지 않고 지금 이곳에서 저 앞으로만 나아가는 진행성·이동성·변혁성을, 공간의 특성은 정착하고 안주하며 살아가는 지역성·위치성·고정성을 특징으로 한다. 따라서 시간은 신·정신·역사의 뜻을 함유하기에 변혁과 모험과 지향을 요구하고, 공간은 본능·육체·감각을 추동(推動)하기에 정착과 안정과 보수를 요구한다. 이 둘은 인간의 본성과 사회구조 속에 자리하고 있어서 갈등하고 대립하고 투쟁한다. 인간과 세상은 어쩔 수 없이 이원론적 투쟁사이다.

그런데 대체로 볼 때, 삶과 역사를 시간성, 곧 시간 속의 긴장과 투쟁으로 인식하는 사람과 나라는 진행성·이동성·변혁성을 수용하고 늘 현실변혁적인 사고를 가지고 미래를 지향한다. 여기에서 소중한 가치는 단연 실존적 자유와 결단과 탈출, 모험과 창조성과 연대이다. 그러나 삶과 역사를 공간성, 곧 공간의 확보와 확장으로 인식하는 사람과 나라는 지역성·위치성·고정성을 주장하기에, 늘 현실안주를 지향하고 탈출과 모험을 거부한다. 여기에서 소중한 가치는 단연 보수와 안정이다.

그런데 지금도 그렇지만, 특히나 고대 세계에서 시간과 공간에 대한 이해는 자동적으로 그들이 섬기는 신과 종교에 대한 관념에서 나온다. 고대

제 민족의 역사에서 드러나는 사실은 오로지 본능·육체·감각의 풍요를 추구하는 신 관념과 종교에서 비롯된 공간의 절대 우위의 가치관과 세계관이다. 시간에 대한 이해는 거의 없다. 그저 끝도 없이 순환하는 체계일 뿐이다.

그러나 삶과 역사의 근본적인 특성은 공간성이 아니라 시간성이 지배한다는 것이다. 즉, 고정성이 아니라 유동성이다. 이것은 아무도 부정하거나 거스를 수 없는 삶의 진실이요 사실이다. 따라서 개인과 나라에 가장 좋은 방식은 시간의 뜻과 명령을 삶의 우선순위로 하고 공간의 안정성을 차선순위로 하는 것이고, 가장 나쁜 방식은 공간의 안정성을 우선순위로 하고 시간의 명령을 차선순위로 두거나 아예 내팽개치는 것이다.

이러한 시간과 공간의 특성을 이스라엘 역사에 대입해보자. 구약성서가 증언하는 이스라엘의 신학적 자기 이해에서 나온 고난의 이유는 전적으로 야훼 하나님의 뜻에 대한 불충실이라는 종교적 이유 때문이다. 하지만 다른 측면에서 생각해보면, 그것은 **시간과 공간에 대한 이해와 싸움에서 실패하고 패배한 것** 때문이다.

시간과 공간에 대한 혁신적인 이해를 제공한 두 사건은 '아브라함의 소명과 출애굽'이다. 여기에서 비로소 이스라엘 민족의 신에 대한 관념과, 시간과 공간에 대한 이해가 나온다. 곧, 야훼 하나님에 대한 혁신적 관념이 시공에 대한 새로운 이해를 가져온 것이다.

구약성서에 따르면 야훼 하나님은 시간의 신이고, 가나안(이집트·바빌로니아·페르시아·그리스)의 신들은 공간의 신이다. 야훼 하나님은 언제나 신앙, 시간, 탈출, 지향, 희망, 미래, 결단, 역사의 신으로 나타난다. 하나님은 이러한 조건 아래에서만 이스라엘에게 **공간의 일시적 점유와 향유**를 허용한다. 그러나 가나안의 바알 신은 공간, 대지, 물질, 풍요, 소유, 정착, 안정 지향의 신으로 나타난다. 그래서 언제나 공간성의 영구적 점유와 향유를 추구한다. 게다가 여기에는 진리와 윤리, 공동체의 연대나 자유, 인권, 생명, 자비, 미래, 결단, 모험, 역사의식이 지나치게 결핍되어 있거나 아예 없다.

그런데 인간사의 보편적 사실은, 공간이라는 것은 우연한 사건과 역사의 흐름에 의하여 어쩔 수 없이 바뀌거나 상실하기도 하지만, 시간은 결단코 없어지지 않는다는 점이다. 따라서 공간의 신은 그 지역에서 숭배하던 사람들이 없어지거나, 국가와 문명이 쇠락하면 자동적으로 폐기된다. 이집트, 가나안, 아시리아, 바빌로니아, 페르시아, 그리스 제국과 그 신들의 운명이 그러하다. 그 많던 신들은 모두들 어디로 갔을까? 과연 신이었던가, 아니면 사람이 하늘에 투사시켜 만들어낸 신이었던가? 묻지 않아도 분명하다.

이스라엘의 야훼 하나님이 시간의 신이라는 것은 결코 공간에 지배되지 않는 역사의 신이라는 뜻이다. 그분의 관심은 **세계구원**이다. 하나님은 언제나 한뜻을 가지고, 이스라엘 역사 속으로 육박해 들어와 그 뜻을 지향하도록 명령하고 미래로 나아가도록 내몬다. 결국 이스라엘 민족의 패배와 고난은 시간과 공간의 이해에서 실패한 것, 곧 하나님을 시간의 하나님으로 받들지 않고, 한정된 공간에 종속된 신으로 알고 바알 신처럼 숭배하거나 아예 바알 신을 숭배한 데서 나타난 결과이다.

야훼 하나님이 시간의 신이라는 것은 수평의 신이 아니라 수직의 신, 곧 이동의 신이라는 뜻이다. 이동이란 땅·지역·장소·거주지의 변화가 아니라, 이념적인 수직이동이다. 즉, 하나님은 이스라엘의 역사라는 시간 속에서 활동하면서, 그들이 역사의 참된 현실과 미래의 드높은 차원을 향하여 나아가며 솟구치도록 끊임없이 발로 걷어차고 흔들어 깨우고 이끌고 가는 분이다. 거기에 맞추어 끊임없이 위로 이동하며 올라가야 하는 것이 이스라엘의 길이다. 즉, 아브라함의 주제와 출애굽의 모티브와 사상은 전적으로 시간과 수직과 이동의 하나님에 관한 것으로, 끊임없이 떠나서 가라는 것, 곧 이집트·가나안·바빌로니아·페르시아·그리스(그리고 로마, 더 나아가 이 세상)에서 정신적으로 탈출하여 시간의 민족이 되어 미래의 목적지를 바라보고 앞으로만 나아가라는 것이다.

그런데 그들은 대대로 '안 나가려고' 했다. 즉, 공간을 점유하고는 이 세상의 지평(地平)에 달라붙어 소유지향형의 존재 방식을 추구하며 보수화되어 하나님의 명령을 거부했다. 이것이 바알 종교와 다윗 왕조와 성전 신학을 숭배한 근본이었다. 그래서 하나님을 정착의 신으로 만들어버리고 말았다. 이것이 '영원하다.'는 왕권주의와 성전주의와 율법주의와 문자주의의 실상이었다. 이것은 엄격히 말해서 다윗 왕 때부터 생긴 것이다. 그래서 그 후 숱한 예언자들이 이러한 절대화된 공간의 이념, 곧 공간의 신 개념과 공간의 신성화에 맞서서 전면전을 벌였던 것이다.

시간의 신 관념은 곧장 신약성서로 이어진다(로마서 12:2; 계시록 18:4~8). 기독교의 하나님 역시 시간의 신이다. 물론 공간의 일시적 점유와 향유를 허용하는 것은 이스라엘에게 한 것과 같다. 그러나 공간 안의 모든 것은 "풀이다. 풀은 곧 마르고 스러진다. 그러나 하나님의 말씀은 영원히 서 있다."(베드로전서 4:24~25) 이것이 시간의 하나님에 대한 성서의 줄기찬 증언이다.

하나님을 아는 것이 모든 것이다

구약성서를 읽으며 드는 솔직한 생각은 인간이란 동서고금 어디에서나 비슷하다는 것이다. 하나님을 알고 종교를 가지고 살아간 히브리인들이라고 해서 더 도덕적이고 고귀한 인격자이거나, 정의롭고 평화로운 국가공동체를 건설한 것이 아니었다. 구약성서의 말을 빌리자면, 그들 역시 "밥 먹듯 죄악을 저지른"(시편 14:4) 죄인들이었을 뿐이다. 이것은 그들이 자기를 부른 하나님이 어떤 분인지를 제대로 알지 못하고, 현실에 안주하려고만 했기 때문에 빚어진 일이었다.

그렇기에 구약성서에서 가장 중요한 말은 단연코 이것이다. **"하나님을 알라."**(호세아서 4:1) 왜 하나님을 알아야 하는가? 세상을 향한 하나님의 궁극적인 뜻은 언젠가 "물이 바다를 채운 것같이, 주님을 아는 지식이 땅에 가득하여 (온 세상이) 하나님의 거룩한 산이 되어 서로 해치거나 파괴하는 일이 없는"(이사야서 11:9) 구원의 세상을 이룩하는 것이기 때문이다. 따라서 그 도구로 부름을 받은 이스라엘의 사명은 대대로 하나님을 아는 것을 지향하는 신앙과 영성훈련과 거룩한 생활(거룩한 백성 되기)을 이룩하여, 그것을 장차 온 세상에 전하는 것이다.

따라서 하나님을 알지 못하는 것, 즉 세상을 향한 하나님의 궁극적인 뜻을 망각하는 것은 이스라엘의 실패와 고난으로 이어질 수밖에 없다. 그것이 하나님이 시대마다 예언자들을 보내 자기들을 부른 궁극적인 뜻을 들려주었지만 제대로 깨닫지 못하고, 여전히 스몰 이집트 체제 속에서 안주하고자 하는 공간 지향성과 불신의 삶을 드러내면서, "죄를 지은 민족, 허물이 많은 백성"(이사야서 1:4)으로 살아온 이스라엘 역사이다.

그런데 대대로 고난의 역사를 겪는 가운데서도 여전히 하나님을 향한 신앙과 역사를 향한 희망을 포기하지 않고 굳게 간직하며 살아온 소수 **"남은 자들"**(The Remnants)이 있었다(아모스와 제1이사야). 결코 유대인 전체가 아니었다! 예언자들이 말한 "내 백성"이기도 한 이들은 하나님이 열어가는 위대한 구원의 역사에 끝까지 합류하여, 아브라함의 명제와 출애굽 정신을 이어가면서 신앙과 영성훈련과 거룩한 생활의 길을 굳게 지키고 전수해준 사람들이었다. 이들은 결코 대다수 유대인들처럼 바알주의와 편협한 선민의식, 영원한 다윗 왕조와 성전 체제로 규정되는 썩어빠진 이데올로기의 포로가 되지 않았다. 이것이 이스라엘 역사의 밑바닥에서 흘러 내려온 신앙의 도도한 맥(脈)이다.

그렇기에 '말라기서'로 끝나는 '기독교'의 구약성서는 매우 의미가 깊다. 이것이 우연일까?(유대교 성서는 '키루스'의 귀환명령을 말하는 '역대지 하'로 끝난다!) 말라기서는 어둡고 닫힌 실패의 역사로 끝나는 것이 아니라, 장구한 역사적 맥락 속에서 언제나 영혼과 신앙으로 인내하고 승리하며, 참되고 평등하고 평화로운 세계인 하나님의 나라를 향하여 나아가는 희망의 힘찬 발걸음으로 열려 있다.

그런 점에서 말라기 이후 400여 년이 지나서 나타난 예수와 초기 그리스도인들의 하나님 나라 운동을 이해할 필요가 있다(대략 서기 3세기까지). 이 운동은 정확히 아브라함의 명제와 출애굽 정신과 제3이사야서와 요나서가 주창한 세계구원의 신학 지평에 잇닿아 있다. 따라서 초기 시대 이후(대략 4세기부터) 지금에 이르는 기독교 역사도 전적으로 '온 세상의 복·구원'을 위한 하나님의 뜻에 충실했는지를 진지하게 성찰할 필요가 있다.

20세기 독일의 구약성서학자 '한스 발터 볼프'의 말을 들어보자. "교회는 앞으로 어떻게 될 것인가? 우리는 어디에서 그것을 알아야 옳을 것인가? …하나님의 옛 백성(이스라엘)이 걸어간 길은 하나님의 새로운 백성(교회)이 걸어가야 할 길의 모범이다. 구약성서는 교회가 미래를 향하여 가는 길을 검토하도록 기회를 마련해 준다. 더 정확하게 말하면, 구약성서는 이스라엘이 자기의 하나님과 함께 개척하며 살아간 경험들과 그들이 범한 과오들을 근거로 하여, 현실의 교회로 하여금 미래에 이르는 길을 바르게 선택할 수 있는 검토의 기회를 제공해준다. …하나님의 옛 백성이 걸어간 길은 하나님의 새로운 백성이 먼저 배우고 통과해야 할 예비학교이다. 신앙은 경험들을 통하여 산다."《예언의 어제와 오늘》

오늘의 책인 구약성서

그런데 구약성서는 비단 유대교인과 기독교인만을 위한 책은 아니다. 구약성서는 인류의 경전이기에, 종교를 넘어서 누구라도 읽을 수 있는 개방된 책이다. 그저 기독교책으로만 생각하는 선입견과 편견에 사로잡혀 예단하고 배척하는 것은 현대 교양인의 태도가 아니다. 현대인들이 중국과 인도, 여타 다른 종교의 경전이나 철학서적을 읽는 것도 자신의 삶에 도움을 받기 위해서인 것처럼, 구약성서 또한 이런 방식으로 읽어도 되는 인류의 고전이다. 이것이 구약성서의 비종교적 읽기이다.

특히 구약성서의 알맹이라 할 수 있는 예언자들의 사상은 현대 진보주의자들조차도 부끄럽게 만들 만큼 개혁적이고 혁신적인 위대한 사상이다. 자기 시대와 민족에 대하여 이단적이고 매국적일 정도로 혹독한 비판과 진실한 성찰과 탁월한 대안을 제시한 그들의 사상은 시대를 뛰어넘는 보편적인 가르침이다. 예언자들의 사상은 오늘날 인간의 존엄성 문제, 정의와 자유의 가치, 사회적 약자에 대한 옹호와 배려를 통한 사회연대와 보편적 복지의 실현, 경제적 평등과 평화공동체의 실현, 정치를 비롯한 갖가지 비인간적 제도와 전쟁에 대한 반대(전쟁을 선포했다 하더라도 어쩔 수 없는 역사로 보았기에 한 것이지, 정당성을 부여한 것은 아니다), 역사의 진보에 대한 믿음, 생태계 문제, 그리고 궁극적 평화의 세계를 향한 비전 등에 이르기까지, 오늘날 현대세계가 타파하며 지향하고 이룩해야 할 인간의 보편적인 가치와 인간적인 사회건설에 대한 철학과 프로그램을 간직하고 있다. 따라서 구약성서는 종교적인 책만은 아니며, 현대의 정치학, 경제학, 사회학, 역사학, 인간학, 행복과 평화에 관한 지식과 통찰에 대하여 들려주는 책이다.

구약성서가 말하는 인간과 나라에 관한 삶의 진실은 인간이 아무리 시련과 고난을 받아도 숭고한 뜻을 간직하고, 끊임없이 자기의 삶에 현실적이고 미래적인 의미를 부여하면서 살아가는 한, 하나님이 보장하기에, 그 사람과 나라는 결코 무너지지 않으며, 다시금 솟구쳐 올라 빛나는 인생과 역사를 이룩할 수 있다는 것이다. 그래서 구약성서는 언제나 지나친 **물질주의와 이기주의의 반대편 세계**에 관해서 말한다.

그러나 이것은 성공과 부, 풍요와 번영에 대하여 결사반대한다는 것이 아니다. 오히려 구약성서는 이런 것을 하나님이 내려주는 은총과 복이라고 말한다(창세기 12:2). 그렇지만 구약성서는 이것이 가져올 **위험성이나 위기**에 대해서 분명하게 경고한다. 이것에 사로잡히면 필연적으로 정신이 부패한다고 말한다. 얼의 부패는 나라에 불의와 구조적인 악을 확산시키고, 내적 약화와 쇠락의 근원으로 작용하며, 극단적으로 나아갈 경우 멸망이라는 재앙을 당하는 지름길이다.

그래서 구약성서는 처음부터 끝까지 한시도 주저하거나 양보하지 않고, 개인과 나라·민족의 삶과 역사의 **우선순위**에 대하여 분명하게 말한다(창세기 12:1). 이것이 아니라면, 구약성서는 인류의 경전이 될 수도 없었다. 삶의 우선순위를 알라! 이것이 구약성서가 강조하는 개인과 나라의 심장과 같은 사상이다. 구약성서가 말하는 바는 이 세상의 그 어떤 것(사람·사물)이라도 결코 하나님과 진리와 정의 앞·위·중심에 두지 말라는 것이다. 구약성서는 그렇게 되면 망한다는 것을, 자기네 민족사를 통해서 생생하게 보여준 것이다.

구약성서는 물질주의와 권력주의와 이기주의에 종속되는 존재방식을 **바알주의·우상숭배의 절대화**로 규정하고 규탄한다. 가장 고전적인 상징은 선악과와 뱀의 목소리(창세기 2:17; 3:1)이다. 이것은 모든 시대마다 끊임없이 평등과 자유와 평화를 지향하며 현실을 혁신하고 건설적인 미래를 창조하며 나아가야 할 개인과 나라의 발목을 붙들어 매는 족쇄이다. 따라서 이에 대한 종속은 필연적으로 지도층의 타락, 사회 불의와 국가 분열, 혼란과 무질서, 쇠락과 파멸을 가져온다. 이것은 아무도 부정할 수 없는 인생과 역사의 보편적인 법칙이다.

우리나라가 해방 후 지금까지 힘껏 달려와, 이만큼이나마 경제발전과 민주주의 국가를 이룩한 것은 가히 세계에 내놓아도 좋을 경이로운 업적이다. 그런데 현재 우리나라는 **어떤 한계선과 문턱**에 걸린 듯 보이는 형국이다. 이것은 단지 주변의 여건 때문이기만 할까? 아니다. 여기에는 분명히 무엇인가가 있다. 우리나라가 지금보다 더 발전하고 좋은 방향으로 치솟기 위해서 필요한 것은 무엇일까? 구약성서가 말하는 것은 **도덕성과 사회윤리에 기초한 정신문화**, 곧 **국민과 나라의 얼**이라는 것이다. 경제력만이 전부가 아니다.

구약성서를 살펴보면서 분명히 지적해야 할 것이 있다. 고대 이스라엘의 주류세력이 지향한 경제 제일주의와 성공주의를 표방하는 바알주의 이데올로기, 국가주의와 민족주의만 추구하는 다윗 왕조 정치이데올로기, 예루살렘 성전체제의 종교이데올로기(교회 지상주의) 같은 것은 오늘날 우리에게도 독소로 작용할 수 있다.

'아놀드 토인비'는 이런 말을 들려준다. "우리는 계속하여 일어나는 도전에 대한 성공적인 응전의 연속은, 그것이 자연적인 것이든 인간적인 것이든, (응전이) 연속 진행됨에 따라, **외적 환경의 영역에서 인격이나 문명의 내심(內心)으로 옮겨갈 때**, 그것을 **성장의 표시**로 해석해야 한다. 문명이 성장을 계속하는 한, 바깥 전투장에서 응전할 것을 요구하는 외적 세력으로부터의 도전은 점점 적어지고, **내적인 전투장**에서 자기가 스스로에게 강요하는 도전은 점점 더 많아진다. 성장이란 성장하고 있는 인격이나 문명이 스스로의 도전자가 되어가는 것을 의미한다. 바꾸어 말하면, 성장의 기준이란 **자기결정의 방향**으로 나아가는 일이다."《역사의 연구, 제1권》 이것은 어느 정도의 경제적 성장, 곧 부와 안정을 이룩한 다음에는 인격과 도덕적 능력을 비롯한 정신문화의 힘을 향상시키는 것이 개인과 나라의 진정한 발전과 성장을 담보하고, 그렇지 못하면 이내 쇠락의 길로 떨어지고 만다는 경고이다.

구약성서는 무엇보다 인간과 나라의 실존을 묻고 말한다. 그래서 각 개인에게는 나의 실존에 대해서, 나라에게는 공동체의 실존에 대해 묻고 대답한다. 나에게 필요한 것은 나를 살리는 나의 진리이고, 우리에게 필요한 것은 우리를 살리는 우리의 진리이다. 나에게 삶의 의미를 주고, 나라에 번영과 평화의 원리를 가르쳐주는 것이 진리이다. 그리고 이것은 같은 진리이다. 우리는 구약성서를 오늘의 나를 위한 진리(Veritas Pro Me), 우리를 위한 진리(Veritas Pro Nobis)로 읽을 수 있고, 또한 읽어야 한다.

비록 구약성서가 남이 던져준 책이라 해도, 여기에는 오늘의 나와 우리가 건져내야 할 소중한 보물이 들어 있다. 이것을 읽는 뜻은, 개인적으로는 참된 인격을 구성하여 명예로운 인간으로 살아가고, 나라·민족으로서는 건강하고 평화로운 공동체를 일구고 세계에 봉사하는 나라가 되기 위해서이지, 다른 뜻이 있는 것은 아니다. 평생 성서를 단순하고도 깊이 읽으며 실존 문제를 안고 씨름했던 19세기 덴마크의 기독교 철학자 '쇠렌 A. 키르케고르'는 젊은 날 이런 기도를 올렸다. "주여! 쓸모없는 것들에 대해서는 둔한 눈을, 당신의 모든 진리에 있어서는 아주 해맑은 눈을 주소서."《죽음에 이르는 병: 서문》 이것이 오늘의 나와 우리나라에 필요한 자세가 아닐까?

그렇다면 이러한 정신문화의 요체는 무엇일까? 구약성서의 대답은 세 가지로 보인다. 각 개인의 **인격향상, 사회정의의 확립, 그리고 그것을 통해 이룩하는 높은 문화국가**이다. 지도층이나 국민 누구랄 것도 없이, 거짓·부정직·불의가 없는 인격과 도덕성(진정한 자기존중과 고귀한 삶에 대한 명예의식)의 향상, 사회정의와 복지 시스템의 확충, 그리고 인간적인 건강한 문화의 구축이다.

나는 우리나라가 이런 차원에서 크게 변화되어 문화적 자기결정의 능력을 향상시키지 못한다면, 아무리 경제발전에 목을 맨다고 하더라도, 더 이상 위로 솟구치지 못할 것이라고 본다. 선진국이란 단지 경제수준만 가리키는 게 아니다. 정신문화야말로 국가의 진정한 토대이다. 토대가 모래밭이라면, 그 위에 무엇을 세우겠는가? 나는 우리나라가 진정한 선진 문화 인류국가가 되어 세상에 많은 선, 사랑, 자비의 빛을 비추기를 바란다. 따라서 지금 우리에게 무엇보다 시급한 것은 국민 각자의 도덕성과 인격 향상의 정신문화 구축이다.

이 책을 쓴 이유는 단지 구약성서를 깊이 이해해보자는 것만은 아니다. 지금까지 생각해본 바와 같이, 고대 이스라엘 민족이 드러낸 문제는 한국도 고스란히 안고 있다. 국가의 내부모순은 필연적으로 폭발할 날이 오고야 만다. 이것은 역사의 법칙이다. 따라서 우리는 구약성서에서 우리가 나아가야 할 길을 찾아야 한다. 이대로 간다면, 반드시 만사가 지나치게 늦었다고 할 날이 올지도 모른다. 나는 지금껏 숱한 우여곡절을 넘기며 잘 달려온 우리나라가 현재 직면한 여러 가지 내적·외적 도전과 문제점들을 잘 보완하여, 보다 더 건강하고 능력 있는 선진 문화국가를 이루고, 또한 장차 민족통일을 실현하여 세계에 찬란한 문화의 빛을 비추기를 바란다. 이런 일에 조금이라도 도움이 된다면, 더 바랄 것이 없다.

인류의 꿈

마지막으로, 구약성서가 개인과 나라·민족의 좁은 틀을 넘어서, 오늘 현대 인류 전체에게 들려주고자 하는 말이 있다. 이것 역시 고대 이스라엘 민족에게 드러낸 하나님의 뜻이다. 이것은 인류 전체가 평등하고 평화로운 공동체를 건설하고 행복하게 살아가는 세계에 대한 궁극적인 비전이다. 인류는 지금도 구약성서가 말하는 이러한 세계 앞에 서 있다. 구약성서는 언젠가는 사람을 지배자와 피지배자, 강자와 약자, 부자와 빈자 등으로 나누는 이원론의 이데올로기가 지배하는 세상이 종식(終熄)되어, 인류가 형제자매의 우애로 넘친 가운데 평화롭게 살 유토피아 세계를 꿈꾼다.

이것을 가장 아름답게 형상화하고 있는 이야기가 에덴동산 이야기이다(창세기 2장). 신과 인간과 자연이 조화를 이룬 세계! 따라서 에덴동산은 과거 고대세계에 있었다는 신화나 전설이 아니라, 지금 인류 앞에 놓여 있는 유일한 희망과 가능성의 세계이다. 이것이 아니라면, 인류역사에 무슨 의미가 있을 것인가? 끝도 없는 이원론을 진리처럼 확신하며, 갈등과 분열과 싸움과 전쟁을 일삼는 불행한 세상이 정녕 인간과 인류 역사의 최종적인 모습은 아니다. 이것은 모두 잠정적인 것으로, 언젠가는 말끔히 지워져야 할 모순이요 부조리요 한계일 뿐이다.

이사야서 2:1~5, 11:6~9, 65:17~25, 미가서 4:1~4 등도 궁극적인 평화의 유토피아 세계에 대한 꿈을 보여준다. 이것은 모든 인간의 마음과 사회와 세상에서 모든 이원론적인 심성과 비극적인 현실이 지양되고, 하나님의 영과 진리로 모든 인간의 마음이 완전히 변화되어 새 사람이 된 가운데, 평등과 평화를 이루고 살아가게 될 새로운 세상에 대한 꿈과 비전과 희망이다.

바로 이것이 고대 히브리인들이 고난 속에서 캐낸 진주와 같은 사상이고, 그들이 인류에게 전해준 아름다운 꿈이다. 그러므로 인류의 구원, 곧 인류 전체가 평등하고 평화로운 가운데서 행복하게 살아가게 될 참된 세계가 이 땅에 이루어지기를 바라는 사람(마태복음서 6:9~10)은 지금도 구약성서에서 이러한 꿈을 공유할 수 있다. "인류역사의 목적은 무엇인가? 참된 통합과 평화의 세계를 이룩하는 것이다."《니콜라이 베르자예프-역사란 무엇인가?》

참고 문헌

게르하르트 폰 라트, 《구약성서신학 제1~3권》, 허혁 역, 분도출판사, 1979.

공자, 《논어》, 홍승직 역해, 고려원, 1994.

김용옥, 《금강경 강해》, 통나무, 2005.

김이곤, 《구약성서의 고난신학》, 한국신학연구소, 1991.

김재준, 《전집 제1권》, 장공기념사업회 편, 1992.

김정준, 《전집 제1권-역사와 신앙》, 한국신학연구소, 1988.

______, 《전집 제2권-이스라엘 시인 정신》, 한국신학연구소, 1988.

______, 《전집 제3권-율법서·예언서 연구》, 한국신학연구소, 1988.

______, 《전집 제4권-구약신학의 주제와 방법》, 한국신학연구소, 1988.

______, 《정의의 예언자 : 아모스 주석》, 한국신학연구소, 1984.

나타나엘 호손, 《큰 바위 얼굴》, 김승희 역, 학원사, 1986.

남경태, 《종횡무진 서양사》, 그린비, 1999.

노만 K. 갓월드, 《히브리성서 제1~2권》, 김상기 역, 한국신학연구소, 1987.

노자, 《도덕경》, 오강남 역, 현암사, 1996.

니코스 카잔차키스, 《신을 구하는 자》, 이종인 역, 열린책들, 2008.

______, 《알렉산드로스 대왕》, 민승남 역, 열린책들, 2008.

______, 《최후의 유혹 제1권》, 안정효 역, 열린책들, 2008.

니콜라이 베르자예프, 《역사란 무엇인가?》, 이경식 역, 전망사, 1981.

______, 《하느님의 나라와 가이사의 나라》, 이경식 역, 종로서적, 1990.

단테 알리기에리, 《신곡-지옥편》, 정인섭 역, 삼성당, 1996.

데레사, 《자서전-천주 자비의 글》, 서울 가르멜 여자 수도원 역, 분도출판사, 1994.

데이비드 호킨스, 《호모 스피리투스》, 백영미 역, 판미동, 2009.

도널드 E. 고원, 《의인의 고난》, 임태수 역, 대한기독교출판사, 1979.

두보, '춘망(春望)', 《두보시선》, 이원섭 역, 정음사, 1976.

라빈드라나트 타고르, 《기탄잘리》, 유영 역, 을유문화사, 1975.

레프 N. 톨스토이, 《전쟁과 평화 제4권》, 박형규 역, 범우사, 1988.

로버트 M. 브라운, 《뜻밖의 소식》, 김정수 역, 한국신학연구소, 1987.

루돌프 오토, 《성스러움의 의미》, 길희성 역, 분도출판사, 2003.
루트비히 포이어바흐, 《기독교의 본질》, 김쾌상 역, 까치, 1992.
______, 《종교의 본질》, 강대석 역, 한길사, 2006.
리처드 니버, 《책임적 자아》, 정진홍 역, 이대출판부, 1991.
리처드 도킨스, 《만들어진 신》, 이한음 역, 김영사, 2007.
마르틴 노트, 《이스라엘 역사》, 박문재 역, 크리스찬다이제스트, 1996.
마르틴 부버, 《나와 너》, 김천배 역, 대한기독교서회, 1979.
______, 《예언자의 신앙》, 남정길 역, 대한기독교출판사, 1977.
맹자, 《맹자》, 김용옥 역해, 통나무, 2012.
모이라 스캇펙, 《거짓의 사람들》, 윤종석 역, 두란노, 1991.
문희석 편, 《사회학적 구약성서 해석》, 양서각, 1987.
문희석, 《구약성서의 역사이해》, 대한기독교출판사, 1980.
______, 《역사 속의 신앙》, 대한기독교출판사, 1980.
바루흐 스피노자, 《신학 정치론》, 황태연 역, 비홍출판사, 2016.
______, 《에티카》, 황태연 역, 비홍출판사, 2016.
바바라 유르겐센, 《하나님은 내가 여기 있는 줄도 모르시겠지》, 이현주 역, 당그래, 2013.
발터 아이히로트, 《구약성서신학 제1~2권》, 박문재 역, 크리스찬다이제스트, 1994.
배리 스트라우스, 《살라미스 해전-세계의 역사를 바꾼 전쟁》, 이순호 역, 갈라파고스, 2006.
버나드 W. 앤더슨, 《구약성서의 이해 제1~3권》, 제석봉 역, 성바오로출판사, 1986.
버트런드 러셀, 《서양 철학사 제1권》, 최민홍 역, 집문당, 1980.
베르너 푀르스터, 《신구약 중간사》, 문희석 역, 컨콜디아사, 1990.
보 라이케, 《신약성서 시대사》, 번역실 역, 한국신학연구소, 1990.
브라이언 콜로디척 편, 《마더 테레사, 나의 빛이 되어라》, 허진 역, 오래된 미래, 2008.
블레즈 파스칼, 《팡세》, 하동훈 역, 삼성당, 1996.
빅토르 위고, 《레미제라블 제4권》, 방곤 역, 범우사, 1999
빈센트 반 고흐, 《고흐의 편지 1권》, 정진국 역, 펭귄클래식코리아, 2015.
사마천, 《사기열전》, 홍석보 역, 삼성출판사, 1990.
새뮤얼 N. 크래머, 《역사는 수메르에서 시작되었다》, 박성식 역, 가람기획, 2000.
서남동, 《민중신학의 탐구》, 한길사, 1983.
서인석, 《오늘의 구약성서 연구》, 성바오로출판사, 1984.
소포클레스, 《안티고네》, 조유현 역, 동서문화사, 1978
쇠렌 A. 키르케고르, 《죽음에 이르는 병》, 손재준, 삼성출판사, 1979.
신경숙, 《깊은 슬픔》, 문학동네, 2006.

십자가의 성 요한, 《갈멜의 산길》, 최민순 역, 성바오로출판사, 1971.
아놀드 J. 토인비, 《역사의 연구 제1~2권》, 박광순 역, 범우사, 1992.
아브라함 J. 헤셸, 《사람을 찾는 하나님》, 이현주 역, 종로서적, 1988.
______,, 《어둠 속에 갇힌 불꽃》, 이현주 역, 종로서적, 1980.
______, 《예언자들 상·하》, 이현주 역, 종로서적, 1988.
______, 《누가 사람이냐?》, 이현주 역, 종로서적, 1982.
아우구스티누스, 《고백록》, 선한용 역, 대한기독교서회, 1993.
______, 《하나님의 도성(신국)》, 조호연·김종흡 역, 크리스찬다이제스트, 2012.
안병무, 《민중과 성서》, 한길사, 1993.
______, 《해방자 예수》, 현대사상사, 1979.
안토니우스 H. J. 군네벡, 《이스라엘 역사》, 문희석 역, 한국신학연구소, 1979.
앙트완느 슈브리에, 《참다운 제자》, 프라도회 역, 가톨릭출판사, 1990.
앨런 왓츠, 《있는 그대로의 자유》, 심재룡 역, 세계사, 1999.
에드워드 H. 카, 《역사란 무엇인가》, 황문수, 범우사, 1982.
에드워드 M. 번즈, 《서양문명의 역사 제1권》, 박상익 역, 소나무, 1994.
에드워드 W. 사이드, 《권력과 지성인》, 전신욱·서봉섭 역, 창, 1996.
에디스 해밀턴, 《해밀턴 신화집》, 서미석 역, 현대사상사, 1999.
에리히 프롬, 《사랑의 기술》, 백문형 역, 혜원출판사, 1994.
______, 《소유냐 존재냐》, 한완상·마상조 역, 전망사, 1979.
______, 《존재의 기술》, 최승자 역, 까치, 1994.
엔도 슈사쿠, 《침묵》, 김윤성 역, 성바오로출판사, 1980.
______, 《호반》, 공문혜 역, 홍성사, 1998.
요한네스 W. V. 괴테, 《파우스트》, 정서웅 역, 민음사, 1997.
월터 부르지만, 《예언자적 상상력》, 김쾌상 역, 대한기독교출판사, 1981.
월터 페이터, 《페이터의 산문》, 이성호 역, 범우사, 1978.
윌리엄 셰익스피어, 《햄릿·리어왕·로미오와 줄리엣》, 정인섭 역, 삼성당, 1996.
유안, 《회남자》, 이준영 역, 자유문고, 2015.
유영모, 《다석 유영모 어록》, 박영호 편, 두레, 2002.
유진 H. 피터슨, 《그 길을 걸으라》, 양혜원 역, IVP, 2007.
______, 《다윗》, 곽철호 역, 생명의 말씀사, 2005.
______, 《부활을 살라》, 양혜원·박세혁 역, IVP, 2010.
유향, 《전국책》, 신동준 역, 인간사랑, 2004.
이백, 《망여산폭포(望廬山瀑布) 2》, 신석초 역, 서문당, 1978.

이육사, '광야', 《한국인의 애송시 제1권》, 청하, 1991.
이한우, 《세종》, 해냄, 2006.
잉게 숄, 《아무도 미워하지 않는 자의 죽음》, 유미영 역, 푸른 나무, 2010.
자끄 엘룰, 《존재의 이유》, 박건택 역, 규장, 2005.
자사, 《중용》, 김용옥 역, 통나무, 2012.
자와하를랄 네루, 《세계사 편력 제1권》, 박복희·남궁원 역, 일빛, 1995.
장 그르니에, 《섬》, 이규현 역, 민음사, 1997.
장일선, 《구약전승의 맥락》, 대한기독교출판사, 1983.
______, 《이스라엘 포로기 신학》, 대한기독교서회, 1990.
______, 《히브리 예언서 연구》, 대한기독교서회, 1991.
장자, 《장자》, 오강남 역, 현암사, 1999.
정수일, 《고대 문명 교류사》, 사계절, 2001.
______, 《실크로드 문명기행》, 한겨레출판사, 2006.
정현경, 《결국은 아름다움이 우리를 구원할 거야 제1권》, 열림원, 2002.
제임스 G. 프레이저, 《황금가지》, 신상웅 역, 동서문화사, 1979.
제임스 림버그, 《예언자와 약자》, 이군호 역, 대한기독교출판사, 1981.
조셉 게이어, 《정복되지 않는 민족》, 김영배 역, 종로서적, 1983.
조셉 캠벨, 《신의 가면 제2권-동양신화》, 이진구 역, 까치, 1999.
조정래, 《아리랑 제1권》, 해냄, 2013.
______, 《허수아비 춤》, 문학의 문학, 2010.
존 M. 밀러·존 H. 헤이스, 《고대 이스라엘 역사》, 박문재 역, 크리스찬다이제스트, 1996.
존 메이시, 《세계문학사》, 박준황 역, 종로서적, 1983.
존 밀턴, 《실낙원》, 이창배 역, 정음사, 1977.
존 브라이트, 《이스라엘의 역사 상·하권》, 김윤주 역, 분도출판사, 1981.
초안 셍 송, 《대자대비하신 하나님》, 이덕주 역, 분도출판사, 1985
______, 《아시아의 고난과 신학》, 주재용·이정희 역, 대한기독교출판사, 1982.
카렌 암스트롱, 《축의 시대》, 정영목 역, 교양인, 2010.
카를 F. V. 바이젝커, 《시간이 촉박하다》, 이정배 역, 대한기독교서회, 1987.
카를 마르크스, 《경제학 철학 수고》, 김태경 역, 이론과 실천, 1993.
______, 《헤겔 법철학 비판》, 강유원 역, 이론과 실천, 2011.
카를 야스페르스, 《역사의 기원과 목표》, 백승균 역, 이대출판부, 1987.
카를 포퍼, 《열린 사회와 그 적들 제1권》, 이한구 역, 민음사, 1982.
칼 세이건, 《악령이 출몰하는 세상》, 이상헌 역, 김영사, 2001.

클라우스 베스터만, 《성서입문》, 김이곤·황성규 역, 한국신학연구소, 1987.
클라이브 S. 루이스, 《고통의 문제》, 이종태 역, 홍성사, 2003.
토를라이프 보만, 《히브리적 사유와 그리스적 사유의 비교》, 허혁 역, 분도출판사, 1982.
토마스 머튼, 《가장 완전한 기도-시편으로 바치는 기도》, 오무수 역, 성바오로출판사, 1994.
토마스 벌핀치, 《그리스와 로마의 신화》, 이윤기 역, 대원사, 1993.
토마스 칼라일, 《의상철학/영웅숭배론》, 박지은 역, 동서문화사, 2009.
표도르 M. 도스토예프스키, 《백치 2권》, 박형규 역, 범우사, 1992.
_____, 《카라마조프의 형제들 제1~2권》, 김학수 역, 범우사, 1993.
프란츠 파농, 《대지의 저주받은 자들》, 박종렬 역, 광민사, 1977.
프랜시스 A. 쉐퍼, 《기독교 성경관》, 문석호 역, 생명의 말씀사, 1994.
_____, 《도시 속의 죽음》, 편집부 역, 보이스사, 1985.
프랜시스 톰슨, '하늘의 사냥개', 《세계시선》, 삼성출판사, 1979.
프리드리히 W. 니체, 《이 사람을 보라》, 곽복록 역, 동서문화사, 2007.
프리드리히 슐라이어마허, 《기독교 신앙》, 최신한 역, 한길사, 2013.
하비 콕스, 《예수 하버드에 오다》, 오강남 역, 문예출판사, 2005.
_____, 《종교의 미래》, 김창락 역, 문예출판사, 2011.
한국신학연구소 성서교재위원회, 《함께 읽는 구약성서》, 한국신학연구소, 1991.
한비자, 《한비자 제1권》, 이윤구 역, 한길사, 2002.
한성무, 《두보 평전》, 김의정 역, 호미, 2008.
한스 W. 볼프, 《선교자 요나》, 문희석 역, 대한기독교출판사, 1978.
_____, 《예언과 저항》, 이양구 역, 대한기독교출판사, 1980.
_____, 《예언의 어제와 오늘》, 이양구 역, 대한기독교출판사, 1988.
_____, 《호세아서 연구-창녀의 결혼》, 이양구 역, 대한기독교출판사, 1981.
한스 큉, 《유대교》, 이신건·이응봉·박영석 역, 시와 진실, 2015.
함석헌, 《전집 제6권-수평선 너머》, 한길사, 1983.
_____, 《전집 제8권-씨ᄋᆞᆯ에게 보내는 편지》, 한길사. 1988.
_____, 《전집 제9권-역사와 민족》, 한길사, 1999.
_____, 《전집 제11권-두려워말고 외치라, 이제 죽어도 좋다》, 한길사. 1999.
해럴드 H. 로울리, 《고대 중국과 이스라엘의 예언과 종교》, 나채운 역, 성지출판사, 1991.
허경진, 《시대 앞에 서서-허균 산문선》, 책세상, 1988.
헤라클레이토스, '어록', 《B. S. 라즈니쉬 강의》, 김석환 역, 홍성사, 1983.
헤로도토스, 《역사》, 박광순 역, 범우사, 1987.
헤르만 코흐, 《아모스의 이야기-사자가 포효할 때》, 조성노 역, 혜선출판사, 1988.

헤르만 헤세, '행복해진다는 것', 《잠언시집-지금 알고 있는 걸 그때도 알았더라면》, 류시화 편, 열림원, 1998.
헬머 링그렌, 《이스라엘의 종교사》, 김성애 역, 성바오로출판사, 1990.
황석영, 《어둠의 자식들》, 현암사, 1980.
E. 젤린·G. 포러, 《구약성서개론》, 김이곤·문희석·민영진 역, 기독교서회, 1978.
G. 포러, 《구약성서개론 상》, 방석종 역, 성광문화사, 1991.
G. 포러, 《이스라엘역사》, 방석종 역, 성광문화사, 1986.
S. P. 램프레히트, 《서양 철학사》, 최명관·윤명조·김태길 역, 을유문화사, 1980.

뜻으로 본 구약성서 2

사람의 길, 나라의 길

발행일 2019년 9월 6일 초판 1쇄

지은이 이범선
발행인 전명구
편집인 한만철
발행처 도서출판kmc

서울특별시 종로구 세종대로 149 감리회관 16층
(재)기독교대한감리회 도서출판kmc
전화 02-399-2008 팩스 02-399-2085
www.kmcpress.co.kr

ISBN 978-89-8430-829-9 04230
978-89-8430-827-5 04230 (세트)

이 도서의 국립중앙도서관 출판예정도서목록(CIP)은 서지정보유통지원시스템 홈페이지(http://seoji.nl.go.kr)와 국가자료종합목록 구축시스템(http://kolis-net.nl.go.kr)에서 이용하실 수 있습니다. (CIP제어번호 : CIP2019033851)